楞嚴經译解

释智觉　撰述

上海古籍出版社

图书在版编目(CIP)数据

楞严经译解／释智觉撰述．—上海：上海古籍出版社，2013.10（2022.12重印）
ISBN 978-7-5325-6894-9

Ⅰ．①楞…　Ⅱ．①释…　Ⅲ．①大乘—佛经②《楞严经》—译文③《楞严经》—注释　Ⅳ．①B942.1

中国版本图书馆CIP数据核字（2013）第141312号

楞严经译解

释智觉　撰述

上海古籍出版社出版发行

（上海闵行区号景路159弄1-5号A座5F　邮政编码201101）

(1)网址：www.guji.com.cn

(2)E-mail:guji@guji.com.cn

(3)易文网网址：www.ewen.co

上海颛辉印刷厂印刷

开本890×1240　1/32　印张23.25　插页5　字数604,000

2013年10月第1版　2022年12月第12次印刷

印数　21,901-27,000

ISBN　978-7-5325-6894-9

B·825　定价：72.00元

中国佛教协会副会长、广东佛教协会会长明生法师为本书题词

开悟楞严启智辨魔

圆顿旨归成佛心印

宏慧書

广东尼众佛学院前院长宏慧法师为本书题词

一、执心身内图

二、执心身外图

广东尼众佛学院教务长广志法师绘

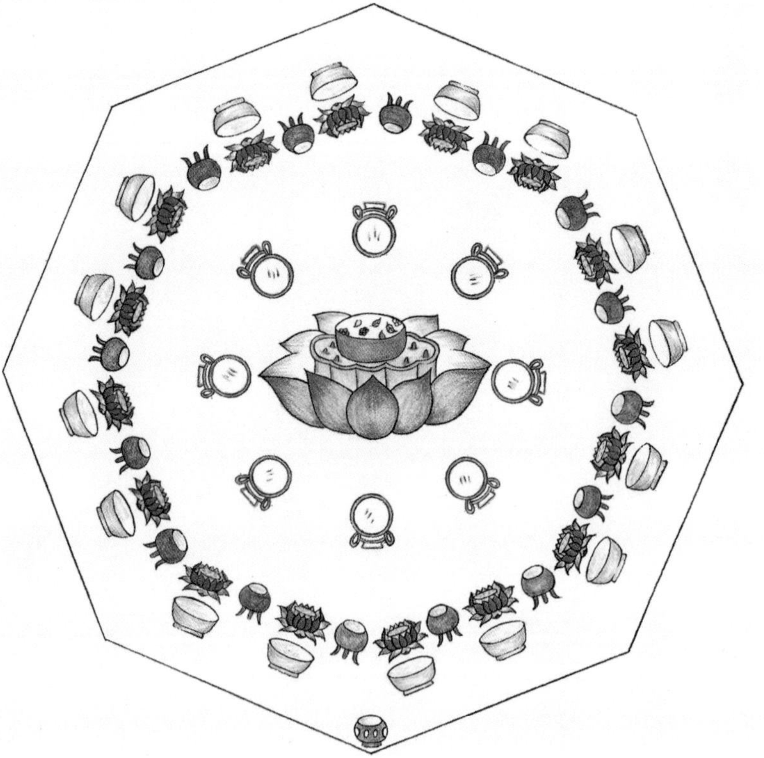

三、楞严内坛图

广东尼众佛学院教务长广志法师绘

四、宣说神咒图

序　一

《大佛顶首楞严经》者，乃三世诸佛圆满菩提之密因，一切菩萨趋向觉道之妙行。自唐代般剌密谛尊者翻译以来，备受大乘诸宗祖师大德推崇，禅净律密行人悉皆奉为修行圭臬。

佛门常言："开悟的《楞严》，成佛的《法华》。"修学本经，何以能开悟呢？本经以阿难示现误堕淫室为发起，殷勤祈请释尊宣说十方如来得成菩提妙奢摩他、三摩、禅那最初方便。释尊开门见山，破妄显真。一切众生从无始来生死相续，皆由不知常住真心。用诸妄想（无明、尘沙、见思三惑），此想不真，故有三界六道轮转之事。继而七处征心，十番显见，欲令当机众直下体认："见与见缘，并所想相，如虚空华，本无所有，此见及缘，元是菩提妙净明体。"见者乃八识能缘之见分；见缘者，八识所缘之相分；并所想相者，即为见相二分所显之境界。如是见相二分及境界相，体性悉是四智菩提。释尊循循善诱，历五阴、六入、十二处、十八界、七大，以显示一一皆如来藏，随众生心循业发现，令其觉悟如来藏妙真如性，离一切相，即一切法；含育生佛，包括空有；世出世间，无有一法能出其外，不在其中。正所谓五蕴皆空，度诸苦厄，圆满菩提，归无所得。

首楞严，即一切事究竟坚固。吾人诚能于心境二法，体认自性常住不灭，即为开悟。诚得此心，则我常为主，万法为客。外境虽闹，我心晏然。青山元不动，浮云任去来。然众生迷真逐妄，背觉合尘。若心若境，皆成幻妄，皆是生灭，皆不坚固。“纵灭一切见闻觉知，内守幽闲，犹为法尘分别影事”，本心似镜，法尘似物，内之所守，犹为明镜中所现之影而已。故古德云：“学道之人不识真，只为从前认识神，无量劫来生死本，痴人唤作本来人。”识神窠窟乃生死轮回之根本，此幽闲处埋没古今几许豪杰，足证自力修证之难。

圆悟如来藏性（即宗门所谓，亲见父母未生前本来面目），即为见道。见道而后修道，修道而后证道，此千圣通途，千古不易之定论。本经最初显示藏性，明成佛之真因，其次拣选圆通，示成佛之妙行，后历六十圣位，证佛地之极果。二十五圣各述自证之方法，文殊菩萨承佛敕说选根偈，明选观音耳根圆通。然从二十五圆通的排列次序来看，明显看出有两个圆通法门被特选：一是观音的耳根圆通，二是势至的根大圆通。这两大圆通被特别地列在最后，未按常规次序排列。如六根（眼、耳、鼻、舌、身、意）圆通中，观音的耳根圆通抽出列在最后；七大（地、水、火、风、空、见、识）圆通中，势至的根（见）大圆通抽出置于倒数第二。密示念佛法门普逗群机之意，否则当列于虚空藏之后，弥勒之前矣。证知楞严选佛场上，观音耳根圆通被明选，势至根大圆通被暗选。二者互为表里显密，相得益彰。极乐净土两大菩萨，示现忍土，襄助释尊化导众生，为成就吾辈净业行人了生脱死，可谓周详缜密，老婆心切。

观本经前四卷征心显见，历五阴、六入、十八界、七大，重重开示，方令最利根之阿难圆悟如来藏性。可见明心见性，诚非易易。释尊又无问自说五十种阴魔。行人于禅观深定中，已破色受二阴，尚被想阴十魔所惑，失其正见。造诸恶业，生陷王难，死堕地狱。是知欲了生死，唯仗自力，险象环生，解脱甚难。又经末云：有人身具四重、十波罗夷，瞬息即经此方他方阿鼻地狱，乃至穷尽十方无间阿鼻地狱，靡不经历。若能一念将此法门，于末劫中开示未学，是人罪障应念消灭，变其所受地狱苦因，为安乐国。善读《楞严》者，自应恍然，《首楞严经》，亦何尝不是弘扬念佛法门之妙经耶！一切法门无不从此法界流，一切行门无不还归此法界。旨哉斯言！我佛门同仁，果能以势至都摄六根净念相继的方法，修观音反闻闻自性的功夫，则是外慕诸圣，内重己灵；内外交修，心佛等重。既无偏执，进道弥速。勇猛精进，当生或可契证圆通。守住底线（信愿称名），仗佛慈力，亦可带业往生，华开见佛，悟证如来藏性。

智觉法师早年出家，广参勤学，潜心研讨《楞严经》十余年。于广东尼众佛学院充任讲席。编成讲义，荟萃历代古德注疏之精妙见解。为帮助现代学人正确领解本经义趣奥理，采用种种善巧方便。或注释名相，或绘图示解，或列表说明，或总结解说，或问答辨析，或翻成现代语体等。诚为一不可多得的《楞严经》注解本。盖《首楞严经》，哲理思辨甚强，心性诠释幽微，说理缜密，言简义丰，一般行人乍读此经，每感一头雾水，数数寻读，亦难窥堂奥。而智觉比丘尼，孜孜矻矻，锲而不舍，能有如是成果，诚为可敬可贺。不慧学等面墙，于楞严汪洋义海，莫测涯岸。第因智觉尼师殷勤索序，乃不揣固陋，略缀数言，用作随喜赞叹云耳。

壬辰冬日释大安识于东林寺丈室

序　二

《楞严经》者，以明心见性为旨归，诸法皆备，无机不摄，诚法苑之洪范也。

自唐般剌密谛迻译本经后，历代所出注疏甚夥。《楞严》疏家中，当以宋楞严大师子璿、元天如禅师惟则、明真鉴法师、明智旭大师、清海印弟子蒙叟（钱谦益）、近人圆瑛大师等为翘楚。诸疏或荟萃诸家要解以通大途，或机辩纵横披剥陈言以申正见，或博雅明辨发微彰隐而资后学。然古疏艰涩，今人亦难探其幽径，且诸疏长短互见，取舍亦复不易。

智觉法师者，宁夏银川人。高中毕业后修学佛法，亲近清定上师。一九九四年剃度出家，一九九六年毕业于闽南佛学院本科，是年并受三坛大戒，后参学于五台山普寿寺。一九九八年应聘至广东尼众佛学院任教。广东尼众佛学院地处陆丰清云山，学院所在之定光寺依山而筑，层层叠叠，气势雄伟，佛学院即深居于山之高处。是处缁流翕集，三百比丘尼发心修学于晨钟暮鼓之中，孜孜弗懈。智觉法师于此殷勤讲授《楞严》有年，参稽诸家古疏旧注，探经义之奥微，寻坠绪之渺茫，积六载之功而成是书。

辱以大稿示余，欣见言之本色，不假华词，考实阙疑，而决后滞，张皇幽眇，隐义昭然。是以乐为推荐，爰述片言，以为弄引。

沈剑英

甲申年冬至叙于沪上还芝楼

自　序

《楞严经》全名《大佛顶如来密因修证了义诸菩萨万行首楞严经》，又名《中印度那烂陀大道场经·于灌顶部录出别行》，简称《楞严经》、《首楞严经》、《大佛顶经》、《大佛顶首楞严经》。

吾之撰述《大佛顶首楞严经译解》，约四十万字，由台湾波沙山法明出版社于2005年首次出版，编入“慈宗法藏”丛书之中。出版后各佛教院校、培训班、道场纷纷索取，未及一年，即告赠罄。2007年复由《广东佛教》编辑部重印五千册教内流通，至今亦所剩无几。

吾于佛学院专讲《楞严经》，迄今已十四载，诸多因缘所至，今于《大佛顶首楞严经译解》再次整理编撰，增加约二十万字，使之渐臻完善，而成本书。冀有缘者皆能了知《楞严经》，开启慧目，树正知见。惟须加以声明者，此稿虽属多年心血之所萃，然在授课及成稿过程中多汲取和参考了古今经家大德的注疏讲解，其中圆瑛法师的《大佛顶首楞严经讲义》参酌采用尤多，其他参考经论书目，大致依参考之主次顺序列于书末，以示尊重及不敢掠美之意。余障重慧弱，学识浅陋，薄修无证，错谬遗漏之处，祈诸善知识不吝匡正。

衷心感谢中国佛教协会副会长、广东省佛教协会会长、广东佛学院院长明生大和尚为本书题词，衷心感谢庐山东林寺方丈大安大和尚惠赐序文。拙著从初版迄今一直承蒙沈师剑英教授及释广志法师的大力支持，此次出版并得到释见慧比丘尼、夏静琼女居士、房艳红等善信的帮助，在此谨表谢忱。最后伏冀与拙著结缘者，共种菩提因，同登涅槃城。

释智觉

壬辰年夏叙于广东尼众佛学院

台湾版序

本经阿难示堕淫室，悔泣请示大定，如来慈宣希有首楞严常住圆妙大定。此定三昧之王，成佛之定，众生本具，迷而不知，欲显发楞严大定必舍识用根。故佛三次破识，十番显见，从眼根指真实心，示本来定。后会四科，复融七大，令明常住之自体，圆满十虚。至满慈究生续之由，如来示不空藏、空不空藏，三藏具显，体用双彰，性相无碍，离一切相即一切法，离即离非，是即非即。乃知彻法底源之定体，本自圆成，究竟坚固之楞严，非由造作。故心悟实相，知定体无亏，天然本妙，近具根中，远该万法。此即圆悟藏心，大开圆解，如获华屋，复求门入，续佛开示圆修。论修则决定以因同果，从根解结，必依圆通常之真实耳根，解六结，越三空，寂灭现前，深入如来藏性，备发圆通大用。二十五圣虽各陈，文殊独选观音耳根圆通，因耳门乃独利此方与当机阿难，正如文殊云："此方真教体，清净在音闻，欲取三摩提，实以闻中入。"后如来所示清净明诲，道场建立，五会神咒，此皆圆通加行。由是修门既入，历位宜明。染缘则众生世界颠倒。净缘则立六十圣位，始从三渐，终至妙觉，清净无修证之修证，圆融证极，楞严全体，始复其初，无不自在，成无上道，圆满菩提，归无所得。文末之七趣，以戒助定，是警淹留；五魔以慧助定，乃护堕落，故得以成就首楞严王三昧。本经十卷宏文，六万余言，妙旨宗要如是。

此楞严圆音妙法，弹指超无学，十方薄伽梵，一路涅槃门。乃诸佛之慧命,成佛之秘要,斩魔外之慧剑,明心性之宝典,三根普被之方便,一代时教之精华。摄禅净律密熔一体,阐大小顿渐趣一源,包罗万有,性相无碍,事理不二,戒乘俱急,顿渐两融,显密互资,实教海之指南,宗乘之正眼,如此文圆义妙博奥难思之圣典甚是罕见难闻。智觉受广东尼众佛学院委任,学僧请求,于该院讲授斯经,至今六载有余,幸遇此经,何等殊胜,代佛宣言,安敢懈怠,故兢兢业业,一丝不苟,广览诸家注疏译解。古德精辟注疏虽发经之幽微妙旨,精深独到之见地令人拨云见日,顺指望月,每每精研细究获益匪浅。惜如此妙善之疏,因义理玄妙、文字语言的变迁,令今人初学者读之如蚊咬铁橛,望洋兴叹,不得其门而入。而今善知识的白话翻译,引摄初机,流通《楞严》,独具其功,却遗憾未能使人体味经中远旨深趣。故余授课先译经文,力求通俗易懂。经中精要幽隐部分则一一注疏、解释,每一段经文作一解说,力求精简扼要,中心突出,以显经中蕴含之深义。为令初学易明,更于某些深奥复杂难懂经文绘图示解,又列表总结文义,使之一目了然,易于掌握。深蒙三宝加被,慈光冥照,数年来学僧对此门课非常好乐,充满法喜。余讲演此经多年,未敢起念撰述编书,今因五缘,令我不揣鄙陋整理讲稿:一者老院长宏慧大和尚并教务长广志法师大力支持与督促。二者沈师剑英教授再三劝勉鼓励。三者历届学僧数数索要讲义。四者为应教学之需。五者令《楞严》久住,广利群生。

余之心愿极善,然障重慧弱,学浅识陋,知见昏庸,今不自量力,以管窥之见,望无穷深广大定,据蠡测之才而探楞严义海,位卑言高,安免于罪,望有识出世君子,谅不以人废言!赘词僭言,取咎圣道,愧汗交颐。唯乞大善知识斧正示玉,令《楞严》广弘,此诚末学沐浴更衣祈祷企盼者!

智觉　叙于广东尼众佛学院

2004 年 5 月 20 日

目　录

楞严大纲

【表一】

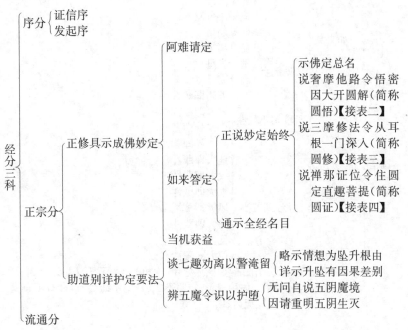

- 经分三科
  - 序分
    - 证信序
    - 发起序
  - 正宗分
    - 正修具示成佛妙定
      - 阿难请定
      - 如来答定
        - 正说妙定始终
          - 示佛定总名
          - 说奢摩他路令悟密因大开圆解（简称圆悟）【接表二】
          - 说三摩修法令从耳根一门深入（简称圆修）【接表三】
          - 说禅那证位令住圆定直趣菩提（简称圆证）【接表四】
        - 通示全经名目
      - 当机获益
    - 助道别详护定要法
      - 谈七趣劝离以警淹留
        - 略示情想为坠升根由
        - 详示升坠有因果差别
      - 辨五魔令识以护堕
        - 无问自说五阴魔境
        - 因请重明五阴生灭
  - 流通分

【表二】

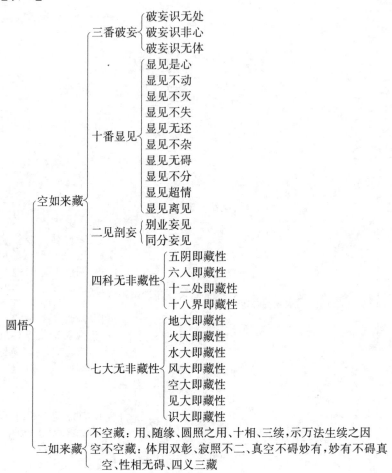

- 圆悟
  - 空如来藏
    - 三番破妄
      - 破妄识无处
      - 破妄识非心
      - 破妄识无体
    - 十番显见
      - 显见是心
      - 显见不动
      - 显见不灭
      - 显见不失
      - 显见无还
      - 显见不杂
      - 显见无碍
      - 显见不分
      - 显见超情
      - 显见离见
    - 二见剖妄
      - 别业妄见
      - 同分妄见
    - 四科无非藏性
      - 五阴即藏性
      - 六入即藏性
      - 十二处即藏性
      - 十八界即藏性
    - 七大无非藏性
      - 地大即藏性
      - 火大即藏性
      - 水大即藏性
      - 风大即藏性
      - 空大即藏性
      - 见大即藏性
      - 识大即藏性
  - 二如来藏
    - 不空藏：用、随缘、圆照之用、十相、三续，示万法生续之因
    - 空不空藏：体用双彰、寂照不二、真空不碍妙有，妙有不碍真空、性相无碍、四义三藏

【表三】

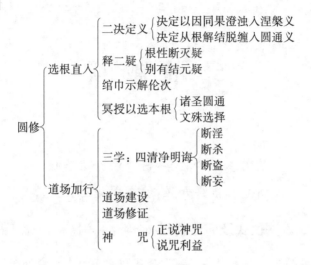

- 圆修
  - 选根直入
    - 二决定义
      - 决定以因同果澄浊入涅槃义
      - 决定从根解结脱缠入圆通义
    - 释二疑
      - 根性断灭疑
      - 别有结元疑
    - 绾巾示解伦次
    - 冥授以选本根
      - 诸圣圆通
      - 文殊选择
  - 道场加行
    - 三学：四清净明诲
      - 断淫
      - 断杀
      - 断盗
      - 断妄
    - 道场建设
    - 道场修证
    - 神　　咒
      - 正说神咒
      - 说咒利益

【表四】

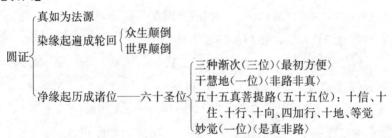

- 圆证
  - 真如为法源
  - 染缘起遍成轮回
    - 众生颠倒
    - 世界颠倒
  - 净缘起历成诸位——六十圣位
    - 三种渐次(三位)〈最初方便〉
    - 干慧地(一位)〈非路非真〉
    - 五十五真菩提路(五十五位)：十信、十住、十行、十向、四加行、十地、等觉
    - 妙觉(一位)〈是真非路〉

经前叙谈

稽首本师释迦尊，楞严法会诸圣众。

祈愿心性得开显，速成圆妙首楞严。

一、说法仪式及闻法轨理(依宗喀巴大师《菩提道次第广论》)

说法仪式：身清净，着洁衣，合掌诚诵南无本师释迦牟尼佛、开经偈、心经(《海慧问经》有云：诵《心经》方圆百由旬内，魔不能侵。在末法时，讲学此经魔障很大，故诵《心经》)。我们要同发菩提心，使讲、听的资粮成为大乘道的资粮。讲经结束一起回向。

闻法轨理：断三过，具六想。三过：一、人在法场却不一心摄耳听法(如器倒覆，水不入)。二、有邪执(如器中不净，水入则不能用)。三、于所受文义不能坚持，由忘念等使闻法无大利益(如器穿漏，水不住)。六想：一、于自安住如病想。二、于法师如医想。三、于所教戒，起药品想。四、于殷重修，起疗病想。五、于如来所住，起善士想(随念世尊是说法师，起恭敬)。六、于正法理，起久住想(作思：何能由其闻如是法，令正法久住)。

二、概说本经

1. 本经内容广而周详：本经十卷宏文，六万余言，内容包举极广，禅、净、律、密、教，无不周备，而又各各专重，各各圆极。本经所涉及的教义范围极广，大乘佛教理论的一切基本的概念和范畴，几乎无所不包。本经阐述佛学极旨的佛教思想又成为中国佛教各宗派发挥自己佛教学说的理论根据之一。像本经这样内容包含极其丰富且又周详的经典，在佛教众多的经典中是绝少见的。

2. 本经是修行者的指南针：本经既有深邃的理论又具体明确地指导修行实践：

本经有：
- 修行心理的分析
- 修行条件的介绍
- 修行方法的介绍
- 修行过程中圣境与魔境的揭晓
- 修证现象的指点
- 修证次第的阐述

3. 本经兼备众多经论的特长：从本经的内容考察，它涉及众多经论，且兼备众经论之长，故被视为性宗代表式的佛典。

本经涉及：
- 《楞伽经》、《起信论》（此二经与本经的如来藏妙真如性和客尘烦恼之说相呼应）
- 《法华经》中《普门品》（此品与本经的观世音三十二应身之说类同）
- 《菩萨璎珞本业经》（此经所讲五十二位菩萨与本经的五十七位菩萨阶次有关）
- 《大品般若经》、《大乘阿毗达磨杂集论》、《瑜伽师地论》等（本经和它们的部分观点有关）
- 密教灌顶部的《金刚大道场经》（本经和它的少分有关）

4. 本经富有文学价值：本经用词典雅，文法谨严，圣言辞义双妙，首尾照应，脉络贯通，尊为诸经之冠。被视为佛教文献中的文学瑰宝，受到文人墨客的青睐。

5. 本经是部哲理辩论书：本经是部思辨性的哲学书。阅读本经，好像读一篇具备高深哲理的辩论记录。本经是佛与阿难关于宇宙人生根本问题的大辩论书。有着浓厚的学术气氛。

6. 本经开智慧，辨邪魔：佛教中开大智慧的两部大典，一本经，二《大智度论》。常言“开悟的《楞严》，成佛的《法华》”确非虚言。若能细心研读本经，定能开发智慧，悟明真心；灭除烦恼，认清虚妄。本经是面照妖镜，若能精研本经，我们就能辨认邪魔外道，免受其害，那现在的一切装神弄鬼之徒，邪师妄人也就不敢嚣张。

7. 本经影响深远：本经博大精深，包罗万象，事理俱备，性相圆融，逻辑严密，深奥微妙，为一代时教之精髓，成佛作祖之秘要，无上圆顿之旨归。乃修行之妙门，迷悟之根源，真悟之大本，摧魔外之实相正印。故本经教内人奉为至宝。本经与中国有深因缘，对我国佛学的发展有很大的贡献，各宗派皆依此经以彰自宗。本经是佛弟子必读的重要功课。在流布最广的大乘诸经中《楞严》是历代注疏最多的，自唐末五代至明清，注疏本经的著作不可胜纪。仅《卍续藏经》里所收本经的注疏，从宋至清，就有五十四种，一百五十三卷，民国以来七十年之间的诸家《楞严》注解尚不包括在内。

由以上几点不难看出，本经是多么重要、优胜，故而我们一定要发愿受持，研习、弘扬本经。

三、本经真伪

本经真伪之争已持续了一千余年，至今未休。古人与近人对本经之疑约分四种：

1. 本经翻译之疑：本经系般剌密谛、房融等人在广州私译，不同其他经是由国主设译经场诏译，故有人疑。其实也有经不通过国主就译出的，何不疑？又般剌密谛剖臂偷带此经等，翻译之缘，益成奇秘，故疑。传说虽异，皆不足疑。因为《开元释教录》、《续古今译经图纪》、《宋高僧传》、《释氏稽古略》、《佛祖通载》等史籍，皆载有本经翻译之译人、译时、译处及所译经名、卷数，足可征信。

2. 对本经流传之疑：本经文字优美，故有曰：“本经是文士添造”，有曰：“房融所造”。又有曰：“本经是禅者所造”。朱熹辈妄疑之，当时通梵文者多，梵华两土僧众时有往来，岂敢欺伪。而惟悫(què)、慧振二师皆开元间人，已为本经疏赞科判，足可征信。

3. 对本经文义之疑：本经谈七大(地、水、火、风、空、见、识)，加“见大”，他经不谈此大，故疑。又本经谈“世界、众生、业果三种相续”，人疑之，等等。其实佛为法王，说法自在，应说何法即说何法，有何可疑！

4. 对本经说时之疑：究竟佛在何时说此经呢？有人对时亦疑。

以上我们略谈四种疑。怀疑归怀疑，可是疑者却拿不出真凭实据。这些争论无法改变本经在佛教理论和实践两方面已经确立的地位。佛教界的许多高僧大德都颂扬、赞叹、注疏、弘演此经。一千余年间，经过许多佛经目录学家和学者的考察鉴别之后，把它收录在最具权威的佛典全集《大藏经》中，因此本经的可靠性、真实性应该是不成问题的。若从考据的观点出发，何只本经是伪经呢？大家共知《华严经》是佛现“毗卢遮那”身说的，凡夫看不见，听不着。且《华严经》是龙树菩萨从龙宫取出。敢问龙宫何在？再说《瑜伽师地论》是弥勒在兜率天宫讲的，无著菩萨在定中升兜率天听，出定后记录出来的，试问能不能从考据的观点来看此两经呢？为何某些人偏偏抓住《楞严》不放，硬说它是伪经呢？《法灭经》云：末法时代，《楞严经》先灭。其余的经典，逐渐而灭。本经是正法的象征，是照妖镜，使旁门左道，妖魔鬼怪，原形毕露，无处藏身，因此有人就大肆宣传本经是伪经，不是佛说的。此乃用心险恶！所以我们为令正法久住，就一定要好好学修，弘扬本经。

四、本经属于真常唯心系

太虚大师立大乘三宗，印顺导师又别称为三系。此三系如同广博的大乘佛法的纲领，使后学者易于掌握大乘义理。三宗是：法性空慧宗、法相唯识宗、法界圆觉宗。三系是：性空唯名系、虚妄唯识系、真常唯心系。三宗与三系的内容大体是相同的。下面谈谈三系。

性空唯名系：指中观大乘。此系依《般若》等经，龙树、提婆、清辩、月称等论而安立，如《中论》、《大智度论》、《十二门论》等。依此系说，一切法无自性空，为最根本的。在法法性空的基点上，宣说一切但有假名。

虚妄唯识系：指瑜伽大乘。即法相唯识学。这是弥勒、无著、世亲以来的大流。此系经论如《瑜伽师地论》、《解深密经》等。

真常唯心系：这是依宣说如来藏、如来界(即如来藏)、常住真心、大般涅槃等一分大乘经而立；如来藏是真常本净的，以此真常心为依而有生死、涅槃事，为流转、还灭的主体，所以称之为真常唯心系。此系与中国人根器最为相契，故此系的经论在我国广为流传。经方面有：《楞严经》、《涅槃经》、《圆觉经》、《胜鬘经》、《楞伽经》、《大云经》、《无想经》、《央掘魔罗经》、《如来藏经》、《法鼓经》、《无上依经》等。论有《法界无差别论》、《究竟一乘宝性论》、《佛性论》、《大乘起信论》等。在中国盛行的《楞严经》是发挥真常思想的典型经典。

五、浅说如来藏

1. 如来藏的重要性：如来藏教义，在中国佛教界，是最熟悉的一种教说，特别是中国盛行的《楞严经》和《大乘起信论》，可说完全是这一思想的代表经论。中国佛教徒，一说到如来藏，便想到一切众生皆有佛性，都可成佛，如来藏成了佛教的核心教义。可以说，离开如来藏，就不能显示佛法的深广圆妙。如来藏、佛性为大乘不共小乘的特质。佛法中通常所讲的业、轮回、性空、缘起，都还是小乘中所共有的，唯有如来藏这一教说，是小乘所没有的大乘特义。中国大乘各宗，对如来藏都特别重视，后期的真常大乘(即上三系中的真常唯心系)特别着重发挥此义。

2. 如来藏的含义和别称:“如来”即真如本性。“藏”即含藏之义。此真如本性因被无量烦恼所覆藏,被蕴、处、界、生死所缠裹,所以如来“藏”在众生中,还未显发出来。因此名为如来藏。“如来藏”一名不见于小乘典籍,而为大乘所特有。如来藏还有许多名称,如《涅槃经》名为佛性,《华严经》中名为法界,《胜鬘经》名为如来藏自性清净心,《楞严经》名为首楞严三昧,《法华经》名为一乘,《大品》(《大品般若经》)名为般若法性,《维摩诘经》名为无住实际。如约果上说,名为菩提、涅槃、法身等;约因上说,名三昧、般若等;约境上说,名为真如、法性、胜义谛等。又名为真心、佛界、实相、如来性、圆成实性、狮子吼三昧等等。各式各样的名字,其实都是同一如来藏的不同说明,乃大圣随缘善巧,于诸经中说名不同罢了。

3. 如来藏的意义:

如来藏虽有各家的解说,但如来藏毕竟是真常唯心论者的核心论题,所以现在依如来藏学派的根本立场来解说。如来藏是无凡圣、先后、染净变异的,是本来如此的,是超越一切时空的,是不生不灭的常住法。能为生死、涅槃作所依,若无如来藏则一切生死、涅槃法便无从说起。如来藏后来说成三种。如来藏奥义唯佛能知,我们仅能以信仰去接受它。

如来藏中法性之体,从本以来,性自满足。处染不垢,修治不净,故云自性清净。性体遍照,无幽不烛,故曰圆明。又随流加染而不垢,返流除染而不净。亦在圣体(即佛)而不增,处凡身(即众生)而不减。只有隐显之殊,而无差别之异。如来藏的自性中,不仅具足了清净性,而且还具足不思议佛法——称性功德(无量清净功德),如只就它的本性清净来说,也许还不足以代表如来藏的特质。佛把如来藏中的称性功德智慧引发出来了,众生因烦恼覆故,未能显发如来藏本具的清净无漏功德智慧。故而佛具足无量智慧功德,无量相好庄严,而众生好象没有,其实本自具足与佛无异。

生佛、四圣六凡,乃至杂染与清净一切诸法,都是此一本觉真心之显现。起用虽有殊别,其体原本无二。生死涅槃都依如来藏而成立。如来藏是不生不灭的,常住不变的,真实清净的,自身无生死相,却为一切众生生死流转的所依。如来藏虽在虚妄杂染法中,却不失它本来清净的体性。如来藏不染而染,染而不染。如来藏为清净涅槃因,又为杂染生死因。但如来藏是特重于涅槃因的,所以中国传统佛教,特重于说如来藏即是佛性,即是一切众生本有的清净心,有情的成佛,以及种种功德妙用,都依如来藏而有的。所以如来藏也即成为众生成佛及涅槃的清净因了。众生皆有如来藏,故一切众生平等,且最终毕竟成佛。因有如来藏所以众生才有厌离生死、趣向涅槃的厌苦求乐的心理,在众生位上如来藏有一种引导向上——真、善、美的功能。如来藏有成佛的妙用。如来藏的果德有四,即四种波罗蜜多:常波罗蜜多、乐波罗蜜多、我波罗蜜多、净波罗蜜多。常是无生老病死的,不变不异的;乐是没有一切忧愁苦厄;我是大自在;净是没有烦恼染污,离垢清净。

《胜鬘经》和《起信论》将如来藏说为空如来藏和不空如来藏:

空　藏:真如法性本自清净,不被杂染烦恼所污,离一切相(故空藏)。
不空藏:真如法体上具足一切无量清净功德(故不空藏)。

后来,如来藏解说为空如来藏、不空如来藏、空不空如来藏三者以配合天台学的三谛:

如来藏:
- 空　　藏:藏性不变之体,空义,不变义,是真谛(泯一切法)。
- 不 空 藏:藏性随缘之用,幻有义,随缘义,是俗谛(立一切法)。
- 空不空藏:藏性体用双彰,随缘不变,不变随缘,即空即假,是中谛(统一切法)。

此三藏不离一心，只是从三个角度来说明如来藏。

如来藏甚深难通，若把如来藏误解为虚无或误解为实有都是不对的。其实如来藏即是一切法空性的异名。如来藏与法性、空性、法无我性，可说是一样的。不过法性、空性、无我性，遍一切法说，而如来藏专约众生的身心上说。所以如来藏与一切空无我的大乘契经相融和。

如来藏奥义为三种人所不能知：一、堕身见众生：身见即我见，凡夫依我见为本而执断，执常，不能正见无我之如来藏。二、颠倒众生：颠倒众生于五受阴，无常常想，苦有乐想，无我我想，不净净想。有了这四颠倒，也就不能正知如来藏。三、空乱意众生：二乘空智，不能通达一切法性空，故说空乱意，即迷乱于法空性而意有错失。此三类倒解，都不能见如来藏。

4. 佛说如来藏的意趣和因缘：

意趣：一般众生对无常，无我，一切法空的甚深义理不能信受，佛为了随顺众生的心境，使其接受佛法，次第引导令得佛法功德，故方便说如来藏。如来藏对引导众生趋入佛法，有其独到的妙用。

因缘：佛说如来藏是为对治五种众生的：

(1) 怯弱心：有些众生，感到自己的业力深厚，缺乏成佛的愿望和信心，而生起怯弱的退堕心。佛对他们说如来藏佛性是人人本具，个个圆成的，只要自己能将如来藏佛性显发，当下即是佛。消除众生的怯弱退堕心。

(2) 憍慢心：有些人自认为已持戒，发了菩提心等等，就对他人的一切，生起轻视的憍慢心，佛就对他们说：人人都有如来藏、菩提心，现在虽不及你，将来一旦他的菩提心发起来，也许会超过你。

(3) 虚诳(妄)心：因为有类众生，专在一切虚妄的世间法上起执见，穷追不舍，佛对其说如来藏，说明在这虚妄法中有一真实的佛性，如棉花中藏有黄金而不自知，现在只要将黄金取出，即可成佛。

(4) 谤真理：有些人不信真理，认为口里说的真理，不能有具体的事相见到。佛就对这些人说如来藏，说明真理即是一切事物的本来真相。真理不是从外面求的，不是最初没有而后求得的。真理是人人都有，本来具足的，只要静心反观，就可得到。众生之所以产生诽谤，是不了达佛性的本义，因此也不能理解空的意义，或执著空见，或执著实有，故违谤真如，不能成就清净圆满的智慧。

（5）执我：有些众生听到佛说“无我”，非常畏惧，误认为无我不能安立生死涅槃，不能归向佛法。佛为其说如来藏是生死涅槃的所依，消除其内心的恐惧，引其趋入佛法。具此五种因缘佛说如来藏。

5. 三因佛性：

《佛性论》（世亲菩萨造、真谛译）云：佛为除五种过失，生五功德故说一切众生悉有佛性。五过失：（1）为令众生离下劣心故。（2）为离高慢心故。（3）为离虚妄执故。（4）为离诽谤真实法故。（5）为离我执故。五功德：（1）起正勤心。（2）生恭敬事（对佛法生恭敬心）。（3）生般若。（4）生阇那（发愿上求菩提的正当行）。（5）生大悲。

佛性与如来藏等同。智𫖮的三因佛性的基本思想是：以非有非无、不染不净之实相为正因佛性，以能观照显发实相之般若智慧为了因佛性，以觉智开显正性之功德善行为缘因佛性。了因有染净，缘因则有善恶，染净善恶不二是正因。缘了与正因的关系如诸法与实相的关系一样，是权与实的关系，是一体之两面。故而一必具三，三即是一。

三因并重：
- 正因佛性：理性——体——真性菩提。
  众生本具之常住真心。（正因：主要的原因）
- 了因佛性：慧性——智用——实智菩提
  性觉妙明，微密观照。修止观，反闻闻自性。
  （了因是以智慧去透视事物原理，如灯照物，了了可见。）（正行）
- 缘因佛性：善性——事用——方便菩提
  具诸功德，随心应量。持戒诵咒
  （缘因：助缘之因）（助行）

（了因佛性、缘因佛性）——修

十门解经

天台、华严一向认为是中国化的佛法。因此古来大德都喜欢依据贤首宗的“十门分别”或依天台宗的“五重玄义”来讲解经典。本经依据贤首宗的“十门分别”来讲解。

贤首宗的“十门分别”：一、起教因缘。二、藏乘摄属。三、义理浅深。四、所被机宜。五、能诠教体。六、宗趣通别。七、说时前后。八、总释名题。九、历明传译。十、别解文义。此十门是华严宗的贤首国师师徒在解释、研习《华严经》时所开阐的，用以标示其组织的大纲。华严宗的判教和演教是中国佛教的一大特色，演教而论，华严自是首屈一指。其释经规范则有十门，分析繁细，难被初机。

此十门释经，有的取十门，有的取其中几门，而所取十门顺序也各自略有不同。今十门都取，以如下顺序来释本经：

一、起教因缘

起：兴起、发起之意。教：圣人契下之言。四字之意：佛兴起教法的因缘，或佛法因缘。法不孤起，起必有由，世间诸事，尚有因缘，况无上佛法，岂无因缘，佛法因缘有总有别：1. 总：约佛说一代时教的总因缘。2. 别：约佛说本经的因缘。

1. 总：总括世尊一代时教，四十九年，说大说小，说顿说渐，无非显理度生，原佛本意，只欲令众生悟入佛知见，故佛乘机应世，为其开示。佛虽三车通许，唯赐白牛，但为一乘，无三及二也。如《法华经·方便品》曰：“诸佛世尊，唯以一大事因缘故，出现于世……欲令众生开佛知见，使得清净故，出现于世；欲示众生佛之知见故，出现于世；欲令众生悟佛知见故，出现于世；欲令众生入佛知见（道）故，出现于世。”

（1）何谓“开佛知见”：佛知见即佛性，人人本具，无奈却埋没在尘劳烦恼中，隐而不显。佛为了开示众生本有佛性，使得离垢清净，故出世演说教法。

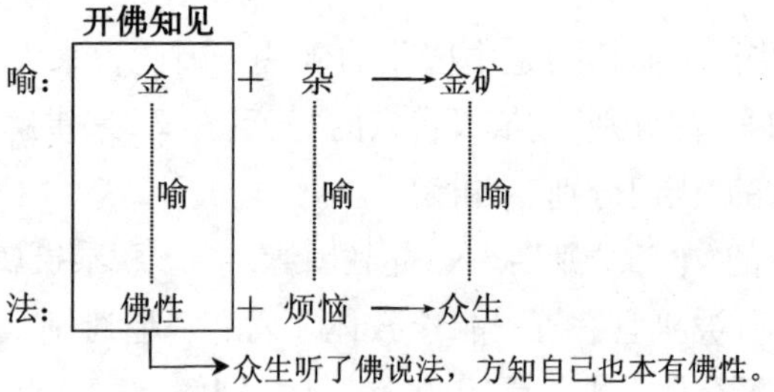

（2）何谓“示佛知见”：佛为众生指示怎样才能显现本有的佛性，故而出世演说教法。

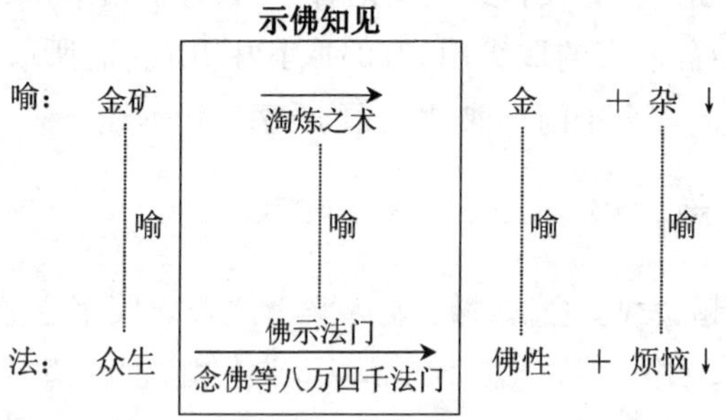

（3）何谓“悟佛知见”：得到佛指示的法门，若能依法修行，自有悟明本来是佛之时，那时方信圣凡不二，生佛平等（图见下页）。

（4）何谓“入佛知见”：悟佛知见之后，深信在理上自己与佛平等，但仍要继续修行。如禅宗曰“理须顿悟，事须渐修”，所以悟后仍要修到惑净智满，转八识成四智，是为入佛知见（图见下页）。

(3)

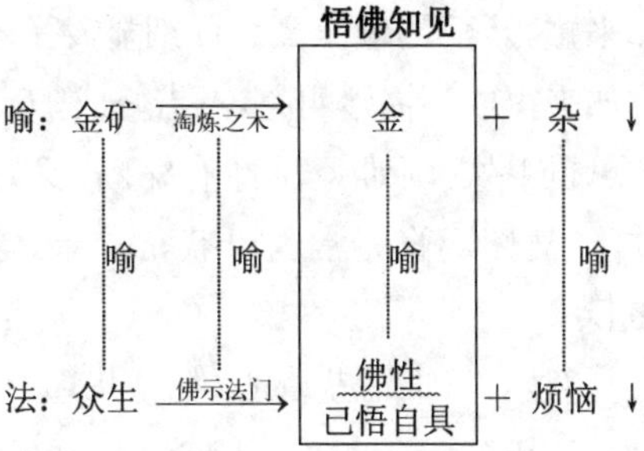

(4)

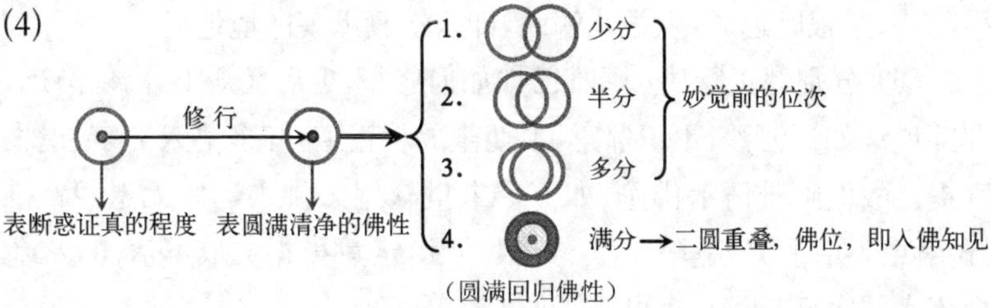

总因缘小结：此开示悟入佛之知见是如来出世一大事因缘，即是一代时教的总因缘。再简单讲：佛法总因缘是欲令众生成佛。

诸教总因缘即开示悟入佛之知见，那么是何因缘，佛说本经？

2. 别：别约本经因缘。有十种因缘故说本经。

(1) 为克示真三昧故：阿难遇难，因无真三昧故。所以启请十方如来成就菩提，所修何定。佛开示他有一种定叫首楞严大定，此定是成佛之定，是真三昧，非同凡、外、权、小之定。十方诸佛皆依此定而成就正等正觉。立此经名（本经简称《首楞严经》，以示此真三昧）、道场加行（魔强障重，建道场易成就真三昧）、成就圣位、劝离七趣（以戒助定）、辨识诸魔（以慧助定）等内容都是为此真三昧故。

(2) 为广破妄执故：阿难执妄迷真，匿王执常为断，七处征诘，阿难又执分别觉观为心等等，佛随执广破。

(3) 为开显妙明心故：众生无始生死相续，皆由不知妙明心，阿难亦迷，故佛开显妙明真心。先令舍妄从真，后会融真妄，令识万法唯心，四科七大，一一皆如来藏，妙真如性，乃说空如来藏一真本体。满慈发问,佛说后二如来藏,乃至圆融三藏。详细显发了本具的妙明真心,无碍圆融,即十方如来得成菩提妙明心,不借修成,人人本自具足。

(4) 为决断众疑网故:阿难疑见性有缩断,又疑见性属于因缘、自然、和合、非和合,又怀疑修无常因可获常住果,等等疑惑,真是疑网重重,佛随之断除。

(5) 辨析修行门故:阿难悟获真心,如得华屋,可苦于无门而入,求佛开示,佛告之,应以不生灭真心为因地心,再从六根中的耳根下手起修,一根既返源,六根皆解脱,即入一真无妄的境地。

(6) 分别邪正行故:阿难已知如何修行,可后代众生,离佛渐远,邪师说法如恒河沙,不识邪正,本期望成就正道,却多陷入邪宗,退失菩提。故而阿难请示佛陀,如何令末世众生入佛乘远魔无退呢?佛开示四种明诲,乃诸圣同途。戒根不亏,定慧可据。戒不清净,难免会落入邪宗,失正道,太可悲了!

(7) 为显咒功能胜故:阿难遭登伽之难,如来遣楞严神咒往救。此咒大威神力,消难获利,功德殊胜无比。

(8) 为证入有阶次故:理绝修证,事存阶次,偏一则病空有,圆通则融真俗。故不损寂灭而建立诸位。阿难知机为请,如来就行开示。始从渐次终乎极果,立六十圣位,不断而断惑障必亡,非证而证神用斯备。岂同魔外竟无位次耶?

(9) 为广示诸魔境故:佛大慈悲,无问自说五十种阴魔境界。使末代修禅观者认清,不要执著,免被迷惑,迷佛菩提,亡失知见。

(10) 为穷尽妄想源故:五阴诸经皆说,未闻五妄想成。今明破一阴时出一妄想。破则从粗至细,起则自细至粗,其根源唯一识阴,识阴无体,但是圆常。既知五阴都是妄想,五阴摄一切法。“一切诸法唯依妄念而有差别,若离心念则无一切境界之相也。”由此十种因缘而说本经。

二、藏乘摄属

藏即戒定慧三学之藏。乘即大小二乘。本经在经、律、论三藏和大小二乘之中的摄属关系：本经三藏之中经藏摄，二乘之中大乘摄。何故经藏摄？何故大乘摄？

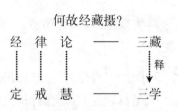

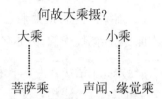

何故经藏摄？	何故大乘摄？
经 律 论 —— 三藏	大乘 小乘
释	
定 戒 慧 —— 三学	菩萨乘 声闻、缘觉乘
本经阿难请佛开示成佛大定，如来答定，正诠定学。虽兼有少分戒慧，也是助定之戒慧也。	本经当机所请，纯是大乘菩萨行故大乘摄，又旁兼小乘果法戒品。

三、义理浅深

已知本经是大乘教法，未审义理的浅深。

义：文之实曰义。
理：事之主曰理。｝圣人设教，理以统之，义以析之。

义：相也。
理：体也。｝本惟一体，随机则义有浅深。虽有多相，归本则理无差别。

1. 据贤首五教来看本经义理浅深：中国两大宗派天台与贤首，天台依《法华》而立宗，判释迦如来一代时教为藏、通、别、圆四教；贤首依《华严》而立宗，判释迦如来一代时教为小、始、终、顿、圆五教。贤首五教与天台四教二宗判教，虽有四、五不同，其实是名异义同，不过开合而已，不可存门户之见：

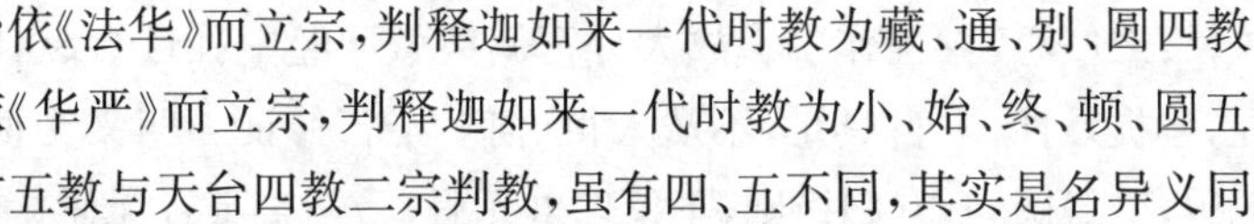

略谈贤首五教：(1) 小教：此教以随机故，但说人空，不明法空，惟六识三毒建立染净根本，未尽法源，只论小乘，名为小教。如四分律等律，《四阿含》、《俱舍论》等。

(2) 始教：此教是大乘之初，未尽大乘法理，名为始教。不言定性声闻、无性阐提作佛，故亦名分教。

始教 { 空宗：说诸法皆空，如《般若》、《中论》、《百论》、《十二门论》等。
相宗：广谈法相，少谈法性。如《解深密经》、《瑜伽师地论》等。 }

(3) 终教：是大乘终极的教门。此教说如来藏随缘，成阿赖耶识，缘起无性，一切皆如。定性二乘、无性阐提，悉当作佛，方尽大乘至极之说，故名为终。此教多谈法性，少及法相，纵说法相，也会归法性。如《胜鬘经》、《起信论》、《宝性论》、《楞伽经》、《密严经》等。

(4) 顿教：此教明一念不生，即名为佛，不依地位渐次，亦不说法相，唯辨真性，绝相泯心，一切寂灭，顿悟成佛。如《维摩诘经》等。

(5) 圆教：此教所说，唯是无尽法界，性海圆融，缘起无碍，相即相入，如帝网珠，重重无尽，于中明一位即一切位，一切位即一位，故十信满心即成正觉，名为圆教。如《华严经》、《法华经》等。

若据五教显本经之深浅，本经多谈法性，少及法相，纵说法相，亦会归性，指四科七大无非藏性；十二类生，本元真如，即是如来，成佛真体；二乘回心，皆当作佛。故大分正属终教。经中狂性自歇，歇即菩提，菩提妙性，本自具足，不从人得，何藉辛苦修证。四义交彻，四相无碍，三藏圆融，会归极则，不仅理事无碍，乃至事事皆无碍。故兼属顿教和圆教。若以五教摄经，后终、顿、圆三教摄此；若以经摄教，亦可全该，因不废小乘果法戒品，又兼存始教八识三空等义理故。

2. 约论辨义：依《起信论》，从本向末，亦有五重分属，亦同五教。但五教乃从浅至深，而论文则由深及浅，此二者分别也。

由此可见本经义理深奥，乃究竟之谈，了义之说，非权小可比。本经具足十法界，摄法周备，超于余经。本经实与《华严》、《圆觉》同条共贯，为无上甚深之典。

四、所被机宜

经是契理契机之教，圣人设教，本是应机而说。那么本经所被何机？本经所对之机应分通、局。

1. 通：即普被群机。一切众生皆是所被之机。

前面判此经，正属终教，终教教义明一切众生皆当作佛。一切众生皆有佛性，只要闻之无不获益。根机深的人即得悟入，浅的人只能信解，无夙根之人皆熏成圆顿种性，从获益上讲则属远因缘。

2. 局：即捡择当机。

本经既属终教，自是叹大褒圆，引小入大之教。本经当机众有二：小乘四类和带病四类。

当机众有二
- 小乘四类
  - 回心声闻
  - 缘觉
  - 有学
  - 定性声闻

  此四类都属本经所教化的当机众，都使之发菩提心，成菩提果。
- 带病四类
  - 认识为心：不知真心，以妄识为心。用诸妄想。
  - 恃闻忽定：阿难跟佛出家，恃佛憍怜，求多闻故，不勤定力，未证无为。
  - 求他加被：经云："自我从佛，发心出家，恃佛威神，常自思惟，无劳我修，将谓如来，惠我三昧，不知身心，本不相代。"
  - 恃性忘修：知真本有，达妄本空，自恃天真，顿捐修证。不知真虽本有，不方便显之终不能见。妄虽本空，不方便破之，终不能觉。

  本经正治此四病，乃对症之良药。

本经以阿难发起，示居小位，示现诸病，引发如来，应机施教。

故知阿难乃大权示现，既为发起众，又属当机众，正为众生作弄引耳！

五、能诠教体

诠：说明、解释。教体：如来教法所依之体也。

本经以何为教体呢？今依贤首疏《起信论》，略作四门，以明教体，此四门是由浅至深。

1. 随相门：通取声、名、句、文四法为教体。声、名、句、文四法皆是相故曰随相门。声：声音。名即字，一字一名，多字成句，多句成文。声、名、句、文四法，若只有音声而无名、句、文，也不能成教体，必须四法互相资助，不可偏废，方成教体。如世间风声、水声，没有名、句、文，不能诠理，不成教体。佛在世，说法度生，是以音声含名、句、文，音声可以成为教体。如来灭后，纸墨之教乃名、句、文也，名、句、文亦得成教体。今当通取声、名、句、文四法为教体。

2. 唯识门：以唯识为教体。此按万法唯识之旨，一切教法，亦不离识，故以唯识为教体。

一切教法
- 本质教：是如来鉴机既定，应以何法得度，即从净识现起，为众生说。（说者净识所现文义）
- 影像教：听者之识，托彼本质教上而现文义之相，为已所缘。（听者识上文义相现）

二者皆不离识

3. 归性门：性即真如。以上识心无体，唯是真如。以一切法，从本以来，离言说相，离名字相，离心缘相，毕竟平等，唯是真如，故以归性为教体。

4. 无碍门：即前三门，心境理事，圆融无碍，交彻相摄，而成四无碍法界。

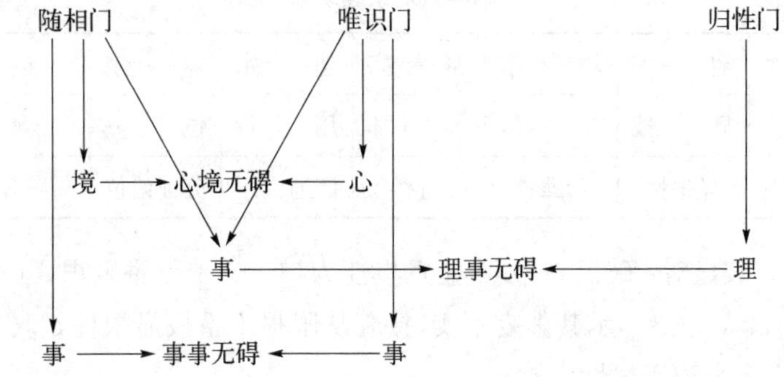

随相门属于境(声、名、句、文属声色之境);唯识门属心,合之成心境无碍。

又前二门属事,归性门属理,合之成理事无碍。

又前二门,事之与事,随相不碍唯识,唯识不碍随相,则成事事无碍。

本经四义交彻,四相无碍,三藏圆融,得以无碍为教体。后二门与天台宗说本经以如来藏为体,亦相吻合。

六、宗趣通别

宗:语之所表曰宗。趣:宗之所归曰趣。宗趣具通局二门。

宗趣具二门
- 通门:指一代时教
  - 权乘:多重修成,动张因果,则因为宗,果为趣。
  - 实乘:多重性具,首明悟入,则悟为宗,入为趣。在通门本经属于实乘,那么宗趣与实乘同。
- 局门:约本经
  - 总:圆定(楞严大定)为宗,极果(佛果)为趣。
  - 别:本经有六对宗趣:破、显,偏、全,悟、入,体、用,行、位,分、满。此六对都是先宗后趣,且都以前对之趣为后对之宗,再起其趣也。

本经六对宗趣表

宗	趣══宗	趣══宗	趣══宗	趣══宗	趣══宗	趣
破	显　　偏	全　　悟	入　　体	用　　行	位　　分	满
破识心	显根性	彰藏性	一门深入	圆通大用	分证诸位	圆满菩提

1. 破显对：破识心为宗，显发根性为趣。文中三番破识心(破妄识无处，非心，无体)，示其虚妄不实，接着从眼根十番极显根性是真，令修行人舍妄识用根性。

2. 偏全对：偏指根性为宗，全彰三藏为趣。根性即如来藏性。上对所显根性，偏约眼根而显，一根如是，根根皆然。若偏执此性独在有情，则非圆妙，要知此性，情与无情，本同一体。

根性 { 一根 —推广→ 六根
　　　 有情 —推广→ 无情

故佛自近及远，全彰四科七大为空如来藏(四科：五阴、六入、十二处、十八界。七大：地、水、火、风、空、见、识)，十相三续为不空如来藏(十相：无明、三细、六粗。三续：世界、众生、业果，三种相续不断)，四义三藏为空不空如来藏(四义：一为无量，无量为一，小中现大，大中现小)，意令由偏及全也。

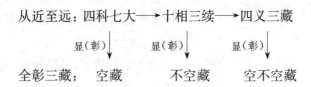

从近至远：四科七大——→十相三续——→四义三藏

显(彰)↓　　显(彰)↓　　显(彰)↓

全彰三藏：　空藏　　不空藏　　空不空藏

3. 悟入对：圆悟华屋为宗，求门深入为趣。上对全彰的藏性比喻为华屋，如此华丽之屋必得其门才可进入！即阿难圆悟藏性之后，又请佛开示圆修。

4. 体用对：证圆通体为宗，发自在用为趣。蹑前一门深入（二十五门中耳根圆通），解六结（耳根中动静根觉空灭），越三空（人空、法空、俱空[人法空]），即证圆通体（即证如来藏之体）。则获二胜（二种殊胜：一、上合诸佛慈力。二、下合众生悲仰）而发三用（即三十二应，十四无畏，四不思议），即发自在用（显发神通自在妙用）。

5. 行位对：运圆定行为宗，历圆因位为趣。此亦蹑前圆通大用（即上发自在用），无非圆定行，即无作妙行，依此妙行，上历圆因五十五位真菩提路，而趣妙庄严海。

6. 分满对：分证诸位为宗，圆满菩提为趣。亦蹑前分证诸位（即历圆因五十五位真菩提路），觉行圆满，始证大圆满觉，无上菩提。

一经宗趣，由破而显，由显而悟，由悟而入，由入而深，由深而极，如此层层深入，入如来妙庄严海，究竟圆融无碍，可见本经宗趣极圆。

七、说时前后

佛说法四十九年，先后说法的次序，亦是如来教育方针，此教育方针，乃顺乎自然之趋势，非有心之安排。贤首国师，将如来五十年中所说之言教，就已传译中国者，作有方法之整理，倘名之为佛学大纲亦无不可。此一大纲分佛说法为三时即三期，判教材为五级即五教。贤首国师分判释迦一代教典为三时五教如下页表。

那么本经说自何时呢？诸家注疏判时各有不同，各自有据，如果按本经义理因缘，则是通于前后，不能确定说在何时。现从文中三处讨论：一、从经中弹偏斥小，意令舍小入大的经义来看应属方等会。即第二时，中转。二、若据匿王年龄，应属般若会即第二时，后转。经中波斯匿王自述年六十二岁，而佛与匿王同龄。佛在六十二岁时，正说般若。三、若据小乘求成佛道，诸圣各说本门（声闻入实，法华前无），以及耶输已蒙受记，还有善星、琉璃事迹（经中述善星比丘妄说法空，谤无因果，虚贪信施，当生身陷地狱；琉璃大王兴兵诛灭释迦族，亦当生入地狱），从这些内容看本经应在《法华》之后。然而本经又不唱入灭之期，故而应在《涅槃》之前。如此本经居二部经之中。

由此可见本经非一时顿说，通前后际，是结集者约类总为一部罢了。我们又何必强判，而起争论呢？如果一定要判属于何时，就应该从本经大部分经义而判，则归中转时、方等会。

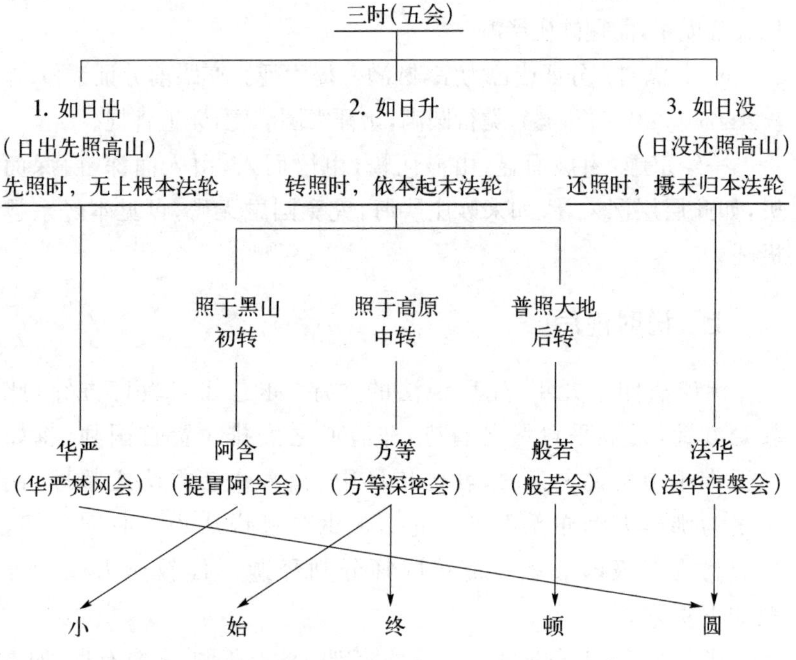

八、总释名题

全名：大佛顶 如来密因 修证了义 诸菩萨万行 首楞严 经

本经全名共 20 字，分 6 段，是十卷宏文的纲要，全经要义，尽摄于题，欲识经中要旨，须明经题之总纲。此题是结集经者，于佛自命五题中，择其重要略取十九字合成一题。

五题：
- <u>大佛顶</u>悉怛多般怛啰无上宝印十方如来清净海眼（取为前三字）
- 救护亲因，度脱阿难及此会中性比丘尼得菩提心入遍知海
- <u>如来密因，修证了义</u>（全取为中八字）
- 大方广妙莲华王，十方佛母陀罗尼咒
- 灌顶章句，<u>诸菩萨万行首楞严</u>（取为后八字）

前十九字异于诸经，故谓之别题。“经”之一字同于诸经，故名通题。凡是经藏，诸部同名为经。

别题：一切诸经，别题无量，依古德判定不出七种立题，以人、法、喻三字，单字三种，双字三种，具足一种。

七种立题：
- 单三：
  - 单人立名：如《佛说阿弥陀经》。佛、阿弥陀皆是人。
  - 单法立名：如《大涅槃经》。涅槃是法。
  - 单喻立名：如《梵网经》。以大梵天王的网罗幢为比喻。
- 双三：
  - 人法立名：如《地藏菩萨本愿经》、《文殊问般若经》。人：地藏、文殊。法：本愿、般若。
  - 人喻立名：如《如来狮子吼经》。如来是人，佛说法如狮子吼。
  - 法喻立名：如《妙法莲华经》。妙法：法。莲华：喻。
- 具足一：人法喻立名：《大方广佛华严经》。人：佛。法：大方广。喻：华严。此部经比喻万行的因华，庄严无上果德。

本经立题是人法立名，略兼于喻（具足）。

大佛顶	如来	密因	修证	了义	诸菩萨	万行	首楞严	经
性法	果人	理法	修法	教法	因人	行法	果法	

人：因人、果人。法：性法、修法，教、理、行、果等法。喻：“佛顶”

二字喻藏性。故而本经以人法立名，略兼于喻。

大佛顶：大，梵语摩诃，具广阔、包含、周遍等义。此为称赞之词，赞密因、了义、万行、楞严四法：一、赞密因为大因，得成菩提故。二、赞了义为大义，称实理说故。三、赞万行为大行，如实修行故。四、赞楞严为大定，王三昧故。具此诸大，是为大经。经题首标“大”者，目的是令受持本经的人，当依大教解大理，称大理起大行，满大行证大果。故以“大”字赞之。

佛顶：即佛肉髻相上，无见顶相也，乃三十二相之第一相（肉髻在青螺绀发正中，周围红色，状如春山吐日）。“佛顶肉髻生万亿光，光光相次，乃至上方无量世界，诸天世人十地菩萨，亦不能见。”欲穷佛顶，终不能见，此不属有；而能放光化佛，又不属无，双离有无，是之谓妙。“佛顶”表显之义，表一、密因，二、了义，三、万行，四、楞严，此四法是妙教。

一、表密因为妙因，因心果觉，二不别故。二、了义为妙义，一门深入，六根清净故。三、表万行为妙行，称真如理，中中流入萨婆若海故。四、表楞严为妙定，自性本具，不假修成故。具此诸妙是谓妙法。表以“佛顶”者，意令受持此经者当依归妙耳门之妙教，悟如来藏之妙理，从妙理起妙行，满妙行证妙果。故以“佛顶”表之。

“大佛顶”此三字冠于经题之首，令知所赞所表的四法：密因，了义，万行，楞严，必非权渐教也。“大佛顶”是能赞能表。用此三字来赞叹表显比喻本经是大经是妙法。本经不但内容广大，包罗万有，而且所讲的道理也是最高最妙，犹如佛顶一般，没有任何理论在它之上。

如来密因：如来即诸佛通号。本来佛有一万名号，众生渐钝，减为千号，众生弥昧，则减为百号，众生更愚，减至十号，此十号是每尊佛的通号。如来是第一号。如来：以佛佛道同，后佛如先佛之再来，故曰如来。“如来”随教浅深，释有多种，今据本经终实教意释：如是本觉，来是始觉。始本究竟名如来也，即是果人。（觉有三：一、本觉：

众生本是佛。二、始觉：一步步断惑证真。三、究竟觉：断最后一品生相无明，圆满菩提。众生依本觉不生不灭之理性，起始觉回光返照之观智，依妙智证妙理。始觉与本觉合一，名究竟觉，方成佛道，方称如来。）如来又可约三身释：本经云："生灭去来，本如来藏，性真常中，求于去来迷悟生死了无所得。"此约法身释。《转法轮经》云："第一义谛名如，正觉名来。"本经云："明极即如来。"皆约报身释。《成实论》云："乘如实道，来成正觉。"本经云："自觉已圆，能觉他者，如来应世。"皆约应身释。

如来密因，即是十方如来得成果觉，所依之因心。也就是成佛之因，此因众生不知故曰密因。亦即一切众生所具的，不生不灭之根性。文中十番显见，显此密因，非惟近具根中，实则远该万法，会四科惟是本真，融七大无非藏性，明三种生续之因，示五大圆融之故，全彰三藏，不离一心，如来密因之旨，显发无遗矣。众生人人本具不生灭之根性，此乃成佛真因，也即是经中二种根本中真本。凡夫、外道、权教、小乘，皆不知自身密具此真因，未能依之修证，反认意识为心，错乱修习，不能得成无上菩提，故谓之密。十方如来皆依此不生不灭为本修因，然后圆成果地修证。

此密因不仅是因性，亦是果性。因为如来虽证极果，但不离正因。所谓"因该果海，果彻因源"。既然是果性，为何复名因呢？因为须见此不生不灭之根性后，方是究竟圆觉之因。更须依此圆湛不生灭性，成为因地心，称性起修，始获究竟果觉。即此一性，而能通因彻果。"如来密因"题中一句，经中占三卷半文。即是回答阿难所请三名中妙奢摩他，以此三如来藏性即是自性本定，而顿悟了达于此者，即奢摩他微密观照也。

修证了义：修证了义即称密因所起之修证。本经以不生灭密因为本修因，从耳根一门下手起修，解六结，越三空，方为了义之修。获二胜（上同诸佛慈力，下合众生悲仰）而发三用（三十二应、十四无畏、四不思议），方为了义之证。然谓之"了义"者有二义：

1. 用根不用识故：若用识则是以生灭为本修因，而想得不生灭的佛果，是不可能的，如蒸沙成饭，沙非饭本，故非了义。而用根则以不生灭为本修因，可成就不生灭的常住菩提道果，以因同果故。如依金作器，器器皆金，故是了义。又特选耳根圆通，乃是了义中真了义。以其超二十四圣而独妙，是十方三世诸佛一路涅槃之要门，安有修证了义，能过于是乎！

2. 从性起修，因该果海故：依密因无修证果海中，不妨幻修幻证。故修而无修，非事相之染修。证而无证，非新成之实证。故为了义，而非不了义也。

经中讲的道场定慧，神咒利益，都是修证圆通加行，也是了义的。“修证了义”名题中此一句，经中占二卷半之文，即是回答阿难所请三名中，妙三摩之问。

诸菩萨万行：诸，众也，多也。通指五十五位即本经分证诸圣五十五位之数也。彼等证位深浅不等。

菩萨，梵语具云“菩提萨埵”，此方人有好略之习惯，简称“菩萨”。“菩提”译云觉，“萨埵”译云有情。菩提萨埵即“觉有情”，乃大道心众生之称。菩萨修诸波罗蜜，乃如来道前之号。今作三义释之：一、已经觉悟我法二空之有情。二、能觉法界无量诸有情。三、智悲并运，自他两利。运智则上求佛觉以自利，运悲则下度有情以利他。

万行，即诸位(五十五圣位)中历修之行。如十信、十住、十行、十回向、四加行、十地、等觉，其行应有无量，今言“万”明多也，非局定数也。此之万行，蹑前了义(修证了义)而更进深玄，不但修同无修，证同无证，而且极尽精微，至神至妙，此万行根柢于三如来藏，归极于无障碍法界。此万行皆法界无障碍之大行也。“诸菩萨万行”名题中此一句，经中占半卷之文，即是回答阿难所请三名中妙禅那之问(即“圆证”之后结经名，文至此，问答相应，已尽正说。后七趣、五魔、五阴生灭是经外余意)。

首楞严：梵语。在《涅槃经》中佛自释“首楞严”为“一切事究竟坚固”。一切事：十法界圣凡，依正因果名一切事。究竟坚固：谓不生不灭之理。一切事即诸法是俗谛。究竟坚固之理即实相是真谛。今显即俗即真，即事即理，名之为一切事究竟坚固。究竟坚固之理，幻现一切事，故一切事其体无非坚固之理。

首楞严是最上定、成佛之定、性定、妙定、圆定、三昧之王，完全不同于常途功夫引起之定，亦不同于起心对境之定。今有三义，料拣此定：

1. 此是妙定：正以性本自具，天然不动，不假修成。纵在迷位，其体本然，故称为妙。所以古德明此定为彻法底源，无动无坏之定。由此可见，凡是不即性而别取功夫为止观的定，都不是妙定。

2. 此是圆定：此定不但独取自心不动，乃统万法，悉皆本来不动，为一定体，故称为圆。此定为一切事究竟坚固之定。由此可见，凡是不兼万有，而独制一心不动的定，都不是圆定。

3. 此是大定：此定无出无入，无去无来，无动无静，无一时不在定中，故称为大定。由此可见，凡是有入住出，入之则有，出之则无；在定纵经多劫，必以静而碍动；出定略涉须臾，必以动而碍静，皆非大定。

首楞严是大定之总名，圆含妙奢摩他、三摩、禅那三种别名，而成一定全体。此（首楞严）全取正因佛性，略以兼带了缘二因为定全体，即所兼带了缘二因，亦是性具，不同权乘说为后得。

首楞严{
- 全取正因佛性，略兼了因而为奢摩他体。
- 全取正因佛性，略兼缘因而为三摩提体。
- 全取正因佛性，双兼缘了二因为禅那体。

今合三定别名，成一大定总名。复摄大定总别为一全部经题，共十九字，是别题。

经：通题。梵语“修多罗”，华言“契经”，上契诸佛所说之理，下契众生可度之机。又此方圣教称经，今译“契经”，显是西域圣教。

经具四义
- 贯：能令义理无有散失。
- 摄：摄受所应度之机，令得解脱故。
- 常：尽未来际，万古不能易其说。
- 法：极十方界，众生所应遵其轨。

九、历明传译

本经从印度传来和翻译的情况，分四部分：主译人、译语人、证译人、润文人。

1. 主译人：唐中天竺沙门般剌密谛译。

唐：朝号。本经翻译在唐朝武则天退位，中宗皇帝嗣位的神龙元年(705年)。这是翻译本经的(朝代)时间。

中天竺：译主出生地。“天竺”是西域国之总称，译为“月邦”(该国有圣贤教化如月之照临也)，即今之印度，共有东、西、南、北、中五区。今译主生于中区故云“中天竺”，也就是说译主是印度中部之人。

沙门：梵语，译为“勤息”，意思是：勤修戒定慧，息灭贪嗔痴。又云“识心达本源，故号为沙门”。沙门分四类：胜道沙门：修行证果的。说道沙门：宏法利生者。活道沙门：持戒修身，以道自活者。污道沙门：不持戒律，败坏佛门者。

般剌密谛：译主之名，译为“极量”。意思是：智慧、才能均极丰富圆满。又名“波罗蜜多”，译为“到彼岸”，意思是：此法师办事尽责，修行证果已到彼岸。

译：译者易也，变易之义。将梵文梵音，易为华文华语，谓之译。翻译佛经古有四例五不翻：

四例：一、翻字不翻音：先随其音，以此方之字易之，名为翻字，方可读之，但不知其义。如诸陀罗尼咒。二、翻音不翻字：如佛胸字卍字。三、音字俱翻：通两国言音，一一变梵音为华语。如我们现在读的佛经，可以识言词明义理也。四、音字俱不翻：贝叶梵文。

五不翻：一、尊重故不翻：如“般若”异于普通智慧。二、顺古不翻：如阿耨多罗三藐三菩提。三、多含不翻：如比丘含三义。四、秘密不翻：如一切神咒，皆佛密印密语。五、此方无故不翻：如恶叉聚果，此方无故。

本经的由来：据说本经原藏于龙宫，因龙树菩萨(又名龙猛、龙胜)到龙宫说法(九十天)，见龙藏中有本经，披阅之下，叹为稀有，于是默诵而出，以利阎浮众生，录呈国王，王视为国宝而藏于国库，禁传诸国。此经未来，盛名先至。后有梵僧，见智者大师所立三观，谓其意旨，与彼国楞严经，意旨相符，由是智者大师在天台山筑拜经台，向西拜求十八年(有曰十六年)，终未得见。天台山的拜经台现仍在。直至般剌密谛尊者，志益此方，初次匿经东来被守边官吏查获，不许出国。而宏法之愿愈坚。后用极细白氎(氎 dié，棉布也。有曰白绢，有曰腊纸)书写(蝇头小字)此经，割膊潜藏，迨伤口愈，再请出国，官吏搜查不出，遂航海而来。于唐神龙元年抵达广州，适遇房融被贬于广州，请于制止寺，即现在的广州光孝寺，唐时称为制旨(止)寺。剖膊出经，经被血包裹，房相之女告其曰：人奶浸之，久而自溶(或云房夫人以水渍之，方得开展)。因般剌密谛尊者潜藏此经出国，国王罪责守边官吏，尊者以身承罪以解官吏厄难，故本经译成速回国，愿以身承当其罪。可见般剌密谛尊者为法忘躯之精神，令人敬佩。我国众生均沾法益。今为记其功，所以首标其名。故曰“唐中天竺沙门般剌密谛译”。

2. 译语人：乌苌国沙门弥伽释迦译语。

乌苌国：是当时古印度的一个国名。华言“苑”，乌苌国原为阿输迦王的花园，位于印度北部(北天竺)。

弥伽释迦：译为“能降伏”。是译场中重要的助手，精通两国语言。

译语：即翻音，将梵音变成华语，定言词成章句。因为当时般剌密谛尊者仅将其音读出，今弥伽释迦再将梵音，变成华语，定言词，成章句，其功至伟，故应并列。

3. 证译人：罗浮山南楼寺沙门怀迪证译。（古本有证译人名一行，最近经本中，却无提到，为何略去？无从查考。）

罗浮山：山名，在广东省。

南楼寺：怀迪所住之处。

怀迪：学问渊博，平素广览群经，深研佛典，融会贯通，兼擅梵语。

证译：于音字之中，总为参详校正。因迪师久习经论，备谙梵语，前二师虽兼美华文，以乍来此方，恐未尽善，经师证明，可尽善尽美，所以也同样有不可磨灭的功劳。

4. 润文人：菩萨戒弟子，前正议大夫，同中书门下，平章事，清河房融笔受。

菩萨戒弟子："菩萨戒"，大乘戒法，十重四十八轻，通在家、出家。也就是说本经润文人房融受了菩萨戒。"弟子"，以菩萨为兄，以佛为父故称弟子。

前正议大夫，同中书门下："前"，先。"正议大夫"是官职。"同"，兼。"中书"和"门下"也是官职。"中书省"与"门下省"为内省左右相府之名。中书省多掌王言，门下省多主政事。此句之意：房融先前曾官至正议大夫及权兼两相，虽被贬，仍以旧职称他。

平章事：平，均也。章，显也。事，即政务法度之事。三字之意：均理政事，彰显法度。

清河：房融故乡县名。

房融：润文人。姓房名融，有子房琯。父子二人，先后拜宰辅。

笔受：翻字翻音之后，房相再润饰文字，使文义俱美。房相文学修养甚高，本经由他润色，故本经语句文法为诸经之冠。所以房融不仅有功于此经，实大有功于此土众生。

此句介绍本经的润文人房融，他是受过菩萨戒的居士，官至宰相，是个很有能力的好官，他的故乡在清河县。房融与此经宿有因缘，初请译，次笔受，再润文，后则奏入内庭，虽未得即时颁布，后为神秀入内录出，复得家藏原本，卒致流通，盛行宇内。

十、别解文义

解释经文分三科：
- 序分：属于经前的序介缘起。
- 正宗分：阐明经中的宗旨。
- 流通分：经后劝信与流布的文字。

分科释经，始于东晋道安法师，当时仿效者众，然也有讥为割截经文者。后证于亲光菩萨《佛地论》，此论也有三分之意：一、起教因缘分，二、圣教所说分，三、信受奉行分。与道安法师义同。故后代法师皆依之。

序　　分

[解说]

序分：属于经前的序介缘起。

序分
- 证信序：从“如是我闻”——“文殊师利而为上首”。
- 发起序：从“时波斯匿王”——“及摩登伽，归来佛所”。

证信序：即“信、闻、时、主、处、众”六种成就，证明此法可信，故曰证信序。

发起序：是本经发起因缘，与诸经不同。又名别序。

一、证信序

如是我闻[1]，一时[2]佛[3]在，室罗筏城，祇桓精舍[4]。

这部经是我阿难亲自听佛陀讲的。有一天，佛在舍卫城的祇桓精舍。

[注释]

[1] 如是我闻：如是：信成就。六种成就，何故信成就居首呢？因为诸佛因中，由信生解，依解立行，因行而证佛果。信为道源功德母，一切善法由信而生，佛道因信而成，故六种成就，以信居首。

如是
- 指法之词，指本经十卷宏文，是我阿难，亲从佛闻。
- 信顺之词，信则言如是，不信则言不如是。

我闻：闻成就。六成就中的第二。

我有四种：
- 妄我：凡夫妄执之我。凡夫执著肉体是真我，终日为它劳碌。
- 神我：外道妄计有神我。
- 假我：菩萨随世假我。出世圣人，了知四大皆空，五阴非我，但为传弘正法，假说有我。
- 真我：如来法身真我。佛已亲证自受用法身，谓之真我，成佛才是真我。

《法华经》云“我与阿难，在空王佛所，同时发菩提心”，故知阿难乃大权示现。今文中阿难称我，乃随顺世间，假名称我也。

闻：从耳根发耳识，闻佛声教，由耳达心，故能记忆。佛因为一切众生，都认为肉耳能闻，故不曰耳闻，而教称我闻者，有深意呀！“我闻”按本经如是闻性，是心非耳。由根中不生灭之闻性，托根闻法。肉耳实无闻法功能，故曰我闻。

“如是我闻”有四义：(1) 断众疑。(2) 秉佛嘱。(3) 息诤论。(4) 异外教。

(1) 断众疑：阿难结集经藏时，初升法座，相好如佛（短佛三指），众起三疑：疑阿难成佛，疑佛再来，疑他方佛来。至阿难高唱“如是我闻”，三疑顿息。

(2) 秉佛嘱：佛将入灭，阿难悲伤欲绝，泣不成声，此时阿那律陀尊者就对阿难说：“你不能哭，应该赶快问佛，怎么安排后事？”阿难说：“要问什么后事呢？”尊者教阿难问佛四事：佛在世时，我等以佛为师；佛灭度后，以谁为师？佛在世时，我等依佛而住；佛灭度后，依何而住？佛在世时，恶性比丘佛威调伏；佛灭度后，如何处之？佛灭度后，结集佛经，一切经首，当安何语？佛回答：以戒为师。依四念处住。恶性比丘，默然摈之。一切经首，当安“如是我闻，一时佛在某处，与某大众俱”。

(3) 息诤论：阿难位居初果，德业不及诸大阿罗汉，况上位菩萨，如果阿难所说的经典，众所不服，必滋争论。今阿难曰：“如是我闻”，以如是之法，乃我从佛所闻，众知阿难多闻第一，历耳不忘，故息诤论。

(4) 异外教：外道经首，皆安“阿”，“忧”。阿：无也。忧：有也。以其有无不决，故安此二字。佛嘱经首，安六种成就，所以异于外道典籍。

以上皆就事解释。现在再从理上解释：

如是：圣人说法但显真如，唯如为是耳。按本经，如来藏妙真如性为如，如者不动之义。藏性遍满虚空，充塞法界，湛然凝然，如如不动。一切事究竟坚固为是，是者无非之称，将一切事相之法，悉心穷究，一切法皆是我心，全事即理，全相皆性，坚固不坏。

我闻：约理即以无我之真我，起不闻之真闻，闻如是之法，法法皆如，法法皆是，唯一如来藏性，为此经之理体。是为闻成就。

我：主宰义，自在义。只有法身才有此意。我有八种自在才叫“我”。

八种自在：一、分身自在：一身现多身，分身法术。二、一身遍满大千世界，现大身。三、飞行自在：佛、菩萨念头到，身就到，不用飞机。四、随类化身：同时同处，六道道道有我身度众生。五、诸根互用。六、得一切法如无法想。七、说一偈尽无量劫：佛、菩萨一偈讲无量劫也讲不完。智者大师“妙”字讲了九十天。八、身遍满一切处，犹如虚空：佛、菩萨有身如同无身。佛就是自在：身相自在，现而不现，不现而现。音声自在：说而无说，无说而说。佛以一音而说法，众生随类各得解。中国人看佛是中国人，说中国话。英国人看佛是英国人，说英国话。

我闻：阿难生于佛成道之夜。佛成道二十年后阿难出家，又过十年，方命为侍者。三十年前，佛所说经未闻，何称“我闻”，古有四个解答：一、展转闻：从比丘、天人等处闻。二、佛重说：佛命阿难为侍，阿难求三愿，第三、所未闻法请佛重说。三、阿难自通：阿难得法性觉自在三昧，故三际十方之法无不觉也。四、阿难大权示现，何滞于迹，言不闻也。故佛的法，阿难俱闻。(《佛祖统纪》卷第四：阿难集法藏自云，佛初转法轮，我是时不见。如是展转闻。旧云阿难得佛觉三昧，力自能闻。又未闻经愿佛重说，故佛口密为说，阿难亲承佛旨如仰完器，传以化人，以泻异瓶。佛已涅槃，从金棺出金臂，重为现入胎之相，诸经皆闻。胎相尚闻，况后诸经。此即追现入胎，转法轮相，使阿难给侍二十年已前诸经，皆得闻之。阿难面于佛前自闻授记，即时忆念过去诸佛法藏，通达无碍，如今所闻，亦识本愿。)

[2] 一时：第三、时成就。世事会合，尚待昌期。大法弘宣，岂无嘉运。盖必假良时，方成法益。一时，不能定指何时，唯以机教相投，师资会合之际，总名一时。为什么不能定指何时呢？一者华夏、印度纪历(历法)不同，二者本经通前后际。

佛说法，或在人间，或在天上、龙宫，处所不同，而其历法不同。故未能定指是某年、某月、某时。

时间是百法中心不相应行法。所以时间是个假法，是在色法、心法、心所法(等法)的作用上假立的名称，完全是遍计所执性，是我们的错觉。若能突破时间，就可长生不死，境随心转。

一时，表说听无定。说者延一日为一劫，促一劫为一日，乃说者神力延促。听者根器利钝不一，法喜则觉很快，法不入心则觉时长。菩萨可年年十八，亦可岁岁八十八，可随意年龄，所以时间无定体，能缩无量劫为一刹那，伸一刹那为无量劫。时间有过去、现在、未来、年、月、日，时、分、秒等。佛以二谛说法。“一时”是真的，若说是某年、某月、某时就是假的，因为已经过去了！如智者大师生于隋寂于唐，距佛一千多年，灵山一会仍未散，有能力就可去听。楞严一会也仍未散，有能力有缘，就可以参加呀！所以佛用“一时”太妙了！确指某时就不妙了！

[3] 佛：第四、主成就。佛是说法主。题中佛字，遍指十方诸佛，今此佛字，唯指本师释迦牟尼佛。

[4] 在室罗筏城，祇桓精舍：第五、处成就。佛有三身：一、法身

佛，无在无所不在。因为法身无相，故无所在；又因法身遍一切处，故无所不在。二、报身佛，有无量相好庄严，在莲华藏世界。三、应身佛：乃应众生之机所示现之身。或在灵鹫山，或在竹林园，今在室罗筏城祇桓精舍，示迹此处。楞严大法得此胜地，堪以宏宣。

[解说]

这段经文讲一、证信序中的“信、闻、时、主、处”五种成就。

第六众成就

与大比丘众，千二百五十人俱[1]，

此楞严大法是我(阿难)与一千二百五十位大比丘在一起共同听到的，

皆是无漏，大阿罗汉[2]，佛子[3]住持，

这些比丘都是无漏大阿罗汉，如佛子一样能住持佛的事业，

善超诸有，

常不离三界(三界二十五有)，广作佛事，却又能超越三界(即三界而超越三界)，

能于国土，成就威仪。

故能在同居国土，尘劳之内，三业无亏，六尘不染，有威可畏，有仪可则。

从佛转轮，妙堪遗嘱。

能依从佛的轨辙，助转法轮，因智悲双妙，故堪承如来遗命(即佛入灭时，吩咐菩萨弘法度生之事)。

严净毗尼，弘范三界。应身无量，

戒行清净，自行化他，能为三界人天的师范。应机示现无量的身，

度脱众生。拔济未来，越诸尘累。

度众生脱离生死。乃至尽未来际拔济众生，使其超越尘劳的束缚而得解脱。

其名曰：大智舍利弗、摩诃目犍连、摩诃拘絺罗、

他们以大智舍利弗、大目犍连、大拘絺罗、

富楼那弥多罗尼子、须菩提、优波尼沙陀等，而为上首。

富楼那弥多罗尼子、须菩提、优波尼沙陀等，为上首。

复有无量，辟支无学，并其初心，同来佛所，

还有无量的辟支佛和无学阿罗汉，和初发心的学人，一起来到佛的住所，

属诸比丘，休夏自恣。

加入到诸比丘中，参与结夏安居期满的自恣法会。

十方菩萨，咨决心疑，

十方菩萨也特来参加，希望解决心中的疑难，

钦奉慈严，将求密义。

一个个虔诚恭谨，还想求微密甚深教义。

即时如来，敷座宴安，为诸会中，宣示深奥，

即时如来展坐具安详而坐，为会中诸听众，宣示深奥的妙义，

法筵清众，得未曾有。

法席大众身心清净，获益匪浅，各皆欢喜，从未有过。

迦陵仙音，遍十方界[4]，

佛说法像迦陵鸟的声音一样美妙，遍至十方世界，

恒沙菩萨，来聚道场，文殊师利[5]，而为上首。

所以无量无数的菩萨都闻声来到道场，他们以文殊师利菩萨为上首。

[注释]

[1] 千二百五十人俱：此标数。先度鹿野苑憍陈如等五人，次度迦叶三兄弟兼徒一千人，再度舍利弗、目犍连师徒各一百人，又度耶舍长者等五十人，共计一千二百五十五人去零数。此等皆先修异道，勤苦无获，遇佛得益，感恩常随。俱即不离也。

[2] 无漏大阿罗汉：内密菩萨，外现声闻，助扬佛道。

[3] 佛子：非指罗睺罗。已付家业，真是佛子；从佛口生，从法化生(从佛法教化而开悟的人皆是佛子)。

[4] 迦陵仙音遍十方界：迦陵：具云迦陵频伽，此云妙声，又称仙音，鸟名也。此鸟在壳出音，已超众鸟，其音和雅，听者欢悦。有云此鸟是仙禽，其音非众鸟可比。如来法音微妙，超过一切音声，故以此喻之。又佛名大觉金仙，故称仙音。佛之音声，称性周遍，但有缘者，皆可得闻。佛音无尽，目连欲穷佛音，飞过西方恒沙国土，还同近闻，目犍连尚且不能穷尽(佛音)。佛有八音：极好音、柔软音、和适音、尊慧音、不女音、不误音、不竭音、深远音。今迦陵仙音遍十方界是八音中的极好音和深远音。

[5] 文殊师利：此尊菩萨智德深妙，恒居众首。降生之时，有十种吉祥瑞现。略举几种：鸡生凤凰，猪生龙子，马产麒麟，象具六牙，地涌七珍，光明满室，甘露盈庭。

[解说]

这段经文是讲一、证信序中的第六众成就。如是楞严大法，非我阿难独闻，而是与千二百五十人，还有无量辟支佛、阿罗汉和恒河沙数菩萨等共闻的。

至此，一、证信序完。

二、发起序

时波斯匿王，

自恣这天正是波斯匿王父亲的丧日，

为其父王，讳日营斋，请佛宫掖[1]，

匿王为超度父王准备了斋饭，请佛到王宫中应供，

自迎如来，广设珍馐，无上妙味，兼复亲延，诸大菩萨。

并亲自迎请如来，陈设了丰富、贵重、美味的食品，同时还迎请了诸位大菩萨一起来应供。

城中复有长者居士，同时饭僧，伫佛来应。

城中还有长者和居士，也同时准备了斋饭，等候佛和他的弟子来应供。

佛敕文殊，分领菩萨，及阿罗汉，应诸斋主。

佛命文殊菩萨率领着菩萨和阿罗汉，分别到各处去应供。

唯有阿难，先受别请，远游未还，

只有阿难一人，自恣之前，先接受了别人的邀请，路远还没有赶回来，

不遑僧次，既无上座，及阿阇黎，

所以没有参加众僧应供的行列，既没有上座也没有阿阇黎与他同行，

途中独归[2]。其日无供，

途中独自一人归来。这天没有人送斋到精舍，

即时阿难，执持应器，于所游城，次第循乞[3]。

快到吃中午饭时，阿难只好自己执钵，到平日所游的室罗筏城挨户依次乞食。

心中初求，最后檀越[4]，以为斋主，

阿难心想有发心布施我的人将是最后檀越，而是我的斋主，

无问净秽，刹利尊姓，及旃陀罗，

不论净秽，是刹帝利最尊贵的种姓，还是旃陀罗最下贱的，

方行等慈，不择微贱，发意圆成，

一律平等慈心，不选择卑微下贱之家而不乞，一心只想圆满成就

一切众生，无量功德。阿难已知，如来世尊，诃须菩提，

一切众生斋僧的无量功德。阿难曾知，如来世尊，诃责须菩提，

及大迦叶[5]，为阿罗汉，心不均平。

和大迦叶，身为阿罗汉，却分别乞食，心不平等。

钦仰如来，开阐无遮，度诸疑谤。

阿难最敬慕如来那种没有限量的慈心，况且平等行乞，还可以避免世人疑谤。

经彼城隍[6]，徐步郭门[7]，严整威仪，肃恭斋法。

阿难经过了城隍，慢步进城，刻意地端正仪容，谨遵着乞食的律仪。

尔时阿难，因乞食次，经历淫室，

这时阿难，因为次第乞食，经过一卖淫家，

遭大幻术[8]，摩登伽女[9]，以娑毗迦罗，先梵天咒[10]，

遭遇了大幻术，被摩登伽女用娑毗迦罗先梵天咒迷惑，

摄入淫席，淫躬抚摩，将毁戒体[11]。

阿难神智恍惚上了摩登伽女的床，摩登伽女以动了淫心的身体抚摩他，阿难眼看就要毁失戒体。

如来知彼，淫术所加，斋毕旋归，

如来知道阿难被施加邪咒，受供之后，立即回来，

王及大臣，长者居士，俱来随佛，愿闻法要。

匿王和大臣、长者、居士都随佛同来，愿听大法心要。

于时世尊，顶放百宝，无畏光明，光中出生，千叶宝莲，

这时世尊，顶放百宝无畏光明，光中出生千叶宝莲，

有佛化身，结跏趺坐，宣说神咒[12]。敕文殊师利，

莲华中有尊结跏趺坐的化佛宣说神咒。佛命文殊师利，

将咒往护[13]，恶咒销灭，

持佛所说神咒，往登伽家中救护阿难。神咒一至，恶咒消灭，

提奖阿难，及摩登伽，归来佛所[14]。

文殊菩萨把阿难和摩登伽女一同带到佛这里。

[注释]

[1] 宫掖：偏殿。内宫正殿，施政重地；内庭左右，如人肘腋。

[2] 律制一僧远出(沙弥或年轻比丘),侣须二人,一上座,二阿阇黎,以严行止,防过失也。今阿难独归,故有致堕之事。

[3] 次第循乞:循,顺也。不分净秽,挨户顺序,次第行乞。小乘乞食,五家不得乞:一、官(宦),二、唱(伶),三、屠(家),四、沽(酒),五、淫(舍)。今阿难乃初果之人(自不量力)却效仿佛菩萨之平等慈悲,次第循乞,故有致堕之事。

[4] 最后檀越:此前请佛、菩萨、阿罗汉的长者、居士们修供在前,为最初檀越。

[5] 须菩提乞富,恐其富尽,招谤。大迦叶乞贫,怜其久苦,招疑。

[6] 城隍:城门外的壕堑,无水为隍。

[7] 郭门:护城门。

[8] 大幻术:幻术指先梵天咒。此咒能移日、月堕地,非真也。能令梵天下降。迷惑于人,令人失性,被咒力摄,不觉随从,非其他幻术能比,故称大。

[9] 摩登伽女:摩登伽译云贱种,是母名,依母立名,故曰摩登伽女。她的名是钵吉蹄。译云本性,谓虽堕淫女,本性不失。

[10] 娑毗迦罗,先梵天咒:娑毗迦罗,译云黄发,亦名金头,以发黄如金故(有云:黄布包头非发黄)。苦行外道名。自谓其咒术是过去梵天所授,故名咒曰先梵天咒。摩登伽得其所传。

[11] 阿难不择门户,沿门托钵,不料经过一娼妓之家,家有一女名钵吉蹄,十分娇艳。她的母亲名摩登伽,会梵天咒术,法力非比寻常。摩登伽女一见阿难,如此相好庄严,色白如银(具佛二十种相好),不禁倾心爱慕,故白其母,愿得为夫。母曰:阿难从佛出家,舍离爱欲,不可能还俗娶妻,何况阿难出身王族,自为贱民,门户悬殊。让女儿不要痴心妄想。可是力劝不醒,女求其母满其所愿,否则就自杀,母不得已,于是以咒术加持过的净巾,覆盖在食物盘上,令女儿亲自捧着献给阿难,阿难一见,果然被咒术所迷惑,神智恍惚,身不由己,跟在摩登伽女身后,进了她的香闺,身入淫席,于是摩登伽女,百般媚

惑,肌肤相亲之下,阿难已如醉如痴,眼看要毁戒体,心中默默祈求佛陀救护。(其实摩登伽女与阿难是过去五百世为夫妻,且每一世都相敬如宾。爱习未忘,一见则喜,一见钟情。)

吴天竺三藏竺律炎共支谦译《摩登伽经·度性女品》云:于是如来告女人曰:"若汝欲得阿难比丘以为夫者,宜应出家学其容饰。"答曰:"唯然。敬承尊教。"佛言:"善来。"便成沙门,鬓发自落,法衣在身。即为说法。……即于座上,得罗汉道。

[12] 佛之神力,足可破邪,何须说咒?为显神咒功力故。经云:"十方如来,因此咒心,得成无上,正遍知觉。""若有众生,受持此咒,能灭重罪,成菩提道。"故佛借阿难示堕因缘,介绍神咒。

[13] 经云:"有此咒地,十二由旬,成结界地,一切邪魔,不能侵害"。今祇陀林离舍卫城不过四里,何须令文殊将咒往护?为显三宝具足,故将咒往护。佛是佛宝,咒是法宝,文殊是僧宝。以果上三宝之力而破摩登伽之术,解其女之痴,救阿难之厄。故佛令文殊将咒往护。

[14] 据《摩登伽经》,但是世尊自说一咒解彼淫术,非文殊提奖而归。藕益云:大小两机,并行不悖,一席异闻,条然各别,或时互知,名不定教,或时不知,即秘密教。此经佛顶放光,文殊将咒,是一类大机所见。据《摩登伽经》佛自说,为遍解形中六事,得证四果,次即具说宿劫因缘,是一类小机所见。央掘魔罗事亦尔。皆一席异闻之明证也。

[解说]

这段文讲的是序分中的二、发起序,也就是讲了本经的发起因缘。本经是以阿难大权示现,误堕淫室,而引发大教的。

至此,序分完。

正　宗　分

一、正修具示成佛妙定

阿难请定

阿难见佛，顶礼悲泣，恨无始来，一向多闻，

阿难一见到佛，一边顶礼一边悲伤哭泣，悔恨从无始以来，一向只求多闻，

未全道力。

不肯真实修行，故而道力不够，抵不住邪咒的迷惑。

殷勤启请，十方如来，得成菩提，

因此诚恳请求佛陀开示：十方如来，之所以能得证佛果，

妙奢摩他，三摩禅那，最初方便[1]。

成就妙奢摩他、三摩、禅那的菩提大定，最初下手的方便法门。

于时复有，恒沙菩萨，及诸十方，大阿罗汉、辟支佛等，

阿难启请佛时，还有无数菩萨，和十方的大阿罗汉，辟支佛等，

俱愿乐闻，退坐默然，承受圣旨。

也都非常喜悦，都静静地围绕在佛陀的四周，恭候聆听圣教。

［注释］

［1］妙奢摩他，三摩、禅那，最初方便：奢摩他、三摩、禅那，都是梵语，是常途三种定的别名。首之“妙”字，贯此三名（妙奢摩他，妙三

摩，妙禅那）。阿难心中想请佛开示成佛的首楞严大定，可阿难连“首楞严”大定的名尚不知，所以就举常途三种定的别名，加一“妙”字，来简别之。首楞严大定圆含奢摩他、三摩、禅那，三种别名，成一佛定总名。最初方便，即十方如来得成菩提的最初方便。也就是首楞严大定的最初方便。

楞严大定：最初方便 →	初方便 →	方便
悟门：圆悟如来藏性。	修门：悟后起修，一门深入。	证门：历五十五位真菩提路，圆满菩提。
妙奢摩他	妙三摩	妙禅那
题目中：如来密因（占三卷半文）	修证了义（占二卷半文）	诸菩萨万行（占半卷文）

［解说］

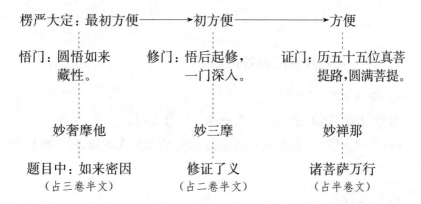

正宗分乃一经真正宗要之义，即正说楞严性定宗旨。此段文起开讲正宗分中一、正修具示成佛妙定。这段文讲“阿难请定”，也就是阿难请佛开示成佛的大定。

示佛定总名

尔时世尊，在大众中，舒金色臂，摩阿难顶，告示阿难，
尔时世尊，在大众中，伸出金色手臂，摩阿难头顶，告诉阿难

及诸大众，有三摩提，名大佛顶，首楞严王，具足万行[1]，
和大众说：“有一种三摩提，叫大佛顶首楞严，这种定具足六度万行，

十方如来，一门超出，妙庄严路。汝今谛听。
十方如来都依此法门超出生死而疾趣涅槃。你要谛实而听。”

阿难顶礼，伏受慈旨[2]。

阿难闻佛慈音，再度顶礼，伏受慈悲的教诲。

[注释]

[1] 首楞严乃一真湛寂，不贪(施)，不染(戒)，不嗔(忍)，不懈(精)，不动(定)，不昏(智)，是谓具足六度，既具六度则万行皆在其中。

[2] “尔时世尊……伏受慈旨”此段文原在“故我在堂，得远瞻见”之后(见本书第 51 页)，圆瑛法师等认为据上下文意应提至此处。

[解说]

这段文讲“示佛定总名”。上文阿难请示成佛之定，此段文佛回答说：成佛的大定就是首楞严大定。

(一) 圆悟

佛告阿难，汝我同气，情均天伦。当初发心，

佛对阿难说：“你我同一血脉，情如同胞兄弟。你当初发心出家，

于我法中，见何胜相，顿舍世间，深重恩爱？

在我佛法中，见到什么胜相，而能使你顿舍世间深重恩爱呢？”

阿难白佛，我见如来，三十二相，胜妙殊绝，形体映彻，

阿难回答佛：“我因见如来三十二相，胜妙庄严，世无伦比，身体明亮而莹洁，

犹如琉璃。常自思惟，此相非是，欲爱所生，何以故？

犹如琉璃一样。我常想，如来这妙相决不是世间欲爱所成的，为什么呢？

欲气粗浊，腥臊交遘，脓血杂乱，不能发生，

因为欲气污浊，父精母血腥臊交接，脓血杂乱而成，决不能生出

胜净妙明，紫金光聚。是以渴仰，从佛剃落。

这样殊胜明洁美妙，金光晃耀的身相。所以非常渴仰(佛的妙相)故跟佛出家。”

佛言，善哉阿难，汝等当知，一切众生，从无始来，生死相续。

佛说："很好，阿难，你们应当知道，一切众生，从无始来，生死相续，

皆由不知，常住真心，性净明体，用诸妄想，

都是因为不知道常住不变的真心，其性本自清净、光明，只知道用意识妄心。

此想不真，故有轮转。

这意识妄心不是真的，众生却认假为真，所以才轮转生死。

[解说]

此段文起开讲（一）说奢摩他路，令悟密因，大开圆解（简称圆悟）。前文阿难问首楞严大定的最初方便，故而此段文如来审问他最初发心，要知最初方便即在最初发心，最初发心若知不生灭之真心，并依之为本修因即是最初方便。可是阿难最初发心，是见佛相好而发心，此能发之心是攀缘心、妄心，而一切众生都迷失真心用此妄心，故有轮转。此妄心就是下文要破斥的。

1. 空如来藏

(1) 三番破妄

① 破妄识无处

汝今欲研，无上菩提，真发明性，

你现在想研求无上菩提大道，真正想显发悟明自己的本性，

应当直心，酬我所问。十方如来，同一道故，出离生死，皆以直心。

就应该直心回答我的问题。十方如来，都是以直心而出离生死直入涅槃的。

心言直故，如是乃至，终始地位，中间永无，诸委曲相[1]。

心直言直，从初发心直到最后成佛，其中永无丝毫委曲相。

阿难，我今问汝，当汝发心，缘于如来，三十二相，

阿难，我现在问你，你当初发心出家，是因为见到如来三十二妙相，

将何所见，谁为爱乐[2]？阿难白佛言，世尊，如是爱乐，
你用什么看见的？谁在爱乐呢？”阿难对佛说：“世尊，这种爱乐，

用我心目，由目观见，如来胜相，心生爱乐[3]。
是用我的心和眼，因眼看见如来胜妙之相，心自然产生爱乐。

故我发心，愿舍生死。佛告阿难，如汝所说，真所爱乐，因于心目。
所以我发心出家，志愿舍生死。”佛告诉阿难：“依你所说，真正的爱乐，是因为你的心和眼。

若不识知，心目所在，则不能得，降伏尘劳。
那就应该先知心和眼在什么地方，如果不知心目所在，就不能降伏染污和扰乱你本性的尘劳。

譬如国王，为贼所侵，发兵讨除，是兵要当，知贼所在。
比如有一个国王，被贼侵扰，要发兵讨除，一定要先知贼在什么地方。

使汝流转，心目为咎。吾今问汝，唯心与目，今何所在？
使你流转生死的就是心和眼在作祟。我现在问你，你的心和眼在什么地方呢？”

[注释]

[1] 从最初发心终至成佛，中间经历诸位，皆中中流入，不着二边。

[2] 将何所见，谁为爱乐：双征能见、能爱。

[3] 由目观见，如来胜相，心生爱乐：阿难同凡迷，认为肉眼能见，认妄识为心，心能爱乐。

[解说]

此段文起开讲 1. 空如来藏的(1) 三番破妄中的① 破妄识无处。前文佛审知阿难最初是因见佛相好而发心，可此能发之心是攀缘心、妄心。此文佛征问他：“那么你这个心在什么地方呢？”“唯心与目，今何所

在”，经文虽心目双征，但佛本意只是征问其心，目只是带言而已。

1. 执心在身内

阿难白佛言，世尊，一切世间，十种异生[1]，同将识心居在身内。

阿难对佛说：“世尊，一切世间，十类众生，都认为这灵觉能知的心在身体之内。

纵观如来，青莲华眼，亦在佛面。

我看如来像青莲华瓣的眼睛，也是在佛的面上呀！

我今观此，浮根四尘[2]，只在我面，如是识心，实居身内。

我现在看我自己的肉眼，也只在我面上，这个能识别的心，实居色身之内。”

［注释］

［1］十种异生：十二类除无色（无目故）和无想（无心故）。

［2］浮根四尘：浮根（浮尘根），由色香味触四尘能成，地水火风四大（非同胜义根是由清净四大所成）所成。浮尘根只是物，只有形状，不能见物。（有颜色叫色，有气味叫香，用舌尝叫味，定能触到它名触。眼珠为地，液体为水，温度为火，有动性为风。）

浮尘根｛四大：（地水火风）是色法的根本法。
四味：（色香味触）是四大的体性微细相。

［解说］

阿难不辨真心、妄心，却误认为这个能分别、能攀缘的虚妄识心就是自己真正的心。前文佛征问他这个心在什么地方？于是此段文起阿难错误地执著心在七个地方：1. 执心在身内，2. 执心在身外，3. 执心潜在眼根，4. 执心分明暗，5. 执心则随有，6. 执心在中间，7. 执心乃无著。阿难的七处执著，都被佛一一破斥。这也就是楞严经有名的“七处征心”的精彩片段，圆瑛大师把此段叫“七番破处”，即破妄识无处。

此段文起即 1. 执心在身内：阿难用十类众生都认为心在身内做证据，来证明自己认为心在身内是正确的。

佛告阿难，汝今现坐，如来讲堂，观祇陀林，今何所在？

佛问阿难："你现在坐在如来的讲堂中，看祇陀林，现在在什么地方？"

世尊，此大重阁，清净讲堂，在给孤园，今祇陀林，实在堂外。

阿难说："世尊，这个重楼高阁的清净讲堂，在给孤独园中，这祇陀林就在讲堂外。"

阿难，汝今堂中，先何所见？

世尊说："阿难，你在讲堂中，先见到什么？"

世尊，我在堂中，先见如来，

阿难说："世尊，我在讲堂中，先见到如来，

次观大众，如是外望，方瞩林园。

后见到大众，再向外望，才看见林园。"

阿难，汝瞩林园，因何有见？

佛问："阿难你看见外面的林园，是什么缘故看见的？"

世尊，此大讲堂，户牖开豁，故我在堂，得远瞻见。

阿难说："世尊，因为讲堂的门户和窗子都开着，所以我身虽在讲堂，也可以看见外面的林园。"

佛告阿难，如汝所言，身在讲堂，户牖开豁，

佛对阿难说："依你所说，身在讲堂中，因门窗开着，

远瞻林园，亦有众生，在此堂中，不见如来，见堂外者。

就能望见外面的林园。可是也有人身在讲堂中，却看不见如来，只见讲堂外面的。"

阿难答言，世尊，在堂不见如来，能见林泉，无有是处。

阿难回答说："世尊，在讲堂不见如来却能见林泉，没有这个道理。"

阿难，汝亦如是。

佛说："阿难，你就是这样的人。

汝之心灵，一切明了，若汝现前，所明了心，

你的心灵一切事物都能明了，假如你现在能明了一切事物的心，

实在身内，尔时先合，了知内身。

确实在身内，那么，你现在应该先见到身体内的一切。

颇有众生，先见身中，后观外物？纵不能见，心肝脾胃，

可有哪一个众生先见身内一切，后见外边的事物？纵然不能看见自己体内的心肝脾胃，

爪生发长[1]，筋转脉摇，诚合明了，

那指甲的生，头发的长，筋脉的摇动，总该看得明白吧！

如何不知？必不内知，云何知外？

为什么看不见呢？既然对体内的事物一无所知，又怎么知体外的事物呢？

是故应知，汝言觉了，能知之心，住在身内，无有是处。

所以你应知道，你说这觉了能知之心，住在身体内，是没有道理的。”

[注释]

[1] 心肝脾胃处于身体深处，与心相处太近，容许不见。爪等最浅，与心相处疏些，应该见呀！何不见？爪发皆取肤中生处，非外相。

[解说]

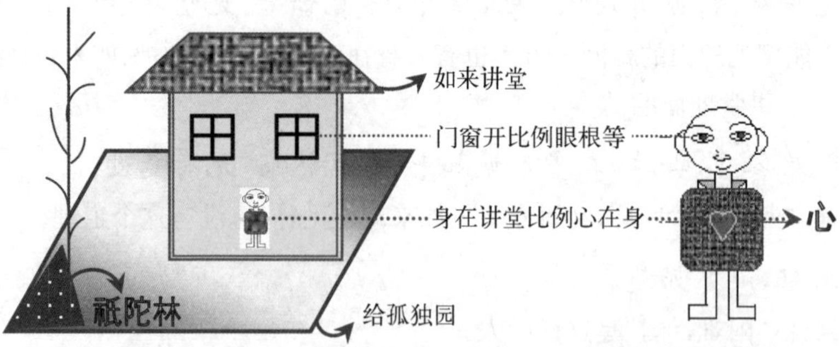

上文阿难第一番执著心在身内。此段文佛以不见身内而破，并举例来形象破斥：若心在身内，不见身内，却见身外，就如同人在讲堂中，不见如来，而见讲堂外的事物一样可笑。

简单归纳：1. 执心在内：阿难引十生同计在内，如来以不见身中为破。此第一处执心在内是根本执著。下六处执著是被迫转计。

2. 执心在身外

阿难稽首，而白佛言，我闻如来，如是法音，悟知我心，

阿难向佛顶礼，对佛说："我听了如来的开示，我已明白我的心

实居身外。所以者何？譬如灯光，然于室中，

实居在我身之外。什么缘故呢？譬如灯点燃在室内，

是灯必能，先照室内，从其室门，后及庭际。

那么这灯一定先照亮室内，再从房门照出去，方能照见庭院。

一切众生，不见身中，独见身外，亦如灯光，居在室外，

一切众生见不到自己身内的，只见到身外的，就如同灯光点在室外一样，

不能照室。是义必明，将无所惑，

所以不能照见室内。我想这个道理一定是正确的吧！不会再有疑惑，

同佛了义，得无妄耶。

同佛所说的了义一样，大概错不了吧！"

[解说]

此段文起即 2. 执心在身外：前文阿难执心在身内，被佛破斥。此段文阿难转执心在身外，并引灯喻作证。

阿难{法——心在身外，能见一切外境，而不见身内。
　　{喻——灯在室外，照明外境，而不能照见室内。

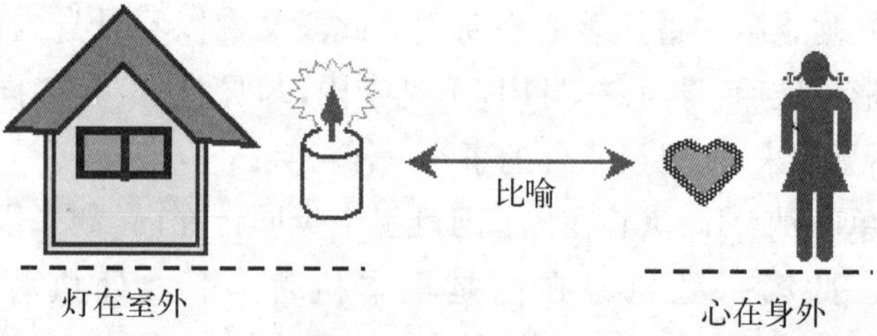

佛告阿难，是诸比丘，适来从我，室罗筏城，循乞抟食[1]，
佛对阿难说："现在这些比丘，刚才随我到室罗筏城，依次乞食，

归祇陀林，我已宿斋。汝观比丘，一人食时，诸人饱否？
现在又回到祇陀林，我已用过斋。你看这些比丘，一个人吃饭能让大家都饱吗？"

阿难答言，不也世尊。何以故？是诸比丘，虽阿罗汉，
阿难回答说："不能，世尊。为什么呢？这些比丘，虽然是阿罗汉，

躯命不同，云何一人，能令众饱。
但身体和性命都不同，怎么一人吃饱，能令大众都饱呢！"

佛告阿难，若汝觉了，知见之心，
佛对阿难说："假如你能觉能知的心，

实在身外，身心相外，自不相干，
确实在身外，那身和心自然分开，(身和心)没有关系，毫不相干，

则心所知，身不能觉；觉在身际，心不能知。
则心有所知，身体必无所觉；在身体上的感觉，心也不会知道。

我今示汝，兜罗绵手[2]，汝眼见时，心分别否？
我现在把我的兜罗绵手给你看，你眼(眼属身)见手时，心里能辨别吗？"

阿难答言，如是世尊。
阿难回答道："能分辨知，世尊。"

佛告阿难,若相知者,云何在外?

佛对阿难说:“如果眼见心知,身心互知,怎么能说心在身外呢?

是故应知,汝言觉了能知之心,住在身外,无有是处。

所以你应该知道,你说能觉能知的心在身外,是不对的。”

[注释]

[1] 抟食:以手抟食,西域国风。

[2] 兜罗绵手:佛手柔软像此绵,三十二相之一。

[解说]

前文阿难第二番执心在身外,此文佛举吃饭(一人吃饭众人不饱)和眼见手,心即辨知,二例证明身心相知来破阿难身心相离(心在身外)。

阿难:用灯在室外,照明外境,而不能照见室内证明:心在身外,能见一切外境,而不见身内。

佛:若心在身外⇒{身心相离;身心没有关系}⇒{一个人吃饭众人饱;眼见手,心不知道}与事实相违

由此可知:心在身外不成立。

简单归纳 2. 执心在外:阿难引灯喻自决同佛,如来以身心相知为破。

3. 执心潜眼根

阿难白佛言,世尊,如佛所言,不见内故,不居身内。

阿难对佛说:“世尊,如您所说,因不能见体内,所以心不在身内。

身心相知,不相离故,不在身外。

又因身心相知,互不相离,所以心不在身外。

我今思惟,知在一处。佛言,处今何在?

我现在重新考虑,知道心在一个地方。”佛说:“在什么地方?”

阿难言，此了知心，既不知内，而能见外，

阿难说：“这个能分别了知的心既然不知道体内，却能看见外面，

如我思忖，潜伏根里。犹如有人，取琉璃椀，合其两眼。

依我的想法，一定是潜藏在眼根里。就好像有人，拿透明的琉璃碗盖在自己的双眼上。

虽有物合，而不留碍，彼根随见，随即分别。

虽然有东西盖在眼上，但不会阻碍视线，眼根随便看什么，心里随即就能分辨。

然我觉了，能知之心，不见内者，为在根故；

然而我这觉了能知的心，不能看见体内是因为它潜藏在眼根里；

分别瞩外，无障碍者，潜根内故。

能清楚地看见外面没有障碍，也是因为它潜藏在眼根里。”

［解说］

此段文起即 3. 执心潜眼根：此处阿难又执著心潜藏在眼根里，并举琉璃合眼为喻来证明自己的意见。

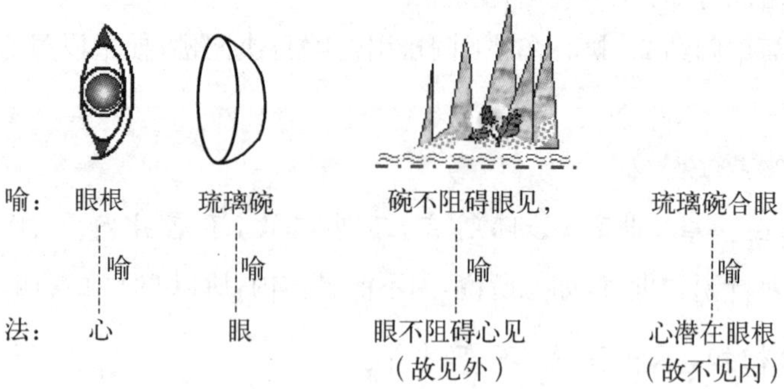

佛告阿难，如汝所言，潜根内者，犹如琉璃，

佛反问阿难：“如你所说，心潜藏在眼根内，如琉璃笼眼，

彼人当以，琉璃笼眼，当见山河，见琉璃否。

这个人用琉璃笼住眼时，当他看见外面的山河时，能见到琉璃吗？”

如是世尊，是人当以，琉璃笼眼，实见琉璃。

阿难说：“是的世尊，这个人用琉璃笼着眼，确实能见到琉璃。”

佛告阿难，汝心若同，琉璃合者，

佛对阿难说：“你的心潜在眼根里如真同琉璃合眼一样，

当见山河，何不见眼？① 若见眼者，

当见到山河之时，为什么看不见眼？（见山河时）如果能看见自己的眼，

眼即同境，

那眼就成了所对的外境，眼成了境，就失去能见之功，

不得成随。

不能成立，眼根随见随即分辨。

② 若不能见，云何说言，此了知心，潜在根内，如琉璃合。

（见山河时）如果不能见眼，又怎么说，这了知的心潜藏在眼根里就如琉璃合眼呢！

是故应知，汝言觉了，能知之心，潜伏根里，如琉璃合，

所以你应该知道，你说觉了能知之心，潜藏在眼根里如琉璃合眼，

无有是处。

也是不对的。”

[解说]

前文阿难第三番执心潜眼根，举琉璃合眼这一喻来证明心潜眼根。此段文佛引彼（阿难）所立之喻来破他。

简单归纳 3. 执心潜眼根：阿难以琉璃合眼为喻，如来以法喻不齐而破。

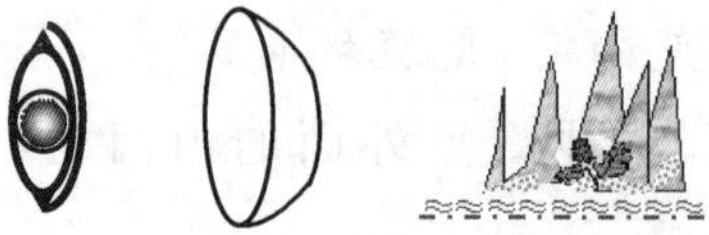

眼 碗
喻 喻
心 眼

喻：眼 见 碗
法：①心 见 眼
法：②心 不 见 眼

① 若心能见眼⟹眼同外境⟹眼失去能见的功能(用)⟹不能成立眼根随见随即分别。(与现实相违)

② 若心不能见眼，法喻不齐，故阿难被击破，心潜眼根不成立。

4. 执心分明暗

阿难白佛言，世尊，我今又作，如是思惟，是众生身，

阿难对佛说："世尊，我现在又有这样的想法，众生的身体，

腑藏在中，窍穴居外，有藏则暗，有窍则明。

五脏六腑在体内，七窍在外面，有脏腑就黑暗，有窍穴就光明。

今我对佛，开眼见明，名为见外；

现我在佛面前，睁开眼见到明亮的外景，就是见外；

闭眼见暗，名为见内。是义云何？

闭上眼见到一团黑暗就是见内。不知这样说对不对？"

［解说］

此段文起即 4. 执心分明暗：此段文是阿难第四处执著，执心分明暗。阿难以明暗分外内：开眼时，因有窍穴故见明叫做见外。闭眼时，因有脏腑故见暗叫做见内。此番执著还同第一番执心在内，第一番执心在内，佛以不见内而破斥。此处阿难自圆其说，说见暗就是见内，自认为摆脱了佛的破斥。所以这次阿难执心在身内自己认为既可见内又可见外了。佛您可破不倒我了！

佛告阿难，A汝当闭眼，见暗之时，此暗境界，

佛对阿难说："当你闭眼看见黑暗的时候，这个黑暗的境界，

[a1] 为与眼对，[a2] 为不对眼？

是和你眼睛相对呢，还是不相对？

[a1] 若与眼对，暗在眼前，何成在内？

如果暗境与眼相对，那么暗境就在眼睛前面，怎么能说是见内呢？

进一步反驳

若成内者，居暗室中，无日月灯，

假如这也可以叫见内，那么你居在暗室中，没有日、月、灯的光明，

此室暗中，皆汝焦腑。

这室中的暗境都成了你的内部的焦腑(腑脏)。(世上岂有这个道理！)

[a2] 若不对者，云何成见？

如果暗境不和眼相对，又怎么可以成为"见"呢？(凡"见"必定根境相对，此为世间共许。)

[B] 若离外见，内对所成，

假如你说闭眼见暗不是对外的直视，而是对身内的返观，

合眼见暗，名为身中，

闭眼见暗境，叫返观身内(这是说眼有返观的功能了)，

开眼见明，何不见面？

那开眼见明时，也应该能返观，为何返观不到自己的脸面呢？

[b1] 若不见面，内对不成。

如果见不到自己的脸面(说明开眼就不能返观于面)，应知合眼也不是返观身中(或译：眼睛返观就不成立)。

[b2] 见面若成，[①] 此了知心，及与眼根，乃在虚空，

假如能返观到脸面，那你能了知的心和你的眼睛都在虚空，

何成在内？

哪里在你的体内呢？(执心在内，今心眼俱不成在内。)

②若在虚空，自非汝体。

如果心和眼都在虚空，已离开你，自然不是你的身体了！

即应如来，今见汝面，亦是汝身。

（你如果非要执著，只要能见你面的就是你的身）那么现在如来也能见你的面，难道如来也是你的身体吗？

③汝眼已知，

你在虚空的眼离体，能见，已有知觉，（能见之眼，既离体而有知）

身合非觉。④必汝执言，

所见的身体就应该没有知觉了。如你一定要说

身眼两觉，应有二知，

身体和在虚空的眼睛，二者都有知觉，则你一人就有两个知觉，

即汝一身，应成两佛。

（人身知觉即是佛性）那么你一身就应该成两尊佛了！（岂有此理？）

是故应知，汝言见暗，名见内者，无有是处。

所以你应知道，你说闭眼见暗就是见内（体内），是没有道理的。”

［解说］

前文阿难第四番执心分明暗，仍同第一番执心在内，阿难自圆其说，说闭眼见暗就叫见内。此段文佛独约“见暗名为见内”破之。

阿难：闭眼见暗就叫见内。佛：闭眼见暗就不叫见内。

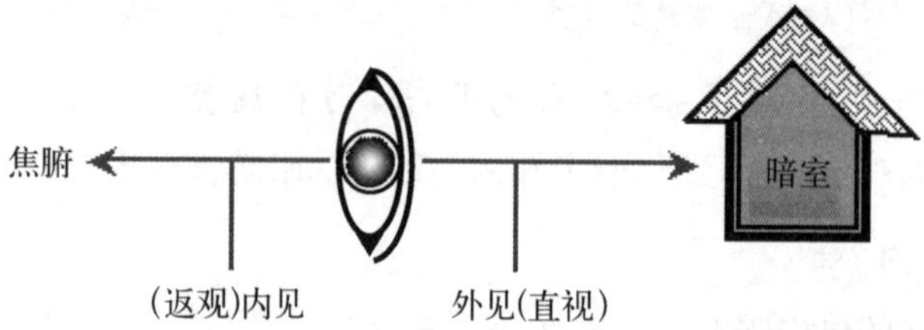

佛以不成见内来破
- A. 所见非内（直视）
  - a1. 对　眼
    - ⇒所见暗境属身外⇒不成见内。
    - ——若是见内⇒暗室是你的焦腑。（可笑）
  - a2. 不对眼⇒不能成为“见”。（“见”乃根、境相对，世间共许）
- B. 能见非实（返观）
  - b1. 不见面⇒眼不能返观。
  - b2. 若见面
    - ①（犯）心眼在空之过。
    - ②（犯）他成己身之过。（如来的身也是你身）
    - ③（犯）有身不觉之过。（离体之眼有知觉，身无知觉）
    - ④（犯）一身有二觉则一身成二佛过。（转成二人过）

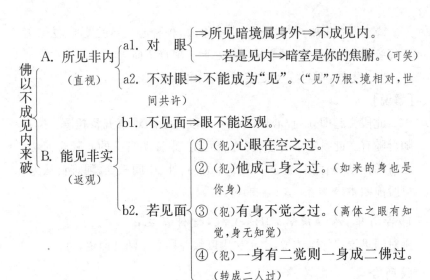

简单归纳4. 执心分明暗：阿难以见明暗分内外，佛以不成见内来破。

5. 执心则随有

阿难言，我尝闻佛，开示四众，由心[1]生故，种种法生，

阿难说：“我常听佛开示四众，因为心生于是种种‘法’生，

由法生故，种种心生[2]。我今思惟，即思惟[3]体，

因为法生所以种种心生。我现在思惟，这个能思惟的自体，

实我心性，随所合处，心则随有。

就是我的真实心性，随其（心）攀缘何法，心则随何法而有，也就是心的所在之处。

亦非内外，中间三处。

这个心并不在我身的内、外、中间三处。”

[注释]

[1] 心：小乘指六识为心，大乘指第八识为心。

[2] 由心生故，种种法生，由法生故，种种心生：正显心、法二者互倚妄现，二俱无体，乃心法皆空之旨。阿难不懂。

[3] 思惟：缘尘分别之妄想心，乃非真实心。

[解说]

此段文起即 5. 执心则随有。此段文是阿难第五番执著：执心随合随有。此番阿难引昔教“心法互生”来证明自己的心随合何法，心就随何法而存在，故心不在身体的内、外、中间三处，阿难自认为，可脱前四番(第四番与第一番同)过失。

佛告阿难，汝今说言，由法生故，种种心生，

佛对阿难说：“你刚才说，由于法生以致种种心也随之而生，

随所合处，心随有者。

随心攀缘所合之处，心即随之而有，

A 是心无体，则无所合[1]。

你所认为的心根本就没有实在的体(如龟毛、兔角)，又怎么能相合呢？

若无有体，而能合者，

如果心没有实体也能(与外物)相合，

则十九界，因七尘合[2]。是义不然。

那岂不是想用无体的第七尘与十八界相合而成十九界了吗？这个道理是不对的。

B(b1) 若有体者，如汝以手，自挃其体，

假如你的心是有体的，那么用你的手捏你的身体，

汝所知心，为复内出，为从外入。

那你这个能知的心是从体内出，还是从体外入呢？

若复内出，还见身中；

如果(心)从体内出，应当先见身中脏腑；

若从外来，先合见面。

如果(心)从体外来，就应先见脸面。”

因救转辩

阿难言，见是其眼，心知非眼，为见非义[3]。

阿难说：“‘见’是眼的功能，心只能知，心不是眼，认为心能见是不对的。”

佛言，若眼能见，汝在室中，门能见否[4]？

佛说：“假如眼能见，那你在室内时，门能看见东西吗？

则诸已死，尚有眼存，应皆见物，

如眼能见，那刚死的人眼睛还在，就应该能看见事物呀？

若见物者，云何名死[5]？

如果真能见事物，又怎能叫死人呢？

b2 阿难，又汝觉了，能知之心，若必有体，为复一体，为有多体？

阿难，你觉了能知之心，如果真的有体，那么是一个体？还是多个体？

今在汝身，为复遍体，为不遍体？

现在心既在你身上，究竟是遍满身体？还是不遍满身体，只局在一处？

① 若一体者，则汝以手，挃一支时，四支应觉。

如果你的心是一个体(即四支共一心体)，那你用手捏一肢时，四肢都应该有感觉。

若咸觉者，挃应无在，

如果四肢都有感觉，那么捏就应当没有一定的地方，那你就不知道捏的哪一肢，

若挃有所，则汝一体，自不能成。

假如你能知道捏的哪一肢，那你认为心是一体，当然不能成立。

②若多体者，则成多人，

如果你的心是多个体（即四支各有体），一人只有一个心，多心自成多人，

何体为汝？

在这多体之中，到底哪个是你阿难自己呢？

③若遍体者，同前所挃。

如果说心遍满全身，跟刚才讲的心是一体道理相同，全身都有知觉，捏一下，何以知道捏的哪一肢？

④若不遍者，当汝触头，亦触其足。

如果心不遍满全身，那么当你触头的时候，同时也触你的脚，

头有所觉，足应无知，今汝不然。

头有知觉，脚就应该没有知觉，现在你并不是这样呀！

是故应知，随所合处，心则随有，无有是处。

是故应知，你认为随所合处，心则随有，这个道理是不对的。”

[注释]

[1] 合：两者皆有实体才能相合。如盖与函。

[2] 身体感官为六根，外界事物为六尘，根尘相合产生六识。六根、六尘、六识相合成十八界，万物不出十八界。外界事物为六尘，现在既然多出一个无体的心，且阿难又认为无体之心也能合，那岂不是想用第七无体之尘，合成第十九无体之界吗？（其实第七无体之尘和第十九无体之界，皆无体虚名，同于龟毛、兔角。）

[3] 阿难认为：眼能见，心只能知。

[4] 喻：门虽通见，须有门内之人而后有见，非人而门岂能见？

喻

法：眼虽通见，须有具眼之心而后有见，非心而眼岂能见？

佛用喻来显能见唯是心。

[5] 由此可见：眼不能见，心能知能见。

[解说]

前文阿难第五番执著，妄计心随合何法，心就随何法而在。此段文如来从心有体和无体两个角度来破阿难：

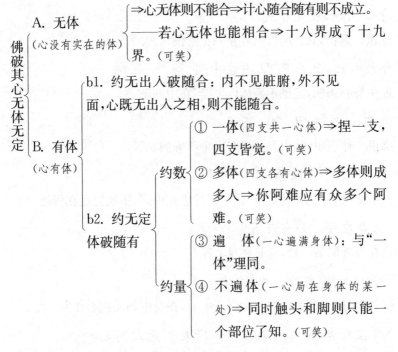

佛破其心无体无定
- A. 无体（心没有实在的体）
  - ⇒心无体则不能合⇒计心随合随有则不成立。
  - ——若心无体也能相合⇒十八界成了十九界。（可笑）
- B. 有体（心有体）
  - b1. 约无出入破随合：内不见脏腑，外不见面，心既无出入之相，则不能随合。
  - b2. 约无定体破随有
    - 约数
      - ① 一体（四支共一心体）⇒捏一支，四支皆觉。（可笑）
      - ② 多体（四支各有心体）⇒多体则成多人⇒你阿难应有众多个阿难。（可笑）
    - 约量
      - ③ 遍　体（一心遍满身体）：与“一体”理同。
      - ④ 不遍体（一心局在身体的某一处）⇒同时触头和脚则只能一个部位了知。（可笑）

简单归纳 5. 执心则随有：阿难计心随合随有，如来破其无体无定。

6. 执心在中间

阿难白佛言，世尊，我亦闻佛，与文殊等，诸法王子，

阿难对佛说：“世尊，我曾亲闻佛与文殊等诸法王子

谈实相时，世尊亦言，心不在内，亦不在外。

谈论实相时，世尊说过，心不在内，也不在外，

如我思惟，内无所见，外不[1]相知。

据我思惟，说心在内却不能见体内，说心在外而身心又相知。

内无知故，在内不成。

见不到体内，所以执心在内不成立。

身心相知，在外非义。

身和心是相知的，所以执心在外也是没道理的。

今相知故，复内无见，当在中间。

现在身心相知，又见不到体内，应当在中间吧。"

佛言，汝言中间，中必不迷，

佛说："你说中间，中间必然有一个明确的位置，

非无所在。今汝推中，中何为在，

并不是没有固定的地方。你现在推想在中间，中间究竟在何处？

[A]为复在处，[B]为当在身？

是在身外的某一处，还是在身上呢？

[B]若在身者，在边非中，在中同内。

假如在身上，在表皮上不能属于中间，在身中如同执心在内一样。

[A]若在处者，为有所表？为无所表？[a1]无表同无，

假如在身外的某一处，(身外那么宽)这中间是有标示，还是没有标示呢？若无标示，根本就没有中间可言。

[a2]表则无定。何以故？

若有标示，也同样没有一个固定的中间之处。为什么呢？

如人以表，表为中时。东看则西，

比如有人设一标示，说这里是中间。可是从东方看时，则标示在西方；

南观成北。表体既混，心应杂乱。

从南方看时，则标示在北方。此标示都混乱不定，你心在中间也应杂乱不定。”

[注释]

[1] 不：长水法师谓“不”字应是“又”字，如此文义相顺。

[解说]

此段文起即阿难 6. 执心在中间。首先，阿难引昔教“心不在内，亦不在外”作证据计心在中间，佛从“身上之中”和“身外之中”两处破斥：

- 佛从身上、身外破
  - B. 身上之中
    - 表皮不属中间。
    - 在身中如第一番计心在内。
  - A. 身外之中
    - a1. 无表：无标示，根本就没有中间可言。
    - a2. 有表：有标示，中间之处也是混乱不定。

阿难言，我所说中，非此二种。

阿难说：“我所说的中间，不是你刚才说的身外之中和身上之中这两种。

如世尊言，眼色为缘，生于眼识。眼有分别，

就如同世尊所说：眼和色相互为缘，产生眼识。眼能分别，

色尘无知，识生其中，则为心在[1]。

色尘是无知觉的，识就生在根和尘的中间，心就在这里。”

佛言，汝心若在，根尘之中，此心之体，

佛说：“你的心假若在‘根’和‘尘’二者的中间，那你这个心的体，

A为复兼二，B为不兼二。

是兼用根尘二法以为其体呢？还是不兼根尘二法而另自有体呢？

A若兼二者[2]，

如果这个心是兼用根尘二法以为体，

物体杂乱[3]。

则色尘之物与眼根之体就夹杂混乱(哪有中间呢?)。

物非体知,成敌两立,云何为中?

尘非有知,根是有知,则知与不知,成为敌对,两相各立,你的心若兼二者,一半属有知,一半属无知,对敌而立(如蜗牛之二角),堕在两边,怎么可以叫作中间呢?

B兼二不成,

兼二既然已不成立,就应不兼二,若不兼二,

非知不知,

则你的心体既非根之有知,又非尘之无知。

即无体性,中何为相?

你的心连体性都没有,说心在中间,究竟以何为相呢?(凭何立中乎?)

是故应知,当在中间,无有是处。

所以应该知道,执心在中间,是不成立的。"

[注释]

[1] 阿难错认眼有分别,而眼是色法不能分别,识乃有分别。阿难根识不分。

[2] 顺阿难误执:根是有知之体,尘是无知之物。

[3] 物体杂乱:物:外物、尘也。体:眼根也。交光法师曰:杂乱:混合其心,不得成中也。后三句释明也。

[解说]

随后,阿难又引"眼色为缘,生于眼识",误认为眼根有知(眼实无知),色尘无知,心从根尘而生,心有体(其实因缘所生识,无实体性),并执著在根尘的中间。此段文佛从 A 兼二和 B 不兼二两个角度破斥他。

佛从二角度破
- A. 兼二非中：尘无知，根有知，成敌两立，你的心若兼二者，则半有知，半无知，对敌而立，堕成二边，怎么可名为中呢？
- B. 不兼更非：你的心既不同于尘的无知，也不同于眼的有知，连体性都没有，凭何立中呢？(说心在中间，究竟以何为相呢？)

简单归纳 6. 执心在中间：阿难执心在根尘之中，如来以兼二不兼为破。

7. 执心乃无著

阿难白佛言，世尊，我昔见佛，与大目连、

阿难对佛说："世尊，我从前见佛与大目犍连、

须菩提、富楼那、舍利弗，四大弟子，共转法轮。

须菩提、富楼那、舍利弗四大弟子共转法轮的时候，

常言觉知，分别心性，既不在内，亦不在外，

常说这灵觉能知的分别心，既不在身内也不在身外，

不在中间，俱无所在，一切无著，名之为心。

也不在中间，任何地方都不在，一切都不著，就名之为心。

则我无著[1]，名为心否？

我这个一切无著，可以叫做心吗？"

[注释]

[1] 无著：无依无住无粘著。

[解说]

此段文起即 7. 执心乃无著(即阿难以不著一切为心)。佛在般若会上，常说诸法空，此心不在内、外、中间，本无实体，彻底虚妄，俱无所在，一切无著，此大乘无相实相之义。阿难不知般若真空妙理，不了觉知分别心性，随境生灭，原无实体，此妄心遍一切处，而一切攀缘

(真心遍一切处,却一切无染)。故而阿难闻佛言,以己意推度,执著俱无所在,一切无著,名之为心。阿难如今虽已认心(妄心)无处,但尚认心(妄心)有体,只是不著一切而已。执心(妄心)有体,故佛破之。

佛告阿难,汝言觉知,分别心性,俱无在者。

佛对阿难说:"你说能觉能知的分别心性,任何地方都不在,一切都不著,

世间虚空,水陆飞行,诸所物象,名为一切。

可是世间虚空,水陆飞行,所有的物象,就叫做一切。

汝不著者,[A]为在[B]为无?

你所说的一切不著,是这个不著的心,离一切物象而另有所在处,只是不去著一切呢?还是(这个不著的心)离一切物象本来就没有所在处,所以叫不著一切呢?

[B]无则同于,龟毛兔角,云何不著?

如是你的心离一切物象之外,本来就没有所在处,那这个心如同龟毛、兔角,原是虚无,怎么还要说个"不著"呢?

[A]有不著者,

如果你的心离一切物象之外而另有所在处,只是不去著一切,

不可名无。无相则无,

那就不可以叫无著。(因为)若说你心无相则同龟毛兔角根本就没有,何必再说"不著"呢?!

非无即相,相有则在,

若说你的心并非无相则当然有相,既然有相则定有所在处,

云何无著?

那么在何处即著何处,又怎么可说完全无著呢?

是故应知,一切无著,名觉知心,无有是处。

所以你说，一切无着，名觉知心，是不成立的。”

[解说]

前文阿难第七番执心乃无著，执著俱无所在，一切无著，名之为心。此段文佛以心相有无来破。

佛以心相有无来破
- A. 约有：心离一切物象外另有所在处，即心有相，有相定有所在处，在何处即著何处，怎么能说不著一切呢？
- B. 约无：心离一切物象外本来无所在处，即心相亦无，心相尚无何谈“不著”？

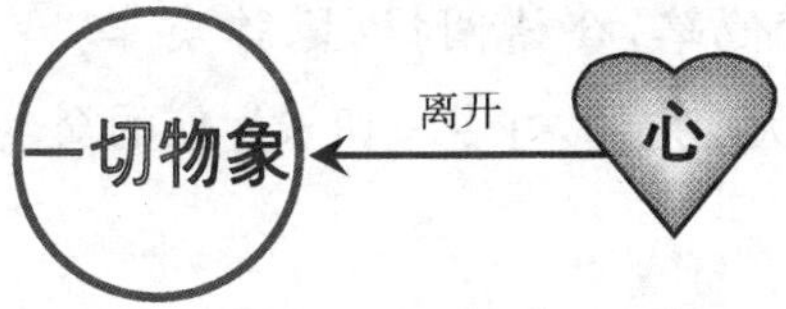

简单归纳 7. 执心乃无著：阿难以不著一切为心，佛以心相有无来破。

[总结]

以上七番破妄识无处。佛欲破妄识，先破所依之处，如讨贼先捣其穴，则贼无所依，易于讨伐。此七处，第一处是引众同计(十类共计心在内)，二、三、四己意推度，后三引教谬释。此七番，实则只有四处：1. 内(第一番)，2. 外(第二番)，3. 根里(第三番)，4. 根尘之中(第六番)。因为第四番(执心分明暗)还是在内，第五番(执心则随有)乃无定处，第七番(执心乃无著)无处所。世人计心之住处不出于此。七处皆非，若不舍之，小果声闻尚不可得，何况佛道。

至此，(1) 三番破妄中① 破妄识无处完。

② 破妄识非心

尔时阿难，在大众中，即从座起，偏袒右肩，右膝著地，

这时阿难，在大众中，从座位站起来，偏袒右肩，右膝著地，

合掌恭敬，而白佛言，我是如来，最小之弟，蒙佛慈爱，

合掌恭敬，对佛说：“我是如来最小之弟，蒙佛慈爱，

虽今出家，犹恃憍怜，所以多闻，

现在虽然出家了，还依仗着佛的怜爱，不肯精进修行，但求多闻，

未得无漏，不能折伏，娑毗罗咒，为彼所转，

没有证得无漏，不能折伏娑毗罗邪咒，被咒迷惑，

溺于淫舍。当由不知，真际所诣。惟愿世尊，大慈哀愍，

陷在淫舍。主要因为我不知道真心所在。惟愿世尊大慈哀愍，

开示我等，奢摩他路，令诸阐提，隳弥戾车。

开示我们奢摩他大定之路，并令一切未生信的众生，都能生信，舍弃邪知邪见。”

作是语已，五体投地，及诸大众，倾渴翘伫，

阿难说完这些话，五体投地，以及在座的大众，都无比渴望，虔诚地等待

钦闻示诲。尔时世尊，从其面门，放种种光，

钦听佛的教诲。这时世尊，从其面门放种种光，

其光晃耀，如百千日。普佛世界，六种震动。

就如百千个太阳的光芒。普遍十方诸佛世界，都发生六种震动。

如是十方，微尘国土，一时开现。佛之威神，

十方像微尘那样多的国土，同时显现出来。佛以他的威神力，

令诸世界，合成一界，其世界中，

令许多世界，合成一个世界，在这个世界中，

所有一切，诸大菩萨，皆住本国，合掌承听。

所有的大菩萨，都住在各自的本国内，合掌恭听佛陀说法。

真妄二本

佛告阿难，一切众生，从无始来，种种颠倒，业种自然，

佛对阿难说："一切众生，从无始以来有种种颠倒迷惑，有惑必造业，所以定招苦果。

如恶叉聚[1]。诸修行人，不能得成，

惑业苦三者如恶叉聚果。一些修行人，所以不能证得

无上菩提，乃至别成，声闻缘觉，及成外道，

无上菩提，乃至成了声闻、缘觉，以及成了外道、

诸天魔王，及魔眷属。皆由不知，二种根本，

诸天魔王和魔眷属。都是因为不知二种根本，

错乱修习，犹如煮沙，欲成嘉馔，

盲修瞎练的缘故。如人煮沙，想使它成为好饭，

纵经尘劫，终不能得。云何二种。阿难，

纵然煮上微尘数劫，也不能得到。哪二种根本呢？阿难，

妄本

一者无始，生死根本，则汝今者，与诸众生，

一种是无始以来的生死根本，就是你今天和一切众生，

用攀缘心，为自性者[2]。

反认攀缘之心而为自性。

真本

二者，无始菩提涅槃，元清净体，

第二种是无始以来的菩提涅槃本来清净之体，

则汝今者，识精元明，能生诸缘，

就是你现今本具的识精元明，它(识精元明)能生起万法，

缘所遗者[3]。

自此众生只知万法，却不知这识精元明之体。

由诸众生，遗此本明，虽终日行，而不自觉，

由于众生迷失这本自妙明的性体，虽日日应用这本明却不自知，

枉入诸趣。阿难，汝今欲知，奢摩他路，愿出生死，

故枉受轮回。阿难，你现在想知奢摩他路，志愿出离生死，

今复问汝。即时如来，举金色臂，屈五轮指，

现在我再问你。”这时如来举起金色的手臂，屈握五轮指为拳（屈指成拳），

语阿难言，汝今见否？阿难言见。

问阿难：“你现在看见了吗？”阿难说：“看见了”。

佛言，汝何所见。阿难言，我见如来，举臂屈指，

佛说：“你看见了什么？”阿难说：“我看见如来，举臂屈指，

为光明拳，耀我心目。佛言，汝将谁见？

成一个光亮的拳，照耀我的心和眼。”佛说：“你用什么见呢？”

阿难言，我与大众，同将眼见。佛告阿难，汝今答我，

阿难说：“我和大众，都是用眼见。”佛告诉阿难：“你现在回答我，

如来屈指，为光明拳，耀汝心目。汝目可见，

如来屈指为光明拳，照耀你的心和眼。你的眼睛可以看见，

以何为心，当我拳耀。阿难言，

那你以何为心，知道我拳的晃耀呢？”阿难说：

如来现今，征心所在，而我以心，推穷寻逐，

“如来现在问我心的所在，而我就用这个心仔细推求寻找，

即能推者，我将为心。佛言，咄，阿难，此非汝心。

这个能推求寻找的，就是我的心。”佛说：“咄，阿难，这不是你的心。”

阿难矍然，避座合掌，起立白佛，此非我心，当名何等？

阿难闻言惊惶失措，马上离座退立合掌，对佛说：“这不是我的心，应当叫什么呢？”

佛告阿难，此是前尘，虚妄相想[4]，惑汝真性。

佛告诉阿难：“这是现前尘境的虚妄相上所起的妄想，就是这妄想迷惑了你的真实本性。

由汝无始，至于今生，认贼为子，

由于你从无始以至今生，都误认它是自己的心相，如同认贼为子一样，

失汝元常，故受轮转。

致使迷失了你元本常住真心，故而冤枉地轮回六道。”

[注释]

[1] 恶叉聚：印度果名，一蒂三果，同聚而生，不生则已，一生必三。惑业苦三似之，故以此喻之。

[2] 用攀缘心为自性者：圆瑛法师《大佛顶首楞严经讲义》第二卷云：“攀缘心即第六意识心。妄攀所缘诸尘之境，妄起分别，妄生憎爱取舍，时起时灭，尘有则有，尘无则无，虚妄无体，本非真心，亦非自性。一切众生，皆迷认妄执，以为心性。”此攀缘心完全是遍计执性，众生以此心为真心、自性。既认妄则决不敢认真，于是真心迷失覆盖。今分明指出此攀缘心是生死根本。

[3] “二者，无始菩提涅槃元清净体”是标指（标指成佛之真本）。下“则汝……所遗者”是正显。无始菩提涅槃元清净体：菩提是智果，涅槃是断果，二果本来具足故曰无始。所依之性本来不与妄染相应故曰元清净体（此天然本具的“菩提涅槃”在生死不染，在烦恼不污故曰元清净体，即本来是清净之体，指自性清净非指离垢清净）。〇则汝今者，识精元明能生诸缘，缘所遗者：第八梨耶在诸识中最微细名为识精。此微细识有二义：一觉义，二不觉义。觉义即是此文元明，元明即本觉。不觉

即是无明生灭。○不生灭与生灭合，非一非异，名为识精，从此变起根身器界万法名生诸缘。识相既现，元明之性则隐，名为缘所遗者。诸缘是能缘和所缘亦即见分和相分，见分是心法，相分是色法亦即万法。

［4］前尘虚妄相想：现前尘境，虚妄相上，所起的分别想心。诸尘境界在妙明心中，虚妄显现，如梦中境虚妄不实，故曰虚妄相。从此相上，所起之想，则妄上加妄，当名妄想。

［解说］

此段文讲(1) 三番破妄中的② 破妄识非心。此段文讲生死根本即攀缘心为自性者和成佛根本即菩提涅槃，元清净体。此真妄二本，乃断生死成菩提之关键。此真妄二本无二体，二本不离一心。文中佛一语道破，此攀缘心(妄识)不是我们的真心，令了妄以归真，使人不遗真以逐妄。

③ 破妄识无体

阿难白佛言，世尊，我佛宠弟，心爱佛故，

阿难对佛说："世尊，我是佛最爱的弟弟，因为爱佛的缘故，

令我出家，我心何独，供养如来，乃至遍历，恒沙国土，

(佛)令我出家，我不但是以此心供养如来，乃至遍历恒沙数的国土，

承事诸佛，及善知识，发大勇猛，行诸一切，难行法事，

承事诸佛和善知识，以及发大勇猛，行一切困苦难行的法事，

皆用此心。纵令谤法，永退善根，亦因此心。

也都是用这个心。就是诽谤佛法，永远退失善根，也是因有此心。

若此发明，不是心者，我乃无心，同诸土木。

如果说这不是我的心，我岂不成了没有心的人，和土木一样。

离此觉知，更无所有。云何如来，

离了这个能觉能知的心，已别无心了。为什么如来，

说此非心，我实惊怖，兼此大众，

说这不是我的心，听了这话，实在使我惊恐。以及在会大众，

无不疑惑，惟垂大悲，开示未悟。

没有不疑惑的，求您老人家慈悲，开示我们这些迷惑不悟的人。”

尔时世尊，开示阿难，及诸大众，欲令心入，无生法忍。

这时世尊，启示阿难和诸大众，希望他们都悟入无生法忍。

于狮子座，摩阿难顶，而告之言，如来常说，诸法所生，

在狮子座上，摩阿难头顶，说：“如来常说，一切诸法

唯心所现。一切因果，世界微尘，因心成体。

唯一真心所现起。一切因果，大的世界，小的微尘，都是依这一真心为体。

阿难，若诸世界一切所有，其中乃至，草叶缕结，

阿难，如种种世界上所有一切事物，其中哪怕是一草一叶一缕一结，

诘其根元，咸有体性。纵令虚空，亦有名貌。

追根究底，也都各有体性。就是虚空也有名字和形貌。

何况清净，妙净明心，性一切心，而自无体[1]。

何况这清净妙明妙净的真心，其性体为一切法所依，一切法尚有体，此真心怎么会无体呢！

若汝执吝，分别觉观，所了知性，必为心者[2]，

如果你阿难固执不舍，此虚妄分别觉观之心，是你的真心，

此心即应，离诸一切，色香味触，诸尘事业[3]，别有全性。

则此心就应该离开一切色香味触等六尘事业，别有完整独立的体性存在呀！

如汝今者，承听我法，此则因声，而有分别[4]。

如你现在听我说法，这个闻法的心是因为声尘才有分别作用，离尘此心（即耳识）则毕竟无体。

纵灭一切，见闻觉知，
修行之人，纵然能令六根不缘外尘，灭一切见闻嗅尝觉知，

内守幽闲，犹为法尘，分别影事[5]。
内守于幽清闲旷的境界，仍然是独头意识所缘内法尘影境而已。

我非敕汝，执为非心，但汝于心，
我不是强令你将你所执的心看作不是真心，但你在自己的心中，

微细揣摩，若离前尘，有分别性，
微细揣摩，你所固执不舍的心如果离开六尘境界仍有分别的体性，

即真汝心。若分别性，离尘无体，
那才真是你的心呀。如果这个能分别的体性，离开六尘就没有体了，

斯则前尘，分别影事。尘非常住，若变灭时，
这仍是分别前尘影子而已。前尘不是常住的，如果尘变灭时，

此心则同，龟毛兔角，则汝法身，
你这托尘而生的心就如同龟毛兔角，那么你的法身，

同于断灭，其谁修证，无生法忍。
也同样断灭了，那还有谁去修证无生法忍呢！”

［注释］

［1］真心有体，因阿难执妄心，故迷真心实体。不是像你阿难所说：“离此觉知，更无所有。”佛安慰他说：是有的，不是什么都没有了！

［2］分别：散心任运之用。觉观：究理推度之用。分别和觉观即心的功能。前(分别)粗后(觉观)细。二者都有分明不昧之相，故曰“所了知性”，此正妄识也。

［3］诸尘事业：营业之初曰事，事办之后曰业。一切事业皆尘所成，如云尘事尘业也。

［4］耳根离声尘就无耳识，前五识的断灭相如耳识一样很好体会。第六意识亦是断灭，不易体会。

［5］纵灭一切，见闻觉知，内守幽闲，犹为法尘，分别影事：

1. 第六意识
- 五俱意识（即明了意识）：与前五识同时俱起即名五俱意识。又因它可以分明地了知境界又叫明了意识。
- 独头意识：不与五识俱起，独自缘境。

独头意识又有四种
- 定中独头：缘定中所住境。
- 散位独头：缘独影境。
- 梦中独头：缘虚妄梦境。
- 狂乱独头：缘病中狂乱所发境。

第六意识内可缘第八识，外可缘万法，一切众生把它当作真心。其实若离前五尘落谢影子，离开阿赖耶识的种子习气，第六意识就不能存在，它无自体、自相。第六意识所缘之境是法尘，法尘是前五尘落谢的影子，如照相的摄影，故文中曰“影事”。法尘有生灭之异，生法尘是散位独头意识所缘，灭法尘是定中独头意识所缘。

2. 此修行之人，能灭见闻觉知之用，也就是能令前五识和五俱意识不缘外面五尘境界。前五识和五俱意识的分别是尘有则有，尘无则无。凡外权小之修行人也知此散动，欲修定必须止之归静。此等修行之人现今内守于幽闲之境，误以为是本来面目，其实定中独头意识为能守，幽闲之境为所守，此幽闲之境仍是灭法尘影子。能守者乃第六意识即细分别心，非真心。所守者乃法尘影子，非法性。凡外所修之定不出此境界，终不自觉，常处生灭，修禅者当警觉。

［解说］

此段文讲(1) 三番破妄中的③ 破妄识无体。虚妄的识心是尘有则有，尘无则无。离开前尘就没有真实的体。

至此,(1) 三番破妄完。

即时阿难,与诸大众,默然自失。佛告阿难,

这时阿难,与诸大众,都默然无语,觉得若有所失。佛告阿难:

世间一切,诸修学人,现前虽成,九次第定[1],

“世间一切诸修学人,现前虽次第成就了四禅四空及灭受想定(亦名灭尽定),

不得漏尽,成阿罗汉,皆由执此,生死妄想,

但不能证得无漏圣果,成为阿罗汉,都是因为执著这生死妄想,

误为真实。是故汝今,虽得多闻,不成圣果。

误以为是常住真心,所以你阿难今虽多闻,也不能成就圣果。”

[注释]

[1] 九次第定:九定次第而进故名九次第定。前八定即四禅定和四空处定,是凡位所修。后一定即灭受想定(亦名灭尽定),是圣位所成。(四禅定:初禅定、二禅定、三禅定、四禅定。四空处定:空无边处定,识无边处定,无所有处定,非想非非想处定。)

[解说]

这段文讲大众承听佛前文三番破妄的开示,都默然无辩,若有所失。接着佛又定判(前文定判,经云“一切众生,从无始来,生死相续,皆由不知常住真心,性净明体,用诸妄想,此想不真,故有轮转”)修行人不得漏尽,皆因执生死妄想,误为真心。

[总结]

经文“汝今欲研无上菩提……虽得多闻,不成圣果”讲(1) 三番破妄。佛严谨、精辟、深刻地破斥了妄识,即破妄心。真心只有一个,妄心无数,八万四千烦恼就有八万四千个心,推穷寻逐、思惟想象、憎爱等等精神作用都是妄心,乃至意识五种胜善功能亦是妄心。本经历述五种胜善功能:1. 见佛相好,常自思惟,此相非是欲爱所生。

2. 闻佛声教，忆持如来，秘密妙严，恒不忘失。3. 闻法领解，悟妙明心，元所圆满，常住心地。4. 止散入寂，纵灭一切，见闻觉知，内守幽闲(仍是独头意识，守法尘)。5. 界外取证，得灭尽定(亦名灭受想定，灭六识兼第七识染分)，受想不行，成阿罗汉。这五种都是意识胜善功能，人所难舍。

由于最初无明，真如本性迷了就变成识，真心如水，波浪如识。八识变现整个十法界的依正庄严。因为最初无明是虚妄的，所以变现出的一切都是虚妄的，凡所有相，皆是虚妄，一切色相(自身相)，一切心相(自心相)都是虚妄的，只有真如本性(真心)是真的。

经中阿难执心七处，其实真心、妄心都找不到。真心非有非无，圆满周遍，无在无所不在，岂可说在内、在外呢？虚妄的识心不在内外等处，妄心并没有一个固定的处所。妄心遍一切处一切攀缘，真心遍一切处，一切无染。其实妄心无体，体尚且没有，怎么还有住处呢？此即是第一番破妄识无处。

接着第二番：一切众生 1. 错认肉团心为真心，认为肉团心(心脏)能知，能思虑、分别，这个误执易破。如人刚死，心脏尚好，即不能思虑分别。如现在心脏移植手术。2. 又有人执大脑是心，认为大脑能思惟、想象。近年来美国、日本、德国等都在秘密进行头部移植手术。据报道，一次车祸姐弟俩同时亡命，医生把 11 岁的弟弟思芝的头移植到 15 岁的姐姐宣尼斯的身上，现在她的眼睛、嘴巴能够活动，证明她可以恢复健康。1989 年柏林洪堡大学医疗中心的医生，将一名刚死的少年脑袋移植到一只黑猩猩身上，此猩猩生存了五个星期后，开始企图像人一样讲话。由此可见心脏、大脑只是个工具器官不是真心。

这些执著都易破。而认妄识为真心难破，此执著众生迷执很深，不仅凡夫，连权教、小乘、外道，都认妄识为真心。佛经中明确告示我们此妄识不是真心，若认妄识为真心如认贼作子；若彻底离弃又如离波求水，妄依真起，真妄不二。最后一番破斥此妄识离尘无体，妄心是从境界来的，只是前尘虚妄相想，惑乱我们的真性。

此生死妄想，本无真实，如绳本非蛇。凡夫误以为真实而坚执之，故有三界分段生死。二乘误以为真实而苦断之，故有出界变易生死。惟圆顿行人，了达妄想无性，则不生贪着，不须断除，而狂心顿歇，歇即菩提。

以上三番破识，即是妄本，已破而不用，此时阿难方肯舍妄求真。下文即是真本，正修必用。于是如来显示所遗根性(真性)令见如来藏体，从眼根十番极显其真。意令用真本也。

十番极显其真，十番显见：① 显见是心，② 显见不动，③ 显见不灭，④ 显见不失，⑤ 显见无还，⑥ 显见不杂，⑦ 显见无碍，⑧ 显见不分，⑨ 显见超情，⑩ 显见离见。下文即如来显示所遗真性。

(2) 十番显见

阿难闻已，重复悲泪，五体投地，长跪合掌，而白佛言，

阿难闻已重复悲泪，五体投地，长跪合掌，而白佛说：

自我从佛，发心出家，恃佛威神，常自思惟，

“我自发心跟佛出家以来，一向仰仗佛的威神力，常常想

无劳我修，将谓如来，惠我三昧。不知身心，

我不必修行，将来如来会赐给我三昧的。不知道身心

本不相代。失我本心，

根本就不能互相代替。无始以来迷失自己本具的真心，

虽身出家，心不入道。譬如穷子，

以致身虽出家了，而心不入道。譬如有富家子，不知本自富贵，

舍父逃逝。今日乃知，虽有多闻，

反弃父，向外乞求。今日才知道，虽有多闻，

若不修行，与不闻等。如人说食，终不能饱。

若不修行，与不闻是一样的。如人说食，终不能饱。

世尊，我等今者，二障所缠，
世尊，我们现在之所以被烦恼障和所知障所缠缚，

良由不知，寂常心性。惟愿如来，
实在是因为不知本具湛然寂照的常住心性(真心)。惟愿如来，

哀愍穷露，发妙明心，开我道眼。
哀愍我们的贫穷孤露，显发妙明真心，开启我们的道眼。”

即时如来，从胸卍[1]字，涌出宝光，其光晃昱，
即时如来，从胸卍字，涌出宝光，这光极为光明显耀，

有百千色。十方微尘，普佛世界，
有百千种颜色。十方所有微尘那样多的有佛的世界，

一时周遍。遍灌十方，所有宝刹，
同时被这光所照遍(遍照)。同时这光遍射十方宝刹，

诸如来顶，旋至阿难，及诸大众。
及各如来的头顶，还回转来灌照阿难和在会大众。

告阿难言，吾今为汝，建大法幢，亦令十方，一切众生，
对阿难说：“我现在为你，建大法幢，也使十方一切众生，

获妙微密，性净明心，得清净眼。
各见自己幽微深密的自性、清净圆明的本心，获得大开圆解的慧眼。

[注释]

[1] 卍：胸纹理像“卍”字，三十二相之一。

[解说]

此段文起开讲1. 空如来藏的(2) 十番显见。通过上文破妄识之后，阿难悲悔舍妄，求佛开示真心，如来放光，慈悲答应宣说。

① 显见是心

阿难，汝先答我，见光明拳，此拳光明，因何所有，

阿难,你先回答我,你所见的光明拳,这拳的光明,因什么缘因而有?

云何成拳,汝将谁见。阿难言,由佛全体,阎浮檀金[1],

为什么会成拳?你用什么看见的?”阿难说:“由于佛全身金色就像阎浮檀金一样,

赩如宝山,清净所生,故有光明。

金光赤焰像一座宝山,佛身清净非欲爱所生,所以有光明。

我实眼观,五轮指端,屈握示人,

我实在是用眼看见,世尊屈五轮指,示现给我们,

故有拳相。佛告阿难,如来今日,实言告汝,

所以就成拳的相状。”佛对阿难说:“如来今日实言告诉你,

诸有智者,要以譬喻,而得开悟。

一切有智慧的人,也需要由譬喻而开悟。

阿难,譬如我拳,若无我手,不成我拳。

阿难,譬如我的拳,如果没有我的手,就不能成我的拳。

若无汝眼,不成汝见。以汝眼根,例我拳理,

如果没有你的眼,就不成你的见。以你的眼根比例我的拳头,

其义均否?阿难言,唯然世尊,既无我眼,

这个道理是不是一样呢?”阿难说:“是这样的世尊,既没有我的眼,

不成我见,以我眼根,例如来拳,事义相类[2]。

就不成我的见,以我的眼根,比例如来的拳,道理是相同的。”

佛告阿难,汝言相类,是义不然。何以故,如无手人,

佛对阿难说:“你说相同,是不对的。为什么呢?比如一个无手的人,

拳毕竟灭。彼无眼者,非见全无,所以者何。

拳头就彻底没有。但没有眼的人并不是完全无‘见’,为什么呢?

a. 脱根：无眼有见，显见性内不依根

汝试于途，询问盲人，汝何所见，彼诸盲人，

你试到路上去询问那些盲人：‘你看见什么了？’那些盲人，

必来答汝，我今眼前，唯见黑暗，更无他瞩。

一定回答你‘我眼前只见黑暗，其他什么也看不见。’

以是义观，前尘[3]自暗，见何亏损[4]。

这样看来，眼根自己是暗的，见性并没有什么亏损。”

b. 脱尘：瞩暗成见，显见性外不循尘

阿难言，诸盲眼前，惟睹黑暗，云何成见？

阿难说：“那盲人眼前，只见一片黑暗，怎么可以说是见呢？”

佛告阿难，诸盲无眼，唯观黑暗，与有眼人，

佛对阿难说：“那些盲人没有眼睛，只见黑暗，与有眼人

处于暗室，二黑有别，为无有别。

处在暗室所见的黑暗，这两种黑暗是有区别还是没有区别呢？”

如是世尊，此暗中人，

阿难说：“是的世尊，处于暗室中的人

与彼群盲，二黑较量，曾无有异[5]。

和那些盲人所见黑暗，这两种黑暗比较，没有什么差异。”

c. 眼见是错，见是心非眼

阿难，若无眼人，全见前黑，忽得眼光，

佛进一步说：“阿难，没有眼的人，看见前面全是一片黑暗，忽然得到眼光，

还于前尘，见种种色，名眼见者。彼暗中人，

又复见到种种颜色，如果这叫做眼见。那么在黑暗中的人，

全见前黑，忽获灯光，亦于前尘，见种种色，
看见前面全是黑暗，忽得灯光，也能见到种种颜色，

应名灯见。若灯见者，有灯能见，自不名灯，
就应该叫灯见了。假如灯能看见，灯既能见，就不应该叫灯了，

又则灯观，何关汝事[6]。
况且既然是灯在见事物，与你有什么关系？

d. 正显见性是心非眼

是故当知，灯能显色，如是见者，是眼非灯，
所以应当知道，灯只能显现色，能见的实际上是眼不是灯。

眼能显色，如是见性，是心非眼[7]。
以此类推眼能显色，能见的见性是心不是眼。”

[注释]

[1] 阎浮檀金：梵语，译为胜金。须弥山南面有洲，多此檀树，果汁入水，沙石成金。此金一粒，置常金中，悉皆失色。又将此金方寸，置暗室中，照耀如白天。故喻佛身金色如之。

[2] 既无我眼……事义相类：

无手→无拳 }
无眼→无见 } 阿难认为相同。与凡情相同。

[3] 前尘：藕益大师云此处及下面两个“前尘”皆指浮尘眼根，不指色尘。

[4] 此是脱根。盲人能见暗即无眼能见，显能见之性不借眼缘，是脱根也。

[5] 此是脱尘。瞩暗成见，显能见之性不借明缘，是脱尘也。

[6] 这几句进一步说明眼见的错误。并举例。由(1)可推出(2)：

(1) 无眼——得眼——后见⇒叫做眼见

(2) 无灯——得灯——后见⇒亦叫做灯见⇒{不叫灯
与汝无关

人皆知"灯见"可笑,却天天叫"眼见"而不觉知同样可笑。

[7] 这几句正显见性是心不是眼。并举例。见性离肉眼(根)离尘。由(1)⇒(2):

(1) 无灯——得灯——见到外物是灯显色——能见的是眼非灯——人共知。

(2) 无眼——得眼——见到外物是眼显色——能见的是心非眼——人不知。

[解说]

阿难既已悟妄求真,如来慈悲约眼根十番极显所遗根性(真性、真心),令见如来藏体。此段文即是(2) 十番显见的第一番显见是心:显见是真心,不是眼,也不是妄识之心也。

眼根对境,必借内外二光方显,内光即眼之瞳光,外光即日、月、灯等。盲人无内光,外尘不显,但见黑暗,盲人既能见暗,说明能见之性与眼无关。即见性脱根。有眼人处于暗室,因缺外光,唯见黑暗;与无眼人因缺内光所见黑暗,两种黑暗没有区别。既然二黑无异,则有眼见暗之见与无眼见暗之见,二见也同样没有区别,所以没有明相也同样有见,显见性与尘无关,明尘来见明,暗尘来见暗,故而见性脱尘。

世间人认为无眼则无见,甚至认为无明(光明)也无见,实际上能见之性(见性)是脱根脱尘的。见是心,不是眼,也不是离尘无体的妄心,更不是肉团心,而是超然独立,灵光独耀的妙明真心。

[问答]

见性与眼识有何不同?

答:举例说明,如一面镜子正在照色之时,不分别,不执著,这是见性所起作用。若起念分别,那是眼识的作用,闻等道理亦如此。再者眼识是断灭的,尘有则有,尘无则无。眼识九缘生,少一缘则不生。

而见性是脱根脱尘，超然独立的。因明有见者，虚妄眼识，遍计执性。明暗俱见者，识精见分（见精），依他起性，见分如第二月，与月影不同。眼识随见性起作用，见性不随眼识起作用。见性是主，眼识是宾。见性见色无分别，眼识随见性可以说“见”吧，可马上就起分别。八个识是依真心而有作用，离开真心连八个识都没有。凡夫用识生爱憎，七情六欲，被识欺骗，迷识为真心。佛菩萨觉悟根、尘、识是真心的随缘之用，能善巧成就无量功德，事事无碍，建水月道场，作空华佛事。

② 显见不动

阿难虽复，得闻是言，与诸大众，口已默然，

阿难虽然听了这番开示，和大众一样，口里没有什么话反驳，

心未开悟，犹冀如来，慈音宣示，合掌清心，

但心里仍未究竟了悟，还希望如来慈音宣示，都合掌清心，

伫佛悲诲。尔时世尊，舒兜罗绵，网相光手[1]，

恭候佛的慈悲教诲。这时世尊，伸出兜罗绵网相光手，

开五轮指，诲敕阿难，及诸大众，我初成道，

张开五轮指，教诲指示阿难和大众说：“我初成道时，

于鹿园中，为阿若多[2]，五比丘等，及汝四众言，

在鹿野苑中，为阿若多等五比丘，以及你们四众说法：

一切众生，不成菩提，及阿罗汉，皆由客尘

‘一切众生所以不能证得菩提和阿罗汉，都是因为客尘

烦恼所误。汝等当时，因何开悟，今成圣果，

烦恼所误。’你们当时，因何开悟，成就了今天的圣果？”

时憍陈那，起立白佛，我今长老，于大众中，独得解名。

这时憍陈那起立对佛说：“我在大众中算是年纪最长的，且独得最先

解悟真理之名。

因悟客尘，二字成果。世尊，譬如行客，

回忆当时实因悟'客尘'二字得证圣果。世尊，譬如出门的旅客，

投寄旅亭，或宿或食，宿食事毕，俶装前途，

投宿到旅舍中，或住宿或进食，食宿完毕，必再整装前行，

不遑安住。若实主人，自无攸往。如是思惟，

不能安住一处。若是主人，就不须再行他往。因此我想，

不住名客，住名主人，以不住者，名为客义。

不能安住的叫客，能安住不移的叫主人，因此把"不住"作为"客"的含义。

又如新霁，清旸升天，光入隙中，发明空中，诸有尘相，

又如雨后初晴，太阳初升，阳光射入隙中，照见空隙中的许多微尘，

尘质摇动，虚空寂然。如是思惟，澄寂名空，

微尘摇动不停，而虚空却寂然不动。我就这样想，澄寂不动的叫虚空，

摇动名尘，以摇动者，名为尘义。

摇动不止的叫微尘，因此把'摇动'作为'尘'的含义。"

佛言如是。即时如来，于大众中，屈五轮指，

佛说："是这样的。"这时如来于大众中，屈五轮指，

屈已复开，开已又屈，谓阿难言，汝今何见？

屈起来又张开，张开又屈起来，对阿难说："你现在看见什么？"

阿难言，我见如来，百宝轮掌，众中开合。

阿难说："我见如来百宝轮掌在大众中开合。"

佛告阿难，汝见我手，众中开合，为是我手，

佛对阿难说："你看见我的手，在大众中开合，到底是我的手

有开有合，为复汝见，有开有合。阿难言，世尊宝手，
有开有合，还是你的见有开有合呢?"阿难说："世尊宝手在大

众中开合，我见如来，手自开合，非我见性，有开有合。
众中开合，我见如来手自己开合，不是我的见性有开有合。"

佛言，谁动谁静，阿难言，佛手不住，而我见性，
佛说："谁动谁静?"阿难说："佛手没有停止，至于我的见性，

尚无有静，谁为无住。佛言如是。
求其静相，尚不可得，怎么还会有动相呢?"佛说："是这样的。"

如来于是，从轮掌中，飞一宝光，在阿难右，即时阿难，
如来于是从轮掌中，飞一道宝光，在阿难右边，这时阿难

回首右盼。又放一光，在阿难左，阿难又则，回首左盼。
回首看右边。又放一光，在阿难左，阿难则又回首看左边。

佛告阿难，汝头今日，何因摇动?
佛对阿难说："你的头今天为什么左右摇动呢?"

阿难言，我见如来，出妙宝光，来我左右，
阿难说："我见如来出妙宝光来到我的左右两边，

故左右观，头自摇动。
所以我左右地看，头就两边摇动。"

阿难，汝盼佛光，左右动头，为汝头动，为复见动。
"阿难，你因看佛光，所以左右动头，是你的头动，还是见性动?"

世尊，我头自动，而我见性，尚无有止，
阿难回答："世尊，我自己的头动，而我的见性，根本说不上止，

谁为摇动。佛言如是。于是如来，普告大众，

又怎么说得上动呢?”佛说:“是这样的。”接着如来普告大众说:

若复众生,以摇动者,名之为尘,

“如果还有众生不明白客尘的义理,那就把摇动不定的叫做尘,

以不住者,名之为客,汝观阿难,

把不能安住一处的,叫做客,你们看阿难就是最好的示范,

头自动摇,见无所动。又汝观我,手自开合,

他的头自动摇,见性并没有动静。再看我手自开合,

见无舒卷。云何汝今,以动为身,

见性也没有舒卷之相。你们为什么仍以变迁不停的为实身,

以动为境,从始洎终,念念生灭,

以变化无常的为实境,从始至终,念念生灭,

遗失真性,颠倒行事,性心失真,

遗失真常的真性,行事颠倒错乱,迷失了真常的心性,

认物为己,轮回是中,自取流转。

致使认物为自己,在身、境颠倒中轮回,自取生死流转?”

[注释]

[1] 网相光手:佛五轮指端,都有网缦之相且有金光,三十二相之一。

[2] 阿若多:憍陈如得道之名,译为“解本际”。

[解说]

此段文讲② 显见不动(显见性离身离境本不动摇):不仅阿难的头,佛的手是摇动不住如客(人)如尘(灰尘),凡一切身、境、识心都是生死纷飞的,皆如客、尘之义。而见性是湛然圆满,超然独立,内脱根身,外遗世界,身境两不相关,动静两皆不属,凝然本不动摇如主(人)如空(虚空)。

③ 显见不灭

尔时阿难，及诸大众，闻佛示诲，身心泰然，念无始来，
这时阿难和诸大众，听了佛的教诲，身心泰然，回想从无始来，

失却本心，妄认缘尘，分别影事[1]。
迷失了本有真心，误认缘尘分别影事的识心为自己的心性，

今日开悟，如失乳儿，忽遇慈母。
今日才悟明本性不动的道理，像一个失乳的婴儿忽然遇到了慈母。

合掌礼佛，愿闻如来，显出身心，真妄虚实，
大众一起合掌礼佛，希望如来能分明彰显身心的真、妄、虚、实，

现前生灭，与不生灭，二发明性。
现前生灭的是什么，不生灭的是什么，使真妄二性更加显明。

时波斯匿王，起立白佛，我昔未承，诸佛诲敕，
这时波斯匿王站起来对佛说："我在没有恭承佛陀教诲以前，

见迦旃延[2]、毗罗胝子[3]，咸言此身，死后断灭，名为涅槃。
曾见外道论师迦旃延、毗罗胝子，他们都说这个肉身死后就什么都消灭了，即名为涅槃，

我虽值佛，今犹狐疑。云何发挥，证知此心，
我现在虽见佛闻法，还是疑惑不解。到底有什么方法能证明这个心

不生灭地。今此大众，诸有漏者，咸皆愿闻。
确实是不生不灭的，今在会大众，一切有漏学人，都愿听佛陀的开示。"

佛告大王，汝身现在，今复问汝，汝此肉身，
佛对波斯匿王说："你的身体现在尚在，现在我再问你，你这个肉身，

为同金刚，常住不朽，为复变坏？
是如同金刚一样永存不朽呢？还是要日渐变坏呢？"

世尊，我今此身，终从变灭。

匿王说："世尊，我现在这个肉身，终归要由变化而消灭的。"

佛言，大王，汝未曾灭，云何知灭？

佛说："大王，你的身体现在并没有消灭，怎么知道终要变灭呢？"

世尊，我此无常，变坏之身，

匿王说："世尊，我这个无常而随时变坏的身体，

虽未曾灭，我观现前，

现在虽然还没有消灭，但我观察现前这个身体，

念念迁谢，新新不住。如火成灰，渐渐销殒，

念念迁流，时时不停地在变。如火成灰必渐渐销殒，

殒亡不息，决知此身，当从灭尽。

销毁和灭亡从来没有停息过，因此我决定知道这个身体终归要灭尽。"

佛言，如是大王，汝今生龄，已从衰老，

佛说："正是这样，大王，你现在的年龄已走向衰老，

颜貌何如，童子之时？

你的容颜和相貌比童年时如何？"

世尊，我昔孩孺，肤腠润泽，年至长成，血气充满。

匿王说："世尊，我在童稚时代，肌肤细嫩润泽，等到成年，血气充满。

而今颓龄，迫于衰耄[4]，形色枯悴，精神昏昧，

今到晚年，迫近衰老，形貌和颜色都已枯槁憔悴，精神昏暗不明，

发白面皱，逮将不久，如何见比，充盛之时。

头发也白了，脸也皱了，这身体大概不久于世，怎么能和壮盛之年相比。"

佛言，大王，汝之形容，应不顿朽。

佛说："大王，你的形貌和容颜，该不是突然老朽的吧？"

王言，世尊，变化密移，我诚不觉，

匿王说："世尊，这变化微密潜移，我实在不能觉察，

寒暑迁流，渐至于此。何以故？

只是寒来暑往时光不断地变迁，渐渐到了今天这种样子。什么缘故呢？

我年二十，虽号年少，颜貌已老，初十岁时，

当我二十岁时，虽称少年，但颜色容貌已老于十岁时，

三十之年，又衰二十。于今六十，又过于二，

到了三十岁时，又衰于二十岁。今已六十二岁，

观五十时，宛然强壮。世尊，我见密移，

回观五十岁时，觉得比现在强壮多了。世尊，我看这微密潜移，

虽此殂落，其间流易，且限十年。若复令我，微细思惟，

日趋衰老，今以十年为一期，不过大略而言。假如让我仔细思考，

其变宁唯，一纪[5]二纪，实为年变，岂唯年变，

它的变化何止一纪二纪，实在是年年有变，何止年年有变，

亦兼月化，何直月化，兼又日迁。

而是月月都有变化，不止月月有变，而是日日都有变迁。

沉思谛观，刹那刹那，念念之间，不得停住。

再细审察，实在是刹那刹那，念念之间都在变化。

故知我身，终从变灭。

所以知道我的身体，终归要衰坏灭亡的。"

佛告大王，汝见变化，迁改不停，悟知汝灭，

佛对大王说:“你看见身体的变化,迁流不停,因而悟知你身必灭,

亦于灭时,汝知身中,有不灭耶?

但在这身体变灭时,你能知道身中有一个不生灭的存在吗?”

波斯匿王,合掌白佛,我实不知。

波斯匿王,合掌对佛说:“我实在不知道。”

佛言,我今示汝,不生灭性。

佛说:“我现在就把不生灭的本性,给你显示出。

大王,汝年几时,见恒河水? 王言,我生三岁,慈母携我,

大王,你多大年龄看见恒河水。”匿王说:“我三岁时,慈母带我

谒耆婆天[6],经过此流,尔时即知,是恒河水。

朝拜耆婆天,经过此河,当时就知道是恒河水。”

佛言,大王,如汝所说,二十之时,衰于十岁,

佛说:“大王,如你所说,二十岁之时,比十岁衰老,

乃至六十,日月岁时,念念迁变。

乃至六十岁,其间每日每月每时,念念不停地变化迁改。

则汝三岁,见此河时,至年十三,其水云何?

那你三岁见这条河时,到十三岁时再见此河,觉得河中水有什么不同吗?”

王言,如三岁时,宛然无异,乃至于今,年六十二,

匿王说:“与三岁时所见没有什么不同,甚至如今我已六十二岁,

亦无有异。佛言,汝今自伤,

此水也没有什么不同。”佛说:“你现在自己感伤,

发白面皱,其面必定,皱于童年。

头发白了,脸面皱了,当然脸面比童年时要皱。

则汝今时，观此恒河，与昔童时，观河之见，有童耄否？

那你今天看这恒河，和从前童年时看此恒河的见性有老幼的区别吗？”

王言，不也世尊。佛言，大王，汝面虽皱，

匿王说：“没有区别，世尊。”佛说：“大王，你脸虽皱了，

而此见精，性未曾皱，皱者为变，不皱非变，

但此见精之性并不曾皱，皱的有变迁，不皱的没有变迁，

变者受灭，彼不变者，元无生灭，

变迁的就有生灭，那个不变迁的，自然没有生灭，既无生灭，

云何于中，受汝生死？而犹引彼，

怎么会随着你的身体而有生死呢？怎么还引外道

末伽黎[7]等，都言此身，死后全灭。

末伽黎他们的说法，认为此身死后一切都消灭了呢！”

王闻是言，信知身后，舍生趣生，

匿王听了这番话，确信此身死后，不过是舍此生彼，并非断灭，

与诸大众，踊跃欢喜，得未曾有。

因此和大众，非常高兴，从未有过。

[注释]

[1] 分别影事：影事即前五尘落谢的影子。分别前尘影事之心即第六意识。

[2] 迦旃延：外道六师之第五。

[3] 毗罗胝子：外道六师之第三。

[4] 衰耄(mào)：十五曰童，七十曰衰，九十曰耄。

[5] 一纪：十二年为一纪。

[6] 耆婆天：译为“长寿天”，印度凡俗，敬奉天神，俗人生子，三四岁必携往天神庙，求神保佑，以求长寿。

［7］末伽黎：译为不见道，六师之第二，以断灭为宗。

［解说］

此段文讲③显见不灭。文中通过老、少容貌的对比和身体的变灭状况总结出身体必灭，是虚妄生灭无常性；而见性不与身同变，身虽坏而见性常存，故而显出见性常住性，本来不生不灭(用生灭法显不生灭，用所见显能见)。

④显见不失

阿难即从座起，礼佛合掌，长跪白佛，世尊，

阿难立即从座而起，礼佛合掌，长跪对佛说："世尊，

若此见闻，必不生灭，云何世尊，名我等辈，

如果这见闻之性确实不生灭，为什么世尊又呵斥我们，

遗失真性，颠倒行事，愿兴慈悲，洗我尘垢。

遗失真性，而做事颠倒呢？愿佛兴大慈悲，洗涤我的尘垢。"

即时如来，垂金色臂，轮手下指，

这时如来垂下他的金色臂，千辐轮手下指于地，

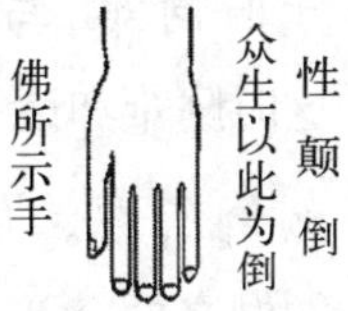

示阿难言，汝今见我，母陀罗手[1]，为正为倒？

示阿难说："你现在看我的母陀罗手，是正还是倒？"

阿难言，世间众生，以此为倒，而我不知，谁正谁倒。

阿难说："世间一般人以这样为倒，而我不知道哪样为正，哪样为倒。"

佛告阿难，若世间人，以此为倒，即世间人，将何为正？

佛问阿难："如果世间人以这样为倒，那世间人认为怎样才是正呢？"

阿难言，如来竖臂，兜罗绵手，上指于空，则名为正。

阿难说："如来竖臂，把兜罗绵手向上指向空中，就叫做正。"

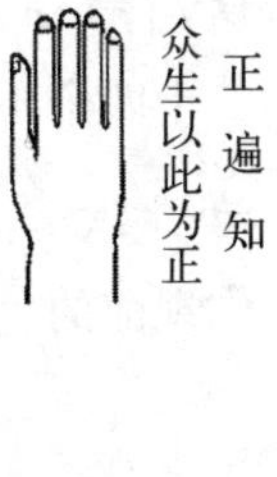

佛即竖臂，告阿难言，若此颠倒，首尾相换[2]。

佛即刻把手臂竖起，对阿难说："如果世间人以这样为正，那么像这样的颠倒只是首尾相换而已。

诸世间人，一倍瞻视。

世间人不知手臂本无一定正倒(一迷)，却定要执著上竖为正，下垂为倒(一迷)，这是双重执迷的看法。

则知汝身，与诸如来，清净法身，比类发明。

这样便知你的色身跟诸如来的清净法身，可以类比而明白。

如手向上↑正　　　　如手向下↓倒

如来之身，名正遍知。汝等之身，号性颠倒。随汝谛观，

如来的身叫"正遍知"，你们的身叫"性颠倒"。随你细心观察，

汝身佛身，称颠倒者，名字何处，号为颠倒？

你的身和佛的身比较，你的身既然有颠倒的名称，到底在何处叫做颠倒呢？"

于时阿难，与诸大众，瞪瞢瞻佛，目睛不瞬，不知身心

这时阿难和诸大众，睁大眼睛茫然地看着佛，目不转睛，不知道身心

颠倒所在。佛兴慈悲，哀愍阿难，及诸大众，

颠倒之处究竟在哪里。佛大兴慈悲，哀愍阿难，及诸大众，

发海潮音[3]，遍告同会，诸善男子，我常说言，

发出海潮般的声音，普告同会大众："诸善男子，我常常说，

色心诸缘，及心所使，

色法、心法，能生色心二法的缘，以及五十一个心所法、

诸所缘法，唯心所现[4]。

二十四个不相应行等一切世出世间诸法，都是真心所显现的幻影。

汝身汝心，皆是妙明，真精妙心，中所现物[5]。

你现前的色身和你的识心(妄)等诸法都是妙明真精妙心中影现之物。

云何汝等，遗失本妙，圆妙明心，宝明妙性，

为什么你们把本来自妙，本自圆满妙明的真心和清净坚固的本性都遗失了，

认悟中迷，

反而在此本悟体中，仅仅认取一点迷情，

晦昧为空，空晦暗中，

于是将此本觉性海晦昧而成顽空，在冥顽晦暗的虚空中

结暗为色，色杂妄想，想相为身。

结暗境而为幻色(色法)，再由妄想揽取少分的四大幻色，以此幻色夹杂迷情妄想，就成了众生的根身(凡夫认四大假合为自身相)。

聚缘内摇，

积聚能缘的气氛于妄身中，内缘五尘落谢影子，计度分别，摇动不休，

趣外奔逸。

趣逐外缘五尘外境，奔驰腾逸不止。

昏扰扰相，以为心性[6]。

就误把这昏迷扰攘之相，当作自己的心性(凡夫认妄识为自心相)，

一迷为心，决定惑为，色身之内。

一迷此(昏扰扰相)为心，就一定误认为，这个心在色身之内。

不知色身，外洎山河，虚空大地，咸是妙明，真心中物。

殊不知不但色身，外而山河虚空大地，全都是妙明真心中所现之物。

譬如澄清，百千大海，弃之，唯认一浮沤体，

譬如百千澄清的大海却抛弃不认得，只认得浮在海面上的一个泡沫，

目为全潮，穷尽瀛渤。

以为这就是海潮的全貌，认为已穷尽了大瀛小渤。

汝等即是，迷中倍人，如我垂手，等无差别。

你们就是加倍迷惑不悟的人，就像我垂手竖臂一样，本无所谓的正倒，却定要说倒说正，又要固执地以下垂为倒，上竖为正，不是迷中倍迷吗？

如来说为，可怜愍者。

所以说你们是最可怜悯的人。”

［注释］

［1］母陀罗手：母陀罗译“宝印”，能破恶成善，有不可思议神用，佛手能结各种印。

［2］手臂本无正倒，说正，臂也无增，说倒，臂也无减，说正倒只不过把手臂头尾互换一下罢了。

［3］海潮音：海潮从不失时，佛所说的话（法），应不失时，如海潮一般。月球和太阳的引潮力故有海潮这一现象。

［4］色：十一色法。心：八识心王。诸缘：即能生色、心二法之缘。生心法有四缘即亲因缘、增上缘、等无间缘（次第缘）、所缘缘。生色法只许前二缘（即亲因缘、增上缘）。心所使：即五十一个心所法。诸所缘法：二十四不相应行。“色法十一心法八，五十一个心所法，二十四个不相应，六个无为成百法”，此百法括尽世出世间一切诸法。唯心所现：一切唯心造。凡小解为业造，权教解为识造，圆顿之机直了真心所现。

［5］皆是妙明，真精妙心，中所现物：不属空有曰妙。远离晦昧曰明。万法实体曰真精。具此诸义曰妙心。妙心如海而万法如海中之影。心包无外，而万法皆在心中，故曰皆是其中所现之物。

［6］晦昧为空，空晦暗中，结暗为色，色杂妄想，想相为身。聚缘内摇，趣外奔逸，昏扰扰相，以为心性：“晦昧为空，空晦暗中，结暗为色”，此句即误认山河诸法心外实有。“晦昧为空”，迷性明故，而成无明，由此无明，变成顽空。“空晦暗中，结暗为色”，所变顽空，与能变

无明，二法和合，变起四大，为山河依报外色。“色杂妄想，想相为身”，此句即妄认四大为自身相。以四大色，杂妄想心，变起众生正报内色。色心和合，五阴具备了。“聚缘内摇，趣外奔逸，昏扰扰相，以为心性”，此句即妄认缘尘分别为自心相（即误认妄识缘尘分别为自心相）。“聚缘内摇”，积聚能缘的气氛、精神在妄身中，内缘五尘落谢影子，计度分别，摇动不休。“趣外奔逸”，上“聚缘内摇”是缘内，此四字是缘外面五尘诸境，明了分别，奔逸不止。“昏扰扰相，以为心性”，凡夫误认此缘内不休、缘外不止的昏迷扰攘之相，以为灵用，而妄称是自己的心性。真心是如如不动，光明，清净，妙用无穷的；而妄心是内摇外奔，不清净，昏迷扰攘之相。

[解说]

此段文讲④ 显见不失：吾人现前一念见闻之性，即是妙明真精妙心，本无得失。此现前一念见闻之心容包万法，万法唯心，悟此名正遍知（佛），悟了无所得。如手说正，臂无增。迷此号性颠倒（众生），迷时本不失。如手说倒，臂也不失。

⑤ 显见无还

阿难承佛，悲救深诲，垂泣叉手，

阿难蒙佛悲怜，恭承深切的教诲，不禁感激而泣，叉手作礼

而白佛言，我虽承佛，如是妙音，悟妙明心，元所圆满，

对佛说：“我虽蒙佛如是妙音，悟知妙净明心，本自圆满，

常住心地。而我悟佛，现说法音，现以缘心，

常住不失。但我现在明白佛所说的法，还是用这个分别攀缘心，

允所瞻仰。徒获此心，

这缘心实在是我所仰慕依赖的。我现在虽然知道这本有真心，

未敢认为，本元心地。愿佛哀愍，宣示圆音[1]，

可是还不敢认它为本元心地。愿佛哀愍，再宣圆音，

拔我疑根，归无上道。佛告阿难，汝等尚以，
拔除我的疑根，使归无上正道。”佛告阿难：“你们仍用

缘心听法[2]，此法亦缘，非得法性。
攀缘心听法，所听的法也成了所缘的尘境，并不是诸法的实性。

如人以手，指月示人，彼人因指，当应看月[3]。
如人用手指着月亮示人，那个人应当循着手指的方向去看月亮。

若复观指，以为月体，此人岂惟，亡失月轮，亦亡其指。
如果那个人看着手指，以为是月亮的形体，那么这个人不但没有认识月亮，同时也没有认识手指。

何以故？以所标指，为明月故。
为什么呢？因为错认所标示的手指是明月的原故。

岂惟亡指，亦复不识，明之与暗。
这样不但不认识手指，同时也不知道什么是明与暗。

何以故？即以指体，为月明性，明暗二性，
为什么呢？因为把指体当作光明的月体，那么对明暗二种性

无所了故。汝亦如是。若以分别，
就一无所知。你也就是这样的人。如果以能分别

我说法音，为汝心者，此心自应，离分别音，
我说法声音的当作你的真心，那这个心离开声音就应该

有分别性。譬如有客，寄宿旅亭，
有能分别声音的体性存在。譬如有个客人，寄居旅店，

暂止便去，终不常住，而掌亭人，都无所去，
暂歇便去，不会久住，而旅店的掌管人，则不会离去，

名为亭主。此亦如是，若真汝心，则无所去，

所以叫亭主。心也是这样,如果真是你的心就应该常住不去,

云何离声,无分别性[4]。斯则岂唯,声分别心,

为什么离开声音就没有分别的体性呢?不但能分别声音的分别心是如此,

分别我容,离诸色相,无分别性。

就是分别我容貌的心,离开色相,也同样没有能分别的体性。

如是乃至,

如是乃至分别香、味、触、生法尘之心,离开尘也同样没有分别的体性。

分别都无[5],

纵令分别前五尘和生法尘的分别心以及前五尘和生法尘之境悉皆寂然,

非色非空[6],拘舍离等,昧为冥谛[7],

进入非色非空的境界,拘舍离等外道不知此境非真,执为冥初主谛,

离诸法缘,无分别性。

如果离开法尘之缘,也同样没有能分别的体性。

则汝心性,各有所还,

你这个缘尘分别的心性各随本尘而生,亦随本尘而灭(如过客),

云何为主?阿难言,若我心性,

怎能称为主人呢?"阿难说:"若说我的缘尘分别心性,

各有所还,则如来说,妙明元心,云何无还?

各有所还之处,那如来所说的妙明本心,又为何无所还呢?

惟垂哀愍,为我宣说。佛告阿难,且汝见我,

惟垂哀愍,为我宣说。"佛对阿难说:"姑且就你见我之时来说,

见精明元，此见虽非，妙精明心，

此见本是八识精明之体。此见精明元虽不是妙精明心，

如第二月，非是月影[8]。

但已好像捏目所见的第二个月亮，并不是月影。

汝应谛听，今当示汝，无所还地。

你现在应仔细听，我要告诉你们这见精明元是无处可还的。

八相四对

阿难，此大讲堂，洞开东方，日轮升天，则有明耀，

阿难，此大讲堂门向东开，当太阳升起时，就有一片光明，

中夜黑月，云雾晦暝，则复昏暗。

半夜月黑之际，云雾晦暝，就回复昏暗。

户牖之隙，则复见通；墙宇之间，则复观壅。

门窗的空隙间就见到通达，墙壁房屋之间又见到闭塞。

分别之处，则复见缘；

眼前所分别的境（如山是高，地是平）就见到差别的相状；（异）

顽虚之中，遍是空性。

在空无所有之中，就只见一冥顽无知的虚空。（同）

郁埻之象，则纡昏尘；澄霁敛氛，又观清净[9]。

尘雾沙暗之中，就呈现一片混浊景象；雨过天晴，就有一种清净如洗的景色。

阿难，汝咸看此，诸变化相。吾今各还，本所因处。

阿难，你都看见了这种种变化的现象。我现在一一归还它们的本起来处。

云何本因？阿难，此诸变化，

哪是它们的来处（本因）呢？阿难，这些变化现象中，

明还日轮,何以故。无日不明,
光明归还于太阳,为什么?因为没有太阳就无光明,

明因属日,是故还日。暗还黑月,
光明即由太阳来,所以归还于太阳。昏暗归还黑夜。

通还户牖,壅还墙宇,缘还分别,
通归还于门窗,塞还于墙壁。差别的相状还于分别心,

顽虚还空,郁𡋯还尘,清明还霁。
顽虚还于空,混浊还于尘土,清净还于晴天。

则诸世间,一切所有,不出斯类。汝见八种,见精明性,
如此世间所见现象不出此八类。你能见这八种现象的见精明性

当欲谁还?何以故?若还于明,则不明时,
应当还于何处呢?为什么呢?假如还于明,那么在不明时,

无复见暗。虽明暗等,种种差别,
就不应当再见着暗。虽然明暗通塞等千差万别,

见无差别[10],诸可还者,自然非汝,
可是能见之性却无差别。这些可以还归原处的,自然不是你,

不汝还者,非汝而谁?
而这个没有离开过你无所归还的,不是你是谁呢?

则知汝心,本妙明净,汝自迷闷,丧本受轮,
由此可知你的真心,本自妙明清净,你自己迷闷,丧失本具真心枉受轮回,

于生死中,常被漂溺,是故如来,名可怜愍。
漂流于生死苦海中,所以如来说你们是可怜愍者。”

[注释]

[1] 圆音:圆妙之音声。谓佛语圆妙,有三不思议:1. 诸方异

类，闻之皆同本音。2. 大小浅深，随根受益（如一雨，草木大小，随根受益）。3. 有缘隔远，如在一堂（超越时空）。

［2］用缘心听法，随语生解，即著尘境，死在言下。用真心听法，即是法性非尘境，言下大悟。

［3］手指喻佛所说的法。月喻真心。听教悟心如顺指见月。

［4］真心独立，有自体。如主人无来去。妄心离尘无体，如客人有来去。

［5］分别都无：因为定功，对前五尘和生法尘皆不分别。唯留独头意识缘灭法尘。也即前文所讲“内守幽闲”。

［6］非色非空：亦即内守幽闲，一分灭法尘的境界。因为已离六尘粗相故非色，仍有寂静细境故非空。参禅之士到此境界常被此境所误，拘舍离等外道误认此境是冥谛。

［7］冥谛：冥，冥然莫辨。谛：妄称真实。外道立二十五谛，第一是冥谛，谓此冥谛是最初而有的法性，是生万法之主因。

［8］本经用月亮的三种现象作比喻：1. 第一月即天上真月，喻纯真之心。2. 第二月（指捏眼见物成双，故本一月亮，却看成二个）喻带妄的见精。3. 水中月即月影，喻缘尘分别的识心。

［9］郁：地气屯聚。埻(bó)：灰沙飞扬。纡：环绕。澄霁：雨后天晴。八相四对：明暗、通塞、同异、清浊。世间所见现象不出此八类。

［10］所见之相，千差万别；能见之性，则无差别。

［解说］

此段文讲⑤ 显见无还：八种尘相各有所还，而见性无所归还。八尘在见性中自相往来，自相陵夺，而此见性朗然常住，不动不迁，不同攀缘分别的妄心与尘俱还，尘有则有，尘灭则灭，离尘无体。此本有现具，不被诸尘所迁、所染、所蔽的见性，就是我们的真性，应当认取。

⑥ 显见不杂

阿难言，我虽识此，见性无还，云何得知，是我真性？

阿难说："我虽然已认识这个见性无所归还，但又从哪里证明这就是我的真性呢？"

佛告阿难，吾今问汝，今汝未得，无漏清净，

佛告阿难："我现在问你，现在你还没证得无漏清净，

承佛神力，见于初禅，得无障碍。而阿那律，

因承佛的神力见到初禅境地，毫无障碍。然而阿那律，

见阎浮提[1]，如观掌中，庵摩罗果[2]。诸菩萨等，见百千界。

见阎浮提如观掌中庵摩罗果。诸菩萨能见百千世界。

十方如来，穷尽微尘，清净国土，无所不瞩。

十方如来，穷尽无量微尘那样多的清净国土，没有看不到的。

众生洞视，不过分寸[3]。阿难，且吾与汝，观四天王，

众生眼光所见不过分寸之间。阿难，现在我和你同观四天王

所住宫殿，中间遍览，水陆空行，

所住宫殿，中间遍览水陆空行，各种飞禽走兽、鱼虾等，

虽有昏明，种种形像，无非前尘，

虽然明暗不一，形色各异，无一不是眼前尘境所分别之相，

分别留碍。汝应于此，分别自他，

种种滞留隔碍。你应该在这能见和所见之中分清哪是自性，哪是他物？

今吾将汝，择于见中，谁是我体，谁为物象。

现在我从你亲眼所见中指出，谁是自性谁是物象。

a. 正明：物不是见

阿难，极汝见源，从日月宫，是物非汝，

阿难从你能看见最远处的日月宫殿起，那是物不是你，

至七金山[4]，周遍谛观，虽种种光，亦物非汝。

以至七金山，周遍细看，虽有种种光，也是物不是你。

渐渐更观，云腾鸟飞，风动尘起，树木山川，草芥人畜，

再往近看，云腾鸟飞，风动尘起，树木山川，草芥人畜，

咸物非汝。

统统都是物而不是你。

b. 正明：见不是物（物有千差，见却相同）

阿难，是诸近远，诸有物性，虽复差殊，同汝见精，清净所瞩，

阿难，这些近远所有物象，虽千差万别，同在你清净的见精瞩望之中，

则诸物类，自有差别，见性无殊，此精妙明，诚汝见性。

物象自有差别，而见性毫无不同，这个能见万物的妙净明体实在就是你的见性。

b′. 反辨：见不是物

若见是物，则汝亦可，见吾之见[5]。

如果见性是物，那你也应当可以看见我的见性。

Ⅰ 若同见者，名为见吾[6]，

假如你我共同见某物相时，当你同见此物相时，就说成你看见了我的见性，

吾不见时，何不见吾，不见之处[7]？

那么当我闭目不见物时，你为何不能看见我不见物时的见性在哪一个地方？（既然看不见，却说能看见我见物时的见性，这是不对的。）

Ⅱ ① 若见不见，

假如你能看见我不见物时的见性在什么地方，

自然非彼，不见之相[8]。

那我的见性自然不是彼不见的物相呀！

Ⅱ②**若不见吾，不见之地，自然非物[9]。**

如果你不能看见我不见物时的见性在什么地方，那我的见性自然不是物相。

云何非汝？

这见性不是你的真心本性又是什么呢？

a′. 反辨物不是见

又则汝今，见物之时，

再说见若是物，当然物也是见，现在当你见物的时候，

汝既见物，物亦见汝，体性纷杂。

你既然见到了物，那物也应当见到你了，这样一来岂不是无情的物体和有情的见性，纷然混杂。

则汝与我，并诸世间，不成安立。阿难，若汝见时，

那你和我以及有情世间、器世间都无法成立了。阿难，当你见物时，

是汝非我，

你应该知道这是你的见性在见，而不是我的见性在见。

见性周遍，非汝而谁？

这周遍圆满的见性，不是你的真心本性还能属于谁呢？（a′完）

云何自疑，汝之真性，性汝不真，取我求实！

为什么对你自己的真性却疑惑不信？这真性本来即是你，但你为何不敢直下认以为真，反希望从我的言说上以求证实！”

［注释］

［1］阿那律，见阎浮提：阿那律听法睡眠被佛呵，故精进七日不

睡，以致眼瞎，佛叫他修乐见照明金刚三昧，得天眼。不用眼见，用半头见。

［2］庵摩罗果：印度的一种果子，与桃柰相似，生熟难分。此方无，故不翻。

［3］阿难仗佛力慧眼见，阿那律天眼见，菩萨法眼见，佛是佛眼见，凡夫肉眼见。所见不同，能见之性无差别。

［4］七金山：此山围绕须弥山之外，每一重香水海，即有一重金山。七重山皆为金体，有各种光，大福众生所居。

［5］若见是物，则汝亦可，见吾之见：若见性是物，则见性应该和物一样有相状。

［6］若同见者，名为见吾：

若我的见性在物上，就说成见到了我的见性。

如伸手取物，手伸到物上，被你看见了手。

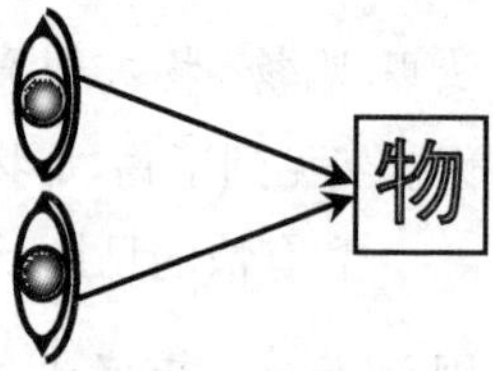

［7］吾不见时，何不见吾，不见之处：

上如伸手取物，此如缩手不取物。

如果伸手取物，手伸到物上，被你看见了手，

如果手不取物时，手在何处？你也应该看见！

下文是佛就上八字“何不见吾，不见之处”防阿难谬答能见，故分Ⅱ① 若见，Ⅱ② 若不见两方面。

［8］Ⅱ①若见：证见性非物。

［9］Ⅱ②若不见：亦证见性非物。

［解说］

这段文讲⑥ 显见不杂（显见非物）：佛从正反两方面论述，物不是见和见不是物。阐述了见性与物相不杂，不乱，物相千差万别，见性毫无不同，见是见，物是物，见性超物相而孤标。此见性就是我们的真心本性，应直下承当。

b′. 反辨：见不是物

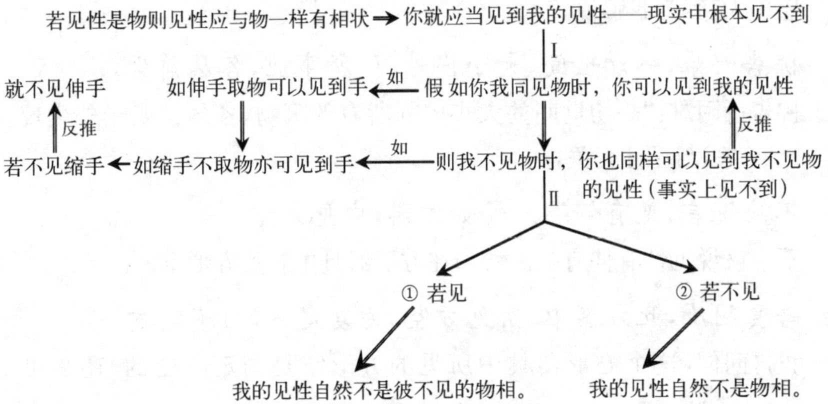

⑦ 显见无碍

阿难白佛言，世尊，若此见性，必我非余。

阿难对佛说："世尊，假如这个见性，的确是我的真性而非其他任何物体。

我与如来，观四天王，胜藏宝殿，居日月宫，此见周圆，

我和如来同观四天王的胜藏宝殿，在日月宫中，此见性若确是周遍圆满，

遍娑婆国，退归精舍，只见伽蓝[1]，清心户堂，

遍及娑婆国，为何退回精舍就只能见伽蓝，再进入这令人清心的讲堂中，

但瞻檐庑。世尊，此见如是，其体本来

却只能见到屋檐和檐下的走廊。世尊，若这个见体本来

周遍一界，今在室中，唯满一室。为复此见，

周遍娑婆界，但如今在室中这见性就只满一室。到底这个见性

缩大为小，为当墙宇，夹令断绝？我今不知，斯义所在。

是缩大为小了，还是被墙壁夹断了？我今不知此中义理所在，

愿垂弘慈，为我敷演。

愿佛大慈，为我解说。”

佛告阿难，一切世间，大小内外，诸所事业，各属前尘，

佛告诉阿难：“一切世间的大小内外所有的事物，各各都属于外尘现象，与见性无关，

不应说言，见有舒缩。譬如方器，中见方空。

不应该说见性有伸有缩。譬如在方形器具中看见方形空。

吾复问汝，此方器中，所见方空，为复定方，为不定方。

我再问你，这个方形器具中所见的方形空是固定不变的，还是可变的？

若定方者，别安圆器，空应不圆。

若是固定不变的，那么另外装一圆形器具，虚空就不应该又成圆形。

若不定者，在方器中，应无方空。

如果是不定的，那么在方形器具中就应该没有方形空。

汝言不知，斯义所在，义性如是，云何为在[2]？

你说不知道这个道理，这方器见方，圆器见圆和你的见性在大见大，在小见小道理是一样的。为何不知义理之所在呢？

阿难，若复欲令，入无方圆，但除器方，空体无方，

阿难，假如要想让虚空入无方圆之相，只要把方圆的器具拿走，虚空的体性是没有方圆的。

不应说言，更除虚空，方相所在。

不应该说，拿走器具之外再向虚空去寻找一方圆的形状而除之。

若如汝问，入室之时，缩见令小，仰观日时，

假如照你刚才所问，进入室内时缩见性使小，那么仰观太阳时

汝岂挽见，齐于日面。若筑墙宇，能夹见断，

你岂不是将见性拉长到太阳的表面了吗？如果筑起墙壁，就能隔断见性，

穿为小窦，宁无续迹，

若在墙壁穿一小孔，被夹断的见性岂不又连上了，那这个重新连接的痕迹又在哪里呢？

是义不然。一切众生，从无始来，

但事实上却不然。一切众生，从无始来，

迷己为物，失于本心。

不知万物都是真心影现，将心属物，认物为己，失却了万物一体的本心。

为物所转，故于是中，观大观小。

以致心随物转，触处成障，因此在外境中见大见小。

若能转物，则同如来。身心圆明，不动道场，

若悟万物属心，则心能转物，就同于如来了。身心就是法界，灵明洞彻，圆明周遍，统此身心，为寂然不动的道场。

于一毛端，遍能含受，十方国土。

在一毛端，遍能容纳十方国土。”

［注释］

［1］伽蓝：全名“僧伽蓝摩”此云众园。僧众聚居之处。

［2］虚空喻见性。方、圆之器喻尘相大小。虚空无方圆，在方器现方，在圆器现圆。因器而有异。如：见性无大小缩断，在大见大，在小见小。因尘相而有异。

［解说］

此段文讲⑦显见无碍。尘相(境)虽有内外大小不同，但见性不因尘阻碍而有大小、缩断的变化。见性如同虚空，虚空本无方圆，因器而有(异)；同样见性是周遍无碍，本无大小、缩断，因境而有(异)。

若能转物，则境随智亡，境相也无大小之别，但有假名，彼此相容，无不自在，圆照法界，事事无碍，这就是见性圆融自在无碍的妙用。

⑧ 显见不分

阿难白佛言，世尊，若此见精，必我妙性。

阿难对佛说："世尊，如果这见精必定是我的妙明真性，

今此妙性，现在我前。见必我真，

现在这妙明真性就在我眼前。这见性既然是我的真实本性，

我今身心，复是何物？而今身心，分别有实。

那我现在的身心又是何物呢？而且现今的身、心各有真实的存在，并有能分别的作用。

彼见无别，分辨我身，若实我心，

那见性却没有分别的功能，不能分辨我身，若此见性确实是我真心，

令我今见，见性实我，

我现前的身体反而是见性所见的对象，那么见性就是实在的我，

而身非我，何殊如来，先所难言，物能见我？

而这身体反而不是我。这与如来刚才责难我的话'外物能见我'，不是一样了吗？

惟垂大慈，开发未悟[1]。

希望世尊发大慈悲，启发未悟的人。"

佛告阿难，汝今所言，见在汝前，是义非实。

佛对阿难说："你现在所说，见性在你面前，这个道理是错误的。

a. 无是见：指不出哪一物是见性——不即

若实汝前，汝实见者，则此见精，

如果见性真在你面前，你确实可以看见，那这个见精，

既有方所，非无指示。且今与汝，

既然有了方所，就不是不可指示出来的东西。我现在和你

坐祇陀林，遍观林渠，及与殿堂，上至日月，前对恒河。

共坐祇陀林中，遍观林渠和殿堂，上至日月，前面是恒河。

汝今于我，狮子座前，举手指陈，是种种相，

你现在在我的狮子座前，举手指陈这些种种物象，

阴者是林，明者是日，碍者是壁，通者是空，

阴暗处是森林，光明处是日光，阻碍处是墙壁，通达处是空间，

如是乃至，草树纤毫，大小虽殊，

依此类推乃至草木纤毫微细之物，大小虽不同，

但可有形，无不指着。若必其见，现在汝前，

只要有形相的都可以指示出来。如果你认为见性就在你面前，

汝应以手，确实指陈，何者是见。阿难当知，

你也应该确实指示出哪个是你的见性。阿难你应当知道，

若空是见，既已成见，何者是空？若物是见，

若说空是见性，空既成了见性，那什么是空呢？如果说物是见性，

既已是见，何者为物？汝可微细，披剥万象，

物既成了见性，那什么是物呢？你可以仔细地去分析世间万象，

析出精明，净妙见元，指陈示我，同彼诸物，分明无惑。

将这纯一无杂、明净不变的见性，指示给我看，就如同指示其他物象一样，历历分明，毫不含糊。”

阿难言，我今于此，重阁讲堂，

阿难说：“我今在这重阁讲堂中

远洎恒河，上观日月，举手所指，纵目所观，

远望恒河，上观日月，举手所能指的，放眼所能见的，

指皆是物，无是见者。世尊，如佛所说，
都是物象，根本指不出哪是见性。世尊，如佛所说，

况我有漏，初学声闻，乃至菩萨，亦不能于，万物象前，
不要说我是有漏的初学声闻，就是菩萨也不能在万物象前，

剖出精见，离一切物，别有自性。佛言，如是，如是[2]。
剖析出见精，离开一切物象别有自己的体性。”佛说：“正是如此。”

b. 无非见：指不出哪一物不是见性——不离

佛复告阿难，如汝所言，无有见精，离一切物，
佛又告诉阿难：“按照你的说法，见精并非离开一切物象

别有自性，则汝所指，是物之中，无是见者。
另外有自性存在，那么你所指的一切物象之中，自然没有这见精了。

今复告汝，汝与如来，坐祇陀林，更观林苑，乃至日月，
现在再告诉你，你和如来，仍坐祇陀林中，再看林苑，乃至日月，

种种象殊，必无见精，受汝所指。汝又发明，此诸物中，
各种不同物象，一定没有见精受你的指陈。你又能在各种物象中，

何者非见。
分明指出何者不是见精吗？”

阿难言，我实遍见，此祇陀林，不知是中，何者非见。
阿难说：“我实际观察这祇陀林中的一切物象，不知这中间，到底哪样不是见性。

何以故？若树非见，云何见树？若树即见，复云何树？
为什么呢？如果说树不是见精，又怎么能看见树？如果说树就是见精，那什么又是树呢？

如是乃至，若空非见，云何见空？若空即见，
如此类推，若说空不是见精，又怎能看见空？若说空就是见精，

复云何空？我又思惟，是万象中，微细发明，
那什么又是空呢？我又仔细思惟，在这万象之中细细分析，

无非见者。佛言，如是，如是[3]。于是大众，
无一处不是见精。”佛说：“如是，如是。”于是在会大众，

非无学者，闻佛此言，茫然不知，是义终始。
尚未到无学位的人，听佛所说，都茫然不知，这究竟是什么道理。

一时惶悚，失其所守。
一时都惶恐不安，谁是谁非不知所从。

如来知其，魂虑变慑，心生怜愍，安慰阿难，
如来知道他们六神无主，思绪紊乱，心生怜愍，安慰阿难

及诸大众，诸善男子，无上法王，是真实语，
和诸大众说：“诸善男子，无上法王，语必真实，

如所如说，不诳不妄，
完全是依照所证到的真如实理而说，不欺诳不妄语，

非末伽黎，四种不死，矫乱论议[4]。汝谛思惟，
并非像末伽黎外道所说四种不死诡辩理论一样。你应当如实思惟，

无忝哀慕。
不要辜负我对你们的哀怜，也不要辜负了自己对我的一番仰慕。”

是时文殊师利法王子，愍诸四众，在大众中，
这时文殊师利法王子，怜愍在座四众，因此在大众中，

即从座起，顶礼佛足，合掌恭敬，而白佛言，世尊，此诸大众，
从座而起，顶礼佛足，合掌恭敬对佛说：“世尊，在会大众，

不悟如来，发明二种，精见色空，是非是义。
不能领悟如来所说的见精和色空诸物象是“是”还是“非是”，这两种

道理。

世尊，若此前缘，色空等象，若是见者，应有所指[5]。

世尊，若说前尘色空等物象是见性，那见性也应有形状可以指陈。

若非见者，应无所瞩[6]。而今不知，是义所归，

若说色空等物象不是见性，就应该一无所见。他们现在不知无是见和无非见这两个道理的所以然，

故有惊怖，非是畴昔，善根轻鲜。

故而都惊疑和恐怖，并非因为过去善根浅薄。

惟愿如来，大慈发明，此诸物象，与此见精，

惟愿如来，慈悲启导说明，这些物象和这见精

元是何物，于其中间，无是非是。

既‘无是见’又‘无非见’，到底它们是什么关系。”

佛告文殊，及诸大众，十方如来，及大菩萨，

佛告诉文殊和在座大众说：“十方如来及大菩萨，

于其自住，三摩地中，见与见缘，并所想相，

常住在自性寂静的楞严大定中，能见的见精和所见的尘境(物象)，以及想相的身心，

如虚空华，本无所有。

都像虚空中的花，虚幻不实，本来一无所有。

此见及缘，元是菩提，妙净明体[7]，云何于中，有是非是。

这个能见的见精和所见的物象其本元都是菩提妙净明体，既然是一体，为何在一体中，还说什么(物)是见或(物)非是见呢？

举例明：无是无非

文殊，吾今问汝，如汝文殊，更有文殊，是文殊者，为无文殊？

文殊，我现在问你，就以你文殊为例，是在你之外另有一个文殊是文

殊呢，还是没有文殊？”

如是世尊，我真文殊，无是文殊，

文殊答言：“是这样的世尊，只有我这个真文殊，没有另外一个‘是文殊’，

何以故？若有是者，则二文殊。

为什么呢？如果另有一个‘是文殊’，那就成了两个文殊了。

然我今日，非无文殊，于中实无，是非二相。

然而我现在，也并不是无文殊，在文殊真实体中没有是、非二相。”

佛言，此见妙明，与诸空尘，亦复如是[8]。

佛说：“这个妙明的见精与一切物象，也是如此。

本是妙明，无上菩提，净圆真心，妄为色空，

本是妙明，无上菩提，净圆真心，由于最初一念不觉，从真起妄，诈现色空等相，

及与闻见[9]。如第二月，

和见闻等觉。如人以指捏目所见的第二个月亮，既误看成两个月，

谁为是月，又谁非月。文殊，但一月真，

于是妄计哪个是真月，哪个不是真月。文殊，若只见一真月，

中间自无，是月非月。是以汝今，观见与尘，

中间自然没有真月假月之争了。所以你们现在对于见精和尘境

种种发明，名为妄想，不能于中，出是非是。

的种种想法和说法，都是妄想，永远超不出是非之外。

由是真精，妙觉明性，故能令汝，出指非指。

若悟无妄离垢的真体，圆照法界的本性，方能超出物我是非之外，故能令你阿难，在万物中指不出何者是见，也指不出何者非见。”

[注释]

[1] 阿难妄执见性和现前的身心各自有体（分别为二），故误认为

见性在面前。下文佛仅以万法是一体来破他(见性与万物自成一体。)

［2］a. 无是见：(指不出哪一物是见性——不即)见性是随缘不变，遍一切处，离一切相，没有相状可指示出，万物皆可清楚地指示出，在万物中指不出见性，离开万物也指不出见性。

［3］b. 无非见：指不出哪一物不是见性(无一物不是见性所显)——不离。见性不变随缘，见性周遍一切法，见性即一切法，借物而显，见性实不是物而见性又不离物，故而哪一物不是见性呢？

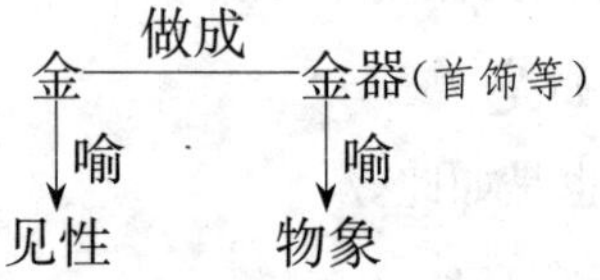

以金作器，器器皆金

见器不见金——a. 无是见

器当下即是金——b. 无非见

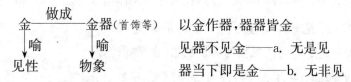

［4］四种不死，矫乱论议：末伽黎论言有不死天，一生不乱答人，死后当生彼天，立四种论议："亦变亦恒，亦生亦灭，亦有亦无，亦增亦减。"皆是模棱两可的说法。

［5］事实上见无可指。

［6］事实上又能见色空等物象。

［7］妙净明体：妙体绝待，妙体即妙净明心，即如来藏，即一切众生心性，即现前所讲见性，也就是自证分。见性微妙心体，绝诸对待，不是"是"，也不是"非"，无是非，绝对待，离四过，绝百非。

［8］此见妙明，与诸空尘，亦复如是：

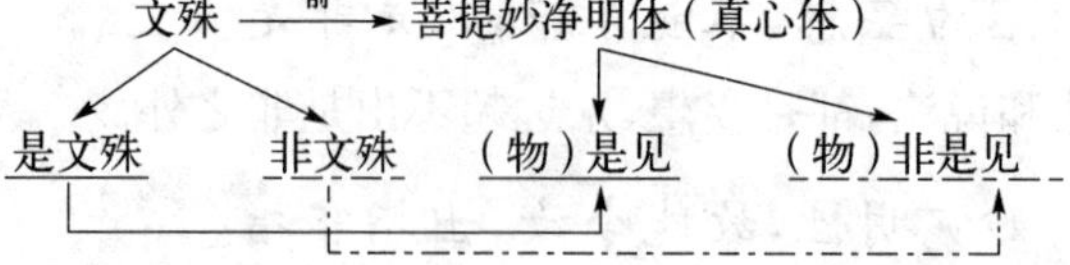

见精与万物只是一个自证分，唯独一个圆成实，在本体上绝对待，根本没有见相二分(见精与万物)。

［9］见、相二分即自证分，色、心二法即圆成实性。由自证分而起见、相二分(见与见缘)，由圆成实性而成就色、心二法。若在见、相

二分，色、心二法中摄用归体，就是自证分，就是圆成实性，则见、相二分了不可得。见、相二分是功用是无常（如手伸缩），自证分是体是常（如手）。若在见、相二分，色、心二法中执我执法，就背觉合尘。〇见性即黎耶体即自证分，见精即第八识见分，映在六根门头在眼曰见精，在耳曰闻精等六精（元依一精明，分成六和合），见性是体，见精是体上之用，见精之性即见性即妙真如性，常住不灭。〇离体无用，离用无体，指见精连见性包括在内；见性也代表能见的见精，因为见性起用就是能见的见精。

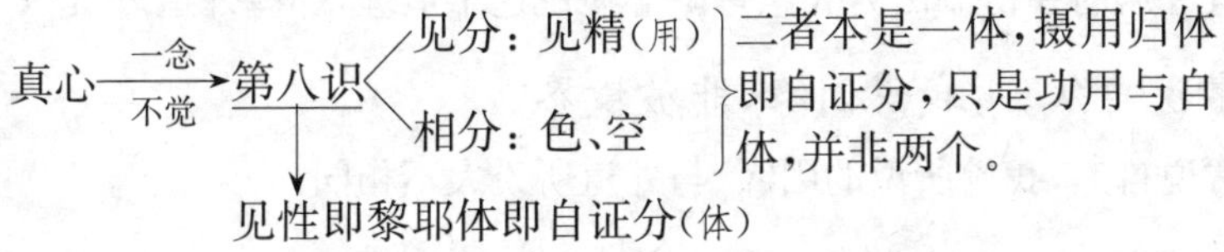

［解说］

此段文讲⑧ 显见不分（显见性、万物自成一体）：阿难误认为见性与身心、物象是分别有体的。其实见性量括十方，体含万法。见性与万法不即不离。因为不即故能灵光独耀，迥脱根尘，身界无关，生死不系。众生不知此义故混淆真妄，沉溺轮回。因为不离故能尘刹混融，万物一体，用弥法界，存泯自由。众生不知此义故沉冥滞寂，灰断缠空。前显见是心，显见不动、不灭、不还、不杂和无碍皆约不即之义，分真析妄，以决择离尘独立之体。今第八显见不分乃约不离之义，泯妄合真，以显与万法混融之妙。虽然在显见不失和显见无碍的后半辞义亦融，不同于此显见不分科之正义，此科使众生明不即之义，则不沦生死；明不离之义，则不滞涅槃。若悟妙明真心，方能超出物我是非，则一切分别，执著自息。

⑨ 显见超情

a. 阿难执见性自然

阿难白佛言，世尊，诚如法王所说，觉缘遍十方界，

阿难对佛说："世尊，实在像您法王所说，见性遍满十方，

湛然常住，性非生灭。与先梵志，娑毗迦罗，所谈冥谛，

湛然常住，不生不灭，和从前梵志金头外道所说冥谛中冥性常住不变，

及投灰[1]等，诸外道种，说有真我，遍满十方，有何差别？

以及投灰等许多外道所说有一真我，遍满十方，有什么差别呢？

世尊亦曾，于楞伽山[2]，为大慧等，敷演斯义，彼外道等，

世尊从前在楞伽山为大慧菩萨等演说这个道理，那些外道

常说自然[3]，我说因缘，非彼境界。

常说自然，我佛所说的因缘，与外道所说大不相同。

我今观此，觉性自然，非生非灭，远离一切，

我现在观察这灵觉的见性也成自然，不生不灭，远离一切

虚妄颠倒，似非因缘，与彼自然。云何开示，

虚妄颠倒，好像不属因缘，同于外道所说自然。怎样开示

不入群邪，获真实心，妙觉明性[4]。

才使我们不致堕入邪见网中，获真如实心，而证得妙觉明心。"

a′. 佛以见性随缘来破阿难所执见性自然

佛告阿难，我今如是，开示方便，真实告汝，

佛对阿难说："我现在这样方便开示，明明白白，将一真实相告诉你，

汝犹未悟，惑为自然。阿难，若必自然，

你还是没悟，反而惑为自然。阿难，如果见性确是自然（如果见性一定是自然而有），

自须甄明，有自然体[5]。汝且观此，妙明见中，

就须审察明白，当有一自然之体方可。你试观察，看这妙明的见性，

以何为自。此见为复,以明为自,以暗为自,
以什么为自然体呢?这个见性到底以明为自体,以暗为自体,

以空为自,以塞为自?阿难,若明为自,
以空为自体,还是以塞为自体?阿难,如果以明为自体,

应不见暗[6]。若复以空,为自体者,应不见塞。
就应该不能见暗。如果以空为自体,就应该不能见塞。

如是乃至,诸暗等相,以为自者,则于明时,
这样乃至,以暗等诸相,为自然体,那么当光明时,

见性断灭,云何见明。
见性应完全断灭,又怎么能见到光明。”

b. 阿难执见性从因缘所生

阿难言,必此妙见,性非自然,我今发明,是因缘[7]生,
阿难说:“这妙明的见性,既决定不属自然,我现在想应当是从因缘生,

心犹未明,咨询如来,是义云何,合因缘性?
但心中还不太明了,请问如来,这见性又怎样才能符合因缘生法的旨意?”

b′. 佛以见性不变来破,阿难执见性因缘

佛言,汝言因缘,吾复问汝,汝今因见,见性现前。
佛说:“你说见性是因缘和合而生,我再问你,你现在因为见到境相,见性才得显现。

① 约因破

此见为复,因明有见,因暗有见,因空有见,
这个见性到底因明有见,因暗有见,因空有见,

因塞有见?阿难,若因明有,应不见暗。如因暗有,应不见明。
因塞有见?阿难,如果因明有,应不见暗。如因暗有,应不见明。

如是乃至,因空因塞,同于明暗[8]。复次阿难,

以此类推，因空因塞而有见性同明暗道理一样。再说，阿难，

② 约缘破

此见又复，缘明有见，缘暗有见；缘空有见，

这个见性到底缘明才有见呢，还是缘暗才有见？缘空有见，还是

缘塞有见？阿难，若缘空有，应不见塞；

缘塞有见？阿难，假如缘空才有见性，应当见不到塞；

若缘塞有，应不见空。如是乃至，缘明缘暗，同于空塞。

若缘塞有，应不见空。以此类推，缘明、缘暗而有见性，与空塞道理一样。（b′完）

当知如是，精觉妙明[9]，非因非缘，

你应当知道，这精觉妙明的见性，不从因生也不从缘生，

亦非自然，非不自然，无非不非，无是非是[10]。

也不是自然而有，但也不能说不是因缘，或不是自然，本来没有非不非，也没有是不是。

离一切相，即一切法。

只要能离一切妄计之相，即一切诸法，无非全体法界。

汝今云何，于中措心，以诸世间，戏论名相，

你怎么在这精觉妙明的真性中，仍依识情妄想，用世间的戏论和名相

而得分别。如以手掌，撮摩虚空，祇益自劳，

来思量分别呢！如同用手掌捉摩虚空，徒自劳苦，

虚空云何，随汝执捉。

虚空怎么会被你捉住？”

[注释]

[1] 投灰：苦行外道，有时以身投灰，有时以灰涂身，有卧刺，自饿，持牛戒、鸡戒等苦行无益。

[2]《楞伽经》结集者以地立名。此楞伽山在印度之南，译云不可往。因为此山在大海中央，上大下小，高不可测，非神通不可前往。“大慧”是菩萨之名，是楞伽会上的当机众，佛在此会，广辩内教和外道不同之义。

[3] 外道认为一切万象都是自然生，自然灭，无因无缘，拨无因果，不立修证。

[4] 阿难怀疑佛所说见性同于外道神我的自然。

[5] 自然：不变，不随缘。自然体：本自其然不变之体，此体不随境变。

[6] 如果见性以明为自体（自然体。不变）⇒见性只能见明，明去暗来，见性应当断灭，则不能见暗。——与现实相违，现实中明来见明，暗来见暗，可知见性是随缘的，见性没有自然之体。

[7] 因缘：随缘，随变。

[8] 明与暗，不能两皆有见。若因明有，明灭见性也随之灭，故见不到暗。与现实违。

[9] 精觉妙明：精觉形容见性不变之体，妙明形容见性随缘之用。

[10]“非因非缘……无是非是”五句阻住一切“心、意、识”，离二边，只“一文殊”、“真月”也。

[解说]

此段文讲⑨ 显见超情：以见性不变随缘，故非自然。随缘不变，故非因缘。自然、因缘，皆是妄情计执，见性两皆不属故曰显见超情。见性之体不变而有随缘之用。佛从见性随缘来破阿难执见性同于外道所说的自然。佛又以见性不变来破阿难执见性同于权宗所说的因缘。由此可显见性是因缘、自然二皆不属。超诸妄情计执。

⑩ 显见离见

阿难白佛言，世尊，必妙觉性，非因非缘。

阿难对佛说："世尊这个妙觉灵明的见性，如果的确是非因非缘，

世尊云何，常与比丘宣说，见性具四种缘[1]，

为什么世尊常与比丘宣说，见性具四种缘，

所谓因空因明，因心因眼。是义云何？

就是要具空、明、心、眼，四缘方能成见。这又怎么解释呢？"

佛言阿难，我说世间，诸因缘相，非第一义。

佛对阿难说："我曾经说世间一切因缘相状，只是权宜之说，不是第一义谛。

阿难，吾复问汝，诸世间人，说我能见，云何名见，

阿难，我再问你，一般世间人说我能见，怎样才叫见？

云何不见？阿难言，世人因于，日月灯光，见种种相，

怎样才叫不见？"阿难说："世人因为有日月灯光，见种种的色相，

名之为见，若复无此，三种光明，则不能见。

就叫做见，如果没有这三种光明，就不能看见色相，就叫不见。"

阿难，若无明时，名不见者，

佛说："阿难，如果没有光明的时候，就叫不见，

应不见暗。若必见暗，此但无明，

那就应该不能见到黑暗。如果定能见到黑暗，只是没有光明而已，

云何无见？阿难，若在暗时，不见明故，

怎么能说不见呢？阿难，如果在暗的时候，因为看不见明，

名为不见；今在明时，不见暗相，还名不见。

就叫不见；那现在在明时，看不见黑暗，仍然应该叫不见。

如是二相，俱名不见。若复二相，自相陵夺，

这样见明见暗，都应叫不见。这不过是明暗二相互相交替而已，

非汝见性，于中暂无。如是则知，二俱名见，云何不见，

并不是你的见性在这之中暂时消灭。可知见明见暗都叫见，怎能说见暗时叫不见呢？

a. 显离缘第一义

是故阿难，汝今当知，见明之时，

所以阿难，你现在应当知道，见明的时候，

见非是明；见暗之时，见非是暗。

此见精不是因明所有；见暗的时候，此见精不是因暗所有。

见空之时，见非是空；见塞之时，见非是塞[2]。

见空之时，此见精不是因空所有；见塞之时，此见精不是因塞所有。

b. 显离见第一义

四义成就，汝复应知，见见之时，

懂得这四个道理以后，你更应该知道，真见见于妄见之时，

见非是见，见犹离见，见不能及。

真见就不堕在妄见中，真见离于有能所的妄见，妄见不能及于真见。

云何复说，因缘自然，及和合相[3]。

还怎么能说什么因缘自然，以及和合相呢？

汝等声闻，狭劣无识，不能通达，清净实相，

你们声闻，见地狭小，心志下劣，不能通达清净本然的实相。

吾今诲汝，当善思惟，无得疲怠，妙菩提路。

我现在教诲你们，应当好好思惟，不要怕困难而懈怠不精进，要努力向菩提道上迈进。”

[注释]

[1] 见性具四种缘：佛昔说“见性”具四缘，不指妙觉明性，是指

眼识。大乘法中眼识九缘生，小乘中略具四缘生。于是阿难误计见性是因缘生。

[2] 见精带妄如第二月，虽带妄，自体离缘，已不属因缘。见性是体，见精是体上之用，见精即见分，见精的体非见分、相分。

[3] 带妄的见精自体尚且离缘，而真见绝对待，离言语，更加高妙，还谈什么因缘，自然等。〇见（真见）见（妄见）之时，见（真见）非是见（妄见）：真见即众生本具妙净明心，如真月。妄见即带一分无明的见精，如捏目所见第二月（有能所）。从无始以来，真见常堕在妄见中，不能见妄。如果观行力强，忘却能所，返妄归真，真见现前，即能彻妄体，正当真见忽见于妄见之时，真见就不堕在妄见之中。〇见（真见）犹离见（妄见），见（妄见）不能及：真见远离于能所的妄见，是妄见不能及的。若有妄见时，真见全隐，待到弃生灭，守真常，常光现前即真见现前，则妄见已空。故曰妄见所不能及。

二见 { 真见：纯真无妄即妙精明心。见精离妄时叫真见，如第一月，真月。
　　　妄见：真见带妄时叫妄见。如第二月。

用图来示真见和妄见：

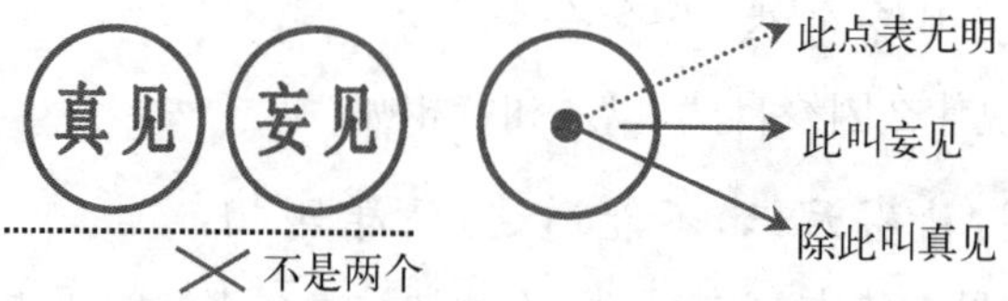

无始来真见常堕在妄见中，不能见妄。如人落水不见水。

[解说]

此段文讲⑩ 显见离见："显见离见"，此中第一个"见"指真见，第二个"见"指妄见。即真见离自体中一分妄见。见精自体真妄和合，约义可分真见和妄见。不是说真见和妄见各有体，只是见精带妄时叫妄见;见精离妄时叫真见。并不是真见和妄见是两个见。真见如醒人,妄见如梦人,醒人和梦人非二人是一人。见精是带一分无明的妄见,真见带妄即名见精。○此段文显示真见离于带妄的见精,真见是妄见不能及的,真见是离言语,绝对待,是清净实相,转入纯真无妄的境界。显见至此可谓显之至矣。

[总结]

前文讲(2)十番显见。此十番,初番显其脱根脱尘,迥然灵光独耀。二番显其离身离境,凝然本不动摇。三番显其尽未来际,究竟常住不灭。四番显其从无始来,本有不遗。五番显其无往无还,挺物表而常住。六番显其不杂不乱,超象外以孤标。七番则显其性元自在,转万物而大小何局。八番则显其体本混融,譬一月而是非莫辨。九番显其诸情不堕,远超外计权宗。十番则显其自相亦离,转入纯真,显见至此,可谓显之至矣。十番显见,乃开方便门,显真实义,从见性悟入妙觉明心。若不从见性指,则不得其门而入。

阿难被破识心后,乃舍妄求真,如来欲示真心特向眼根指出,意令阿难认见为心,所以独显见性为真心,然见性是带妄之真,体虽元明,用终带妄,而众生舍此,别无纯真之心可指。既不可认为非真,也不可认为全真。若认全真无异执矿为金,若认非真,便同舍矿求金,二者皆迷。明知见性带二种颠倒见妄,而不急破,直待十番显见之后,真理既明,真体也露,才破同分、别业二种颠倒见妄。也就是下面经文所要讲的别业妄见和同分妄见,简称二见。如圆瑛法师所说,十番极显其真,二见复剖其妄。显真处如指金矿说金,破妄处如剖金矿出金。

[问答]

1. 阿难求索真心,佛何不指纯真之心,却指带妄之见性(见精)呢?见性(见精)喻为第二月,那么与真月、水月有何区别呢?

答：

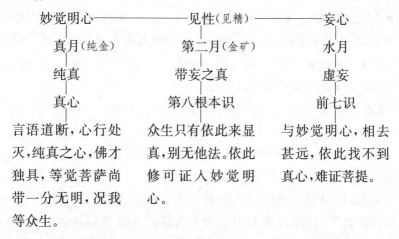

妙觉明心	见性（见精）	妄心
真月（纯金）	第二月（金矿）	水月
纯真	带妄之真	虚妄
真心	第八根本识	前七识
言语道断，心行处灭，纯真之心，佛才独具，等觉菩萨尚带一分无明，况我等众生。	众生只有依此来显真，别无他法。依此修可证入妙觉明心。	与妙觉明心，相去甚远，依此找不到真心，难证菩提。

阿难既已舍妄求真，而如来许以显真。可是究竟离妄纯真之心，惟佛乃具，等觉尚带一分无明未破，真尚未纯，何况凡、小？若就众生分上，指出纯真之心，即使如来也办不到。纯真之心，清净本然，未涉事用，并无众生之名，既为众生，就依惑造业，依业受报，则真堕妄中，故而如来欲示真心，特向眼根指出，意令阿难认见为心，所以独显见性为真心。然见性即陀那细识，不生灭与生灭和合，体虽元明，用终带妄。此见性真虽不纯，体终不变，而众生舍此，别无纯真之心可指。佛欲令阿难及诸大众，舍识心用根性，故极显其真，明知体带二种颠倒见妄，姑且带之，而不急破。直到十番显见之后，再破同分、别业二妄。故而十番显见是带妄显真（尚有二种见妄未除故），破二见即剖妄出真，此之剖妄，实体反显。所谓不毕竟破，似破而实显也。

本经最殊胜处，全在破识心而不用，取根性为因心，此根性之体在于众生现前本具见色、闻声等处，可众生皆日用不知。此根性之体本来周遍，本来不动，本不生灭，与识心大相违反，是即真奢摩他自性本定也。此根中之性即第八根本识。此识据法相宗有三位，名异而体不异。自凡位至七地名黎耶识，此云藏识。自八地至等觉名异熟识。佛位名陀那识，此云执持，亦云无垢。前二真妄和合，后一纯真，据圆教，即应仍是真妄和合，以彼佛位方是圆之二行，无明未尽故。据阿难所称庵摩罗识，此云白净，方似圆教佛位纯真之识。四虽一体，而今所显者，但于凡夫分上，正惟黎耶实体。其体全是真心，而具无明。虽具无明，而众生分上舍此无别真体。权小惟认前六识心以为胜用，把六根一向认为是色法，修行时不知不用。佛为令认此根性，故十番极显其真。六根中性，虽同一陀那细识，而最便于目前开示者，莫过于眼根中见性，故惟从此显发，而余可例知。见性即黎耶体，如第二月，虽非真，而实与真心非有异体，但带无明，除之即真。亦如二月非与真月有虚实之差，悬远之隔，但多一捏，放之即净，非是月影。明其非同缘尘之心，但是前尘之影，乃如水中月，其与真月上下悬隔，虚实不伦。意欲令人舍此第三月，认取第二月，则第一月不远即在了。

2. 在第八番显见文中“见与见缘，并所想相，如虚空华，本无所有”。佛初惟以见为性，而曲明其不与身心万物为侣，似谓见独真而余皆妄，令人独依见性也。今乃降见性同是空华。为何？

答：见性即黎耶体，其体全是真心，而具无明。前约元明，乃极显其为真心。今约带妄，乃同降而喻为空华。前七识但为所现。真心但为能现。而黎耶能所俱通，它对真心则降为所现；它对万法则升为能现；黎耶与真心本无二体，但惟带妄而已。以众生现量离此无别可指，故十番先带妄显真，后二见又剖妄出真。

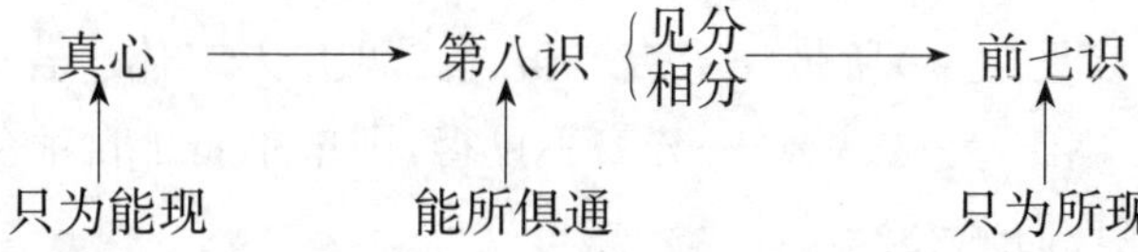

佛论妄则降见性同是空华，论真则升诸法同为真体，固是理极之论。识心诸法，观相元妄，无可指陈；观性元真，惟妙觉明。既不可昧性而执相，也不可拨相而求性。前约相妄，故极令决择分别；今约性真，故识心亦升真体。如来乃理极之论。

3. 见性、见精、真见、妄见、本见、能见、所见、妙觉明心（真心、如来藏）、阿黎耶识，它们之间有何关联？

答：

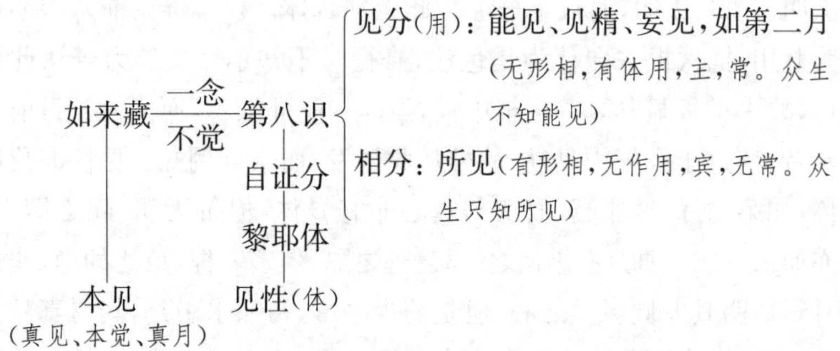

因一念不觉，如来藏随缘成第八识，第八识的见分映在六根门头，在眼曰见精。此见精即见分即妄见如第二月。见性即黎耶体即自证分，见性是体，见精是体上之用，见精的体非见分，非相分，乃自证分（见性）也。离体无用，离用无体，故经中有曰见元，有曰见精，有曰见性，亦可皆指识精元明。若摄用归体，见精（妄见）一分之妄了不可得，单单属于自证分（见性），全部真心无妄心即是真见（本见，真心），如真月。说见性是真，已摄用归体只一真月；说见性是妄（带妄之真）则依体起用，体虽元明，用终带妄，第二月现。本具见性仅能用无分别智去了解它。见性即自证分，不属于色、心二法，不属于见分，亦不属相分。其实第十番显见离见也就是显真见（本见、见性），离妄见（见精）所带一分妄。虽说二见并无二体。若摄用（见精）归体（见性），妄见（见精）一分妄不可得，则单单属于自证分，故真见全体显现而无妄。

空如来藏中（2）十番显见即带妄显真讲完。下文讲（3）二见剖妄即剖妄出真。二见即① 别业妄见，② 同分妄见。

（3）二见剖妄

阿难白佛言，世尊，如佛世尊，为我等辈，宣说因缘，

阿难对佛说："世尊，如佛世尊，先为我们宣说因缘、

及与自然，诸和合相，与不和合，心犹未开，而今更闻，

自然，各种和合相，以及非和合等义理，心里还不太明白，现在又听到

见见非见[1]，重增迷闷。伏愿弘慈，施大慧目，

见见非见的教诲，更加迷闷。伏愿如来发大慈心，赐我慧目，

开示我等，觉心明净[2]。作是语已，悲泪顶礼，

开示我们，使我们觉心明净。"说了这些话后，一面悲伤流泪，一面顶礼，

承受圣旨。尔时世尊，怜愍阿难，及诸大众，将欲敷演，

恭候承受圣教。这时世尊怜愍阿难及诸大众，将要演说

大陀罗尼[3]，诸三摩提，妙修行路。

大陀罗尼，一切三昧中最高妙的修行路径。

告阿难言，汝虽强记，但益多闻，

对阿难说："你虽有强记的能力，只是增加多闻而已，

于奢摩他，微密观照[4]，心犹未了。

对于奢摩他自性本定中真智的微密观照，还不能明白。

汝今谛听，吾当为汝，分别开示，亦令将来，

你现在谛听，我将为你分别开示，也使将来

诸有漏者，获菩提果。

一切凡夫和二乘学人获证菩提果。

［注释］

［1］见见非见：第十番显见离见中所开示的，真见现前即能彻见妄体，正当真见忽见妄见之时，真见即离自体中一分妄见，而不堕在

妄中。

[2] 觉心明净：觉心即本觉真心，亦即真见，本明本净，但因二妄(别业、同分)未除，迷闷未释，犹如云雾笼罩在心，不得明净。

[3] 大陀罗尼：此云“大总持”，总一切法持无量义，有多字陀罗尼(楞严咒)，有少字陀罗尼，有一字陀罗尼(吽)，有无字陀罗尼即如来密因之理。

[4] 微密观照：依真智照真理，修微密观照，非同识心分别觉观粗浮显露。

[解说]

此段文起开讲 1. 空如来藏的(3) 二见剖妄。阿难听到佛前面第十番显见离见的开示，心中更加迷惑，求佛释疑，佛慈悲答应。故下文佛分别开示见性所带的二种颠倒见妄。

阿难，一切众生，轮回世间[1]，由二颠倒，分别见妄，

阿难，一切众生在世间轮回生死，都是由于二种颠倒分别妄见，

当处发生，当业轮转。云何二见？

这二种妄见当处发生，当业轮转。是哪二种妄见呢？

一者众生，别业妄见，二者众生，同分妄见。

一是众生别业妄见，二是众生同分妄见。

[注释]

[1] 一切众生轮转世间
- 三界众生：轮转于同居土世间，受分段生死。
- 二乘众生：轮转于方便土世间，受变易生死。
- 菩萨大道心众生：轮转于实报土世间，受微细生死。

[解说]

见性所带的二种颠倒见妄是① 别业妄见，② 同分妄见。此二种

妄见是众生生死大患。

① 别业妄见

云何名为，别业妄见，阿难，如世间人，目有赤眚[1]，

何谓别业妄见？阿难，譬如世间有人，因眼有红色翳膜，

夜见灯光，别有圆影，五色重叠，

在夜晚见灯光时，必见灯光外围另有一个五色重叠的圆影。

A. 圆影灯光本有

于意云何，此夜灯明，所现圆光，[A]为是灯色，

你认为这夜晚灯光所现的圆影，是灯光本有的颜色，

B. 圆影病见所成　a1. 若圆影灯光本有

[B]为当见色？阿难，[a1]此若灯色，

还是病见所成的颜色？阿难，这圆影若说是灯光本有的，

则非眚人，何不同见？而此圆影，

那没有眼翳病的人，为什么见不到？而这圆影

b1. 若圆影病见所成

唯眚之观。[b1]若是见色，

只有患眼翳病的人才可看见。如果说这圆影是病见所成的颜色，

见已成色，则彼眚人，见圆影者，名为何等？

这见已成了圆影之色，那么那个病眼人能见到圆影的见，又叫什么呢？

a2. 若圆影离灯光而独有

复次阿难，[a2]若此圆影，离灯别有，则合傍观，屏帐几筵，

再说阿难，假如这圆影能离开灯光而独有，那么旁观屏帐几案等物

b2. 若圆影离病见而独有

有圆影出。[b2]离见别有，应非眼瞩，

也应该有圆影出现。假如这圆影能离开病见而独有，就应该不是眼

才能见，

云何眚人，目见圆影？

为什么有眼病的人，必须用眼才能看见这圆影呢？（耳却听不到。b2 完）

是故当知，色实在灯，

所以应该知道，五色圆影实在是由于灯，因为没有灯就不会出现五色圆影。

见病为影，影见俱眚，

因为眼有病才见到圆影。其实圆影和见病都是赤翳所造成，

见眚非病。

但能见眼翳的见体，却不受眼翳的影响，从来本自无病。

终不应言，是灯是见，于是中有，

因此就不应该说圆影是灯本有，是病见所成，也不应该说圆影

非灯非见。如第二月，非体非影。

离灯离病见。如前面所说的第二个月亮，既不是月体也不是月影。

何以故？第二之观，捏所成故。诸有智者，

为什么呢？因为这第二月，是捏目所成的。一切有智慧的人

不应说言，此捏根元，是形非形，

不应该议论说，由这捏目的根元所见的第二月，是真月的形或不是真月的形，

离见非见。此亦如是，目眚所成，

离见或不离见。这圆影也是这样，本由眼病所造成，

今欲名谁，是灯是见，何况分别，非灯非见。

还说什么是灯是见，何况又去妄加分别，说什么非灯非见。

② 同分妄见

云何名为，同分妄见。阿难，此阎浮提，除大海水，

什么叫同分妄见呢？阿难我们所居住的这阎浮提除了四周的大海，

中间平陆，有三千洲，正中大洲，

中间的平原陆地有三千洲，正中央有一大洲，

东西括量，大国凡有，二千三百，其余小洲，

四境之内，有二千三百个大国，其他的小洲，

在诸海中，其间或有，三两百国，或一或二，至于三十，

在各海中，有的有二三百国家，也有一国或二国的，以至三十、

四十五十。阿难，若复此中，有一小洲，只有两国，

四十、五十国不等。阿难，如果其中有一小洲，只有两国，

唯一国人，同感恶缘，则彼小洲，当土众生，

其中一国的人民，同感恶缘，则居住在这小国的人民

睹诸一切，不祥境界，或见二日，或见二月，其中乃至，

就会看见一些不祥的境界，或见两个太阳，或见两个月亮，甚至看到

晕适佩玦[2]，

恶气环绕的日晕，黑气遮掩的日蚀，或见白气横空，或作半环而绕日月，

彗孛飞流[3]，负耳虹蜺[4]，

或见彗星陨落，或见流星横飞，或太阳附近出现的虹蜺等异象。

种种恶相，但此国见，彼国众生，本所不见，亦复不闻。

这种种灾相，只这一国人能见，他国众生，却无所见，也无所闻。这就叫同分妄见。

进退合明

阿难，吾今为汝，以此二事，进退合明。

阿难，我现在为你以这两种事实为例，反复为你说明真妄的至理。

阿难，如彼众生，别业妄见，瞩灯光中，所现圆影，

阿难，像前面所说众生的别业妄见，看见灯光所现的圆影，

虽似前境，终彼见者，目眚所成。

虽然好像是实有的境象，其实是见者的眼病所造成的。

眚即见劳，非色所造。

因眼病疲劳所见的幻影（五色圆影），既不是灯的本有颜色，也不是灯光所造成的颜色，

然见眚者，终无见咎。

然而能见病翳的真体（真见之体，即真见不堕在妄见中）从来无病，也没有虚妄的过咎。

例汝今日，以目观见，山河国土，及诸众生，

以此为例，如你现在用眼看见山河国土及一切众生，

皆是无始，见病所成。见与见缘，

都是无始以来见病所造成的幻影。这能缘的妄见和所缘的妄境，

似现前境，元我觉明，见所缘眚[5]，

似有实无，追寻根本，原是我们本觉妙明的真心，因一念妄动才有了能缘的妄见和所缘妄境之眚影的出现，

觉见即眚。本觉明心，觉缘[6]非眚。

而由觉明所起的能见也是眚。但本觉妙明的真心可觉照能所二缘皆妄，不是有眚的妄见可比。

觉[7]所觉眚，觉[8]非眚中，

觉照的真体既然能遍觉见、相二分都是眚，则此能觉照的真体已离眚，不再堕于眚中。

此实见见，

这实在就是前面所说的真见见于妄见时，真见不堕在妄见中的真见呀，这个即是妙明真心，

云何复名，觉闻知见。是故汝今，见我及汝，

怎能说是见、闻、觉、知的妄见呢！所以你现在所看见的我和你，

并诸世间，十类众生，皆即见眚[9]，非见眚[10]者，

以及一切世间十类众生，都是属于妄见，不是能照见妄见的真见，

彼见真精，性非眚者，

这个真见已离于妄，纯一无杂，其性不堕于眚妄中，常自寂照，

故不名见。

所以不能名为见闻觉知的妄见。

阿难，如彼众生，同分妄见，

阿难，众生的同分妄见

例彼妄见，别业一人。一病目人，同彼一国。

就以一个人的别业妄见来类比说明。一个病眼人如同那一国人。

彼见圆影，眚妄所生。此众同分，所见不祥，

病眼人所见的圆影，是因眼病所造成的，那一国人共见的不祥灾象，

同见业中，瘴恶所起。俱是无始，见妄所生。

也是由共业中的恶缘而起，都是无始以来的见妄所生。

例阎浮提，三千洲中，兼四大海，娑婆世界，

以此例知阎浮提的三千洲中，兼四大海，及娑婆世界，

并洎十方，诸有漏国，及诸众生，同是觉明，

并十方有漏国土以及一切众生，都是本觉妙明，

无漏妙心，

无漏的妙心，受无明本熏以及业识资熏之力，起成见分，映在六根门头，

见闻觉知，虚妄病缘，和合妄生，

故有见闻觉知虚妄之病和所缘的妄境依正二报。于是无明为因，业识为缘，因缘和合，于无生中虚妄有生，

和合妄死。若能远离，

因缘别离，和合终尽，于无灭中虚妄名灭。如果能够远离，

诸和合缘[11]，及不和合[12]，则复灭除，诸生死因，

诸和合缘和不和合缘的妄境，就可以灭除一切生死的因，

圆满菩提，不生灭性，清净本心，本觉常住。

就能圆满菩提性和涅槃性，复本心源，究竟清净，本觉出缠常住不变。

[注释]

[1] 赤眚(shěng)：眼生红翳。

[2] 晕适佩玦(jué)：日、月的灾象。

[3] 慧孛(bó)飞流：星辰的灾象。

[4] 负耳虹蜺(ní)：阴阳的灾象。

[5] 见所缘眚：见：转相的见分。所缘：现相的相分。

[6] 缘：能缘的见分和所缘的相分。

[7][8] 觉：觉照的真体。

[9] 见眚：见有眚。

[10] 见眚：能见眚。

[11] 和合缘：别业所缘之境。

[12] 不和合：同分所缘之境。

[解说]

此段文讲别业妄见和同分妄见，皆举例说明。① 别业妄见，文中举圆影$\xrightarrow{\text{例}}$众生身、境；眚见$\xrightarrow{\text{例}}$众生妄见。我们亲近的身、境虽是别业，但与众同住共见，所以很难觉知身、境是别是虚，故举眚目

(相对于常人之眼是别)见灯影(是虚)为例来说明。因众生有能见的妄见故有所见的身、境,如同眼有眚故见圆影一样。〇妄见若除,身、境不可得。此身、境只是无明未破之妄见的众生所见,佛和大菩萨自住首楞严大定,不见有少法可得,只是一真法界,本无所有,如好眼观灯本无圆影。〇一切众生,不达所见身、境都是自心别业的妄影,本来无实,凡夫深生取著,二乘深生厌离,这些都不是解脱之道。若知身、境是惑业所现,妄体本空,则不生取著与厌离,那就可以终日对境而不被境转。

② 同分妄见,文中举灾象来说明同分妄见。同一洲中取二国比较,以灾象一国同见易知其为同分,另一国不见易知其为妄见。十方依正,遐方异域,他所住持,与己无关,净秽、苦乐不等,难知其为同分;无始恒然,非偶尔暂现,难知其为妄见,故用灾象例十方依正同分之境令易知其为虚为妄。〇见闻觉知是见分如瘴恶,十方依正同分惑境是相分乃根本无明,见病之影如灾象。见相二分是真心受无始无明所熏成的见妄和虚影。〇若能了知同分、别业二所缘境为虚为妄,不执实有,即可远离同、别二境。所缘之妄境既离,能缘之妄见自息。那么就终日对境,终日无境可对,能所不立,法法全真,也就是首楞严三昧了。

[问答]

1. 何谓别业妄见?

答:别业妄见:吾人现在身境,乃亲近之依正,本是惑、业所现,自己别业之虚影,迷而不知,妄生分别,以为心外实有,同他共住同见之境。(举例:身体、教室)

2. 何谓同分妄见?

答:同分妄见:所有众生世界乃疏远之依正,本是自惑所现,与众同分之虚影,亦迷不知,妄生分别,以为心外实有,与己本身无关之境。(举例:阿鼻地狱、狱卒)

3. 别业妄见与同分妄见的区别?

答：

别业妄见	同分妄见
↓	↓
惑现＋业招	惑现(只自惑所现，不借业招)
↓	↓
由枝末无明，造业受报，所感境界	由根本无明，所现业识，相分境界
↓	↓
如见梦境，迷执实有，妄生苦乐	如同空华，不了自心虚妄显现
↓	↓
分段生死因	变易生死因

众生都有惑业，故众生具此二见。

4. 本经别业、同分与相宗有何区别？

答：本经别业不仅指正报，亦兼依报。同分并非业感只是惑现。相宗释：① 别业者即不共业所感之根身(正报)，从第八识不共种子生，以是自业所感，自所受用，故曰别业(别业：指正报，自业所感)。② 同分者即共业所感器界(依报)，从第八识中共种子所生，以由共业所感，众皆有分故曰同分(同分：指依报，共业所感)。

至此，(3) 二见剖妄完。

破和合非和合

阿难，汝虽先悟，本觉妙明，性非因缘，非自然性，

阿难，你虽然先前已悟本觉妙明的本性不是从因缘生，也不是自然而有，

而犹未明，如是觉元，非和合生，及不和合。

然而你还不曾明白，这本觉妙心原非和合及不和合而生。

[解说]

前面佛为阿难开示了别业和同分妄见。此下一段文是进一步论述第九番显见超情中的余情。真心双超妄情计执，因缘、自然二皆不属，前已论述。可是还没有明白：本觉妙心元非和合生，亦非不和合生。故下面将论破两个问题：一、破本觉妙心和合而生，二、破本觉

妙心非和合而生。

一、破本觉妙心和合而生
- 1. 破和：和有四义：(1) 有二物，相投不分。(2) 有二物，先相离而后相即。(3) 二体各不圆满，才可以相和。(4) 二物必不同而后相和，必失原名。
- 2. 破合："和"与"合"不同，"和"则彼此不分，而各失其名。"合"却必须大小同一，如盖与函合，彼此不离。

二、破本觉妙心非和合而生
- 1. 破非和：两物异体，各不相入，如砖石并砌。
- 2. 破非合：一属性，一属相，彼此互相乖违，如牛两角，各不相关。

一、破和合

阿难，吾今复以，前尘问汝，汝今犹以，一切世间，

阿难，我现在再用眼前所见的尘境问你，你现在还用一切世间

妄想和合，诸因缘性，而自疑惑，证菩提心，和合起者。

妄想情计怀疑见性是和合而有，认为证菩提之心也是从和合而起。

1. 破和

则汝今者，妙净见精，为与明和，为与暗和，为与通和，

那你现在的妙净见精，是与明和，是与暗和，是与通和，

(1) "和"的第一含义不成立

为与塞和？若明和者，且汝观明，当明现前，

是与塞和？假如这妙净见精与明和，你且开眼见明，当明相现前时，

何处杂见？见相可辨，

到底在何处杂和这见精？况见精属内心，明相属外境，二者历然可辨。

杂何形像[1]？

若见精与明相杂和，那有什么形状相貌可以辨认呢？

(2)“和”的第二含义不成立

若非见者，

如果见与明杂和后，明相不是见，就应该什么也看不见，

云何见明？若即见者，云何见见？

为何可以见明？如果杂和后，明相是见，明相既然成为见，应不自见其相，为何以见可以自见其见？

(3)“和”的第三含义不成立

必见圆满，何处和明。若明圆满，

如一定说见性圆满无缺，则无处可以与明和；如果说明相圆满，

不合见和。

当然也没有空隙再容见性来和了。

(4)“和”的第四含义不成立

见必异明，杂则失彼，性明名字。

见性必然不同于明，如果见与明杂和，就失去见性和明相本有的名字，

杂失明性，和明非义[2]。

且失去见性和明相的本性。见与明的名字都没有了，还怎么能说见与明和？

彼暗与通，及诸群塞，亦复如是。

其他暗与通、塞也是一样的道理。

2. 破合

复次阿难，又汝今者，妙净见精，为与明合，为与暗合，
复次阿难，你现在这妙净的见精，是与明合，是与暗合？

为与通合，为与塞合？若明合者，至于暗时，
是与通合，是与塞合？如果妙净见精与明相合，待到黑暗时，

明相已灭，此见即不，与诸暗合，
明相已经不存在，你的见应随明而消失就不能与暗合，

云何见暗？若见暗时，不与暗合，
怎么又能看见黑暗？如果说看见黑暗时，见并不与暗相合，

与明合者，应非见明。既不见明，云何明合，
那见与明相合时，也应该看不见明。既然看不见明，为什么与明合时，

了明非暗。
却能分明知道是明而不是暗呢？所以见不能与明合。

二、破非和合

彼暗与通，及诸群塞，亦复如是。阿难白佛言，世尊，
暗、通和塞等也是一样的道理。”阿难对佛说：“世尊，

如我思惟，此妙觉元，与诸缘尘，
依我的想法，这妙觉元明之见性，与所缘的明、暗等尘境，

及心念虑，非和合耶。
及心念思虑，那就不互相和合吧！”

1. 破非和

佛言，汝今又言，觉非和合，吾复问汝，
佛说：“你现在又说，这本觉妙心不是和合，我再问你，

此妙见精，非和合者，为非明和，

这妙净见精，你认为不是和合的，到底是不与明和，

为非暗合，为非通和，为非塞和？若非明和，

还是不与暗合？不与通和，还是不与塞和？假如不与明和，

则见与明，必有边畔，汝且谛观，

那么在见与明之间就必然有边界，你不妨仔细观察，

何处是明，何处是见，在见在明，自何为畔？

到底何处是明相，何处是见精，在见精和明相二者之间何处作为它们的界限？

阿难，若明际中，必无见者，

阿难，假如在明的范围内，一定没有见精的话，

则不相及，自不知其，明相所在，

那见和明就不相涉，自然不知道明相所在之处，

畔云何成？彼暗与通，及诸群塞，亦复如是。

界限从哪里定呢？至于暗和通、塞等，道理也是如此，皆不成立。

2. 破非合

又妙见精，非和合者，为非明合，为非暗合，

若说妙净见精不是和合的，是不与明合，还是不与暗合，

为非通合，为非塞合？若非明合，则见与明，性相乖角，

不与通合，还是不与塞合？如果是不与明合，则见和明，一属性，一属相，彼此互相乖违，

如耳与明，了不相触。见且不知，明相所在，

如耳朵和明相，了无关系，不相触合。见尚且不知明相所在的地方，

云何甄明，合非合理？彼暗与通，及诸群塞，亦复如是。

又如何能明白地甄别合与不合的道理呢？其余的暗、通、塞等也是这样的道理。

[注释]

[1] 论述了见精与明相没有相投不分，所以见精不与明和。

[2] 以上“和”的四义皆不成立，故而明与见“和”不成立。

[解说]

此段文论述了妙净见精（因真见见精无别体故，又二妄既剖，故加妙净），元非和合生及不和合。因缘、自然、和合、非和合，皆是戏论。妙净见精是离过绝非的，此妙净见精，具不变、随缘二义，依不变故非和合；依随缘义故非不和合。若说它是和合生则与离一切相相背；若说非和合有，则与即一切法相背。

[总结]

三番破妄后，十番极显其真，二见复剖其妄，偏就眼根，以明见精圆妙。其实所指之心，不独近具根中，实则量周法界，故下文会通四科，全事即理；圆彰七大，全相皆性。自此见性转名为如来藏性，因见性约根是别，藏性摄六根是总，藏性能遍为诸法实体，乃对万法而立名，只是总别异称，实无异体。

（4）四科无非藏性

阿难，汝犹未明，一切浮尘，诸幻化相，

阿难，你还没明白一切虚浮不实的尘境，都是幻化的假相，

当处出生，随处灭尽。幻妄称相，

忽而生，忽而灭，生无所来，灭也无所去，徒有虚妄的名相，

其性真为，妙觉明体。如是乃至，五阴六入，从十二处

而其性是妙觉本明的真体。如是乃至五阴六入，从十二处，

至十八界，因缘和合，虚妄有生，因缘别离，虚妄名灭。

至十八界，都是当因缘和合时，就虚妄有生，因缘离散时，就虚妄

叫灭。

殊不能知，生灭去来，本如来藏，

殊不知身心世界的生灭去来，本来都是如来藏中，

常住妙明，不动周圆，妙真如性。

寂然常照，不生不灭，无去无来，遍满法界的妙真如性，随缘影现而已。

性真常中，求于去来，迷悟生死，了无所得。

在这真常妙明的本性中，去求生灭去来，迷悟生死诸幻化相，根本不可得。

[解说]

此段文起开讲 1. 空如来藏的(4) 四科无非藏性。四科：五阴、六入、十二处、十八界。此段文总明一切诸法相妄、性真，相不离性，其性即藏性，无相而能现诸相。观相生灭全妄，论性即妄皆真，此即摄事归理，会相入性，令众生舍妄归真。此相妄性真之理，唯佛与佛能知，诸大菩萨分知，其余皆不能知。内之根身似有去来，外之器界似有生灭，实则其性本如来藏。

① 五阴即藏性

阿难，云何五阴，本如来藏，妙真如性？

阿难，为什么五阴本是如来藏妙真如性呢？

[解说]

此段文起开讲(4) 四科无非藏性中的① 五阴即藏性。从此文起将四科事相，融会为如来藏妙真如性，即摄事归理，会相入性。世间诸法虽多，不出四科。五阴：阴，盖覆义，盖覆真性故。新译为“五蕴”。古译“五阴”。色受想行识五阴是世间有为之法，其相虽妄，全相皆性，其性本真，五阴一一诸法悉在如来藏中。本经为利根者称性而说，乃究竟之谈，故说五阴本如来藏。此说法如同“生死即涅槃，烦

恼即菩提”。

色阴即藏性

一、举喻合法

阿难,譬如有人,以清净目,观晴明空,惟一晴虚,
阿难,譬如有人以清净明亮的眼睛看晴空,只见晴空万里,

迥无所有,其人无故,不动目睛,瞪以发劳,则于虚空,
一无所有,那个人无缘无故,眼睛一动不动,长久直视,瞪眼成劳,就在虚空中,

别见狂华,复有一切,狂乱非相,色阴当知,亦复如是。
看见狂花,或看见一些怪异形象。当知色阴也如此。

二、就喻详辨 1. 狂华不是从空来 2. 狂华不是从眼出

阿难,是诸狂华,非从空来,非从目出。如是阿难,
阿难,这些狂花既不是从虚空来,也不是从眼睛出。就是这样阿难,

破 1. 华从空来

若空来者,既从空来,还从空入,
如果说狂花是从虚空来,既能从虚空出来,就能从虚空中进去,

若有出入,即非虚空,空若非空,
如果有出入,便有内外,就不是虚空。虚空如果不空了,便是实体,

自不容其,华相起灭。如阿难体,不容阿难。
自然不能容纳狂花于中起灭了。正如你阿难身体不能再容一个阿难(所以花不从空来)。

破 2. 华从眼出

若目出者,既从目出,还从目入。既此华性,从目出故,当合有见。
如果狂花从眼出来,既然能从眼睛出来,就能从眼睛进去。这些狂

花因为从眼中出来，就应当有见的功能。

(1) 有见的功能

若有见者，去既华空，旋合见眼。

如果有见的功能，出来既成空中的花，返回时应能见自己的眼。

(2) 无见的功能

若无见者，

如果狂花没有见的功能，

出既翳空，旋当翳眼。

出来既然能遮蔽虚空，返回时也应当能遮蔽眼。

又见华时，目应无翳，云何晴空，号清明眼？

再说当见到狂花时，花已从眼出来，眼就应该没有遮蔽。为什么现在看到狂花时乃是因眼有翳障，而能见到万里晴空才称为清彻明亮的眼睛。

三、结妄归真

是故当知，色阴虚妄，本非因缘，非自然性。

所以应该知道，色阴是虚妄的，其本元不是因缘，也不是自然。本如来藏妙真如性。

[解说]

此段文讲① 五阴即藏性中的色阴即藏性：用比喻说明色阴即藏性。色即十一色法：五根(眼耳鼻舌身)六尘(色声香味触法)也。色阴的虚妄如病眼所见的空华。空本无华，因瞪目发劳故见。若能合眼休息，则空华自谢。用此比喻真如不守自性，一念妄动，而有见相二分，于是幻现内之根身，外之器界，却妄执身界实有。若能反观自心不再分别，执著，真智照真理，理智一如，只是如来藏性，清净本然，纤尘不立，岂有九界依正。文中论述：1. 华非从空出，喻色阴非从心中真理出，真理不动，何曾有法可生，也无内外出入等相。2. 华非从目出，喻色阴非从真智出。○色阴非真理有,也非真智有,故非因缘。色阴又非离真理有,又非离真智有,故非自然。故而色阴之法,观相元妄,观性元真,若生若灭皆不离一心。本如来藏妙真如性。

受阴即藏性

一、举喻合法

阿难,譬如有人,手足宴安,百骸调适,忽如忘生,
阿难,譬如有人,四肢舒畅,身体舒适,忽忘有身,

性无违顺,其人无故,以二手掌,
不知人生尚有苦乐事,这个人无缘无故,把两个手掌

于空相摩,于二手中,妄生涩滑,冷热诸相,
互相摩擦,于是在两手中妄起涩滑冷热等相,

受阴当知,亦复如是。
当知受阴也是如此(受阴如摩掌,妄生觉受)。

二、就喻详辨 1. 幻触不从空来 2. 幻触不从掌出

阿难,是诸幻触,不从空来,不从掌出。如是阿难,
阿难,这些幻触,既不是从空来,也不是从掌出。阿难,

破1. 幻触从空来

若空来者,既能触掌,何不触身,不应虚空,选择来触。
这些幻触若是从空中来,既能够触掌,为何不触到身上,虚空是无情不应该有选择地来触。

破2. 幻触从掌出

若从掌出,
如果幻触从手掌出,

应非待合。又掌出故,
就不应该待双掌相互摩擦才有。再说如果幻触是从掌出,

合则掌知，离则触入，

那两手合时知道幻触从掌出，两手分开时，也应该知道幻触从掌入，

臂腕骨髓，应亦觉知，入时踪迹。

那手腕肘臂骨髓，也应当觉知幻触进入时的踪迹。

必有觉心，知出知入，自有一物，身中往来，

如实有一个能觉知幻触出入之心，则此觉触领受之心，应自成一物，在身中往来，

何待合知，要名为触？

又何必等待合掌后方知出入，才名为触呢？

三、结妄归真

是故当知，受阴虚妄，本非因缘，非自然性。

所以应该知道，受阴是虚妄的，本来就是非因缘非自然的妙真如性。

[解说]

此段文讲① 五阴即藏性中的受阴即藏性：用比喻来说明受阴即藏性。一切受阴虚妄，如摩掌妄生觉受。藏性不动，本无受阴，因无端妄起无明才有了三途人天、二乘等受阴。文中论述了幻触非从空来，非从掌出，说明受阴性非因缘；而幻触又非离掌离空而有，说明受阴也非自然。故而受阴举体虚妄，观相元妄，观性元真（观相元是虚妄，观性本是如来藏妙真如性），本如来藏。

想阴即藏性

一、举喻合法

阿难，譬如有人，谈说酢梅，口中水出，

阿难，譬如有人，谈说酸梅，口中自然出水，

思蹋悬崖，足心酸涩。想阴当知，亦复如是。

只是想想站立在悬崖上，脚心就会感到酸涩。当知想阴也是如此。

二、就喻详辨　1. 水不从梅生　2. 水不从口入

阿难，如是酢说，不从梅生，非从口入。

阿难这因谈说酸梅，口中生的水，既不是从梅而生，也不是由外从口而入的。

破 1. 水从梅生

如是阿难，若梅生者，梅合自谈，何待人说？

阿难，如果此水从梅而生，梅就应该自己谈说，自出其水，何须待人来说，而后口中出水呢？

破 2. 水从口入

若从口入，

假如此水从口而入的，

自合口闻，何须待耳？

自当口闻酸梅，又何须待耳闻而后口中才出水呢？

若独耳闻，此水何不，耳中而出？

如果独耳闻酸梅，就有水出，这水为何不从耳中而出呢？

思踏悬崖，与说相类。

至于想到脚踏悬崖，与谈说酸梅的道理相同。

三、结妄归真

是故当知，想阴虚妄，本非因缘，非自然性。

所以应该知道，想阴是虚妄的，本来就是非因缘非自然的妙真如性。

[解说]

此段文讲① 五阴即藏性中的想阴即藏性：用比喻来说明想阴即藏性。以意识为想阴，想谓取像，想象不实，从虚妄有。文中以说梅水生，思崖酸起，来喻想阴。说梅想酸喻顺境之想，思崖想峻喻逆境之想，此乃以想喻想，皆自法为喻，由喻则知想阴同一虚妄。○文中论述 1. 水不从梅生，2. 水不从口入。则水无生亦无生处，水喻想

阴。由此证明想阴无生，无所从来，妄而非真，幻妄称相。说梅思崖，水生酸起，想象虚伪，能所俱空，非因缘非自然，元是菩提妙觉明性。

行阴即藏性

一、举喻合法

阿难，譬如暴流，波浪相续。前际后际，
阿难，譬如急流，波浪相续不断，前际和后际之间

不相逾越。行阴当知，亦复如是。
不相超越。当知行阴也是如此。

二、就喻详辨　1. 暴流不因空生　2. 暴流不因水有

阿难，如是流性，不因空生，不因水有，
阿难，这瀑流之性，不因空而生，不因水而有，

3. 暴流亦非水性　4. 暴流非离空水

亦非水性，非离空水。如是阿难，
也不是水的本性，但也不离空和水。阿难，

破 1. 暴流因空生

若因空生，则诸十方，无尽虚空，成无尽流，
如果瀑流是因空而生，则十方无尽的虚空应成无尽瀑流，

世界自然，俱受沦溺。
则世界自然都会被淹没。

破 2. 暴流因水有

若因水有，则此暴流，
如果瀑流因水而有，则此瀑流

性应非水，有所有相，今应现在。
的性体应与水不同，水是能有，瀑流为所有，能有所有二相，现在应该仍在，但事实上二相叵得。（如同果因树有，果与树不同，性体各异，两皆存在，分明可辨。）

破 3. 暴流即水性

若即水性，则澄清时，应非水体。

如果说瀑流就是水性，瀑流相漂动浑浊，那么至澄清的时候，漂动浑浊已无，就应该不是水的自体了。

破 4. 暴流离空水

若离空水，空非有外，水外无流。

如果说瀑流离空水，空圆满周遍没有外，水外也没有瀑流，岂能离空水别有瀑流。

三、结妄归真

是故当知，行阴虚妄，本非因缘，非自然性。

所以应该知道，行阴是虚妄的，本来就是非因缘非自然的妙真如性。

[解说]

此段文讲① 五阴即藏性中的行阴即藏性：用比喻来说明行阴即藏性。以七识为行阴。行以迁流造作为义。刹那无常念念迁谢，生死死生如旋火轮无有休息。故以瀑流波浪相续无逾越义为喻。文中双约空水即离破，空喻真如，水喻藏识，瀑流喻行阴，行阴非即真如藏识，非离真如藏识。既不即又不离，行阴无生，无所从来，幻妄称相，本非因缘亦非自然，元是菩提妙觉明性。

识阴即藏性

一、举喻合法

阿难，譬如有人，取频伽瓶[1]，塞其两孔。

阿难，譬如有人，取一个像妙音鸟形状的瓶子，堵塞它的两孔，

满中擎空，千里远行，用饷他国。识阴当知，亦复如是。

瓶里装满着虚空拿着远行千里用以赠送外国。当知识阴也是如此。

二、就喻详辨 1. 空不是彼方来 2. 空不是此方入

阿难，如是虚空，非彼方来，非此方入。

阿难，这瓶里的虚空，不是从擎瓶之地而来，也不是由到达之地而进去的。

破 1. 空是彼方来

如是阿难，若彼方来，则本瓶中，

阿难，如果瓶里的虚空是从远方带来的。那么瓶内

既贮空去，于本瓶地，应少虚空。

既带走了一瓶虚空，在取瓶的原地，就应该少一瓶虚空才是。

破 2. 空是此方入

若此方入，

如果瓶里虚空是从此地进去的，

开孔倒瓶，应见空出。

那么开孔倒瓶时，应见到虚空从瓶中出来（不见虚空出来，则知此空不是此方进入）。

三、结妄归真

是故当知，识阴虚妄，本非因缘，非自然性。

所以应该知道，识阴是虚妄的，其本元不是因缘，也不是自然，本如来藏妙真如性。

［注释］

［1］频伽瓶：频伽是印度的一种鸟名，全称迦陵频伽，译为妙音鸟，此鸟一身双头，频伽瓶像此鸟形。

［解说］

此段文讲① 五阴即藏性中的识阴即藏性，用比喻来说明识阴即藏性。以第八阿赖耶识为识阴，识以了别为义，文中法喻对照：

喻：	譬如有人，	取频伽瓶，	塞其两孔，	满中擎空，千里远行，用饷他国。
法：	众生	妄业	众生起我法二执	众生由业牵识走

空分内外，瓶内空喻识性，瓶外空喻藏性。由二执障蔽二空真理，依惑造业，依业受报，如瓶擎空行，将藏性裹入身中，而成识性，致

使藏性识性，不隔而隔。究之内空外空，固无二空，藏性识性，本来一性。文中论述了 1. 空不是彼方来，2. 空不是此方入，则知虚空非出入，喻识性无往来。识性周遍本无去来，有何出入，但随缘异称，因位有赖耶、异熟之名，果地有无垢、庵摩之号，其性是一。即喻知法，当知识阴无有去来即无所生，非因缘非自然，相妄性真，元是藏性。

[总结]

通论五阴，色想皆据当体而破，受据所受之尘以破，行、识皆据妄状而破。然前四破无自体，后一但破往来。又虽破其相妄，实皆显其性真。五阴相妄性真，其性即是藏性。又一念中，皆具五阴。一念执著，执则成碍，便是色阴。觉知苦乐，领纳在心，便是受阴。缘虑此境，于中想象，即是想阴。刹那变灭，不得停住，即是行阴。历历不昧，了了分明，即是识阴。可见五阴举体即是一念，一念举体即是五阴。若能微密观照，照见五蕴皆空，不执实有，则本如来藏性，不被五阴所盖覆，即可亲见首楞严定体，不生不灭的如来藏妙真如性。

至此，① 五阴即藏性完。

② 六入即藏性

复次阿难，云何六入，本如来藏，妙真如性。

复次阿难，云何六入，本如来藏，妙真如性。

[解说]

此段文起开讲(4) 四科无非藏性中的② 六入即藏性。入有二义，一为能入：能入尘取境故。二为所入：是尘入之处。本经以吸入为义，即吸入六尘之处，故又名处。眼、耳、鼻、舌、身、意六根，以能取境故名六入。此六入他经无此科。不说根说入，通能入与所入。六根能发识故叫根；能吸、揽外尘，有入之意故叫入，此处指胜义根而讲的，因胜义根是色心和合才有这样的功能(即摄入尘境，把尘境显发出来的功能)。心境和合为眼入，眼入因缘所生，此为事相，把事相会入理性即如来藏妙真如性。

眼入即藏性

一、举例显妄

阿难，即彼目睛，瞪发劳者，

阿难，我前面说清净明亮的眼睛，直视久了发生疲劳，就见到狂花，

兼目与劳，同是菩提，瞪发劳相。

这眼入和狂花，都是菩提心中所产生的疲劳之相。

二、辨妄无体

因于明暗，二种妄尘，发见居中，

这眼入因有明暗二种虚妄尘境，粘湛然之体，发为劳见，居于浮胜二根之中，

吸此尘象，名为见性[1]。

吸入此明暗二尘之象，名为见性，乃托尘妄现，

此见离彼，明暗二尘，毕竟无体。

这见离开明暗二种尘境，毕竟没有能入之体可得。

三、无所从来　1. 见不从明暗来　2. 见不从眼根出　3. 见不从空生

如是阿难，当知是见，非明暗来，非于根出，不于空生。

如是阿难，应当知道这个见不是从明、暗来，不是从眼根出，也不从空中生。

1. 单尘不生

何以故？若从明来，暗即随灭，应非见暗。

为什么呢？如果说从明尘而来，暗生明灭之时，见应随明而灭，就应该看不见暗。

若从暗来，明即随灭，应无见明。

如果从暗来，明生暗灭之时，见应随暗而灭，就应该看不见光明。

2. 单根不生

若从根生，必无明暗，

如果说从根而生，就不应该依靠明、暗二尘才起作用，

如是见精，本无自性。

这个见精如果没有明暗二尘，就没有自己的体性。

3. 不于空生

若于空出，前瞩尘象，归当见根，

如果说是从虚空出，前面可以看见尘象，回过来也应看见眼根，

又空自观，何关汝入？

就算能见也是虚空自己能见，与你的眼入有什么关系呢？

四、结妄归真

是故当知，眼入虚妄，本非因缘，非自然性。

所以应该知道，眼入虚妄，本来就是非因缘非自然的妙真如性。

[注释]

[1] 见性：前十番显见中的"见性"与此处"见性"，词同义别。前文"见性"是眼根之性，则本如来藏，唯一真心，非因尘有。今文"见性"是眼根之相（眼入之相），眼入之相虚妄，离尘无体。前十番因为众生离攀缘之心不见真心，故而就根中指性，目的令识真心。然而从第一番显见是心非眼之后，但唯显性，不再论根。所以极表其离尘有体之真。如今已识真性，尚执六根，别有体相，未融一性，更须令知六入无自体相，所以此段文极破其离尘无体之妄。虽也说"见性"，却是根中局执之自性，不同前面离眼廓周之见性也。前显是性，此乃破相，故而不同。

[解说]

此段文讲② 六入即藏性中的眼入即藏性。用例说明眼入与空华般的色阴同样虚妄。眼入与色阴因真心一念妄动才有，如虚空华本无所有。眼入虚妄，离明、暗二尘，本无自体（无实体）。文中论述了见非尘生，非根生，非空生，所以眼入无所从来，只是幻妄称相。故而眼入相是虚妄，性是真常，妄不离真，本如来藏，其性本来不变故非因缘，其性随缘故非自然。

耳入即藏性

一、举例显妄

阿难，譬如有人，以两手指，急塞其耳，耳根劳故，

阿难，譬如有人，以两手指急塞双耳，因塞耳根产生疲劳，

头中作声，兼耳与劳，

头中就发生嗡嗡的声音，这能闻的耳入与所闻的声音，

同是菩提，瞪发劳相[1]。

同是真性菩提心中，所产生的疲劳之相。

二、辨妄无体

因于动静，二种妄尘，发闻居中，

这耳入因有动静二种虚妄尘境，粘湛然之体，发为听闻，居于浮胜二根之中，

吸此尘象，名听闻性。

吸入此动静二尘之象，名为听闻性，乃托尘妄现，

此闻离彼，动静二尘，毕竟无体。

这闻离开动静二种尘境，根本没有实在的体性。

三、无所从来　1. 闻不从动静来　2. 闻不从耳根出　3. 闻不从空中生

如是阿难，当知是闻，非动静来，非于根出，不于空生。

如是阿难，应当知道这个闻不是从动、静二尘来，不是从耳根所出，不是由空而生。

1. 单尘不生

何以故？若从静来，动即随灭，应非闻动。

为什么呢？如从静尘来，当动尘生起时，这闻应随静尘而灭，应该就不能听闻到动尘。

若从动来，静即随灭，应无觉静。

如果从动尘来，当静尘生起时，这闻应随动尘而灭。应该不能听闻到静尘。

2. 单根不生

若从根生，必无动静。

如果此闻从耳根而生，就不应该依靠动、静二尘才起作用，

如是闻体，本无自性。

这个闻体如果没有动静二尘，就没有自己的体性。

3. 不于空生

若于空出，有闻成性。

如果此闻从虚空而出，此空既然能闻，就成了闻性，

即非虚空，又空自闻，何关汝入？

就不成其虚空了，再者虚空自己能闻，与你的耳入有什么关系呢？

四、结妄归真

是故当知，耳入虚妄，本非因缘，非自然性。

所以应该知道，耳入虚妄，本来就是非因缘非自然的妙真如性。

[注释]

[1] 瞪发劳相：前眼入取例“瞪发劳相”，后五入皆用“瞪发劳相”，因为目瞪发劳，妄见空华，菩提心瞪发劳，则六精俱发，故皆用瞪发劳相。

[解说]

此段文讲② 六入即藏性中的耳入即藏性。用塞耳成劳易知之例说明能闻的耳入与所闻一切声音同一虚妄，皆是真性菩提心中无明劳相。耳入虚妄，离动、静二尘，本无自体(无实体)。文中论述了闻非尘生，非根生，非空生，所以耳入无生，无所从来，只是幻妄称相。故而耳入相是虚妄，性是真常，妄不离真，本如来藏，其性本来不变故非因缘，其性随缘故非自然。

鼻入即藏性

一、举例显妄

阿难，譬如有人，急畜其鼻，畜久成劳，

阿难，譬如有人，急速地连续收缩他的鼻孔，缩久成劳，

则于鼻中，闻有冷触，因触分别，通塞虚[1]实[2]，

于是鼻中就有冷触之感，因有冷触则分别通塞虚实，

如是乃至，诸香臭气，兼鼻与劳[3]，

如是乃至吸入各种香臭等气，这能嗅的鼻入与所嗅的冷触香臭等劳相，

同是菩提，瞪发劳相。

都是菩提心中所产生的疲劳之相。

二、辨妄无体

因于通塞，二种妄尘，发闻居中

这鼻入因有通塞二种虚妄尘境，粘湛然之体，发为嗅闻，居于浮胜二根之中，

吸此尘象，名嗅闻性，

吸入此通塞二尘之象，名为嗅闻性，乃托尘妄现，

此闻离彼，通塞二尘，毕竟无体。

这嗅闻性离开通塞二种妄尘，根本没有实在的体性。

三、无所从来　1. 嗅闻不从通塞来　2. 嗅闻不从鼻根出

当知是闻，非通塞来，非于根出，

应当知道这个嗅闻，不是从通、塞二尘来，不是从鼻根出，

3. 嗅闻不从空中生　　1. 单尘不生

不于空生。何以故？若从通来，塞则闻灭，

不是由空而生。为什么呢？如果从通尘来，当塞尘生起时，这个嗅闻性应随通尘而灭，

云何知塞？如因塞有，通则无闻，

怎么能再知塞尘呢？如果因塞尘而有，当通尘生起时，此嗅闻性应随

塞尘而灭。

云何发明，香臭等触？

为什么又能嗅知香臭等气味来接触鼻根呢？

2. 单根不生

若从根生，必无通塞。

如果此嗅闻性从鼻根而生，就不应该依靠通、塞二尘才起作用，

如是闻机[4]，本无自性。

这个闻机如果没有通塞二尘，就没有自己的体性。

3. 不于空生

若从空出，是闻自当，回嗅汝鼻，

如果此嗅闻之性是从鼻孔之空而出，则是空自有嗅闻，那么也应当可以反过来自嗅其鼻，

空自有闻，何关汝入？

就算能嗅，也是虚空自己有嗅闻，与你的鼻入有什么关系呢？

四、结妄归真

是故当知，鼻入虚妄，本非因缘，非自然性。

所以应该知道鼻入虚妄，本来就是非因缘非自然的妙真如性。

[注释]

[1] 虚：疏通呼吸之气为虚。

[2] 实：闭塞出入之息名实。

[3] 劳：指冷触及香臭气，是鼻入的劳相。

[4] 机：根也。

[解说]

此段文讲② 六入即藏性中的鼻入即藏性。用例说明能闻之鼻入和所闻之香臭等尘同一虚妄，皆是菩提心中无明劳相。鼻入虚妄，离通、塞二尘，本无自体(无实体)。文中论述了嗅非尘生，非根生，非空生，

所以鼻入无生，无所从来，只是幻妄称相。故而鼻入相是虚妄，性是真常，妄不离真，本如来藏，其性本来不变故非因缘，其性随缘故非自然。

舌入即藏性

一、举例显妄

阿难，譬如有人，以舌舐吻，熟舐令劳，

阿难，譬如有人，用舌自舐嘴唇，久舐令舌生劳，

其人若病，则有苦味，无病之人，微有甜触，

这个人如果有病，就感到苦味，没病的人会感觉到淡淡的甜味，

由甜与苦，显此舌根，不动之时，

由此熟舐妄生甜与苦的妄尘，正显舌根不动(不舐)的时候，

淡性常在。兼舌与劳，同是菩提，瞪发劳相。

非甜非苦的淡性常存。这能尝的舌入与甜苦淡之劳相，都是菩提心中所产生的疲劳相状。

二、辨妄无体

因甜苦[1]淡[2]，

这舌入因有甜苦与淡

二种妄尘，发知居中，

二种妄尘，粘湛然之体，发为尝知，居于浮胜二根之中，

吸此尘象，名知味性，

吸入此两种尘相，名为知味性，乃托尘妄现，

此知味性，离彼甜苦，及淡二尘，毕竟无体。

这知味性离开甜苦和淡二种尘相，根本没有实在的体性。

三、无所从来

如是阿难，当知如是，尝苦淡知，

如是阿难，应当知道，尝苦淡的这个尝知，

1. 尝不从苦淡来 2. 尝不从舌根出 3. 尝不从空生

非甜苦来，非因淡有，又非根出，不于空生。

不是从甜苦来，不是因淡而有；又不是从舌根出，也不是从空而生。

1. 单尘不生

何以故？若甜苦来，淡则知灭，

为什么呢？如果从甜苦来，当淡而无味的尘生起时，这个尝知应随甜苦之尘而灭。

云何知淡？若从淡出，

怎么能再尝知淡而无味之尘呢？如果从淡而无味之尘出，

甜即知亡，

当甜苦之尘生起时，此尝知应随淡而无味之尘灭，

复云何知，甜苦二相？

又怎么能尝知甜、苦等味呢？

2. 单根不生

若从舌生，必无甜淡，及与苦尘，斯知味根，本无自性。

如果此尝知从舌根生，就不应该依靠甜苦和淡二尘才起作用，这个尝知如果没有甜苦和淡二尘，就没有自己的体性。

3. 不于空生

若从空出，虚空自味，

如果此尝知从虚空生，则虚空自己能尝知味尘，

非汝口知，又空自知，何关汝入？

不是你的口尝知，就算能尝知也是虚空自己尝知，与你的舌入有何关系呢？

四、结妄归真

是故当知，舌入虚妄，本非因缘，非自然性。

所以应该知道，舌入虚妄，本来就是非因缘非自然的妙真如性。

[注释]

[1] 甜苦：甜苦乃有味之味。

[2] 淡：淡属无味之味。

[解说]

此段文讲② 六入即藏性中的舌入即藏性。用例说明能尝之舌入，与所尝的甜苦淡之味尘同一虚妄，皆是菩提心中无明劳相。舌入虚妄，离恬（无味）变（有味）二尘，本无自体（无实体）。文中论述了尝非尘生，非根生，非空生，所以舌入无生，无所从来，只是幻妄称相。故而舌入相是虚妄，性是真常，妄不离真，本如来藏，其性本来不变故非因缘，其性随缘故非自然。

身入即藏性

一、举例显妄

阿难，譬如有人，以一冷手，触于热手，若冷势多，

阿难，譬如有人，以一只冷手合触另一只热手，如果冷度强于热度。

热者从冷，若热功胜，冷者成热。

热手就会变冷，如果热度强于冷度，冷手就会变热，

如是以此，合觉之触，显于离知，

这样用此两手相合，觉知冷热之触，显于两手相离时也有知触之用，

涉势若成，因于劳触，

两手冷热相涉之势若成，乃是因为两手相合，合久成劳，故现冷热相涉之触。

兼身与劳，同是菩提，瞪发劳相。

这身入与冷热之相，同是菩提心中所产生的劳相。

二、辨妄无体

因于离合，二种妄尘，发觉居中，

此身入因有离合二种妄尘，粘起湛然之体，发为知觉，居于浮胜二根之中，

吸此尘象，名知觉性。

吸入此离合二尘之象，名为知觉性，乃托尘妄现。

此知觉体，离彼离合，违顺二尘[1]，毕竟无体。

这知觉体，离开离合违顺二种尘相，根本没有实在的体性。

三、无所从来 1. 觉不从离合来

如是阿难，当知是觉，非离合来，非违顺有，

如是阿难，应当知道这个觉不从离合中来，也不是因违顺才有，

2. 觉不从身根生 3. 觉不从空生

不于根出，又非空生。何以故？

不是从身根中出，也不是从空而生。为什么呢？

1. 单尘不生

若合时来，离当已灭，云何觉离，违顺二相，亦复如是。

如果说此触觉从合而来，离时无合，此触觉应随合而灭。怎么能再触觉离呢？违和顺二相，也和此理相同。

2. 单根不生

若从根出，必无离合，违顺四相，

如果此触觉从身根出，就不应该依靠离合违顺四相才起作用。

则汝身知，元无自性。

这个身根的知觉如果没有离合违顺四相，就没有自己的体性。

3. 不于空生

必于空出，空自知觉，何关汝入。

如果此知觉从虚空出，那么虚空自己知觉，又与你的身入有何关系呢？

四、结妄归真

是故当知，身入虚妄，本非因缘，非自然性。

所以应该知道，身入虚妄，本来就是非因缘非自然的妙真如性。

[注释]

[1] 离合违顺二尘：离合属二尘，违顺乃二相。苦触则违背众生厌苦求乐的心理故曰违。乐触则顺从众生厌苦求乐的心理故曰顺。离合各有违顺二相。

[解说]

此段文讲② 六入即藏性中的身入即藏性。用例说明身入与冷热之相同一虚妄，同是菩提心中无明劳相。身入虚妄，离开离合二尘，本无自体。文中论述了觉非尘生，非根生，非空生，所以身入无生，无所从来，只是幻妄称相。故而身入相是虚妄，性是真常，妄不离真，本如来藏，其性本来不变故非因缘，其性随缘故非自然。

意入即藏性

一、举例显妄

阿难，譬如有人，劳倦则眠，睡熟便寤，

阿难，譬如有人，疲倦了就需要睡眠，睡熟了便会醒，

览尘斯忆，失忆为忘，

醒时历览前尘便会记起，名之为忆；欲睡之时，则失去这种记忆，名之为忘。

是其颠倒，生住异灭[1]，

这忽眠忽寤，或忆或忘皆属颠倒之相，生住异灭四相通于眠寤忆忘。

吸习中归，

意根能吸入现习，生住异灭四相次第迁流，中归意地，

不相逾越，称意知根，

前不落后，后不超前，不相逾越，称意入为能知之根。

兼意与劳，同是菩提，瞪发劳相。

此能知之意根与寤寐忆忘、生住异灭等劳相，都是菩提心中所产生的

疲劳相状。

二、辨妄无体

因于生灭，二种妄尘，

这意入因有生灭二种妄尘，

集知[2]居中，吸撮内尘，

粘起湛然之体，集能知之性，居于意根之中，吸取内之法尘，为己所缘，

见闻[3]逆流，流不及地，

能缘的眼耳鼻舌身五根皆顺流外缘，五根倘若逆流反缘，也缘不到，

因五尘落谢影子，落在意地之中，被意根独缘，

名觉知性。此觉知性，

名意入觉知之性，乃托尘妄现。这觉知性，

离彼寤寐，生灭二尘，毕竟无体。

离开寤寐生灭二种尘相，根本没有实在的体性。

三、无所从来　1. 知不从生灭来

如是阿难，当知如是，觉知之根，非寤寐来，非生灭有，

如是阿难，应知这个觉知不是由醒、睡来，也不是因生灭二尘而有，

2. 知不从意根出　3. 知不从空生

不于根出，亦非空生。何以故？

不是从意根出，也不是从空而生。为什么呢？

1. 单尘不生

若从寤来，寐即随灭，

如果说此觉知从醒时来，睡时此觉知应随醒而灭，

将为何寐？

又将以什么为睡呢？（在睡时能做梦的又是谁呢？）

必生时有，灭即同无，令谁受灭？

如果说此觉知一定从生尘而有，当灭尘生起时，此觉知应同生尘而无，又有谁来领受灭尘呢？

若从灭有，生即灭无，谁知生者？

如果此觉知从灭尘而有，当生尘生起时，此觉知应同灭尘而无，又有谁来觉知生尘呢？

2. 单根不生

若从根出，寤寐二相，

如果说此觉知从意根出，寤寐二种之相，

随身开合[4]，离斯二体，

乃随身根之内的肉团心开合而成，离开这寤寐开合二体，

此觉知者，同于空华，毕竟无性。

此意入之觉知同与空花，毕竟无有能入之性。

3. 不于空生

若从空出，自是空知，何关汝入？

如果说此觉知从虚空出，自然是虚空自己觉知，又与你的意入有何关系呢？

四、结妄归真

是故当知，意入虚妄，本非因缘，非自然性。

所以应该知道，意入虚妄，本来就是非因缘非自然的妙真如性。

[注释]

[1] 生住异灭：对眠寤忆忘而说。初眠为生，正眠为住，将寤为异，寤已为灭。始忆为生，正忆为住，将忘为异，忘尽为灭。寤忘准此可知。

[2] 集知：前五科向外，故云"发见发闻"等，今云集知者，以其但约缘内尘言。

[3] 见闻：前五根缘五尘之境，见闻二字，该余三根，皆顺流外缘。

［4］寤寐二相，随身开合：寤寐二种之相，乃随身体之内的肉团心开合而成。肉团心是肉质的，状如倒挂莲华。

［解说］

此段文讲② 六入即藏性中的意入即藏性。用例说明意入与寤寐忆忘、生住异灭等相同一虚妄，同是菩提心中无明劳相。意入虚妄，离寤寐生灭二种妄尘，毕竟无体。文中论述了知非尘生，非根生，非空生，所以意入无生，无所从来，只是幻妄称相。故而意入相是虚妄，性是真常，妄不离真，本如来藏，其性本来不变故非因缘，其性随缘故非自然。

至此，② 六入即藏性完。

③ 十二处即藏性

复次阿难，云何十二处，本如来藏，妙真如性？

再说阿难，为什么十二处本如来藏妙真如性呢？

［解说］

此段文起开讲(4) 四科无非藏性中的③ 十二处即藏性。十二是数词，处：方所。十二处即眼色处，耳声处，鼻香处，舌味处，身触处，意法处，六根六尘。按权教相宗，根一定在内，尘一定在外，眼唯对色乃至意唯对法。此十二处是佛对迷色重、迷心轻的人所开，将一色法开为五根六尘，合受、想、行、识四阴心法为一意根，根尘互相依倚，佛巧为开发，一一显其相妄性真，全事即理融归藏性。十二处都无一定处所，也没有实体，只是虚妄名相而已。如空中华全无实体，推究根元，本是如来藏妙真如性所现，故非因缘，非自然。

眼色处即藏性

阿难，汝且观[1]此，祇陀树林，及诸泉池[2]。于意云何，

阿难，汝且观此祇陀树林及诸泉池。你的意见如何？

此等为是，色生眼见，眼生色相？阿难，

这些到底是色尘生出眼见，还是眼见生出色相？阿难，

1. 破眼生色相

若复眼根，生色相者，见空非色，色性[3]应销，销则显发，

如果说眼根生出色相，当看见空相时并没有色相，既然所生的色相没有了则能生的眼见也应销亡，

一切都无，色相既无，谁明空质。

一切能所都没有，色相既然没有了，空相也没有谁来显了，因色、空是相对而显。

空亦如是。

那么若说眼生空相也同样是不对的。

2. 破色生眼

若复色尘，生眼见者，观空非色，见即销亡，

如果色尘能生出眼见，当观空的时候，并没有色尘，既然能生的色尘已灭，那所生的眼见也应销亡。

亡则都无，谁明空[4]色。

一切能所都没有了，眼见都没有了，又有谁来了知是空是色呢？

是故当知，见与色空，俱无处所，

所以应当知道，能见之眼根与所见之色空，都没有一定的处所，

即色与见，二处虚妄，本非因缘，非自然性。

色尘与眼见二处皆是虚妄，本来就不是因缘、自然等一些戏论，而是如来藏妙真如性随缘显现而已。

[注释]

[1] 观：即眼处。

[2] 祇陀树林，及诸泉池：即色处。

[3] 色性：指眼见。

[4] 此二论破皆从“能、所”来破。1. 破眼生色相：所生无→能生亦无。2. 破色生眼：能生无→所生亦无。

[解说]

此段文讲③十二处即藏性中的眼色处即藏性。文中论述1. 眼不生色：说明色无处所，2. 色不生眼：说明眼见无处所。故而眼、色二处都无定处。眼见和色尘二处之相虚妄，如虚空华，全无实体。眼色处之性本真，原如来藏妙真如性。随缘不变故非因缘，不变随缘故非自然。

耳声处即藏性

阿难，汝更听[1]此，祇陀园中，食办击鼓，众集撞钟，

阿难，你再听这祇陀园中，吃饭时就击鼓，集众时就撞钟，

钟鼓音声[2]，前后相续。于意云何，

钟鼓的声音，前后相续。你的意见如何，

此等为是，声来耳边，耳往声处？

这是声音来到耳边而闻到的，还是耳往声处而闻到的？

1. 破声来耳边

阿难，若复此声，来于耳边，如我乞食，室罗筏城，

阿难如果说这声音来到耳边，如我已往室罗筏城乞食，

在祇陀林，则无有我，此声必来，阿难耳处，

在祇陀林中，就没有我，这个声音必然来到阿难耳处，

目连迦叶，应不俱闻，何况其中，一千二百五十沙门，

目连、迦叶就应该都听不到了，何况其中还有一千二百五十沙门，

一闻钟声，同来食处。

一听见钟声，就同来到吃饭的地方。

2. 破耳往声处

若复汝耳，往彼声边，

如果说是你的耳，去往声音的来处，

如我归住，祇陀林中，在室罗城，则无有我。汝闻鼓声，
如我回到了祇陀林中，在室罗城就没有我了。你听见鼓声时，

其耳已往，击鼓之处，钟声齐出，应不俱闻，
你的耳已往击鼓之处，那么钟鼓齐鸣应该不能同时听到，

何况其中，象马牛羊，种种音响。
何况这当中还有象、马、牛、羊种种声音。

3. 破无来往

若无来往，亦复无闻。
如果说耳根与声音各住本位，两不来往，就应有声音而耳不闻。

是故当知，听与音声，俱无处所。即听与声，
所以应当知道，耳听与音声都没有一定的处所，听与声

二处虚妄，本非因缘，非自然性。
二处皆是虚妄，本来就不是因缘、自然等一些戏论，而是如来藏妙真如性随缘显现而已。

[注释]

[1] 听：即耳处。

[2] 钟鼓音声：即声处。

[解说]

此段文讲③ 十二处即藏性中的耳声处即藏性。有来往是凡小妄情，无来往是权宗所计，本经了义之教，故并破之。文中论述 1. 声来耳边是妄，2. 耳往声处是妄，3. 无来往亦妄；说明有无来往俱非，故而耳闻与声尘都无内外定处，听与声二处自体亦不可得，说谁来往，及不来往，不过虚妄名相而已。其性本即如来藏性，非因缘，非自然。根尘性本自遍，遍周法界，实属一体，同一藏性，但托缘显，非藉缘生。

鼻香处即藏性

阿难，汝又嗅[1]此，炉中旃檀[2]，此香若复，然于一铢[3]，

阿难，你现在嗅这炉中的旃檀香，这香假如烧一铢，

室罗筏城，四十里内，同时闻气。于意云何，

室罗筏城四十里内，同时能闻到香气。你的意见如何？

此香为复，生旃檀木，生于汝鼻，为生于空？

这香气到底是生于旃檀木，是生于鼻根，还是生于虚空呢？

1. 破香从鼻生

阿难，若复此香，生于汝鼻，称鼻所生，当从鼻出，

阿难，如果这香气生于你的鼻中，称鼻所生，就当从鼻中出，

鼻非旃檀，云何鼻中，有旃檀气？称汝闻香，

鼻不是旃檀木，为什么鼻中有旃檀的香气？而且既然称为你在闻香，

当于鼻入，鼻中出香，说闻非义。

香就应当从你的鼻进入才是，可是现在鼻中出香气，说"闻"就名不符实了。

2. 破香从空生

若生于空，空性常恒，香应常在，

如果说此香生于虚空，空性常恒不变，所生之香也应该常在不失，

何藉炉中，爇此枯木？

何须要借炉中燃烧这旃檀枯木才有香呢？

3. 破香生于木

若生于木，则此香质，因爇成烟，若鼻得闻，

如果此香生于木，则此香之木质，因燃烧成烟。若鼻得闻，

合蒙烟气，其烟腾空，未及遥远，

理应先蒙受烟气，但是这烟飞腾在空中，不可能飘太远，

四十里内，云何已闻？

何以四十里内都能闻到这旃檀木的香气呢？

是故当知，香鼻与闻，俱无处所，

所以应当知道，香尘与鼻根及托根的嗅闻性，都没有一定的处所，

即嗅与香，二处虚妄，本非因缘，非自然性。

嗅闻与香尘二处虚妄，本来就不是因缘、自然等一些戏论，而是如来藏妙真如性随缘显现而已。

[注释]

[1] 嗅：即鼻处。

[2] 旃檀：即香处。旃檀义翻与药，嗅之可以除病，亦云牛头旃檀，出北俱卢洲牛头山中。《法华经》云“此香六铢，价值娑婆世界”是也。此乃异香，功用殊胜。

[3] 铢：《律历志》云：二十四铢为一两，每铢乃四分之一厘六毫六丝六忽。

[解说]

此段文讲③ 十二处即藏性中的鼻香处即藏性。以上眼色、耳声四处，乃更互破。此科乃二法从要破，故只征香尘。如两木相倚，推倒一边，则两木皆倒。文中论述 1. 香不从鼻生，2. 香不从空生，3. 香不从木生；说明根、空、木三法皆不生香，故香无出生之处，离此三法毕竟无香，故香无常住之处。外尘之处不可得，内根之处，亦复不立。所以鼻与香俱无处所，鼻嗅与香尘二处之体亦属虚妄，但有虚妄名相，若究其源，不从根、木生则非因缘所生法。又不从空生，则非自然性，惟是如来藏妙真如性。

舌味处即藏性

阿难，汝常二时[1]，众中持钵，其间或遇，

阿难，你每天二时，随同大众托钵乞食，有时乞到

酥酪醍醐[2]，名为上味。于意云何，此味为复，

酥、酪、醍醐就要算上等美味了。你的意见如何？这味到底是

生于空中，生于舌中，为生食中？阿难，

生于空中，还是生于舌中，或生于食物中？阿难，

1. 破味从舌生

若复此味，生于汝舌，在汝口中，只有一舌，

假如这个味生于你的舌上，但在你的口中只有一个舌头，

其舌尔时，已成酥味，遇黑石蜜[3]，应不推移。

这舌当时已成酥味，再食黑石蜜时，理应不能转而再知甜味。

若不变移，不名知味，

如果不变迁移易，就只知一味，则不能说舌能知味，

若变移者，舌非多体，云何多味，一舌之知。

如果变迁移易，一口只有一个舌，并非多体，为何众多之味，一舌都能尝知呢？

2. 破味从食生

若生于食，食非有识，

如果说味生于食品，食品没有分别之识，乃无情物，

云何自知？又食自知，即同他食，

怎么能自知味呢？纵使能知也是食品自知其味，即如同他人进食，

何预于汝，名味之知？

与你有何关系，怎么能算是你的舌尝味之知呢？

3. 破味从空生

若生于空，汝嗽虚空，当作何味？

如果说味生于虚空，你尝一尝虚空，到底是什么滋味？

必其虚空，若作咸味，既咸汝舌，亦咸汝面，

假如虚空是咸味，既能咸你的舌，也应当咸你的面，

则此界人，同于海鱼，既常受咸，

则此世界人类都像海鱼一样，无时不在咸中，

了不知淡，若不识淡，亦不觉咸。

自然了不知淡，如果不知淡，也就不会觉知咸了(因为咸淡是相待以显)。

必无所知，云何名味？

这样岂不是一无所知了，为什么又以酥、酪、醍醐名为上味呢？

是故当知，味舌与尝，俱无处所，

所以应当知道，味尘、舌根与舌根尝性，都没有一定的处所，

即尝与味，二处虚妄，本非因缘，非自然性。

即能尝之根与所尝之味，二处皆虚妄，其本元不是因缘，也不是自然性。

[注释]

[1] 二时：指早食、午食的时间。

[2] 酥酪醍醐：皆从乳生，从乳出酪，从酪出生酥，从生酥出熟酥，从熟酥出醍醐。

[3] 黑石蜜：《善见律》云：黑石蜜即甘蔗糖，色黑，质坚，味甜，故名黑石蜜。

[解说]

此段文讲③ 十二处即藏性中的舌味处即藏性。此科也是二法从要破，独约尘破。文中论述 1. 味不从舌生，2. 味不从食生，3. 味不从空生。故味尘无有生处，尘不可得，根岂能有。所以舌与味俱无处所，能尝之根与所尝之味，也无自体可得。推究其性不变，本非因缘；其用随缘，亦非自然；乃如来藏妙真如性。

身触处即藏性

阿难，汝常晨朝，以手摩头[1]。

阿难，你依我的教法，每于早晨，以手摩头。

1. 约二触破

于意云何，此摩所知，谁为能触，能为在手，

你以为如何？这一摩所生的知觉，谁是能触？能触是在于手呢，

为复在头？若在于手，头则无知，云何成触[2]？

还是在于头呢？假如能触在手，头就应该无知，现在头也有知，怎么能成触呢？

若在于头，手则无用，云何名触？

如果说能触在头，手就应该没有知触的功用，现在手也有知，怎么能成触呢？

若各各有，则汝阿难，应有二身。

如果说头和手各自有知，那么你阿难就应该有两个身体。

2. 约一触破

若头与手，一触所生，则手与头，当为一体。

若说头与手共一知，则成一触，那手与头当为一体。

若一体者，触则无成。若二体者，

如果真是一体，就无能触与所触，就不可能成触。如果头手二知，是为二体，

触谁为在，在能非所，

这触当何所属呢？若属能摩之手，就不在所摩的头，

在所非能，

若在所摩的头，就不属能摩的手。（现头手两皆有知，都成了能触，没有所触的对象了）

不应虚空，与汝成触。

难道虚空成为你所触的对象吗？

是故当知，觉触与身，俱无处所，

所以应当知道，所觉之触与能觉之身，都没有一定的处所，

即身与触，二俱虚妄，本非因缘，非自然性。

身根与触尘二处皆是虚妄，本来就不是因缘、自然等一些戏论，而是如来藏妙真如性随缘显现而已。

[注释]

[1] 以手摩头：此标举身、触二处，触尘与诸尘不同，乃以有知之身，与无知之物，合则成触，如衣服未穿身上，但属色尘，待穿身上，觉知违顺，方名为触，夏天穿棉衣则违，穿纱衣则顺。触即身分之觉，具有能知之用者为能触，而无知觉者为所触，是根尘能所合成。本科触尘又与诸触不同，独以一身明触。头手皆身根，无外触尘，但借摩以成触相，根尘互不可分，无定处所，以例诸触，皆类此虚妄。

[2] 触：以有知者为能触，无知者为所触，能所相合，如衣与身合，方成触义。

[解说]

此段文讲③ 十二处即藏性中的身触处即藏性。此科乃二法从要破，独约根破。文中论述 1. 约二触破，2. 约一触破。约二触，则一知二知，了不可定；约一触，则一体二体，无所适从。所以身与触俱无真实处所，身根与触尘亦无体相，悉皆虚妄名相而已，若求其本乃非因缘非自然即如来藏妙真如性也。

意法处即藏性

阿难，汝常意中所缘，善恶无记三性[1]，

阿难，你平常意根中所缘的不是善性、恶性，就是无记性，此三性

生成法则。此法为复，即心所生，

乃生成法尘的定则。这个法尘就是意根之心所生呢？

为当离心，别有方所？

还是离开意根之心而别有法尘所在的地方呢？

1. 破即心所生

阿难，若即心者，法则非尘，

阿难，如果此法尘即意根之心所生，法尘也应该有知，法尘既是有知，

就应该不是尘，

非心所缘，云何成处？

也不是心所缘的境了，怎么可以成处呢？

2. 破离心别有

若离于心，别有方所，则法自性，

如果说法尘离意根之心别有方所，则法尘应有自性，

为知非知？知则名心，

那么法尘的自性是有知，还是无知呢？如果说有知就应该叫做心，不应该叫尘。

异汝非尘，

此法尘离你意根之心而又有知，自然不是尘，乃是另外一个心了，

同他心量，

这不是相当于别人的心了吗？

即汝即心，

如果一定要说离心有知的法尘也即是你，即你的心量，

云何汝心，更二于汝？

为什么你的心不与你是一体，却与你相对为二而离于你呢？

若非知者，此尘既非，色声香味，离合冷暖，

如果说此法尘无知，这法尘既不是色声香味，也非离合冷暖的触，

及虚空相，当于何在？今于色空，

以及虚空相。那这法尘当在何处呢？现在于五尘、虚空之间，

都无表示，不应人间，更有空外。

都没有办法表显指示，不应该在这人间，还有一个在虚空以外的地方是法尘所在之处。

心[2]非所缘[3]，处从谁立？

此法尘自不是能缘的心，又不是所缘的境，则法尘非心非境，处又怎么能建立呢！

是故当知，法则与心，俱无处所，

所以应当知道，法尘与意根之心，都没有一定的处所，

则意与法，二俱虚妄，本非因缘，非自然性。

则意根与法尘二处皆是虚妄，其本元不是因缘，也不是自然。

［注释］

［1］善恶无记三性，生成法则：指法尘。法尘与前五尘不同，非有实性境。此唯意识之独影境，独影境是由意识与前五识同时而起，缘五尘性境，吸入意根之中，名为五尘落谢影子，故为独影境。同时意识缘善境界，则意根中有善性影子现起；缘恶境界，则意根中有恶性影子现起；缘无记境界，则意根中有无记性影子现起，无记境界乃非善非恶之境，于善恶二者无可记别，故名无记性。

［2］心：指意根。

［3］所缘：属法尘。

［解说］

此段文讲③ 十二处即藏性中的意法处即藏性，文中论破 1. 法尘即心所生，2. 法尘离心别有，说明即心离心，有知非知皆谬。故而意根与法尘都无定处，不但无处且无体虚妄，意、法二处之性本真，原如来藏妙真如性。随缘不变故非因缘，不变随缘故非自然。

至此，③ 十二处即藏性完。

④ 十八界即藏性

复次阿难，云何十八界，本如来藏，妙真如性。

再说阿难，为什么十八界本如来藏妙真如性呢？

［解说］

此段文起开讲(4) 四科无非藏性中的④ 十八界即藏性。界是界

限，六根、六尘、六识各有界限。以内之能缘的属根的界限，外之所缘的属尘的界限，中间能了别的属识的界限。三六十八，各有界限。○根、尘、识互相依附，识为最重要，故独约识破，则根、尘自然就不成立。破此三法相妄，而性真本如来藏自然显现。○十八界是佛对心、色二迷都重的人说。色法开为六尘五根，心法开为意根及六识，合成十八界。

眼色识界即藏性

阿难，如汝所明，眼色为缘，生于眼识。

阿难，像你所知道的，眼与色相互为缘而生出眼识(此昔日所讲因缘权教)。

此识为复，因眼所生，以眼为界，因色所生，以色为界？

这眼识是因眼根所生，以眼为识的界限呢？还是由色尘所生，以色为识的界限呢？

1. 破识单从眼根生

阿难，若因眼生，

阿难，如果眼识单从眼根生，

既无色空，无可分别，纵有汝识，

既然没有色尘和虚空，就没有可分别的境相，你纵有识，

欲将何用？汝见又非，青黄赤白，

也不能施展分别的功用。况你眼根的见又没有青黄赤白，

无所表示，从何立界？

也没有内外标示，将以何处为中间而建立识的界限？

2. 破识单从色法生

a. 从变不认识空

若因色生，空无色时，

如果说识单从色法生，当观虚空并没有色法时，

汝识应灭，云何识知，是虚空性？

你的识就应随色法而灭，为何眼观虚空时又能识知虚空呢？

b. 不变不成界

若色变时，汝亦识其，色相迁变，汝识不迁，

如果色法变迁的时候，你也识知色相的变迁，可见你的识并不随色法变迁，是色法灭而识独存，

界从何立？

一存一亡，已没有对待之相，又从何处去建立识界？

c. 从变不成界

从变则变，界相自无。

如果识随色法变迁，色与识二者都变灭了，自然再没有界限可言。

d. 不变不知空

不变则恒。既从色生，

如果识不随色法变迁，识就是恒常的，这识如果从色法生，

应不识知，虚空所在。

色法无知当然它也是无知的，那就不应该识知虚空的所在。

3. 破和合生：根尘和合也不能生识

若兼二种，眼色共生，

如果这识兼具眼根和色法，由眼根和色尘所共生（共同生出），

合则中离，

若是眼根与色尘合并（合在一处）而生眼识，则一半从眼根生，一半从色尘生，如二物相合，中间必有（识）结合的痕迹。

离则两合。

如果眼根与色尘相离（离开，根尘有距离）而生眼识，一半是有知，一半是无知，有知的合于眼，无知的合于色，则（识）成了两合。

体性杂乱，云何成界？

如此则识的体性杂乱，又怎能成立眼识的界？

是故当知，眼色为缘，生眼识界，三处都无。

所以应该知道，所谓眼色为缘，生眼识界，其实三处的界限，觅之都无，全是虚妄。

则眼与色，及色界[1]三，本非因缘，非自然性。

所以眼与色和眼识三者，既不是因缘生也不是自然性，乃是如来藏所影现的。

[注释]

[1] 色界：眼识。

[解说]

此段文讲④ 十八界即藏性中的眼、色、识三界即藏性。“眼色为缘生识”此是相宗顺世之谈，非究竟之说。文中论述：眼识非眼生，又非色生，也不是眼色共生，所以眼、色、识三界都无实法可得，只有虚妄的假名，假相而已，三界相虽虚妄而其性元真，本如来藏。藏性随缘不变故非因缘，藏性不变随缘故非自然。

耳声识界即藏性

阿难，又汝所明，耳声为缘，生于耳识。

阿难，又如你所知道的，耳和声相互为缘而生出耳识。

此识为复，因耳所生，以耳为界，因声所生，以声为界？

这耳识是因耳根所生，以耳为界，还是由声尘所生，以声为界呢？

1. 破识单从耳根生

阿难，若因耳生，动静二相，

阿难，如果耳识单从耳根生，动静二种声尘，

既不现前，根不成知，必无所知，

既不现前，耳根不成能知，必无所知的声尘，

知尚无成,识何形貌。

能知的耳根尚且不得成,所生的耳识到底是什么形貌呢?

若取耳闻,无动静故,

如果认为耳根有听闻能力,能生识,没有动静二种声尘,

闻无所成。

则能闻的根也无所成,又怎能生识呢!

云何耳形,杂色触尘,名为识界,则耳识界,复从谁立?

至于有形之肉耳,只是夹杂色触等尘,是无知觉的怎么能生耳识呢?则此耳识界又从哪里建立呢?

2. 破识单从声尘生

若生于声,

如果说耳识生于声尘,

识因声有,则不关闻,无闻则亡,声相所在。

此识单从声尘而有,则与耳闻没有关系,如果没有闻也就不知声相何在!(声尚不可得,怎能生识!)

识从声生,许声因闻,而有声相,

若说识从声而生,认为能生识的声是因闻才有声相,这样说来,声中就应该有识,

闻应闻识。不闻非界,

如是闻声之时,应当同时闻到识。假如只能闻声,不能闻识,那声中就没有识,则声就不是生识之界了。

闻则同声,

假如闻声之时,亦同时闻识,那识则同于声,而被耳根所闻了。

识已被闻,谁知闻识?

识以了知为用,而识已被闻,又是谁在了知闻声和闻识呢?

若无知者，终如草木。

假如说没有了知闻声和闻识者，人岂不同与草木了！

3. 破和合生

不应声闻，杂成中界，界无中位，

不应该说声尘和闻根和杂而成中界（因为声与闻杂和而生识，则识体性杂乱，界相不成）。中间识界既然不成，

则内外相，复从何成。

则内根外尘之界相，又从何处定界呢？

是故当知，耳声为缘，生耳识界，三处都无。

所以应该知道，所谓耳声为缘，生耳识界，其实三处的界限，都是无从寻觅，全是虚妄。

则耳与声，及声界三，本非因缘，非自然性。

可知耳与声和声识三者，既不是因缘，也不是自然，乃是如来藏妙真如性所影现。

[解说]

此段文讲④ 十八界即藏中的耳、声、识三界即藏性。文中论述：1. 耳识不从耳根生，即不自生；2. 耳识不从声尘生，即不他生；3. 根尘和合也不能生耳识，即不共生。离此三处，毕竟无识，即不无因生。所以耳、声、识三界都无实法可得，但幻妄称相，其性即是如来藏妙真如性。

鼻香识界即藏性

阿难，又汝所明，鼻香为缘，生于鼻识。

阿难，像你所知道的鼻与香相互为缘而生出鼻识，

此识为复，因鼻所生，以鼻为界，因香所生，以香为界？

这鼻识是因鼻根所生，以鼻为界呢？还是由香尘所生，以香为界呢？

1. 破因鼻生

阿难，若因鼻生，则汝心中，

阿难，假如识因鼻生，那么在你心中，

以何为鼻，为取肉形，双爪之相，为取嗅知，

以什么为鼻根呢？是以肉质的双垂爪之相为鼻呢？还是以能发嗅知，

动摇之性？若取肉形，肉质乃身，身知即触，

动摇之性为鼻呢？若以肉形为鼻，肉质乃属身根，身之所知即是触尘，

名身非鼻，名触即尘，鼻尚无名，

既名身根则非鼻根，既名触尘则非香尘，鼻根之名尚不可得，

云何立界？若取嗅知，

怎么能说识因鼻生，依之而立界呢？如果取嗅知之性为你的鼻，

又汝心中，以何为知？以肉为知，

又在你心中，以什么为能知？如果以鼻头之肉能知，

则肉之知，元触非鼻，

鼻肉乃属身根，鼻肉之知元是身根知触之用，非是鼻根嗅知之性。

以空为知，空则自知，

假如以鼻孔之空为能嗅知，空本无知，纵说它有知，则是空自有知，

肉应非觉。如是则应，虚空是汝，

肉鼻应当无知觉，假如真是这样，那虚空就应该是你，

汝身非知，今日阿难，应无所在。

而你的身体却是无知觉的，现在你阿难，也应该无所在了。

以香为知，知自属香，何预于汝。

又假如以香为嗅知性，此知自属于香，又与你的鼻根有什么关系呢？

若香臭气，必生汝鼻，则彼香臭，二种流气，

若言香臭二气，必定生于你的鼻，那么这香臭二种流动之气，

不生伊兰,及旃檀木[1],二物不来,汝自嗅鼻,

就不生于伊兰和旃檀木了,如果没有这两种东西,你自己嗅你的鼻,

为香为臭,臭则非香,香应非臭。

是香还是臭?是臭就不可能是香,是香就不可能是臭。

若香臭二,俱能闻者,则汝一人,应有两鼻,

如果香臭两者都能闻到,那么你一个人应有两个鼻知,

对我问道,有二阿难,谁为汝体?

向我问道的该有两个阿难,谁是你阿难的真体呢?

若鼻是一,香臭无二,臭既为香,

假如说鼻知只是一个,那么香臭自应混而为一了,臭可以成香,

香复成臭,二性不有,界从谁立?

香也可以成为臭,以香臭互夺两亡,二种嗅知根性既然没有,鼻识之界又依据什么而建立呢?

2. 破因香生

若因香生,识因香有。

假如鼻识因香尘而生,此识乃因香才有知。

如眼有见,不能观眼,因香有故,

就如因眼而有的见,自不能反观其眼,识因香而有,

应不知香。知即非生,

也应该不自知其香。如果能自知其香,此知即非从香所生。

不知非识,香非知有,

如果不能自知其香,又不能名为能知的识。香如果没有识来知其有香,

香界不成。识不知香,因界则非,从香建立。

则香界不成立。如果识不知香,怎么又能从香而建立识界呢?

3. 破和合生

既无中间，

鼻识既不从根生，又不从尘生，则没有中间的识界可得，

不成内外，彼诸闻性，毕竟虚妄。

自不成内外根、尘二界，内外不成，则能共生的不实；又没有中间，则所共生的非真。所以嗅闻之识，毕竟虚妄。

是故当知，鼻香为缘，生鼻识界，三处都无，

所以应当知道，所谓鼻香为缘，生鼻识界，其实三处的界限，觅之都无，全是虚妄。

则鼻与香，及香界三，本非因缘，非自然性。

所以鼻与香和鼻识三者不是因缘，也不是自然性，乃如来藏妙真如性。

[注释]

[1] 伊兰及旃檀木：《观佛三昧经》云："末利山中，有伊兰树，臭若胖尸，熏闻四十由旬，其花红色，甚可爱乐，若有食者，发狂而死。而旃檀之树，亦发生伊兰丛中，未及长大，如阎浮洲竹笋，不能发香，仲秋月满，卒从地生，成旃檀树，众人皆闻妙香，永无伊兰臭恶之气。"

[解说]

此段文讲④ 十八界即藏性中的鼻、香、识三界即藏性。文中论破：1. 破因鼻生，2. 破因香生，3. 破和合生。说明鼻识不自生、不他生、不共生，亦不无因生，所以识界生处，了不可得，鼻、香、识三界都无，但幻妄称相，本非因缘，非自然，即是如来藏妙真如性。

舌味识即藏性

阿难，又汝所明，舌味为缘，生于舌识。

阿难，像你所知道的舌与味相互为缘而生出舌识，

此识为复，因舌所生，以舌为界，因味所生，以味为界？

这舌识是因舌根所生，以舌为界呢？还是由味尘所生，以味为界呢？

1. 破因舌生

阿难，若因舌生，则诸世间，

阿难，假如舌识单因舌根所生，那么世间的

甘蔗，乌梅，黄连，石盐，细辛，姜桂[1]，

甜的甘蔗，酸的乌梅，苦的黄连，咸的石盐，辣的细辛、姜、桂等

都无有味，汝自尝舌，

都成没味的了，如果没有这些味尘来合你的舌，你自己尝自己的舌，

为甜为苦？若舌性苦，谁来尝舌，

是甜呢，还是苦呢？假如说舌性是苦的，那谁来尝舌，

舌不自尝，孰为知觉，舌性非苦，

舌既不能自尝，又有谁能知觉其舌是苦呢？假如说舌性本来不苦，就是没有味，

味自不生，云何立界？

则味自然不生于你的舌，怎么能以舌建立识界呢？

2. 破因味生

若因味生，识自为味，同于舌根，

如果说舌识单因味尘而生，识自身就是味，这又与舌根一样，

应不自尝，云何识知，是味非味？

也是不能自尝，又怎么能识知是有味还是无味呢？

又一切味，非一物生，味既多生，识应多体。

况一切味不是由一物所生，味既从多物而生，若识从味生则识也应是多体了。

识体若一，体必味生，

假如识体是一，这个体一定是由味所生的，所生的识既是一，能生的

味,当然也非多,

咸淡甘辛,和合俱生,诸变异相[2]。

则咸淡甘辛等味,以及和合、俱生、变异种种诸味,

同为一味,应无分别,分别既无,

皆当同为一味,也应没有咸淡甘苦等分别,既然没有分别,则所生的识分别亦无。

则不名识,云何复名,舌味识界?

就不应该名为识,怎么还能说舌味为缘,生出中间的舌识界呢?

3. 破因空生

不应虚空,生汝心识。

也不应该以无知的虚空生出你有知的心识吧。

4. 破和合生

舌味和合,即于是中,元无自性,云何界生?

假如说舌根和味尘和合生舌识,舌有知,尘无知,一经和合,体性杂乱,能生的根尘,自性既无,怎么再能从而产生识界?

是故当知,舌味为缘,生舌识界,三处都无,

所以应当知道,所谓舌味为缘,生舌识界,其实三处都无,皆是虚妄,

则舌与味,及舌界[3]三,本非因缘,非自然性。

所以舌与味及舌识三者本非因缘,亦非自然。

[注释]

[1] 细辛、姜、桂:细辛药名,生姜、肉桂药品,此三种皆辣味。

[2] 咸淡甘辛,和合俱生,诸变异相:咸淡甘辛酸苦是六味的总相。和合俱生变异是六味的别相。如豆面盐水,合而为酱,是为和合。如黄连生来就苦,其味与物俱时而生谓之俱生。如变生成熟,异其本味,如炮炙煎煮之类皆名变异。

［3］舌界：即舌识界。前三科以尘为名，曰色识界，声识界，香识界。此科和后二科以根为名，曰舌识界，身识界，意识界。

［解说］

此段文讲④ 十八界即藏性中的舌、味、识三界即藏性。文中论破：1. 破因舌生，2. 破因味生，3. 破因空生，4. 破和合生。说明舌识不自生，不他生，不共生，不无因生，故识界生处，了不可得，舌、味、识三界无实法可得，但幻妄称相，本非因缘，非自然，即是如来藏妙真如性。

身触识即藏性

阿难，又汝所明，身触为缘，生于身识。

阿难又如你所明白的身与触相互为缘，而生出身识，

此识为复，因身所生，以身为界，因触所生，以触为界？

这身识是因身根所生，以身为识的界限呢？还是由触所生，以触尘为识的界限呢？

1. 破因身生

阿难，若因身生，

阿难，假如身识单因身根而生，

必无合离，二觉观[1]缘，身何所识？

必定没有合离二种所觉观的尘缘，则只有身而无外境怎么能生识呢？

2. 破因触生

若因触生，必无汝身，

假如身识单因触尘而生，就一定没有你的身，则只有尘而无身，

谁有非身，知合离者？

世间有谁可以不依于身体而能知合离的触尘？离开身根连能生的触尘尚不可得，如何还会有所生的识呢？

3. 破和合生

阿难，物不触知，身知有触。

阿难，世间万物不能自触而成知，必定与身相合方知有触，

知身即触，知触即身，

若能够知身根，此识知即从触尘所生，若能够知触，此识知即从身根所生，

即触非身，即身非触。

若此识知即从触尘所生，则不兼身根，若此识知即从身根所生，则不兼触尘。（此识知皆单属一边，故不能说根与尘所共生。）

身触二相，元无处所。

况身根与触尘二相，本来也没有内外对立之处所。

合身即为，身自体性。离身即是，虚空等相。

以触合身，即与身为自体，合而不分。若触离身，即是虚空色法诸相。

内外不成，中云何立。

因能生的根尘内外二界不成，以致中间所生的识也就无从安立了。

中不复立，内外性空。

中间的识界不能成立，所以内外根尘之性亦空。

则汝识生，从谁立界。

所以根、尘、识三界皆不得成，则你身识之生，究竟从何立界呢？

是故当知，身触为缘，生身识界，三处都无，

所以应当知道，所谓身触为缘，生身识界，其实三处都是虚无，

则身与触，及身界三，本非因缘，非自然性。

所以身与触和身识三者，本来都是非因缘，非自然的妙真如性。

［注释］

［1］觉观：粗缘为觉，细缘为观。有能觉观与所觉观之别，又有离时觉观、合时觉观二种。

［解说］

此段文讲④ 十八界即藏性中的身、触、识三界即藏性。文中论

破1. 破因身生,2. 破因触生,3. 破和合生,说明身识不自生,不他生,不共生,不无因生,故识界生处了不可得,身、触、识三界觅之都无,但幻妄称相,本非因缘,非自然,即是如来藏妙真如性。

意法识即藏性

阿难,又汝所明,意法为缘,生于意识。

阿难,又如你所知道的,意根与法尘为缘,产生意识。

此识为复,因意所生,以意为界,因法所生,以法为界?

这个意识是因意根所生,以意为界?还是因法尘所生,以法为界呢?

1. 破因意生

阿难,若因意生,于汝意中,

阿难,假如意识单因意根所生,在你的意根之中,

必有所思,发明汝意。

必有所思的法尘,才可以显示你能思的意根(尘存则根存)。

若无前法,意无所生。

如果没有现前所思的法尘,则能思的意根也无所生了(尘亡则根亡)。

离缘无形,识将何用?

意根离开了所缘的法尘,根亦无形可得,又怎么能生识呢?

又汝识心,与诸思量,兼了别性,

再说你的意识心和能思量的意根,都具有了别性,

为同为异?同意即意,

这意识心与意根是相同,还是各异呢?如果说识心与意根相同,则识心即是意根,

云何所生?异意不同,

又怎么能说识心是意根所生呢?如果说识心与意根不同,

应无所识,若无所识,云何意生?

则识心应当同与无知之物，无知无识，既无所识知，就与意根不同类，又怎么能说识心是意根所生呢？

若有所识，云何识意？

如果说有所识知，则识心与意根同为了别性，又如何分清楚这是意识的了别性呢，还是意根的了别性呢？

唯同与异，二性无成，界云何立？

无论这根与识是同是异，根识二性皆不成立。这意识的界限又怎么能说是从意根而建立的呢？

2. 破因法生

若因法生，世间诸法，不离五尘，

假如说意识单从法尘所生，然而世间所有诸法，不离色声香味触五尘，

汝观色法，及诸声法，香法味法，及与触法，相状分明，

你可仔细观察色法、声法、香法、味法以及触法，皆有分明的相状，

以对五根，非意所摄。汝识决定，依于法生，

和五根相对，都不是意根所摄之法。你的意识如果一定依法尘而生，法尘一定有形状，

汝今谛观，法法何状？

你现在仔细观察这法尘之法到底是何形状？

若离色空，动静、通塞，合离、生灭，越此诸相，终无所得。

你的法尘是五尘的影子，有形才有影子，如果生灭的法尘，离开色空、动静、通塞、合离等五尘，岂能别有自体。

生则色空，诸法等生，灭则色空，诸法等灭，

法尘生则与色空诸法同生，法尘灭则与色空诸法同灭，如影与形。

所因既无，因生有识，作何形相？

所因的法尘既无自体，因法尘而生的意识又作何等形状相貌呢？

相状不有，界云何生？

能生的法尘尚且没有相状，怎么能以法尘为生识的界限呢？

是故当知，意法为缘，生意识界，三处都无，

所以应该知道意法为缘，生意识界，其实三处皆无实处可得，毕竟虚妄，

则意与法，及意界三，本非因缘，非自然性。

所以意与法和意识界三者，本来都是非因缘非自然的妙真如性。”

［解说］

此段文讲④ 十八界即藏性中的意、法、识三界即藏性。文中论破1. 破因意生，2. 破因法生，说明身识无生无处了不可得，意、法、识三界无实处可得，但幻妄称相，本非因缘，非自然，即是如来藏妙真如性。

至此，④ 十八界即藏性完。

［总结］

上六入全约缘破，尘是其缘。十二处是兼更互破和二法从要破：眼色、耳声四处，更互破；余八处，二法从要破（身触二处独约根破，余六处独约尘破）。十八界全是三法从要破，文虽从要，意实并破，非同六入，正意在根。○凡夫执著事相，而不能见理。而本经将事相一一融归于理，全事即理，也即是四科即藏性。此是大乘了义之说，对利根者谈。佛昔日以因缘和合之理，破外道自然之说，属于权巧方便，非了义大教。本经阿难既请成佛法门，亦许以宣胜义谛，故显四科七大，因缘生法，即空即假即中，本如来藏，既非因缘，亦非自然。

至此，(4) 四科无非藏性完。

(5) 七大无非藏性

阿难白佛言，世尊，如来常说，和合因缘，一切世间，

阿难对佛说：“世尊，你常常说，和合因缘，一切有情世间、器世间，

种种变化，皆因四大，和合发明。

各种变化，都是由地、水、火、风，四大因缘假合而幻现。

云何如来，因缘自然，二俱排摈？

为什么现在如来将因缘和自然一齐排除否定呢？

我今不知，斯义所属，惟垂哀愍，开示众生，

我现在不知道这究竟是什么道理。惟愿慈悲哀愍，开示我们

中道了义，无戏论法[1]。尔时世尊，告阿难言，汝先厌离，

究竟中道了义无戏论的教法。”这时世尊对阿难说：“你先前厌离

声闻缘觉，诸小乘法，发心勤求，无上菩提，故我今时，

声闻、缘觉诸小乘法，发心勤求无上菩提，所以我现在

为汝开示，第一义谛。如何复将，世间戏论，妄想因缘，

为你开示第一义谛。你为什么还用世间的戏论、妄想因缘等法

而自缠绕。你虽多闻，如说药人，真药现前，

而自相缠绕！你虽多闻，如同一个说药的人当真药在面前时，

不能分别。如来说为，真可怜愍。汝今谛听，

却不能辨认。如来说这真是可怜愍。 你现在仔细听，

吾当为汝，分别开示，亦令当来，修大乘者，通达实相[2]，

我当为你分别开示，也使将来修大乘的人，通达实相。”

阿难默然，承佛圣旨。

阿难默然承佛圣旨。

[注释]

[1] 中道了义，无戏论法：中道，不偏有无二边。权教的因缘和外道的自然都是戏论法。如来藏妙真如性非因缘非自然，有无双遣，中道现前，即是无戏论法。

[2] 实相：与如来藏名异体同。实相即是真心，即如来藏妙真如性，即第一义谛。实相有三即三如来藏：一、无相之实相：无一切妄

法差别之相，只有一真平等实相即空如来藏。二、无不相之实相：并非无相，而能随缘现一切相，即不空如来藏。具足十界诸法，非无诸相也，乃藏性随缘之用。三、无相无不相之实相：若言其无，则不舍一法。若言其有，则不立一尘，即空不空如来藏。真空不碍妙有，妙有不碍真空。乃藏性体用双彰。

[解说]

此段文起开讲1. 空如来藏的(5)七大无非藏性。七大：地、水、火、风、空、见、识。前文佛会四科本如来藏，非因缘非自然，就是开示中道了义实教。可是阿难执著因缘、自然，故而仍未明白，请佛再详细开示，故下文佛慈悲又开示非因缘非自然，这一中道了义无戏论法。也令将来修大乘者共入如来藏海。

阿难，如汝所言，四大和合，发明世间，种种变化。

佛说："阿难，像你所说的，四大和合才产生世间的各种变化。

非和合

阿难，若彼大性[1]，体非和合，则不能与，诸大[2]杂和，

阿难，如果四大的性体不能和合，就不能与四大之相杂和，

和合

犹如虚空，不和诸色。若和合者，同于变化，

犹如虚空不能与一切色相杂和一样。如果四大性体是能和合的，那就同于四大之相变易迁化，

始终相成，生灭相续，生死死生，生生死死。

由始而终，终而复始，从生到灭，灭而复生，于是生死死生，生生死死，

如旋火轮，未有休息。阿难，如水成冰，冰还成水。

像旋转火轮，永无休止。阿难，如水结成冰，冰又化为水。

[注释]

[1] 大性：指四大之性，即如来藏性。

［2］诸大：指四大之相，性相虽有二名，性相本来一体。

［解说］

大性即藏性。藏性具不变、随缘二义。1. 若说大性非和合，如虚空。就只承认藏性具不变义而失去藏性随缘义，则堕自然。2. 若说大性和合，如火轮，只承认藏性具随缘义，而失去藏性不变义，则堕因缘。故而说大性非和合、和合都是不对的。经中用冰水喻来显藏性具不变、随缘二义。藏性体虽不变而用能随缘成相，如水能随缘成冰。藏性用虽随缘成相，仍然不变本体，如冰还成水。○阿难久习权宗，迷性执相，如来此段文用喻总明性、相。明相依性起，以性融相，性相本来一体，以除阿难旧见，冀得新悟。

① 地大即藏性

汝观地性，粗为大地，细为微尘，至邻虚尘[1]。

你观察地的性质，粗的是大地，细的是微尘，乃至邻虚尘。

析彼极微，色边际相，七分所成。

析解那极微尘，七分之一的叫邻虚尘，即最后的色相，不能再析解了。

更析邻虚，即实空性。阿难，

若再析解邻虚尘，即归于空，实是空性，而非色性。阿难，

若此邻虚，析成虚空[2]，当知虚空，出生色相[3]。

如果能将这邻虚尘析解成虚空，比例可知虚空应当也能产生色相。

汝今问言，由和合故，出生世间，诸变化相[4]，

你现在问的意思是，由于和合的缘故，才产生世间一切变化形相，

汝且观此，一邻虚尘，用几虚空，和合而有？

那你仔细观察，这一邻虚尘，是用多少虚空和合而有的呢？

不应邻虚，合成邻虚[5]。又邻虚尘，析入空者，

不应该邻虚尘合成邻虚尘吧！又邻虚尘如果可以析解成虚空，

用几色相，合成虚空[6]。若色合时，

那么用多少色相合成虚空呢？若是色相与色相和合，

合色非空。若空合时，

合成之物只能属色法，不会成虚空。若是虚空与虚空和合，

合空非色。色犹可析，空云何合[7]？

只能是虚空而不是色法。色法还可以析解，而虚空无相无形如何可以和合？

汝元不知，如来藏中，性色[8]真空，性空真色，

你原来不懂得如来藏中，性具之色即是真体之空，性具之空即是真体之色。

清净本然，周遍法界，随众生心，应所知量，

圆融无碍，体本清净，周遍法界，能随众生优劣之心，知量大小，

循业发现。世间无知，惑为因缘，

循各自的业而显现差别相状。世间无知的众生，疑惑为因缘

及自然性，皆是识心，分别计度，但有言说，都无实义。

和自然性，这都是识心分别妄计，只有言说并没有真实的意义。

[注释]

[1] 微尘至邻虚尘：微尘——（七分之一）——极微尘——（七分之一）——邻虚尘（即色的边际，与虚空为邻，不能再分）。

[2] 若此邻虚，析成虚空：正理：析尘不能成空。

[3] 当知虚空，出生色相：正理：空不能生色相。

[4] 由和合故，出生世间，诸变化相：阿难执著诸法和合而有。

[5] 汝且观此……合成邻虚：邻虚尘既不是合空所成，也不是合色而有。

[6] 又邻虚尘……合成虚空：析色不能成空，合色也不能成空。

[7] 汝且观此……空云何合：佛目的以空不可合来说明邻虚尘非和合而有。邻虚尘既非和合而有，则世间诸法就不是和合而有。以此来破阿难执著“诸法和合而有”。佛破时只用“空不可合”则“诸法和合而有”之执著，破尽无余了。○文中一者虚空不能产生色法，邻虚尘是最小的色法，既不是和合色法所成，也不是和合虚空而有，所以邻虚尘不是和合而有，故诸法不是和合而有。二者虚空不是析解色法而有，虚空无形相，无数量，所以虚空不是和合。故诸法不是和合而有。

[8] 色：地大被色法所摄，故用“色”总括之。

[解说]

此段文讲(5) 七大无非藏性中的① 地大即藏性。文中辨析了空不可合，则邻虚尘非和合而有，邻虚尘非和合而有，则世间种种诸法非因缘和合，当然地大也非和合。地大即藏性中，本有之物，地大之色，体即法界，色空圆融无碍。如来藏体本清净，用能随缘，无法不具，无法不融。藏性本具随缘之用，未经起用，但周遍于理法界。若从体起用，自可周遍事法界。如来藏随九界众生业力所显现的差别相状，众生无知却迷惑为因缘、自然，这都是识心分别妄计。

② 火大即藏性

阿难，火性无我，寄于诸缘，汝观城中，

阿难，火大本无自性，寄托于众缘才显现，你看城中，

未食之家，欲炊爨时，手执阳燧[1]，日前求火。

还没有用餐的人家，要煮饭时，手拿着阳燧，到阳光下取火。

阿难，名和合者，如我与汝，一千二百五十比丘，

阿难，所谓“和合”的意思，就像我和你，以及一千二百五十比丘

今为一众，众虽为一，诘其根本，各各有身，

合为一众，虽名一众，可寻求其根本，实在各有不同的身体，

皆有所生，氏族名字。如舍利弗，婆罗门种；优楼频螺，
各有出生的氏族名字。如舍利弗是婆罗门种；优楼频螺是

迦叶波种；乃至阿难，瞿昙种姓。阿难，若此火性，
迦叶波种；乃至阿难是瞿昙种姓等等。阿难，如果火性

因和合有，彼手执镜，于日求火[2]。此火为从，
是和合而有，那人用手拿着镜子在日光下求火。这火是从

镜中而出，为从艾出，为于日来[3]？阿难，
镜中而出，是从艾中出，还是日中来呢？阿难，

1. 破火大从日来

若日来者，自能烧汝，手中之艾。来处林木，皆应受焚。
如果火从日来，自能燃烧你手中的艾，日光照射之处，树林草木都应遭受焚烧。

2. 破火大从镜中出

若镜中出，自能于镜，出燃于艾，
如果火是从镜中出，既然能从镜中出来点燃你手中的艾，

镜何不镕，纡汝手执，尚无热相，云何融泮？
镜为何不熔化？你手拿着镜子，且没有热烫之感，镜又怎能熔化？

3. 破火大从艾出

若生于艾，何藉日镜，光明相接，然后火生？
如果火由艾生，又何必借日光和镜子光明相接，然后才生出火呢？

（3. 破火大从艾出 完）

汝又谛观，镜因手执，日从天来，艾本地生，
你再仔细观察，镜在手中，日光从天空来，艾由地而生，

火从何方，游历于此[4]？日镜相远，非和非合，
火是从何处游历到这里的？日与镜相隔遥远，既不能相和也不能

相合，

不应火光，无从自有[5]。汝犹不知，如来藏中，

总不应该说火是无因无缘自然而有吧？你仍不知道，如来藏中

性火真空，性空真火，

性具之火即是真体之空，性具之空即是真体之火，圆融无碍，

清净本然，周遍法界，随众生心，应所知量。

体本清净，周遍法界，能随众生优劣之心，知量大小，随缘显现。

阿难，当知世人，一处执镜，一处火生，遍法界执，

阿难，当知世间上人，一处执镜求火，一处火生，遍法界执镜求火，

满世间起，起遍世间，宁有方所，循业发现。

满世间都有火生，起遍世间，哪有一定的处所呢？此火大等差别相状都是如来藏循各自的业随缘显发而已，

世间无知，惑为因缘，及自然性，皆是识心，分别计度，

世间的无知凡夫，迷惑为因缘及自然性，这都是识心分别妄计，

但有言说，都无实义。

只有言说，并没有真实的意义。

[注释]

[1] 阳燧：古代取火的铜镜。

[2] 彼手执镜，于日求火：古人利用日光、镜子和艾草取火。

[3] 一众是和合，有各自的身，和所生的氏族。若火大也是和合，也应指出是日来之火，艾生之火，镜出之火，才能叫和合呀！下文论述火不是三处生(来)，故火大不是和合。

[4] 镜因手执……游历于此：火无所从来，故非和合。

[5] 日镜相远……无从自有：日与镜相隔很远，所以火不是和合而有，也不是自然而有。

[解说]

此段文讲(5) 七大无非藏性中的② 火大即藏性。火无所从来,既不是因缘也不是自然,是如来藏随缘显现而已。无有真智之人迷昧藏性不变之体,竟惑为因缘。无有正智之人迷昧藏性随缘之用竟惑为自然。自然因缘都是戏论,火大当体即如来藏。如来藏中无法不具,无法不融,火大是事,事不离理,即事即理,全相皆性,圆融无碍。

③ 水大即藏性

阿难,水性不定,流息无恒。如室罗城,迦毗罗仙[1],

阿难,水没有定性,流止无常态。如室罗筏城中,有迦毗罗仙人、

斫迦罗[2]仙,及钵头摩[3],诃萨多[4]等,诸大幻师[5],

斫迦罗仙人,以及钵头摩、诃萨多等,诸大幻术师,

求太阴精,用和幻药。是诸师等,于白月昼,

向月中求水,用以和合幻药。这些幻术师,在中夜,月白如昼之时,

手执方诸[6],承月中水。此水为复,从珠中出,

手执水精珠,承接月中水。这水到底是从珠中流出来的,

空中自有,为从月来?

空中自生的,还是月中来的呢?

1. 破水大从月来

阿难,若从月来,尚能远方,令珠出水,

阿难,如果说水从月来,此月尚能在遥远之处令珠出水,

所经林木,皆应吐流。流则何待,方诸所出,

则于所经过近处之林木,皆应有水流出。如有流水则随处都可承月中水,就不应该靠方诸才出水呀。

不流明水,非从月降。

如果林木没有出水,则分明此水不是从月中降下来的。

2. 破水大从珠出

若从珠出，则此珠中，常应流水，何待中宵，承白月昼。

如果说水从珠中流出，那这个珠就应时常流水，何需要到半夜月明如昼之时，对月祈求而后生水呢？

3. 破水大从空生

若从空生，空性无边，水当无际，从人洎天，

如果说水从空而生，虚空无边，则水也应当无边无际，那么从人间到天上，

皆同滔溺，云何复有，水陆空行？

皆在滔滔洪水之中同遭淹没，怎么会有水、陆、空的分别？（3. 破水大从空生 完）

汝更谛观，月从天陟，珠因手持，承珠水盘，

你再仔细观察，月从天上升起来，珠是因手中拿，承珠的水盘

本人敷设，水从何方，流注于此。

由幻师本人敷设，此水究竟是从何方流到这盘里的呢？

月珠相远，非和非合，不应水精[7]，

月与珠相距遥远，既不能相和，也不能相合，不应当说此月中水，

无从自有[8]。汝尚不知，如来藏中，

无所从来，自然而有吧。你还不知道，如来藏中

性水真空，性空真水，

性具之水即是真体之空，性具之空即是真体之水，圆融无碍，

清净本然，周遍法界，随众生心，应所知量。

体本清净，周遍法界，能随众生优劣之心，知量大小，随缘显现。

一处执珠，一处水出，遍法界执，满法界生。

所以一处执珠，一处水出，遍法界执珠，就遍法界出水。

生满世间，宁有方所，循业发现。

水遍满世间，哪有一定的处所呢？都是循业随缘显发而已。

世间无知，惑为因缘，及自然性，皆是识心，分别计度，

世间无知的凡夫，迷惑为因缘及自然性，这都是识心分别妄计，

但有言说，都无实义。

只有言说，并没有真实的意义。

［注释］

［1］迦毗罗仙：迦毗罗，此云黄赤色，以其发黄兼赤也。仙者超脱脱俗也，此诸人修道得通故称仙人。

［2］斫迦罗：此云轮。以自执所见理圆，能摧他宗故。

［3］钵头摩：此云赤莲华，池名。近此住故。

［4］诃萨多：略称，全名为阿迦萨谟多罗，此云海水。近海而住，事水外道。

［5］大幻师：以其善用幻术，不仅能幻化人、物，且能夺阴阳造化之工。

［6］方诸：取月中水之珠也。许慎曰："方，石也。诸，珠也。"王充《论衡》云："十一月壬子日，夜半子时，于北方炼五方石为之。状如杯盂，向月得津。"《淮南子》曰："方诸见月，则津而为水。"高诱注曰："方诸，阴燧。向月则水生。"《楞严正脉》云："水精珠也。"

［7］水精：月中水即水中之精也。

［8］月珠相远……无从自有：月珠相隔很远，所以水大不是和合而有，也不是自然而有。

［解说］

此段文讲(5) 七大无非藏性中的③ 水大即藏性。水大不从珠出，不从空生，不从月来，亦不从月珠和合而生，水大无生处，既不是因缘生，又非自然而有，是如来藏随缘显现而已。如来藏体清净本然，寂湛常恒，体虽不变，用可随缘，随九界众生染净业发现水大之相。众生不知水大唯心，惑为因缘、自然，皆是识心妄生分别计度，但有言说，都无真实之义。

④ 风大即藏性

阿难，风性无体，动静不常，汝常整衣，

阿难，风性没有自体，时动时静没有常态，你平常整衣，

入于大众，僧伽梨角，动及旁人，则有微风，拂彼人面。

入于大众之中，袈裟飘动，触到身旁的人，那人就会感到有微风拂面。

此风为复，出袈裟角，发于虚空，生彼人面？

这风是出自袈裟角呢，还是发自虚空，或是从那个人脸面上发生的？

1. 破风大出袈裟

阿难，此风若复，出袈裟角，汝乃披风，

阿难，此风如果是出自袈裟角，那衣（袈裟）中就有风，你披衣就是披着风，

其衣飞摇，应离汝体。我今说法，

风性飘动，那衣应会离开你的身体，飘飞而去。我现在说法

会中垂衣，汝看我衣，风何所在，不应衣中，有藏风地。

于法会之中，我的衣是下垂不动的，你看我的衣风在哪里？不应该在衣里还有藏风的地方。

2. 破风大从空生

若生虚空，汝衣不动，何因无拂。

如果风大生于虚空，当你的衣没有飘动时，为何没有风去拂别人的面？

空性常住，风应常生。

又空性常住不变，如果风从空生，那风也应常住不变（其实风性是生灭的）。

若无风时，虚空当灭。灭风可见，灭空何状？

如果没有风时，风灭虚空也应当灭。风息有状可见，空灭了又是什么形状呢？

若有生灭，不名虚空。名为虚空，云何风出？

如果有生灭，就不叫虚空。既然名为虚空，空以无物为体，怎么能生出风呢？

3. 破风大从彼面生

若风自生，彼拂之面，从彼面生，当应拂汝，

如果风起自被拂那人的面，既然由那人的面而生，理当向你吹拂，

自汝整衣，云何倒拂。

在你整衣的时候，为什么彼面所生之风，却倒拂他自己的脸？

汝审谛观，整衣在汝，面属彼人，虚空寂然，

你再细细观察，整衣的是你，面属于他人，虚空寂然，

不参流动，风自谁方，鼓动来此？

不曾流动，这风到底从何方鼓动来此地的？（3. 破风大从彼面生 完）

风空性隔，非和非合，

风与空体性各异，一动一静，既不能相和，也不能相合，

不应风性，无从自有[1]。汝宛不知，如来藏中，

不应当说此风性，无因自有吧。你宛然不知如来藏中，

性风真空，性空真风，

性具之风即是真体之空，性具之空即是真体之风，圆融无碍。

清净本然，周遍法界。随众生心，应所知量。

体本清净，周遍法界，能随众生优劣之心，知量大小，随缘显现。

阿难，如汝一人，微动服衣，有微风出，遍法界拂，

阿难，如你一人，微动衣服，有微风起，遍法界拂衣，

满国土生，周遍世间，宁有方所，循业发现。

满国土生风，周遍世间，哪有一定的方所？都是循业随缘显发而已。

世间无知，惑为因缘，及自然性，皆是识心，分别计度，
世间无知的凡夫，迷惑为因缘及自然性，这都是识心分别妄计，

但有言说，都无实义。
只有言说，并没有真实的意义。

[注释]

[1] 风空性隔……无从自有：风与空体性各异，所以风大不是和合(因缘)而有，也不是自然而有。

[解说]

此段文讲(5) 七大无非藏性中的④ 风大即藏性。风大不从衣出，不从空生，不从面生，亦不从风空和合而生；风大无生处，既不是因缘生，又非自然而有，是如来藏随缘显现而已。如来藏体清净本然，寂湛常恒，周遍法界，体虽不变，用可随缘，随九界众生之业现风大之相。众生不知风大唯心，浅智众生见此循业之近由，迷惑为因缘。无智众生昧此循业发现之根源，迷惑为自然。此等皆是识心妄生分别计度，但有言说，都无真实之义。

⑤ 空大即藏性

阿难，空性无形，因色显发，如室罗城，
阿难，虚空没有形象，因随色尘之缘，显现发明。如室罗筏城

去河遥处，诸刹利种[1]，及婆罗门[2]，毗舍[3]、首陀[4]，
离河遥远之处，诸王族和婆罗门、商贾、农夫，

兼颇罗堕[5]，旃陀罗[6]等，新立安居，凿井求水，
以及六艺百工、屠夫等，要新立安居之家，因离河远故凿井求水，

出土一尺，于中则有，一尺虚空，如是乃至，出土一丈，
掘出一尺深的土，就有一尺深的虚空，如是乃至掘土丈深，

中间还得，一丈虚空，虚空浅深，随出多少。
中间就得一丈深的虚空，虚空的浅深，随出之土多少而论。

此空为当，因土所出，因凿所有，无因自生？

这虚空到底是土中所出，还是因凿而有，或是无因而自生呢？

1. 破空大无因生

阿难，若复此空，无因自生，未凿土前，何不无碍？

阿难如果此空无因自然而生，在没有凿土之前，为什么不见无碍？

惟见大地，迥无通达。

只见大地，根本没有通达的相状。

2. 破空大因土所出

若因土出，则土出时，应见空入，

如果此空因土所出，则土凿出之时，应见虚空入于井中。

若土先出，无空入者，云何虚空，因土而出。

假如土先出，而没有虚空进入，又怎么可说虚空因土所出呢？

若无出入，

假如说虚空本在土中，并没有出入，

则应空土，元无异因，无异则同，

则应未凿土前，空与土本无异因，乃同处相依，同体不分。

则土出时，空何不出？

那么土出时，空为什么不与土俱出呢？

3. 破空大因凿而出

若因凿出，则凿出空，应非出土。不因凿出，

假如此空因凿而出，则是凿出虚空，应该不是出土而成虚空。假如此空不因凿而出，与凿无关，

凿自出土，云何见空？

则凿井之时，只是出土，应不成空。为何随凿随见虚空呢？（3. 破空大因凿而出 完）

汝更审谛，谛审谛观，凿从人手，随方运转，

你再仔细的详审，谛观，井因凿出，凿依从人手，随其方向运转而成，

土因地移，如是虚空，因何所出？

土因从地下挖移而出，这井内虚空依什么缘因而出现呢？

凿空虚实，不相为用，非和非合，

凿体是实，空性是虚，一虚一实不能交互为用，既不能和，又不能合，

不应虚空，无从自出。若此虚空，性圆周遍，

总不应说此虚空无所从来自然而出吧。像这虚空之性圆满周遍，

本不动摇，当知现前，地水火风，均名五大，性真圆融，

本不动摇，当知应与现前地水火风合称为五大，诸大一一唯性唯真，圆融无碍，

皆如来藏，本无生灭。阿难，汝心昏迷，

无一不是如来藏性，元无生灭，常住不动。阿难，你心昏迷，

不悟四大，元如来藏。当观虚空，为出为入，

不能悟知四大，元是如来藏，应当观察虚空，这凿井所见之空，是因凿土而出，还是因移土而入，

为非出入。汝全不知，如来藏中，性觉真空，

或是不出不入呢？你竟全然不知，如来藏中，性具之觉本是真体之空，

性空真觉，清净本然，周遍法界。

性具之空即是真体之觉，圆融无碍，体本清净，周遍法界。

随众生心，应所知量。阿难，如一井空，

能随众生优劣之心，知量大小，随缘显现。阿难，如一处凿井，

空生一井，十方虚空，亦复如是，圆满十方，

空生一井，十方凿井所现虚空也是这样，虚空圆满，周遍十方，

宁有方所。循业发现。世间无知，

哪有一定的处所呢？都是循业随缘显发而已。世间无知的凡夫，

惑为因缘，及自然性，皆是识心，分别计度，但有言说，

迷惑为因缘及自然性，这都是识心分别妄计，只有言说，

都无实义。

并没有真实的意义。

［注释］

［1］刹利种：此云王种，亦云田主。

［2］婆罗门：此云净志，亦云净行。以守道居正，洁净其行。

［3］毗舍：此云商贾，行商坐贾者。

［4］首陀：此云农夫，耕田种地者。

［5］颇罗堕：此云利根，即六艺百工之辈。

［6］旃陀罗：此云屠者，即屠儿魁脍之徒。亦云严帜，国法令其摇铃执帜，警人异路，良民不与同行。

［解说］

此段文讲(5) 七大无非藏性中的⑤ 空大即藏性。空大不是无因生，亦非土出，又非凿出，亦不从凿空和合而生，此空无所从来，无有生处，既不是因缘生，又非自然而有，是如来藏随缘显现而已。诸经多说四大，本经点出空大。此以空大，性圆周遍，本不生灭，例知前地水火风四大，一一唯性唯真，以性融大，诸大圆融无碍，无一不是如来藏，从本以来，元无生灭即常住不动。如来藏体清净本然，寂湛常恒，周遍法界，体虽不变，用可随缘，随九界众生之业现空大之相。凡小外道迷惑空大是因缘所生，或执空大乃自然而有。此等皆是识心妄生分别计度，但有言说，都无真实之义。

⑥ 见大即藏性

阿难，见觉无知，因色空有[1]。

阿难，见觉之体本来无有能知所知，乃因色、空而有能知和所知，

如汝今者，在祇陀林，朝明夕昏。

如你现在居祇陀林中，早晨日出则明，傍晚日落则暗。

设居中宵，白月则光，黑月便暗，

假如在半夜里，逢白月夜则有光明，逢黑月夜则昏暗，

则明暗等，因见分析。

则这明暗等尘境，也是因为有见觉才得以分析是明是暗（见托尘立，尘因见显）。

此见为复，与明暗相，并太虚空，为同一体，

这见大与明暗相以及太虚空之相，是同一体呢，

为非一体，或同非同，或异非异？阿难，

还是非同一体？或同或非同，或异或非异？阿难，

1. 破见大与尘同一体

此见若复，与明与暗，及与虚空，元一体者。则明与暗，

这见觉如果与明暗、虚空元是一体，那么明与暗

二体相亡，暗时无明，明时非暗。若与暗一，

二体不并立，暗时就没有明，明时就没有暗。此见若与暗是一体，

明则见亡。必一于明，

明生暗灭，则见应当与暗俱亡。如果此见与明为一体，

暗时当灭。灭则云何，

暗生明灭，则见也应当与明俱灭。见既然随着暗、明而灭了，

见明见暗？若明暗殊，

又怎么能见明见暗呢？如果说明与暗尽管不同，

见无生灭，一云何成？

此见不随着生灭，又怎么能说此见与尘是一体呢？

2. 破见大与尘非一体

若此见精，与暗与明，非一体者，汝离明暗，
如果说此见精与暗明不是一体，那么你离了明暗

及与虚空，分析见元，作何形相？离明离暗，
和虚空，分析见元，究竟是什么形象呢？离明、暗，

及离虚空，是见元同，龟毛兔角。明暗虚空，
以及虚空，此见无体，同与龟毛兔角。明、暗、虚空，

三事俱异，从何立见？
三事都离，则无从立见。（又怎能说此见与尘非一体呢?）

3. 破或同或异

明暗相背，云何或同[2]？离三元无，云何或异[3]？
明暗互夺两亡，怎能说或同呢？离开明、暗、虚空三者，元无独立之见，又怎能说或异呢?

4. 破非同非异

分空分见，本无边畔，
如果说见与尘非同，今分析所见的空，与能见之见，空见根本没有边际界畔可得，

云何非同？见暗见明，性非迁改，云何非异？
怎能说非同呢？明暗互相倾夺，见性并不随之迁变改易。一有生灭，一是常住，怎能混同，又怎能说非异呢？（4. 破非同非异 完）

汝更细审，微细审详，审谛审观，明从太阳，
你再细细审察，微细审详，仔细观察考虑，明从太阳来，

暗随黑月，通属虚空，壅归大地，
暗是从黑月来，通达无碍属于虚空，壅塞归于大地，各有来处，

如是见精，因何所出？

这个能见明暗通塞的见精，到底是从何处所出呢？

见觉空顽，非和非合，

见精有知觉，虚空是顽钝，体性各异，不可能和也不可能合，

不应见精，无从自出。

既非因缘和合而有，总不应说此见精是无因自然而出的吧！

若见闻知，性圆周遍，本不动摇。

此见闻觉知，六精之性本来圆满，周遍法界，本不动摇生灭。

当知无边，不动虚空，并其动摇，地水火风，均名六大，

当知无边不动的虚空，及动摇的地水火风，与此见大合称为六大，

性真圆融，皆如来藏，本无生灭。

其性本真，莫不圆融，皆是如来藏性，本无生灭。

阿难，汝性沉沦，不悟汝之，见闻觉知，

阿难，你的心性沉沦，没有悟到你的见闻觉知等六精

本如来藏，汝当观此，见闻觉知，

本来皆是如来藏妙真如性，你应当观察这见闻觉知之性

为生为灭，为同为异，为非生灭，为非同异。

是生灭，还是非生灭，与五大是同异，还是非同异。

汝曾不知，如来藏中，性见觉明，

你一向未曾悟知，如来藏中，性具之见即是觉体本明，

觉精明见，清净本然，周遍法界，

本觉之精即是妙明真见，圆融无碍，体本清净，周遍法界，

随众生心，应所知量。如一见根，

能随众生优劣之心，知量大小，随缘显现。就像见根

见周法界，听嗅尝触，觉触觉知，

称体遍周法界，耳之听、鼻之嗅、舌之尝触、身之觉触、意之觉知，此等诸根

妙德莹然，遍周法界，

即妙性之德用，清净光明如玉之莹光皎洁，同样遍周法界，

圆满十虚，宁有方所，

圆满十方虚空，无在无所不在，哪有一定的方所呢？

循业发现。世间无知，惑为因缘，及自然性，

都是循业随缘显发而已。世间无知的凡夫，迷惑为因缘及自然性，

皆是识心，分别计度，但有言说，都无实义。

这都是识心分别妄计，只有言说，并没有真实的意义。

[注释]

[1] 见觉无知，因色空有：乃明见大即藏性。见觉即见性，是灵明洞澈之觉体，不立能所，没有能知所知，乃因色空，而有能知和所知。见觉无知，指不变之体；因色空有，指随缘之用。

[2] 或同：即一体，如前义。

[3] 或异：即非一体，如前义。

[解说]

此段文讲(5) 七大无非藏性中的⑥ 见大即藏性。小乘多出四大，大教始有空名。根(见)与识同名大者，他经中未曾见到。诸圆实教，圆观诸法根、境、识三，周遍不动，虽有其义，不立大名。今本经特出见大、识大，真为最后究竟垂范。〇见大统指六根中见闻嗅尝觉知之性。今单举见，以例余五。此属第八识见分，映在六根门头，缘彼现量六尘者。非取浮胜二根，须知于前五根，不取浮胜二种色法，但取任运照现量境一种功能。于第六根，不取浮尘肉团色法，但取胜义默容诸法一种功能。〇一切法无非色心二法，前五大属色法，见大和识大属心法。见大即第八识见分，五大即第八识相分，自证分是第八

识的本体，乃依证自证分，即是真如。〇文中论破 1. 破见大与尘同一体，2. 破见大与尘非一体，3. 破或同或异，4. 破非同非异，由此四义已破见大无和合相。见大既不是因缘生，又非自然而有，是如来藏随缘显现而已。若能悟此见大，性圆周遍，本无生灭，则生灭与不生灭，同异与非同异，俱为戏论。由此便知五大亦本如来藏，非和非合，非不和合了。见大合前五大同名六大，会归藏性，五大是无情，见大是有情，合会情与无情共一体。论六大之相元妄，非无彼此。观六大之性本真，莫不圆融周遍，常住不动，皆是藏性，原无生灭动摇之相可得。〇藏性体虽不变，用可随缘，随九界众生之业发现之见，众生无知惑为因缘、自然。此等皆是识心妄心分别计度，但有言说，都无真实之义。

⑦ 识大即藏性

阿难，识性[1]无源，因于六种，根尘妄出，

阿难，识性没有根源，因于六种根尘为缘，虚妄显现，

汝今遍观，此会圣众[2]，用目循历，

你现在遍观这法会的圣众，用你的眼睛依次看过去，

其目周视，但如镜中，无别分析。

当以眼睛四周巡视，根尘相对之时，一念未起，正根中见性取现量性境，但如镜中现像，本来没有美丑善恶差别的分析。

汝识于中，次第标指，

随着你的眼而生起意识之后，就于此圣众之中，次第指出

此是文殊，此富楼那，此目犍连，此须菩提，此舍利弗。

这是文殊，这是富楼那，这是目犍连，这是须菩提，这是舍利弗。

此识了知，为生于见，为生于相，

此分别了知的识，是生于能见的眼根，还是生于尘相，

为生虚空，为无所因，突然而出？

是生于虚空，还是没有原因，突然生出此识呢？

1. 破因根生

阿难，若汝识性，生于见中，如无明暗，及与色空，

阿难，如果你的识生于眼根中，假如没有明暗和色空

四种必无，元无汝见。见性尚无，从何发识？

四种尘相，也就没有你能见的眼根了。见性尚且没有了，又从何处生识呢？

2. 破因尘生

若汝识性，生于相中，不从见生，既不见明，亦不见暗，

如果你的识性生于尘相之中，不是从能见的眼根生，那你既不能见明，也不能见暗，

明暗不瞩，即无色空，彼相尚无，识从何发？

明暗都不能见，就没有色空等相，尘相尚且没有，识又从哪里发生呢？

3. 破因空生

若生于空，非相非见。非见无辨，自不能知，

如果你的识性生于虚空，既非尘相，又非见根。若非见根，则无能辨之性，自然就不能辨知

明暗色空。非相灭缘，见闻觉知，无处安立。

明暗色空。若非尘相，则没有了所缘的对象，而见闻觉知就无从安立。

处此二非，空则同无，有非同物，

处此非见非相，二非之中，能生的空等同没有，就算是有，也不同于物，

纵发汝识，欲何分别？

纵然能生你的识，但已没有所缘的尘境，又用来分别什么呢？

4. 破无因生

若无所因，突然而出，何不日中，别识明月？

如果说无因突然而生出你的识，为什么不在本没有明月的时候，在日

中突然特别生出你的识，以了知明月呢？（4. 破无因生 完）

汝更细详，微细详审，见托汝睛，

你再详细的揣摩，精微的审察，这能见的根寄托在你的眼睛之内，

相推前境。可状成有，

所见之尘相就是现前之境。有形状的成为有相之色，

不相成无，如是识缘，

没有形相的成为无相的空，这根尘色空之中，生识的缘，

因何所出。识动见澄，

到底是依谁所出呢？识有分别属动，见无分别属静，体性各异，

非和非合，闻听觉知，亦复如是。

两者既不能和也不能合。闻听觉知等五根之性也是这样的，皆非因缘和合。

不应识缘，无从自出。若此识心，本无所从，

不应说生识的缘是无因自然而出吧。此识心本来无所依从不是和合而有，

当知了别，见闻觉知，圆满湛然，

当知此了别之识，与前所说的见闻觉知之根，同是圆满湛然，

性非从所，兼彼虚空，地水火风，均名七大，

其性非从缘所生。此外再与虚空及地水火风，合并而名为七大，

性真圆融，皆如来藏，本无生灭。

七大一一皆性皆真，圆融无碍，无一不是如来藏性，本无生灭，常住不动。

阿难，汝心粗浮，不悟见闻，

阿难，你的心粗浮，不能悟明见闻等根即藏性，

发明了知，本如来藏，汝应观此，六处识心，

也不明白能了知之识性本如来藏，你应当起智观察这六处识心，

为同为异，为空为有，为非同异，为非空有。

是同还是异，是空还是有，是非同异，还是非空有。

汝元不知，如来藏中，性识明知，

你从来就不知道如来藏中，性具之识即是妙明真知，

觉明真识，妙觉湛然，

本觉之明即是性真之识，以藏性识性，相融相即，妙明本觉湛然凝然，

遍周法界，含吐十虚，宁有方所，

遍周法界，含吐十方虚空，无所不在，岂拘于一定的方所？

循业发现。世间无知，惑为因缘，及自然性，

都是循业随缘显发而已。世间无知的凡夫，迷惑为因缘及自然性，

皆是识心，分别计度，但有言说，都无实义。

这都是识心分别妄计，只有言说，并没有真实的意义。”

[注释]

[1] 识性：是指前六识。性即了别性，此性无有根源。

[2] 汝今遍观，此会圣众：此单举眼根对色尘，以例余五。

[解说]

此段文讲(5) 七大无非藏性中的⑦ 识大即藏性。文中论述破 1. 破因根生，2. 破因尘生，3. 破因空生，4. 破无因生，可知识大非和合，又非不和合，既不是因缘生，又非自然而有，是如来藏随缘显现而已。如来藏体清净本然，遍周法界，体虽不变，用可随缘，随九界众生之业现染净之识大，凡外无有正知正见之众生，迷惑为因缘、自然。此等皆是识心妄生分别计度，但有言说，都无真实之义。

[总结]

前四科但显法法当体真常，七大极显法法圆融周遍，不生不灭，常住不动。如来藏之性，此性即理即事，全妄全真，不滞一法，不舍一法，非此真而彼不真，此如而彼不如，若如是则有对待，则不圆满。今

乃统万法惟是一心，一真一切真，无有哪一法不真，一如一切如，无一法不如。乃至刹尘念劫，无非一真法界。此七大普融万法，而如来藏当为总相，万法为别相。若约圆实教旨，法法皆可互为总别。如帝网千珠，一珠含多珠，多珠趣一珠，以一珠为总相，多珠为别相。珠珠皆然，即是互为总别。

至此，(5) 七大无非藏性完。

尔时阿难，及诸大众，蒙佛如来，微妙开示，

当时阿难以及与会大众蒙佛如来这样微妙高深的开示，

身心荡然，得无罣碍，是诸大众，各各自知，心遍十方，

感到身心坦荡无所挂碍，这些大众各各悟知真心遍满十方，

见十方空，如观手中，所持叶物，一切世间，诸所有物，

亲见十方虚空，如观手中所持的叶物一样，一切世间所有众相

皆即菩提，妙明元心。心精遍圆，

都是这菩提妙明的本心所现。真心惟精惟一，惟是一真法界，周遍圆满，

含裹十方。反观父母，所生之身，犹彼十方，虚空之中，

含裹十方。由是反观父母所生的身体，犹如那十方虚空之中

吹一微尘，若存若亡，如湛巨海，流一浮沤，

吹起的一粒微尘，若有若无。又如湛然的大海中漂浮着的一个水泡，

起灭无从。了然自知，获本妙心，常住不灭。

起灭不定。因此了然自悟，本有的妙明真心原自常住不灭。

礼佛合掌，得未曾有，于如来前，说偈赞佛：

于是礼佛合掌，心中从来没有这样高兴过，于是在如来前，说偈赞佛：

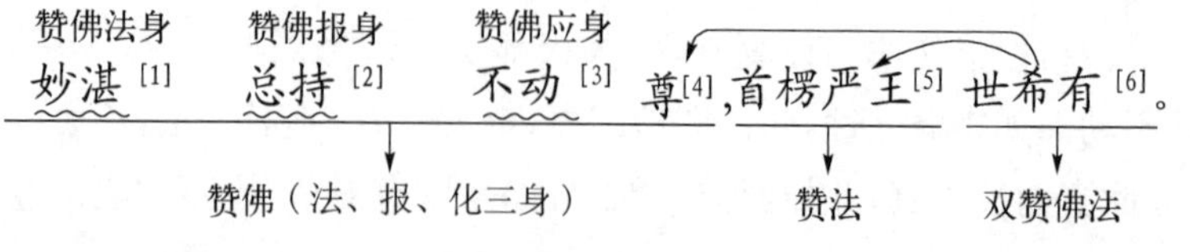

[注释]

[1] 妙湛：赞佛法身。法身是诸法所依之理体，在无情分中为法性，在有情分中为佛性，妙觉湛然，遍周法界。众生迷时，法身埋没。佛在因位悟此妙觉湛然真心，即法身德（一德），并依此清净法身为因地心，果地证得离垢妙极法身，是谓成佛。经云："微妙净法身，湛然映一切"。故赞"妙湛"。

[2] 总持：赞佛报身。报身以智慧为身，此智即般若妙智，是般若德（二德），人人本有，众生迷此，全智成识，佛在因中悟此，依如如智照如如理，照彻心源，惑尽智圆，转识成智，得根本智成自受用报身。此智总持一切智，是为一切智之根本。依根本智复起后得智，成他受用报身，总持无量相好庄严，能为众生作外熏之缘故赞总持。

[3] 不动：赞佛应身，应身乃应众生机所示现之身。随机应现，不动本际（本体），普应十方，自在解脱，任运无碍（观音三十二应），即解脱德（三德），故赞不动（如佛初说《华严》，以不契小机，于是游鹿野苑，现丈六比丘身，为五比丘说法）。佛证三德成三身，故以妙湛、总持、不动赞之。

[4] 尊：佛究竟圆满，九界称尊，为世间六凡、出世三乘之所共尊故。

[5] 首楞严王：赞法，佛证此究竟坚固之定，此定是定中之王，乃成佛之定，能统百千三昧，佛说四科七大，一一会归如来藏性，本不生灭，本不动摇，自性天然妙定即首楞严定。阿难闻此悟此，故用所悟的定名赞之。

[6] 世希有：双赞佛、法。佛、法是难逢难遇，像优昙花一现。

销我亿劫颠倒想，不历僧祇获法身。

断妄之益　　明真之益

[解说]

销我亿劫颠倒想，不历僧祇获法身：如来破妄识非心，指根中佛性，十番正示。二见翻显，又会四科即妄即真，复融七大全相全性，将本有法身和盘托出。阿难悟明真心，所以亿劫的颠倒妄想立即销除，不必经三大阿僧祇劫，很快就可以获得法身。

愿今得果成宝王，　　还度如是恒沙众，

此句运智，上求佛道以自利。　　此句运悲，下度众生以利他。

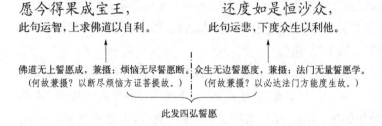

佛道无上誓愿成，兼摄：烦恼无尽誓愿断。　众生无边誓愿度，兼摄：法门无量誓愿学。

（何故兼摄？以断尽烦恼方证菩提故。）　（何故兼摄？以必达法门方能度生故。）

此发四弘誓愿

将此深心[1]奉尘刹[2]，是则名为报佛恩。

［注释］

［1］深心：指上二句智、悲二心，双运此二心名为深心。

［2］尘刹：十方多如微尘的国土上有诸佛，下有众生。

［解说］

“愿今得果……报佛恩”四句发愿报恩：阿难既已悟获法身，发愿从今以后，精进修持，上求佛道以自利，下度众生以利他，将这智悲的大乘菩萨心回奉十方无数国土的佛、众生，于佛则常随受学，以求慧足。于众生则广行济度，以求福足。福慧双足来庄严佛土，这才可报答佛微妙开示的深恩。

伏请世尊为证明，五浊恶世誓先入，

如一众生未成佛，终不于此取泥洹。

［解说］

此四句是誓度众生。上四句“愿今得果……报佛恩”发愿度生是自觉已圆满，然后觉他。而此四句是自己未得度，而先度人，这是愿重力微，所以伏请世尊作证明，也就是求佛力加被，使宏愿早日实现。我佛出现在五浊恶世，阿难也誓愿先入此五浊恶世度生，此广大心如地藏王菩萨“众生度尽方证菩提”。如普贤菩萨：“众生界尽，众生业尽,众生烦恼尽,我愿乃尽。”

大雄[1] 大力[2] 大慈悲[3], 希更审除微细惑[4]。

赞佛德　　求断惑

[注释]

[1] 大雄:佛具智德,能破微细深惑,故称大雄。

[2] 大力:佛能拔无明深根,故称大力。

[3] 大慈悲:即大慈大悲。能给众生究竟之乐,称大慈。能拔众生生死之苦,称大悲。

[4] 微细惑:细惑有二,1. 界内思惑,2. 界外无明。

[解说]

此二句赞佛德,求断惑。佛具万德,此处略举而赞叹。阿难虽悟获法身,而细惑犹在,故希望佛再为开示以除细惑。

令我早登无上觉,于十方界坐道场。

[解说]

此二句佛除我细惑,自可令我早登无上觉道。于十方世界建立道场,应机示现,说法利生。

舜若多[1]性可销亡,烁迦罗[2]心无动转。

[注释]

[1] 舜若多:此云空。

[2] 烁迦罗:此云金刚。

[解说]

此二句申述不退,阿难已发四弘誓愿上求下化之深心:纵使虚空可销亡,而我坚固的心决无动转(所谓“虚空有尽,我愿无穷”)。

[总结]

通过上文开示,此段“尔时阿难……烁迦罗心无动转”之文陈述阿难悟知真心获益匪浅,于是赞叹佛陀,并发了广大之心。

至此,1. 空如来藏完。

2. 二如来藏

尔时富楼那，弥多罗尼子[1]，在大众中，即从座起，
这时富楼那弥多罗尼子，在大众中，从座位上起身，

偏袒右肩，右膝着地，合掌恭敬，而白佛言，大威德世尊，
偏袒右肩，右膝着地，合掌恭敬，而白佛言："大威德世尊

善为众生，敷演如来，第一义谛。世尊常推，说法人中，
善为众生演说如来高深的第一义谛。世尊常说，在说法人中

我为第一。今闻如来，微妙法音，犹如聋人，逾百步外，
我为第一。今闻如来微妙法音，犹如聋人在百步以外

聆于蚊蚋，本所不见，何况得闻。佛虽宣明，
听蚊虫的声音，根本看都看不见，不要说听到声音了。佛虽然宣讲得很明白，

令我除惑，今犹未详，斯义究竟，
令我断惑除疑，但我现在仍不明白究竟的道理，

无疑惑地。世尊，如阿难辈，虽则开悟，
仍未达到无疑惑地步。世尊，不要说有学的阿难他们，虽然开悟，

习漏未除，我等会中，登无漏者，虽尽诸漏，
习气烦恼仍然未除，就是我等会中已断烦恼的阿罗汉虽尽除诸漏，

今闻如来，所说法音，尚纡疑悔。
现在听了如来所说的法音，还纡绕在疑悔之中。

1. 疑：万法生续之因

世尊，若复世间，一切根尘，阴处界等，皆如来藏，清净本然，
世尊，若是世间一切根尘阴处界等，都是如来藏妙真如性本然清净，

云何忽生,山河大地,诸有为相,次第迁流,终而复始?

为什么会忽然产生山河大地以及有情众生?且又次第迁流,终而复始,循环不息?

2. 疑:五大圆融之故

又如来说,地水火风,本性圆融,周遍法界,湛然常住。

如来又说,地水火风本性圆融,充满法界,湛然常住。

世尊,若地性遍,云何容水[2]?

世尊,假如地性遍满法界,何处可以容水呢?

水性周遍,火则不生[3]。复云何明,

假如水性遍满法界,应不能生火。又怎样才能明白,

水火二性,俱遍虚空,不相陵灭?世尊,

水火二性,既都遍满虚空,而又不互相陵灭?世尊,

地性障碍,空性虚通[4]。云何二俱,周遍法界,

地性障碍属有形,空性虚通属无形,为什么两者都能周遍法界,

而我不知,是义攸往。惟愿如来,宣流大慈,

我实在不知这义理何在。惟愿如来,宣流大慈,

开我迷云,及诸大众。作是语已,五体投地,钦渴如来,

开我和大众心中的迷云。"说完这些话,就五体投地,渴望如来

无上慈诲。

无上慈悲的教训。

[注释]

[1] 富楼那,弥多罗尼子:富楼那译为满,是父名。弥多罗尼译为慈母,以父母立名,即满慈子。

[2] 若地性遍,云何容水:地水相陵。

[3] 水性周遍,火则不生:水火相克。

［4］地性障碍，空性虚通：地空相碍。

［解说］

此段文起开讲(一) 圆悟中的 2. 二如来藏。前一大段文佛为阿难分别真妄，令其舍妄从真后会融真妄，令识万法唯心，四科七大一一皆如来藏妙真如性，乃说空如来藏，一真本体。满慈听了这些微妙开示，心中仍未彻底明白，故起二疑：1. 疑万法生续之因(生：忽然生起。续：相续)，满慈听到佛前文开示四科七大万法皆如来藏清净本然，于是疑惑：既然清净本然为什么又忽生万法，且万法又相续不断呢？(不解世界、众生、业果相续生灭之相。)满慈只知空如来藏不变之体，不达不空如来藏随缘之用，故有此疑。2. 疑五大圆融之故。七大：地、水、火、风、空、见、识。见、识二大无形无相没有阻碍，余五大中地水相陵(地是质碍，水是流动)，水火相克，地空相碍(地有形有阻碍，空是无形是虚通的)。故而只对五大圆融周遍产生疑惑。满慈听到五大本性圆融，充满法界，心中疑惑：现实生活中水火相克，地水相陵，地空相碍，为什么佛说五大都圆融周遍法界呢？这究竟是什么原故呢？(此约世谛水火性异而难第一义谛性相俱融，如来藏性全性即相，全相即性之旨。)满慈起此二疑，于是求佛释疑。

尔时世尊，告富楼那，及诸会中，漏尽无学，诸阿罗汉。

此时世尊对富楼那和在会已断除烦恼的无学阿罗汉等众

如来今日，普为此会，宣胜义中，真胜义性[1]。

说："如来现在普为会中大众宣讲胜义中真胜义性。

令汝会中，定性声闻，及诸一切，未得二空，

让你们会中定性声闻，和一切未证得我法二空

回向上乘，阿罗汉等，皆获一乘，寂灭场地[2]，

而回向上乘的阿罗汉等，都能获得一乘寂灭场地，

真阿练若[3]，正修行处。汝今谛听，当为汝说。

真正没有喧杂的正修行处。你现在仔细听，我当为你宣说。”

富楼那等，钦佛法音，默然承听。

富楼那等钦仰佛陀的法音，都肃然恭敬地听着。

［注释］

［1］胜义中真胜义性：胜义谛有四种：1. 世间胜义：佛说五蕴、十二处、十八界等都是因缘生法。2. 道理胜义：佛说四谛括尽世出世间因果。3. 证得胜义：依佛法修行，断二执，证人、法二空真如之理。4. 胜义胜义：即一真法界。本经所说如来藏清净本然即一真法界。显万法唯心，心外无法，极归三藏一心即胜义中真胜义性。

［2］寂灭场地：即不生灭的因地心，也即如来密因。

［3］阿练若：又名“阿兰若”，译为“无喧杂”，即寂静处。

［解说］

佛为令众获益，将要宣说。

（1）不空藏

佛言，富楼那，如汝所言，清净本然，云何忽生，

佛说：“富楼那，像你所问的如来藏性清净本然，为什么忽生

山河大地。汝常不闻，如来宣说，性觉妙明，本觉明妙[1]。

山河大地，你不是常常听到如来宣说，性觉即妙而明，本觉即明而妙吗？”

富楼那言，唯然世尊，我常闻佛，宣说斯义。

富楼那说：“是的世尊，我常听到佛宣说这个道理。”

佛言，汝称觉[2]明[3]，为复性明，称名为觉，

佛说：“你所说的觉明，到底是它的体性本来是明，称它为觉（本觉自具明）呢？

为觉不明，称为明觉[4]？

还是觉本来是不明的，须要加明于觉才称明觉（本觉不明要加明）呢？”

富楼那言，若此不明，名为觉者，则无所明[5]。

富楼那说："如果这个觉体不加明，可称为觉的话，就完全无所明了。"

佛言，若无所明，则无明觉，

佛说："照你的意思是说如果不在觉上加明，就只有觉没有明，而不能双称明觉。

有所非觉，无所非明。

如果起心有所加明时，早就不是本明的真觉，如果无所加明，这觉性又没有明了（此满慈之错），

无明又非，觉湛明性。性觉必明，

而无明又不是真觉湛然妙明的本性。本性真觉本来具足妙明，不必假明来明，如要在觉上加明，

妄为明觉。

这加明的一念就是妄念妄为，遂将妙明转为无明、真觉变成妄觉了。

下文即"一念（无明）不觉生三细" 此四字第一细

觉[6]非所明，因明[7]立所[8]。

真觉不是所明的境，因本具妙明不落能所。现在因为无故加明于真觉上，于是转妙明而成为能明的无明，将真觉而立所明的妄觉了。

此八字第二细

所既妄立，生汝妄能。

所明的无明业相既已妄立，复由无明力转本有智光成为能见的妄见。

此下第三细

无同异中，

于是在原没有同相和异相之中，本无所见，可见分定欲见之，见久了

炽然成异。异[9]彼所异[10]，

就出现了种种差别异相之境界。不同于那炽然所成的异相之境，

因异立同，同异发明，

相对于异相之境界又立了同相的虚空。虚空之同相和世界之异相，一同一异，互相彰显，

因此复立，无同无异。

因此又立形貌各异，知觉本同的众生之境。

下文即“境界为缘长六粗”

如是扰乱，相待生劳，

在这样相对的境界中，昏扰动乱，相待为缘，由妄境引发妄心，妄心又分别妄境，展转劳虑，

劳久发尘，自相浑浊，由是引起，尘劳烦恼。

劳虑既久发生染著尘念，以致心水浑浊不清，由是引起尘劳烦恼。

起为世界，静成虚空。

业力所致，幻起有相之处就成山河大地而为世界，静而无相处则空阔虚通而为虚空。

虚空为同，世界为异。彼无同异，真有为法[11]。

虚空是所现的同相，世界是所现的异相。众生业果是所现的无同无异之相，是真正的有为法。

［注释］

［1］性觉妙明，本觉明妙：性觉、本觉都是众生本具的真心。妙指真心不变之体。明指真心随缘之用。

［2］觉：本觉。

［3］明：妙明。

［4］为觉不明，称为明觉：本觉本自光明不须外加明，像明珠，像摩尼宝珠；不像明灯，要外加明。

［5］富楼那的回答说明他未悟真觉不是所明的境，不落能所，性觉必具真明。他错误地认为本觉没有“灵明”。其实本觉如摩尼宝

珠，本具光明。

[6] 觉：真觉。

[7] 明：属无明。

[8] 所：属业相。

[9] 异：不同。

[10] 异：异相之境。

[11] 此段文讲无明不觉生三细，境界为缘长六粗。三细：1. 无明业相，略称业相。2. 能见相，略称见相又称转相。3. 境界相，略称现相。六粗：1. 智相，2. 相续相，3. 执取相，4. 计名字相，5. 起业相，6. 业系苦相。

[解说]

此段文起开讲 2. 二如来藏中的(1) 不空藏：先说不空藏以示生续之由。也就是佛以不空藏回答满慈第一疑问疑万法生续之因。万法即世界、众生、业果。此段经文可以用《大乘起信论》中"无明不觉生三细，境界为缘长六粗"来解释说明。

无明亲依真心本觉。无明也就是不觉，此不觉分为根本不觉与枝末不觉。根本不觉又作根本无明、无始无明等，即不了达真如平等之理(不通达真理)。根本无明即最细微之动心，本非菩萨所知，惟佛现量亲见。而诸惑、业、苦等，皆以此一念起动之心为根本，故称根本无明，有二功能：① 能隐真觉之体，② 能发万有之相。枝末无明又作枝末不觉，即依根本无明而起的枝末染污心，有三细六粗之惑业。此即"无明不觉生三细，境界为缘长六粗"。

根本无明起动真如，现出生灭流转的妄法(迷的现象)，其相状有三细与六粗(九相)之别(以此枝末无明的三细六粗说明迷界流转的开发)。细者：无心王与心所之分，其相微细难测，非二乘凡夫所能窥知。粗者：心王与心所相应，其作用之相粗显，依根本无明(不觉)而生起的三细六粗，虽可说成次第相生，但究其实，只是说有前后，而实不可以前后相来局限。

三细：① 无明业相，略称业相：指从真起妄的初动之相。即由根本无明起动真如的最初状态,乃枝末无明中的第一相,此相尚未能区别主客的状态。无明业相在唯识学中即摄得种子(动力)为体的赖耶自证分,是能所不分,主客不对立的。用镜子比喻,镜面是业相。② 能见相,又称见相,又称转相:见,不一定是眼见,凡心识的能了知,都名为见。业相既已妄立,复由无明力,转本有之智光,生能见的妄见即为第二细(这是依前述无明业相所起而认识对象的心)。能见相是主观,是赖耶见分。用镜喻,镜面有照物的作用(能见的妄见)是见相。③ 境界相,又称现相,境相由前转相,而妄现境界之相。盖能见相既起,则同时妄现此认识对象,是客观,是赖耶相分。用镜喻,镜子映现的万像是境界相。

无明即业,业即杂染种子,为宇宙一切法的动力。能见为赖耶见分。境界相即依赖耶而现起的根、尘,山河大地等器界,为赖耶相分,但此是微细的心境,是不可思议的。此三都是赖耶识的内容,虽说有次第,而实则同时存在的。三者都是虚妄分别性所摄,三者与根本不觉是浑然为一,相即不相离的(如根发为枝、叶、花果。不像母生子后,子、母离体)。

六粗:前二虽属于粗相,但也还是微细而难知的,不论是易知,难知,六粗都是有心,有境(依心、境相待的关系说,着重于"有境界"为缘,与上依不觉而有不同)。以有境界为缘所生的六粗相是:① 智(智:慧心所,在此不作智慧解)相:依境界相妄起分别染净,于净境则爱,于染境则不爱,称为智相。属俱生法执。此爱与不爱不是严重的烦恼,不过从此发展下去就会引生贪、嗔、痴等烦恼。经中"生劳"即引起第七识,创起慧心所,对境分别染净,执为心外实有,不了自心妄现起智分别,转生劳虑,故曰生劳,即第一粗相。② 相续相:依智相分别,于爱境则生乐,于不爱境则生苦;觉心起念(依于智故,生其苦乐觉心,起念相续不断故。觉作"受"讲,依智缘境而生起苦乐感受时,就生起心所法"念",而与心识相应),相应不断,称为相续相。属分别法执。经中"劳久"即第七识。恒审思量,相续不断,劳虑经久,故曰"劳久",即第二粗相。③ 执取相:依前之相续相,缘念苦乐等境,心起执著,称为执取相。

属俱生我执。经中“发尘”即第六识，周复计度，取著转深，计我我所发生染著尘念，故曰“发尘”。即第三粗相。④ 计名字相：依前之执取相，分别假名言说之相。属分别我执。（前之执取相，愈益加深时，便在其上建立种种名字言句，设置美丑、怨亲等种种名称，在这假设的名称上分别各种相，对美的假名生爱念，对丑就生憎念，叫计名字相。）经中“自相浑浊”即第六识，依前颠倒所执相上，更立假名言相。循名执相，颠倒特甚，以致心水浑浊不清故曰自相浑浊，即第四粗相。这第四粗在有情界中唯人天有，其他动物没有，或者仅有不明显的。⑤ 起业相：依前之计名字相，执取生著，造种种业，称为起业相。上二相，从不了解而执假为实，重在认识的错误；此相，不但不知假名无实，反而去追求，去执著，由于追求不舍，而造种种善恶业。本经中“由是引起，尘劳烦恼”：由此（计名字相，或三细、四粗）引起诸业即第五粗。⑥ 业系苦相：系于善恶诸业，有生死逼迫之苦，不得自在称为业系苦相。本经中“彼无同异，真有为法”，那些形貌不相同，知觉本同的众生相业果正报即第六粗相，被业系缚，不自在，故在无为法中便真的变成有为法了。

前四相是惑（① 至 ④）

六粗中 ① 智相，② 相续相，③ 执取相，④ 计名字相，

⑤ 起业相 → 业，⑥ 业系苦相 → 苦

依本觉才有无明，依无明才有境界，缘境界才有六粗，可谓全真成妄，全妄即真。依此细相进入粗相，迷的世界乃随之展开。此三细六粗的九相（杂染相、无明相）说明迷界的缘起，叩尽真如缘起（藏性随缘）的玄底。真如缘起论是把宇宙的实体定为唯一绝对的真如，由于根本无明起动真如而有① 业相，更在这上起② 转相、③ 现相的主观、客观。此所成的客观本非心外实有，可是妄起分别而产生爱与不爱，于是第一粗① 智相发生。依智相生其苦乐觉心，起念相续不断称为② 相续相，这样便惹③ 执取、④ 计名字等迷惑妄念的产生。紧

接着发身、口二业即⑤ 起业相，惑业妄因已生，依正苦果则现，即⑥ 业系苦相。如此则万法（世界、众生、业果）忽生。

此“无明不觉生三细，境界为缘长六粗”正是回答了满慈第一疑问：疑万法生续之因中万法忽生之因。

下文讲万法相续：万法包括一、世界，二、众生，三、业果。

一、世界相续 1. 风的生成

觉明空昧，相待成摇，

真觉的体已起妄明于是将真空变成顽空晦昧之相，妄觉是明，顽空是昧，明昧相待，互相倾夺而成摇动的风。

故有风轮，执持世界。

风大摇动不停积而成风轮，风力极大有执持的功能，所以世界都依风轮而得安住。

2. 地（金）的生成

因空生摇，坚明立碍，

因空已生摇动之风，又坚执妄明，欲明白晦昧的空体，可是空体不可明，遂结暗成色，而立地大坚碍之相。

彼金宝者，

一切金银宝矿都是地大之精（地性坚碍，莫过于金），

明觉立坚，故有金轮，保持国土。

乃是依无明妄觉所立坚碍之相，坚执不休，就积成金轮，一切国土都依金轮而得安住。

3. 火的生成

坚觉宝成，摇明风出，风金相摩，

坚执妄觉所立的金宝既成，摇动妄明所感的风大又出，风与金互相摩擦

故有火光，为变化性。

而生起火光，火性能变生为熟，化有成无，虽没有轮的执持的功用，却有化成的功能。

4. 水的生成

宝明生润，火光上蒸，

金宝之体明净，明就能生润（如五金遇热出水），火大之光常上升而蒸发金轮，蒸润不息，积久而成轮，

故有水轮，含十方界。

故有水轮含遍十方一切国土。

下文是依四大而成的四居：1. 水陆二居

火腾水降，交发立坚，湿为巨海，

火性上升，水性下降，交互发生，就造成种种坚硬的物体，湿的地方积水成为大海是水居众生所依处。

干为洲潬，

干燥处就成大洲或小岛，是陆地众生所集处，

以是义故，彼大海中，火光常起，彼洲潬中，江河常注。

所以在大海中常有火光发起，洲岛之上常有江河流注。

2. 山居

水势劣火，结为高山，是故山石，击则成焰，融则成水。

水势劣于火势，就结为高山，故山石撞击可以成焰，熔化就可以成水。

3. 林居

土势劣水，抽为草木，是故林薮，遇烧成土，因绞成水。

土势劣于水势，就抽拔而为草木，故草木遇焚成土，因绞就成水（四居 完）。

结成相续

交妄发生，递相为种。以是因缘，

由于妄心妄境交互为用，辗转相生，递相为种。因为这些因缘，世界相续。

所以依报世界才能够相续不绝。

[解说]

此段文讲满慈第一疑问的万法相续中世界相续。世界虽由众生业感，推究根源，也由无明妄心而起。无明依本觉，四大又依无明而有，世界又由四大所成。

风大之种是无明妄心一念的动相，
地大之种是无明妄心一念的坚相，
火大之种是无明妄心一念的热相，
水大之种是无明妄心中金火二妄蒸润所成。

由此妄心妄境，辗转相生，最初由妄明(一念无明妄心)将真空变成顽空晦昧之相，明昧相倾，摇动而生风大(风大摇动不停而有风轮)。次以坚执妄明而生地大(又积成了金轮)。再以风金相摩而生火大(有化成功能)。又以金火相蒸而生水大(有了水轮)。故而有了四大。水火是为洲海之种；水势劣火，结为高山，水火就成山石之种；土势劣水而滋润草木，水土就成草木之种，故而有了四居。如是四大，交妄发生，递相为种，以此因缘，则有依报世界成住坏空，终而复始，相续不断。

按本经：

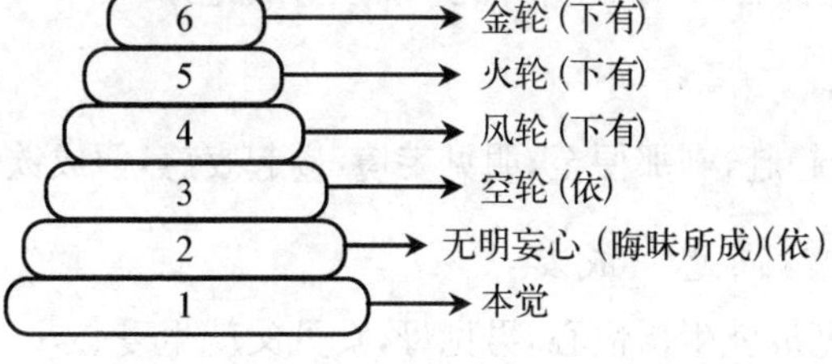

二、众生相续

复次富楼那，明妄非他，觉明为咎。

复次富楼那，众生也是从妄而起，并非他物，全是妄觉妄明的过咎。

所妄既立，明[1]理[2]不逾，以是因缘，

因有无明遂立业相之妄所，转相能见分终不能超越业相的范围，因为这个缘故，

听不出声，见不超色[3]，

听不会超出声尘，见不会超出色尘，

色香味触，六妄成就，

色声香味触法(上文声色是细境，此为粗境)，六种妄尘得以成就，

由是分开，见觉闻知。

遂于一精明之体，分开为见、闻、嗅、尝、觉、知六用。根尘既具，引起四生系缚。

同业[4]相缠，

胎卵类因父、母、自己三者业同，故相缠缚而投胎托生。

合离[5]成化。

湿化类不因父母，只因己业，或合湿成形叫湿生，或离旧赴新即化生。

见明色发，

以胎生的人道来说，中阴身投胎时，其无缘处一片黑暗，惟于同业有缘众生交合时，中阴身即见一点光明之色。

明见想成，

中阴身乘光趋赴，刹那便至，明见妄境，遂起妄惑，便成欲爱之想，

异见[6]成憎，同想[7]成爱，

男见父，女见母就生憎恨心，男见母，女见父就生爱心，

流爱为种，

流注此想爱于父精母血之中，为受生种子。

纳想为胎。交遘发生，

(父母方面)纳受此想爱于赤白二滞之内，得成为胎。父母交合时，

吸引同业，故有因缘，

自然吸引同业感而入胎，以想爱为亲因，父母交合为助缘

生羯罗蓝，遏蒱昙[8]等。胎卵湿化，随其所应，

故生羯罗蓝、遏蒱昙等胎相。胎卵湿化都随自己业因相应而生，

卵唯想生，胎因情有，

卵生是因乱思不定之想而生。胎生必具欲爱迷恋之情。

湿以合感，化以离应。

湿生以闻香贪味，附着不舍所感。化生以厌故喜新，离此托彼而应。

情想合离，更相变易，

情(胎)想(卵)合(湿)离(化)众生皆具，四者互相更换彼此变易，

所有受业，

种种不定，并没有一定的托生趣向，四生所受业报都随业因，

逐其飞沉，以是因缘，

善业则飞升，恶业则沉堕，因为这个因缘，则四生交替，三界升沉

众生相续。

轮转不息，故有众生相续。

［注释］

［1］明：即转相能见分。

［2］理：理体、业相之本体。

［3］听与见括觉、知，即第二细转相。声色括香等属第三细现相。

[4] 同业：胎卵类。

[5] 合离：湿化类。

[6] 异见：男见父，女见母。

[7] 同想：男见母，女见父。

[8] 羯罗蓝，遏蒲昙：胎的长成，初七日名羯罗蓝，译为“凝滑”即由父精母血凝结成柔滑。二七日名遏蒲昙，译为“疱”，就像疮之形，未生肉故。三七日名闭户，译为“软肉”，凝结犹如软肉之形。四七日名羯南，译为“硬肉”，肉渐坚硬。五七日名钵罗奢佉，译为“形位”也译“肢节”，生诸根形、四肢骨节。在胎中七日一变，直至十月满足出胎。文举胎的前二相，等括其他胎位。

[解说]

这段文讲众生相续：众生相续也不离一念无明妄心（与世界相续一样）。众生相续的因缘有远近。远则无明为因，业识为缘。近则情、想、合、离为因，父、母、己业，暖、湿为缘。以此因缘四生转换，三界升沉，生死轮回相续不已。

三、业果相续

富楼那，想爱同结，爱不能离。

富楼那，同想成爱乃为结缚之因，因为想爱既深，不能舍离，则深结生缘。

则诸世间，父母子孙，相生不断，是等则以，欲贪为本。

因此世间的父母子孙生生世世相续不断，这类众生是以欲的贪求为根本。

贪爱同滋，

由于贪爱则有身命，既有身命，就必须要滋养自己的身命，

贪不能止，则诸世间，卵化湿胎，

贪心自然不止，于是世间上卵、化、湿、胎四生，

随力强弱，递相吞食，是等则以，杀贪为本。

随力量的强弱，以强食弱，互相吞吃，这一类众生是以杀贪为根本。

以人食羊，羊死为人，人死为羊，如是乃至，

如人吃羊，羊死后转生为人，人死了又转生为羊，不只人羊如此，

十生之类，死死生生，互来相噉，恶业俱生，

十生之类都是死死生生，互相食噉，由于恶业是与生俱来，

穷未来际，是等则以，盗贪为本[1]。

冤冤相对，穷未来际报复不止，这一类是以盗贪为根本的。

汝负我命，我还汝债，

你欠我的命，当还我命，我欠你的债当还你的债。

以是因缘，经百千劫，常在生死。汝爱我心，我怜汝色，

因此虽经百千劫也常在生死苦海中。你爱我的心，我怜爱你的色，

以是因缘，经百千劫，常在缠缚。

以此因缘，纵经百千劫也常在缠缚中不能超越。

惟杀盗淫，三为根本，

所以众生生死轮回，只是杀、盗、淫三种贪习种子为根本，

以是因缘，业果相续。

以贪习种子为因，现行为缘，因缘相资，故有业果相续。

[注释]

[1] 盗贪为本：被杀者实不甘愿死，因人强夺其命故属于盗。

[解说]

此段文讲业果相续：业果相续同样不离一念无明妄心，众生之所以常在生死缠缚，不能出离，只是因为杀、盗、淫三种贪习种子而为根本。以杀贪、盗贪、淫贪的种子为因，现行为缘，故有众生的业果相续不已。

[问答]

业果相续与众生相续有何区别?

答:业果相续依众生开出,众生不离业果,业果不离众生,众生相续惟约受生一念(想爱、欲爱),业果相续统约历劫积习。受生一念之差而变易无定,历劫积习既深而轮转不停。如果能顿绝一念,渐治积习,则生死轮回可停。

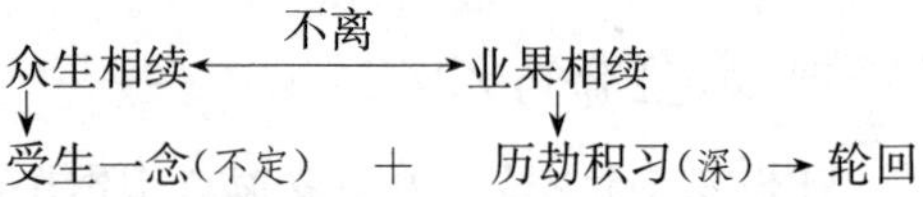

富楼那,如是三种,颠倒相续,

富楼那,前面所说世界、众生、业果三种相续乃是颠倒之相,

皆是觉明,明了知性,因了发相[1],

都是于真觉而起妄明(都是从真起妄而有)。因这妄了之无明发生了业、转、现三相,

从妄见生,山河大地[2]。诸有为相,次第迁流,

又由粗惑生则山河大地诸有为相的粗境则生。于是世界则成住坏空,众生就更相变易,业果则彼此酬偿,

因此虚妄,终而复始。

这都是因为这个虚妄的根本无明,故妄有相续,终而复始,无有止息。”

[注释]

[1] 明了知性,因了发相:即无明不觉生三细。

[2] 从妄见生,山河大地:此以下是粗惑、粗境,即境界为缘长六粗。

[解说]

万法忽生后而相续都是因为一念不觉,于是三细、六粗从细到粗,次第发生,惑、业、苦三,相续不断,故而万法迁流不息。前文“忽生”,则第一生虚空,第二生世界,第三生众生(合业果于众生中);后文

“相续”,亦有三种:世界(合虚空于世界)、众生、业果。所以忽生、相续不出世界、众生、业果三法。至此,满慈第一问万法生续之因,佛以不空藏正面答示竟(无明为生续之本)。下文以不空藏兼释转难。

不空藏兼释转难

富楼那言,若此妙觉,本妙觉明,

富楼那又问:“如果众生所具的妙明觉体,原本是妙而觉明的,

与如来心,不增不减,无状忽生,

与如来的清净妙心一样,在圣不增,在凡不减,却无缘无故忽然生出

山河大地,诸有为相,如来今得,妙空明觉,

山河大地一切有为法的话,那么如来现在已证得妙性的真空、妙明的本觉,

山河大地,有为习漏,何当复生?

但不知山河大地、有为相的众生和习漏的业果,会不会重新生出来呢?”

[解说]

此文富楼那提出问难:众生与佛同样具有如来藏性,众生既然能从真起妄,由无明而生山河大地等,那么成佛后会不会再从真起妄,再由无明而生山河大地等呢?

a. 喻妄不复生

佛告富楼那,[a1]譬如迷人,于一聚落,惑南为北,

佛告富楼那:“譬如有一迷人,在某一村落迷失了方向误以为南是北,

此迷为复,因迷而有,因悟而出。富楼那言,

这个迷是因迷而有,还是因悟而出呢?”富楼那回答说:

如是迷人,亦不因迷,又不因悟,

“这等迷人的迷既不是因迷而有,也不是因悟而出,

何以故？迷本无根，云何因迷，

为什么呢？迷本身就没有根源，也无自体，怎么能说因迷而有呢？

悟非生迷，云何因悟。

悟和迷是相背的，悟自然不能生迷，怎么可说因悟而出呢？”

佛言，彼之迷人，正在迷时，倏有悟人，

佛说：“那个迷人，正在迷的时候，忽然有一个悟人，

指示令悟，富楼那，于意云何，

指示正确的方向使他悟知，富楼那，你的意见如何？

此人纵迷，于此聚落，

此人虽曾在这聚落中迷失过方向，经人提示悟知后

更生迷否？不也世尊，富楼那，

还会再迷吗？”富楼那回答：“不会的，世尊”。佛说：“富楼那，

十方如来，亦复如是，此迷无本，

十方如来也是这样，这个迷妄的无明根本就无自体，

性毕竟空，昔本无迷，

其性毕竟空。从前在众生位时也本来没有无明（如迷方的迷，也没有根源），

似有迷觉，觉迷迷灭，

不过在迷时，有种相似的妄觉而已。若起智观察，觉知无明是妄，当体即空，则心中无明（迷）即灭，

觉不生迷。

既然觉了就不再生无明（迷）了（成佛就不会再起无明）。

a2 亦如翳人，见空中华。翳病若除，华于空灭。

又如患翳病的人看见空中有花，眼中翳障消除了，空花自然消灭了。

忽有愚人，于彼空华，所灭空地，待华更生。

忽然有一个愚昧人，在空花消灭的空地上，等待空花重生。

汝观是人，为愚为慧？富楼那言，空元无华，

你看这个人是愚昧的还是有智慧的？”富楼那说：“虚空原本没有花，

妄见生灭。见华灭空，已是颠倒，

只是妄见空中有花生灭。看见花消灭在空中，已经是颠倒了，

敕令更出，斯实狂痴。云何更名，如是狂人，

还要让花再出现，这实在是痴狂。为什么还要说这样的狂人

为愚为慧。佛言，如汝所解，

是愚昧是智慧呢？”佛说：“就像你理解的一样，

云何问言，诸佛如来，妙觉明空，何当更出，山河大地[1]？

为什么还要问诸佛如来的妙觉明空何时再出生山河大地？

b. 喻真不复变

又如金矿，杂于精金，其金一纯，

又如金矿里面混杂着精金一样，只要纯金一炼成后，

更不成杂。如木成灰，不重为木，

就不会再杂他物而成金矿。又如木烧成了灰，不会再成木，

诸佛如来，菩提涅槃，亦复如是[2]。

诸佛如来的菩提涅槃也就是这样。

［注释］

［1］佛告富楼那……山河大地：

a. 喻妄不复生
- a1. 迷方喻无明：用喻说明无明本空，非成佛始空。
- a2. 空华喻万法：用喻说明万法本空，不是先无后有，也不是今有后无。

［2］又如金矿……亦复如是：b. 喻真不复变：用喻说明如来已证涅槃就不会更有烦恼，不再受生死，就像精金、木灰永不会再变成金矿和木一样。

［解说］

上文富楼那提出问难，此段文佛用比喻为他解释说明。此段文：用迷方喻无明，空华喻万法，纯金、木灰喻菩提涅槃。众生的无明如同迷方之人的迷是本来常空，无有实体的，当体即空的，非成佛始空。究竟觉之后就永不会再起无明了，如同迷方之人已悟知北方就不会再惑南为北了，那心中的迷就永远消失了。〇万法（众生、世界、业果）如同空华，当体即空，本自不生，非成佛始灭，不是先无后有，也不是今有后无。既已成佛就不会再生虚妄的万法。〇文中又用喻说明诸佛如来已证菩提涅槃就不会更有烦恼，不再受生死，就像精金、木灰永不会再变成金矿和木一样。

至此，(1) 不空藏完。

(2) 空不空藏

富楼那，又汝问言，地水火风，本性圆融，周遍法界，

富楼那，你又问我，地水火风四大本性都圆融无碍，皆充满法界，

疑水火性，不相陵灭。

怀疑水火二性原本相克，为什么不会相互陵灭呢？

又征虚空，及诸大地，俱遍法界，不合相容[1]。

又征问虚空和大地一通一碍，为何皆遍满法界而能相容并存呢？

富楼那，譬如虚空，体非群相，而不拒彼，诸相发挥。

富楼那，譬如虚空原没有任何相状，而不拒绝其他众相的发挥。

所以者何。富楼那，彼太虚空，日照则明，云屯则暗。

为什么呢？富楼那，这个太虚空日照时就光明，云屯积就黑暗。

风摇则动，霁澄则清，气凝则浊，

风摇时就有动相，雨过天晴就很清朗，地气凝聚就浑浊，

土积成霾，水澄成映[2]。于意云何，

尘土积聚就成阴霾，水澄清就映现一切相。你的意见如何？

如是殊方，诸有为相，为因彼生，为复空有？

这明等不同的七种有为相，是从日等七缘所生呢，还是虚空自有？

1. 明不从日生

若彼所生，富楼那，且日照时，既是日明[3]，

如果是七缘所生，富楼那，就以日照时为例，既然是日的光明，

十方世界，同为日色，云何空中，更见圆日[4]？

那么十方世界就应该同属日的颜色，为什么在虚空中又看见一个圆日呢？（应不见日。）

2. 明不是空有

若是空明，空应自照，

如果明是虚空自有，虚空是恒常的，明应常照，

云何中宵，云雾之时，不生光耀？

为什么半夜云雾时，就只见昏暗，不见光明？（2. 明不是空有 完）

当知是明，非日非空，不异空日[5]。

所以应该知道，明相不是定属于日，也不是定属于虚空，但也不离日和虚空。

七大之相元妄

观相元妄，无可指陈。

由此来观七大的相状本来就是虚妄不实，原没有什么可指陈的。

犹邀空华，结为空果。

若再追问它们（五大）的陵灭，就如同求空花结空果，真是迷上加迷，

云何诘其，相陵灭义[6]。

怎么还质问诸大为何不互相陵灭的道理呢？

七大之性元真

观性元真，惟妙觉明，妙觉明心，先非水火，

观七大之性元是一真，惟一妙觉圆明真心，此妙觉明心，即藏性，本非地水火风空诸大，但有随缘之用，循业而现诸大之相。

云何复问，不相容者[7]？

还说什么互相陵灭，不兼容呢？

真妙觉明，亦复如是。

真觉妙明之心和太虚空一样，也是不变随缘，圆融无碍（虚空体非群相，而不拒彼诸相发挥）。

汝[8]以空明[9]，则有空现，地水火风，

你循着感空的业，就有空的相出现，其他地水火风，

各各发明，则各各现[10]。若俱发明，

各循不同的业，就各以不同的相显现。如果都各循其业，

则有俱现[11]。云何俱现？富楼那，

在同一时处而同现诸大之相。怎样叫做俱现呢？富楼那，

如一水中，现于日影，两人同观，水中之日，

如一处水中，映现于日影，两人同看这水中日影。

东西各行，则各有日，随二人去，

然后二人各向东西而行，就各有日影分别随二人走。

一东一西，先无准的[12]。不应难言，

一东行一西行，原本就不能说，一定谁是实有。不应当问难，

此日是一，云何各行，

这日影既然是一，为什么各有一日影分别随二人行，

各日既双，云何现一。

各随行的日影既然是两个，为什么水中只现一个日影。

宛转虚妄，无可凭据。

这样反复辗转说一个，说两个，无非都是虚妄，实在没有一定的依据。

富楼那，汝以色空，相倾相夺，于如来藏。

富楼那，你们因为一念无明妄动而成的色空互相倾夺于如来藏性中。

而如来藏，随为色空，周遍法界，是故于中，

而如来藏随缘与妄心相应则起色空等境，周遍法界，所以在如来藏本无诸相一真法界之中，

风动空澄，日明云暗。

妄见风的摇动、虚空的澄静、日的光明、云的掩暗等相状。

众生迷闷，背觉合尘，

众生迷昧不知万象皆是虚妄，以致背弃了妙明的真觉而与虚妄的尘相相合，造作诸业，

故发尘劳，有世间相。我以妙明，不灭不生，

所以发现尘劳染法有为世间诸相。我以本觉妙明，不生不灭的真性，

合如来藏，而如来藏，惟妙觉明，圆照法界，

契合如来藏性，而如来藏惟是妙净本觉湛明的真心，圆照一真法界，

是故于中，一为无量，无量为一[13]，

所以在一真法界中，一心能生万法，万法惟是一心，

小中现大，大中现小[14]。

小中能现大相，大中能现小相，彼此不相妨碍。

不动道场[15]，遍十方界[16]，身[17]含十方，无尽虚空[18]，

不动道场即可遍满十方，法身含藏十方虚空，

于一毛端，现宝王刹，坐微尘里，转大法轮。

可以在一毛端上现出宝王刹，坐在微尘里转大法轮。

灭尘合觉，故发真如，妙觉明性。

我所以能一切无碍，只是我能灭尘合觉，显发了真如妙净本觉的湛然本性。

A 而如来藏，本妙圆心。

而如来藏依然是本来明妙圆满清净之心。不立一法，

Ⅰa. 非七大

非心[19]非空，非地非水，非风非火。

不是心也不是空，不是地也不是水，不是风也不是火。

Ⅰb. 非十八界

非眼非耳，鼻舌身意，非色非声，香味触法，

也不是眼、耳、鼻、舌、身、意，不是色、声、香、味、触、法，

非眼识界，如是乃至，非意识界[20]。

也不是眼识界，如是乃至也不是意识界。

Ⅱa. 非缘觉法

非明无明，明无明尽，如是乃至，非老非死，非老死尽。

不是明不是无明，也不是明与无明灭尽，如是乃至不是老不是死，也不是老死灭尽。

Ⅱb. 非声闻法

非苦非集，非灭非道，非智非得。

又不是苦、集、灭、道的声闻乘法，非有我空之智，亦非得我空之理。

Ⅱc. 非菩萨法

非檀那，非尸罗，非毗梨耶，非羼提，非禅那，

不是布施、持戒、精进、忍辱、禅定、

非般剌若，非波罗密多。
般若，不是波罗密多等菩萨法。

Ⅱd. 非如来法

如是乃至，非怛闼阿竭，非阿罗诃，非三耶三菩，非大涅槃，
这样以至不是如来，不是应供，不是正遍知，不是大涅槃，

非常、非乐、非我、非净[21]。
不是常、乐、我、净等佛乘法。

B以是俱非，世出世故，即如来藏，元明心妙。
正因为一切皆非，超世间六凡和出世间四圣，一法不立，清净本然，这如来藏的本明才能发挥遍照的功能，彰显真心的妙用。

Ⅰa. 即七大 Ⅰb. 即十八界

即心即空，即地即水，即风即火。即眼即耳鼻舌身意，
即心即空，即地即水，即风即火。即眼、耳、鼻、舌、身、意，

即色即声，香味触法，即眼识界，如是乃至，即意识界。
即色、声、香、味、触、法，即眼识界，如是乃至即意识界。

Ⅱa. 即缘觉法

即明无明，明无明尽，如是乃至，即老即死，即老死尽。
即明与无明，也是明与无明灭，如是乃至即老即死即老死尽。

Ⅱb. 即声闻法 Ⅱc. 即菩萨法

即苦即集，即灭即道，即智即得。即檀那，即尸罗，即毗黎耶，
即苦即集，即灭即道，即智即得。即布施，即持戒，即精进，

即羼提，即禅那，即般剌若，即波罗密多。
即忍辱，即禅定，即般若，即波罗密多。

Ⅱd. 即如来法

如是乃至，即怛闼阿竭，即阿罗诃，三耶三菩，

如是乃至即如来，即应供，即正遍知，

即大涅槃，即常即乐，即我即净[22]。C以是俱即，世出世故，

即大涅槃，即常、乐、我、净等佛乘法。因为一切皆是，概尽世间和出世间一切法的缘故，

即如来藏，妙明心元，离即离非，是即非即[23]。

即是如来藏体本来清净，而有随缘普现之用，本妙本明的真心离有离空，即空即有，空有双照，二边不著。（三藏 完）

如何世间，三有众生，及出世间，声闻缘觉，以所知心，

为什么世间三界众生和出世间声闻、缘觉，用分别妄想心

测度如来，无上菩提；用世语言，入佛知见。

妄自测度如来所证的无上菩提；用世间语言想悟入佛的知见呢？

譬如琴瑟，箜篌琵琶，虽有妙音，若无妙指，

譬如琴、瑟、箜篌、琵琶虽然有美妙的声音，如果没有巧妙的手指，

终不能发。汝与众生，亦复如是。

就始终不能发出美妙的声音。你和众生，也是如此。

宝觉真心，各各圆满，

宝觉妙明的真心，本来各各圆满具足，惟佛有妙智，故而才发妙用。

如我按指，海印发光。汝暂举心，尘劳先起，

如我按指时海印三昧便立即发光，可是你随举一念，早已落入意识分别，宇宙万象，皆成实有，不能自在。

由不勤求，无上觉道，爱念小乘，得少为足。

这是因为你们不勤求无上觉道，贪爱小乘的道果，得少为足的缘故。”

[注释]

[1] 满慈以世谛水火性异难第一义谛性相俱融，如来藏性全性即相，全相即性之旨。

［2］譬如虚空……水澄成映：七相：明、暗、动、清、浊、霾、映；七缘：日照、云屯、风摇、霁澄、气凝、土积、水澄。1. 七相喻七大。2. 虚空空阔，无有诸相喻藏性之体。3. 虚空不拒诸相喻如来藏随缘之用，循业发现，即不空藏。2与3合即空不空藏。

［3］既是日明：举七相七缘中：日——明。

［4］若彼所生……更见圆曰：如果说日普照时是日的明，则十方世界虚空应当同是一日之色，才可以叫做是日的明。可现实中我们见到天上的圆日，那么在圆日外围是空体的明，所以明不独属于日。

明{日的明
空体的明}⇒所以 1. 明不是日生（不是单从日生，不从他生）。

［5］通过论述“日”和“明”一对有为相，说明：1. 明不从日生，说明不是缘生则不堕因缘。2. 明不是虚空自有，说明不堕自然。故而“相”是虚妄的，其他六对也是如此。

［6］观相元妄……相陵灭义：1. 七大之相元妄：七大之相本来虚妄，如日影如空华。

［7］观性元真……不相容者：2. 七大之性元真：七大之性即藏性，有随缘之用。如虚空体非群相，而不拒诸相发挥。又如镜体非群相，而能现众相，所以五大不存在陵灭、不相容。

［8］汝：指九界众生。

［9］明：循业之意。

［10］汝以空明……则各各现：即各明各现，谓五大各循九界众生染净之业，各于不同时、不同处现五大之相。举例说明：1. 空：菩萨循净空之业即现虚空身，凡夫循染空之业即现无边太虚空。2. 地（粗的色法）：菩萨循净色之业即现实报庄严土，凡夫循染色之业即现有漏秽土。3. 以水、火、风为例：菩萨循亦有漏亦无漏之业而现慈悲风、智慧水、三昧火，凡夫循有漏之业则现水、火、风三灾。

［11］若俱发明，则有俱现：即俱明俱现，各循其业，在同时、同处而俱现诸大之相。举例：天人见水如瑠璃宝地，可在其上行走；人见水是水，可喝；饿鬼见水是火，虽渴不能饮。〇可见循业发现之诸大是虚妄的，非因缘生，非藏性有，也不离因缘藏性。

［12］用水中日影比喻俱发俱现，俱发俱现的诸大无非循业发现，似有非真，如日影随人，本来虚妄。

［13］一为无量，无量为一：一：一心即一真法界之理。无量：万法。此八字即理事无碍法界。

［14］小中现大，大中现小：小：小相。大：大相。此八字即事事无碍法界。

［15］不动道场：真如不动之理。

［16］遍十方界：十方世界，事相也。

［17］身：理也。

［18］十方，无尽虚空：事也。

［19］心：见大和识大属心法。

［20］非眼非耳……非意识界：Ⅰb. 非十八界：《心经》中“是故空中无色，无受想行识……无眼界乃至无意识界”，名相全同，而此处是“非”，《心经》中是“无”字。《心经》中以观照般若之功，照见真空实相之中无世间诸法。此处以本来心，不假功用，空如来藏中本非世间诸法。

［21］而如来藏……非我非净：

A. 圆彰空如来藏一切皆非
- Ⅰ空藏非世间法：即非六凡染法。
  - Ⅰa. 非七大，
  - Ⅰb. 非十八界。
- Ⅱ空藏非出世间法：即非四圣净法。
  - Ⅱa. 非缘觉法，
  - Ⅱb. 非声闻法，
  - Ⅱc. 非菩萨法，
  - Ⅱd. 非如来法。

［22］以是俱非……即我即净：

B. 圆彰不空藏一切皆即：
- Ⅰ不空藏即世间法：即六凡染法。
  - Ⅰa. 即七大，
  - Ⅰb. 即十八界。
- Ⅱ不空藏即出世间法：即四圣净法。
  - Ⅱa. 即缘觉法，
  - Ⅱb. 即声闻法，
  - Ⅱc. 即菩萨法，
  - Ⅱd. 即如来法。

——十界诸法都依藏心之体为体，离此心实无一法可得。

［23］以是俱即……是即非即：C. 圆彰空不空藏非即圆融。前A. 显体本清净，一切俱非。B. 显用，一切俱即。今体用双彰，寂照不二，正显圆融中道空不空如来藏之理。

［解说］

此段文起开讲2. 二如来藏中的(2)空不空藏。这段文是佛回答满慈第二疑问：疑五大圆融之故。满慈听到佛说五大皆圆融，周遍法界，心中疑惑：水火本来相克，地水又相陵，地空也相碍，为什么皆遍满法界而不互相陵灭却能兼容并存呢？此段文佛以空不空藏详细为他解答。

文中以虚空体非群相，但不拒诸相发挥喻空不空藏。明等七相喻七大。文中论述了明不是从日生，不是虚空自有，但也不离日、空，以此比喻七大非因缘生，非藏性有，亦不离因缘藏性。由此可知1. 诸大之相或各明各现，或俱明俱现，无非循业发现，一一似有非实，本来虚妄，如病眼见空华，日影随人。所以还谈什么五大互相陵灭，互相不容呢？2. 诸大之性即如来藏性，亦即妙觉圆明真心（如来藏心），如来藏心本非诸大，但有随缘之用，故循业而现诸大之相，如虚空体非群相，但不拒诸相发挥，又如明镜本非众像，而能现众相。诸大之性元是一真，本无诸大，诸大尚无还说谁陵灭不相容呢？

诸大圆融无碍为什么众生现见有碍，如来独得无碍呢？因为众生不明达藏性真空之理，本无诸相，却执著藏性随染缘而妄现的七大等诸相是实有。众生迷闷，全真性成妄相，所以本来不碍而现见有碍。而佛灭尘合觉，回光返照，照见万相皆空，藏性不为妄相所隐，故能融彼妄相，全相皆性，全妄即真，故得事事无碍等四无碍境界。对于佛不存在诸大陵灭不相容这些问题。

依迷悟心，圣凡立判；依本来心，生佛一如，惟一真法界，具足十界即非十界，离即离非，是即非即，一心圆彰三藏，三藏不出一心，圆融极妙，此即中道第一义谛，此一心三藏即首楞严定，人人本具，迷不自觉。此心本无迷悟而为迷悟所依，约本无迷悟，安有圣凡，故十界俱非，而为空藏。约迷悟所依，攸分差别，故十界俱即，而为不空藏(应用无限)。约双遮双照，圆融极妙而为空不空如来藏(真空不碍妙有，妙有不碍真空)。

至此，满慈第二问疑五大圆融之故，佛以空不空藏正面答示竟。下文以空不空藏兼释转难。

空不空藏兼释转难

富楼那言，我与如来，宝觉圆明，真妙净心，无二圆满。

富楼那说："我和如来，宝觉圆明，真妙净心同样地圆满。

而我昔遭，无始妄想，久在轮回。今得圣乘，

而我过去遭受无始无明所误，故久在轮回。现在虽证得四果圣位，

犹未究竟。世尊诸妄，一切圆灭，

犹未得究竟果位。世尊妄惑、妄业、妄报三障，圆灭无余，

独妙真常。敢问如来，一切众生，何因有妄，

独得妙觉真心。请问如来，一切众生为什么会有这无始妄想，

自蔽妙明，受此沦溺？

自蔽妙净圆明的真心，以致枉受轮回，沉沦于生死苦海中？"

[解说]

无明是诸妄的根本，无明无自体，性毕竟空，不可推究其因，佛在

前文用迷方之喻已开示过满慈，可他仍未明白。故而此处又向佛询问：无明生起的原因是什么？他想找到无明的根源以便进修。

佛告富楼那，汝虽除疑，余惑未尽，

佛对富楼那说："你大疑虽除，但对无明妄想的起因尚有疑惑，

吾以世间，现前诸事，今复问汝，汝岂不闻，

我用世间现前的事，再来问你，你难道没有听说过

室罗城中，演若达多，忽于晨朝，以镜照面，爱镜中头，

室罗筏城中有一个人叫演若达多，忽然在早晨用镜子照脸，喜爱镜中的头

眉目可见，嗔责己头，不见面目，以为魑魅，

眉目清晰可见，因此怒责自己的头为何不见面目，于是自认为是鬼怪，

无状狂走。于意云何，此人何因，无故狂走？

吓得无故狂走。你想想看，这人为什么无故狂走？"

富楼那言，是人心狂，更无他故[1]。

富楼那说："这人是自心发狂，不会另有其他的缘故。"

佛言，妙觉明圆，本圆明妙，既称为妄，

佛说："妙觉圆明的真心本自圆融而妙明，既称它为妄，自然没有实在的体性，

云何有因？若有所因，云何名妄？

又怎么会有生起的原因？如果有生起的原因，就一定有实在的体性，又怎么称它为妄呢？

自诸妄想，展转相因，从迷积迷，

自从妄想初动，于是妄上加妄，展转相依，迷上加迷，重重相续，

以历尘劫，虽佛发明，犹不能返。

由此生死不休，经历微尘劫数，虽经佛种种启发说明，仍不能舍妄归真。

如是迷因，因迷自有，

这个妄因，正因为迷惑不知道妄根本无因的缘故，便常常错认为是实有，其实只是似有而已（本来无迷可得，不过好像有一种迷情妄觉）。

识迷无因，妄无所依，尚无有生，

若能识破这迷也是无因而生，妄也就无所依凭。尚且没有生妄之因，妄本空，

欲何为灭[2]？得菩提者，如寤时人，说梦中事，

欲灭个什么呢？证得菩提圣果的人如睡觉醒来的人说梦中事，

心纵精明，欲何因缘，取梦中物[3]？

心中虽然清明能说出梦中境象，但是用什么方法能取梦中物示人呢？

况复无因，本无所有。

梦中所见之物，尚不能取以示人，何况妄想本来无因，妄体本无所有（欲索其因，岂可得乎？）

如彼城中，演若达多，岂有因缘，自怖头走，

就像那城中的演若达多，哪里有什么因缘自己恐怖自己的头而狂走？

忽然狂歇，头非外得，纵未歇狂，亦何遗失。

忽然狂心停止，知头仍在，并非外来。纵然狂性没有停歇，头也从来没有遗失过。

富楼那，妄性如是，因何为在[4]？汝但不随分别，

富楼那，无明妄想的体性也是这样，妄尚不可得，哪有什么生起的原因呢？你只要不随妄境而起分别妄心，

世间业果众生，三种相续，三缘断故，三因不生，

三种能缘的心既断，则能生世间、业果、众生三种相续的因也就不生，

则汝心中,演若达多,狂性自歇,歇即菩提。

那么你心中的演若达多,狂性自然休歇,歇即菩提。

胜净明心,本周法界,不从人得,

这菩提心本自殊胜无比,清净本然,圆明普照,周遍法界,是自己本有家珍,不从外得,

何藉劬劳,肯綮修证[5]。

何须探求妄因,再借辛劳勤苦的修持,去刻意断除呢?

譬如有人,于自衣中,系如意珠[6],

譬如有人,在自己的衣里本来系有一颗如意宝珠,

不自觉知。穷露他方,乞食驰走,

自己却不知道。贫穷流落在他方,到处奔走乞食

虽实贫穷,珠不曾失,忽有智者,

虽然实在是贫穷,可那珠宝却不曾失掉,忽然有一个智慧的人,

指示其珠,所愿从心,

指示那颗宝珠的妙处可以随心所欲,要什么有什么,

致大饶富,方悟神珠,非从外得[7]。

致使他成了大富,才知道宝珠本有不是从外面得到。"

[注释]

[1] 用演若达多狂走无状无故比喻无明生起也同样是无缘无故。

[2] 众生在迷,迷本不生。佛已觉,迷也无灭,妄本来空故。

[3] 无明妄想本空如梦境本空。佛不能取无明示人如醒人不能取梦中物示人一样。

[4] 头喻真心,狂喻无明妄想。头真有得失,不名为狂。比喻真心真有得失不名为妄。妄本空。

［5］何藉劬(qú)劳，肯綮(qǐng)修证：肯綮：骨间肉曰肯，筋肉结处曰綮。真心本具，无明本空，不用劳筋苦骨，勤奋修行。此八字乃顿教法门，须善体会。

［6］如意珠：喻佛性。

［7］总显佛性迷之非失，悟时非得。

［解说］

满慈求索妄因，想努力修行以断除。此段文佛举演若达多狂走是无状无故的来比喻无明的生起也是无缘无故的。真心本来无妄，依真心而起的无明，根本就是无自体的，不真实的。无明当体即空如梦境本空，众生迷时无明本不生，佛觉时无明也无灭。无明妄想本来无因，妄体本无所有，所以佛也不能返推无明之因何在。佛也不能取无明妄想示人，如醒人不能取梦中物示人一样。(无明——妄)

佛性迷之非失，悟之非得。如人衣系之宝珠，或做乞丐或富饶，珠不曾失也不曾得。(真——本具)

所以真本有，妄本空，但要歇狂，歇即菩提。又何必像满慈求索妄因去努力修断呢？(圆顿法门)

至此，(2) 空不空藏完。

兼示阿难

即时阿难，在大众中，顶礼佛足，起立白佛，

当时阿难在大众中顶礼佛足起立对佛说：

世尊现说，杀盗淫业，三缘断故，三因不生，

“世尊您现在说杀盗淫业，三种能缘的心既断，能生三种相续的因也绝，

心中达多，狂性自歇，歇即菩提，不从人得。

心中的演若达多狂性自歇，歇即菩提，不从人得。

斯则因缘，皎然明白，

今说三缘既断，三因不生，这就是非常明白地在讲因缘

云何如来，顿弃因缘？我从因缘，心得开悟。

为什么如来又忽然舍弃因缘呢？我是因为因缘的道理而得开悟。

世尊，此义何独，我等年少，有学声闻，

世尊，这因缘的义理不仅我们年少的有学声闻得到受益，

今此会中，大目犍连，及舍利弗，须菩提等，

现在这个大会中如大目犍连和舍利弗、须菩提等，

从老梵志，闻佛因缘，发心开悟，

也都是先跟老梵志学道，后来得闻佛陀因缘法发明心地而开悟，

得成无漏。今说菩提，不从因缘，

证得无漏圣果。现在说歇即菩提，不由因缘，不劳修证，

则王舍城，拘舍梨等，所说自然[1]，成第一义。

那王舍城的拘舍梨等外道所说的自然，岂不成了第一义谛？

唯垂大悲，开发迷闷。佛告阿难，即如城中，

惟愿世尊，亲垂大悲，开启我心中的迷惑。”佛对阿难说：“就像城中

演若达多，狂性因缘，若得除灭，

演若达多，他的狂性的因缘若能除灭，

则不狂性，自然而出，因缘自然，理穷如是[2]。

则不狂的本性自然显露，你所谓的因缘自然，道理最多不过如此。

a. 约头破自然

阿难，演若达多，头本自然，本自其然，无然非自，

阿难，演若达多的头如果本来是自然，就应该常常自然，无一时而不自然。

何因缘故，怖头狂走[3]？

又是什么原因使他忽然恐怖自己无头而狂奔去觅头呢？

b. 约头破因缘

若自然头，因缘故狂，

如果是自然本有之头，由照镜的因缘狂怖无头，

何不自然，因缘故失？

为什么不以自然本有的头由照镜的因缘就真的失去他的头呢？

本头不失，

本有之头虽因照镜因缘狂走，其头依然不失，

狂怖妄出，曾无变易，何藉因缘[4]。

狂怖无端妄出，狂起狂歇与本有之头无关，头不但没有失去，且没有丝毫改变，何须凭借于因缘。

a′. 约狂破自然

本狂自然，本有狂怖，未狂之际，狂何所潜[5]？

如果说狂本来是自然，就应该本来常有狂怖，那在狂没有发作的时候狂又潜藏在什么地方？

b′. 约狂破因缘

不狂自然，头本无妄，

如果说狂不是出于自然，那么头本来没有狂怖，

何为狂走[6]。若悟本头，

有何因缘而狂走呢？如果悟到头本来就不失，

识知狂走，因缘自然，俱为戏论。

认识狂走是无缘无故的，则因缘自然都是戏论。

是故我言，三缘断故，即菩提心。菩提心生，

所以我说三种分别之缘断了即是菩提心，但不能作菩提心生想，

生灭心灭，此但生灭。

也不可以作生灭心灭想，若说有菩提心生，有生灭心灭，这乃是凡情生灭之见，不是真菩提心。

灭生俱尽，无功用道。

生灭心灭和菩提心生，二者都不著痕迹，才是无功用道，不借修成。

若有自然，如是则明，自然心生，生灭心灭，此亦生灭。

但也不可作自然想，若有自然也成对待，则分明是自然心生对彼生灭心灭，这个自然也是生灭之心，不是真的无功用道。

无生灭者，名为自然，犹如世间，诸相杂和，

如果认为此无生灭心叫作自然，就好像用世间各种事相杂和

成一体者，名和合性，非和合[7]者，称本然性[8]。

而成一体，叫作和合性，相对这和合性而将非和合性叫本然性。

本然非然，和合非合，合然俱离，离合[9]俱非，

本然非本然，和合非和合，和合非和合、本然非本然俱离，离与不离两皆不著，

此句方名，无戏论法。菩提涅槃，尚在遥远，

到此方名无戏论法。(阿难你细惑未除故于)菩提涅槃还很遥远。

非汝历劫，辛勤修证[10]。虽复忆持，十方如来，

不是你历劫辛勤劳苦所能修证。你虽然能忆持十方如来

十二部经，清净妙理，如恒河沙，

十二部经，体解其中清净妙理像恒河沙那么多，

只益戏论，汝虽谈说，因缘自然，决定明了，

只不过增加戏论而已，你虽然能畅谈因缘自然清楚明了，

人间称汝，多闻第一，以此积劫，多闻熏习，不能免离，

人间尊称你多闻第一，然而以这累积多闻的熏习，尚且不能避免

摩登伽难，何须待我，佛顶神咒。摩登伽心，
摩登伽女的魔难，还须等待我的佛顶神咒来解救你。摩登伽女心中

淫火顿歇，得阿那含，于我法中，成精进林，
淫火顿熄，得证阿那含，在我佛法中不经历初果、二果就速证三果，

爱河干枯，令汝解脱。是故阿难，汝虽历劫，
由于她爱河干枯，才使你解脱。因此阿难，你虽然历劫能

忆持如来，秘密妙严，
忆持如来秘而不宣的密法，庄严大乘的清净妙理，

不如一日，修无漏业，远离世间，
还不如一日之中，修习圆顿道业，舍弃戏论，远离世间

憎爱二苦，如摩登伽，宿为淫女，由神咒力，
爱恨二苦，如摩登伽女，从前本是淫女，由于神咒之力

销其爱欲，法中今名，性比丘尼，
消灭她的爱欲心，现已在佛法中叫性比丘尼，入僧宝之列，

与罗睺母，耶输陀罗，同悟宿因，
和罗睺罗的母亲耶输陀罗同悟过去生中的因，

知历世因，贪爱为苦，一念熏修，
知历世以来受女身之报都因为贪爱心深重，自缚自苦，因为一念熏修

无漏善故，或得出缠，或蒙授记，
无漏善的缘故，摩登伽女解脱爱欲缠缚，耶输陀罗蒙佛授记，

如何自欺，尚留观听。
为什么你阿难大丈夫仍然自欺，还留恋见闻分别，自取流转。”

阿难及诸大众，闻佛示诲，疑惑销除，
阿难和会中大众，听了佛的开示、教诲，疑惑消除，

心悟实相，身意轻安，得未曾有，重复悲泪，
心能悟解到实相，身心得到从来没有过的轻安，故阿难再度悲泪，

顶礼佛足，长跪合掌，而白佛言，无上大悲，清净宝王，
顶礼佛足，长跪合掌对佛说："无上大悲的清净宝王，

善开我心。能以如是，种种因缘，方便提奖，
最善于开启我的心智，能以各种因缘方便提携奖诱，

引诸沉冥，出于苦海。
引导沉沦冥暗中的众生，脱离生死苦海。

［注释］

［1］拘舍梨等，所说自然：彼曰八万劫后，不修自然成道。

［2］狂性喻无明，不狂性喻菩提。阿难错认狂性除灭为因缘，不狂性显露为自然。故下文破自然、因缘。自然：不变，不随缘。因缘：随缘随变。

［3］阿难……怖头狂走：a. 约头破自然：头比喻菩提之真，破头非自然喻真性非自然。既然狂怖妄出，头就不能称自然。法合：既有无明妄动，则真性就不能称自然。

［4］若自然头……何藉因缘：b. 约头破因缘：头比喻菩提之真。既然狂起狂歇与头无关，则头非因缘。法合：无明起灭与真性无关，则真性非因缘。

［5］本狂自然……狂何所潜：a′. 约狂破自然：狂喻无明之妄，狂非自然喻无明非自然。

［6］不狂自然，头本无妄，何为狂走：b′. 约狂破因缘：狂喻无明之妄，狂非因缘喻无明非因缘。

［7］和合：即因缘。

［8］本然性：即自然。

［9］合：不离。

［10］阿难只除倒想，细惑犹存，对无戏论法，尚且未明，故成佛

远矣。

[解说]

阿难小乘之人，常听佛说因缘，故而听到上文佛对满慈的开示后他又执著因缘、自然。因此佛用比喻论述了：无明非自然非因缘和真性非自然非因缘。真性不是自然，因有无明妄动故；真性也不是因缘，因无明生灭与真性无关故；无明亦非自然非因缘。菩提真性本来具有，是绝对待，离言语，超思惟，实无所生。无明本空也实无所灭。所以不要认为真有个生灭心灭和菩提心生。因缘、自然，和合、本然等这些凡情执著尽，真才会显。佛斥责阿难耽著戏论不肯真修无漏善(道)业，还不如摩登伽女等女流之辈。听到佛如上的开示，阿难受益、开悟并赞叹佛陀。

至此，(一) 圆悟完。

(二) 圆修

世尊，我今虽承，如是法音。知如来藏，妙觉明心，

世尊，我现在虽然承听这等法音，悟知如来藏妙觉明心

遍十方界，含育如来，十方国土，清净宝严，妙觉王刹，

遍十方界，含育如来十方国土清净宝严妙觉王刹，

如来复责，多闻无功，不逮修习。

可是如来又责我多闻无功，不如一日修习无漏道业，

我今犹如，旅泊之人，忽蒙天王，赐与华屋，

我现在好像旅泊的人，忽然蒙天王赐给华丽高广的房屋，

虽获大宅，要因门入，惟愿如来，不舍大悲，

虽然获得这大宅，但是不得其门而入，惟愿如来不舍弃大悲心，

示我在会，诸蒙暗者，捐舍小乘，毕获如来，无余涅槃，

开示我及在会的迷昧大众，使我们能舍弃小乘，毕竟获得直趋如来无

余涅槃

本发心路。令有学者，

的根本发心之路和下手起修的门径。让有学的大众知道

从何摄伏，畴昔攀缘，得陀罗尼，入佛知见。

用何种方便收摄往日攀缘不休的意识心，令得大总持法门，入佛知见。”

作是语已，五体投地，在会一心，伫佛慈旨。

说完这番话，五体投地顶礼，在会中专心一致等待佛慈悲开示。

尔时世尊，哀愍会中，缘觉声闻，于菩提心，

这时世尊哀愍会中缘觉声闻，对于菩提妙心

未自在者，及为当来，佛灭度后，末法众生，

尚没亲证未得自在者，以及为了未来佛灭度后末法时的众生中

发菩提心，开无上乘，妙修行路。

发菩提心的人，开演最上乘的圆妙修行路径。

[解说]

此段文起开讲（二）说三摩修法，令从耳根一门深入（简称圆修）。听到前文开示，阿难等已圆悟三如来藏之圆理（即大开圆解。文中藏性喻如华屋）。既悟华屋，则求门而入，接着求佛开示下手起修之门路。我佛慈悲，将要开演。

1. 选根直入

（1）二决定义

宣示阿难，及诸大众，汝等决定，发菩提心，

佛向阿难和大众宣示说：“你们既已决定发菩提心，

于佛如来，妙三摩提，不生疲倦，应当先明，

对于修习如来妙三摩提不生疲倦，应当先明了

发觉初心，二决定义。

发菩提心最初的因地心之中两项先决的条件。

云何初心，二义决定？

什么是初发心的两项先决条件呢？

[解说]

此段文起开讲 1. 选根直入中的(1) 二决定义。

① 决定以因同果澄浊入涅槃义

阿难，第一义者，汝等若欲，捐舍声闻，修菩萨乘，

阿难，所谓第一决定义者，你们若想舍弃声闻，修菩萨乘

入佛知见，应当审观，因地发心，与果地觉，

证入佛的知见，就应当审察因地的发心和果地之觉

为同为异。阿难，若于因地，以生灭心，为本修因，

是相同还是不同。阿难，如果在因地用生灭妄心为本修因，

而求佛乘，不生不灭，无有是处。以是义故，

而想求证不生不灭真常果觉，是永不可能的。因为这个缘故，

汝当照明，诸器世间，可作之法，

你应当用心智观照察明，一切器世间，凡是可造作的法

皆从变灭。阿难，汝观世间，可作之法，

都是要变迁坏灭的。阿难，你观察世间可造作的有为法，

谁为不坏，然终不闻，烂坏虚空。

哪一法是不坏的？然而从没听说过虚空烂坏吧。

何以故，空非可作，由是始终，无坏灭故。

为什么呢？因为虚空不是可造作的，所以始终不会烂坏、消灭。

[解说]

此段文起开讲(1) 二决定义中① 决定以因同果，澄浊入涅槃义。这段文讲①中的决定以因同果：举可作之法和虚空为例，观察得知，

生灭之因必得生灭之果，不生灭之因可得不生灭果。那么要想求诸佛不生灭的真常果觉，决定要用不生灭的真实常住之心为因地心，决不能用第六识生灭无常之心为因地心。

则汝身中，坚相为地，润湿为水，暖触为火，

然则你的身中，坚硬的属地大，润湿的属水大，燥热温暖的为火大，

动摇为风，由此四缠，

气息运转为风大，由这四大互相缠结组成身体，既有身相则妄有六根，不生不灭与生灭和合成阿赖耶识，识精元明，映在六根门头，

分汝湛圆，妙觉明心，

结果分你湛然圆遍妙觉明心，

为视为听，为觉为察，从始入终，五叠浑浊。

在眼为视，在耳为听，在鼻舌身为觉，在意(根)是(照)察，如是心与色和合而成五阴浑浊之体。识阴为始，色阴为终，加以受、想、行三，而成五重浑然不清之浊相。

云何为浊。阿难，譬如清水，清洁本然，即彼尘土，

什么叫浑浊？阿难，譬如清水清澈洁净是它的本质，那些尘土

灰沙之伦，本质留碍，二体法尔，性不相循。有世间人，

灰沙之类本质是留碍，这二者体性迥然不同各不相干。有一个人

取彼土尘，投于净水，土失留碍，水亡清洁，

取尘土投入清水之中，土失去它留碍的本质，水也失去清洁的本性，

容貌汩然，名之为浊[1]，汝浊五重，亦复如是。

相状混沌昏扰扰之相就叫浊。你阿难有五重浑浊也是这样。

1. 劫浊

阿难，汝见虚空，遍十方界，空见不分[2]，

阿难，你看见虚空遍满十方世界，虚空和见同时遍满十方世界，不能

分出何处是虚空的边涯，何处是见的边涯。

有空无体[3]，有见无觉[4]，

如果只有虚空而没有见，那虚空无体可得。如果只有见而没有虚空，那见就没有所觉。

相织妄成[5]，是第一重，名为劫浊[6]。

见与虚空交织不分，浑浊真性，遂成第一重劫浊。

2. 见浊

汝身现抟，四大为体。

你现在这个身体抟取四大假合以为自体，既有身相则有六根，

见闻觉知，壅令留碍，

由是分一精明而成见、闻、觉、知等六精（元是一精明，分作六和合），本无留碍而成留碍，眼只能见，耳只能听，以至意只能知，各有局限。

水火风土，旋令觉知，

水火风土四大本是无知之物被六精之性所转而成了有知觉。

相织妄成，是第二重，名为见浊[7]。

知与无知互相交织，妄成六根，领纳六尘而起身见等六十二见，扰乱真性，是第二重见浊。

3. 烦恼浊

又汝心中，忆[8]识[9]诵习[10]，

又在你的六识妄想心中，常忆念过去，牢记不忘，识取现在所缘境，爱恋不舍。诵习未来，预先计划。

性[11]发知见，

六识之性托于六根，发为见、闻、嗅、尝、觉、知六种妄想，

容现六尘，离尘无相，

于是现有六尘之境。六识如果离六尘境界则识相不可得(尘亡则识灭),

离觉无性,

六尘如果离开六识妄觉则尘性不可得(识亡则尘灭),

相织妄成,是第三重,名烦恼浊[12]。

妄识妄尘相互交织,缘尘想念,贪恋不休,扰乱真性,这就是第三重烦恼浊。

4. 众生浊

又汝朝夕,生灭不停,

又你末那心中,从朝至夕,妄念相续,生灭不停,于是有无边生死。

知见每欲,留于世间,

故依执我之知见,无不贪生怕死,常想久住世间,长生不死,

业运[13]每常,迁于国土,

无奈被业力运转,不能自主,常随业果舍生趣生,从这个国土迁到那个国土。

相织妄成,是第四重,名众生浊[14]。

妄身、妄心常迁而欲留,这一迁一留交相组织,扰乱真性而成浑浊,这就是第四重众生浊。

5. 命浊

汝等见闻,元无异性,

你们的见闻等六精元是一体,本无异性。

众尘隔越,无状异生,

只因揽尘结根,各开门户,无故将一体隔离而为六精,遂有差别产生。

性中相知,

以性中而论，六用元是一体(元是一精明，分为六和合)，知觉相通，同而非异(如耳听话，口问义，身恭敬)，

用中相背，

以用中而论，一体既成六用，却又互相违背，异而非同(眼只能见，耳只能听)，

同异失准，相织妄成，是第五重，名为命浊[15]。

同异失去一定的标准(同非定同，异非定异)，一同一异密织不分，扰乱真性，这是第五重，名为命浊。

[注释]

[1] 清水喻真心，尘土灰沙喻四大。心水本湛，由诸大投以成浊。

[2] 空见不分：文举外五大之空(举空以影地大等四)与六精之见精(以影闻精等五)交织而成劫浊。独举空见，因为此二者俱遍十方世界，妄织之相易明。

[3] 有空无体：无见谁明空体，见与空体是相对法。

[4] 有见无觉：无尘不能显根，根尘相对法。

[5] 相织妄成：见与空相织浑浊真性，见与色也一样。眼根与色尘(顽空)相对浑浊真性，其他根与尘也如此。

[6] 劫浊：此浊依色阴有。内四大、外五大都属色阴；内六精属心法。文中举外五大的空大与六精中见精交织不分，浑浊真性而成劫浊。

[7] 见浊：此浊依于受阴。见闻觉知与内四大交织而成六受用根，领纳诸境，而起身见等六十二见，扰乱真性，妄成见浊。

[8] 忆：追忆已往。

[9] 识：分别现在。

[10] 诵习：诵习未来，预先计划。

[11] 性：六识之性。

［12］烦恼浊：此浊依想阴。(六识属想阴)根尘相对便生六识，六识之妄觉、妄尘交相组织，缘尘想念，贪恋不休，扰乱真性，就是烦恼浊。

［13］业运：凡夫被善恶业迁，二乘被无漏业迁，菩萨被二边业迁。

［14］众生浊：此浊依行阴。第七识为生死根源，念念迁流而成行阴。行阴密移业运常催，舍生趣生，迁移国土，而凡夫却想常住世间。妄身妄心常迁而欲留，这一迁一留两种矛盾交相密织，扰乱真性而成众生浊。

［15］命浊：此浊依识阴，指第八识。此识为九界圣凡命根之所依，故命浊依于识阴。见、闻、觉、知，从性中论是同，从用中论是异。这一同一异密织不分，扰乱真性成为命浊。

［解说］

此段文讲① 决定以因同果，澄浊入涅槃义中的所澄除的五浊。本经“五浊”与诸经的五浊名同义异。妙觉明心，惟一湛圆，尚无内外，哪有五浊与五阴呢？因自晦昧为空，空晦暗中，结暗为色之后，则外被五大器界所浑而为劫浊(色阴与劫浊并起)。内被四大身相所浑，而为见浊(受阴与见浊并起)。更内被六尘缘影所浑而为烦恼浊(想阴与烦恼浊并起)。由是断续身心，迁流国土，又被生死所浑而为众生浊(行阴与众生浊并起)。又由是而众尘结滞，六根不复通融，而为命浊(识阴与命浊并起)。因有此五浊，所以我们本来的湛圆妙觉明心，失去清净湛然，圆融之义。所以要想回复真心本有的湛然圆融之性，须澄除五浊。故下文讲，如何澄除五浊(五浊澄除，五阴亦尽)。

阿难，汝今欲令，见闻觉知，远契如来，

阿难你现在想使具五浊的见闻觉知四性，远远契合如来的

常乐我净，应当先择，死生根本，

常乐我净四德，就应当先决择哪个是生死根本的攀缘识心应当舍去，

依不生灭，圆湛性成。

哪个是不生灭之圆满湛然的本觉佛性，要依之而修。

以湛旋其，虚妄灭生，

用这不生灭湛然之根性，回光返照本源心性，自可转虚妄生灭的五浊成为清净的真常，

伏还元觉，得元明觉，无生灭性，

恢复本来的觉性，以本来的妙明本觉、无生无灭的体性

为因地心，然后圆成，果地修证。如澄浊水，

为因地心，然后才可圆成果地而证无上菩提。如要澄清浊水，

贮于静器，静深不动，

要把浊水放在静止的容器中使它静静地沉稳不动。

沙土自沉，清水现前，名为初伏，客尘烦恼，

沙土自沉，清水现前，名为初伏客尘烦恼，

去泥纯水，名为永断，根本无明。明相纯精，

去掉泥土而获纯清水，就叫永断根本无明。水去掉泥土则清澈纯精的明相现前，再也不会回复浑浊。圆满的真性也是如此。

一切变现，

佛已证圆满菩提，虽示现一切身心世界，入生死苦海，

不为烦恼，皆合涅槃，清净妙德。

决不会再成为烦恼，都契合涅槃的清净妙德。

[解说]

因有五浊使本有湛然圆满的妙觉明心所具的四德(常乐我净)隐而不现，也使见、闻等性变成浑浊不清。要想澄除五浊，要依不生灭的本觉佛性为因地心。舍生灭，守真常，使心光不外泄于根、身、器界，但回光返照本源心性，就可以澄除五浊，转妄复真，即证入如来涅

槃妙德。文举澄浊水之喻来说明。

② 决定从根解结脱缠入圆通义

第二义者，汝等必欲，发菩提心，于菩萨乘，

第二个先决条件是，你们既决定发菩提心，对菩萨行

生大勇猛，决定弃捐，诸有为相[1]，应当审详，

生大勇猛心，决定舍弃以生灭心为本修因，就应当详细审察

烦恼根本，此无始来，发业润生，

烦恼的根本所在，此无始以来发起现行的业用，舍生受生的，

谁作谁受。阿难，汝修菩提，

到底是谁作又是谁受。阿难，你既决定修证无上菩提大道，

若不审观，烦恼根本，则不能知，虚妄根尘，

如果不审观烦恼的根本，就不能知道虚妄的根尘

何处颠倒。处尚不知，云何降伏，取如来位？

从何处起颠倒。颠倒起处尚不知，又怎么去降伏它，而取证如来的果位？

阿难，汝观世间，解结之人，不见所结，云何知解？

阿难，你看世间解结之人，如果看不见所结之处，怎么知道如何解呢？

不闻虚空，被汝隳裂，何以故，空无形相，

没有听说虚空被你破毁裂开，为什么呢？因为虚空无形相，

无结解故。则汝现前，眼耳鼻舌，及与身心，六为贼媒，

本来无结也无从解。你现前的眼耳鼻舌身意六根为贼作媒介，

自劫家宝，由此无始，众生世界，生缠缚故，

盗窃自家财宝，从无始以来于众生有情世界妄生缠缚，

于器世间，不能超越。

于器世间妄生挂碍不能超越。

[注释]

[1] 有为相：即有生灭。

[解说]

此段文起开讲(1)二决定义中②决定从根解结，脱缠入圆通义中的“决定从根解结”：文中用“解结的人先要知起结之处，才可解结”来比喻“修菩提断烦恼的人先要知烦恼根本和根尘颠倒之处，才可断除烦恼而证佛果”。那么烦恼根本是什么？烦恼根本是六根(非色法，是第八识六精也)，生死根本是六识。烦恼根本与生死根本的区别：二死深源均名烦恼根本。烦恼是苦因，生死是苦果。六根以起因，六识以起果。六识是生死根本，而六根又是六识根本。当知根即是八识，八识引起六识，全是烦恼而为苦因，六识招引生死而为苦果。粗论好像只是六识作之，而细推实是八识自作。现观好像是六识受之，而六识坏只是八识自受。不说八识而说六根，为令众生现前容易理解。所以六根是烦恼根本，六识是生死根本，佛判真妄二本的妄本。故知六识是家贼，六根为贼媒，偷去自己的家宝。

根尘颠倒之处在哪里呢？颠倒之处在根。此六根即是结处。自从无始最初一念妄动以来，从微至粗，六根起结，众生根中有六结，内执身心为我，外执器界为我所，便成缠缚，于身心器界俱不自在。〇既然六根就是结处，故要从根解结，才可解脱证圣。所解六根非指根中无形的体性，乃指六精堕于胜、浮二根的结体。因胜、浮二根都有形相，能令无留碍之妙性妄成留碍。根有形相，有结必解，惟有形相之二根就是结处。解结的圣者非灰灭二根，根虽全具，而见闻十虚，互融变现，不被缚碍而已。若此则根身器界皆不缚无碍。修楞严大定，依不生灭真心为因地心，选择下手工夫就是从根解结，从根起修，比从尘、识、大起修要快得多，从根起修是至速至巧的法门，故本经讲此圆修法门，根结若解，尘相自灭，则可取证如来果位。

阿难,云何名为,众生世界[1],世为迁流,

阿难,什么叫众生世界?世(时间)是迁流不息之义,

界为方位。汝今当知,东西南北,东南西南,

界(空间)是方位之义。你现在应当知道东、西、南、北,东南、西南、

东北西北,上下为界,过去、未来、现在为世。

东北、西北,上、下叫做界,过去、未来、现在叫作世。

方位有十,流数有三。一切众生,织妄相成,

方位有十,迁流有三,所谓十方三世。一切众生之身,都是由四大、六精交相组织,虚妄而成有情之根身,

身中贸迁,

在根身中界相转易不定(空间方位,转前为后,转左为右),世相迁流不止(时间转现为过,转未为现)。

世界相涉。而此界性,设虽十方,

世与界彼此互相涉入。虽然界设立有十方,

定位可明,世间只目,东西南北,

但究其有一定方位可表明的,世间人只说东西南北

上下[2]无位,中[3]无定方,

而不取上下,因为上下没有固定的位置。也不取东南、东北等四隅,因为四隅之中也没有一定的方位。

四数必明,与世相涉,

只取东、南、西、北,足可以说明与三世(过、现、未)相互涉入的情况,

三四四三,宛转十二。

以三世涉入四方,三乘四成十二,以四方涉入三世,四乘三也成十二,顺转逆转总是十二。这是第一叠。

流变三叠[4],一十百千[5],

这样从一叠迁流演变到三叠，由十而百而千，

总括始[6]终[7]，六根之中，各各功德，有千二百[8]。

总括从始至终，六种根性之中各各具有一千二百功能德用。

［注释］

［1］世界：此处指有情根身，非谓无情器界。

［2］上下：即四方之上下，离开四方，无别上下。

［3］中：四方交接，四隅之中(一隅乃合两方所成)。

［4］三叠：四方与三世相涉，以世(三)涉方(四)则三四成十二；以方涉世，则四三仍成十二，这就是第一叠。若再以三世涉四方，每方各有十世，三乘四十成为一百二十；以四方涉三世，每世各有十方，四乘三十也成为一百二十，是第二叠。若更以三世涉四方，每方各有百世，三乘四百成为一千二百；以四方涉三世，每世各有百方，四乘三百亦成一千二百是第三叠。

［5］一十百千：即十二、一百二十、一千二百，取整去零。

［6］始：第一叠十二为始。

［7］终：至第三叠一千二百为终。

［8］六根之中，各各功德，有千二百：为何六根之性各具一千二百功能德用？因为身心由世、界相涉而成，世、界三叠成一千二百功德，所以身心也变成一千二百功德。又因为六种根性各各周遍身心，所以六种根性各具一千二百功能德用。

［解说］

上段文(第二义者……不能超越)指出六根就是结处，此段文(阿难，云何名为……有千二百)说明六根之性唯是一心，根性平等，根根所具功德相等，都是一千二百。此约六根之性，故相等。下文约六根之用，来拣定优劣，则三根优、三根劣，故有优劣。

阿难，汝复于中，克定优劣，

阿难，你再在六根之中，详加审定，哪个为优，哪个为劣。

1. 眼根

如眼观见，后暗[1]前[2]明，前方全明[3]，

如眼的观看，后暗前明，前面全部可以看见（正前方加二隅，例如面朝南方，则南方、东南、西南都能看见），

后方全暗[4]，左右[5]旁观，

后面全都看不见（正后方及二隅，例如北方、东北、西北都看不见），左右两旁（例如东方、西方）都能看见，

三分之二[6]。统论所作，功德不全，

所以眼睛只能看见三分之二的区域。统论眼根，所作功德不全，

三分言功，一分无德，当知眼唯，八百功德[7]。

以三分而论功德，缺了后方这一分功德，所以眼只有 800 功德。

2. 耳根

如耳周听，十方无遗，动若迩遥，

如耳根周遍听闻，十方的声音都可听到无所遗漏，有声时，声音好像有远近之分。

静无边际，

无声寂静时，闻性更无边涯际畔。动静皆闻，一切时有，

当知耳根，圆满一千二百功德[8]。

应当知道耳根具一千二百功德，圆满无缺。

3. 鼻根

如鼻嗅闻，通出入息，有出有入，

如鼻的嗅闻，能通出息和入息，通出息具四百功德，通入息也具四百功德，

而阙中交，
而出入息中间交换之际的功用不显，缺少四百功德。

验于鼻根，三分阙一，当知鼻唯，八百功德。
详验鼻根也是三分缺一分，当知鼻根只有八百功德。

4. 舌根

如舌宣扬[9]，尽诸世间，出世间智，言有方分，
如舌能宣扬世间和出世间法，尽一切智能，虽然语言有方域的分别，

理无穷尽，当知舌根，圆满一千二百功德。
而所说道理则无穷无尽，当知舌根圆满一千二百功德。

5. 身根

如身觉触，识于违顺，
如身根对所觉的触尘，能识别是违情还是顺情的感触，

合时能觉，离中不知，
但必须与外境相合接触，才能感觉出。离开外境就不能感觉出，

离一合双[10]，
所以离开时就缺一分功德，相合时，有顺、有逆是两分功德。

验于身根，三分阙一，当知身唯，八百功德。
详审身根也是三分缺一，当知身根唯有八百功德。

6. 意根

如意默容，十方三世，一切世间，
如以意根的知性说，口虽不说而心里自知，十方三世一切世间

出世间法，惟圣与凡，无不包容，尽其涯际，
与出世间法，不论圣凡，没有不能包容的，且能尽其涯际，

当知意根，圆满一千二百功德。
当知意根圆照无遗，能圆满一千二百功德。

[注释]

[1] 暗：看不见。

[2] 前：身的前面。

[3] 前方全明：此四字对上文“前明”补充说明。

[4] 后方全暗：此四字对上文“后暗”补充说明。

[5] 左右：身的左右。

[6] 后暗前明……三分之二：

三分
- 前方与前二隅(一分)
- 左 右 二 方(一分)

} 眼只见此二分，共计 800 功德。

- 后方与后二隅(一分)—— 不见此分，共计 400 功德。

眼只见三分之二区域，后方全见不到，就少此一分。

[7] 眼根只能见到前方(200)、前二隅(200)和左右二方(400)，共计 800 功德，缺后方(200)和后二隅(200)共计 400 功德。故眼为劣根。

[8] 声尘分动、静，动即有声，静即无声。耳根对声尘，动、静皆闻无碍，故是优根。

[9] 舌宣扬：舌根具二功德，一是尝味乃劣，二是言说乃胜。佛舍劣取胜。

[10] 离一合双：离：400 功德(缺此分)；合：顺 400 功德，逆 400 功德(具此二分)。

[解说]

此段文约六根之用，来拣定优劣(拣定六根优劣)，具一千二百功德的是优根：即耳根、舌根、意根。具八百功德的是劣根：眼、鼻、身。

阿难，汝今欲逆，生死欲流，返穷流根，至不生灭，

阿难，你现在想逆生死欲流，穷究生死欲流的根源，希望到达不生灭的境地，

当验此等，六受用根，谁合谁离，

应当先审验这六受用根(六根),哪些是要与境合才知(鼻、舌、身),哪些是与境离亦知(眼、耳、意)。

谁深谁浅,

合知难修,离知易修,那么离知的眼、耳、意三根,谁浅显易明(眼、耳浅显),谁深隐莫测呢?(意根深隐)

谁为圆通,谁不圆满。若能于此,

那眼、耳二根谁是圆满,谁不圆满(耳 1200,眼 800 功德)。如果能在这六根中,

悟圆通根,逆彼无始,织妄业流。

悟知哪一根最圆通(耳根),就可逆彼无始以来,由妄心妄境交织成的生死业流。

得循圆通,与不圆根,日劫相倍。

顺圆根修(耳根是圆通根)与依不圆根修功效迟速不同,就好像日与劫相比。

我今备显,六湛圆明[1],本所功德,数量如是。

我现在已为你完全显示,六根中本来具足一千二百功德,然在迷时,因被根、境所局限,故六根功德有全有缺,所有差别功德数量,如前所说。

随汝详择,其可入者,

随你详细选择六根之中,哪根最圆,可以依之修证。

吾当发明,令汝增进。

我当为你说明,令你直前不退,渐次深入。

十方如来,于十八界,一一修行,

十方如来因地发心,得圆自在慧,于十八界、七大一一修行,门门可以入道,

皆得圆满，无上菩提，于其中间，亦无优劣，

都能证得圆满无上菩提，在这中间也没有什么优劣可分。

但汝下劣，未能于中，圆自在慧。

但你根器下劣，不能于诸法之中得圆融自在之慧，

故我宣扬，令汝但于，一门深入。

所以我宣扬根有优劣，让你选择一个最圆通的根，一门深入。

入一无妄，彼六知根，一时清净。

入到一真无妄的境地，那么一根返源，六根就会同时清净，皆获解脱。”

[注释]

[1] 六湛圆明：六根中性即湛圆明性，众生本具，个个相同。

[解说]

前文指出六根就是结处，接着又示六根功德优劣，此段文通过六根比较得出耳根即是圆通根。佛因地发心得圆自在慧，十八界、七大，此二十五门，门门可以入道，无需选择。可是凡夫根性下劣，处处障碍，故要选择圆通根(耳根)修行，是至速之法门(圆根与不圆根乃日劫之别)，从耳根解结，一门深入，一根若返源，六根成解脱。文至此，②决定从根解结，脱缠入圆通义中的“从根解结”讲完。下文开讲“脱缠入圆通义”。

阿难白佛言，世尊，云何逆流，深入一门，

阿难不解地问佛：“世尊，什么叫逆流？为什么一门深入

能令六根，一时清净？

能令六根同时清净呢(一根返源，六根清净)？”

佛告阿难，汝今已得，须陀洹果，已灭三界，

佛对阿难说：“你现在已证须陀洹果，已灭了三界以内

众生世间，见所断惑。然犹未知，

众生世间的分别我执，入见道位。然而还不明了

根中积生，无始[1]虚习，彼习[2]要因，修所断得。

现前根中历生所积的无始虚妄习气，这习气要到修道位中才能断。

何况此[3]中，生住异灭[4]，分剂头数。今汝且观，

何况这其中的生、住、异、灭，头绪纷繁。现在你观察

现前六根，为一为六。阿难，若言一者，

现前的六根到底是一还是六？阿难，如果说是一，

耳何不见，目何不闻，头奚不履，

耳为什么不能见，目为什么不能听，头为什么不能走，

足奚无语？若此六根，决定成六，如我今会，

足为什么不能言？如果说六根决定成六的话，那么像我在这大会

与汝宣扬，微妙法门，汝之六根，谁来领受？

为你们宣扬微妙法门，是你的六根中哪一根来领受呢？”

阿难言，我用耳闻。佛言，汝耳自闻，何关身口，

阿难说：“我用耳闻。”佛说：“你耳自闻，又与你身口有什么关系？

口来问义，身起钦承。是故应知，非一终六[5]，

为什么又用口问义，身起以示恭敬？所以应该知道，若说六根不是一而毕竟是六，既是六，就该互不相干，为什么耳听法，口问义，身起敬呢？

非六终一[6]，

若说六根不是六而毕竟是一，既是一就应该互相通用，为什么耳不能见，目不能听呢？

终不汝根，元一元六。阿难，

所以终不能说你的六根本来是一,或本来是六。阿难,

当知是根,非一非六,由无始来,颠倒沦替,

你应该知道这根既不能说是一,也不能说是六。因为众生从无始以来,从真起妄,依惑造业,依业受报,生死不休,既有受生则有六根,

故于圆湛,一六义生,汝须陀洹,

故在圆满湛然的真性中,妄有一、六分别意义产生。你证得须陀洹果,

虽得六销[7],犹未亡一。

虽不入六尘,六根不发生现行的作用,根结之体没有全销,仍然执著有一涅槃在。

如太虚空,参合群器,由器形异,名之异空。

譬如在太虚空中放置各种形状的器具,因为器具有方、圆等不同,虚空也就随器而立出方空、圆空等异名。

除器观空,说空为一。彼太虚空,

若除去器具来观虚空,就说虚空是一相。而太虚空无始以来就是如此,

云何为汝,成同不同。

岂会因你除去器具和安置器具就真变成同或不同!

何况更名,是一非一。

何况更说什么“是一非一”,岂不是妄上加妄吗?

则汝了知,六受用根,亦复如是[8]。

则你了了常知的六受用根也是这样。

1. 明眼根结相 a. 初成见精

由明暗等,二种相形,于妙圆中,黏湛发见,

由于明暗(指最初境界相)二种色尘互相彰显,在妙觉圆湛性中粘起湛

然之体发为见精(属八识见分),

b. 胜义眼根

见精映色,结色成根,

由此见精对映色尘,于是揽取色尘,结外色而成内四大的胜义根。

根元目为,清净四大。

此根是浮尘根的本元,是清净四大和色、香、味、触四尘所成,极其微细(圣人天眼方见,凡眼不见)。

c. 浮尘根

因名眼体,如蒲萄朵,浮根四尘,流逸奔色。

依胜义根而成的肉眼之体,形如蒲萄朵,此是浮尘根,由四尘、四大所成,形状可见,浮根既成,众生聚见于眼,见精托根而出,日与色尘相对,则根被尘转,循色流逸,被色尘所限,见不能超越于色。

2. 耳根结相 a. 初成闻精

由动静等,二种相击,于妙圆中,黏湛发听,

由于动静二种声尘互相攻击,在妙觉圆湛性中,粘起湛然之体发为闻精,

b. 胜义根

听精映声,卷声成根,根元目为,清净四大。

闻精对映声尘,于是摄取声尘成胜义根,此根是浮尘根的本元,是清净四大和色、香、味、触四尘所成,极其微细。

c. 浮尘根

因名耳体,如新卷叶,浮根四尘,流逸奔声。

依胜义根而成的肉耳之体就如新卷荷叶之形,此浮尘根由四尘、四大所成,形状可见。浮根既成,根尘相对,循尘流转,终日奔驰于声尘之境,被声尘所限,闻不能超越于声。

3. 鼻根结相　a. 初成嗅精

由通塞等，二种相发，于妙圆中，黏湛发嗅，

由于通塞二尘互相显发，在妙觉圆湛性中，粘起湛然之体发为嗅精，

b. 胜义根

嗅精映香，纳香成根，根元目为，清净四大。

嗅精对映香尘，于是吸取香尘成胜义根，此根是浮尘根的本元，是清净四大和色、香、味、触四尘所成，极其微细。

c. 浮尘根

因名鼻体，如双垂爪，浮根四尘，流逸奔香。

依胜义根而成的肉鼻之体如双爪下垂之形，此浮尘根由四尘、四大所成，形状可见。浮根既成，根尘相对，终日奔逐于香尘之间，被香尘所限，嗅不能超越香尘(举香括臭)。

4. 舌根结相　a. 初成尝精

由恬变[9]等，二种相参，于妙圆中，黏湛发尝，

由于无味和有味二种味尘互相参对，在妙觉圆湛性中，粘起湛然之体发为尝精，

b. 胜义根

尝精映味，绞味成根[10]，根元目为，清净四大。

尝精对映味尘，于是旋取味尘成胜义根，此根是浮尘根的根元，是清净四尘、四大所成，其相微细。

c. 浮尘根

因名舌体，如初偃月[11]，浮根四尘，流逸奔味。

依胜义根而成的肉舌之体，形如初偃月之形，此浮尘根由四尘四大所成，相状可见，浮根既成，根尘相对，终日流逸，奔逐于味尘之境，被味尘所限，尝不能超越于味。

5. 身根结相 a. 初成觉精

由离合[12]等，二种相摩，于妙圆中，黏湛发觉，

由于离合二种触尘相摩交际，在妙觉圆湛性中，粘起湛然之体发为觉精，

b. 胜义根

觉精映触，抟触成根，根元目为，清净四大。

觉精对映触尘，于是抟取触尘成胜义根，此根是浮尘根的根元，是清净四尘、四大所成，极微细。

c. 浮尘根

因名身体，如腰鼓颡[13]，浮根四尘，流逸奔触。

依胜义根而成的身体，就像腰鼓之形，此浮尘根由四尘四大所成，形状可见，浮尘根既成，终日奔逐于触尘之境，觉不能超越于触尘。

6. 意根结相 a. 初成知精

由生灭等，二种相续，于妙圆中，黏湛发知，

由于生灭二尘交互相续(生灭二尘，生而继以灭，灭又继以生，生灭相续)，在妙觉圆湛性中，粘起湛然之体发为知精，

b. 胜义根

知精映法，揽法成根，根元目为，清净四大。

知精对映法尘，于是揽取法尘成胜义根，此根是浮尘根的本元，是清净四大、四尘所成，极其微细。

c. 浮尘根

因名意思[14]，如幽室见，

依胜义根而成的肉团心，名浮尘根，意根内照法尘，如人在幽室见物。

浮根四尘，流逸奔法。

此浮尘根由四尘四大所成，形状可见，浮根既成，终日奔逐于法尘之境，不能超越。

阿难，如是六根，由彼觉明，有明明觉[15]，

阿难，这六根之性，本来是真，由于想在性觉妙明上妄加“明”，因此一念妄动，转妙明成了无明，转性觉而为妄觉，从真起妄，妄起真隐，

失彼精了，黏妄发光[16]。

失去了性觉妙明本有的真精了明之性，真性粘妄尘而发见分之光。元是一精明，因揽尘结根，六根既成，分一精而为见等六用(映在六根门头为见、闻、觉、知)。

是以汝今，离暗离明，无有见体[17]；

所以你现在，若能双离明暗二尘，自然没有聚见于眼，结滞为根的妄体；

离动离静，元无听质；无通无塞，嗅性不生；

双离动静二尘，就没有闻体；双离通塞二尘，嗅性无由显；

非变非恬，尝无所出；不离不合，觉触本无；

双离有味无味变迁，尝性无由生；双离离合二尘，觉触也就没有；

无灭无生，了知安寄。汝但不循，

离开生灭二尘，就没有了知之性(意根的了知性)。你只要不随着

动静合离，恬变通塞，生灭明暗，如是十二，诸有为相，

动静、合离、恬变、通塞、生灭、明暗这十二种有为的尘相分别，

随拔一根，脱黏[18]内伏[19]，

随你选择一根，依之而修，摆脱所粘的妄尘，内伏反照照自性，

伏归元真，发本明耀，耀性发明，

伏归本元一真之心，则本有智光自可显出明耀，此本具明耀之性一发

明则通天彻地，到此境界，无一不是寂灭真境，

诸余五黏，应拔圆脱。

其余五根粘尘之妄都随着你选择的一根圆满而齐脱了。

此八字明外不由尘——脱尘

不由前尘，所起知见[20]，

今发本明耀，心光遍照，不假外尘，窥天鉴地，是不借明暗等外尘所起的真知真见。

此八字明内不由根——脱根

明不循根，寄根明发[21]，

此真知真见无须依靠根，而只是寄托在根中显发功能，

由是六根，互相为用。阿难，

由于根尘双脱，灵光独耀，所以成六根互用之妙。阿难，

汝岂不知，今此会中，阿那律陀，无目而见[22]。

你难道不知，现在会中的阿那律陀没有眼睛而能见，

跋难陀龙，无耳而听[23]。殑伽神女，非鼻闻香[24]。

跋难陀龙不用耳也能听见，殑伽神女非鼻而能闻香，

憍梵钵提，异舌知味。舜若多神，无身觉触[25]，

憍梵钵提不因舌根而能尝味。舜若多神没有身体而能觉触，

如来光中，映令暂现，既为风质，其体元无。

佛放拔苦光映令暂现身触，其质如风，其体元无，无身也有触乐。

诸灭尽定，得寂声闻，如此会中，摩诃迦叶，

入灭尽定证得灭谛涅槃成阿罗汉，如现在会中的摩诃迦叶，

久灭意根，圆明了知，不因心念[26]。

不仅六识不起现行，第七识粗分也灭了，能圆明了知诸法，却不依靠第七第六识的心念(不须用心念)。

阿难，汝今诸根，若圆拔已，内莹发光，

阿难你现在诸根若能圆满解脱粘缚，则内心本有智光即得显发

如是浮尘，及器世间，诸变化相，如汤销冰，

这时虚妄的浮尘以及器世间种种变化相状都随心光之所熔化

应念化成，无上知觉。

还成本觉真体，而成无上正知正觉，如热汤销冰一样。

阿难，如彼世人，聚见于眼，

阿难，见性本来周遍法界，只因世间凡夫粘湛发光，结色成根，遂聚见于眼，离眼则无所见。

若令急合，暗相现前，六根黯然，

如果让一个人急合其眼，则黑暗的境相现前。假如另有一人站在此人面前，此人当然看不见另一人的六根，

头足相类。彼人以手，循体外绕，

分不清头和足。那个闭眼人用手摸另一人的全身，

彼虽不见，头足一辨，

虽看不见他的形貌，但是当手摸到头便知是头，摸足则知是足。

知觉是同。

这个闭眼黑暗时所知与睁眼明时所见，它们的知觉是相同的（据此可知：手能代眼，手有眼用）。

缘见因明，暗成无见，

世人认为能缘的见，一定要有光明才有，暗时就没有见。

不明[27]自发，则诸暗相，永不能昏。

前合眼人虽然眼前是黑暗，也自然能发知觉（验见性不借明缘），虽灭明尘之缘也不会阻碍于见。

根尘既销，

（凡夫根尘未销之人，见性尚不借缘）何况根尘既销，真光独耀之人

云何觉明，不成圆妙。

本觉胜净明心，怎么会不成圆通妙用呢！”

［注释］

［1］无始：最初一念妄动。

［2］习：三界思惑。

［3］此：法执和无明。

［4］生住异灭：生：即三细中业相为生相。住：转、现二相和六粗中前二相（智相、相续相）是住相。异：执取相和计名字相为异相。灭：起业相为灭相。细推之四相中各有四相，头绪纷繁，非二乘人能知。阿难只断分别我执，俱生我执、法执和无明尚不知，所以阿难惑结还很深。

［5］非一终六：现实中六根不能互用，所以六根不是一。终，毕竟。

［6］非六终一：现实中六根是互通的，所以六根不是六。

［7］六销：六根脱六尘。

［8］用喻说明，若能返妄归真，湛圆之真性，本无一、六，还说什么是一是六，非一非六，都是无意义的。

［9］恬变：恬：安然无味。变：变迁有味。

［10］绞味成根：绞外味成内四大胜义舌根。

［11］如初偃月：舌相圆形，如月初之月，半个圆形。

［12］离合：身根有离知、合知二种妄尘。

［13］腰鼓颡（sǎng）：腰鼓亦名杖鼓，以皮革封其两端，腰细状如人身。

［14］意思：不说“意体”而言“意思”，因为“意”的浮尘根即肉团心，如莲花，白天开，夜晚合，在人身中不可见。故用“思”字，以明有思量处，即意根所在也。意根在内，意根内照法尘，如人在幽室中

见物。

［15］觉明，有明明觉：此六字中第一个“觉”是真觉，第二个“觉”是妄觉。第一个“明”是真明；第二个“明”是欲加之明；第三个“明”是妄明。

［16］如是六根……黏妄发光：总结六根由妄。

［17］见体：以元明照用，常光独耀是真体。以揽尘结根，聚见于眼是妄体。此体结色所成。下文阿难就此处而起疑。

［18］脱黏：离尘。

［19］内伏：照性。

［20］不由前尘，所起知见：众生聚见于眼，聚闻于耳，是由前尘所起的见、闻、觉、知，是妄知妄见。现在不由尘所起，故属真知真见，即众生本具的佛知见。知见包括闻觉。

［21］明不循根，寄根明发：真知真见实不由根，故佛菩萨不俯仰，不回转，圆见十方。

［22］阿那律陀，无目而见：阿那律陀无眼，得天眼，见三千大千世界如视手中果。

［23］跋难陀龙，无耳而听：跋难陀译为欢喜，身为龙王，因耳失聪，用角而听。

［24］殑伽神女，非鼻闻香：殑伽译为“天堂来”，神女是主河之神，非鼻而能闻香，寄闻于眼。

［25］舜若多神，无身觉触：舜若多译为虚空，以历劫无身为苦。他的身体本来没有，只不过像风一样的性质。

［26］以上六位（凡夫、小圣）皆是妄力，尚不依根，何况佛菩萨圆脱，岂不互用。

［27］不明：指前合眼人，对彼前立之人，黯然不明。

［解说］

这一段文讲②决定从根解结，脱缠入圆通义中的“脱缠入圆通义”。阿难听到前文开示，心中疑惑：为什么一根脱缠返源，能令六根同时解脱呢？佛则用比喻说明。文中法喻对应如下：

喻：太虚空本无同异，因安放众器，说空为异是妄。

法：湛圆真性本无一六，因根异故，说性为六是妄。

↓　　　　　↓　　　　　↓

（湛圆妙觉明心）（由六尘结滞成六根）（湛圆之真性因六根分隔而为视、听等）

喻：除去众器，说空为一（同），亦妄。虚空原本如此，不因你说同说异，就真成同、异。

法：解除根结，说性为一，亦妄。湛圆之真性，不因你说一说六，就真成一、六。

喻：何况更说是一（非异）非一（非同）。

法：何况更说非一非六。

所以执著六根是一是六或非一非六都是无意义的。因为众生无始从真起妄，生死不休，既有受生则有六根，故在湛圆妙觉明心本无一六的真性中，生出一和六的虚妄分别。若能返妄归真，湛圆之真性本无一六，还说什么“是一是六”，“非一非六”。○那么众生的六根又是怎么来的呢？六根的由来，都因最初一念妄动，想在妙觉明心上妄加“明”，于是转妙明为无明，转性觉而为妄觉。妄起而真隐，故失却原本精明妙心而成为第八识之见分。能见见于所见，心境历然。于是境牵心，心取境，遂粘此妄觉而发出六种妄光，成为见、闻、嗅、尝、觉、知六性。由此六种妄心揽取尘境（根结由尘，尘亡根尽），色心和合，结成六根，若离六尘即心境节脱（脱离），而六根见、闻、觉、知之性，便归于湛圆妙觉明心。众生迷真逐妄，随顺明暗等尘，为彼所转，枉受生死。○今欲脱离生死，佛让阿难不必六根齐修，只选择一根（而修），摆脱所粘的妄尘，返照自性，回复本有的心光，灵光独耀，迥脱根尘，体露真常，无一不是寂灭真境，此时其他五根随之圆满解脱。一根脱缠返源，六根同时清净。到此境界，方成六根互用之妙。六用皆通，六门互通（一根具六根的功能，六根可当一根用），无所滞碍，于根身、器界皆得大自在无碍。

至此,(1) 二决定义完。

(2) 释二疑

① 根性断灭疑

阿难白佛言,世尊,如佛说言,因地觉心,

阿难对佛说:"世尊,如佛所说,在因地觉悟的初心

欲求常住,要与果位,名目相应。

欲求不生灭常住的佛果,要和果位名目的意义相应才行。

世尊,如果位中,菩提、涅槃,真如、佛性,庵摩罗识[1],

世尊,就如果位中有菩提、涅槃、真如、佛性、庵摩罗识、

空如来藏,大圆镜智[2],是七种名,称谓虽别,

空如来藏、大圆镜智这七种佛的果德名称,称谓虽不同,

清净圆满,体性坚凝,如金刚王,常住不坏。

但都是清净圆满,体性坚凝,如金刚王一样常住不坏。

若此见听,离于明暗,动静通塞,毕竟无体,

若这见、闻,离开明暗,动静,通塞,毕竟没有实体的话,

犹如念心[3],离于前尘,本无所有。云何将此,

岂不同于识心离开前尘,本无所有。为什么将此

毕竟断灭,以为修因,欲获如来,七常住果。世尊,

断灭为本修因,而想求如来七种常住圣果呢?世尊,

若离明暗,见毕竟空[4],如无前尘,念自性灭[5]。

若离明暗见毕竟空,是根性离尘无体,与若无前尘识心无性,即识心离尘无体,二者有何差别?

进退循环,微细推求,本无我心,及我心所,

我反复循环地仔细研究,根性与识心没有什么区别,若离前尘,决没有我因心的体(错认根性无体),以及我因心所在之处(错认根性也

无处），

将谁立因，求无上觉？

又将谁立为本修因以求无上觉道呢？这根性既然是断灭，

如来先说，湛精圆常，

为什么如来先前又说是湛然不动，精一不杂，圆满周遍，常住不灭的，

违越诚言，终成戏论，云何如来，真实语者，

这不是违背诚信之言，终成戏论了么！怎么能相信如来是说真实语的圣者呢？

惟垂大慈，开我蒙吝。佛告阿难，汝学多闻，

惟愿垂大慈悲，开启我蒙昧的执误。”佛对阿难说：“你只是好学多闻，

未尽诸漏，心中徒知，颠倒所因，

并没有尽除诸漏。心中只知迷真逐妄名为颠倒，

真倒现前，实未能识。恐汝诚心，犹未信伏，

真正颠倒当前时，实在并不认识。我若直说根性真常，怕你不能诚心信服，

吾今试将，尘俗诸事，当除汝疑。即时如来，

我现在就用尘俗中易懂的事为例，当可断除你的疑惑。”这时如来

敕罗睺罗，击钟一声，问阿难言，汝今闻否？阿难大众，

让罗睺罗击钟一声，问阿难说：“你现在闻否？”阿难和大众

俱言我闻。钟歇无声，佛又问言，汝今闻否？

同答：“我闻。”钟声消失，佛又问：“你现在闻否？”

阿难大众，俱言不闻。时罗睺罗，又击一声，

阿难和大众又同答：“不闻。”这时罗睺罗又击钟一声，

佛又问言，汝今闻否？阿难大众，又言俱闻。

佛又问言："你现在闻否？"阿难和大众同答："我闻。"

佛问阿难，汝云何闻，云何不闻？阿难大众，

佛问阿难："你为什么听见，为什么听不见？"阿难和大众

俱白佛言，钟声若击，则我得闻，击久声销，

同答佛："若击钟发声，我就能听见，过段时间声音

音响双绝，则名无闻。如来又敕，罗睺击钟。问阿难言，

和回响都消失了，就叫无闻。"如来又让罗睺击钟一声，问阿难说：

汝今声否？阿难大众，俱言有声。少选声销，

"现在有声吗？"阿难和大众都说："有声"。过一会声消失，

佛又问言，尔今声否？阿难大众，答言无声。

佛又问言："现在有声吗？"阿难和大众答："无声。"

有顷罗睺，更来撞钟，佛又问言，尔今声否？

过了一会儿罗睺罗又来击钟，佛又问说："现在有声吗？"

阿难大众，俱言有声。佛问阿难，汝云何声，

阿难和大众同答："有声。"佛问阿难："你说，什么叫有声，

云何无声？阿难大众，俱白佛言，钟声若击，

什么叫无声？"阿难和大众同答佛说："若击钟发声，

则名有声，击久声销，音响双绝，则名无声。佛语阿难，

就叫有声，击久声销，音响双绝，就叫无声。"佛对阿难

及诸大众，汝今云何，自语矫乱。大众阿难，

和大众说："你们现在为什么自语颠倒错乱。"大众和阿难

俱时问佛，我今云何，名为矫乱？佛言，

同时问佛："世尊为什么说我自语颠倒错乱？"佛说：

我问汝闻，汝则言闻，又问汝声，汝则言声，

“我问你闻否，你就回答有闻。我又问你有声否，你就回答有声，

惟闻与声，报答无定，

究竟是有闻无闻，还是有声无声，回答无定。

如是云何，不名矫乱。阿难，声销无响，

像这样答话，怎么不叫颠倒错乱？阿难，声消无响

汝说无闻，若实无闻，闻性已灭，同于枯木，

你说无闻，如果真是无闻，就是闻性已经灭了，应像枯木那样没有知觉，

钟声更击，汝云何知，知有知无，自是声尘，

再击钟时你又怎么能闻知？知有声知无声，原是声尘

或无或有，岂彼闻性，为汝有无，

在闻性中或无或有，岂是闻性随着声尘生灭时有时无？

闻实云无，谁知无者。

闻性若真会随声尘而消灭，那还有谁来知道无声呢？

是故阿难，声于闻中，自有生灭，非为汝闻，

所以阿难，声在闻性中自有生灭，不是因为你听到

声生声灭，令汝闻性，为有为无。汝尚颠倒，

声音有生有灭，就使你的闻性或有或无。你还在颠倒之中，

惑声为闻，何怪昏迷，

惑此声尘的有无以为即是闻性的有无，无怪你昏迷无知，

以常为断。终不应言，离诸动静，

以常住的闻性为断灭。所以不应该说，离开声尘的动静，

闭塞开通[6]，说闻无性[7]。如重睡人，

肉耳的闭塞(聋)开通(聪),没有常住的闻性。又如沉睡的人,

眠熟床枕,其家有人,于彼睡时,捣练舂米,其人梦中,

眠熟床枕他的家人,当他沉睡时捣练舂米,这个人在睡梦中,

闻舂捣声,别作他物,或为击鼓,

听到舂捣声,别认为是其他的声音,或以为是在击鼓,

或为撞钟。即于梦时,自怪其钟,

或以为是在撞钟。他在梦中感到很奇怪为什么铜钟皮鼓,

为木石响。于时忽寤,遄知杵音。

会发出木石的声响。正在这时忽然醒了,立即知道是舂捣的声音。

自告家人,我正梦时,惑此舂音,将为鼓响。

就告诉家人,我正在睡梦时,惑认这舂捣音是钟鼓在响。

阿难,是人梦中,岂忆静摇,开闭通塞?

阿难,这个人在睡梦中,难道还忆想尘的静、动,肉耳的开闭通塞吗?

其形虽寐,闻性不昏。纵汝形销,

他的身体虽睡着了,闻性不随沉睡而昏昧。纵然你的形体消灭,

命光迁谢,此性云何,为汝销灭[8]?以诸众生,

生命终结,这闻性也不会随着你俱销俱灭。因为众生

从无始来,循诸色声,逐念流转,

从无始来,都随顺着色、声等尘境逐念分别,常随外物转移。

曾不开悟,性净妙常。不循所常,

从不曾认识本有的清净妙常真性,故不知随顺本有的妙常之根性,

逐诸生灭,由是生生,杂染流转。

反而随逐生灭识心,依惑造业,生生世世在六道杂染法中迁流转变。

若弃生灭，守于真常，

若能舍弃生灭无常的识心，谨守真实常住的根性勤行修习，

常光现前，根尘识心，

常住真心本有的大智慧光明一旦现前，则根、尘、识

应时销落。想相为尘，识情为垢[9]，

自然一时销落。应知所想的湛一之境是一种最细难除之尘，能想湛一之境的心是最难割舍的细垢，

二俱远离，则汝法眼，应时清明，

如果能二俱（心、境对待）远离，则你的法眼就会应时清明，即得六根清净，

云何不成，无上知觉。

如何不能成就无上的正知正觉的佛果！"

[注释]

[1] 庵摩罗识：此云无垢识，亦云白净识，迷位中名阿赖耶识。佛果位中，号庵摩罗，善能分别一切诸法，而无染著。〇庵摩罗识是转阿赖耶所成，与大圆镜智是转第八识所成无异，也同照万法。无垢识：分别一切而无染著，故名无垢。

[2] 大圆镜智：圆照万法而无分别，如圆镜照物，平等普照，不起分别，故称大圆镜智。

[3] 念心：即第六意识心，离尘无体。

[4] 若离明暗，见毕竟空：前文"离明离暗，无有见体。离动离静，元无听质"等，阿难不知佛说揽尘所结之根，离尘无有结体，并非没有性体。揽尘结根，聚见于眼是妄体，此体因结色所成，非照用自在之常体。以元明照用，常光独耀是真体。

[5] 阿难错认根性与识心相同，错执根性也是无体。

[6] 闭塞开通：指浮尘根的聋和聪。

[7] 即时如来……说闻无性：此举击钟说明闻性常住，闻性与耳根、声尘无关。

[8] 如重睡人……为汝销灭：此引梦说明闻性不昧，身睡、身死与闻性无关。

[9] 想相为尘，识情为垢：上句根、尘、识已销落，则粗尘粗垢已除，此处尘垢指微细法执无明。

[解说]

此段文讲 1. 选根直入的(2) 释二疑中① 根性断灭疑。阿难听佛前面开示“离明离暗，无有见体。离动离静，元无听质”等，不知佛说的是揽尘所结之根，离尘无有结体，是没有妄体。阿难错解佛语，疑根性与识心相同，怀疑根性是断灭的。于是生疑：怎么将这生灭的根性为修因而欲求不生灭的佛果呢？反而认为佛说话是前后矛盾。阿难心中迷惑求佛开示。○佛举两个例子来为他释疑：一、举击钟来说明闻性(根性)是常住，圆满周遍，一切时有，闻性与声尘有无和耳根的聋聪(闭塞、开通)，都没有关系。二、引梦说明闻性(根性)不昧，闻性常存。身体虽睡，闻性不昏。身若死，闻性也不灭。闻性与尘、根无关，闻性常存。○一切众生迷常住的根性故轮回，佛令守真常则成正觉。

② 别有结元疑

阿难白佛言，世尊，如来虽说，第二义门，

阿难对佛说：“世尊，如来前面说第二项先决条件的时候，要我们从根解结，

今观世间，解结之人，若不知其，所结之元，我信是人，

现在看世间解结之人，如果不知道结的根源所在，我相信这个人

终不能解。世尊，我及会中，有学声闻，亦复如是。

始终不能解开结。世尊，我和会中的有学声闻也是这样。

从无始际，与诸无明，俱灭俱生，虽得如是，多闻善根，

我们从无始以来与无明俱灭俱生，虽得历劫多闻熏习的善根，

名为出家，犹隔日疟。

名为出家，却好像隔日的疟疾一样，今天好明天又发。

惟愿大慈，哀愍沦溺，今日身心[1]，

惟愿如来大慈悲，哀愍这些沦溺苦海的众生，开示我们现在的身心

云何是结，从何名解，亦令未来，苦难众生，

哪里是结，从何处下手去解，亦令未来苦难众生

得免轮回，不落三有。作是语已，普及大众，五体投地，

得免轮回，不落三有。”阿难说完这些话与大众一起五体投地

雨泪翘诚，伫佛如来，无上开示[2]。

泪如雨下虔诚敬仰，肃立以待，恭敬聆听无上的开示。

尔时世尊，怜愍阿难，及诸会中，诸有学者，亦为未来，

此时世尊怜愍阿难和会中有学及末世

一切众生，为出世因，

一切众生，为示出世，修证一乘之因心，使其不至错乱修习，

作将来眼。以阎浮檀，紫金光手，

以作将来修行大乘之眼目。佛用阎浮檀紫金光色的手

摩阿难顶。即时十方，普佛世界，六种震动。

摩阿难顶。这时十方普佛世界立即发生六种震动，

微尘如来，住世界者，各有宝光，从其顶出，

微尘数的如来，凡是住在世界上的，各有宝光从顶门出，

其光同时，于彼世界，来祇陀林，灌如来顶，

这些宝光同在一时从彼十方世界来此祇陀林，灌释迦如来之顶，

是诸大众，得未曾有。于是阿难，及诸大众，

这样的祥瑞之相,大众从未见过,于是阿难和会中大众

俱闻十方,微尘如来,异口同音,告阿难言,善哉阿难,

同时听到十方微尘如来异口同声告诉阿难说:“善哉,阿难!

汝欲识知,俱生无明,使汝轮转,生死结根,

你想知道俱生无明为何使你轮转六道吗?生死结的根元,

唯汝六根,更无他物。汝复欲知,无上菩提,令汝速证,

就是你的六根,除此别无他物。你若想知道,如何令你速证

安乐解脱,寂静妙常,亦汝六根,更非他物[3]。

安乐、解脱、寂静妙常的本觉真心,也是你的六根,并非他物。”

阿难虽闻,如是法音,心犹未明,稽首白佛,云何令我,

阿难虽闻如是法音,心犹未明,顶礼佛陀说:“为什么让我

生死轮回,安乐妙常,同是六根,更非他物。

生死轮回的是六根,证安乐妙常的也同样是六根,并非他物呢?”

佛告阿难,根尘同源[4],缚脱无二[5],

佛对阿难说:“根尘本是同源,原是一体。结缚之元和解脱之本都是六根。

识性虚妄,犹如空华[6]。

识性是前尘虚妄相上所起的妄想,全无实体,犹如空华。

下十八字重释根尘同源

阿难,由尘发知,因根有相,

阿难,由于有六尘才发六根的了知功能(是根要托尘立),因有六根方显六尘之相(是尘要托根有),

相见无性,同于交芦[7]。

六尘之相和六根之知见都没有独立的自(体)性。如同交芦,生必二茎,交互而立,各无自立之性。

是故汝今，知见立知，即无明本。

所以你现在要在本具真见的根性上更立知见，这就是无明的根本。

知见无见，斯即涅槃，无漏真净[8]。

若证悟本具的真知真见不需更立知见，这就是无漏真净涅槃。

云何是中，更容他物[9]。

结、解唯是六根，怎么在结解之中更容有他物呢！”

尔时世尊，欲重宣此义[10]，而说偈言：

这时世尊，想再次宣示这个道理，而说偈颂：

真性有为空，缘生故如幻。

“依真如佛性而显的有为法是缘生性空，属于幻有而非真有，

无为无起灭，不实如空华[11]。

因对有为法有生灭而立无为法无生灭，此依真性而显的无为法，也不实如同空华。

言妄显诸真，妄真同二妄。

说有为法是妄以显无为法是真，对妄立真，所以有为的妄和无为的真二者同样是虚妄的。

犹非真非真，云何见[12]所见[13]。

真性绝对待，双非真、妄。无为之真，尚非实有，云何更有有为的根、尘！

中间无实性，是故若交芦[14]。

根尘中间没有各自独立、真实之性，根尘互相依倚如同交芦。

结解同所因，圣凡无二路[15]。

结缚和解脱同依六根，更无他物。六根结则为凡，六根解则为圣。生死涅槃惟在六根，结解更无别路。

汝观交中性，空有二俱非[16]。

你且观察交芦的体性，若说空，芦相宛然，若说有，中无实体，所以说空说有都不可以。能见的根和所见的尘也是如此（言空，能所历然。言有，缘生无性。故根尘空有二俱非）。

迷晦即无明，发明便解脱[17]。

湛寂一心，空、有双绝，迷晦此理即为无明，即是结缚。若发明此理便成解脱。

解结因次第，六解一亦亡。

结由次第结成，解也因次第而解。六结既已解开则六结之相没有了，那么"一"之名也不应存在。

根选择圆通，入流成正觉。

解结当于六根之中选择圆通根，做入流功夫，可速成正觉。

陀那微细识，习气成暴流。

阿陀那识很微细，由习气种子熏变能引生诸趣，成为生死瀑流。

真非真恐迷，

此识是真妄和合，其体虽真，不过掺杂无明习气之妄，若说是真，恐其迷妄为真，若说是妄，又恐迷真为妄。

我常不开演[18]。自心取自心，非幻成幻法。

所以我不轻易为人开示演说。见相二分，惟一自心，妄以能见之见分，妄取所见之相分，于是在本来无幻法中妄成一切幻法。

不取[19]无非幻，

只要明达一切法即心，寂然不生取著则不但没有虚幻法，就连非幻的真法也没有。

非幻尚不生，幻法云何立。是名妙莲华[20]，

非幻之真法尚且不生，一切幻法又怎么得安立？这个从根解结的法

门因该果海，果彻因源，譬如妙莲华，花果同时，

金刚[21]王宝觉[22]，如幻三摩提，弹指超无学。

又如金刚为百宝中王，无修而幻修，修如幻定慧(真心本具，幻惑本空)，得住首楞严三昧，那么一弹指顷就超越无学之位。

此阿毗达磨，十方薄伽梵，一路涅槃门。

这个从根解结的法门，十方三世诸佛都同依此妙修行路，直入涅槃果。”

于是阿难，及诸大众，闻佛[23]如来[24]，无上慈诲，

于是阿难及诸大众，闻佛如来无上的慈悲教诲，

祇夜伽陀[25]，杂糅精莹，

重颂之后又糅和精义，出以讽颂，前后照应，精彩莹明。

妙理清彻，心目开明，叹未曾有。

妙理清彻，使人心开目明，叹前所未有。

[注释]

[1] 身心：即六根。

[2] 前文佛指出六根就是结，此处阿难错误认为离此六根，别有结的根元(即别有结元疑)，故请佛开示结的根元和解结的方法。下文佛为他释疑。

[3] 诸佛同言，生死结的根元是六根，解结还是六根。

[4] 根尘同源：根和尘二者，本是同源，而无异体。从执相角度谈，根尘好像有内外之分，根是内之根身，属有情；尘是外之尘境，属无情。从明理角度谈，根尘只是见、相之别，见、相皆依自证分。

八识 { 见分——心法——根也 / 相分——色法——尘也 } 如蜗牛二角，出则成双，收则唯一，唯是一头，并无二角。

所以根尘同一本源，举根即摄于尘，故不言尘。

［5］缚脱无二：缚，结。脱，解。六根若缚，六结生起就是凡夫，六根若脱则成圣人。

［6］识性虚妄，犹如空华：根尘同源，举根既摄尘，六识又极虚妄，故不言尘、识，而言结、解惟是六根。

［7］相见无性，同于交芦：交芦不同于常芦，生必二茎交并而立，根盘结而连，单则扑地，不能自立。根尘要相依并存，都无独立的自性，如交芦。

［8］知见立知……无漏真净：知见指根性（该六根之性），即性本二觉，本具妙明、明妙，真知真见也。不必更立知见，若一立知见，其犹性觉本明之上再加明而明之，则妄为能明之无明，所明之妄觉，故曰即无明本。若了本具真知真见，无容再立知见，斯即清净本心，本觉常住，故曰斯即涅槃。

［9］云何是中，更容他物：六根若缚，六结重叠生起，则为凡夫，所以六根即是结缚的根本。六根若脱，六结次第解除，则为圣人，所以六根即是解脱的根本。令我们生死、涅槃的都是六根，没有其他东西。

［10］此义：结解惟在六根之义。

［11］真性有为空……不实如空华：起，生。识性有二，一是凡夫对有而引起者，为有为（有漏）。二是小乘对空而引起者，为无为（无漏）。颂中"有为空"下，经意别指第六意识有为、无为。（识性的有为和识性的无为都非实。）此四句偈重颂前文"识性虚妄，犹如空华"。

［12］见：能见，即根（眼括余五），即见分。

［13］所见：即尘（色括余五），即相分。

［14］言妄显诸真……是故若交芦：重宣（追颂）"根尘同源，犹若交芦"。

［15］结解同所因，圣凡无二路：重宣（追颂）"缚脱无二，结解惟在六根"。因：依也。

［16］汝观交中性，空有二俱非：重宣"根尘同源"。

［17］迷晦即无明，发明便解脱：重宣“缚脱无二”。

［18］陀那微细识……我常不开演：与《解深密经》中“阿陀那识甚微细，一切种子成暴流，我于凡愚不开演，恐彼分别执为我”，义同。阿陀那识即阿赖耶识，即如来藏受无明熏，转如来藏而成藏识。习气：即无明种子，种子生现行，现行又为种子，展转熏习，妄上加妄，遂起诸结，引生诸趣。真：不生灭性。非真：无明习气。

［19］不取：即返妄归真的下手功夫。不起能取之心，不取外尘之境，旋转六根，脱粘内伏，伏归元真。

［20］莲华：莲华方华即果，因果不相舍离。此法门以根性为因地心，如莲华。

［21］金刚：最利喻根性。

［22］宝觉：真心的异名，此心即根性。

［23］佛：十方诸佛。

［24］如来：本师。

［25］祇夜伽陀：祇夜，此云重颂，又云应颂，应长行而颂，承前。伽陀，此云孤起颂，又云讽颂，讽美而颂，启后。“真性有为空……发明便解脱”此段偈是祇夜颂。“解结因次第……一路涅槃门”此段偈是伽陀颂。

［解说］

此段文讲(2)释二疑中②别有结元疑。阿难错误认为离此六根，别有结的根元。于是诸佛同言：生死结的根元唯是六根，解结的还是六根。阿难听到佛说，令你流转生死，证得涅槃的同是六根，心中迷惑：结解惟指六根，为什么不指尘和识呢？又六根既为结缚的根本，为何又是解脱的根本？

佛解答说：(根尘同源如交芦)根和尘本是同源，是一体不分的，二者都没有自立之性，要相依并存。故举根即摄于尘，故不说尘。又(识性如空华)识是前尘虚妄相上所起妄想，无实体如空华，所以诸佛同言结解惟是六根，而不说尘、识。○六根若缚，六结重叠生起则为凡夫，故此六根即结缚的根本。六根若脱，六结次第解除，则成圣人，所以六根又是解脱之本。故而令你生死、涅槃的都是六根，没有其他的东西。说完这微妙义理，佛又用偈言重宣此义。

至此，(2) 释二疑完。

(3) 绾巾示解伦次

阿难合掌，顶礼白佛，我今闻佛，无遮大悲，性净妙常，

阿难合掌，顶礼白佛："我今闻佛以无遮大悲开示性净妙常，

真实法句，心犹未达，六解一亡，

以真实语所说的妙法言句，心中还不明白六解一亡的真义，

舒结伦次，惟垂大慈，再愍斯会，及与将来，

以及舒解结缚的次序，惟垂大慈，再愍此会及将来众生，

施以法音，洗涤沉垢[1]。

施以法音，洗涤积生虚妄习气，荡除深沉细垢。"

即时如来，于狮子座，整涅槃僧[2]，敛僧伽梨[3]，

这时如来，在狮子座上，整理里衣，收敛大衣，

揽七宝几[4]，引手于几，取劫波罗天[5]，所奉华巾。

将七宝几案拉至座前，伸手拿起几上夜摩天所献的华巾。

于大众前，绾成一结，示阿难言，此名何等？阿难大众，

当着大众绾成一个结，示阿难说："这叫什么？"阿难及大众

俱白佛言，此名为结。于是如来，绾叠华巾[6]，又成一结，

同声回答佛："这叫做结。"于是如来绾叠华巾，又成一结，

重问阿难，此名何等，阿难大众，又白佛言，此亦名结。

再问阿难："这叫什么？"阿难及大众又回答佛说："这也是结。"

如是伦次，绾叠华巾，总成六结，一一结成，皆取手中，

于是佛依次绾叠华巾，共成六结，每成一结，皆取手中

所成之结，持问阿难，此名何等。阿难大众，亦复如是，
所成之结持问阿难这叫什么，阿难及大众也照样

次第酬佛，此名为结。佛告阿难，我初绾巾，
一一回答佛陀这叫做结。佛告阿难："我首次绾巾，

汝名为结，此叠华巾，先实一条，第二第三，
你说是结，这叠华巾最先实是一条，第二第三次绾巾，

云何汝曹，复名为结。阿难白佛言，世尊，此宝叠华，
你们为什么仍然说是结呢?"阿难对佛说："世尊，这宝华巾

缉绩成巾，虽本一体，如我思惟，如来一绾，得一结名，
是织绩而成，虽本一体，依我的想法，如来一绾就成一个结，

若百绾成，终名百结，何况此巾，只有六结，
若作百绾，就是一百个结，何况这条华巾只有六个结，

终不至七，亦不停五，云何如来，祇许初时，
尚不至七个也没止于五个，如来怎么祇许首次绾巾叫结，

第二第三，不名为结？佛告阿难，此宝华巾，
第二第三，就不叫结呢?"佛告阿难："这宝华巾，

汝知此巾，元只一条，我六绾时，名有六结。
你知道原本只是一条，我六次绾结时，就说有六个结。

汝审观察，巾体是同，因结有异。
你仔细观察，此巾未绾结之前，巾体是同(至同)，一的名尚不可得，何来六结之名？既绾结之后，因结成异，六相(结相)分明(至异)。

于意云何，初绾结成，名为第一，如是乃至，
你的意思如何？我首次绾成结，叫第一结，依此次第以至于

第六结生，吾今欲将，第六结名，成第一否？

第六结产生，我现在要将第六结的名称，换成第一结可以吗？”

不也世尊，六结若存，斯第六名，终非第一。

阿难说：“不可以世尊，六结若都存在，这第六之名终不是第一。

纵我历生，尽其明辨，如何令是，六结乱名。

纵然竭尽我历生的聪明辩才，也不能使这六结的名次错乱。”

佛言如是，六结不同，循顾本因，

佛说：“你说的对，六结次序不同，若返观结的本因，

一巾所造，令其杂乱，终不得成。则汝六根，

原是一巾所成，欲令次序杂乱，终不可能。你现在的六根

亦复如是。毕竟同中，生毕竟异。

也是这样。根性本体未结之前，一相尚不可得，何处有六（毕竟同）。既从真起妄缚结之后，六相（六根）分明，各有界限分隔（眼不能听等），从完全相同中，产生了完全不同的差异（毕竟异）。”

佛告阿难，汝必嫌此，六结不成，

佛告诉阿难：“你一定不喜欢将此华巾，绾成六个结，

愿乐一成，复云何得？

希望这华巾依旧成为一巾。又要怎样做才能得到？”

阿难言，此结若存，是非锋起，于中自生，

阿难说：“六结如果存在，则是非蜂起，于中自然生起，

此结非彼，彼结非此。如来今日，若总解除，

此结非彼结，彼结非此结种种是非。如来今日如果把六结都解开了，

结若不生，则无彼此。尚不名一，

结如果不存在，则再没有彼此。一（巾）的名尚且不可得，

六云何成。佛言，六解一亡，亦复如是[7]。

六(结)又怎么能成立!”佛说:“六解一亡,也是如此。

此示从真起妄,妄成六结

由汝无始,心性狂乱[8],

因为你无始迷真起妄,致使真心妙性被无明狂惑之所扰乱而有能见、所见的三细相,成就第一灭结(即无明熏真如,将白净无垢识,变成生灭与不生灭和合的阿赖耶识。)。

知见妄发[9],发妄不息[10],

粘妄所发的知见属智相,见境界相,不了心现,妄执心外实有,能所二俱成妄,妄上加妄,念念相续不断,遂成第二空结、第三觉结。

劳见[11]发尘[12]。

劳虑转深,妄见我及我所,而有世间相(妄起三细六粗而见有一切世间)。

如劳目睛,则有狂华,

于是六结次第相生,历历可辨。如眼睛疲劳的人,见到狂花的劳相,

于湛精明,无因乱起。

在精明的见中,清湛的空中,无因乱起,这能见和所见,两皆是妄。

一切世间,山河大地,生死涅槃,皆即狂劳,颠倒华相。

一切世间,山河大地,以至生死涅槃都是从真起妄,一念颠倒所起的花相,全是虚幻的。”

阿难言,此劳同结,

阿难说:“此狂劳颠倒所起之花相,从一至六同名为结,

云何解除?如来以手,将所结巾,偏掣其左,

但要怎样才能解除?”如来用手将所结的华巾,拉拉结的左端,

问阿难言,如是解否?不也世尊。

问阿难说："这样解的开吗？"阿难说："不能，世尊。"

旋复以手，偏牵右边，又问阿难，如是解否？

世尊又用手拉拉结的右端，又问阿难说："这样解的开吗？"

不也世尊。佛告阿难，吾今以手，左右各牵，

阿难说："不能，世尊。"佛告阿难："我现在用手左拉右扯

竟不能解，汝设方便，云何解成。

皆不能解，你想想看到底用什么方法可以解开这结？"

阿难白佛言，世尊，当于结心，解即分散。

阿难对佛说："世尊，应在结的中心一解就开了。"

佛告阿难，如是如是，若欲解除，当于结心。阿难，

佛告阿难："对了，要想解结当从结心下手。阿难，

我说佛法，

以上我说选择最圆通的根，一门深入从根解结，直至成佛之法，

从因缘生，非取世间，和合粗相。

也是从因缘生，但不是指世间四大和合，产生各种变化境相的粗因缘。而是指以不生灭性为因，次第解结修证为缘，复本心源，究竟清净，这种微细因缘。

如来发明，世出世法，知其本因，

世间染法和出世间净法都不出因缘，如来一一知其本有之因

随所缘出，如是乃至，恒沙界外，

各随所遇之缘，出生染净十界诸法，甚至恒河沙数世界之外，

一滴之雨，亦知头数，现前种种，

天上所下一滴一滴的雨也知其数量。眼前种种植物，

松直棘曲，鹄白乌玄，

松为什么直，棘为什么曲，天鹅为什么白，乌鸦为什么黑，

皆了元由。是故阿难，

我皆了知来由。佛的智慧如此，所以阿难你当确信，佛所说解结之法和所许取之事是决不会差谬的。

随汝心中，选择六根，

随你心中详察，选择六根中最圆之根，一门深入，

根结若除，尘相自灭，诸妄销亡，

六结若尽解，则粗的尘相，自然先灭，细的诸妄也自销亡，妄净真纯，

不真何待。阿难，我今问汝，此劫波罗巾，

惟一绝待真心也就自然显现了。阿难，我现在问你这条华巾

六结现前，同时解萦，得同除否？不也，世尊，

现有六结，六结可以同时解开吗？"阿难说："不可以，世尊。

是结本以，次第绾生，今日当须，次第而解。六结同体，

这六结本是次第绾成，现在也须次第解开。六结虽同一体，

结不同时，则结解时，云何同除。

但绾结不同一时，则此结欲解之时，怎么可以同时而除呢？"

此解结次第

佛言，六根解除，亦复如是。此根初解，先得人空。

佛说："六根解结之法，也是如此。于此根中先解粗的三结即证得人空（未得法空，空性未臻圆明，法执未得解脱）。

空性圆明，成法解脱。

再解二结（即觉、空二结），破除法执，则空性而得圆明，便成法解脱（得人法二俱空之境）。

解脱法已，俱空不生，

既证我法二空，依旧回光返照，俱空之境，亦复不生，解除最初生起的第一结。

是名菩萨，从三摩地，得无生忍。

这就叫做菩萨从三摩地中证得无生法忍。”

［注释］

［1］阿难请佛开示“六解一亡”和“解结伦次”两个问题。

［2］涅槃僧：此云里衣，僧服中的裙。

［3］僧伽梨：此云大衣，由九条至二十五条制成。

［4］七宝几：此几有七宝所嵌。

［5］劫波罗天：即夜摩天，是欲界六天中的第三天之名。

［6］叠华巾：叠华，西域贵重之物，织以成巾，价值无量，又为天人所奉，更加宝贵。

［7］依一巾绾成六结，六结既定，彼此各有定位，次第分别，现在把一巾的六结次第解除，六结不存在了，则一巾的名，当然也不存在了，因为一巾原对六结立名（对六而说一）。此文中之喻。这“解结因次第，六解一亦亡”之理，如同巾结无异。众生从真起妄，妄有六结，根中六结次第解除，六结不存在了，则本体自显，六根互用，在此时，一心之名也就消失，并非真心消失了，而是指对六所说的一。此一六是相对法，俱是妄，故可亡。而真心是绝对待，故不可亡。

［8］心性狂乱：即第一灭结成。心即清净本心。性，妙真如性。狂即无明，一念妄动。乱指三细，扰乱于真净心中。

［9］知见妄发：属六粗中智相，是俱生法执。

［10］发妄不息：属相续相，是分别法执。

［11］劳见：劳见是执取相。谓知见劳虑转深，于境执取不舍，若约境牵心，即由明暗等十二种妄尘（动、静等）粘湛发见（发听、嗅、尝、觉、知等）；若约心取境，即见精映色，结色成根（听精映声，卷声成根，

乃至知精映法,揽法成根),遂成第四根结,而为六根初起之相,属俱生我执。

［12］发尘:发尘即由根取境,内计我,外计我所,是计名字相,属分别我执,遂成第五静结。因不知我法俱空,执为实有,起贪嗔痴,作杀盗淫,由业感果,遂有三世三种相续,成第六动结,名业系苦相。

［解说］

此段文讲1. 选根直入中的(3) 绾巾示解伦次:佛把华巾绾成结又解开,以此巧示我们根中六结的舒解方法和伦次。

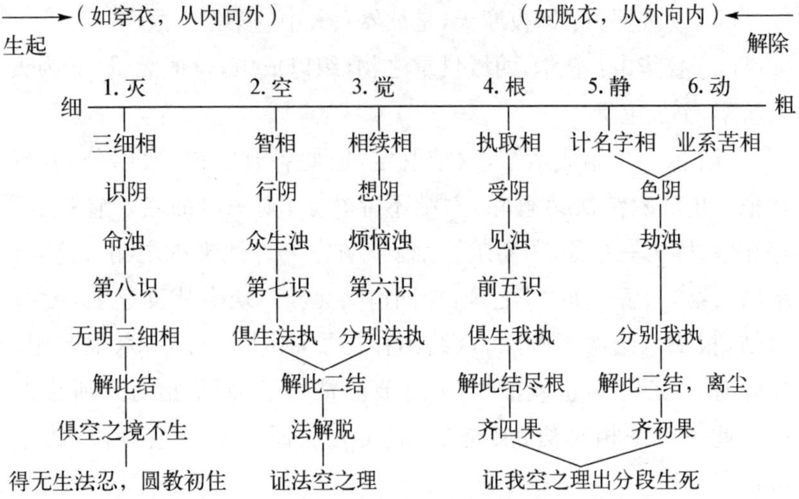

(异议:海仁法师曰:解觉结即破想阴。圆瑛法师曰:解根结即破想阴,智相和相续相属七识,执取相和计名字相属六识。)

灭结解,寂灭现前,亲证藏性,得无生忍,入首楞严三昧,位在大乘见道,登圆教初住,别教初地。入菩萨位,分证诸佛法身。修证至此,根结尽解,妙心已悟,道眼已开,能见诸法无生。自此心心流入萨婆若海,渐断四十二品无明,最后"圆满菩提,归无所得"。

（4）冥授以选本根

阿难及诸大众，蒙佛开示，慧觉圆通，得无疑惑。

阿难及大众蒙佛开示，已得慧觉圆通，虽未真修亲证，但已决定明了，

一时合掌，顶礼双足，而白佛言，我等今日，身心皎然，

一时合掌，顶礼佛足，而白佛言："我们今日身心皎然，

快得无碍，虽复悟知，一六亡义，

畅快通达，虽然已经悟知一门深入，六根齐脱的义理，

然犹未达，圆通本根。世尊，我辈飘零，

但仍不知哪是圆通的本根，无从起修。世尊，我们飘零生死苦海，流落六道，

积劫孤露，何心何虑，预佛天伦，

累劫以来，何异孤儿沦落他乡，何敢奢望能与佛陀为兄弟，今又从佛出家，常随左右，

如失乳儿，忽遇慈母。若复因此，际会道成，

如失乳的婴儿，忽遇慈母。若能因此幸遇而得证菩提道果，方不负此所遇。

所得密言，

今已闻佛常不开演的妙法，果能从闻、思、修，由根解结，则正定可入，法忍可证。

还同本悟，则与未闻，无有差别。

若仍同从前一样，循文逐义，徒守知解，不求行证，那与未闻者没有差别。

惟垂大悲，惠我秘严，成就如来，最后开示。

惟愿世尊垂大悲，惠示我秘密严净的妙法，成就如来究竟开示的全功。"

作是语已，五体投地，退藏密机，冀佛冥授。

作是语已，五体投地，然后退回本位，心中默默祈祷，希望佛不必显说，望能密授。

尔时世尊，普告众中，诸大菩萨，

这时世尊，普告众中诸大菩萨

及诸漏尽，大阿罗汉，汝等菩萨，及阿罗汉，生我法中，

及诸漏尽大阿罗汉："汝等菩萨及阿罗汉，在我佛法中

得成无学，我今问汝，最初发心，

已得证无学圣位，我现在问你们，最初发菩提心时，

悟十八界，谁为圆通[1]，从何方便，入三摩地？

悟知十八界中哪个是真正圆通的，又从何法起修而证入三摩地？

[注释]

[1] 悟十八界，谁为圆通：为何不言七大？因为"地、水、火、风、空"五大合于六尘中，见大合于六根中，识大合于六识中。故而问十八界，而二十五门皆在其中。

[解说]

此段文起开讲1. 选根直入中的(4) 冥授以选本根。这段经文讲：阿难蒙佛开示，获益礼谢。虽前文佛已详辨圆通本根即是耳根，可阿难无慧择出，此处又请示何根是圆通本根？故佛令二十五位圣人分别答说，又让文殊在二十五门中选择。

① 诸圣圆通

1. 陈那声尘：声尘居首，观音耳根最后，互相对照

时憍陈那五比丘，即从座起，顶礼佛足，而白佛言，

这时憍陈那等五比丘，即从座起，顶礼佛足，对佛说：

我在鹿苑，及于鸡园，观见如来，最初成道，

"我在鹿野苑及鸡园两地修行，观见如来最初成道，

于佛音声，悟明四谛[1]。佛问比丘，

我于佛音声之中悟明四谛之理。当时佛问比丘，谁已得解？

我初称解，如来印我，名阿若多[2]，

惟我最初先悟，如来为我印证，并给我命名为阿若多。

妙音密圆，

当时我闻佛声音而悟知声音是缘生法，声相虽虚不实，其性恒真，为妙觉明体，其体秘密，无形无相；其用周圆，遍照法界。

我于音声，得阿罗汉。佛问圆通，

我以音声为本修因，得阿罗汉道。佛问什么最圆通，

如我所证，音声为上[3]。

我从音声得证，当以音声为上。”

［注释］

［1］于佛音声，悟明四谛：佛为三转四谛法，以音声作教体。

［2］阿若多：此云最初解。

［3］举一典故，昔有农夫，至马祖前求道。祖曰：“吾无道，云何会说法。”农夫恳切请求再三。祖云：“汝信我否？”曰：“信。”祖教用泥作耳环，挂于双耳，自会与汝说法。农夫依教奉行。不久耳环坠地，农夫因闻其声而悟道。所以古德云：“溪声尽是广长舌。”

［解说］

这段文起开讲(4)冥授以选本根中① 诸圣圆通。此段文讲第一位憍陈那声尘圆通：憍陈那因听佛的法音，悟到声尘是缘生之法，声相虽妄，其性恒真。憍陈那以声音为本修因，悟入真理，得阿罗汉道，故他认为音声为上，可速获圆通。

2. 优婆色尘：本应居首，现居二

优婆尼沙陀，即从座起，顶礼佛足，而白佛言，

优婆尼沙陀也从座上起来，顶礼佛足，对佛说：

我亦观佛，最初成道。观不净相[1]，生大厌离。

“我遇见佛很早，佛教我修不净观，依之而修，于是对此身产生极大的厌离。

悟诸色性，以从不净，白骨微尘[2]，

进而因相悟性，从不净观，再观人体死后，由膨胀而青瘀，最后烧骨成灰，化为微尘。

归于虚空，空色二无，成无学道。

尘遇风吹，终归于空，再观空，空亦无，因此得成无学之道。

如来印我，名尼沙陀[3]，尘色既尽，

如来为我印证，并给我命名为尼沙陀，空色二无，妄相既尽，真性显现，

妙色密圆。

全性成色，全色皆性，色色皆如来藏，其体秘密，无形无相；其用周圆，遍照法界。

我从色相，得阿罗汉。佛问圆通，如我所证，色因为上。

我以色相为本修因，得成阿罗汉道。佛问什么最圆通，如我所证，当以色尘为上。”

[注释]

[1] 观不净相：不净观，初观色身，种子不净，受生不净，住处不净，食啖不净，生处不净，举体皆不净。乃至从生至老，从老至死，究竟不净。

[2] 白骨微尘：人体死后作九想观：1. 膨胀想，2. 青瘀想，3. 坏想，4. 血涂想，5. 脓烂想，6. 虫啖想，7. 散坏想，8. 白骨想，9. 烧想。

[3] 尼沙陀：此云色性空。

[解说]

此段文讲第二位优婆尼沙陀色尘圆通：优婆尼沙陀虽属利根，

烦恼障重，性多贪欲。故佛教他修不净观，以对治之。遂于此身生大厌离，悟色不可得，空亦无。他以色相为本修因，观色性空而悟入，得成阿罗汉道。故他认为色尘为上，最为圆通。

3. 香严香尘

香严童子[1]，即从座起，顶礼佛足，而白佛言，我闻如来，

香严童子即从座上起来，顶礼佛足，对佛说："我闻如来

教我谛观，诸有为相。

教我用智照观察，世间一切有相有为之法，之后

我时辞佛，宴晦清斋，

我就辞别佛陀，退居清净斋室，安闲自处，晦迹韬光，以便清修。

见诸比丘，烧沉水香，香气寂然，来入鼻中，

见到比丘们，烧沉水香，无形无声的香气，入我鼻中，

我观此气，非木

我则即境修观，以香气为所观境。观此香气，非从木来，因为只有木而不烧它，香气也不会冒出；

非空。

香气也不从空出，因为空性常恒，而香气不常有；

非烟

也不是从烟而有，因为香气是无形无声入鼻中，其鼻并没有蒙烟；

非火。

也不是从火生，因为世间诸火，本不出生香气。

去无所著，来无所从。由是意销，发明无漏。

如是修观，求香生处，了不可得，故知香气，来无所从，去无所住，当体空寂，由是香既不缘，鼻无所偶，根尘双泯，意识也销，根尘识空，发明无漏真理。

如来印我，得香严号。尘气倏灭，妙香密圆。

如来为我印证，赐名香严。香尘之气倏然消灭，自性真香得以显现，其体秘密，无形无相；其用周圆，遍照法界。

我从香严，得阿罗汉。佛问圆通，如我所证，香严为上。

我从香严得阿罗汉。佛问什么最圆通，我以香尘为本修因，证入圆通，当以香尘为上。”

[注释]

[1] 香严童子：观香尘而得道，以自性真香庄严法身。童子，童真入道，非年龄幼稚。如来印证，得“香严”号，故名香严童子。

[解说]

这段文讲第三位香严童子香尘圆通：他以香气为观境，悟知香气，来无所从，去无所住，当体空寂，相尽性显。他以香尘为本修因，得阿罗汉道。故他认为香尘为上，最为圆通。

4. 药王、药上味尘

药王、药上[1]，二法王子，并在会中，五百梵天，即从座起，

药王和药上二位法王子，与会中的五百位梵天，从座而起，

顶礼佛足，而白佛言，我无始劫，为世良医。

顶礼佛足，对佛说：“我从无始劫以来世世皆为良医，

口中尝此，娑婆世界，草木金石，名数凡有，十万八千。

亲口尝过娑婆世界的草木金石之类，有十万八千种之多，

如是悉知，苦酢(醋)咸淡，甘辛等味。

所以尽知苦酸咸淡甘辛等等味道。

并诸和合，俱生变异。

并且能知哪些是和合性，以多药共治一病；哪些是俱生性，如黄连生来就苦，一药可治一病；哪些是变异性，如煎煮炮炙，才有功效；

是冷是热，有毒无毒。

哪些是冷性，可治热病；哪些是热性，能治寒症。哪些有毒，哪些无毒，

悉能遍知。承事如来[2]，了知味性，非空非有，

都能遍知。今承事如来，因宿习未忘，仍以味尘为观境，了知虽然味现，而实无体性。

非即身心，非离身心[3]，

诸药不来，舌与舌识不自现苦等诸味；舌与舌识不尝，诸药不能自知苦等诸味。

分别味因，从是开悟。

由此分别味尘之因，既无定体，又无所从来，得知相妄性真，由是开悟。

蒙佛如来，印我昆季[4]，药王、药上，二菩萨名。

承蒙佛世尊亲自为我兄弟印证，并赐以药王、药上二菩萨名。

今于会中，为法王子。因味觉明，位登菩萨。

今于如来法会之中，为法王真子，因观味尘，圆悟本觉妙明之真性故位登菩萨。

佛问圆通，如我所证，味因为上。

佛问什么最圆通，据我兄弟所修证，则以味尘为本修因，当以味尘为上。"

[注释]

[1] 药王、药上：过去有佛，名琉璃光。有一位叫日藏的菩萨善说法要。有一长者叫星宿光，用雪山妙药，醍醐妙味，供养日藏菩萨及大众，并发愿世世能治众生身心两病。大众都称他为药王。其弟名电光明，也同兄一样供养，发愿，大众称他为药上。会中五百梵天是他们的弟子。

[2] 如来：本师释迦。

[3] 身心：指舌根与舌识。

[4] 昆季：兄弟。

[解说]

此段文讲第四位药王、药上味尘圆通：药王、药上，无始劫来为世良医，亲口尝尽此娑婆世界所有诸药。因宿习未忘，今承事释迦如来，仍以味尘为观境，由此悟知味尘相妄性真，味尘本如来藏，妙真如性，故位居等觉。他们以味尘为本修因，故认为味尘为上。

5. 跋陀触尘

跋陀婆罗[1]，并其同伴，十六开士，即从座起，顶礼佛足，

跋陀婆罗和他的同伴，十六位大士，同时起座礼佛，

而白佛言，我等先于，威音王佛[2]，闻法出家。

对佛说："我们在过去的第一位威音王佛像法中，闻法而出家。

于浴僧时，随例入室，

值僧众沐浴之日，随例入于浴室，

忽悟水因[3]，既不洗尘，亦不洗体，中间安然，得无所有。

正浴之时，因水触身，觉有冷暖等触感，于是穷究此水，是因洗尘垢而现触呢，还是因洗体而现触呢？若谓因洗尘垢而现触，尘本无知，何能成触？若说因洗体而现，四大假合之体，本属无情，何能觉触？由此忽悟，既不是因洗尘垢而有，也不是因洗体而生，根尘俱泯，能所双亡，中间安然，得无所有，欲觅触尘之相，了不可得，相尽性显，观行成就。

宿习无忘，乃至今时，从佛出家，令得无学[4]。

历劫至今，宿习未忘，现在跟释迦佛出家，承教断惑，得证无学圣位。

彼佛名我，跋陀婆罗。妙触宣明，成佛子住。

世尊给我命名为跋陀婆罗。妄触既尽，妙触宣明，位居等觉是佛真

子，堪绍佛位。

佛问圆通，如我所证，触因为上。

佛问什么最圆通，如我所证，以观触尘为导悟之因，故以触因为上。”

[注释]

[1] 跋陀婆罗：译云贤护，或云贤守，又云贤首。开士：即菩萨异称，又名大士，或名高士。

[2] 威音王佛：《法华经》云：有二万亿威音王佛，相继出世。跋陀等当在初佛像法中出家，与常不轻菩萨同时。跋陀等常轻慢诽谤常不轻菩萨。

[3] 水因：水为导悟之因。

[4] 无学：非小乘无学，乃证于深位。

[解说]

这段文讲第五位跋陀婆罗触尘圆通：跋陀先在威音王佛像法之中出家，浴僧之时，入室洗浴，正浴之时，觅触尘之相，了不可得，相尽性显，观行成就。今遇本师宿习未忘，以触尘观行熏习，妄触既尽，妙触宣明，微妙触尘，非有非空，惟一藏性，随心应量，循业发现而已。

6. 迦叶法尘

摩诃迦叶，及紫金光，比丘尼[1]等，即从座起，顶礼佛足，

摩诃迦叶和紫金光比丘尼等，从座上起来，顶礼佛足，

而白佛言，我于往劫，于此界中，有佛出世，

对佛说：“我在往昔，于此娑婆世界之中，有一尊佛出世，

名日月灯，我得亲近，闻法修学。佛灭度后，

叫日月灯佛，我得以亲近，闻法修学。佛灭度后感佛深恩

供养舍利，燃灯续明，以紫光金，涂佛形像。

供养舍利，燃灯供养，以续日光之明，并用紫光金涂佛形像。

自尔以来，世世生生，身常圆满，紫金光聚。

自涂像以来，世世生生，身常圆满，常具紫金光。

此紫金光，比丘尼等，即我眷属，同时发心。

这紫金光比丘尼就是我的眷属，与我同时发心。

我观世间，六尘变坏[2]，唯以空寂，修于灭尽。

我观法尘念念迁变坏灭，刹那不停，当体空寂，修习灭尽定。

身心乃能，度百千劫，犹如弹指[3]。我以空法，

入此定，身心乃能度百千劫，犹如一弹指顷。我以空观，销灭法尘，

成阿罗汉。世尊说我，头陀为最，妙法开明，销灭诸漏。

得成阿罗汉道。世尊说我头陀第一，因为我生灭法尘既灭，微妙法性现前，故得开悟，了明藏心，销灭诸漏。

佛问圆通，如我所证，法因为上。

佛问什么是最圆通，如我所证，唯以法尘为本修因，是为最上。”

[注释]

[1] 紫金光比丘尼：即迦叶之妻，同时发心出家。

[2] 六尘变坏：迦叶正观法尘，而言六尘，何故？因为法尘是前五尘落谢的影子，故并言之。变坏：法尘托意识而现，念念迁变坏灭，刹那刹那不得停住。

[3] 迦叶在鸡足山石壁入此定，待弥勒下生传衣。灭尽定能灭六识，不起分别，能空法尘故曰灭。能尽七识半分染末那，亦复不起故曰尽。唯留七识半分净末那，以持定故。

[解说]

这段文讲第六位摩诃迦叶法尘圆通：迦叶尊者观法尘变坏无常，当体空寂。生灭法尘既灭，微妙法性现前，了明藏心，销灭诸漏。尊者唯以法尘为本修因，是为最上。

至此，六尘圆通完。

7. 那律眼根

阿那律陀，即从座起，顶礼佛足，而白佛言，我初出家，

阿那律陀从座上起来，向佛顶礼，对佛说："我刚出家时，

常乐睡眠，如来诃我，为畜生类，我闻佛诃，

听法、修行时常常打瞌睡，如来呵责我是畜生类，我听了佛的呵斥，

啼泣自责，七日不眠，失其双目。

痛苦自责，七日七夜不曾睡眠，因而双目失明。

世尊示我，乐见照明，金刚三昧，

故世尊开示我，见不一定用眼，教我乐见照明金刚三昧，

我不因眼，观见十方，

我依教勤修，得半头天眼，故我不借眼根而能观见十方世界，

精真洞然，如观掌果。

这精真妙见洞达无碍，观十方大千世界如观掌中果，

如来印我，成阿罗汉。佛问圆通，如我所证，

如来印证我成阿罗汉道。佛问什么最圆通，如我所证，

旋见循元，斯为第一。

旋转出流的见精，归循元明的真见，是为第一。"

[解说]

这段文讲第七位阿那律陀眼根圆通：尊者因精进双目失明，故佛教他"乐见照明金刚三昧"，即不循根，不奔尘，入流旋根，旋本有之心光，照能见之见性，照到本明自性，无动无坏，突开金刚正眼。所以他不借浮胜二种眼根，见三千大千世界如观掌中果。如来印证他成阿罗汉道。故而尊者认为旋见(出流之见精)亡尘，循元(元明之真见)脱根为第一。

8. 槃特鼻根

周利槃特伽，即从座起，顶礼佛足，而白佛言，我缺诵持，

周利槃特伽从座上起来，向佛顶礼，对佛说：“我缺少读诵记忆的能力，

无多闻性。最初值佛，闻法出家，忆持如来，

没有广学多闻之性，最初值遇佛陀，闻法出家，我忆持如来

一句伽陀，于一百日，得前遗后，

一句七字伽陀，读了一百日之久，记得前四字，忘掉后三字；

得后遗前。佛愍我愚，教我安居，

记得后三字，忘掉前四字。佛悲愍我愚钝，教我安居静处，

调出入息。我时观息，

调鼻中出息与入息。我在那时，秉教观息，

微细穷尽，生住异灭，诸行[1]刹那。

功夫纯熟，心渐微细，先只调息出入，定深更能穷尽生住异灭四相刹那迁流不住。

其心豁然，

因穷尽鼻息生住异灭四相迁流，在于刹那，刹那无体，唯在一念，念性本空，豁然开悟，贯通诸法，

得大无碍，乃至漏尽，成阿罗汉，住佛座下，

得大无碍，乃至界内欲、有、无明三漏先尽，成阿罗汉，住佛座下，

印成无学。佛问圆通，如我所证，反息循空，

蒙佛印证成无学道。佛问什么最圆通，如我所证，鼻根不缘外尘，反观息相，穷诸行空，循顺空理，而后证果。

斯为第一。

故以鼻根为本修因，最为第一。”

[注释]

[1] 诸行：即四相迁流。其息初起曰生，不断曰住，渐微曰异，已断曰灭。

[解说]

这段文讲第八位周利槃特伽鼻根圆通：尊者无记诵能力，虽属远因，也属散乱所致。佛愍他愚钝，教他调鼻中出息和入息。他秉教观息，鼻根不缘外尘，反观息相，定深，穷尽鼻息生住异灭四相迁流，在于刹那，刹那无体，惟在一念，念性本空，豁然开悟，贯通诸法，得大无碍，乃至漏尽，成阿罗汉。故而尊者认为鼻根为本修因最好。

9. 憍梵舌根

憍梵钵提，即从座起，顶礼佛足，而白佛言，我有口业，

憍梵钵提，继从座起向佛顶礼，对佛说："我在过去劫，

于过去劫，轻弄沙门，世世生生，有牛呞病。

见老比丘无齿而食，笑其如牛吃草，由此口业，生生感牛舌之报，患常虚嚼之病。

如来示我，一味清净，心地法门，

故如来教我尝味时，不观甜淡等尘，反观尝味之知，即依此一味清净本元心地修习，

我得灭心，入三摩地。观味之知，非体

灭攀缘识心而入三摩地。观照尝味之知性，不是生于舌根自体，

非物，应念得超，世间诸漏。

也不是生于甜淡等物，由悟根性脱根离尘，所以应念得超世间诸漏。

内脱身心，外遗世界，远离三有，如鸟出笼，

内脱身心的缠缚，外遗世界的拘束，远离三界，如鸟出笼，

离垢销尘，法眼清净，成阿罗汉。

离垢销尘，亲证真谛，恢复法眼本来清净，成阿罗汉。

如来亲印，登无学道。佛问圆通，如我所证，

如来亲自印证我登无学之道。佛问什么最圆通，如我所证，

还味旋知，

以舌根为本修因，还复一味清净之心，旋转循尘粘妄之知，

斯为第一。

以这舌根最为第一。"

[解说]

这段文讲第九位憍梵钵提舌根圆通：尊者有牛呞病，佛欲令其就路还家，教他从舌根入。尝味时，只令反观根性，不观甜淡等尘，离根离尘，反尝自性，灭攀缘识心，入三摩地，情器双超，三有远离，离垢销尘，法眼恢复清净，成阿罗汉。尊者以舌根为本修因，还复一味清净之心，旋转循尘粘妄之知，故认为这舌根最为第一。

10. 毕陵身根

毕陵伽婆蹉[1]，即从座起，顶礼佛足，而白佛言，

毕陵伽婆蹉从座上起来，向佛顶礼，对佛说：

我初发心，从佛入道，数闻如来，说诸世间，

"我初发心出家，从佛剃度，入出世之道，常闻如来宣说世间无常苦空，

不可乐事。乞食城中，心思法门，

诸不可乐事，闻后我就依教修观，一日进城乞食途中，只顾观想，

不觉路中，毒刺伤足，举身疼痛。

没有看到路上有毒刺，信步行走，毒刺伤足，毒入身中，全身疼痛。正观苦谛，忽遇苦事，

我念有知，知此深痛，

正此疼痛之时，我念身中有个能觉知者，知此深痛，就立定脚跟，观察

此知痛者是谁，

虽觉觉痛，

由是而知，身根之中，虽有能觉之心，觉此深痛，此乃有痛之妄觉。

觉清净心，无痛痛觉。

而我本觉清净之心，本无所觉之痛与能觉之痛觉也。

我又思惟，如是一身，宁有双觉？

我又思惟，一人一身，应只有一觉，为何现在既有知痛之觉，又有清净觉心之觉，难道一身有二觉吗？

摄念未久，身心忽空，

于是收摄知痛之妄念，随顺无痛之真觉，不久疼痛的身根和觉痛的身识，由真觉之力所熔，真纯妄绝（如汤销冰），二者忽空。

三七日中，诸漏虚尽，成阿罗汉，得亲印记，

经二十一天之久，诸漏都虚尽，成阿罗汉，得佛亲自印证，

发明无学。佛问圆通，如我所证，纯觉遗身，

证无学位。佛问什么最圆通，如我所修所证，纯一本觉，遗妄身心，

斯为第一。

以这个身根为本修因最为第一。”

[注释]

[1] 毕陵伽婆蹉：此云余习，过去五百世为婆罗门，性多骄慢，每过恒河，呼河神“小婢断流”，神虽为断，怀嗔白佛，佛令尊者向神道歉，遂合掌云：“小婢莫嗔。”众皆失笑。佛言实无慢心，因河神过去为其婢女，乃余习耳。

[解说]

这段文讲第十位毕陵伽婆蹉身根圆通：如来常说苦谛，尊者一日乞食途中，只顾观想被毒刺伤足，全身疼痛，于是他观察此知痛者是谁。由是而知，身根中虽有能觉之心，觉此深痛，此乃有痛之妄觉，

而我本觉清净之心，本无所觉之痛与能觉之痛觉。于是正思惟，一身应只有一觉，为何现身有知痛之觉又有清净觉之觉？如是一身怎么有双觉呢？于是收摄知痛之妄念，随顺无痛之真觉，不久疼的身根和觉痛的身识忽空，被真觉之力所熔，真纯妄绝。经二十一天，诸漏虚尽，成阿罗汉。尊者以身根为本修因，故认为身根最上。

11. 空生意根

须菩提，即从座起，顶礼佛足，而白佛言，我旷劫来，

须菩提从座上起来，顶礼佛陀，对佛说："我自久远劫来，

心[1]得无碍[2]，自忆受生，如恒河沙。初在母胎，

心已得无碍，自忆舍生受生，如恒河沙之多。今生在母胎中，

即知空寂，

即知四大本空，五蕴非有，当体空寂(宿命通，无隔胎之迷)，

如是乃至，十方成空。

如是乃至出胎之后，由人空而悟法空，十方世界，森罗万法，悉皆空寂(人法双空境界)。

亦令众生，证得空性。

从佛出家，广为众生宣说人法二空，令众生证得人空法空真如自性。

蒙如来发，性觉真空，空性圆明，

后蒙如来显发性觉真空，性空真觉，悟得全空全觉，全觉全空，空性圆明，

得阿罗汉。顿入如来，宝明空海，

得证大阿罗汉。顿入如来第一义空，宝明妙性，真空性海，

同佛知见，印成无学。解脱性空，

而同佛之知见，如来印证已成大乘无学之道。虽证空性，不住于空，不被空缚，是真解脱。

我为无上。佛问圆通，

如来印我所证真空不碍妙有，故为无上。佛问什么最圆通，

如我所证，诸相入非[3]，非所非尽[4]，

如我所证，人相法相皆入于空，能空之空与所空之人法二相也空了。

旋法归无[5]，

以意根无分别性，旋其虚妄生灭诸法，复归本元觉性，第一义空，

斯为第一。

这意根最为第一。”

[注释]

[1] 心：意根。

[2] 无碍：即空。

[3] 诸相入非：非，空也。

[4] 非所非尽：非，能空之空。所非，所空之人法二相。

[5] 无：第一义空。

[解说]

这段文讲第十一位须菩提意根圆通：尊者远劫以来，意根即空。以意根无分别性，旋其虚妄生灭诸法，复归本元觉性，第一义空。故尊者以意根最为第一。

至此，五根圆通(缺耳根圆通)完。

12. 舍利弗眼识

舍利弗，即从座起，顶礼佛足，而白佛言，我旷劫来，

舍利弗从座上起来，向佛顶礼，对佛说：“我久远劫来

心见[1]清净，如是受生，如恒河沙，世出世间，

就眼识清净，受生如恒河沙劫之久，不论世间、出世间，

种种变化，一见则通，获无障碍。

凡圣染净，无量差别诸法，只要眼识一见，随念分别，即能通达，了然

明白，毫无障碍，不必意识计度分别。

我于路中，逢迦叶波，兄弟相逐，宣说因缘，

一天我在路上，遇到迦叶波兄弟三人，他们兄弟相随宣说因缘深义，

悟心无际，从佛出家。见觉[2]明圆，

我一闻便悟如来藏心周遍法界，于是从佛出家。从前眼识只得无碍，

今承佛诲，得以明圆，

得大无畏，成阿罗汉，为佛长子。从佛口生，

获大自在，具四无畏，成阿罗汉，为佛长子。因从佛闻法，而证法身，

从法化生。佛问圆通，如我所证，

由法乳长养而继慧命。佛问什么最圆通，如我所修所证，

心见发光，光极知见，斯为第一。

即由眼识而成无障碍智光，智光极处，彻佛知见，这眼识最为第一。”

[注释]

[1] 心见：即眼识。

[2] 见觉：即眼识。

[解说]

这段文讲第十二位舍利弗眼识圆通：尊者旷劫以来眼识清净，十法界诸法，一见则通，毫无障碍，不需借意识。今从佛出家，承佛教诲，眼识得以明圆，得大无畏，成阿罗汉，为佛长子。尊者由眼识而成无障碍智光，智光极处彻佛知见，故以眼识为第一。

13. 普贤耳识

普贤菩萨，即从座起，顶礼佛足，而白佛言，我已曾与，

普贤菩萨从座起来，向佛顶礼，对佛说：“我曾为

恒沙如来，为法王子。十方如来，教其弟子，

恒河沙数如来的法王子。十方如来教他们的弟子，

菩萨根者，修普贤行，从我立名[1]。世尊，
凡属大乘根机者，皆应修普贤行，此行从我立名。世尊，

我用心闻[2]，
我只用耳识，随念分别，不借五俱意及独头意识计度分别，

分别众生，所有知见。若于他方，恒沙界外，有一众生，
便能分别众生所有知见。如果在恒河沙界之外，有一众生，

心中发明，普贤行者，我于尔时，乘六牙象，分身百千，
先悟毘卢性海，次入普贤行门，我即乘六牙白象，分身百千，

皆至其处。纵彼障深，未得见我，我与其人，暗中摩顶，
到各发心者的面前。纵然彼众生障深，看不见我，我也会暗中亲摩他的头顶，

拥护安慰，令其成就。佛问圆通，我说本因，
拥护安慰，使他成就普贤大行。佛问什么最圆通，我上述最初本因，

心闻发明，分别自在，
只用耳识随念分别，能发智慧光明，普照群机，得大自在，

斯为第一。
所以这耳识最为第一。”

[注释]

[1] 从我立名：此行从普贤立名有二意：1. 令行人有所效法，2. 令普贤有所加被。

[2] 心闻：耳识。

[解说]

这段文讲第十三位普贤耳识圆通：普贤菩萨曾是恒河沙数如来的法王子。此菩萨最初本因只用耳识，随念分别，能发智慧光明，普照群机，得大自在。所以菩萨认为耳识为上。

14. 难陀鼻识

孙陀罗难陀[1]，即从座起，顶礼佛足，而白佛言，我初出家，

孙陀罗难陀从座上起来，向佛顶礼，对佛说："我初出家时，

从佛入道，虽具戒律，于三摩地，心常散动，未获无漏。

跟佛入出世道，于戒律虽无缺犯，但心常散乱，不得入定，无定不能发慧，无慧不能断惑，故未得无漏。

世尊教我，及拘絺罗，观鼻端白。

当时世尊教我和拘絺罗，两目注视鼻尖微有白相，令注心一处，收摄散动。

我初谛观，经三七日，见鼻中气，出入如烟。

我初秉教谛观，经二十一天，见鼻中气息出入如烟。

身心[2]内明，圆洞世界，遍成虚净，犹如琉璃。烟相渐销，鼻息成白[3]。

观久功深，烦恼将尽，烟相渐销，出入鼻息，竟成白相。定功成慧光发，烦恼既尽，慧光叠发，圆满洞彻，依报世界，遍成虚净，内明外虚，犹如琉璃。

心开漏尽，诸出入息，化为光明，

藏心开显，诸漏俱尽，诸出入气息皆化为智慧光明，

照十方界，得阿罗汉。世尊记我，当得菩提。

普照十方世界，得成大阿罗汉。故世尊为我授记，当来必成佛。

佛问圆通，我以销息，

佛问什么最圆通，我观鼻摄心，见气如烟，继而烟相渐销，而成白净之息。

息久发明，

销息既久，定力愈深，并息亦销，诸出入息，称性发化，成为智慧

光明，

明圆灭漏，斯为第一。

光明圆照十方，销灭诸漏。如我所证，这观鼻息最为第一。”

［注释］

［1］孙陀罗难陀：孙陀罗译为艳，是妻名。难陀译为喜，是本名，是佛同父异母之弟。因佛弟子中叫难陀的人很多，故连妻名以别之。

［2］身心：鼻识。

［3］文中“烟相渐销，鼻息成白”应在上文“出入如烟”之后。圆瑛等师注疏中明。

［解说］

这段文讲第十四位难陀鼻识圆通：尊者内心散乱，佛令观鼻端白。是取观息之功，不取嗅闻鼻识，因鼻识不循尘分别，而内观息摄心，初见气息如烟，继而烟相渐销，销灭如烟之气，而成白净之息，销息既久，定力转深，并息亦销，诸出入息，称性发化成智慧光明，光明圆照，而灭诸漏。故尊者以鼻观最为第一。

15. 满慈舌识

富楼那弥多罗尼子，即从座起，顶礼佛足，而白佛言，

富楼那弥多罗尼子从座上起来，向佛顶礼，对佛说：

我旷劫来，辩才无碍，宣说苦空，深达实相。

“我久远劫来，就辩才无碍，宣说苦空之法，深达实相之理。

如是乃至，恒沙如来，秘密法门，我于众中，

以至于恒河沙数如来的秘密法门，我在大众之中，

微妙开示，得无所畏。

将精微的义理用巧妙的言词对众开示，无所畏惧。

世尊知我，有大辩才，以音声轮，教我发扬，

释尊知道我有大辩才，故教我口轮说法，要我观机发扬，

我于佛前，助佛转轮，因狮子吼，
我在佛前代转法轮，作狮子吼，上辅佛化，下度众生，

成阿罗汉，世尊印我，说法无上。
成阿罗汉，世尊印证我于说法人中最为第一。

佛问圆通，我以法音，降伏魔怨，
佛问什么最圆通，我以舌识说法无畏，降伏三界诸魔、五阴怨贼，

销灭诸漏，斯为第一。
灭除诸漏，这舌识应为第一。"

[解说]

这段文讲第十五位满慈舌识圆通：尊者久远劫来就辩才无碍，释尊知他有大辩才，教他观机说法，助佛转轮，上辅下化。尊者以舌识说法无畏，降伏三界诸魔、五阴怨贼，灭除诸漏，故他认为舌识第一。

16. 优波离身识

优波离，即从座起，顶礼佛足，而白佛言，我亲随佛，
优波离从座而起，向佛顶礼，对佛说："我从前追随佛陀，

逾城出家，亲观如来，六年勤苦，亲见如来，降伏诸魔，
半夜逾城出家，亲观如来六年勤苦修行；亲见如来降伏诸魔，

制诸外道，解脱世间，贪欲诸漏。承佛教戒，如是乃至，
制伏外道，解脱世间的贪欲诸漏。承佛授我比丘二百五十戒，如是渐次增进，至大乘菩萨戒法的

三千威仪，八万微细，性业遮业，悉皆清净，
三千威仪八万微细，大小乘戒我都受持清净无缺，性遮二业，悉皆清净，

身心寂灭，成阿罗汉。

故身识心识悉皆寂灭，定功成，慧光发，乃得人空慧，成阿罗汉道。

我是如来，众中纲纪，

我是如来律中首领，于大众中，能以戒律整纲肃纪。

亲印我心，持戒修身，众推为上。

蒙佛亲印我大乘心戒清净；小乘之持戒修身，佛则在大众之中推我为上首。

佛问圆通，我以执身，身得自在。

佛问什么最圆通，我用身识执小乘身戒，身识不起，于触尘中并无违、顺、俱非等相，身得自在，

次第执心，心得通达，

次第以身识持大乘心戒，悟明无作妙戒，既无所持之戒，也无能持之心，

然后身心，一切通利，斯为第一。

然后若身若心，不待执持，自然无犯，得入圆通，所以这身识最为第一。”

［解说］

这段文讲第十六位优波离身识圆通：尊者用身识执小乘身戒，身识不起，于触尘中并无违顺等相，身得自在。次第用身识执大乘心戒，悟明无作妙戒，既无所持之戒，也无能持之心，然后若身若心，不待执持，自然无犯，得入圆通。尊者以身识为第一。

17. 目连意识

大目犍连，即从座起，顶礼佛足，而白佛言，我初于路乞食，

大目犍连从座上起立，向佛顶礼，对佛说：“我当初在乞食的途中，

逢遇优楼频螺、伽耶、那提，三迦叶波，宣说如来，

逢遇优楼频螺、伽耶、那提这姓迦叶波的兄弟三人，宣讲如来

因缘深义[1]，我顿发心，得大通达。

所说的因缘深义，我当下发明意识心即如来藏性，穷源彻底，了知全识全性。

如来惠我，袈裟着身，须发自落。

既闻法得益，前往见佛，佛呼'善来比丘'，即袈裟着身，须发自落，成比丘相。

我游十方，得无挂碍，神通发明，

我游十方，去住自由，得无挂碍，由此神通，发明意识即藏性，不变随缘，自在无碍。

推为无上，成阿罗汉。宁惟世尊，

故于众中，推为神通第一，成阿罗汉道。不但世尊称许我神通无上，

十方如来，叹我神力，圆明清净，自在无畏。佛问圆通，

十方如来都赞叹我神力圆明清净，自在无畏。佛问什么最圆通，

我以旋湛，心光发宣，

我用意识旋转虚妄分别的意识，复归圆湛常住的心性，心地光明，由此显发宣流，现为神通，

如澄浊流，久成清莹，

如澄浊水，旋之既久，而成湛然澄清，莹净皎洁之藏性，

斯为第一。

依我所证，这意识方为第一。"

［注释］

［1］因缘深义：即"因缘所生法，我说即是空，亦名为假名，亦名中道义"。

［解说］

这段文讲第十七位大目犍连意识圆通：尊者用意识旋转虚妄分

别的意识，复归圆湛常住的心性，心地光明，由此显发宣流，现为神通。旋之既久，而成湛然澄清，莹净皎洁之藏性。若论圆通，尊者认为意识才是第一。

至此，六识圆通完。

18. 乌刍火大

乌刍瑟摩[1]，于如来前，合掌顶礼，佛之双足，而白佛言，

乌刍瑟摩至如来前，合掌顶礼佛的双足，对佛说：

我常先忆，久远劫前，性多贪欲，

"我常回忆久远劫以前为凡夫时，以宿生淫习，积习成性，

有佛出世，名曰空王，说多淫人，

那时有佛出世，尊名空王，善能观机施教，说多淫之人，

成猛火聚，教我遍观，百骸四肢，诸冷暖气。

如猛火聚，烧善根，焚种智，乃教我遍观四肢百骸，当欲心未动之时，全身本自清冷；欲念萌动之后，身体便觉暖热。

神光内凝，

禅观之中，遍观周身暖触，厌畏心生，淫欲心歇，遂成正定，一段神光，内凝不动，

化多淫心，成智慧火。

能化多淫之心，于是转欲火而成智慧之火，因得火光三昧。

从是诸佛，皆呼召我，名为火头。我以火光，三昧力故，

因为善观火性，从此诸佛皆呼我为火头。我以火光三昧力断诸结缚，

成阿罗汉，心发大愿，诸佛成道，我为力士，亲伏魔怨。

成大阿罗汉，乃发护法大愿，诸佛成道的时候，我当皆为金刚力士，拥护佛法，亲伏魔怨。

佛问圆通，我以谛观，身心暖触[2]，

佛问什么最圆通，我因谛观火大得成三昧，初观身的欲火，后观心的欲火，

无碍流通，

观行成就，则化淫心成道心，转欲火成智火，不再被惑业所碍，复以神光智火，流贯十方，融通藏性，

诸漏既销，生大宝焰，登无上觉，斯为第一。

诸漏既已销除，生大宝焰之智光，登无上觉。若论何为圆通，当以谛观火大为第一。”

［注释］

［1］乌刍(chú)瑟摩：译云火头，即火头金刚。

［2］暖触：火大。

［解说］

这段文讲第十八位乌刍瑟摩火大圆通：七大中地大居首。因淫欲属火，淫是坏定之冤贼，当首戒之，故以火大居先。尊者本门等齐于佛，今示居因位，助佛扬化而已。尊者久远劫前为凡夫，性多贪欲，那时有尊空王佛教尊者谛观火大。尊者初观身的欲火，后观心的欲火，观行成就，则化淫心为道心，转欲火成智火，不再被惑业所碍，复以神光智火，流贯十方，融通藏性，而成性火真空，性空真火，诸漏既销，生大宝焰之智光，登无上觉。若论圆通，当以谛观火大为第一。

19. 持地地大

持地菩萨，即从座起，顶礼佛足，而白佛言，我念往昔，

持地菩萨从座而起，向佛顶礼，对佛说：“我想起从前

普光如来，出现于世，我为比丘，

普光如来出世的时候，我于彼佛发心出家而为比丘，

常于一切，要路津口，田地险隘，

常在一切往来必经之要路，水陆交通之津口，田地险隘的处所，

有不如法，妨损车马，我皆平填，或作桥梁，
有不便于行走，妨害往来车马的道路，我都填补修整，或作桥梁，

或负沙土。如是勤苦，经无量佛，
或自负沙土以修要路，这样的勤苦劳作，经无量佛

出现于世。或有众生，于阛阓[1]处，要人擎物，
出现于世，常行不退。或有老弱众生，在街市，需要别人搬运东西，

我先为擎，至其所诣，放物即行，不取其直[2]。
我即为他送到目的地，放下东西就走，决不受任何报酬。

毘舍浮佛，现在世时，世多饥荒，
毘舍浮佛住世的时候，众生共业所感，世多饥荒，

我为负人，无问远近，唯取一钱，
我为荷负之人，给人负物，不论远近，只取一钱酬劳，聊以活命。

或有车牛，被于泥溺，我有神力，为其推轮，拔其苦恼。
或有车牛，被污泥所陷溺，我有神力，为其推动车轮，拔除苦恼。

时国大王，延佛设斋，我于尔时，平地待佛。
有一天国王设斋请佛应供，我知佛必经此路，特先平地等待佛陀。

毗舍如来，摩顶谓我，当平心地，
毗舍如来，摩顶对我说：'你当自平心地，心地若平，

则世界地，一切皆平。我即心开，
则世界上的地一切都平了。'我闻教示即刻藏心开发显现，

见身微尘，与造世界，所有微尘，等无差别，
洞彻自身中的地大微尘与能造世界的所有微尘，唯是藏心平等，无有差别。

微尘自性，不相触摩，

内身外界所有微尘皆如来藏性,不相抵触,不相擦摩,不相妨碍。

乃至刀兵,亦无所触[3]。

乃至外地大的刀兵与内地大的身根亦是如此,用刀触身,也不会损伤。

我于法性,悟无生忍,成阿罗汉,回心今入,菩萨位中,

由此于一切法悟无生理,成阿罗汉,回小乘心,今入大乘菩萨位中。

闻诸如来,宣妙莲华[4],佛知见地,

我闻贤劫中四尊佛宣说本经一乘寂灭场地,为诸佛之因地心,依此进修,必获证果地觉。

我先证明,而为上首。佛问圆通,

我先证明,率众依修,而为上首。佛问什么最圆通,

我以谛观,身界二尘,等无差别,

我因谛观身界内外,地大内尘外尘,平等无有差别,

本如来藏,虚妄发尘,

本如来藏,所有地大无非藏性随缘,循业虚妄显现而已。

尘销智圆,成无上道,

今悟全相即性,万法唯心,则尘相销除,智光圆满,能成无上觉道,

斯为第一。

以这地大进修,最为第一。"

[注释]

[1] 阛(huán)阓(huì):街市。

[2] 直:工价。

[3] 此事事无碍。古德:"将头临白刃,犹若斩春风。"如刺客三挥利刃斩六祖,俱如斩影。

[4] 妙莲华:指本经。本经云:"是名妙莲华,金刚王宝觉。"

[解说]

这段经文讲第十九位持地菩萨地大圆通：菩萨平填道路，勤劳苦行，经无量佛，常行不退，后遇毗舍如来授平心教，藏心开显，以无分别智谛观身界内外所有地大，无非藏性随缘，循业虚妄显现而已。今悟全相即性，万法唯心，则尘相销除，智光圆满，成无上道，以地大进修最为第一。

20. 月光水大

月光童子，即从座起，顶礼佛足，而白佛言，我忆往昔，

月光童子从座上起来，向佛顶礼，对佛说："我回忆往昔

恒河沙劫，有佛出世，名为水天，教诸菩萨，修习水观，

恒河沙劫前，有佛出世，名为水天，教菩萨们以水为观行，

入三摩地。观于身中，水性无夺，

观成得入三摩地。我遵佛教诲，先观自身中水性相同故不相倾夺，

初从涕唾，如是穷尽，津液精血，大小便利，

初从涕、唾，然后津、液、精、血，以至大小便利等，

身中旋复，水性一同。见水身中，

在身体中循环往返，清浊虽异，水性相同。初修此观，见水在一身之中，旋环往复。观久功熟，引令扩充，故观身中水

与世界外，浮幢王刹，诸香水海[1]，等无差别。

与世界外香水海的水，虽有远近大小不同，水性也是相同，平等没有差别。

我于是时，初成此观，但见其水，未得无身。

我在这时，初成就水观，入观时不见我的身体，只见到水，即以水为身，还没得无相，不能无身。

当为比丘，室中安禅，我有弟子，窥窗观室，

当时我为比丘,在静室中安心修水观,我有个弟子,偷窥我室,

惟见清水,遍在室中,了无所见。童稚无知,取一瓦砾,

见室中充满清水,别无他物。童子幼稚无知,拿一块瓦砾

投于水内,激水作声,顾盼而去。我出定后,顿觉心痛,

投到水中,激水作声,顾盼而离去。我出定后,忽然觉着心痛,

如舍利弗,遭违害鬼。

就像舍利弗遭遇害鬼所击,出定后感觉头痛一样。

我自思惟,今我已得,阿罗汉道,久离病缘,

我自心思惟,现在我已证阿罗汉,久离病缘,应当无有现业,

云何今日,忽生心痛,将无退失?尔时童子,

为什么今天忽生心痛之病,莫非退失道果吗?这时童子

捷来我前,说如上事。

跑到我面前,告诉我刚才的事,我才知道心痛一定是瓦砾投水的原因。

我则告言,汝更见水,可即开门,入此水中,

我于是对童子说,你再见到室中水时,就开门入水中,

除去瓦砾,童子奉教,后入定时,还复见水,

将那个瓦砾拿出去,童子奉教,待我入定时,依然见满室水,

瓦砾宛然,开门除出,我后出定,

那个瓦砾仍在那里,就开门入水拿出瓦砾,我出定后,

身质如初。逢无量佛,如是至于,山海自在通王如来,

身体就恢复如初了。这样值遇无量的佛,直至山海自在通王如来时,

方得亡身,与十方界,诸香水海,性合真空,无二无别。

才得亡自身相,与十方世界诸香水海的水一味流通,悟明藏性,性水

真空，性空真水，无二无别。

今于如来，得童真名，预菩萨会。佛问圆通，

今在如来座下，得童真名，预入大乘菩萨之会。佛问圆通，

我以水性，一味流通，

我因修水观，观内水外水，一味流通，悟水性空寂，本自无生，

得无生忍，圆满菩提，斯为第一。

得无生忍证入圆通，如欲圆满菩提，这水大最为第一。”

[注释]

[1] 浮幢王刹，诸香水海：指总别诸香水海。

[解说]

这段文讲第二十位月光童子水大圆通：在恒河沙劫前有尊水天佛，教导尊者修水观，尊者先观内水，后观外水，初成就水观，只见其水，以水为身，未能亡身(水)。这样经无数劫，值遇无量佛，观力由浅至深，直到山海自在通王如来时，观力愈深，方得亡身，悟知内水外水一味流通，等无差别，了悟水性空寂，本自无生，得无生忍，证入圆通，故认为水大最为第一。

21. 琉璃风大

琉璃光法王子，即从座起，顶礼佛足，而白佛言，我忆往昔，

琉璃光法王子从座而起，向佛顶礼，对佛说：“我回忆往昔

经恒沙劫，有佛出世，名无量声，开示菩萨，

恒河沙数劫以前，有佛出世，名为无量声，为菩萨开示

本觉妙明，观此世界，及众生身，皆是妄缘，

本觉妙明最上一乘之理，观世界和众生的根身都是无明妄缘，

风力所转。我于尔时，观界安立，

因风力所转变而有。我当即依教修观，观察界的安立，十方界相皆由风力执持；

观世动时，观身动止，

观世的流动，三世推迁皆由风力密移；观身的动静，行住坐卧无非风力所使；

观心动念，诸动无二，等无差别。

观心的动念，生住异灭无非风力所推。如此观察外而世界，内而身心，诸动虽多，其体无二，唯一风性，无有差别。

我时觉了，此群动性，来无所从，去无所至，

我当时觉察明了，这群动之风性，无所从来，也无所去，当体全空，无可根究。

十方微尘，颠倒众生，同一虚妄。

十方微尘的无情世界和颠倒的众生，同一虚妄，都是妄缘风力所转。

如是乃至，三千大千，一世界内，所有众生，

如是乃至三千大千世界内所有一切众生，

如一器中，贮百蚊蚋，啾啾乱鸣，于分寸中，

如同在一器皿中装着许多蚊蚋，啾啾乱叫，在这不过分寸大小的器皿中

鼓发狂闹。逢佛未几，得无生忍。

狂吵齐噪，扰扰不休。逢遇无量声佛授观，经时不久，因悟风大无生灭去来当体性空，便证无生法忍。

尔时心开，乃见东方，不动佛国，为法王子，

当时本觉真心开显，亲见东方有不动佛国，即在不动佛会下为法王子。

事十方佛，身心发光，洞彻无碍。

乃能遍事十方诸佛，身心发光，内外洞彻，如净琉璃，映现诸法。

佛问圆通，我以观察，风力无依，悟菩提心，入三摩地，

佛问什么最圆通，我因观察风力无体，悟明本觉菩提真心，得入三

摩地，

合十方佛，传一妙心，斯为第一。

契合十方诸佛所传的同一妙觉明心。若论圆通，观风大最为第一。”

[解说]

这段文讲第二十一位琉璃光法王子风大圆通：往昔恒河沙劫前有无量声佛出世授观，尊者依教观风大，不久速得悟证，先悟风大，来无所从，去无所至，当体性空，风大既空，由妄缘风力所转的身心世界也空。即时悟明本觉菩提真心，得入三摩地，契合十方诸佛所传的同一妙觉明心。故尊者认为观风大最为第一。

22. 空藏空大

虚空藏菩萨，即从座起，顶礼佛足，而白佛言，我与如来，

虚空藏菩萨从座而起，向佛顶礼，对佛说：“我和释尊

定光佛所，得无边身。尔时手执，四大宝珠，

曾共事定光佛，我得证无边虚空身。当时手执照空四大的智慧宝珠，

照明十方，微尘佛刹，化成虚空。又于自心，现大圆镜，

照明十方微尘数的佛刹，一一化成虚空。又在自己本觉真心现出大圆镜智，

内放十种，微妙宝光，流灌十方，尽虚空际。诸幢王刹，

内放十种微妙宝光，智光流灌十方，尽虚空边际。无量香水海中，诸浮幢王刹(依报广大之境)，

来入镜内，涉入我身，身同虚空，

无一不在我大圆镜智照耀中，皆入我身(正报)，而我身同虚空，

不相妨碍。身能善入，微尘国土，

彼此不相妨碍。我能一身分为无量身，同时遍入微尘国，

广行佛事，得大随顺。此大神力，

广作无边佛事，得大自在。我之所以有这样大的威神力，

由我谛观，四大无依，妄想生灭，

因为我谛观四大无体，乃随妄想以生灭，当体即空，

虚空无二，佛国本同，

与虚空没有两样，佛国以四大为能成，所以佛国也本空，

于同发明，

即于空性，发明藏性，悟明性觉真空，性空真觉，清净本然，周遍法界，

得无生忍。佛问圆通，我以观察，虚空无边，

不见有少法生灭之相，得证无生法忍。佛问圆通，我因观察虚空无边，

入三摩地。妙力圆明，斯为第一。

观成得定，入三摩地。故能色空无碍，依正互融，十方圆明，得大自在。当以这空观最为第一。"

[解说]

这段文讲第二十二位虚空藏菩萨空大圆通：此菩萨以虚空为身，在定光佛所得无边身。菩萨因修空观，观察虚空无边，观成得定，入三摩地，故能色空无碍，依正互融，十方圆明，得大自在。所以菩萨认为空观最为第一。

23. 弥勒识大

弥勒菩萨，即从座起，顶礼佛足，而白佛言，我忆往昔，

弥勒菩萨从座而起，顶礼佛陀，对佛说："我忆往昔

经微尘劫，有佛出世，名日月灯明，我从彼佛，而得出家，

微尘数劫以前，有佛出世名叫日月灯明，我跟从彼佛出家，

心重世名，好游族姓。尔时世尊，教我修习，

可是心好世间名闻利养，好奔走交游于贵族大姓。那时彼佛教我

修习

唯心识定，

唯心识定，观察三界唯心，万法唯识，因修此定心不驰散，而不外求，

入三摩地。历劫以来，以此三昧，事恒沙佛，

得入三摩地。自彼佛起，历劫以来，都用这三昧奉侍恒河沙数的佛，

求世名心，歇灭无有。至燃灯佛，出现于世，

定深不再有贪求世俗名利的心。直到燃灯佛出世，

我乃得成，无上妙圆，识心三昧，乃至尽空，如来国土，

我才得无上妙圆识心三昧，乃至尽虚空的如来国土，

净秽有无，皆是我心，

有的无净无秽，有的有净无秽，有的有净有秽，都是我识心

变化所现。世尊，我了如是，唯心识故，

变化所现。世尊我既了达净秽国土唯是心识所现，

识性流出，无量如来，今得授记，次补佛处。

识性又现出无量如来，故而现在得蒙授记，候补佛位，为贤劫中第五尊佛。

佛问圆通，我以谛观，十方唯识，

佛问圆通，我用识大谛观十方一切依正染净，唯是识心之所变现，

识心圆明，入圆成实。

了知三界唯心，万法唯识，识心无二，一体圆明，即入圆成实性

远离依他，及遍计执，得无生忍。斯为第一。

远离依他起性和遍计执性，得无生法忍。若论圆通，当以识大最为第一。”

［解说］

这段文讲第二十三位弥勒菩萨识大圆通：此菩萨在上古时，跟

随日月灯明佛出家，因重世名，心驰散故，彼佛教他修唯心识定，历劫以来，直到中古时，燃灯佛出世，才得无上妙圆识心三昧。了知三界唯心，万法唯识，识心无二，一体圆明，即入圆成实性，得无生忍。故此菩萨认为识大最为第一。

24. 势至根大

大势至[1]法王子，与其同伦，五十二菩萨[2]，即从座起，

大势至法王子和他的同修，五十二位菩萨，即从座起，

自述得道因缘

顶礼佛足，而白佛言，我忆往昔，恒河沙劫，有佛出世，

向佛顶礼，对佛说："我忆恒河沙数劫以前，有佛出世

名无量光[3]，十二如来，相继一劫[4]，其最后佛，

叫无量光，在那一劫中，共有十二尊如来，相继应世，最后一尊佛

名超日月光，彼佛[5]教我，念佛三昧[6]。譬如有人，

名为超日月光，那尊佛教我修习念佛三昧。譬如有二人，

一专为忆，一人专忘，如是二人，若逢不逢，

甲专忆念乙，而乙心中没有甲，这样的两个人，若相逢等于不逢，

或见非见。二人相忆，二忆念深，如是乃至，从生至生，

相见也同不见。如果二人互相忆念，愈想念越深，以至于生生世世，

同于形影，不相乖异[7]。十方如来，怜念众生，

都会如形影互相依恋，不相背离。十方如来怜念众生，

如母忆子，若子逃逝，虽忆何为？子若忆母，

如母忆子，如果儿女逃走，母亲虽日夜思念也没有用。如果儿子想念母亲

如母忆时，母子历生，不相违远[8]。

也像母亲忆念子女一样，那么母子生生世世都不会远离。

若众生心，忆佛念佛[9]，现前当来，必定见佛，去佛不远[10]。

如果众生的心时刻忆佛念佛，现前或将来一定会见到佛，距花开见佛之日不会太远。

不假方便，自得心开，

不须借其他方便法门，自得开显本具的心佛(本觉心佛，如来藏)，

如染香人，身有香气，此则名曰，香光庄严[11]。

如同染香的人身上即有香气，这就叫香光庄严。

势至自述自利功德：

我本因地，以念佛心，入无生忍。

我是以念佛心为本修的因地心，而入无生法忍，

势至自述利他功德：

今于此界，摄念佛人，归于净土[12]。佛问圆通，

现在在这个娑婆世界，摄受念佛的人同归净土。佛问圆通，

我无选择，都摄六根，

我没有别的选择，只是一心念佛，以这念佛的心统摄六根，

净念相继，得三摩地，斯为第一[13]。

令净念相续，念念不断，欲得三摩提，这念佛法门是第一。”

［注释］

［1］大势至：梵语摩诃那钵，此云大势至。《观经》云：“但见此菩萨一毛孔光，即见十方无量诸佛净妙光明，是故号此菩萨名无边光。以智慧光普照一切，令离三途，得无上力，是故号此菩萨名大势至。”大势至菩萨以智慧光普照一切，令一切蒙光照触的有缘众生离开畜生、饿鬼、地狱三恶道的剧苦；令蒙光照触的一切众生都能获到像大势至菩萨一样的无上力量，是故名大势至。《思益经》云：“我投足处，震动大千及魔宫殿，故名大势至。”《观经》云：“此菩萨行时，十方世界，一切震动。此菩萨坐时，七宝国土，一时动摇。”大势至菩萨有如

此巨大的势能威德。“大势至”菩萨的名号有着深刻的内涵，表明信、愿、持名念佛法门能开启心性巨大的势能，显发心地无量功德宝藏，令行人到达西方净土，入如来境地，“大势至”实在是不可思议的智慧、功德。《悲华经》云：往昔因中，阿弥陀佛作轮王时，观音为长子，势至为次子，今在极乐世界，居弥陀左右，辅弼佛化，候补作佛。弥陀涅槃之后，正法住世，亦复无量劫。正法于上半夜灭尽，下半夜观世音菩萨成佛，名普光功德山王如来，佛寿与正法，亦皆无量，正法住世时，大势至菩萨，教化众生，候补作佛，至正法于上半夜灭，大势至菩萨于下半夜成佛，名善住功德宝王如来。当他继位成佛以后，在西方极乐世界永不涅槃，在法界度一切众生往生净土速成佛。〇大势至菩萨是阿弥陀佛的右胁士，在西方三圣中表智慧（观音菩萨表慈悲）。大势于菩萨因地专修念佛法门，因悲愿甚切，回入娑婆世界以种种善巧方便，专摄念佛人往生净土，对专修念佛的众生，特别地施以强力的加持。

[2] 与其同伦，五十二菩萨：与，共也。伦，类也。要分自行、化他二类。1. 自行：同以念佛心，得入无生忍，虽同修念佛法门，功行浅深不等。或住干慧地、十信、十住、十行、十回向、十地、等觉，合计五十二位，故曰五十二菩萨，非局定数。2. 化他：同以念佛法门，教化众生，今于此界，摄念佛人，归于净土，功行浅深，所化之众亦有五十二位差别。

[3] 无量光：梵语“阿弥陀”，译云无量光。此佛以光明而立号，因光明胜故，故名无量光。

光
- 智光（心光）：诸佛同得一切种智，智光相同，遍照法界事理。
- 身光
  - 常光：因所化机不同，其光大小亦异，有照一由旬，有照百千由旬。如本师释尊，常光一丈，阿弥陀佛常光照十方界（光中极尊）。
  - 放光：因机而设，时处俱不定。

阿弥陀佛又称“无量寿佛”。说“无量寿”的时候就含摄着“无量光”;称“无量光”时即含摄“无量寿”。“无量光”的名号是从佛度化众生的妙用而言,“无量寿”是从佛自证的心性寂体而立。总之,无量光寿可以互为体用,互融互摄。阿弥陀佛的智慧光明不可称量,十方众生蒙光照触,便开智慧,催生善根,心性柔软,业障消除。十方众生无量,阿弥陀佛以光明传递的悲心、愿力亦无量,所以称无量光。弥陀名号即具足阿弥陀佛的相好、光明、神通、智慧、福德、说法、净土妙严等济度众生的一切功德。弥陀名号有名具万德,名召万德的特质。弥陀名号是阿弥陀佛万德的载体,是圣凡同构呼应的媒介,是不离众生的心性而建立。阿弥陀乃佛法界的内在神妙音声,是实相妙心的音声化。“阿”字是宇宙开辟、万有生命生发的根本音,表法界体相空义。自阿字出一切陀罗尼(总持),自一切陀罗尼出生一切佛。在生理效应上,持念阿音可以打开人体内脏的脉结,清理脏腑之间的诸种宿疾。华严四十二字母中,阿字亦居首位。“弥”字表一心平等无我大我义;“陀”字表含摄一切法藏之究竟处。证知阿弥陀乃法界妙陀罗,是法界大神咒、大明咒、无等等咒。总一切义,持无量法。《阿弥陀秘释》云:“是故唱阿弥陀三字,灭无始重罪;念阿弥陀佛,成无终福智。如帝网一珠,顿现无尽宝珠;弥陀一佛,速满无边性德也。”大势至往昔所值的阿弥陀佛,乃古之弥陀,非今极乐世界现在说法的阿弥陀佛。同名而已,如古释迦、释迦,今观音名仿古观音等。同名诸佛很多。无量寿佛之名,百千万亿,不可穷尽,何止于一佛呀! 同古佛名者,以师资一道,古今不异(表显师资即心即佛之道,一也)。

[4] 十二如来,相继一劫:据《大弥陀经》(即《无量寿经》)云十二如来:无量光佛,无边光佛,无碍光佛,无对光佛,炎王光佛,清净光佛,欢喜光佛,智慧光佛,不断光佛,难思光佛,无称光佛,超日月光佛。此十二如来相继一劫出现世间。因众生机感不同,故一劫中,诸佛出世,多寡不同。《法华经》云“一百八十劫,空过无有佛”,而贤劫则有千佛,恒沙劫前,大势至菩萨值佛之一劫中有十二如来,相续出世。

〇本经中十二如来，将前面的无量光佛，与最后的超日月光佛点示出来。而《无量寿经》中把中间所包含的佛名详尽介绍。〇据大本《无量寿经》之意，十二佛名，乃无量寿佛（阿弥陀佛）别号，唯一佛身。阿弥陀佛的光明德用无量，本师释尊从中拈出十二光如来名号功德，传达阿弥陀佛慈悲威德，亦是对治众生烦恼，令离苦得乐。此十二光德（光明妙德）悉凝聚在南无阿弥陀佛六字洪名中。称念弥陀名号即领纳弥陀无相无边的妙德光明，全摄佛功德为自功德。名号所在之处即是弥陀悲愿力加持力光明遍照之处。这十二佛号以内在的功德妙用立名，是阿弥陀佛因地功行在果觉层面上法尔自然的显示，同时也是对治众生烦恼，令得究竟涅槃之乐而建立。1. 无量光：阿弥陀佛智慧光明不可称量，十方世界众生蒙光照触，善根生，智慧开。众生无量，弥陀以光明传递的悲心愿力也无量，故称无量光。2. 无边光：主要对治众生见解上的偏执。众生知见错误，故行为邪僻，由此轮转。所以弥陀示现的无边光，即是离念灵知，亦名佛知见。以佛知见对治众生知见，是故无边光能清除众生的错误知见，得到圆融中道的智慧，导航世间出世间一切善法。3. 无碍光：阿弥陀佛的光明有极强的穿透力，什么也障碍不了弥陀光明的辐射，弥陀的光明遍照十方。众生的无明烦恼厚壳也不能阻挡。只要我们信愿念佛，弥陀的无碍光就充盈在我们周边。经云：念佛人有四十里的光明烛身。无碍光消除我们心里的暗冥烦惑，如日光融冰一样。无碍光令我们居尘修道，出污泥而不染，逍遥自在。4. 无对光：是圆融绝待的光明，一切对待法都是世间法，皆是痛苦的来源，轮回的根本。无对光能令我们契入不二的心性，寂照圆融，了生脱死。5. 炎王光：阿弥陀佛的光明非常炽盛，光中极尊。炎王光能照射六道，阿鼻地狱众生接纳到阿弥陀佛的炎王光明的照触，即能蒙佛威德愿力，顺着光源而上升，出离地狱，生到西方极乐国。阿弥陀佛因地所发的度尽阿鼻苦众生的宏愿，便借着炎王光的威德而兑现。6. 清净光：清净光直接对治众生的淫欲。阎浮提众生由于淫欲的烦恼而投胎，轮转不休，淫心不除,三界不能脱离。阿弥陀佛怜念我们,以光明传达清净威德,我们只要念弥陀名号,久久执持,转淫欲火为智慧光,不再受淫欲魔的控制,身心清凉自在。清净光也能清除我们多生多劫的罪垢,如清水珠,澄浊返清。在这浊染的世界里,清净光对我们是多么可贵!7. 欢喜光:用以对治嗔恚烦恼。阿弥陀佛慈悲的欢喜光遍照法界,名号光明所至之处,令众生转嗔恚心,生欢喜心,法喜充满,清除了内心的嗔恨怨恼,可以远离战争,令世界祥和。8. 智慧光:对治愚痴。弥陀以智慧光来破除我们内心的无明黑暗,令我们了解人生宇宙的缘起法如梦如幻,了解人身难得,佛法难遇,净土难信,了解阿弥陀佛对我们有大恩大德,厌离娑婆,欣求极乐,仰凭佛力,获得离生死苦得涅槃乐的大利。这就是智慧光。9. 不断光:用以对治众生的懈怠放逸。我们蒙弥陀不断光的照触,念佛的功夫便会无间无杂,念念相续。由此可知,我们能够把这句佛号持续地念下去,实是弥陀光明愿力加持的最好证明。〇不知道大家有没有意识到,在这个世间当中,不间断地念七天的佛号乃至尽形寿持念佛号,这是一件非常不可思议的事情。世间任何一种音声符号,都是很难令我们不间断持诵下去的。如爱吃苹果,念苹果,或者念爱人,一定时候会生厌烦,令人疲劳,终究会中止的。因为世间有为法都是无常幻化的。而唯有这句阿弥陀佛名号,内具真如的常乐我净,能令我们不疲不厌,越念越欢喜。〇阿弥陀佛不断光的加持能对治我们的懈怠放逸,激发我们精进根力。阿弥陀佛万德洪名内具精进功德,与我们刚健的性德互动,便可引发勇猛精进恒久的道力。可见不断光是对治昏沉放逸的良药。10. 难思光:阿弥陀佛光明妙德不可测度,超情离见,乃佛地的不可思议之境界。念佛法门是一切世间极难信之法,我们通过阅读经教,闻法,了知净宗的事理因果,也许也天天念弥陀,可是内心还是怀疑。阿弥陀佛的难思光遍照法界,令蒙光照触的众生信解弥陀不可思议的威神功德,信解感应道交难思议的妙理,于净宗难信法决定生信。一念净信,即可获得往生成佛之真实大利。阿弥陀佛的难思光对我们业障凡夫的恩赐，真是海墨难书。11. 无称光：称，口称。意思是没有办法用语言文字表达弥陀的光明妙德，以及西方极乐净土全体的依正庄严。阿弥陀佛光明遍照，摄受一切念佛众生，往生净土，疾速圆成佛果。于能念佛的一念中，超越通途菩萨三大阿僧只劫的修行。于六字洪名片言中与观音势至等菩萨大士齐等。带业往生的凡夫，一到西方净土即是阿惟越致(不退转)菩萨。如是殊胜妙法，用世间的语言文字，无能表达念佛法门事理性相因果的深邃。信愿念佛的过程中与弥陀的光明交流，正觉莲华绽露，法喜充满，默尔感应，妙不可言，所以叫无称光。12. 超日月光：日月光明虽对我们有很大的恩德，然而却有局限性。日月的光明是业力招感的相光，这个光遇到障碍照不过来，并且日月光明不能让我们悟明心性，不能降伏我们的烦恼。而弥陀的光明不仅具有日月光明遍照的功能，温暖的功能，而且还有激活内心功德的作用，不仅一切障碍物不能遮挡，而且还能直透我们无明黑暗的内心，化解妄想令人身心柔软，催生宿世善根，乃至治疗各种疾病。阿弥陀佛的光明有着这样殊胜的德用，是日月光明所不具备的，所以叫超日月光。

[5] 彼佛：指最后一尊佛。若据大本之意，十二佛名乃无量寿佛之别名，唯一佛身。

[6] 念佛三昧：是修因克果，离苦得乐的胜方便。三昧是梵语，此云正定。即一心不乱，念佛功成。有事一心念佛三昧，理一心念佛三昧。念佛是修行(清净三业之行)，三昧得定，果能念佛，必得三昧。念佛有四：1. 持名念佛：闻说佛名，一心称念(如念阿弥陀佛，药师佛等)。2. 观像念佛：设立佛像，口念目视，一心瞻仰。3. 观想念佛：如《十六观经》观极乐世界依正庄严，从狭至广，从浅至深。4. 实相念佛：即念自性法身真佛。○此四种念佛，义理有浅深。本章念佛是持名念佛，念阿弥陀佛。弥陀悲愍众生，因地以悲智愿力建立名号普度众生，令众生执持称念。信愿持名全摄佛功德为自功德。以弥陀果觉名号为行人修持之因地心，即因即果，因果同时。一句名号极

平常极玄妙,不可思议。念佛法门因微果丰,圆顿直截,殊胜绝妙,圆收圆超一切法门。念是能念之心,佛是所念之境。众生心念尘劳故常发乱,若能摄心念佛,从有念归于无念,内心不起,外境不牵,内外寂然,即心即佛,心佛不二,则持名念佛通于实相,即实相念佛,亦即念佛三昧。

[7] 譬如有人……不相乖异:此亲友喻,喻示单忆无用,双忆不离。一专为忆,喻佛恒常慈念众生;一人专忘,喻众生障重不念佛。专忆众生的佛恒常见证到众生,与众生隔而不隔(空间维度不同,而佛眼圆明),专忘的众生却不知不见此专忆的佛陀。即便佛示现也是对面不识圣人,失之交臂,是不隔而隔(众生与佛本一体,因众生障重疏离了佛)。就弥陀法门而言,弥陀在娑婆世界示现为立像,处于一种随时救拔的准备状态。慈父弥陀恒常专忆我等苦难深重的浪子。而我们凡夫迷惑颠倒深执五欲六尘,不肯回头,无慧发信、起愿,不知忆念弥陀。○那专忘的人因缘成熟也开始忆念,如此二者相忆,立时得以沟通互应,不相舍离。心佛众生三无差别,众生在弥陀心中念弥陀,弥陀在众生心中忆众生。感应神速,不隔毫厘。即心即佛,自然牵引到赡养莲邦,亲近弥陀,与弥陀心同形同。形影不离,不相乖异,圆融一体。可见这亲友喻蕴示着净宗念佛法门的奥义。

[8] 十方如来……不相违远:此母子喻,比亲友喻更加贴切地揭示出众生与佛的互动关联。这二喻诠显了弥陀与众生的内在关系,开示我们念佛应具的心态与情怀。证知了弥陀像慈母般的在忆念着我们,我们应孝子般的系念弥陀,如是方可感应道交,成办净业。十方如来广义上泛指一切诸佛,狭义上即是阿弥陀佛。世间父母对子女的慈爱是无私无我,伟大的,阿弥陀佛对众生的慈爱超过世间一切父母。弥陀念念不舍逃逝的子女,即使五逆十恶,只要忏悔念佛求往生,一样蒙弥陀愿力加持,往生西方。如果不信就像一个绝缘体,阻仰弥陀的慈悲愿力的加持,因而不能获得十念皆生净土之大利。○弥陀对众生的忆念是恒常现成的,当我们一念信心,身心交托给阿

弥陀佛，绝缘体立即变成有缘体（导体），佛的慈悲、愿力、光明等就会流到我们的身心中，母子会合产生不可思议的感应奇迹。我们忆念佛，同样佛也在忆念我们。贯通生佛同源的心体通道，就能感应道交，现出不可思议的妙境。

［9］忆佛念佛：忆，暂念，记持不忘，有时间断。念，常忆，系缘不散，念念相续。〇忆佛念佛有事，有理：1. 若事忆念：则专心注意，毫无杂缘，能念所念，心佛分明，唯此一念，更无余念，念念相续成就定力。2. 若理忆念：则以妙明心光，圆照自性，能所一如，心佛不二，唯此一缘，更无他缘，湛寂灵明，成就慧力。〇这事理二种忆念，普被三根，若是上智则专修理忆念，若是钝根则专修事忆念，若是中根则先修事忆念，然后入理。皆随机宜，不可一概而论。〇念佛不仅只有往生之益，念佛之人诸佛护念，福慧双具。念佛之益：1. 灭罪除障益：除灭五逆极重罪，将历地狱之罪，可生西方。2. 护念吉祥益：念佛之人，佛菩萨护念吉祥。3. 不受诸难益：恶鬼、水火、刀兵、横死不受。4. 天人礼敬益：念佛人如芬陀利华，无论贵贱，诸天世人恭敬。可见念佛的尊严和高贵。5. 常见佛益：现前当来必定见佛。6. 身心康复益：弥陀名号阿伽陀药，一剂妙方，万病总治。以上六益比之念佛功德只如沧海之一粟。

［10］现前当来，必定见佛，去佛不远：现前见佛，在现在生中，念佛功纯，或在梦中见佛，或在定中见佛，也有在念佛声中见佛的。当来见佛，报尽命终，见佛亲迎（《佛说阿弥陀经》云"其人临命终时，阿弥陀佛与诸圣众，现在其前"）。去佛不远，有二释：1. 既然在梦中，乃至临终见到佛，则距往生彼国，花开见佛之日不会太远了。2. 既然见到本性佛，从此进修，往生上上品莲华，经宿（xiǔ 夜也）即开，面礼弥陀，亲闻妙法，顿证无生法忍，则距究竟佛地不远了。

［11］不假方便，自得心开，如染香人，身有香气，此则名曰，香光庄严：此文诠释专修念佛法门的德用与机制，是净业行人重要的修行原则。念佛法门，无须借助观想、参究等方便，信愿执持万德洪名，

单刀直入,开佛知见。念佛法门是总持法门,总无量义,持一切德。念佛一法圆摄一切,乃一代时教归宗结顶之法。念佛具足戒定慧三学,六度万行。六字洪名即是全体一心,心包众德,常乐我净,本觉始觉,真如佛性,菩提涅槃,摄无不尽。执持名号,如浴大海者,已用百川水。了达这些佛言祖语之含义,方肯死心念佛。弥陀名号是万德洪名,具摄禅定、福德、智慧、神通,以及密咒消业障等种种功能。名号具摄阿弥陀佛全体的功德,故曰名具万德。信愿执持名号,就能将阿弥陀佛的功德召唤到我们自己身心中,这就是名召万德。持名号是善中善,福中之福,慧中妙慧,是生死苦海中的慈航。印光大师说:“一句名号成佛有余,何况其他。”执持这句名号,成佛都绰绰有余,故大势至菩萨告诉我们专修念佛法门,念佛功成自得心佛开发显现,见法身佛,分证诸佛三德。〇如染香人:喻示念佛法门揽果成因,因能克果的特质。阿弥陀佛具足五分法身之香:戒、定、慧、解脱、解脱知见,并将这五分法身香凝聚在这句名号中。我们念佛就在接纳佛果地的法身香、智慧光。〇念佛便能引发我们性具的五分法身香和般若智慧光,托彼名号,显我自性,此名香光庄严。念佛终将成佛,因心果觉同体不二。这即是香光庄严妙因妙果的内涵。可见香光庄严寓意深远。佛功德与自性功德力互融互摄,妙感难思。

[12] 我本因地……归于净土:“念佛心”,佛是所念,心为能念。此心是不生灭圆湛根性真心。势至主要体现弥陀的智慧,这种智慧表现为因地专修念佛法门,果地专摄念佛人往生净土。因为信受念佛法门需要智慧,没有般若智慧,难信此法,没有甚深的善根,难持续常恒地念佛。所以能够相信这个法门,并尽形寿执持名号的人,都是般若善根深厚者。具如是根性的念佛人,与势至能同类相感。势至恒放无边炽盛光,加持摄受念佛人,令他念佛修行中,不遭魔障,身心安宁,安乐吉祥,临终往生(持名能念到功夫成片或一心不乱,往生品位不在中下。没有功夫成片,只要具备信愿持名,也一定蒙西方三圣的加持摄受,生到安养莲邦。对此我们应具决定的信心)。

[13] 佛问圆通……斯为第一："都摄六根"，唯摄一精明，不令托根缘尘，则一精既摄，六用不行，而六根都摄了（内离妄识，外离妄境，内外湛然）。"净念相继"，没有妄念，只一心念佛，没有他念，念念相续，无有间断，一念相应一念佛，念念相应念念佛，相应乃心佛一如，即心是佛，即佛是心，念而无念，无念而念，不落空有二边，全归中道，而得三摩地。大势至菩萨最后的表白，将念佛的方法与德用直白地诠显出来。我们不念弥陀，即念五欲六尘，唯有名号来澄浊返净，转凡成圣。妄念本空，名号却有真实的功德，声声着实持念，即是以真融妄。执持佛号不放失，似狮子出窟，百兽潜踪。弥陀名号乃对治妄念烦恼的良方，阿伽陀药万病总治，唯真心念佛人，方能彻信无疑。都摄六根执持名号能疾速入三摩地。这句名号即是深妙禅定，甚深般若，一心三观，身口意三密相应。弥陀四十八大愿所显的西方极乐世界，所建立的六字洪名，真正是大雄、大力、大慈悲的体现，现今幸闻念佛法门，应顺本师发遣，弥陀本尊的召唤，信愿持名，成办往生大事，速成佛果。

[解说]

这段文讲第二十四位大势至菩萨根大圆通：此段文即《楞严经》有名的"大势至念佛圆通章"，是净土宗重要的经典。经文前述的七大中没有根大，此根大即七大中见大，六根中见闻觉知之性（此属第八识见分，映在六根门头缘彼现量六尘者），单举见大以例余五根。此根大圆通乃都摄六根，非单修一根。〇七大中见大（根大）在识大之前，为何把势至根大圆通放在弥勒识大圆通之后呢？势至念佛圆通章，只有二百四十四个字，文简义丰，是甚深微妙的，最简易，最圆顿的特别法门。我们娑婆世界众生，耳根最利，若对此方众生根机，修证楞严大定而言，当然是观音耳根法门为最；若对十方而言，念佛法门，普被三机，横超生死，速证菩提则无有何门可比。故而势至根大放在识大之后，耳根之前。楞严选佛场上，观音耳根圆通被明选，势至根大圆通被暗选，二者互为表里显密，相得益彰。〇在恒河沙数劫以前有十二尊佛相继应世，十二尊佛教大势至菩萨念佛三昧，菩萨都摄六根，净念相续，得三摩地，入无生忍。故菩萨认为念佛法门最为第一。

至此，七大圆通完。

25. 观音耳根

尔时观世音菩萨[1]，即从座起，顶礼佛足，而白佛言，世尊，

这时观世音菩萨，从座而起，顶礼佛陀，对佛说："世尊，

忆念我昔，无数恒河沙劫，于时有佛，出现于世，

回忆我往昔，无数恒河沙劫以前，有佛出现于世间，

名观世音[2]。我于彼佛[3]，发菩提心，彼佛教我，从闻思修，

叫观世音。我在彼佛前发菩提心，观世音佛教我从闻思修

次第解结修证

入三摩地[4]。初于闻中[5]，入流亡所[6]，

入三摩地。我遵秉教示，最初从耳根的闻性下手起修，入流照性，回光返照，即可以离开所有的声音，

所入既寂，动静二相，了然不生[7]。

若继续做入流照性的功夫，并且可以使动静二种尘相了不可得，声尘全泯。

如是渐增，闻所闻尽[8]。

如是渐次增进，定力转深，能闻的根与所闻的尘，同时都灭。

尽闻不住，

根尘既亡，湛一无边之境现前，也不停留在此境界，继续用功修行，

觉所觉空[9]。

则能觉此境(湛一无边之境)的智和所觉的湛一之境，二俱空寂。

空觉极圆，空所空灭[10]。

空觉既圆，不但所空的智境灭，就是能空的空也灭了。

生灭既灭，寂灭现前[11]。

一切生灭都灭了，从此更无可灭，那么不生灭的真心自然显现。

［注释］

［1］观世音菩萨：梵语阿那婆娄(lóu)吉底轮，译曰观世音。得名因缘有二：1. 约因中修行自利释。观谓能观之智，世音是所观之境。即依耳根本觉闻性之理体，起始觉妙智，观三种世间所有音声，皆唯心妄现，不循声转，反观闻性，入流亡所，而修习观音如来所授的闻熏闻修金刚三昧，悟证圆通，故古观音如来，授记菩萨名为观世音。2. 约果上应机利他释。如《法华经·普门品》，无尽意菩萨问：观世音菩萨以何因缘名观世音？佛答：十方无量众生，受诸苦恼，一心称念观世音菩萨名者，菩萨即时观其音声，皆得解脱。此所观者，世间众生念菩萨名号之音声。而菩萨则寻声救苦，故名观世音。能观之智是一，所观之境有殊。〇观世音菩萨威名人人皆知，所谓："家家弥陀佛，户户观世音。"一般人都知观世音菩萨过去是正法明如来，将来继承阿弥陀佛在极乐世界成佛，号普光功德山王佛。〇观音菩萨的行化道场大体可分两种：1. 根本道场：指极乐世界而言的；2. 化现道场：十方世界凡有观音菩萨教化的地方，即有观音菩萨的化现道场，那就很多了。春秋战国时，普陀山及附近诸岛被称为"甬东"。汉代时，普陀山初名梅岑山。山上长满小白华(花)树，所以也叫小白华山。山东南紧邻一更小的岛屿，称洛伽山，因此普陀山又往往连称普陀洛伽山。〇《华严经》云："于此南方有山，名补怛洛伽山，彼有菩萨名观世音自在。"大悲咒就是当时世尊驾临观音菩萨的道场时，观音菩萨于世尊前所说的。《千手千眼无碍大悲心陀罗尼经》云："一时佛在补陀洛迦山，观世音宫殿……"经文中"补陀洛迦"及现称的"普陀洛迦"都是梵语的音译，汉语意为"美丽的小白华(花)"。但是佛经中所说的补怛洛伽(又译补陀落迦)在《大唐西域记》则记载说在印度南部海中，非指现在中国浙江的普陀山。〇唐咸通四年，即公元 863 年，

日本慧锷(è)法师第三次入唐,从五台山请一尊观音圣像,乘船回国,途经普陀海面,忽遇大风,且海面上出现数百朵铁莲花挡住去路。慧锷夜梦一僧谓之曰:“汝但安吾此山,必令便风相送。”乃祈祷说,若观音菩萨不肯去日本,那么就在船到之处建寺供奉。话音刚落,铁莲花随即隐去,船飘到了普陀山下的潮音洞,乃敬置此观音像于潮音洞侧,尊称其为“不肯去观音”,是为普陀山供奉观音圣像之始。至后公元916年正式建“不肯去观音院”,此乃该山最早的寺院。至宋宁宗嘉定七年正式定普陀山为观音菩萨道场。〇菩萨性别:约法身,法身无相,不论性别。约报身,报身无量相好,大丈夫相,凡夫众生无法见到。约化身,化身随机示现,不拘性别。唐朝以前所有观音菩萨的塑像、画像,都是男相。近年来观音菩萨的塑像、画像多是女相。

[2] 观世音:亦由耳根修证。

[3] 彼佛:观世音佛。

[4] 从闻思修,入三摩地:闻、思、修三慧为进修戒定慧三无漏学的阶梯,是转凡入圣的正途。平常所释的闻思修三慧,不离生灭识心,识心是圆通的障碍。本经以旋妄归真,舍识用根为要旨,故本经此处三慧与平常所释不同,列表详别:

三慧	闻	思	修
常释	以闻经解义为闻慧,闻是耳识,及同时意识。	将所闻的声教,思惟修习,思修是独头意识。	
本经释	从耳根闻性妙理,所起始觉妙智,不闻所闻之声尘,只闻能闻之闻性。闻乃指耳根之闻性。(上指耳识)	正智观察,能闻者是谁,不著空有二边,一味反闻闻自性。(思慧)	念念旋妄脱尘,归元内伏。(修慧)

如是闻、思、修,日久功深,发本明耀,解六结,越三空,证入圆通之三摩地。

[5] 初于闻中:最初从耳根闻性之中,下手起修。以耳根为所入

妙门。以闻性为所照之理境，从根中本觉妙理，起如幻始觉妙智，以智照理，闻熏闻修。“闻中”即耳根闻性之中。1. 不是指肉耳之中（肉耳浮尘色法不合二决定义），2. 不是指耳识之中（耳识随念分别，不是菩提正因），3. 不是指意识之中（意识是生死根本，正是圆通障碍）。要体察分明是指闻性之中，依之为本修因，可成佛果。

[6] 入流亡所：如佛所言，汝但不循动静等尘，脱黏内伏，伏归元真，则智光不外泄，所有声尘，不期亡而自亡耳，故曰入流亡所（脱黏：离尘。内伏：照性。脱所黏之妄尘，回本有之常光，内伏反照照自性，伏归本元一真之心）。〇入流：以观智为能入，耳门为所入。入流是对出流而言，耳根顺闻出流奔声，即结缚之元；反闻入流照性，即解脱之本。入流是合觉，是修证圆通总诀。众生背觉合尘，随声尘流转，非背而背故名为出。今大士（观音）内不依妄识分别，外不随声尘流转，旋闻与声脱，反出流为入流，不出流缘声而入流照性，回光返照，反闻闻自性，智光不外泄。〇亡所：刚才“入流”是合觉是修证圆通总诀，此亡所是背尘，但得初步效验。亡是解脱，所是声尘。亡所并不是说声尘销灭了，只是定功得力，而得离尘功夫，声尘不亡而自亡（声无实体）。亡所只解六结中第一结，声尘之动结。

[7] 所入既寂，动静二相，了然不生：此解静结。所，即上文“亡所”。入，依旧做反闻入流的功夫。既寂：寂不是境静的寂，乃是动静二尘，到此俱寂之境。上句“入流亡所”解了动结，动相虽亡，静相犹存，今依旧做反闻入流的功夫，观行功深，了达静相也亡，不住静境，到此则动、静二种尘相，了不可得，声尘全泯，动结、静结俱解，便破了色阴。

[8] 如是渐增，闻所闻尽：此解第三结根结。上面反闻离尘，则尘中二结已解，根结仍存，此根乃聚闻于耳，结滞为根之根，也是结，也要解除。〇承上反闻离尘，观行之力，渐次增进，加功用行，定力转深，所闻动、静二尘，既已了然不生，能闻之根也随所闻而俱尽，尘既不缘，根无所偶，到此则根结解，没有能受、所受。则受阴破（圆瑛法师

曰：根尘既销，识无从生，则想阴也在此处破了)。

[9] 尽闻不住，觉所觉空：此解第四结觉结。尽闻：即上文能闻与所闻俱尽，根尘双泯之境，解根结，证我空，未得法空。不住：虽证得了我空境界，不钝滞此境界，仍旧加功用行(入流照性)，下四字是新证之境。〇觉所觉空：前解除根结，根尘迥脱，则湛一无边之境现前。此处的"觉"即照此境之智。"所觉"即此湛一之境。此时则境、智恒对，能所仍存。今言"觉、所觉空"是说："尽闻"之后(解根结，根尘迥脱之后)仍旧加功用行，则能觉之智与所觉之境(不但所觉之根尘空，能觉之觉智亦空。)二俱空寂，泯然无复对待，即解觉结(海仁法师曰：此处破想阴)。

[10] 空觉极圆，空所空灭：此解第五结空结。空觉极圆：空，即上文"觉、所觉空"之空。觉，能空 觉、所觉的空智。由此空智，而空彼能觉、所觉，则觉结虽解，可是此空是不圆满的，因为能空、所空，二俱宛在。故而此空也是结也应解除。继续要入流照性，加功用行，以求圆满空性。〇空所空灭：不但所空之智境灭，而且能空之空也灭。二俱灭也，今空结已解，行阴破。证得俱空之境。

[11] 生灭既灭，寂灭现前：此解第六结灭结。生灭：总指六结而言：动灭静生，静灭根生，根灭觉生，觉灭空生，空灭灭生，六结皆生灭法。故灭结也当解除。此结不解，恒住俱空之境，犹为圆通细障。此结最难解除，此结一解，可亲见本来面目。既灭：观智还元，一切生灭，悉皆灭已，从此更无可灭。〇寂灭现前：六结解、五阴破，寂灭真理现前。即亲证藏性，入首楞严三昧，证得圆通。寂灭：寂，此寂非对动之寂，从无始来，本自不动之寂。灭，此灭非对生之灭，从无始来，本自无生之灭。即如来藏，妙真如性，亦即一乘，寂灭场地，为真心之全体。

[解说]

此段文是观世音菩萨修证圆通自利之行，讲述了观世音菩萨从耳根次第解六结，证入圆通的修行过程。首先从耳根的闻性下手起修，做入流照性，回光返照的功夫，渐次解除了动、静、根、觉、空、灭六结，六结尽解，五阴破除，五浊澄清。方入一真无妄之地，彼六知根，根根妄结，随此所入之根，一解一切解。

六结	动结	静　结	根　结	觉　结	空　结	灭　结
经文	入流亡所	所入既寂，动静二相，了然不生。	如是渐增，闻所闻尽。	尽闻不住，觉所觉空。	空觉极圆，空所空灭。	生灭既灭，寂灭现前。

“初于闻中……闻所闻尽”出第一层能所，能：根，所：尘。“尽闻不住，觉所觉空”出第二层能所，能：觉湛一之境的智，所：湛一之境。“空觉极圆，空所空灭”出第三层能所，能：空“觉、所觉”的空智，所：“觉、所觉”。

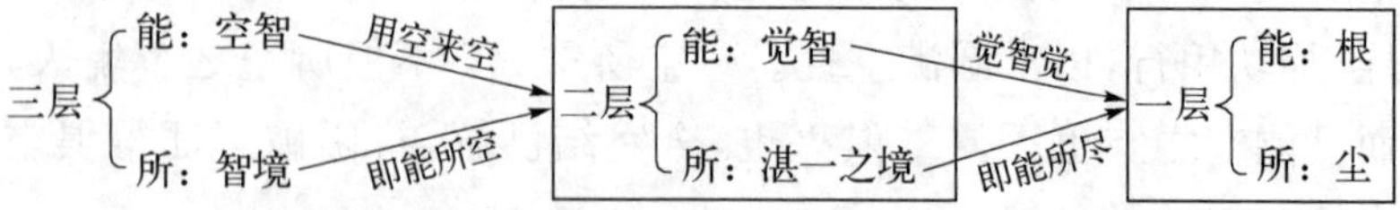

下文是利他之行，详演果用，令起羡慕欣修。利他之行有三：1. 三十二应，2. 十四无畏，3. 四不思议。

忽然超越，世出世间，十方圆明，

于一刹那超越世、出世间，十方世界圆满周遍，所有诸法无非自性光明，

获二殊胜，一者上合，十方诸佛，本妙觉心，

获得二种殊胜妙用，一者上合十方诸佛的本妙觉心，

与佛如来，同一慈力。

与佛同体，并同一慈力，可运无缘大慈，普度众生(三十二应同其用)。

二者下合十方一切，六道众生，与诸众生，同一悲仰。

二者下合十方一切六道众生心性，能与众生同忧患，共悲仰（十四无畏同其用）。

(1) 三十二应

世尊[1]，由我供养[2]，观音如来，蒙彼如来，授我如幻，

世尊，由于我供养观音如来，得观音如来传授我如幻

闻熏闻修，金刚三昧[3]，与佛如来，同慈力故，

闻熏闻修金刚三昧，因为证得佛的体，与佛同一慈力，

令我身成，三十二应，入诸国土。

所以令我成就三十二种应化身，随机赴感，遍入一切世界。

① 现佛身

世尊，若诸菩萨，入三摩地，进修无漏，胜解现圆，

世尊，若有菩萨，已得正定，进修无漏道业，当他们所起殊胜之解，将现圆满而未满之时，

我现佛身，而为说法，令其解脱。

我就现佛身，为说顿入佛乘之法，令得分证解脱或究竟解脱。

② 现独觉身

若诸有学，寂静妙明，胜妙现圆，

若诸有学，志求独觉者，乐独善寂，求自然慧，殊胜妙慧将现圆满之相，

我于彼前，现独觉身，而为说法，令其解脱。

我在彼有学之前，现独觉身，应其所求，为说无生之法，使他解脱见思烦恼，证无学之位。

③ 现缘觉身

若诸有学，断十二缘，缘断胜性，

若是三果以前，居贤圣位的学人，逆观十二因缘，以断十二缘故，无生理性得以显前。

胜妙现圆，

正在胜妙(因悟因缘性空故称胜妙)将现圆满而未满之时，

我于彼前，现缘觉身，而为说法，

我就在彼有学之前现缘觉身，为说缘生无性之法，

令其解脱。

令其解脱分段生死而证缘觉之果。

④ 现声闻身

若诸有学，得四谛空，

若是三果以前，居贤圣位的学人，见道位中，见惑断尽，

修道入灭，

进而入修道位，断三界思惑，八十一品，品品皆证一分择灭无为，

胜性现圆，我于彼前，现声闻身，

灭谛无生之性将现圆满之时，我就在彼有学之前现声闻身，

而为说法，令其解脱。

为说灭谛无生之法，令其解脱世间诸漏，超出三界。

⑤ 现梵王身

若诸众生，欲心明悟，

若有欲界的众生，对淫欲之事，心得明悟，了知欲为苦本，

不犯欲尘，欲身清净。我于彼前，

故持戒修身，不犯欲尘，令此欲身而得清净，我就在那个众生之前

现梵王身，而为说法，令其解脱。

现梵王身，为说四无量心及出欲论，教修离欲定，使其解脱欲界苦粗障，得色界净妙乐。

⑥ 现帝释身

若诸众生，欲为天主，统领诸天，我于彼前，

若有众生，希望当忉利天主，统领诸天，我就在他面前

现帝释身，而为说法，令其成就。

现帝释身，为说上品十善和种种善论，令其成就帝释之果。

⑦ 现自在天身

若诸众生，欲身自在，游行十方，

若有众生，希望此身能逍遥自在，游行十方没有阻碍，

我于彼前，现自在天身，而为说法，令其成就。

我就在这个人前现他化自在天身，为说上品十善等法，令其成就自在天福报，得生他化自在天。

⑧ 现大自在天身

若诸众生，欲身自在，飞行虚空，我于彼前，

若有众生，希望此身自在而能在虚空中飞行，我就在这个人前

现大自在天身，而为说法，令其成就。

现大自在天身，为说上品十善、四禅及四无量心，令其成就最胜果报。

⑨ 现天大将军身

若诸众生，爱统鬼神，救护国土，我于彼前，

若有众生，喜爱统领鬼神，保护国土，我就在这个人前

现天大将军身，而为说法，

现天大将军身，为说五戒十善及秘密神咒，呼召鬼神之法，

令其成就。

使他成就威勇，保护苍生。

⑩ 现四天王身

若诸众生，爱统世界，保护众生，我于彼前，现四天王身，

若有众生，喜爱统领世界，保护众生，我就在这个人前现四天王身，

而为说法，令其成就。

为说上品十善及护国安民之法，令其成就统领世界之愿。

⑪ 现天王太子身

若诸众生，爱生天宫，驱使鬼神，我于彼前，

若有众生，喜爱生四天王宫，能驱使一切鬼神，我就在这人前

现四天王，国太子身，而为说法，

现四天王国太子身，为说皈依三宝、斋戒、十善符咒之法，

令其成就。

令得成就其志愿。

⑫ 现人王身

若诸众生，乐为人王，我于彼前，现人王身，

若有众生，乐作有道君王，我就在这人前现人王身，

而为说法，

为说五戒十善乃生贵之因，及说帝王德业，熏成隔生之种，

令其成就。

令他成就善因，而获福果，满其愿。

⑬ 现长者身

若诸众生，爱主族姓，世间推让，

若有众生，喜爱作一族同姓之主，愿被世间所尊重而居上首者，

我于彼前，现长者身，而为说法，令其成就。

我就在这人前现长者身，为说博施济众，仁民爱物之法，使他如愿成就。

⑭ 现居士身

若诸众生，爱谈名言，清净自居，我于彼前，

若有众生，爱谈古今名人嘉言典章，足可垂范于世，身处尘劳，心恒清净，不染世欲，以道自居，我就在这人前

现居士身，而为说法，令其成就。

现居士身，为说清心寡欲，洁己修身之法，使他如愿成就。

⑮ 现宰官身

若诸众生，爱治国土，剖断邦邑，

若有众生，爱治理国家，辅佐政治，为各地方剖雪冤屈，断决是非，

我于彼前，现宰官身，而为说法，

我在这人前现宰官身，为说修身治国平天下，护国爱民之法，

令其成就。

使他如愿成就。

⑯ 现婆罗门身

若诸众生，爱诸数术，

若有众生，爱好天文地理、阴阳度数、医卜命相、咒水书符，

摄卫自居，

调摄身心，节劳静神，保卫生命，固精养气，以此自居，不求他学，

我于彼前，现婆罗门身，而为说法，令其成就。

我就在这人前现婆罗门身，为说调气炼神之法，让他成就数术摄卫之学。

⑰ 现比丘身

若有男子，好学出家，持诸戒律，我于彼前，

若有男子，心厌尘劳，好学佛法，舍俗出家，持诸戒律，我就在这人前

现比丘身，而为说法，令其成就。

现比丘身，为说戒定慧三学，清白梵行之法，使他如愿成就。

⑱ 现比丘尼身

若有女人，好学出家，持诸禁戒，我于彼前，

若有女人，心厌尘劳，好学佛法，舍俗出家，持诸戒律，我就在这人前

现比丘尼身，而为说法，令其成就。

现比丘尼身，为说离染清净，精修梵行之法，使她如愿成就。

⑲ 现优婆塞身

若有男子，乐持五戒，我于彼前，现优婆塞身，

若有男子，志慕佛法，乐持五戒，我就在这人前现优婆塞身，

而为说法，令其成就。

为说三归五戒等，使他如愿成就。

⑳ 现优婆夷身

若有女子，五戒自居，我于彼前，现优婆夷身，

若有女子，以五戒自居，我就这个人前现优婆夷身，

而为说法，令其成就。

为说五戒，使她如愿成就。

㉑ 现妇女身

若有女人，内政立身，以修家国，

若有女人，贞静幽娴，克修女德，善主家门以内之事，以修国基，

我于彼前，现女主[4]身，及国夫人[5]，命妇[6]大家[7]，

我在这个人前现女主身，及国夫人、命妇、大家之身，

而为说法，令其成就。

为说三从四德，端庄淑慎之法，使她如愿成就。

㉒ 现童男身

若有众生，不坏男根，我于彼前，

若有众生，不近女色，保守童贞，志乐独身，我就在这人前

现童男身，而为说法，令其成就。

现童男身，为说守真抱朴，固精保元之法，令他如愿成就童真。

㉓ 现童女身

若有处女，爱乐处身，不求侵暴，

若有处女，爱乐处女之身，不求婚嫁，纵有强暴，誓所不从，

我于彼前，现童女身，而为说法，令其成就。

我就在这人前现童女身，为说坚贞美德，清净自居之法，使她如愿成就。

㉔ 现天身

若有诸天，乐出天伦，我现天身，

若有诸天，乐于脱离天界，求生人道，我就现天人身，

而为说法，令其成就。

为说无常、苦、空、无我之法，使他如愿成就。

㉕ 现龙身

若有诸龙，乐出龙伦，我现龙身，

若有诸龙，愿意脱离龙类，求生人道，我就现龙身，

而为说法，令其成就。

为说布施持戒，正直柔和，仁慈谦让等法，令其如愿成就。

㉖ 现药叉身

若有药叉，乐度本伦，我于彼前，现药叉身，

若有药叉希望超越同伦，求生人道，我就在他前面现药叉身，

而为说法，令其成就。

为说持戒修福柔和善顺之法，令他成就人伦。

㉗ 现乾闼婆身

若乾闼婆，乐脱其伦，我于彼前，现乾闼婆身，

若有乾闼婆，好乐脱离本伦，求生人道，我就在他面前现乾闼婆身，

而为说法，令其成就。

为说远离放逸、五戒、中品十善之法，使他成就。

㉘ 现阿修罗身

若阿修罗，乐脱其伦，我于彼前，现阿修罗身，

若有阿修罗，好乐脱离本伦，我就在他面前现阿修罗身，

而为说法，令其成就。

为说慈忍谦恭，虚心受教，及中品十善之法，使他成就。

㉙ 现紧那罗身

若紧那罗[8]，乐脱其伦，我于彼前，现紧那罗身，

若有紧那罗，好乐脱离本伦，我就在他面前现紧那罗身，

而为说法，令其成就。

为说歌咏乱心，欲乐无常，及中品十善之法，使他成就。

㉚ 现摩呼罗伽身

若摩呼罗伽，乐脱其伦，我于彼前，现摩呼罗伽身，

若有摩呼罗伽，乐脱离本类，求生人道，我就在他前面现摩呼罗伽身，

而为说法，令其成就。

为说修慧修慈，忍辱柔和，及中品十善之法，使他成就。

㉛ 现人身

若诸众生，乐人修人，

若有众生，好乐生生世世为人，乐于修持人道，来生不失人身，

我现人身，而为说法，令其成就。

我就在他前现人身，为说五戒、中品十善，使他成就。

㉜ 现同类身

若诸非人，有形无形，有想无想，乐度其伦，

若一切非人，有形无形，有想无想，有乐于脱离本类，求生人道的，

我于彼前，皆现其身，而为说法，

我就在他们之前，一一各随其类而现身，各应其机以说法，

令其成就。

使他们都能如愿成就。

是名妙净，三十二应，入国土身[9]，

这就是不可思议，清净无染的三十二应化身，能入一切国土，无刹不现身，随类各应，普度众生。

皆以三昧，闻熏闻修，

我之所以能够如此，都是由耳门修证三昧之力，由本觉闻性内熏，熏起始觉妙智，作反闻修习之功夫，

无作妙力[10]，自在成就。

得成无作妙力，故能自在成就。

［注释］

［1］世尊：指释迦牟尼佛。

［2］供养：一者供养佛身，侍奉左右，执劳服役。二者供养佛心，依教起修，畅佛本怀。

［3］如幻，闻熏闻修，金刚三昧：即是从耳根解结，反闻闻自性的法门，此法门修即无修，无修而修，故"如幻"，由此法门证得如金刚一般的首楞严大定。

［4］女主：王后。

［5］国夫人：邦君之妻，名君夫人。

［6］命妇：是受朝廷诰命之妇女。

［7］大家："家"音"姑"也，大家乃德才兼备者，能为女主之师。

［8］紧那罗：帝释唱歌之神，貌丑音美。

［9］妙净，三十二应，入国土身：一时顿现，随类各应曰妙。所现身相，不著于相曰净。

［10］无作妙力：不借作意，不可思议之力用。

［解说］

此三十二应，第一现佛身，第二、三、四现圣身，以下皆现同类身。《法华经·普门品》也明观音菩萨三十二应度众生，但本经天趣有四天王国太子，及人趣有女主、国夫人，《法华》中无。而《法华》中八部

有迦楼罗(常言大鹏金翅鸟也),八部外有执金刚神,可是本经中没有。并不是两部经有出入,而是菩萨妙应无量,神化莫测,三十二应不过是两部经在菩萨无量应身中随意取舍,略举其中三十二类罢了。○菩萨已证圆通,身口意三轮皆不思议,先由意轮鉴机既定,应以何身得度就现何身,应以何法得度就说何法。一身普入一切刹,一切刹中作佛事,一身不分而善现,千江有水千江月,千处祈求千处应,苦海常作渡人舟。

观世音菩萨感应典故:

(1) 过去我国贵州省修文县地方,有个白山洞,不断有水银从洞中流出,于是乡间就常有人聚集到山洞里,采取水银出售。因采取水银者日多,为了工作方便,就在山洞附近无形中成了一座数百户的村庄。过了若干年,因水银流失太多,致使山上土石松弛,随时有崩塌的可能,但采水银的村民一点也不知道。假若山崩整个村庄将被毁,数百户人将惨死。观音菩萨为救护他们,即示现一美女,在山洞前的溪水中裸浴。一美女在裸浴,自然轰动全村,全村男女老幼都好奇地立刻跑出来看。正当全村人来看此事时,忽然一阵天崩地裂的响声,村人回头一看,整个村庄被乱石压在底下。大家都幸得以逃命,再回过来看,溪中裸浴的美女早已不见踪影!山崩时,村中有一男子正在屋中睡觉,未及时逃出,被压在山石的空隙处,转动不得,没有办法出来,但也没有压死。久了感到饥饿,即虔念观音圣号,忽见一只白老鼠,眼睛如电火一样的,照在一块石头上,石上现有“普门品”字样,白鼠舔食石上的字,被压的男子也学它的样子舔石上的字,就不觉得饥饿。这样在不见天日的石缝中度过了将近三年。一天,有人上山采药,听见有人呻吟,寻声找见一人被压在石缝中,救他出来后,问他何以不死,他说每天舔字疗饥。众人观石,石头上还有两三个字,细看是“普门品”三字。当知美女、白老鼠,以及石上“普门品”字,皆观音菩萨示现来救度众生的。菩萨慈悲,真是无刹不现身。

(2)《观音感应传》中记载了这样一个故事:唐朝时,陕西某地百姓醉生梦死，有一天观音（鱼篮观音）化一美少女，手拿竹篮装两条鲤鱼，说“买来放生就卖，食不卖”，结果没人买，三天鱼竟也不死。青年男子们说：“美女，你不如嫁人。”美女说：“嫁人可以，但有一个条件。”许多男子围上来静听条件。美女说：“一日内背会《普门品》就嫁。”结果四十人背会。美女说：“我一身不能许四十人呀！一日内背会《金刚经》（五千字）就嫁。”结果四十人中只有四人背出来。美女又说：“我一身也不能嫁四人呀！三日背会《法华经》就嫁。”结果只有马郎一人背出来。真不容易呀！问美女何日完婚。美女说：“今晚婚娶。”拜完堂入洞房，一入房美女就死了，且急速臭烂。马郎痛苦万分，喜事变成丧事。只好埋到山坡上。过了一个月，有一持锡杖的老和尚问：“我的妹妹到你这地方，现在何处？”马郎告之死了，老和尚说：“死了也要看看。”于是把墓掘开一看，骨头是黄金锁骨。老和尚说：“你们这地方的人不识佛法，不知修行，辜负自己本有佛性，所以菩萨化度你们，教你们念《金刚经》、《法华经》，想度你们成佛呀！你们要觉悟过来，不要辜负菩萨一番心血。”和尚挑起黄金锁骨腾空而去。马郎于是感悟出家，持《法华经》，不久悟道。有诗赞曰：“窈窕风姿鬟倚斜，赊煞郎君念《法华》，一把骨头挑去后，不知明月落谁家。”

(2) 十四无畏

世尊，我复以此，闻熏闻修，金刚三昧，无作妙力，

世尊，我又以这闻熏闻修，得证金刚三昧，而产生无作妙力，由此妙力

与诸十方，三世六道，一切众生，同悲仰故，令诸众生，

能与十方三世六道一切众生同一悲仰，故而能令一切众生

于我身心，获十四种，无畏功德[1]。

在我身心中，获得十四种无畏的功能与德用。

① 苦恼无畏

一者由我，不自观音，以观观者，

第一，由于我不自观世间的声音（离尘），只观能观者是谁（照性），背尘合觉，证金刚三昧，得无作妙力，加被众生，

令彼十方，苦恼众生，观其音声，即得解脱。

设若十方苦恼众生一心称我名号，我则观其称念音声，寻声救苦，令他解脱苦恼。

② 火难无畏

二者知见[2]旋复，

第二，旋转缘尘的妄知妄见，复归自性的真知真见。见觉属火，既返妄归真，内见觉之火已熄，则世间外火，不能为害。

令诸众生，设入大火，

我以此自证之力加被众生，若入大火之中一心称我名号，即为大悲威光所摄，

火不能烧。

就不会被火烧。

③ 水难无畏

三者观听[3]旋复，

第三，由反观听闻之性，旋彼妄闻，复归真闻。听闻属水，今即旋闻复性，则无闻业，所以水不能溺。

令诸众生，大水所漂，水不能溺。

我以此自证之力，加被众生，若入大水之中一心称我名号，水也不能溺。

④ 罗刹难无畏

四者断灭妄想，心无杀害[4]，

第四，我已断灭妄想，没有杀害之心，完全超越了鬼神的心理行为，

令诸众生，入诸鬼国，鬼不能害。

假若众生误入诸罗刹鬼国，但能一心称我名，鬼不能害。

⑤ 刀兵难无畏

五者熏闻成闻，六根销复，

第五，反闻照性，本觉内熏，熏彼妄闻，而成真闻，耳根如是销妄复真，六根悉皆销妄复真，

同于声听，能令众生，临当被害，

同于声尘听闻之性，一一复归元真。我以所证金刚三昧之力，加被被害众生，身同金刚，

刀段段坏，

故刀触身，刀自断折。纵然刀剑不坏，身体也不会受伤，

使其兵戈，犹如割水，亦如吹光，性无摇动。

使刀剑如同割水吹光。能触之刀，所触之身，同一藏性，藏性合于藏性，如同以空合空，性无摇动，故得免难。

⑥ 鬼难无畏

六者闻熏精明，明遍法界，

第六，我反闻熏修，伏归本元真精之性，发本明耀，耀性发明，遍周法界。

则诸幽暗，性不能全，

则诸幽隐暗昧为性的鬼神，尽皆消失，以此威光加被众生，

能令众生，药叉、罗刹，鸠槃茶鬼，及毗舍遮，

能令众生，仗承威光，药叉、罗刹，鸠槃茶鬼，及毗舍遮、

富单那等，虽近其旁，目不能视。

富单那等诸鬼，纵近身旁，尚不能睁眼看，何况加害？

⑦ 枷锁难无畏

七者音性圆销，观听返入，

第七，音声动静二性，悉皆销灭，观照能听闻之性，逆流而入，

离诸尘妄，

不但声尘销灭，色等诸尘也随声尘俱灭。尘亡则根尽，根尘双泯，以此妙力，加被众生，

能令众生，禁系枷锁，所不能著。

能使众生，只要一心称我名号，任何禁械枷锁，不能著身。

⑧ 贼难无畏

八者灭音圆闻，

第八，我反闻入流，解脱声尘而证极根性。尘灭则外无敌对，根圆则咸归一心，

遍生慈力，能令众生，经过险路，贼不能劫。

故能遍生慈力，以此慈力加被众生，能令众生经过危险之路，只要一心称念我名，盗贼就不能劫夺。

⑨ 贪毒无畏

九者熏闻离尘，

第九，熏出流之妄闻，而成入流之真闻，入流则必亡所，声尘之结解则诸尘之结齐解，

色所不劫，能令一切，多淫众生，

色尘就不能偷劫家宝了，我以威力加被众生，能令一切多淫的众生，

远离贪欲。

只要一心称念我名，就可远离贪爱欲乐。

⑩ 嗔毒无畏

十者纯音无尘，根境圆融，

第十，纯一闻音妙性，别无所对声尘，既无所对之境也无能对之根，惟一圆融，清净宝觉，

无对所对，

内外一如，无能对与所对，因嗔恚生于对待违拒，今我圆融一体，无对无碍，以此加被众生，

能令一切，忿恨众生，离诸嗔恚。

能令一切有忿怒嗔恨的众生，只要常念我名，便能离嗔恚。

⑪ 痴毒无畏

十一者，销尘旋明，法界身心，

第十一，消除所缘之妄尘，旋复自性之本明，外之法界，内之身心，

犹如琉璃，朗彻无碍。

犹如琉璃，洞然朗照，内外明彻，无所障碍。我以此自证智力加被众生，

能令一切，昏钝性障，诸阿颠迦[5]，永离痴暗。

能令一切愚痴，无善心众生，永远离痴暗钝愚。

⑫ 求男无畏

十二者，融形复闻，不动道场，

第十二，销融四大之幻形，旋复一真之闻性，证入不动摇不生灭之理体。

涉入世间，不坏世界，

故能称体起用，化身无量，涉入世间，随类现身，不坏世间之相，依理成事，从真涉俗。

能遍十方，供养微尘，诸佛如来，各各佛边，为法王子。

能遍至十方，供养微尘数的诸佛，在各各佛前作法王子。

能令法界，无子众生，

以此福慧双修之妙力，加被众生，法界没有子嗣的众生，

欲求男者，诞生福德，智慧之男。

欲求生男者，若至诚礼拜，一心称我名号，便生有福德智慧的男儿。

⑬ 求女无畏

十三者六根圆通，明照无二，

第十三，六根圆融通达，由通达故，六根灵明照用，无二无别。

含十方界，立大圆镜，空如来藏，承顺十方，微尘如来，

所以含裹十方诸佛世界，立大圆镜智，空如来藏，能承顺十方微尘如来

秘密法门，受领无失。

一切秘密法门，大小权实，完全领受无失。

能令法界，无子众生，

我以此自在妙力加被众生，假若法界没有儿女的众生，

欲求女者，诞生端正，福德柔顺，

想求女儿者，至心礼拜，一心称我名号，就可诞生相貌端正，福德柔顺，

众人爱敬，有相之女。

众人爱敬，福相和德相具足的女儿。

⑭ 持名无畏

十四者，此三千大千世界，百亿日月，现住世间，诸法王子，

第十四，这个三千大千世界有一百亿个日月，现住三界六道，随类化身，乘愿利生的法王子，

有六十二恒河沙数，修法垂范，

有六十二恒河沙数之多，有的修实行自利之法，可垂范众生，给众生作模范，

教化众生，随顺众生，方便智慧，

有的修权行利他之法来教化众生，随顺众生根性，示现四摄，用方便权智善巧教化；

各各不同。由我所得，圆通本根，发妙耳门，

各各不相同。由于我证得耳根圆通，发明耳门自在之妙用，

然后身心，微妙含容，周遍法界。

然后心含十方无量世界众生，鉴机不谬；身遍圣凡染净十界，应化无方。

能令众生，持我名号，与彼共持，

故而能令众生，持我观世音一名所得福德，与同时执持

六十二恒河沙，诸法王子，二人福德，正等无异。世尊，

六十二恒河沙数法王子的名号所得福德，完全相等。世尊，

我一名号，与彼众多，名号无异，由我修习，得真圆通。

单持我一名号，与共持众多的名号福德无异，实因我修习耳门三昧，乃得真实圆通的缘故呀！

是名十四，施无畏力，福备众生。

以上所说，名为十四无畏功德，福德周备，惠施众生，十方众生，只要至心称念我名号，我就能寻声救苦，有求必应。

[注释]

[1] 十四种，无畏功德：十四种是数量。无畏：约众生说，众生在苦难怖畏之中，一心称菩萨名，感应道交，得到加持，没有了怖畏。功德：约菩萨说，由菩萨圆通妙力，功能德用，所以能让众生离苦无畏。

[2] 知见：知见包括六根见、闻、嗅、尝、觉、知。内外四大常相交感，见觉属火，故见业交则见猛火，今知见旋复，则无见业，所以火不能烧。

[3] 观听：听闻属水，故闻业交，则见大水，今已旋闻复性，则无闻业，所以水不能溺。

[4] 断灭妄想，心无杀害：妄想是第六意识，比喻为贼，能杀众生

法身慧命，如同罗刹能食人，深可怖畏。菩萨反闻入流功纯，识心灭故曰断灭妄想。妄想既灭，自断杀害之心，完全超越鬼神的心理行为。

［5］阿颠迦：此云无善心。

［解说］

此段文讲观世音菩萨修证圆通利他之行的十四种无畏功德。

菩萨施无畏的典故：

（1）众生无后嗣，畏其老死无靠，但持名号，令生男女。清朝乾隆年间，有王文简，浙江省吴兴县菱湖镇人，出身富家，考中状元，官拜尚书，亲述先祖行善而得善报的真实事例。王文简的祖父王翁是菱湖的大富户，育有九个愚笨痴呆的儿子，虽遗憾，王翁夫妇还是视如珍宝。某年城中大旱，饿死许多人，幸存者也瘦骨嶙峋，奄奄存命。王翁夫妇虔奉观音菩萨，目睹惨状，心生悲怜，于是大开粮仓，施米施钱，救活不少人命。行此大善后，九个儿子不久却都夭亡。百姓怀疑好人怎受如此恶报？王翁夫妇痛苦万分，对观音菩萨恭敬，礼拜，信心一丝未退，更上一道“求子疏文”恳求菩萨再赐麟儿，表文至情恳切，闻者感动。是夜，王翁夫妇梦中见观音菩萨对他说：“你无须太悲伤，因你祖先积恶，那夭折之九子是讨债而来的，目的是要败坏你全部家业。今因你慈悲慷慨布施，变卖祖业救济急难而活人无数，这丰功伟德获得上天嘉许，将九恶子收回，另送你福慧具足之男儿光宗耀祖，以后要勤修善业，自然孙贤子孝，福泽绵长。”不久夫人便怀孕，连生五子，个个是丰神俊朗，才貌双全的大学问家，而王文简更官拜尚书，显贵一生。

（2）枷锁难无畏：一对夫妻，平时最信观世音，后来丈夫被人陷害，说他曾经为盗，于是官府捉他，他得知消息后，知道辩是没用的，就逃跑了。官府就将其妻捕去，代为受罪，手铐脚镣加在身上，与诸犯人同关狱中。一天，牢狱突然起火，犯人们被移押外面路边。正在这时，遇一僧人经过，因为妇人信三宝就喊师父慈悲救我。说也真奇，这个僧人，正是此妇人的皈依师。其师说："你要我救你，我实在没法，你是深信观音的，应本固有的信念，一心一意称念观音圣号，自有不可思议的灵验，使你得到解脱！"从此妇人在狱中一心称观音圣号，念了三昼夜，加在身上的杻械，忽然皆悉断坏，虽可自由地出去，但因狱卒在门口看守，不敢就这样离去。正在踌躇犹豫之时，忽闻空中有声，叫他立刻出狱，不要稍存犹豫。张眼四面看看，狱门果然大开，即从狱中逃出。静静地走了二三十里，路上竟然遇到自己的丈夫，二人在患难中相见，自有说不出的喜悦。

(3) 闻名称念解脱：浙江有一米商常念观音，夜也常念。有一夜菩萨托梦说他大难将至，告之四句偈："逢桥莫停舟，遇油即抹头，斗谷三升米(1斗即10升)，苍蝇捧笔头。"过了一天，此人雇船去做米生意，船行不久，忽狂风暴雨，他远见一座大桥，把船划到桥下欲避风雨，忽想起第一句话，就立刻行船，船刚离开，桥就塌了。因此更加虔诚念观音。后来有一夜晚，在家拜观音，正在拜下还未起身时，佛堂悬挂的琉璃灯忽然落下，洒得满地都是油。米商忆起第二句话，又想起第一句的灵验，于是乖乖把满地的油抹在头上。过了一会儿去睡觉，一觉醒来，闻到血腥味，起身点灯，一看太太被杀了，就去告诉岳父。岳父认为自己女儿不信佛，女婿信，认为他们感情不好，女儿是被女婿所杀，就去告官。官府传米商来审问："你妻子被杀那晚家里有财物损失吗？米商说无。又审问："邻居有冤仇吗？"米商又说无。既无盗贼，又无冤仇，又在深夜，判定是米商所杀，提笔欲判死刑，忽一群苍蝇飞来围集在笔头上，县老爷正觉奇怪，米商欣喜若狂大叫："好得很，好得很，苍蝇捧笔头！"老爷审问米商内情，米商把梦等经过告之。那四句偈已有三句应验，只剩一句了，于是大家思惟：一斗谷有三升米，余下的自然是七升糠(10－3＝7)了！所以判定杀人犯不是"康(糠)七"就是"七康"。经密查，此地方果然有康七这人，康七不得不招认，原来是康七与米商之妻有染，本想杀米商，可在夜里，摸到油头，以为是那女人，所以舍有油的去杀无油的，结果杀错了。经过这一变故，米商感菩萨慈悲广大，觉人生虚幻不实，发心出家，而得道果。那县老爷也信菩萨，念菩萨了。

(3) 四不思议

世尊，我又获是圆通，修证无上道故，

世尊，因为我获得这种真实圆通，修证而得成无上圣道故，

又能善获，四不思议，无作妙德。

而又获得四种不可思议的神妙德用。

① 同体形咒不思议

一者由我初获，妙妙闻心，

第一，由我最初获得妙中最妙的耳根闻性，这本觉妙心为本修因，

心精遗闻，

能闻的根和所闻的尘俱尽，惟一心精，根尘双脱，

见闻觉知[1]，不能分隔，成一圆融，清净宝觉。

所以见闻觉知等不再被六根分离隔碍，而成一圆融无碍，清净本然的宝觉真心。

故我能现，众多妙容，能说无边，秘密神咒。其中或现，

所以我能示现无数的妙容，能说无边秘密神咒。以头来说，头是人身之尊，本来一人一头，

一首三首，五首七首，九首十一首，

但我可以同时示现一个头，三个头，五个七个，九个十一个，

如是乃至，一百八首，千首万首，八万四千，烁迦罗[2]首。

这样以至一百零八个，千个万个，甚至八万四千个坚固不坏的头。

二臂四臂，六臂八臂，十臂十二臂，

如以臂言，一人只二臂，但我可以示现四臂、六臂、八臂、十臂、十二臂，

十四十六，十八二十，至二十四，如是乃至，一百八臂，
十四、十六、十八、二十，甚至二十四臂。这样以至一百零八臂，

千臂万臂，八万四千，母多罗[3]臂。二目三目，
千臂万臂，八万四千臂，臂各有手，手各结印。再以目言，人以二目为常，但我可以示现三目、

四目九目，如是乃至，一百八目，千目万目，八万四千，
四目、九目，如是乃至一百零八目，千目万目，甚至八万四千

清净宝目。或慈或威，
清净宝目，圆明清净，无染无碍。或现慈容可亲，或现威容可畏，

或定或慧，救护众生，得大自在[4]。
或现寂静相，或现智慧相，所现各相，为救护众生，都能任运示现，自在成就。

② 异体形咒不思议

二者由我闻思，脱出六尘，如声度垣，
第二，由于我从闻、思、修入三摩地，超越六尘，如声越墙，

不能为碍。故我妙能，现一一形，诵一一咒，
墙不能碍。故我能现妙用，能现各种各样的身形，能诵各种神咒，

其形其咒，能以无畏，施诸众生，
所现的形，所说的咒，都能以无畏力布施给众生，

是故十方，微尘国土，皆名我为，施无畏者[5]。
所以十方世界微尘国土的众生，都尊称我为施无畏者。

③ 破贪感求不思议

三者由我修习，本妙圆通，清净本根，所游世界，
第三，由于我修习本妙圆通，得证清净本然的如来藏性，凡我所游化的世界，

皆令众生，舍身珍宝，求我哀愍[6]。

都能让众生舍弃自身所有的珍贵宝物，求我哀愍受之而为施作佛事。

④ 供养佛生不思议

四者我得佛心，证于究竟，

第四，由于我得诸佛秘密的因地心，依之修行，证到究竟，入如来藏海，

能以珍宝，种种供养，十方如来，傍及法界，六道众生，

故能以种种珍宝供养十方如来，又旁及法界六道众生，

求妻得妻，求子得子，求三昧得三昧，求长寿得长寿，

使求妻的得妻，求子的得子，求三昧的得三昧，求长寿的得长寿，

如是乃至，求大涅槃，得大涅槃[7]。

这样以至求大涅槃的得大涅槃。

[注释]

[1] 见闻觉知：举四摄六。

[2] 烁迦罗：此云坚固不坏。

[3] 母多罗：此云印，谓臂各有手，手各结印故。

[4] 一者由我初获……得大自在：① 同体形咒不思议：由于菩萨初于闻中，入流照性，证圆通体，发自在用，故能一身而现多种形状容貌，又能说无边的秘密神咒。

[5] 二者由我闻思……施无畏者：② 异体形咒不思议：菩萨能随缘现多种身形，能诵多种神咒，具不可思议的神妙德用。此鉴机不一，现形也多，不同三十二应，各随所求，各应同类，此不拘类求。也不同于十四无畏，彼冥加，此则显应。

[6] 三者由我修习……求我哀愍：③ 破贪感求不思议：众生悭贪，而菩萨能使众生发心喜舍，求菩萨哀愍受之，这诚不可思议。

[7] 四者我得佛心……得大涅槃：④ 供养佛生不思议：菩萨证

得藏心，一真法界，平等真如，故能生佛等供，财法二施，不可思议。

［解说］

此段文讲观世音菩萨修证圆通利他之行的四不思议。

破贪感求不思议的典故：《南海普陀山传奇异闻录》中有如此事迹。相传过去普陀山的普济寺，在新春期间，有一个远道来的有钱香客，买来一对有五六十斤重的贡烛朝山。到过年时，正是进香人最多的时候，这个有钱的香客把他的一对大贡烛交给香灯师，很想尽快把他的贡烛在佛前点完，得到佛光普照。因为香客太多，贡烛非常多，按照一般习惯，为满众生愿，香灯师会象征性地把贡烛点后就拿下来，再换新来的贡烛。这有钱香客对香灯师的做法不满意，说和尚有贪心，有意把他的大烛不点，存下来卖钱。一怒之下就带了随来的小儿子回家，怎料这爱子不幸在半途得病而死，他痛苦万分无可奈何，只好买一口棺材，把爱子装进去带回家后再埋葬。哪知一到家中，已死的小儿子却出来迎接他，这一下他愣住了，大着胆子问道："你不是随我去普陀山进香的吗？为什么现在又在家里？"儿子答道："从那天随爸爸回来，一走出山门外，就不知爸爸到哪里去了，我寻了好久，还是找不到你，后来遇见一个老人，是他把我送回来，我回来已经有几天了。"他这一来如堕雾中，心想分明这孩子已经死了，是我亲手把他放进棺中，恐怕这小儿是小鬼变成来作祟的。当即叫人把棺材打开来看，一看棺材里只有他自己买的一对大贡烛，贡烛还现出八个大字："来意不诚，退回原处。"啊！原来是观音大士显圣！这一下他既惭又愧，跪下来拜祷不止。从此之后，他每年买很大的贡烛到普陀山供养观音大士，随香灯师安排。

佛问圆通，我从耳门，圆照三昧，

佛问圆通，我从妙耳门反闻照性，照到一心本源即得三昧，

缘心自在，因入流相，得三摩地，

故能随缘应化，所起妙用，心得自在（三十二应，十四无畏，四不思议，显应、

冥加），依耳根入流照性，解六结破五阴得三摩地，

成就菩提，斯为第一。世尊，彼佛如来，

成就佛果菩提，这耳根圆通最为第一。世尊，当时观音如来，

叹我善得，圆通法门，于大会中，授记我为，观世音号，

称赞我得到最优的圆通法门，在大众中为我授记，得观世音号，

由我观听，十方圆明，

由于我能观听十方圆明无碍，十方众生念我名号，我都圆明了知，拔苦与乐，

故观音名，遍十方界。

所以观音之名遍满十方世界。”

[解说]

“尔时观世音菩萨……遍十方界”此一大段文讲第二十五位观音菩萨耳根圆通：上二十四圆通皆略述，此第二十五圆通是广陈。观世音菩萨追述往昔无数恒河沙劫以前，有尊观世音佛，观音菩萨在彼佛前发菩提心，彼佛教观音菩萨从耳根解结，反闻闻自性的法门，观音菩萨依教起修，解六结，破五阴，得三摩地，故能随缘应化，妙用无穷，自在无碍。当时彼佛称赞观音菩萨得到了最优的圆通法门。所以成就菩提，这耳根圆通最为第一。

至此，① 诸圣圆通完。

尔时世尊，于狮子座，从其五体，同放宝光，远灌十方，

这时世尊（释迦佛）在狮子座上五体同时放射宝光，远灌十方

微尘如来，及法王子，诸菩萨顶。彼诸如来，

微尘数如来，及法王子、诸菩萨顶。十方微尘数的如来

亦于五体，同放宝光，从微尘方，来灌佛顶，并灌会中，

也从五体同放宝光，从微尘数的方向来灌佛顶，并灌会中

诸大菩萨，及阿罗汉。林木池沼，皆演法音。交光相罗，

诸大菩萨及阿罗汉。林木池沼，皆演法音。交光相织，

如宝丝网。是诸大众，得未曾有，一切普获，

像宝丝网一般。会中大众，从来没有见过这样的瑞相，大家一齐都获得了

金刚三昧。即时天雨，百宝莲华，青黄赤白，间错纷糅，

大士所证的金刚三昧。这时天下百宝莲花花雨，花有青黄赤白色，间错纷糅，

十方虚空，成七宝色。此娑婆界，大地山河，俱时不现，

使十方虚空成七宝色。这娑婆世界的大地山河，忽然同时消失，

唯见十方，微尘国土，合成一界，梵呗咏歌，自然敷奏。

只见十方微尘数国土合成一个世界，梵呗咏歌，自然敷奏。

[解说]

听完上面二十五圣各自陈述之后，佛显瑞相。

② 文殊选择

于是如来，告文殊师利法王子，汝今观此，二十五无学，

这时如来对文殊师利法王子说："你现在看这二十五位无学，

诸大菩萨，及阿罗汉，各说最初，成道方便，

诸大菩萨及阿罗汉，各各陈述最初成道的方便法门，

皆言修习，真实圆通。彼等修行，

都说依此修习究竟都得真实圆通，各称第一。他们的修行方法

实无优劣，前后差别。我今欲令，阿难开悟，

实在没有优劣之分或前后差别。我现在欲令阿难开悟，

二十五行，谁当其根，兼我灭后，此界众生，

在二十五种法门中哪一种最适合他的根机？及我灭度后，此界众生，

入菩萨乘，求无上道，何方便门，得易成就？

欲入菩萨乘，求无上道，从哪一种方便门入比较容易成就?”

文殊师利法王子，奉佛慈旨，即从座起，顶礼佛足。

文殊师利法王子奉佛慈旨，即从座起，顶礼佛足。

承佛威神，说偈对佛：

承佛威神，说偈对佛：

［解说］

此段文起开讲(4) 冥授以选本根中的② 文殊选择。二十五法门本身没有优劣之分，诸圣所证的圆通也无差别，可是根机不同，还是应当有所选择。佛问文殊，对阿难和末法时娑婆世界的众生，以及初发心的人，应选何法门，更容易成就呢? 文殊大智，佛让文殊选择。下文文殊用偈答佛。

觉海性澄圆，圆澄觉元妙[1]，元明照生所，所立照性亡[2]。

(前五字)觉性澄湛不动，圆含万有，即寂而照。(中间十字)此圆含万有而究竟不动，即照而寂的觉性，元本自妙，元本自明，不由造作，今妄生照用，因妄照就生出妄所。(后五字)所照之妄境既成立，真照之性就隐而不现了。

［注释］

［1］觉海性澄圆，圆澄觉元妙：示所依真源，即是本有真心。觉海性：理解成用“海”来比喻觉性。觉性：即佛性。澄圆：觉性澄湛不动而圆含万有。此即寂而照，不变常随缘。圆澄：觉性圆含万有而究竟澄湛不动。此即照而寂，随缘常不变。觉元妙：此不变随缘，随缘不变的觉性，元本自妙，元本自明，不由造作。

［2］元明照生所，所立照性亡：示能依妄源即最初根本不觉，亦即根本无明，一切妄法，皆依它而生。元明：本觉元本自明，不由造作，是照而常寂，寂而常照的。照生所：照，妄生照用，妄照也。

如前文：性觉必明，妄为明觉，觉非所明，因明立所

元明 ＋ 明 → 生所

元明 ＋ 妄照 → 能、所 → 真照之性隐

迷妄有虚空，依空立世界，想澄成国土，知觉乃众生[1]。

(前五字)因妄所既已成立，便转本有智光，成能见的妄见，妄见欲有所见，所以迷性空为顽空(即前文“晦昧为空”，亲依无明，虚空先现)。(次五字)顽空与妄见相对，坚执欲缘，遂依虚空的晦昧，结暗境而成四大之色法，于是就妄立种种世界(即前文“空晦暗中，结暗成色”)。(后十字)妄想澄寂凝结而成无情的国土，国土中有知觉的就叫众生。

[注释]

[1] 迷妄有虚空……知觉乃众生：此约本识细相，由相分引见分，再由见分取相分，见相二分，和合成色，四大无知而成知，心性无形而成有形。此即最初从真起妄，成立世界、众生及业果三种相续。

空生大觉中，如海一沤发，有漏微尘国，皆依空所生，沤灭空本无，况复诸三有。

(前十字)虚空生于大觉心中，仅仅像大海中的一个沤泡，(中十字)一切有情世界和器世界，都依虚空而立。(后十字)如沤泡的虚空本无实体，何况依虚空而成立的诸三有世间。

归元性无二，方便有多门，圣性无不通，顺逆皆方便，初心入三昧，迟速不同伦。

(前十字)只要能灭妄，自可复归本来元有的如来藏性。藏性平等无二，欲入这无二之理的方便则有多门。(中十字)诸圣证入藏性，则没有不通的，或顺修而入，或逆修而入，二十五门都是方便之门。(后十字)可是初发心的人欲入楞严大定，选择圆根与不圆根，则有迟、速、难、易之别，应当有所选择。(下文重颂二十五圆通。)

1. 优婆色尘

色想结成尘，精了[1]不能彻，如何不明彻，于是获圆通[2]。

(前五字)色因妄想凝结而成障蔽坚塞之尘。(次五字)初发心者，观智薄弱，不能明了透彻色尘。(后十字)为什么用这个不明了、不透彻的色尘而想让初发心的人依此修证而速获圆通呢？

[注释]

[1] 精了：能观之智。

[2] 色想结成尘……于是获圆通：优婆尼沙陀烦恼障重，性多贪欲，故佛教他修不净观，遂对此身生大厌离，观色不可得，成阿罗汉。可是初发心者观智薄弱，不能依障蔽坚塞的色尘修证而想速获圆通。

2. 陈那声尘

音声杂语言，但伊名[1]句[2]味[3]，一非含一切，云何获圆通[4]。

(前十字)音声杂有语言文字，音声是能诠，名句味是所诠。(后十字)而能诠的音声，一音不能遍含一切名句味，而一名句味也不能遍含一切名句味。可知音声既不圆又不通，为什么初发心的人依此不圆不通的音声而想速获圆通呢？

[注释]

[1] 名：一字或少字。

[2] 句：多字为句。

[3] 味：多字联合为文，味指文理所诠之义味。

[4] 音声杂语言……云何获圆通：憍陈那听佛法音，悟到声尘是缘生之法，声相虽妄，其性恒真，得阿罗汉道。音声夹杂名句味，一音不能遍含一切名句味，所以初发心者不能依既不圆又不通的音声修证而想速获圆通。

3. 香严香尘

香以合中知，离则元无有，不恒其所觉，云何获圆通[1]。

(前十字)香尘与鼻合才知有香，若离开就不知有香气。(后十字)能觉的鼻根不能恒常与所觉的香尘相合。为什么初发心的人依此生灭离合的香尘而想速获圆通呢?

[注释]

[1] 香以合中知……云何获圆通:香严童子以香气为观境,悟知香气来无所从,去无所住,当体空寂,相尽性显,得阿罗汉道。香尘与鼻根合才知,离就不知,鼻根与香尘不能恒常相合,所以初发心者不能依生灭离合的香尘修证而想速获圆通。

4. 药王、药上味尘

味性非本然,要以味时有,其觉不恒一,云何获圆通[1]。

(前十字)味尘体性非本然(自然)自知其味,要以味尘与舌根合时才知有味。(后十字)其舌根能觉之性不能恒常与所觉的味尘合而为一。为什么初发心的人依这无常的味尘而想速获圆通呢?

[注释]

[1] 味性非本然……云何获圆通:药王、药上二法王子无始劫来为良医,口尝娑婆世界所有诸药,因宿习未忘,今承事释迦如来,仍以味尘为观境,悟知味尘相妄性真,位登菩萨。味尘与舌根合才知,离就不知,味尘与舌根不能恒常相合,所以初发心者不能依无常的味尘而想速获圆通。

5. 跋陀触尘

触[1]以所触[2]明,无所不明触,合离性非定,云何获圆通[3]。

(前十字)触尘本无自性,要以有知的身根与所触之物合,才能觉知冷暖涩滑等物。身根若不与所触之物合,则不能发明冷暖等触尘之相。(后十字)可知触尘合身则有,离身则无,其性本非一定,为什么初发心者依此无定性之触尘,而想速获圆通?

[注释]

[1] 触:触尘。

[2] 触:身根。

［3］触以所触明……云何获圆通：跋陀婆罗先在威音王佛像法时，了知触尘之相不可得，相尽性显，观行成就。今遇本师宿习未忘。以触尘观行熏习，妄触既尽，妙触宣明，微妙触尘，惟一藏性，循业发现而已，位居等觉。可是初发心者不能依此合身则有，离身则无，无定性的触尘修证而速获圆通。

6. 迦叶法尘

法称为内尘[1]，凭尘必有所，能所非遍涉，云何获圆通[2]。

（前十字）前五尘落谢的影子，被意根所缘之法，名为内尘。内尘必凭外五尘所落谢的影子而有，外五尘是能谢，内尘是所谢。（后十字）可是外尘有五个，落谢必有先后，内尘也有五个，影子也有先后，起意缘时，只专一境，舍一缘一，能所不能互遍互涉。为什么初发心的人依此不遍的法尘而想速获圆通呢？

［注释］

［1］法称为内尘：法尘是五尘所落谢的影子，非同五尘之实质。外尘指色、声、香、味、触。

［2］法称为内尘……云何获圆通：迦叶尊者观法尘变坏无常，当体空寂，生灭法尘既灭，微妙法性现前，了明藏心，销灭诸漏。可初发心者，不能依此不遍的法尘修证而速获圆通。

至此，六尘圆通完。

7. 那律眼根

见性[1]虽洞然，明前不明后，四维亏一半，云何获圆通[2]。

（前十字）眼根虽能洞然明了前境，然于四方只能见前方和左右两方，而不见后一方。（后十字）于四维中，只见前两维，不见后两维。为什么初发心的人，依此不圆的眼根而想速获圆通呢？

［注释］

［1］见性：见根之性即眼根。

［2］见性虽洞然……云何获圆通：阿那律陀因目失明，故佛教他

"乐见照明,金刚三昧",尊者旋见亡尘,循元脱根。之后尊者不借浮胜根,见三千大千世界如观掌中果,如来印证他成阿罗汉道。可是初发心者不能依此只具八百功德不圆通的眼根修证而速获圆通。

8. 槃特鼻根

鼻息出入通,现前无交气,支[1]离匪涉入,云何获圆通[2]。

(前十字)鼻中气息出能通于外,入能通于内,唯出入的中间,少停之时,没有交接之气。(后十字)由于出入息分开隔离,中间不能相续互摄。为什么初发心的人依此不圆的鼻根而想速获圆通呢?

[注释]

[1] 支:出支与入支。

[2] 鼻息出入通……云何获圆通:周利槃特伽愚钝,无记诵能力,虽属远因,也属散乱所至,故佛教他调鼻中出息和入息。尊者秉教观息,鼻根不缘外尘,反观息相,穷诸行空,循顺空理,后成阿罗汉。可是初发心者不能依此只具八百功德之不圆通的鼻根修证而速获圆通。

9. 憍梵舌根

舌非入无端,因味生觉了,味亡了无有,云何获圆通[1]。

(前十字)舌入非无因而能知味,必因味尘合到舌根之时才生觉了之知。(后十字)若味尘销亡了,则觉了之知本无所有。为什么初发心的人依此不常之根而想速获圆通?

[注释]

[1] 舌非入无端……云何获圆通:憍梵钵提有牛呞病,佛欲令其就路还家,教他从舌根入。尊者以舌根为本修因,还复一味清净之心,旋转循尘粘妄之知,证得阿罗汉。舌根与味尘合才生觉了之知,若味尘亡,则舌根的觉了之知本无所有,所以初发心者不能依此不常之舌根修证而想速获圆通。

10. 毕陵身根

身与所触同,各非圆觉观,涯量不冥会,云何获圆通[1]。

(前十字)身根与所有的触尘相同。触尘要身根与所触的尘合，才显冷暖等触尘之相；身根也是这样，要与所触的尘合，才显能觉的知觉性。所以身根与触尘，均非圆觉、圆观，(后十字)且身根和触尘一属有知，一属无知，各有边涯，各有分量，不能在离开时，而得冥知契会。为什么初发心的人，依此不常之根而想速获圆通呢？

[注释]

[1] 身与所触同……云何获圆通：毕陵伽婆蹉以身根为本修因，纯一本觉，遗妄身心，成阿罗汉。可是初发心者不能依此只具八百功德不常之根而想速获圆通。

11. 空生意根

知根[1]杂乱思，湛了终无见，想念不可脱，云何获圆通[2]。

此杂乱思的意根，终不能见湛然明了的觉性，因意识最乱最强，一时难以调伏，非修戒定慧，不能断惑证真。为什么初发心的人依此乱思妄想的意根而想速获圆通呢？

[注释]

[1] 知根：谓意知根即意根，乃第七末那识，第六依第七为根故曰意根。

[2] 知根杂乱思……云何获圆通：须菩提远劫以来，意根即空。以意根无分别性，旋其虚妄生灭诸法，复归本元觉性，第一义空，成大乘无学之道。可是初发心者不能依此乱思妄想的意根修证欲速获圆通。

至此，五根圆通完。

12. 舍利弗眼识

识见[1]杂三和，诘本称非相[2]，自体先无定，云何获圆通[3]。

(前十字)眼根与色尘相对，眼识生其中，推究眼识的根本，无所从来了不可得，虚妄不实。(后十字)眼识自体既无一定，为什么初发心的人，依此不常的眼识为本修因而想速证圆通呢？

[注释]

[1] 识见：眼识。

[2] 非相：举体虚妄不实。

[3] 识见杂三和……云何获圆通：舍利弗已成金龙如来，乃不舍大悲来示现。尊者旷劫眼识清净，由眼识而成无障碍智光，智光极处彻佛知见。可是初发心者不能依此虚妄不实不常的眼识修证而想速获圆通。

13. 普贤耳识

心闻[1]洞十方，生于大因力，初心不能入，云何获圆通[2]。

(前十字)耳识之所以能洞彻十方，圆闻无碍，是因普贤菩萨久修法界行之大因，威力之所成就，此是深位菩萨之功，不是耳识自己有如是功能，(后十字)所以初发心的人不能依耳识而想速获圆通。

[注释]

[1] 心闻：耳识。

[2] 心闻洞十方……云何获圆通：普贤菩萨曾是恒河沙数如来的法王子，久修法界行，故耳识能洞彻十方，圆闻无碍，得大自在。不是耳识自具如是功能，所以初发心的人不能依此耳识修证而想速获圆通。

14. 难陀鼻识

鼻想本权机，只令摄心住，住成心所住，云何获圆通[1]。

(前十字)于鼻端作观白之想，本是权巧方便随机而说。鼻识以分别香臭为用，教其观鼻端目的只是收摄其散乱心，令得暂住而已。(后十字)既有能住的心，那鼻端白则成所住的境。为什么初发心的人依此有住之心而想速获圆通呢?

[注释]

[1] 鼻想本权机……云何获圆通：难陀内心散乱，佛教他观鼻端，以摄妄想。尊者观鼻摄心，得成大阿罗汉，得蒙授记。可是初发

心者不能依此有住之心而想速获圆通。

15. 富楼那舌识

说法弄音文，开悟先成者，名句非无漏，云何获圆通[1]。

(前十字)舌识说法，只是播弄音声、语言文字而已。富楼那因舌识开悟，是因为他历劫修成辩才之力，非一时舌识的功能。(后十字)名句文乃有为法所摄，都不是无漏法，为什么初发心的人依此有为法而想速获圆通呢？

[注释]

[1] 说法弄音文……云何获圆通：富楼那久远劫就辩才无碍，故尊者因舌识悟入，非一时舌识的功能。舌识说法，只是播弄音声、语言文字而已，况名句文又是有为法，所以初发心者不能依舌识修证而想速获圆通。

16. 优波离身识

持犯但束身，非身无所束，元非遍一切，云何获圆通[1]。

(前十字)持戒清净不犯，只能约束身识而已，不是身识范围的就无法约束了，(后十字)且身识是和合根尘而有，元非周遍于一切时、处。为什么初发心者依此生灭不遍的身识而想速获圆通呢？

[注释]

[1] 持犯但束身……云何获圆通：优波离用身识执小乘身戒，进而用身识执大乘心戒，得入圆通。可是初发心者不能依此生灭不周遍的身识修证而想速获圆通。

17. 目连意识

神通本宿因，何关法分别[1]，念缘非离物[2]，云何获圆通[3]。

(前十字)目连神通第一，究其根源，乃宿生久修所致，与意识无关。(后十字)因对法尘之境则有意识念念攀缘法尘，若离法尘就无能缘之识。为什么初发心的依此攀缘的意识为本修因，而想速获圆通呢？

［注释］

［1］法分别：意识。

［2］物：法尘。

［3］神通本宿因……云何获圆通：大目犍连尊者以意识为本修因，得神通第一，成阿罗汉道，乃宿生久修所致。可是初发心者不能依此攀缘的意识修证而想速获圆通。

至此，六识圆通完。

18. 持地地大

若以地性观，坚碍非通达，有为非圣性，云何获圆通[1]。

（前十字）若以地大之性为所观境，则地性是坚凝障碍之物而非通达之相，（后十字）属有为法，非圣人所证之圆通性，为什么初发心的人依此有为之法而想速获圆通呢？

［注释］

［1］若以地性观……云何获圆通：持地菩萨平填道路，经无量佛，常行不退。后遇毗舍如来授平心教。今尘相销除，智光圆满，成无上觉道。可是初发心者不能依此坚凝障碍非通达之相的地大修证而想速获圆通。

19. 月光水大

若以水性观，想念非真实，如如非觉观，云何获圆通[1]。

（前十字）若以水大之性为所观境，则修水观从狭至广，都由想念而成非真实有。（后十字）欲证真实之如如理，不是凭起念分别之觉观，而能契入的。为什么初发心的人依此觉观之心而想速获圆通。

［注释］

［1］若以水性观……云何获圆通：月光童子在恒河沙劫前有尊水天佛教他修水观，月光依教修观，经无数劫，值遇无量的佛，直到山海自在通王如来时，才得无生忍，证入圆通。可是初发心者不能依此觉观之心修证而想速获圆通。

20. 乌刍火大

若以火性观，厌有非真离，非初心方便，云何获圆通[1]。

(前十字)若以火大之性作为观境，因乌刍有欲火而求离欲乃非真离欲，(后十字)况初发心的人，不全是欲火炽盛者，为什么以这有为之火作观境而想让初发心者速证圆通呢？

[注释]

[1] 若以火性观……云何获圆通：乌刍瑟摩本门等齐于佛，今示居因位，助佛转轮而已。尊者久远劫前为凡夫性多贪淫，那时有尊空王佛教尊者谛观火大，尊者依教修观，后登无上觉。可是初发心者不全是欲火炽盛，所以不能依这有为之火作观境，而想速获圆通。

21. 琉璃风大

若以风性观，动寂非无对，对非无上觉，云何获圆通[1]。

(前十字)若以风大之性为观境，然风大有动有寂，属于生灭无常之对待法，(后十字)即有对待，则不是绝对待的无上觉体。为什么初发心的人依这生灭对待的不常之法而想速获圆通呢？

[注释]

[1] 若以风性观……云何获圆通：琉璃光法王子于往昔恒河沙劫前有尊无量声佛教他观风大，尊者依教修观，不久速得悟证，入三摩地。可是初发心者不能依此生灭对待的风大修证而想速获圆通。

22. 空藏空大

若以空性观，昏钝先非觉，无觉异菩提，云何获圆通[1]。

(前十字)若以空大之性为观境，空大昏钝，不是灵明觉知之性，(后十字)既无知觉则与正觉菩提相异。为什么初发心的人依这个昏钝无知与觉性相异的空大而想速获圆通呢？

[注释]

[1] 若以空性观……云何获圆通：虚空藏菩萨在定光佛得无边身，因修空观入三摩地，能色空无碍，依正互融，十方圆明，得大自在。可是初

发心者不能依此昏钝无知与觉性相异的空大修证而想速获圆通。

23. 弥勒识大

若以识性观,观识非常住,存心乃虚妄,云何获圆通[1]。

(前十字)若以识性为观境,谛观十方唯识,然此识性,念念生灭不停,实非常住之性。(后十字)存心起观已属虚妄,况所观的识大,更是生灭无常之法,为什么初发心之人以这不常的生灭心为本修因,而想速获圆通呢?

[注释]

[1] 若以识性观……云何获圆通: 弥勒菩萨在上古时,随日月灯明佛出家,因重世名,心驰散乱,彼佛教他修唯心识定,历劫以来,直到中古时,燃灯佛出世,弥勒菩萨才得无上妙圆识心三昧,入圆成实性,得无生忍。可是初发心者不能依此不常的生灭心为本修因而想速获圆通。

24. 势至根大(见大)

诸行是无常,念性元生灭,因果[1]今殊感[2],云何获圆通[3]。

(前十字)凡是有为皆属行阴迁变,念心生灭(前念灭,后念生),正是无常。(后十字)此生灭为因,难感不生灭之果。为什么初发心的人,依此生灭之心而想速获圆通呢?

[注释]

[1] 因果: 因,念佛心生灭。果,现证不生灭的圆通。

[2] 殊感: 因果相背。

[3] 诸行是无常……云何获圆通: 大势至菩萨由念佛三昧都摄六根,净念相继,入三摩地。初心若依根大念佛,既未拔除结根,则六根只属有为诸行,体是无常,而能念之性,元是生灭。此则生灭为因,难感不生灭之圆通,因果相背。怎么能与势至妙三昧相同呢? ○势至根大应当在第二十三,今弥勒超前,观音殿后。可见欲修楞严大定当然独让观音,而求普被三根,横超十方,利钝兼收,只此念佛一门。

以此念佛为因，往生净土为果，则事实相符。若以此生灭之心而求现证不生灭之圆通，则因果相背。(虽云生灭，要因念想专注在怀，兼佛愿力，直生净土，往彼国已，进行弥速，即证有期。)

至此，七大圆通完。

25. 观音耳根(当选)

我今白世尊，佛出娑婆界，此方真教体，

我(文殊)现在对世尊说：佛出现在娑婆世界，这个世界的真实教体

清净在音闻[1]。欲取三摩提，实以闻中入。

惟在听音的闻性，凡想取证楞严大定的实在要以耳根闻性得入。

赞观音菩萨殊胜

离苦得解脱，良哉观世音，

离分段、变易二种生死苦，得到究竟解脱的人，就是那观世音菩萨呀！

于恒沙劫中，入微尘佛国。

观音菩萨在恒河沙数的劫中，入微尘一样多的佛国。

得大自在力[2]，无畏施众生[3]。

救度众生能任运示现，自在成就，能以无畏布施给众生。

妙音[4]观世音[5]，梵音[6]海潮音[7]，

说法无滞的妙音，寻声救苦的观世音。清净无染的梵音，应不失时的海潮音。

救世悉安宁，出世获常住[8]。

救护世人使他们得到安宁，获得出世不生灭的常乐我净。

显耳根最优胜

我今启如来，如观音所说[9]，

我(文殊)现启白如来，正如观音所说："我从耳门圆照三昧，所以速证圆通也。"

譬如人静居，十方俱击鼓，十处一时闻[10]。

譬如有人在寂静居处，十方一同击鼓，可以听到十方一齐击鼓的声音，

此则圆真实。目非观障外，

足见耳根闻性圆满周遍，无妄不虚。眼睛不能见到遮障之外的东西，

口鼻亦复然，身以合方知，心念纷无绪，

口鼻也一样，身根要与尘合才有知觉，意根又夹杂意识，想念纷乱，无有头绪。

隔垣听音响，遐迩俱可闻，五根所不齐，

耳根隔垣墙也能听到音响，远近都可以听到，其他五根功能不能与耳根齐等。

是则通真实。音声性动静，闻中为有无，

故耳根闻性通达无碍真实不虚。声尘有动静，动静二相常在闻性中循环代谢，动则音声历然现有，静则音声寂然现无。

无声号无闻。非实闻无性，

众生迷惑误认为有声为有闻，无声为无闻。其实不是闻性随声尘或有或无。

声无既无灭，声有亦非生，生灭二圆离，

无声时闻性也不灭，有声时闻性也不生，闻性本无生灭，

是则常真实。纵令在梦想，不为不思无。

其体常住，真实不虚。纵然在梦想之中，完全忘却梦外动静之境而了无所思，此闻性也不因彼无思而灭无。

觉[11]观[12]出思惟，身[13]心[14]不能及[15]，

闻性体用寂照照寂，超越思惟之外，是眼、鼻、舌、身和意根所不能及的。

今此娑婆国，声论得宣明，

现在这个娑婆国土，众生耳根利故，佛以音声作佛事，立声、名、句、

文，一切经论，义理得以宣畅，心性得以了明。

众生迷本闻，循声故流转，阿难纵强记，

众生迷本闻性，循声分别，起惑作业，流转生死，阿难纵然多闻强记，

不免落邪思。岂非随所沦，

尚不能免摩登伽难。这岂不是循声尘分别，就沦落生死，

旋流获无妄[16]？阿难汝谛听，

若能旋彼闻根，反闻自性，便得无妄而证真实吗？阿难你谛听，

我承佛威力，宣说金刚王，如幻[17]不思议，佛母真三昧[18]。

我承佛威力，为你宣说金刚王，如幻不思议，佛母真三昧。

汝闻微尘佛，一切秘密门，欲漏不先除，蓄闻成过误。

你虽闻微尘数佛一切秘密的法门，而欲漏不先除掉，蓄积多闻反成过咎。

将闻[19]持佛[20]佛[21]，何不自闻[22]闻[23]？

将自己的闻根受持诸佛所说的佛法，为什么不旋倒闻根，以闻闻性呢？

闻[24]非自然生，因声有名字[25]，

妄闻所结之根，非自然生，乃因声尘而有名字。

旋闻与声脱，能脱[26]欲谁名[27]，

旋倒闻根反闻自性而与声尘脱离，尘已脱则根随之而尽，还有谁叫闻根(耳根)？

一根既返源，六根成解脱[28]。见闻如幻翳，

一根既已返本归源，则六根皆解脱。见闻等六用像净眼所起的幻翳，

三界若空华。闻复翳根除，

三界依正像翳眼所见的空花。今闻根已旋妄复真，则翳根之病已除，

尘销[29]觉圆净。

而尘界(器世界)也销，则本觉之体就恢复圆融清净。

净极光通达，

到寂灭现前时，觉体最极清净，遍周法界，则心光自然通达，遍照尘刹，

寂照含虚空，

此光寂而常照，称性含裹虚空，况空中的世界！

却来观世间，犹如梦中事，摩登伽在梦，谁能留汝形。

再反观世间一切，就像梦中的事，了无障碍。阿难你若能修耳根法门究竟觉悟，则摩登伽女乃是梦中之人，怎能留住大梦先觉的你之身体呢？

如世巧幻师，幻作诸男女，虽见诸根动，

犹如世上的巧妙幻术师，幻作成很多男女，虽然看见诸根在动，

要以一机抽，息机归寂然，诸幻成无性。

其机要在于以一个机关抽拉，若息了机关不抽拉，幻人诸根就不动了，幻人本无自性，归于乌有。

六根亦如是，元依一精明，分成六和合，

六根也是这样，其本元是依一精明，由一精明而揽尘成结，各各不同，遂分为六，于是在眼曰见，在耳曰听等(六用虽殊，惟一精明转)。

一处成休复，六用[30]皆不成，

若耳闻反闻照性，此一根返源，则六根都解脱了，

尘垢应念销，成圆明净妙。

六尘垢染世界应念即销，成为圆明净妙(如前文山河大地应念化成无上知觉，如热汤消冰)。

余尘尚诸学，明极即如来。

若无明还未断尽，尚在诸学位，再继续修行，无明断尽，妙心明极即成如来。

[注释]

［1］此方真教体，清净在音闻：娑婆世界众生耳根最利，故娑婆世界真教体，清净在音闻。佛度生，机不同，所立教体也不同。或有佛土，以光明作佛事，光明即教体也。或有佛土，以佛菩提树或众香等作佛事。

［2］得大自在力：此五字赞三十二应无作妙力。

［3］无畏施众生：此五字赞十四无畏之德。

［4］妙音：说法无滞为妙音。

［5］观世音：寻声救苦为观世音。菩萨观机，应说何法得度即说何法，此妙音之力。菩萨观世间称念菩萨名号，皆得解脱，此观世音之力。

［6］梵音：音性清净无著。菩萨在四不思议中破悭贪等，是菩萨音性清净无著，此梵音之力。

［7］海潮音：及时说法，应不失时。菩萨及时说法，应不失时，此海潮音之力。

［8］离苦得解脱……出世获常住：赞观音菩萨非常殊胜，以显他所修的耳根法门一定很殊胜。

［9］如观音所说：不是指下面的偈是观音所说。下面的偈仍然是文殊所说。

［10］十处一时闻：闻无前后。

［11］觉：闻性之体。

［12］观：闻性之用。

［13］身：四根。

［14］心：意根。

［15］我今启如来……身心不能及：显耳根比其他五根优胜，耳根闻性圆满、周遍、通达无碍、不生不灭，真实不虚。故依观音耳根法门修行是最易最速的法门。

［16］今此娑婆国……旋流获无妄：耳根法门正对阿难和娑婆世界众生之机，众生循声故生死，入流则解脱。

［17］金刚王，如幻：金刚王具“体”、“相”、“用”三大：体，坚；相，明；用，锐利。如幻：此三昧修即无修，无修即修。

［18］佛母真三昧：也就是首楞严大定，此非外道伪三昧，也不是三乘的相似三昧，一切诸佛都从此三昧出生，故曰佛母真三昧。出生诸佛故。

［19］闻：闻根。

［20］佛：诸佛。

［21］佛：所说佛法（外境）。

［22］闻：反闻。

［23］闻：闻性。

［24］闻：妄闻。

［25］因声有名字：由于动静二种妄尘，粘起湛然一精明之体，发为听精，听精映声，卷声成根，由此无始来，遂有耳根之名字。

［26］能脱：闻根。

［27］旋闻与声脱，能脱欲谁名：因揽声而结，必待脱声而解。

［28］六根成解脱：六根皆脱即超越情界，正报众生世界。

［29］尘销：即超越器界，上根身解，器界随销，因尘界全依情根而立。

［30］六用：见、闻等六根之用。

［解说］

“我今白世尊……明极即如来”此段文讲第二十五观音耳根圆通。欲修楞严大定，速获圆通，上二十四皆不当选，唯此第二十五观音耳根圆通当选。其因有四：1. 修此法门的观音菩萨殊胜，故显示出此法门殊胜。2. 耳根比其他五根优胜，耳根闻性圆、通、常。3. 此法门正对此方众生和阿难之机。因阿难多闻耳根利，娑婆世界众生耳根偏利。4. 依此法门修超越情界，随即超越器界，以至究竟圆满，是至易至速的法门。

大众及阿难，旋汝倒闻机，反闻闻自性，

大众和阿难！旋转你循声流转的颠倒闻机，反闻闻自己的闻性，性成无上道，圆通实如是。

若闻性圆明即成无上道，圆通法门中便于初心的就是这耳根法门。

此是微尘佛，一路涅槃门，过去诸如来，

这是微尘数诸佛入涅槃门的一条妙修行的大路，过去诸如来

斯门已成就，现在诸菩萨，今各入圆明，

通过这门路已成就，现在诸菩萨也都依此法门而证入妙觉圆明。

未来修学人，当依如是法。我亦从中证，

未来修学人也应当依此耳根法门。我文殊也是从耳根反闻中得证，

非惟观世音。诚如佛世尊，询我诸方便，以救诸末劫，

不只是观世音一人。诚如世尊问我二十五方便门中哪一门最对阿难之机，并能令此土末劫众生出离生死，

求出世间人，成就涅槃心，观世音为最。

令二乘人成就究竟涅槃心，当以观世音耳根法门最为优胜。

自余诸方便，皆是佛威神[1]，即事舍尘劳[2]，

其他二十四法门，都是要靠佛威神力，令其就所遇的事相修行，得以舍弃尘劳，

非是常修学，浅深同说法[3]。

并非通常一般人可修学之法，亦不是浅位和深位都适宜的法门。

顶礼如来[4]藏[5]，无漏不思议[6]，愿加被未来，

顶礼佛法僧三宝，愿加被未来的众生，

于此门无惑，方便易成就。

使他们对这个耳根反闻法门深信不疑，并依此方便修习，能够容易地成就圆通。

堪以教阿难，及末劫沉沦，但以此根修，

此法门堪以教授阿难和末劫一切沉沦的众生，只要以耳根修习，

圆通超余者，真实心如是。

得证圆通之速自可超越其他二十四法门。欲修楞严大定，真实修心要诀即是如此。

[注释]

[1] 自余诸方便，皆是佛威神：如阿那律因失明，佛示“乐见照明金刚三昧”，即靠佛威神力加被。

[2] 即事舍尘劳：如乌刍多淫，佛教观火；难陀散心，教观鼻端白。

[3] 非是常修学，浅深同说法：深位如普贤大因，耳识法门。满慈舌识，因宿辩。

[4] 如来：佛。

[5] 藏：法。

[6] 无漏不思议：僧。

[解说]

二十五门中势至根大和观音耳根是两个特别法门。此二十五门哪一门最适宜阿难以及末法和初发心的人呢？文殊用偈说明前二十四门有的是要靠佛威神力，有的即事舍尘劳，不是一般人可修学的，也不是浅位和深位都适宜的法门。欲证楞严大定独选观音耳根，此法门是最优胜的，至易至速的，最对机的，浅深都适宜的，长久可共修的，而最初入门要诀，更无过于此。

二十五圆通表（依本经）

二十五圆通	久远劫前	今遇释迦	此界（大）不圆满处
1. 陈那声尘		佛为三转四谛法，悟佛法音，相妄性真，证阿罗汉。	不圆且不通
2. 优婆色尘		性多贪淫，佛教修不净观，观色性空，悟入，成阿罗汉。	障蔽坚塞

续 表

二十五圆通	久远劫前	今遇释迦	此界(大)不圆满处
3. 香严香尘	·	以香气为观境,后得阿罗汉道。	生灭离合
4. 药王药上味尘	无始劫来为世良医,亲口尝尽娑婆世界所有诸药。	宿习未亡,仍以味尘为观境,后位居等觉。	无常
5. 跋陀触尘	先在威音王佛像法时,了知触尘不可得,相尽性显,观行成就。	宿习未忘,仍以触尘观行熏习,后位登菩萨。	无定性
6. 迦叶法尘		观法尘变坏无常,当体空寂,后得阿罗汉道。	不遍
7. 那律眼根		双目失明,佛教乐见照明金刚三昧,后成阿罗汉。	不圆通(800 功德)
8. 槃特鼻根		愚钝散乱,佛教调鼻中出息和入息,后成阿罗汉。	不圆通(800 功德)
9. 憍梵舌根		有牛呞病,佛教从舌根入,还复一味清净之心,旋转循尘粘妄之知,证得阿罗汉。	不常
10. 毕陵身根		佛常说苦谛,尊者以身为本修因,纯一本觉,遗妄身心,成阿罗汉。	不常(800 功德)
11. 空生意根	远劫以来意根即空。	后蒙如来显发,性觉真空,空性圆明,证大阿罗汉。	乱思妄想
12. 舍利弗眼识	(已成金龙如来,今乃示现)旷劫以来眼识清净,毫无障碍。	承佛教诲,眼识得以明圆,得大无畏,成阿罗汉。	虚妄不实不常
13. 普贤耳识	曾为恒河沙数如来的法王子,久修法界行,故以耳识洞彻十方圆闻无碍,得大自在。	普贤最初本因,只用耳识随念分别,能发智慧光明,普照群机,得大自在。	不常

续　表

二十五圆通	久远劫前	今遇释迦	此界(大)不圆满处
14. 难陀鼻识		内心散乱,佛令观鼻端白,成大阿罗汉,得蒙授记。	观鼻端白乃有住之心
15. 满慈舌识	旷劫以来即辩才无碍。	释尊知其有大辩才,令观机说法,以此舌识助佛转轮,成阿罗汉。	舌识说法,播弄音声文字,且名句文乃有为法
16. 优波离身识		承佛教戒,以身识执小乘戒,进而以身识执大乘戒,后得阿罗汉道。	生灭不遍
17. 目连意识		尊者以意识为本修因,神通第一,成阿罗汉道。	念念攀缘
18. 乌刍火大	尊者本门等齐于佛,久远劫前为凡夫,性多贪欲,那时有尊空王佛教观火大,成大阿罗汉,发护法大愿,诸佛成道,皆为金刚力士。		有为法
19. 持地地大	平填道路,经无量佛,常行不退。后遇毗舍如来授平心教,于一切法悟无生忍,成阿罗汉。	今悟全相即性,万法唯心,则尘销智圆,成无上道。	坚凝障碍,非通达之相
20. 月光水大	恒河沙劫前有尊水天佛教修水观,依教修观,经无量佛,直到山海自在通王如来时,才得无生忍,证入圆通。	今于如来座下,得童真名,预入大乘菩萨之会。	观水大,乃觉观之心
21. 琉璃风大	往昔恒河沙劫前有尊无量声佛,教观风大,修观不久,速得悟证,入三摩地。		生灭对待

续 表

二十五圆通	久远劫前	今遇释迦	此界(大)不圆满处
22. 空藏空大	在定光佛得无边身,因修空观入三摩地,能色空无碍,依正互融,十方圆明,得大自在。		昏钝无知与觉性相异
23. 弥勒识大	上古时,随日月灯明佛出家,重世名,心散乱,彼佛教修唯心识定,历劫以来,直到中古时,然灯佛出世,才得无上妙圆识心三昧,入圆成实性,得无生忍。	今得授记,次补佛处。	不常的生灭心
24. 势至根大	恒河沙数劫前,有十二尊佛,相继应世,彼佛教念佛三昧,势至都摄六根,净念相继,得三摩地,入无生忍。		念心生灭无常
25. 观音耳根	往昔无数恒河沙劫前,有尊观世音佛,彼佛教修耳根法门,观音菩萨依教起修,解六结,越三空,入三摩地,妙用无穷,自在无碍。	欲修楞严大定,速获圆通,唯此观音耳根法门。此法门最优胜,至易至速,最对机,浅深都适应,长久可共修,而最初入门要诀,更无过于此。	

至此,(4) 冥授以选本根完。

于是阿难,及诸大众,身心了然,得大开示,

听了文殊的开示,阿难和大众身心了然,豁然贯通,

观佛菩提,及大涅槃,犹如有人,

再来观佛菩提大道和大涅槃圣果,修证之法已了然明白。犹如有人

因事远游,未得归还,明了其家,所归道路。

因事远游他乡,虽还没有归家,但已明了归家的道路。

普会大众,天龙八部,有学二乘,及诸一切,新发心菩萨,

普会大众,天龙八部、有学二乘,及诸一切新发心菩萨,

其数凡有十恒河沙,皆得本心,远尘离垢,获法眼净。

其数共有十恒河沙之多,都悟得本有真心,远尘离垢,获证法眼清净。

性比丘尼,闻说偈已,成阿罗汉[1]。无量众生,皆发无等等,

性比丘尼,闻说偈已,成阿罗汉。无量众生,皆发无等等

阿耨多罗,三藐三菩提心。

阿耨多罗三藐三菩提心。

[注释]

[1] 闻说偈已,成阿罗汉:性比丘尼闻咒证三果,闻偈证四果。

[解说]

此段文讲大众承示开悟,证入。

至此,1. 选根直入完。

2. 道场加行

阿难整衣服,于大众中,合掌顶礼,心迹圆明,悲欣交集。

阿难整理衣服,于大众中,合掌顶礼,因心迹圆明,不禁悲欣交集。

欲益未来,诸众生故,稽首白佛,大悲世尊,我今已悟,

为了利益未来的众生故而稽首对佛说:"大悲世尊,我现在已经领悟

成佛法门,是中修行,得无疑惑。

成佛的法门,依照修行不再有什么疑惑(耳根反闻之修法,必定成佛)。

常闻如来,说如是言,自未得度,先度人者,

我常听到如来这样说:'自己还没有得度,先度人的是

菩萨发心。自觉已圆，能觉他者，如来应世。
菩萨发心。自己觉行已圆满，又能觉他的是如来应世。’

我虽未度，愿度末劫，一切众生。世尊，
现在我虽然尚未得度，但愿普度末劫一切众生。世尊，

此诸众生，去佛渐远，邪师说法，如恒河沙。
这些末劫众生，离佛时代越来越远，那时邪师说法多如恒河沙。

欲摄其心，入三摩地，云何令其，安立道场，
如有人想收摄其心入三摩地者实在太难了！如何让他们建立道场能

远诸魔事，于菩提心，得无退屈？尔时世尊，于大众中，
远离魔事，于菩提心不至于退失?”尔时世尊在大众中

称赞阿难，善哉善哉，如汝所问，安立道场，救护众生，
称赞阿难：“善哉善哉，如你所问的，如何安立道场，以救护众生，

末劫沉溺，汝今谛听，当为汝说。阿难大众，唯然奉教。
令其末劫之时不沉溺苦海，现在你认真听着，我当为你解说。”阿难大众，唯然应诺，奉命受教。

[解说]

此段文起开讲（二）圆修中 2. 道场加行：这段文讲阿难听了前文的开示，已经了解修行成佛的法门，但顾虑到末法时期的众生离佛的时代越来越远，邪师说法如恒河沙。为了让末劫众生能远离魔事，能收摄其心从闻思修入三摩地，应该如何建立道场呢？阿难请佛开示。佛赞许阿难的所问，答应为他开示。

（1）三学

佛告阿难，汝常闻我，毗奈耶[1]中，宣说修行，
佛对阿难说：“你时常听我宣说戒律，其中说到修行有

三决定义，所谓摄心为戒[2]，因戒生定，因定发慧，

三项先决的原则，就是所谓摄心为戒，因戒而生定，因定而发慧，

是则名为，三无漏学。

这就叫做三无漏学。

[注释]

[1] 毗奈耶：大小乘律藏的通名。

[2] 摄心为戒：检异权小，多约身、口，事相为戒。今约大乘，但收摄其心，一念不生，众戒具足。所以摄心便名为戒。

[解说]

此段文起开讲2. 道场加行中的(1) 三学。前文佛开示我们要圆悟真心，再从耳根闻性，反闻照性来证得圆通，此是正修。现在阿难可怜末劫众生障重，魔胜，烦恼习气深厚，心中常起淫、杀、盗、妄等念，乃至身口也犯。故求佛开示，于是佛开示四清净明诲，作为反闻照性正修的前方便。又在后文开示道场的建立，持咒，作为反闻照性正修时的助行。

四清净明诲：1. 断淫

阿难，云何摄心，我名为戒？若诸世界，六道众生，

阿难，我为什么说摄心名为戒呢？如果世界六道中的众生，

其心[1]不淫，则不随其，生死相续。汝修三昧，本出尘劳，

没有淫欲之心就不会随着淫业生死相续了。你修耳根三昧，本是希望出界内见思二惑，

淫心不除，尘不可出，纵有多智，禅定现前，如不断淫，

若淫心不断除，尘劳必不能出，纵然多智，甚至禅定现前，若不断淫念，

必落魔道，上品魔王，中品魔民，下品魔女。

一定会落魔道，上品则堕魔王，中品则堕魔民，下品则堕魔女。

彼等诸魔，亦有徒众，各各自谓，成无上道。我灭度后，

这些妖魔也有徒众，都说自己已证无上道果。我灭度之后，

末法之中，多此魔民，炽盛世间，广行贪淫，

末法时期，这些魔民将会充斥世间以示神通智慧，秘密教人行淫，

为善知识，令诸众生，落爱见坑，失菩提路。

冒称善知识，令众生堕入爱见深坑，因而失掉了菩提正路。

汝教世人，修三摩地，先断心淫，

所以阿难你转教末世初心修三摩地者，必须先断淫心，身也不能行淫，

是名如来，先佛世尊，第一决定，清净明诲。

这就叫做如来(今佛)与过去诸佛第一决定清净明诲。

是故阿难，若不断淫，修禅定者，如蒸砂石，欲其成饭，

所以阿难，如果不断除淫心，而修禅定欲成菩提，则如蒸沙石欲成饭，

经百千劫，祇名热沙，何以故，此非饭本，沙石成故[2]。

纵经百千劫，也只是热沙，不能成饭，为什么呢？因为沙石不是饭的原料。

汝以淫身，求佛妙果，纵得妙悟，

你以淫欲的根身，想求佛所证的妙觉极果，纵经多劫修习得开妙悟，

皆是淫根，根本成淫，轮转三途，

皆是淫业根本。因其有淫欲的种子，遇缘便发，由此恶业必轮转三途，

必不能出，如来涅槃，何路修证？必使淫机，身心俱断，

不能出离，又怎么能够修证如来涅槃道果呢？必须使身心淫机都断除，

断性亦无[3]，于佛菩提，斯可希冀。

以至断性也没有了，对于求证佛的菩提道果，才有希望。

如我此说，名为佛说。

像我这样说“修三摩地先断淫心”，名为佛说。

不如此说，即波旬说。

不像这样说，而说“行淫不碍真修”等，即是波旬说。

[注释]

[1] 心：心地戒清净，则律仪戒自然清净。

[2] 沙如淫心，饭如菩提，禅定熏修如蒸。先断淫心，以不生灭心为本修因，方契无上菩提不生灭。

[3] 必使淫机，身心俱断，断性亦无：机，发动之由。身的淫机由心而发，心的淫机由念驰放。必须一念不生，身心淫机，方可断除。断性亦无：是更究深而论。“断性”是能断的心与所断的境界。真正做到一念不生，身心俱断，心中无念，身也不会造作，断性也无，才算究竟。等到“断性”也没有了，即是能所双亡。

[解说]

这段文起开讲(1) 三学中的四清净明诲。四清净明诲即断淫、断杀、断盗、断妄四条重戒，是本师以及先佛世尊四条清净明确的教诲。此段文讲了四清净明诲中第一清净明诲：断淫。本经淫戒居首，因为要想出生死，必以断淫为先。此处断淫不但身、口断，连心也不起念。此段文主要讲了三个内容：1. 持淫戒可出生死，犯则必落魔道。随福厚薄以及禅智深浅而堕落为上中下(魔王、魔民、魔女)三品魔道；若无世智禅定，犯则直堕地狱。2. 辨别魔教、佛教：末法时魔强，法弱，邪师说法如恒河沙，魔子魔孙炽盛世间，以淫欲为法，递相传授，赞行淫不碍真修，这些魔教让人失菩提路，生前受其惑，死后为魔眷。佛教我们修三摩地，先断淫心。所以以四根本戒来辨别佛教、魔教，令末世修学人认清魔教，免受其害。3. 不断淫欲不成菩提，带淫修禅想证佛果如蒸沙成饭。只有深断淫欲(身心俱断，断性亦无)，于菩提妙果才有希望。

2. 断杀

阿难，又诸世界，六道众生，其心不杀，则不随其，生死相续。

阿难，又诸世界六道众生，若心无杀念，就不随杀业生死相续。

汝修三昧，本出尘劳，杀心不除，尘不可出。

你修三昧，本来求出尘劳生死，若杀心不除，尘不可出。

纵有多智[1]，禅定[2]现前，如不断杀，必落神道，

即使有多智禅定现前，若杀心不除，必定堕落鬼神道，

上品[3]之人，为大力鬼，中品[4]则为，

禅智胜于杀业，神通大，福德胜，故为大力鬼。禅智与杀业相等是中品之人，

飞行夜叉，诸鬼帅等。下品[5]当为，

就为飞行夜叉，诸鬼神之帅。若禅智劣于杀业，神通微、福德薄，

地行罗刹。彼诸鬼神，亦有徒众，各各自谓，成无上道。

则为地行罗刹。这些鬼神也有徒众，都各自伪称证得无上道果。

我灭度后，末法之中，多此鬼神，炽盛世间，自言食肉，

我灭度后末法时代，这些鬼神盛行世间，倡言吃众生肉

得菩提路。阿难，我令比丘，食五净肉[6]，此肉皆我，

也得菩提之道。阿难，我之所以允许比丘吃五净肉，是因为这肉都是我

神力化生，本无命根。汝婆罗门，地多蒸湿，

神力化现的，并没有真正的生命。因为你婆罗门国地多蒸湿，

加以砂石，草菜不生，我以大悲，神力所加，

又多砂石，五谷不产，草菜不生，我以大悲神力所加化成五净肉，

因大慈悲，假名为肉，汝得其味。奈何如来，

因大慈悲假名为肉，让你们暂得其味，滋养身命，怎么如来

灭度之后，食众生肉，名为释子？

灭度之后真吃众生肉的人还称为释迦如来的出家弟子？

汝等当知，是食肉人，纵得心开，似三摩地，

你们应该知道，这些吃肉的人纵然修行而暂得心开，也不过是相似三摩地，终不是真正的三摩地。

皆大罗刹，报终必沉，生死苦海，非佛弟子。

因杀贪不除现生皆大罗刹，报尽寿终必沉生死苦海，永为鬼类非佛弟子。

如是之人，相杀相吞，相食未已，云何是人，得出三界？

这类众生互相杀害互相吞吃，未有停时，怎么能得解脱超出三界呢？

汝教世人，修三摩地，次断杀生，是名如来，

所以你教末世之人，欲修三摩地，其次是要断杀生，这是如来

先佛世尊，第二决定，清净明诲。是故阿难，

与过去世尊第二决定清净明诲。所以阿难，

若不断杀，修禅定者，譬如有人，自塞其耳，

若不断杀修禅定的人就如同有人把自己的耳朵塞住，

高声大叫，求人不闻，此等名为，欲隐弥露。

然后高声大叫，想要别人听不到，这就叫欲隐弥露。

清净比丘，及诸菩萨，于岐路行，不蹋生草，

清净的比丘和一切菩萨于岐路行走，脚尚不踏生草，

况以手拔，云何大悲，取诸众生，血肉充食？

何况用手拔除！一个有大悲心的人，怎么会取众生的血肉以充自己的口腹？

若诸比丘，不服东方，丝[7]绵绢帛，及是此土，靴履[8]裘[9]毳[10]，

如果比丘，不穿东方的丝绵绢帛的衣服，不着此土的靴履裘毳，

奶酪醍醐[11]，如是比丘，于世真脱，酬还宿债，

不食奶酪醍醐，这样的比丘，于诸世间真得解脱，现生不过是酬还宿债而已，待宿业还清，

不游三界。何以故，服其身分[12]，

就不再来三界轮转生死。为什么？穿着丝绢等，虽不是众生肉，但也是它身上的一部分，

皆为彼缘，如人食其，地中百谷，足不离地[13]。

用了就跟它结了不解之缘。如劫初的人吃了地中所生的百谷，足就不能离地了。

必使身心，于诸众生，若身[14]身分，

比丘一定要使身和心，对于众生的身体(骨肉)和身体的一部分

身[15]心[16]二途，不服不食，我说是人，真解脱者。

都不穿用不吃，连心也无一念想穿、想吃，我说这种人就是真正的解脱者。

如我此说，名为佛说，不如此说，即波旬说。

像我这样说的，名为佛说，不这样说的，若说吃肉不碍菩提正路等，就是魔说。

[注释]

[1] 多智：指世间世智辩聪。

[2] 禅定：指世间有漏禅定。

[3] 上品：如川岳等，人间尊奉，称帝称天。

[4] 中品：诸鬼帅，山林城隍。

[5] 下品：啖人精气，如大海边，罗刹鬼国。

[6] 五净肉：1. 不见杀，2. 不闻杀，3. 不疑为我杀，4. 自死，

5. 鸟残。

[7] 丝：与蚕有关，害命多。

[8] 靴履：牛皮所制。

[9] 裘：兽皮所制。

[10] 毳(cuì)：马毛所制。

[11] 奶酪醍醐：出自牛身。

[12] 身分：身上的一部分，丝、毛、乳等。

[13] 如人食其，地中百谷，足不离地：劫初的时候，有色界(光音天)的天人，飞行到世上，见地上有地肥，十分美味可口，便叫天人都来吃，吃后就不能飞行，地肥吃完了，就吃地中所生的百谷，吃了双足就不能离地。

[14] 身：骨肉。

[15] 身：身对众生身和身分不服、不吃。

[16] 心：心对众生身和身分亦无一念贪心。

[解说]

此段文讲四清净明诲中第二清净明诲断杀：淫能障定，杀乃违慈，故是第二要断除的。身不行杀，心不起杀念，则不负他命，不欠他债，生死自离，是真持戒，可以真修三昧。此段文主要讲了三个问题：1. 持杀戒可出生死，犯则必落鬼神道。随其禅智深浅，神通福德大小而堕落为上、中、下三品神道。2. 辨别鬼教、佛教：末法邪魔、恶鬼盛行世间，倡言杀生食肉也得菩提之道。佛教我们修三摩地，先断淫，次断杀，所以以四根本戒来辨别佛教和鬼教。令末世修学人认清鬼教，免受其害。3. 不断杀生，吃肉，不得解脱。深断杀、食、服用众生，才能真正解脱。

[问答]

1. 食肉既是鬼教，佛应严戒，为什么佛许比丘吃五净肉呢？

答：佛曰："我令比丘吃五净肉，此肉皆我神力之所化生，本无命根。"

2. 此五净肉既是如来神力化生，何不化五谷、菜等，而化肉，反而让后来吃肉的人有借口，这是慈悲者之所为吗？

答：佛顺时宜，不立异故。此婆罗门国，地不生五谷、草菜，人皆牧羊，吃羊肉，饮羊乳。若化为草菜谷物，事出反常，人以为怪，有违俗谛。所以本经以及《楞伽经》、《涅槃经》也都制（如来灭后）不得食肉之戒。

3. 断盗

阿难，又诸世界，六道众生，其心不偷，则不随其，

阿难，又诸世界六道众生，若心无偷盗之念，就不会随盗业

生死相续。汝修三昧，本出尘劳，偷心不除，

生死相续。汝修三昧，本来求出尘劳生死，若偷心不除，

尘不可出。纵有多智，禅定现前，如不断偷，必落邪道，

尘不可出。即使有多智禅定现前，若偷心不除，必定堕落邪道，

上品精灵，中品妖魅，

禅定胜于偷心的堕落上品精灵，禅定与偷心相等就堕落中品妖魅，

下品邪人，诸魅所著。

偷心胜于禅定就堕为邪人，心性邪僻，故被精灵所附，妖魅所迷。

彼等群邪，亦有徒众，各各自谓，成无上道。我灭度后，

这类妖邪鬼怪也有徒众，各自伪称证得无上道。我灭度后，

末法之中，多此妖邪，炽盛世间，潜匿奸欺，

末法时代，此辈妖邪鬼怪充斥世间，行迹诡秘，匿诈藏奸，妖言妖行，

称善知识，各自谓己，得上人法，詃惑无识，恐令失心，

称善知识，各自伪称得菩萨法，诱惑无知之人，故作恐怖之言，令人惊怖迷惑，失于本心，

所过之处，其家耗散。我教比丘，

于是乘机骗取金钱，使遇着他的人，家财耗尽。所以我教比丘

循方乞食，令其舍贪，成菩提道。诸比丘等，不自熟食，

随方乞食，目的令舍离贪心，成就菩提道。我教比丘不能自己烧煮食物，使比丘们知身为苦本，虚幻无常，

寄于残生。旅泊三界，

不过寄居在这个世上，以了残生而已。无非借此三界为旅店客船，

示一往还，去已无返。云何贼人，

此生若了，就不会再来，这样行持，方为佛子。为什么欲窃取利养的贼人，

假我衣服，裨贩如来，

披着我的法服，伪装僧尼，把佛法当买卖做，诡言异行，炫惑人心甚至杀、盗、淫、妄俱全，

造种种业，皆言佛法，却非出家，具戒比丘，为小乘道，

造种种业，皆言这是最上一乘佛法，却又毁谤真正出家具戒比丘是小乘道，而自称是大乘菩萨之行，

由是疑误，无量众生，堕无间狱。

致使无量众生对真正佛法失去信心，对他们所说的却信以为真，舍正归邪，此之谓一盲引众盲，结果都堕入地狱。

若我灭后，其有比丘，发心决定，修三摩提，能于如来，

如果我灭度后，有比丘决定发心修三摩提，能在如来

形像之前，身燃一灯，烧一指节，及于身上，爇一香炷。

形像之前，身燃一灯或烧一节手指，或在身上燃一炷香。

我说是人，无始宿债，一时酬毕，长揖世间，永脱诸漏，

我说这比丘无始以来所有宿债就能一时酬清，永辞有漏三界，永远脱离见思诸漏，而出生死。

虽未即明，无上觉路，是人于法，已决定心。

此人虽没有立即明白无上菩提觉路，但是对圆通法门必已信心坚定，没有怀疑了。

若不为此，舍身微因，纵成无为，

若不舍身酬债，以求忏悔灭罪，纵然已得无漏无为，

必还生人，酬其宿债，如我马麦，正等无异。

必定还来生于人间，酬还宿债，如我吃马麦之报没有差别。

汝教世人，修三摩地，后断偷盗，是名如来，

所以你教末世之人，欲修三摩地，再其次断偷盗，这是如来

先佛世尊，第三决定，清净明诲。是故阿难，

与过去世尊第三决定清净明诲。所以阿难，

若不断偷，修禅定者，譬如有人，水灌漏卮[1]，

若不断偷而修禅定的人，就如有人将水灌入漏壶中一样，

欲求其满，纵经尘劫，终无平复。若诸比丘，

想要盛满，纵然灌上微尘数劫也不能灌满的。如果清净比丘

衣钵之余，分寸不蓄，乞食余分，施饿众生。

三衣一钵之外，分毫不蓄，乞来的食物，若有剩余也施给饥饿的众生。

于大集会，合掌礼众。有人捶詈，同于称赞。

在集会之中，合掌礼拜四众。有人捶打骂詈(lì)，也欢喜领受同于称赞。

必使身心，二俱捐舍，身肉骨血，

一定要使自己的身、心二者都能捐舍，甚至血肉、骨髓也都可以舍给众生，

与众生共。

与众生同一体，身心两忘，才能成就无偷之心。

不将如来,不了义说,回为己解[2],

不以如来那些权乘不了义说来回护自己的过失,为自己辩解,

以误初学。

自误又误了初学的修道人。果能断尽偷心,一念纯真,才可修定。

佛印是人,得真三昧。如我所说,名为佛说,

佛就印可这种人,能得真正三昧。像我这样说的,名为佛说,

不如此说,即波旬说。

不这样说的,即是魔说。

[注释]

[1] 卮:酒器。

[2] 不将如来,不了义说,回为己解:佛在小乘经典中说“可以储蓄一点财物,心安则道隆”,但这是不了义经。有些人不能奉行大乘了义教,就用小乘不了义教为自己辩解。

[解说]

此段文讲了四清净明诲中第三清净明诲断盗:四重戒中最易持的是杀戒,最难断的是淫戒,最难持的是盗戒。戒盗:盗人财物,乃至言行诈异,诱惑无识,恐令失心,以及一念希取利养的都是偷盗。不但淫、杀是生死根本,偷盗也是。不断偷,则往复征偿,续诸生死。故应断除,要身无偷盗,心无偷念。此段文主要讲了三个问题:1. 持盗戒可出生死,犯则必落邪道;随其禅智深浅与盗业大小而堕落为上、中、下三品。2. 辨别妖教、佛教:末法时代,妖邪得便,炽盛世间,妖言妖行或现妖通,潜踪诡秘,内心窃取利养,外貌又假借僧相,炫惑人心,欺世盗名。又能占卜吉凶,令人信服,未证言证,诽谤持戒比丘,又自称大乘菩萨之行。此皆妖教。佛教比丘舍身忏悔,仗佛威力,消除宿业。佛教我们修三摩地,先断淫,次断杀,后断偷,此乃佛教。故而以四根本戒辨别佛教还是妖教,令末法修学人认清妖教,免受其害。3. 不断偷不能成就圆通。比丘衣钵

之外，分寸都不蓄，身心都可以布施。深断偷心，才可成就圆通。

4. 断妄

阿难，如是世界，六道众生，虽则身心，无杀盗淫，

阿难，这世界上六道的众生，虽然身心都已断除杀、盗、淫，

三行已圆[1]，若大妄语，即三摩地，不得清净，

慈行、舍行、梵行三行已经圆满，若是犯大妄语，则于所修三摩地仍不得清净。

成爱见魔[2]，失如来种。

必成爱见魔，如来藏心是成佛之种，被爱见二魔所劫，则失去如来种。

所谓未得谓得，未证言证。

所谓未得菩提却说已得，没有证涅槃妄说已证。

或求世间，尊胜第一，

或是为了贪求世间的名闻，使众生尊崇他为世间殊胜第一，

谓前人言，我今已得，须陀洹果，斯陀含果，阿那含果，

就对人说'我现在已证须陀洹果、斯陀含果、阿那含果、

阿罗汉道，辟支佛乘，十地地前，诸位菩萨。

阿罗汉果'，或称已得辟支佛乘、十地圣人，及地前十住、十行、十回向，三贤诸位菩萨，

求彼礼忏，贪其供养。是一颠迦[3]，

目的是求别人向他礼拜忏悔，贪求供养。这种人是永断善根的人，

销灭佛种，如人以刀，断多罗木[4]。

消灭了成佛之种。如人用刀砍断多罗木一样，永不会再活。

佛记是人，永殒善根，无复知见，沉三苦海，

佛记这种人，永绝善根，不会再生正知正见，长沉沦于三恶道的苦海之中，

不成三昧。

纵有禅智，不过更助长魔业，不能成就真正的三昧。

我灭度后，敕诸菩萨，及阿罗汉，应身生彼，末法之中，

我灭度后，让诸菩萨和阿罗汉应身末法世间，摧邪扶正，教化众生，

作种种形，度诸轮转。或作沙门，

随类现身，令众生舍邪归正，度脱生死。或为沙门，

白衣居士，人王宰官，童男童女，如是乃至，淫女寡妇，

或为白衣居士，国王、大臣，童男、童女，乃至淫女、寡妇，

奸偷屠贩，与其同事，称赞佛乘，

奸偷、屠夫，贩夫走卒，先与他们同事，然后乘机称赞佛乘，

令其身心，入三摩地。终不自言，

令众生转迷成悟，弃邪归正，由是身心入于正定。始终不肯自言

我真菩萨，真阿罗汉，泄佛密因，轻言末学。

'我是真菩萨，真阿罗汉'，以泄漏佛的密旨因由，轻易泄言于晚学之人。

惟除命终，阴有遗付[5]。云何是人，

除非命终时，暗中有遗言付嘱。这爱见魔人，未得言得，未证言证，

惑乱众生，成大妄语。汝教世人，修三摩地，

惑乱后世末学众生，成大妄语。你以后教导后世初发心的人欲修三摩地，

后复断除，诸大妄语，是名如来，先佛世尊，第四决定，

还要断除各种大妄语，这是如来和过去诸佛第四决定

清净明诲。是故阿难，若不断其，大妄语者，

清净明诲。所以阿难，如果不断大妄语，欲修三摩地，

如刻人粪，为旃檀形，欲求香气，无有是处。

就如刻人粪作旃檀木的形状，而想让它有香气一样，岂有此理。

我教比丘，直心道场，于四威仪，一切行中，

我常教比丘，正直的心就是道场，于行、住、坐、卧四威仪中，

尚无虚假，云何自称，得上人法？

尚要正直，无有虚假，怎么能够妄自尊大，说自己已得上人之法呢？

譬如穷人，妄号帝王，自取诛灭，况复法王，如何妄窃？

譬如穷人妄称自己是帝王，自招灭门诛族之祸，何况法王至尊，怎可妄自窃称？

因地不真，果招迂曲，

以大妄语为因故不真，则果地难免迂回曲折，求进反退，求升反堕。

求佛菩提，如噬脐人，

以此求佛果菩提，如人用嘴想咬自己的肚脐，不可能咬到。

欲谁成就？若诸比丘，

妄语之人已断佛种，怎么还能希望有所成就！若诸比丘，

心如直弦，一切真实，入三摩地，

心如弓弦之直，则四威仪中一切行门皆悉真实，则能直入三摩地，

永无魔事，我印是人，成就菩萨，无上知觉。

永无魔事魔行，我印证这种人，必然成就菩萨所修的无上佛果。

如我所说，名为佛说，不如此说，即波旬说。

如我所说，断淫杀偷妄则是正法，名为佛说，否则即波旬说。

[注释]

[1] 三行已圆：身心无杀则慈行满，身心无盗则舍行满，身心无淫则梵行满。

[2] 爱见魔：因其贪求名闻利养，妄起邪见，将成爱见魔。

［3］一颠迦：亦云一阐提，此翻为断善根人。

［4］多罗木：贝多罗树以刀断则不复活。

［5］佛菩萨教化众生，有的始终不露身份，有的圆寂时表露身份。其目的是启发众生的信心，增长众生的善根，不可能常常示现。菩萨泄露身份多半是向国王、大臣、大富长者而非普通人，希望他们信心坚定，护持佛法。○“住则不泄，泄则不住”，此佛家不成文之法。比如净宗的第六代祖师永明延寿大师。国王开千僧斋，首席互相推让，这时外边来一和尚，衣破，径登上座。王不悦。斋后，王问永明：“今天千僧大会有无圣僧？”永明曰：“有，坐首席的是定光古佛。”王派人追寻，后来找到定光古佛在一个山洞里，使者请他回来，他说一句：“弥陀饶舌。”说完就圆寂了。使者急回报告国王，王又派使者迎请永明，正在此时，有人飞奔来报说，永明大师圆寂了。身份一露马上就走。这是佛家的不成文法。

［解说］

此段文讲了四清净明诲中第四清净明诲断妄。妄语有二：发言不实为小妄语，妄称证果为大妄语。经中所断大妄语，不仅口不出大、小妄语，乃至心也无妄语之念，方名持戒清净。若断除了杀、盗、淫而不断妄语则生死不能出，三摩地不得清净。此段文主要讲了三个问题：1. 妄语大损：为贪其供养，故而作大妄语，所谓未得言得，未证言证。妄语之罪兼盗，永断善根，成爱见魔，失如来种，不会再生正知正见，长沉沦三苦海。纵有禅智，皆资魔业，不成真三昧。2. 末法时魔强法弱，佛令菩萨、罗汉应身现化，挽末法而扶正教，摧邪宗而救众生，但他们不会自言我是真菩萨、真罗汉，泄漏佛旨，除非命终暗中有遗言付嘱。所谓“住则不泄，泄则不住”，哪里会大肆宣扬自己是菩萨，是证圣果的人，以惑乱众生，这分明是欺世盗名的大妄语。3. 不断妄语，不成菩提：心如弓弦之直，无有谄曲之相，于一切行中皆悉正直，无有虚假，无有妄语，则能直入三摩地，永无魔事。

四清净明诲
- 断淫——不落魔道（魔乐欲境，故犯淫落魔道）
  上品魔王——中品魔民——下品魔女
- 断杀——不落神道（杀即嗔恚心，鬼神嗔恚心重）
  上品大力鬼——中品飞行夜叉——下品地行罗刹
- 断盗——不落邪道（邪道潜取，以偷心为堕缘）
  上品精灵——中品妖魅——下品邪人
- 断妄——不落三苦海（图利谄曲，因地不真，果招纡曲）
  地狱——饿鬼——畜生

阿难，汝问摄心，我今先说，入三摩地，

阿难，你问我摄心之法，我现在先讲四重律仪，即是入三摩地，

修学妙门，求菩萨道，要先持此，四种律仪，

初发心学人的至妙之门。求菩萨道的人，要先持此四种律仪，丝毫无犯，

皎如冰霜，自不能生，一切枝叶，心三口四，生必无因。

身心皎洁犹如冰霜，四种根本戒已清净，那么一切枝叶如心中的贪、嗔、痴，口中的妄言、绮语、两舌、恶口，则无所从生了。

阿难，如是四事，若不遗失，心尚不缘，色香味触，

阿难，这四重戒若能持守，心常住戒中，尚且不缘色香味触一切诸尘，

一切魔事，云何发生？

魔托尘入，今念亡则尘亡，一切魔事又怎么发生呢？

［解说］

此段文，佛总结严持四重戒，身心丝毫不犯，即可远离魔事，入三摩地（指耳根圆通），是初心修学的至妙之门。

至此，（1）三学中的四清净明诲完。

若有宿习，不能灭除，汝教是人，

如果有宿生的习气业种，不能一时灭除。阿难你可以教他

一心诵我，佛顶光明，摩诃萨怛哆，般怛啰无上神咒。

一心持诵我的佛顶光明摩诃萨怛哆般怛啰无上神咒。

斯是如来，无见顶相，无为心佛，从顶发辉，坐宝莲花，

这咒是如来无见顶相的无为心佛，从顶发辉，坐宝莲花上

所说神咒。且汝宿世，与摩登伽，历劫因缘，恩爱习气，

所说的神咒。就如你宿世与摩登伽有历劫的因缘，恩爱习气

非是一生，及与一劫。我一宣扬，爱心永脱，

不仅仅是一生和一劫的累积，我才宣扬神咒，伽女的爱染宿习就立即消除，

成阿罗汉。彼尚淫女，无心修行，神力冥资，

成阿罗汉果。她是淫女，并无心修行，由神咒之力暗中资助之功，

速证无学，云何汝等，在会声闻，求最上乘，

尚能速证无学，何况你们在会声闻惟求最上一乘之法，

决定成佛，譬如以尘，扬于顺风，

决定自信成佛之道，习气遇到神咒都会除尽的，就像微尘在顺风中无不吹尽，

有何艰险。

还有什么艰险呢？

[解说]

前持戒摄心，戒体清净，固然能御制现在魔业；但多生宿习，最为难除，必一心持楞严神咒，借无上神咒之力方可除尽。此咒是尊中尊，密中密，是诸佛心印，咒力不可思议，无习不除。

若有末世，欲坐道场，先持比丘，

在末世如有人发心，欲坐道场修耳根圆通的，应当先持比丘

清净禁戒。要当选择，戒清净者，

根本四重禁戒。持戒前，求戒之时，要选择戒根清净的

第一沙门，以为其师。若其不遇，真清净僧，

第一等沙门，作为授戒的师父。如没遇到真正清净大僧，

汝戒律仪，必不成就。戒成已后，

你虽受戒律，也一定不能成就无漏戒体。戒成就以后，

着新净衣，燃香闲居，诵此心佛，所说神咒，一百八遍。

穿上新而清洁的衣服，燃香静坐，诵持这心佛所说的神咒一百零八遍。

然后结界，建立道场。求于十方，现住国土，

然后结界建立修道的坛场。在定中求十方现坐各佛国道场的

无上如来，放大悲光，来灌其顶。阿难，

无上如来都放大悲光芒来灌他的顶，使身心受益。阿难，

如是末世，清净比丘，若比丘尼，白衣檀越，心灭贪淫，

如果在末法时，这样的清净比丘、比丘尼，白衣檀越，心灭除贪淫等念，

持佛净戒，于道场中，发菩萨愿，出入澡浴，

持佛净戒，在道场中发菩萨大愿，出入道场必沐浴洁身。

六时行道，如是不寐，经三七日，我自现身[1]，

昼夜六时，不眠不休，修行办道经三七日，我将会亲自现身，

至其人前，摩顶安慰，令其开悟。

到这个人的面前，摩顶安慰，使他开悟。”

[注释]

[1] 我自现身：若见此像，当观空寂，是佛显然，是魔则灭。

[解说]

前一段文开示了三学中的戒学(四清净明诲章),这一段文略示了定、慧,因戒生定,因定发慧(戒、定、慧三学)。

至此,(1) 三学完。

阿难白佛言,世尊,我蒙如来,无上悲诲,

阿难对佛说:"世尊,我蒙如来出自无上悲心的教诲,

心已开悟,自知修证,无学道成。

心已开悟,自知从此以后,只要修习反闻之功,不须要特别建立道场,就可证得无学的道果。

末法修行,建立道场,云何结界,

但末法时修行魔障很大,必先建立修道的场所,究竟如何结界,

合佛世尊,清净轨则?

才符合佛世尊的清净轨则呢?"

[解说]

末法时修行人魔障深重,为了远离魔扰,能安心办道,故而建立道场非常重要。此文阿难悲心请佛开示道场如何建设。

(2) 道场建设

① 坛场基量

佛告阿难,若末世人,愿立道场,先取雪山,

佛对阿难说:"末世众生,如有志愿建立道场的,须先取雪山上

大力白牛,食其山中,肥腻香草,此牛唯饮,雪山清水,

大力白牛的粪便,这牛只吃山中的肥腻香草,此牛只饮雪山的清水,

其粪微细,可取其粪,和合旃檀,以泥其地[1]。

它的粪便微细而有清香,可以取用它的粪便和合旃檀,以泥其地。

若非雪山，其牛臭秽，不堪涂地，

如果不是雪山的牛，它的粪臭秽，不能用以涂地，

别于平原[2]，穿去地皮，五尺已下，取其黄土，

就应另外在平原上将地挖去五尺厚，然后取五尺以下的新净黄土，

和上栴檀[3]，沉水、苏合，熏陆、郁金，白胶、青木，

和合上面说的栴檀香以及沉水香、苏合、熏陆、郁金、白胶、青木、

零陵、甘松，及鸡舌香，以此十种，细罗为粉，

零陵、甘松，及鸡舌香，用这十种香细磨成粉，

合土成泥，以涂场地，方圆丈六，为八角坛。

混合挖出的净黄土加水而成泥，用以遍涂场地，方圆一丈六尺，成八角坛。

[注释]

[1] 以泥其地：立坛之地，恐有不净，除其旧地，覆以新泥。

[2] 平原：高丘恐堆积不净之物，深坑恐流聚污秽，故在平原。

[3] 栴檀：即白檀香木，译云"与乐"。此香稀有难得。

[解说]

此段文起开讲2. 道场加行中的(2) 道场建设：末世行人，魔盛障重，非建道场，难以修证。从此段文起佛详细开示道场应通过五个步骤来建设。此段文讲第一个步骤：坛场基量。然欲修定，必须择日结界建坛，修行既毕，即解界撤坛，不得留至明相出时。坛的基量是：先把所立坛之室(场所)扫除干净，在室中央，用雪山大力白牛的粪便调和栴檀；若找不到此牛粪便，就用平原五尺以下的新净黄土调和栴檀、沉水等十种香和合成泥，来涂起方圆一丈六尺，形状是八角的坛。〇坛法有事有理，事依理成，理得事显。事相如文可知，理得事显，如：十种香表十波罗蜜，"方圆丈六，为八角坛"，此定坛相，表

八正道，摄于八邪。所以事相都有所表，故而坛仪不仅仅只是图壮观好看，其中含有深奥的道理。

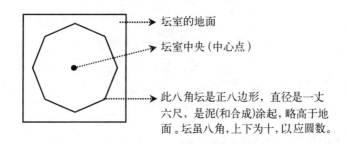

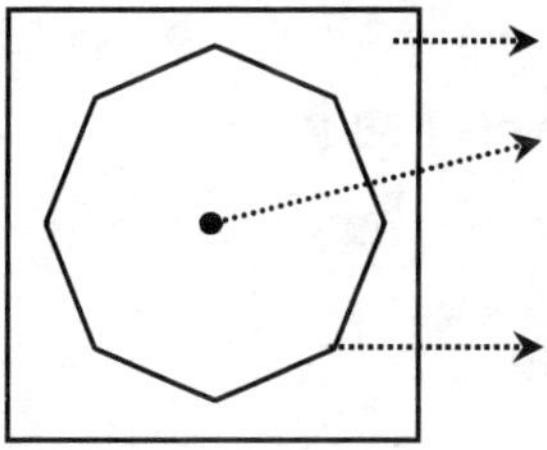

坛室的地面
坛室中央（中心点）
此八角坛是正八边形，直径是一丈
六尺，是泥(和合成)涂起，略高于地
面。坛虽八角，上下为十，以应圆数。

② 坛中庄严布置

坛心置一，金银铜木，所造莲华，华中安钵，

坛的中心放一个或金或银或铜或木制造的莲花，莲花中安一个钵，

钵中先盛，八月露水[1]，水中随安，所有华叶。

钵中先盛上八月的露水，水中随放当时令所有的花叶。

取八圆镜，各安其方，围绕华钵。镜外建立，

再取八面圆镜，分别安置在八方，围绕花钵。镜外再建立

十六莲华，十六香炉，间华铺设，庄严香炉，

十六朵莲花、十六只香炉，花炉交错安置以庄严香炉。

纯烧沉水，无令见火[2]。

香炉内纯烧沉水香，勿使见到火光。

[注释]

[1] 八月露水：八月秋高，空中无尘，故取此时露水。

[2] 无令见火：用香灰盖好，不让火外露出来。

[解说]

此段文讲(2) 道场建设的第二步骤：坛中庄严布置：

1. 坛心放一莲华(金或木等造)，华中再放一个盛有八月露水，

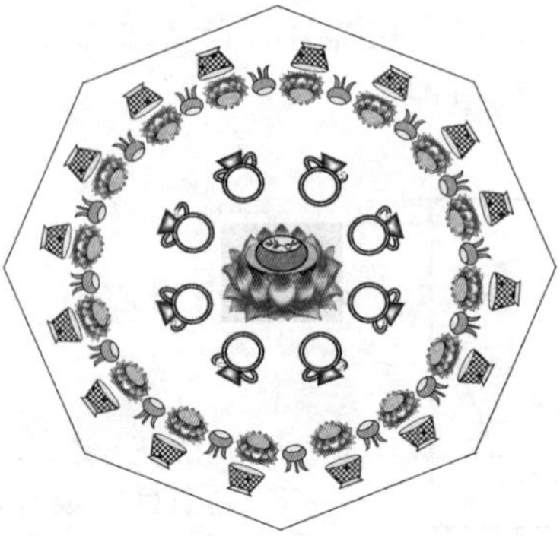

水中放当时令华叶(此季节新鲜的花、叶)的钵。

2. 围绕此钵，在八方各放一面圆镜，镜面朝外。

3. 在镜外再放十六朵莲花、十六只香炉，交错安置，且香炉内只烧沉水香，勿使见到火光。〇坛中所设，各有所表：如八月露水表中道纯真，首楞严妙定。其他也都是表法的，不一一举说。

③ 坛中所献供物

取白牛乳，置十六器。乳为煎饼[1]，并诸砂糖，

再取雪山白牛乳，安放十六只器皿。然后煎乳成饼另加砂糖、

油饼[2]、乳糜[3]，苏合[4]、蜜姜[5]，纯酥[6]、纯蜜，

油饼、乳糜、苏合、蜜姜、纯酥、纯蜜，

于莲花外，各各十六，围绕华外。以奉诸佛，及大菩萨，

各分盛在十六只器皿中，围绕在莲花外面，来供养诸佛和大菩萨。

每以食时。

每天中午吃饭的时候，就用以上这些有形的供品供养佛、菩萨。

若在中夜[7]，取蜜半升，用酥三合。

如果是在中夜，取半升的蜜，加上酥、酪三者和合。

坛前别安，一小火炉。以兜楼婆香，煎取香水，

在坛场的前面安放一个小火炉。用兜楼婆香煎水，用煎成的香水

沐浴其炭，燃令猛炽，

来洗所有的炭，炭干了，放入炉中烧，烧到火猛炽时，

投是酥蜜，于炎炉内，烧令烟尽，享佛菩萨。

把刚才的酥、酪、蜜三合投入火炉中，烧至烟尽为止，用这种烟来供养佛、菩萨。

[注释]

[1] 乳为煎饼：白牛乳加油煎成饼。

[2] 油饼：油加面制成。

[3] 乳糜：牛奶加米。

[4] 苏合：诸花香水制成膏。

[5] 蜜姜：蜂蜜渍泡姜。

[6] 纯酥：白牛乳炼成酥。

[7] 中夜：夜分三时：18—22 点是初夜。22—2 点是中夜。2—6 点是后夜。中夜是 22 点至 2 点，中夜佛不受食，只用蜜、酥、酪烧烟供养佛、菩萨。

[解说]

此段文讲(2) 道场建设的第三步骤：坛中所献供物。供物分两种：

楞严内坛

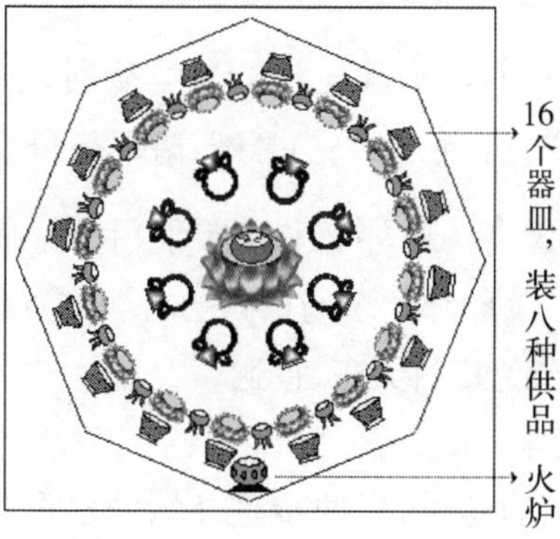

1. 日中：拿十六个器皿围绕在上面已放置的十六朵莲华外，每个器皿中都装上① 煎乳所成的饼，② 砂糖，③ 油饼，④ 乳糜，⑤ 苏合，⑥ 蜜姜，⑦ 纯酥，⑧ 纯蜜，此八种供品。以此有形的供品供佛、菩萨中午享用。

2. 中夜：坛前放一个小火炉，所烧的炭是兜楼婆香煎成的香水洗过的，等炭干了，将炭烧至最旺时，把酥蜜投入炉中烧到烟尽，以烟来供养佛菩萨。在中夜佛不受食，故用无形的烟请佛、菩萨享用。坛中所设各有所表，如：坛前别安小火炉表耳根一门，从此深入。其他也都是表法的，不一一举说。

④ 外坛尊像陈设

令其四外，遍悬幡华。于坛室中，四壁敷设，十方如来，

在八角坛外面的四周，悬挂着各色幡华。在坛室的四壁敷设十方如来

及诸菩萨，所有形像。应于当阳，张卢舍那、释迦、弥勒、

和诸菩萨的圣像，在向阳正位的壁面，张挂卢舍那佛、释迦佛、弥勒佛、

阿閦、弥陀。诸大变化，观音形像，兼金刚藏，安其左右。

阿閦毗佛、阿弥陀佛。在这些佛像的左边安置各种变化的观音菩萨形像，在右边安置金刚藏菩萨。

帝释梵王，乌刍瑟摩，并蓝地迦，诸军茶利，

坛场正门的左侧安置：帝释、乌刍瑟摩、诸军茶利、

与毗俱胝，四天王等，频那夜迦，张于门侧，左右安置。

持国天王、多闻天王、频那。坛场正门的右侧安置：梵王、蓝地迦、毗俱胝、增长天王、广目天王、夜迦。

[解说]

前三步是内坛的建设，后两步是外坛的建设。此段文讲(2) 道

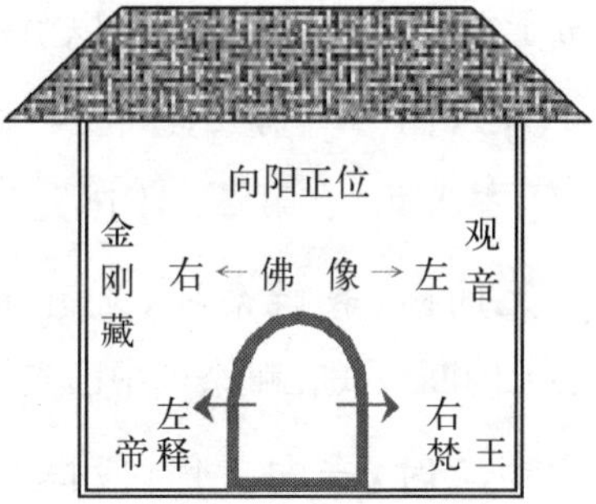

场建设的第四步：外坛尊像陈设：在坛外四周悬挂幡花。在坛室的正位向阳的墙壁上张挂卢舍那佛等佛像，佛像的左右安观音和金刚藏像(详如译文)。在坛场正门左右两侧分挂帝释、梵王等护法像(详如译文)，这些都是有力护法，以守坛护界。末法修行，若缺此护法，必不成就。外坛的陈设也各有所表：如观音菩萨是显教圆通之主，金刚藏菩萨是密教圆通之主，安其左右表显密齐彰。如此等等都是表法的，不一一举说。

⑤ 外坛所设八镜

又取八镜，覆悬虚空，与坛场中，所安之镜，

最后再取八镜，悬挂在坛场的虚空中，与坛内所安的八面镜子

方面相对，使其形影，重重相涉。

依方相对，使镜中形影，交相互照，重重无尽。

[解说]

此段文讲(2)道场建设的第五步：外坛所设八镜：内坛八镜一方一个，面朝外；外坛悬挂八面镜，与内坛所设的八镜依方相对，面向内。坛中所设，各有所表，如：取八圆镜，覆悬虚空表诸佛果位，转八识成大圆镜智，从空如来藏普照十方尘刹中。如此等等，不一一举说。道场就通过这五个步骤来建设。

至此，(2)道场建设完。

(3) 道场修证

于初七日中，至诚顶礼，十方如来，诸大菩萨，阿罗汉号。

行者在第一七日中，至诚顶礼十方如来，以及诸大菩萨、阿罗汉。

恒于六时，诵咒围坛，至心行道，一时常行，

常于六时之中,诵咒绕坛,以至诚心绕行道场,每时常绕行

一百八遍[1]。第二七中,一向专心,发菩萨愿,

一百零八匝。在第二七日中,完全专心发菩萨愿,不杂他行,念兹在兹,

心无间断,我毗奈耶,先有愿教[2]。第三七中,

心无间断。我在毗奈耶中已先有关于愿的言教。在第三七日中,

于十二时,一向持佛,般怛啰咒,至第七日,

于十二时(时无间歇),一心持佛般怛啰咒,到第七天(第 21 天),

十方如来,一时出现,镜交光处,承佛摩顶。

十方如来同时出现在坛室中镜交光处,这些修行人亲承佛摩顶。

即于道场,修三摩地,能令如是,末世修学,

随即在道场中修三摩地,心心在定,念念无间,虽在末世修学也能令其发慧开悟,

身心明净,犹如琉璃。阿难,若此比丘,

身心光明清净,像琉璃一样。阿难,如果这个结坛的比丘的

本受戒师,及同会中,十比丘等,其中有一,不清净者,

受戒师和同入坛修道的十比丘等,其中有一人不清净,

如是道场,多不成就。

这样道场就不能成就。佛圣不临,龙天不护,难成正定。

从三七后,端坐安居,经一百日,

从第三个七日以后,端身正坐,寂然不动,经一百日,

有利根者,不起于座,得须陀洹,

有利根者,勇猛精进,不离开座位即可得须陀洹,

纵其身心,圣果未成,决定自知,成佛不谬。

纵然这时身心还未证到无学圣果,但已决定自知成佛之事绝非谬言,

一信永信。

[注释]

[1] 一时常行,一百八遍:每于一时围绕坛场持咒,绕行 108 圈。

[2] 我毗奈耶,先有愿教:指《梵网经》中所说十大愿和菩萨四弘誓愿。

[解说]

此段文讲 2. 道场加行中的(3) 道场修证:结界建坛的人一定是得戒体并持戒清净的比丘,戒成就之后,穿上新洁衣服,燃香静坐,诵持一百零八遍神咒,然后结界建立道场。也就是说结界建坛,唯许得戒清净比丘,如果坛仪已成,修习不拘四众。然入坛之法,必须各自为类,万无僧俗交参,男女混杂之理。在坛室中,不要超过十人。要想克期取证,约比丘言:自己一定是得戒体、持戒清净的比丘,并且同入坛的伴侣比丘们,也要持戒清净。否则虽如法建坛,道场也不能成就。道场不成就,佛圣不临,龙天不护,正定难修,妙悟难发。若找不到持戒清净比丘,独行也可,不必勉强(以免致令不清净)。○在这如法建成的道场中初七日礼佛,诵咒绕坛(每次要绕 108 匝。绕坛为主,诵咒为次)。二七日中专心发菩萨愿,心无间断(不杂他行,不诵也不礼)。三七日中,无间断地诵咒。到第 21 天,佛亲自摩行者的顶,感应道交。从 21 天后就端身正坐,100 日不起座,做入流照性的功夫,利根者可证须陀洹果。建坛之法,末世要想行之,很难。故后文诵咒也开许不入道场。有力应如法建坛,无力者要持戒清净、诵咒。

至此,(3) 道场修证完。

汝问道场,建立如是。

你问如何建立道场,以上所说就是。”

[解说]

前文阿难问佛如何建立道场,佛已详细开示,此句话是结答之语。

(4) 神咒

阿难顶礼佛足,而白佛言,自我出家,恃佛憍爱,

阿难顶礼佛足，而对佛说："自从我出家以来，仰仗佛的憍怜宠爱，

求多闻故，未证无为。遭彼梵天，邪术所禁，

只求多闻不务真修，没有获证无为圣果。道力微薄，遭到梵天邪术禁制，

心虽明了，力不自由。赖遇文殊，

心里虽然明白，而道力未全，不能自由。幸赖文殊密诵神咒，

令我解脱，虽蒙如来，佛顶神咒，冥获其力，尚未亲闻。

使我解脱魔难，虽蒙如来佛顶神咒暗中加被，但是还没有亲自听到。

惟愿大慈，重为宣说，悲救此会，诸修行辈，

惟愿世尊大慈悲，再为宣说一遍，大悲救拔现住此会的诸修行者，

末及当来，在轮回者，承佛密音，

以及将来末法时尚处轮回之中的众生，以使其承闻佛密咒音声，

身意解脱。于时会中，一切大众，普皆作礼，

身、意俱得解脱。"这时在会的大众，一齐向佛顶礼，

伫闻如来，秘密章句。尔时世尊，从肉髻中，涌百宝光，

恭候佛陀宣说秘密章句。这时世尊从肉髻中涌出百宝光芒，

光中涌出，千叶宝莲，有化如来，坐宝华中，顶放十道，

光中涌出千叶宝莲，有一位化现的如来坐宝莲花中，顶上放射十道

百宝光明，一一光明，皆遍示现，十恒河沙，金刚密迹，

百宝光明，一一光明中普遍示现恒河沙数的金刚神，他们都是内秘菩萨行，外现金刚神，

擎山持杵，遍虚空界。大众仰观，畏爱兼抱，

有的擎山，有的持杵，遍满虚空界。大众仰首共观，又爱又怕，

求佛哀佑，一心听佛，无见顶相，放光如来，宣说神咒。

求佛哀怜庇佑，一心敬听佛陀无见顶相放光如来宣说神咒。

［解说］

此段文起开讲2. 道场加行中的（4）神咒：文殊带咒救阿难，当时文殊只是密诵，破邪除淫，阿难冥获其力，可是还没有亲耳听闻密咒，所以为利益今后，远离魔难，请佛宣咒。故而佛顶放光，光中化佛将说神咒。咒是顶光化佛所说，表尊中之尊，密中之密。

① 正说神咒

1. 毗卢真法会

南无萨怛他　苏伽多耶阿啰诃帝　三藐三菩陀写　南无萨怛他
佛陀俱胝瑟尼钐　南无萨婆勃陀勃地萨跢鞞弊
南无萨多南　三藐三菩陀　俱知南　娑舍啰婆迦僧伽喃
南无卢鸡阿罗汉跢喃　南无苏卢多波那喃　南无娑羯唎陀伽弥喃
南无卢鸡三藐伽跢喃　三藐伽波啰底波多那喃
南无提婆离瑟赧　南无悉陀耶毗地耶　陀啰离瑟赧
舍波奴揭啰诃　娑诃娑啰摩他喃　南无跋啰诃摩泥
南无因陀啰耶　南无婆伽婆帝
嚧陀啰耶　乌摩般帝　娑醯夜耶　南无婆伽婆帝
那啰野拏耶　槃遮摩诃三慕陀啰　南无悉羯唎多耶
南无婆伽婆帝　摩诃迦罗耶　地唎般刺那伽啰毗陀啰
波拏迦啰耶　阿地目帝　尸摩舍那泥婆悉泥
摩怛唎伽拏　南无悉羯唎多耶　南无婆伽婆帝
多他伽跢俱啰耶　南无般头摩俱啰耶
南无跋阇啰俱啰耶　南无摩尼俱啰耶　南无伽阇俱啰耶
南无婆伽婆帝　帝唎茶输啰西那　波啰诃啰拏啰阇耶
跢他伽多耶　南无婆伽婆帝　南无阿弥多婆耶

跢他伽多耶　阿啰诃帝　三藐三菩陀耶　南无婆伽婆帝
阿刍鞞耶　跢他伽多耶　阿啰诃帝　三藐三菩陀耶
南无婆伽婆帝　鞞沙阇耶俱卢吠柱唎耶　般啰婆啰阇耶
跢他伽多耶　南无婆伽婆帝　三补师毖多　萨怜捺啰剌阇耶
跢他伽多耶　阿啰诃帝　三藐三菩陀耶　南无婆伽婆帝
舍鸡野母那曳　跢他伽多耶　阿啰诃帝　三藐三菩陀耶
南无婆伽婆帝　刺怛那鸡都啰阇耶　跢他伽多耶　阿啰诃帝
三藐三菩陀耶　帝瓢南无萨羯唎多　翳昙婆伽婆多
萨怛他伽都瑟尼钐　萨怛多般怛嚂　南无阿婆啰视耽
般啰帝扬岐啰　萨啰婆部多揭啰诃　尼羯啰诃揭迦啰诃尼
跋啰毖地耶叱陀你　阿迦啰蜜唎柱　般唎怛啰耶儜揭唎
萨啰婆槃陀那目叉尼　萨啰婆突瑟咤　突悉乏般那你伐啰尼
赭都啰失帝南　羯啰诃娑诃萨啰若阇　毗多崩娑那羯唎
阿瑟咤冰舍帝南　那叉刹怛啰若阇　波啰萨陀那羯唎
阿瑟咤南　摩诃揭啰诃若阇　毗多崩萨那羯唎
萨婆舍都嚧你婆啰若阇　呼蓝突悉乏　难遮那舍尼
毖沙舍悉怛啰　阿吉尼乌陀迦啰若阇
阿般啰视多具啰　摩诃般啰战持　摩诃叠多　摩诃帝阇
摩诃税多阇婆啰　摩诃跋啰槃陀啰婆悉你
阿唎耶多啰　毗唎俱知　誓婆毗阇耶
跋阇啰摩礼底　毗舍嚧多　勃腾罔迦
跋阇啰制喝那阿遮　摩啰制婆般啰质多　跋阇啰擅持
毗舍啰遮　扇多舍鞞提婆补视多　苏摩嚧波　摩诃税多
阿唎耶多啰　摩诃婆啰阿般啰　跋阇啰商羯啰制婆
跋阇啰俱摩唎　俱蓝陀唎　跋阇啰喝萨多遮

毗地耶乾遮那摩唎迦　啒苏母婆羯啰跢那
鞞嚧遮那俱唎耶　夜啰菟瑟尼钐　毗折蓝婆摩尼遮
跋阇啰迦那迦波啰婆　嚧阇那跋阇啰顿稚遮
税多遮迦摩啰　刹奢尸波啰婆　翳帝夷帝
母陀啰羯拏　娑鞞啰忏　掘梵都　印兔那么么写

2. 释尊应化会

乌钟　唎瑟揭拏　般刺舍悉多　萨怛他伽都瑟尼钐
虎钟　都嚧雍　瞻婆那　虎钟　都嚧雍　悉耽婆那
虎钟　都嚧雍　波啰瑟地耶三般叉拏羯啰
虎钟　都嚧雍　萨婆药叉喝啰刹娑　揭啰诃若阇
毗腾崩萨那羯啰　虎钟　都嚧雍　者都啰尸底南
揭啰诃娑诃萨啰南　毗腾崩萨那啰
虎钟　都嚧雍　啰叉　婆伽梵　萨怛他伽都瑟尼钐
波啰点阇吉唎　摩诃娑诃萨啰　勃树娑诃萨啰室唎沙
俱知娑诃萨泥　帝嚇阿弊提视婆唎多
咤咤罂迦　摩诃跋阇嚧陀啰　帝唎菩婆那
曼荼啰　乌钟　娑悉帝薄婆都　么么　印兔那么么写

3. 观音合同会

啰阇婆夜　主啰跋夜　阿祇尼婆夜　乌陀迦婆夜　毗沙婆夜
舍萨多啰婆夜　婆啰斫羯啰婆夜　突瑟叉婆夜　阿舍你婆夜
阿迦啰蜜唎柱婆夜　陀啰尼部弥剑波伽波陀婆夜
乌啰迦婆多婆夜　刺阇坛茶婆夜　那伽婆夜　毗条怛婆夜
苏波啰拏婆夜　药叉揭啰诃　啰叉私揭啰诃　毕唎多揭啰诃
毗舍遮揭啰诃　部多揭啰诃　鸠槃茶揭啰诃　补丹那揭啰诃
迦咤补丹那揭啰诃　悉乾度揭啰诃　阿播悉摩啰揭啰诃

乌檀摩陀揭啰诃　车夜揭啰诃　醯唎婆帝揭啰诃　社多诃唎南
揭婆诃唎南　嚧地啰诃唎南　忙娑诃唎南　谜陀诃唎南
摩阇诃唎南　阇多诃唎女　视比多诃唎南　毗多诃唎南
婆多诃唎南　阿输遮诃唎女　质多诃唎女　帝钐萨鞞钐
萨婆揭啰诃南　毗陀耶阇瞋陀夜弥　鸡啰夜弥
波唎跋啰者迦讫唎担　毗陀夜阇瞋陀夜弥　鸡啰夜弥
茶演尼讫唎担　毗陀夜阇瞋陀夜弥　鸡啰夜弥
摩诃般输般怛夜　嚧陀啰讫唎担　毗陀夜阇瞋陀夜弥
鸡啰夜弥　那啰夜拏讫唎担　毗陀夜阇瞋陀夜弥
鸡啰夜弥　怛埵伽嚧茶西讫唎担　毗陀夜阇瞋陀夜弥
鸡啰夜弥　摩诃迦啰摩怛唎伽拏讫唎担　毗陀夜阇瞋陀夜弥
鸡啰夜弥　迦波唎迦讫唎担　毗陀夜阇瞋陀夜弥　鸡啰夜弥
阇耶羯啰摩度羯啰　萨婆啰他娑达那讫唎担
毗陀夜阇瞋陀夜弥　鸡啰夜弥　赭咄啰婆耆你讫唎担
毗陀夜阇瞋陀夜弥　鸡啰夜弥　毗唎羊讫唎知
难陀鸡沙啰伽拏般帝　索醯夜讫唎担　毗陀夜阇瞋陀夜弥
鸡啰夜弥　那揭那舍啰婆拏讫唎担　毗陀夜阇瞋陀夜弥
鸡啰夜弥　阿罗汉讫唎担　毗陀夜阇瞋陀夜弥
鸡啰夜弥　毗多啰伽讫唎担　毗陀夜阇瞋陀夜弥　鸡啰夜弥
跋阇啰波你　具醯夜具醯夜　迦地般帝讫唎担
毗陀夜阇瞋陀夜弥　鸡啰夜弥　啰叉罔　婆伽梵
印兔那么么写

4. 刚藏折摄会

婆伽梵　萨怛多般怛啰　南无粹都帝　阿悉多那啰剌迦
波啰婆悉普咤　毗迦萨怛多钵帝唎　什佛啰什佛啰　陀啰陀啰

频陀啰频陀啰　瞋陀瞋陀　虎舒虎舒　泮咤泮咤泮咤泮咤泮咤
娑诃　醯醯泮　阿牟迦耶泮　阿波啰提诃多泮
婆啰波啰陀泮　阿素啰毗陀啰波迦泮　萨婆提鞞弊泮
萨婆那伽弊泮　萨婆药叉弊泮　萨婆乾闼婆弊泮
萨婆补丹那弊泮　迦咤补丹那弊泮　萨婆突狼枳帝弊泮
萨婆突涩比犁讫瑟帝弊泮　萨婆什婆犁弊泮
萨婆阿播悉摩犁弊泮　萨婆舍啰婆拏弊泮　萨婆地帝鸡弊泮
萨婆怛摩陀继弊泮　萨婆毗陀耶啰誓遮犁弊泮
阇夜羯啰摩度羯啰　萨婆啰他娑陀鸡弊泮　毗地夜遮唎弊泮
者都啰缚耆你弊泮　跋阇啰俱摩唎　毗陀夜啰誓弊泮
摩诃波啰丁羊乂耆唎弊泮　跋阇啰商羯啰夜
波啰丈耆啰阇耶泮　摩诃迦啰夜　摩诃末怛唎迦拏
南无娑羯唎多夜泮　毖瑟拏婢曳泮　勃啰诃牟尼曳泮
阿耆尼曳泮　摩诃羯唎曳泮　羯啰檀迟曳泮　蔑怛唎曳泮
唠怛唎曳泮　遮文茶曳泮　羯逻啰怛唎曳泮　迦般唎曳泮
阿地目质多迦尸摩舍那　婆私你曳泮　演吉质　萨埵婆写
么么印兔那么么写

5. 文殊弘传会

突瑟咤质多　阿末怛唎质多　乌阇诃啰
伽婆诃啰　嚧地啰诃啰　婆娑诃啰　摩阇诃啰
阇多诃啰　视毖多诃啰　跋略夜诃啰　乾陀诃啰
布史波诃啰　颇啰诃啰　婆写诃啰　般波质多　突瑟咤质多
唠陀啰质多　药叉揭啰诃　啰刹娑揭啰诃　闭嚇多揭啰诃
毗舍遮揭啰诃　部多揭啰诃　鸠槃茶揭啰诃　悉乾陀揭啰诃
乌怛摩陀揭啰诃　车夜揭啰诃　阿播萨摩啰揭啰诃

宅祛革茶耆尼揭啰诃　唎佛帝揭啰诃　阇弥迦揭啰诃
舍俱尼揭啰诃　姥陀啰难地迦揭啰诃　阿蓝婆揭啰诃
乾度波尼揭啰诃　什伐啰堙迦醯迦　坠帝药迦　怛隶帝药迦
者突托迦　昵提什伐啰　毖钐摩什伐啰　薄底迦　鼻底迦
室隶瑟蜜迦　娑你般帝迦　萨婆什伐啰　室嚧吉帝末陀鞞达
嚧制剑　阿绮嚧钳　目佉嚧钳　羯唎突嚧钳　揭啰诃揭蓝
羯拏输蓝　惮多输蓝　迄唎夜输蓝　末么输蓝　跋唎室婆输蓝
毖栗瑟咤输蓝　乌陀啰输蓝　羯知输蓝　跋悉帝输蓝
邬嚧输蓝　常伽输蓝　喝悉多输蓝　跋陀输蓝
娑房盎伽般啰丈伽输蓝　部多毖跢茶　茶耆尼什婆啰
陀突嚧迦建咄嚧吉知婆路多毗　萨般嚧诃凌伽
输沙怛啰娑那羯啰　毗沙喻迦　阿耆尼乌陀迦
末啰鞞啰建跢啰　阿迦啰蜜唎咄　怛敛部迦　地栗剌咤
毖唎瑟质迦　萨婆那俱啰　肆引伽弊揭啰唎药叉怛啰刍
末啰视吠帝钐娑鞞钐　悉怛多钵怛啰　摩诃跋阇嚧瑟尼钐
摩诃般赖丈耆蓝　夜波突陀　舍喻阇那辫怛隶拏
毗陀耶槃昙迦嚧弥　帝殊槃昙迦嚧弥
般啰毗陀槃昙迦嚧弥　跢侄他　唵
阿那隶　毗舍提　鞞啰跋阇啰陀唎　槃陀槃陀你
跋阇啰谤尼泮　虎䒖　都嚧瓮泮　莎婆诃

［解说］

此段文讲 2. 道场加行的(4) 神咒中① 正说神咒：此咒简称“楞严咒”，具云“佛顶光明，摩诃萨怛哆，般怛啰无上神咒”，这十六个字是此神咒的全名。佛顶光明：此咒是佛顶放光，光中化佛所说。摩诃，译作“大”，大表如来藏体遍十方，即体大。萨怛哆，译作“白”，白表如来藏心离诸妄染，即相大。般怛啰，译作“伞盖”，伞盖表如来藏心能荫万物，是用大。此咒所诠理即如来藏心，具足体、相、用，谓之“大白伞盖”。此咒功用威灵莫测，感应难思，故曰“无上神咒”。○此咒是咒中之王，是咒中最长的。此咒即密诠大佛顶法，与前显说力用是均。此咒427句。2 620字。分五会：第一会，毗卢真法会；第二会，释尊应化会，第三会，观音合同会；第四会，刚藏折摄会；第五会，文殊弘传会。

此咒最后几句，“跢侄他”之后，“唵，阿那隶，毗舍提……莎婆诃”是咒心。在“跢侄他”之前，只是归命诸佛、菩萨、圣贤等，及叙咒愿加被，灭恶离难。至“唵”字下，始为咒心，即是秘密首楞严也。此段既称咒心则是五会中精要之义，如有力者，通前俱持，固为尽善，如无力者，只持此段，确信功极自收成效。跢侄他，义译“所谓”或“即说咒曰”。唵，是引生义。佛说一切真言，首皆安“唵”字，以“唵”字为毗卢佛根本，能警觉一切故。又咒语结尾，多用“娑婆诃”或云“萨婆诃”三字，意思是速成，令我所作速成就也。

今此咒在四例中是“翻字不翻音”，在五不翻中是“秘密不翻”，字是华文，音是梵音。梵语此方人不明白，而天竺之人都明白。至于秘咒是一切贤圣秘密之言，不但天竺常人不知，连下位圣贤也不知上位之咒。圣贤弘化有显密二教，如医生疗病的两种方法：1. 授方：显说病源、药性及炮制之法，如佛显教。2. 授药：只授药令服，愈病而已，什么也不说，不必求知是何药，如何治，如佛密教。今秘咒正同授药，不必求解。只要深信不疑，一味受持，自能得益。咒是“秘密故不翻”，然各家所解不翻之义互异，海仁法师综合各家之要，共有八义：一、咒为诸佛密语：唯佛及大菩萨能知，佛密语一语具众德，能灭罪生德，凡情不能了解。二、咒诠诸佛心印：如王宝玺(帝王印玺)，大臣见之，悉皆敬礼；咒能出生圣果，人天三乘，见持咒者无不恭敬。三、咒能总持一切法：咒以少字摄多义，受持读诵者，能遮恶灭罪，降魔消障，断惑入理。四、咒为诸佛、菩萨圣号及诸鬼神王名，能持咒者，即持诸佛菩萨圣号，及呼诸鬼神王帅之名，天龙八部闻之悉皆恭敬。五、咒具慈悲威德神力：持咒者当获诸圣慈悲摄受，威德加被，灭罪生福速登圣位。六、咒为密语遮恶：一心持咒，内障不起，外患不侵，降伏魔怨，灭恶生善。神咒之功也是这样，持之自可降伏魔怨，灭恶生善。七、咒为诸佛因中咒愿：佛因中修菩萨道时，无不咒愿众生，离苦得乐。如世人尚可咒愿吉凶，随愿成就，况诸佛因中慈悲诚实之誓愿，故众生持之，必满所愿。八、咒为诸佛密令：如军中密号，唱号相应，无所呵问，若不相应，即执法治罪。众生持咒，如持佛密令，诸天鬼神知是佛子，不敢为难。○所以持咒得不测之神功，然须确信，不要起心求解，用清净无染的慈悲救度众生的心来持咒。专持功满，方收成效，若犹豫间断中辍或坛戒不能如法，而谤斯咒无功则招大罪苦。此咒持之自可远魔脱难，断惑证真。

② 说咒利益

阿难，是佛顶光聚[1]，悉怛多般怛啰，秘密伽陀，微妙章句，

阿难，这佛顶光聚，悉怛多般怛啰，秘密伽陀精微奥妙的章句，

出生十方，一切诸佛。十方如来，因此咒心，

能出生十方一切诸佛。十方如来，都是因有这咒心，以为密因修证，

得成无上，正遍知觉。十方如来，执此咒心[2]，

然后得成无上正遍知觉。十方如来，持执这秘密咒心，

降伏诸魔，制诸外道。

如金刚王宝剑，能降伏一切五阴诸魔，制伏断常诸见外道。

十方如来，乘此咒心[3]，坐宝莲华，应微尘国。

十方如来乘此咒心，坐宝莲华，遍游微尘国土，随类现身。

十方如来，含此咒心，于微尘国，转大法轮。

十方如来含此秘密咒心，能于微尘数国土，转无上根本大法。

十方如来，持此咒心，能于十方，摩顶授记。

十方如来持此秘密咒心，自已成道，能于十方国土，摩诸菩萨顶，授其当来成佛之记。

自果未成，亦于十方，蒙佛授记。

若自己未证佛果以前，也能于十方蒙佛亲授菩提之记。

十方如来，依此咒心，能于十方，拔济群苦，

十方如来，依此秘密咒心，能于十方拔济群苦，或教人持诵或代人咒愿，仗神咒威力，得离苦难；

所谓地狱，饿鬼畜生，盲聋喑症，怨憎会苦，

如地狱、饿鬼、畜生、人道中盲聋喑哑，以及怨家相聚的苦，

爱别离苦，求不得苦，五阴炽盛，大小诸横，

爱别离苦，求不得苦，五阴炽盛等苦，一切大小横祸，

同时解脱。贼难兵难，王难狱难，

都同时而得解脱。其他的如贼难、兵难、王难、狱难、

风火水难，饥渴贫穷，应念消散。

风火水难、饥渴贫穷等一切苦难，应其所念秘密咒心皆得消散。

十方如来，随此咒心，能于十方，事善知识。

十方如来随此秘密咒心威力，能于十方世界广事善知识，

四威仪中，供养如意。恒沙如来，

行住坐卧四威仪中都可随意供养。并在恒沙数的如来

会中推为，大法王子。

法会中助佛转轮，被诸如来推为大法王子，继承法王家业。

十方如来，行此咒心，能于十方，摄受亲因[4]，

十方如来持此秘密咒心，能在十方世界，摄受护念历劫亲因；

令诸小乘，闻秘密藏，

纵使堕在小乘，但由咒心威力加被，也能回小向大，堪受大法，如听了这如来藏心，

不生惊怖。十方如来，诵此咒心，成无上觉，

也不生惊怖。十方如来因诵持这秘密咒心得成无上正等正觉，

坐菩提树，入大涅槃。十方如来，传此咒心，于灭度后，

坐菩提树下，入大涅槃。十方如来传授此秘密咒心，化缘将毕，于灭度时，

付佛法事，究竟住持，严净戒律，悉得清净。

最后遗言，付嘱佛法绍继之事，令得究竟住持，要出家弟子，严持戒律，身心清净，佛法因而得以久住。

若我说是，佛顶光聚，般怛啰咒，从旦至暮，

若要我说这佛顶光聚，般怛啰咒的功能德用，就是从早到晚，

音声相联，字句中间，亦不重叠，经恒沙劫，终不能尽。

语语相续，不断地说，字字句句都不重复，这样纵经恒沙劫也说不尽。

［注释］

［1］佛顶光聚：此咒是佛顶光中化佛所说，佛顶光焰如大火聚，故曰佛顶光聚。悉怛多般怛啰：前有“摩诃”二字，合译“大白伞盖”。此示咒全名也。伽陀：咒中也有孤起颂。

［2］咒心：经是显诠，咒是密诠，若显若密，皆诠三如来藏心；全如来藏心而成咒，故曰心咒；全咒即是如来藏心，谓之咒心。

［3］咒心：此咒心即是诸佛真法身。

［4］亲因：十方如来与诸亲因，历劫以来，互为因缘眷属，如阿难。

［解说］

此段文起开讲（4）神咒中② 说咒利益，此段文说明神咒对十方如来的功用。

亦说此咒，名如来顶。

这咒不只是名如来藏心，也可说此咒名如来顶(至尊至妙)。

汝等有学，未尽轮回，

你们尚在三果以前，还没有超出分段生死，犹属轮回，

发心至诚，取阿罗汉，不持此咒，而坐道场，

若发至诚心求证阿罗汉果，若不持这大佛顶神咒而坐修道之场，

令其身心，远诸魔事，无有是处。阿难，

想获得清净，远离诸魔事业，那是不可能的。阿难，

若诸世界，随所国土，所有众生，随国所生，

若是各个世界，每个国家所有的人民，随用其国土所产的

桦皮、贝叶，纸素、白氎，

桦树皮、贝多罗树叶、素净的纸、白色的氎等一切可以用来书写的物品，

书写此咒，贮于香囊，是人心昏，未能诵忆，

书写此咒，装在香袋里，这人若心中昏昧，不能诵持忆念这咒，

或带身上，或书宅中，

只要将这神咒佩戴在身上，(或悬挂在宅中)或书写在宅中，由于神咒威力加被，

当知是人，尽其生年，一切诸毒，所不能害。阿难，

这人一生一切毒不能害。阿难，

我今为汝，更说此咒，救护世间，得大无畏，

我现在为你再说此咒，不但可以救护世间众生，若于一切怖畏之中能诵此咒，令魔鬼不侵，得大无畏，

成就众生，出世间智。

并且若末世有志出尘之士能诵此咒，能令烦恼不侵，成就出世间智。

若我灭后，末世众生，有能自诵，若教他诵，当知如是，

若我灭后，末世众生有能自诵，或教他诵，应当知道这

诵持众生，火不能烧，水不能溺，大毒小毒，所不能害。

持诵神咒的众生，火不能烧，水不能溺，大毒小毒，所不能害。

如是乃至，龙天鬼神，精祇魔魅[1]，所有恶咒，皆不能着，

如是乃至，龙天鬼神，精、祇、魔、魅，所有恶咒，皆不能着。

心得正受。一切咒诅，魇蛊毒药，金毒银毒，

持咒持成三昧，心得正受。一切咒诅，魇蛊毒药，金毒银毒，

草木虫蛇，万物毒气，入此人口，成甘露味。一切恶星，

草木虫蛇，万物毒气，入此人口，皆成甘露味。一切灾变恶星，

并诸鬼神，磣心毒人[2]，于如是人，不能起恶。频那、夜迦[3]，

恶鬼恶神，磣毒的人，对一心持咒的人，恶念自然不生。频那、夜迦，

诸恶鬼王，并其眷属，皆领深恩，常加守护。

诸恶鬼王，及他的眷属，因这人诵咒饶益他们，所以感谢他的深恩，常加守护。

阿难当知，是咒常有，八万四千那由他，恒河沙俱胝，

阿难你应该知道，这佛顶神咒常有八万四千那由他恒河沙俱胝、

金刚藏王，菩萨种族，一一皆有，诸金刚众，而为眷属，

金刚藏王、菩萨种族相随，他们一一皆率领诸金刚众眷属，

昼夜随侍。设有众生，于散乱心，非三摩地，心忆口持。

昼夜侍卫。假设有众生，非入于三摩地，而是以散乱心心忆口持神咒，

是金刚王，常随从彼，诸善男子，何况决定，菩提心者？

此等金刚王也常随从彼持咒诸善男子，更何况决定发菩提心的人！

此诸金刚，菩萨藏王，精心阴速，发彼神识，

此诸金刚菩萨藏王以同体心精，冥中加被行者，疾发他的神识，

是人应时，心能记忆，八万四千，恒河沙劫，
使这个人应时心开，能记忆八万四千恒河沙劫以来的一切，

周遍了知，得无疑惑。从第一劫，乃至后身，
完全明了，没有任何疑惑。从初发心持咒时起，直至成佛最后身，

生生不生，药叉罗刹，及富单那，迦咤富单那，鸠槃茶，
生生不生药叉、罗刹，及富单那、迦咤富单那、鸠槃茶、

毗舍遮等，并诸饿鬼，有形无形，有想无想，如是恶处。
毗舍遮等，并诸饿鬼，有形无形，有想无想等各种恶处。

是善男子，若读若诵，若书若写，若带若藏，
是善男子，果能诚心读诵，或书写，或随身携带，或藏宅中

诸色供养，劫劫不生，贫穷下贱，不可乐处。此诸众生，
用香花灯等供养，决定劫劫不生贫穷下贱，不可乐处。这些持咒的众生，

纵其自身，不作福业，十方如来，所有功德，悉与此人。
纵然自身不作福业，十方如来所有功德，悉与此人。

由是得于，恒河沙阿僧祇，不可说不可说劫，常与诸佛，
由于承受诸佛功德，所以能于恒河沙数阿僧祇不可说不可说劫中，常与诸佛

同生一处，无量功德，如恶叉聚。同处熏修，永无分散。
同生一处，同佛功德，同处熏修，永不分离，如恶叉聚，一蒂三果。

是故能令，破戒之人，戒根清净，未得戒者，令其得戒，
是故能令破戒之人戒根清净，未得戒者令其得戒，

未精进者，令得精进，无智慧者，令得智慧，不清净者，
未精进者令得精进，无智慧者令得智慧，不清净者

速得清净。不持斋戒，自成斋戒。

速得清净。或因业障所牵，欲持斋戒而不能的，只要一心持咒，自然成就斋戒。

阿难，是善男子，持此咒时，设犯禁戒，于未受时，

阿难，这些善男子持此咒时，自应严持禁戒，假若在没受持此咒时，曾犯禁戒。

持咒之后，众破戒罪，无问轻重，一时销灭。

那么持咒之后，则以前所犯众多破戒之罪，不论轻重一时销灭。

纵经饮酒，食啖五辛，种种不净。一切诸佛，

纵经饮酒，食啖五辛，种种不净，今既持咒之后，则一切诸佛，

菩萨金刚，天仙鬼神，不将为过。设着不净，

菩萨金刚，天仙鬼神，也会既往不咎而宽恕。假如穿了不净的

破弊衣服，一行一住，

破旧衣服，也不局于六时行道，也不局于三七不寐，仅如法一行一住，

悉同清净。纵不作坛，不入道场，

皆同清净，不失持咒利益。纵然不能如法建坛，又不能入楞严道场，

亦不行道，诵持此咒，还同入坛，行道功德，无有异也[4]。

也不能随众行道，但诵持此咒与入坛办道的功德一样，没有什么不同。

若造五逆，无间重罪，及诸比丘，

如果未持咒前曾造五逆重罪应堕无间地狱，以及比丘犯四弃，

比丘尼，四弃八弃，诵此咒已，如是重业，犹如猛风，

比丘尼犯八弃极重之罪，今诵此咒，这样的重罪，就像狂风

吹散沙聚，悉皆灭除，更无毫发。阿难，若有众生，

吹散沙聚，都会除灭，更无毫发少留。阿难，若有众生，

从无量无数劫来，所有一切，轻重罪障，从前世来，

从无量无数劫以来，所有一切轻重罪障，从前世带来，

未及忏悔，若能读诵，书写此咒，身上带持，

还没有及时忏悔，如果能读诵、书写此咒，身上带持，

若安住处，庄宅园馆，如是积业，犹汤消雪，不久皆得，

或者供养在自己的住处或庄宅园馆中，这些多劫以来的宿业，凭神咒之力如热汤消雪，不久皆得

悟无生忍。复次阿难，若有女人，未生男女，欲求孕者，

悟无生忍。复次阿难，若有女人久婚不生男女，欲求孕者，

若能至心，忆念斯咒，或能身上，带此悉怛多般怛啰者，

如果能至心忆念斯咒，或能身上带此悉怛多般怛啰者，

便生福德，智慧男女。求长命者，即得长命。欲求果报，

便生福德智慧男女。求长命者，即得长命。欲求福德果报

速圆满者，速得圆满。身命色力，亦复如是。

速得圆满者，便可以速得圆满成就。若求身体健康，精力充沛，亦复如是。

命终之后，随愿往生，十方国土，必定不生，边地下贱，

命终之后，随愿往生十方任何国土，决不会生边地下贱等处，

何况杂形。阿难，若诸国土，州县聚落，饥荒疫疠，

何况三途杂形。阿难，如果有国土、州县、聚落遭遇饥荒疫疠，

或复刀兵，贼难斗争，兼余一切，厄难之地，写此神咒，

或者刀兵、寇贼之难，以及一切困厄危难的地方，只要写此神咒

安城四门，并诸支提[5]，或脱阇上，令其国土，

安放在城的四门，或供在佛刹或悬于幢幡之上，教令这个国土

所有众生，奉迎斯咒，礼拜恭敬，一心供养，令其人民，

所有众生恭敬奉迎，礼拜，一心供养，使全国人民

各各身佩，或各各安，所居宅地，一切灾厄，
各各身佩，或各自安奉在自己所居之宅地，一切灾厄

悉皆销灭。阿难，在在处处，国土众生，随有此咒，
自然都会消灭。阿难，在在处处，无论何国众生，凡有此神咒之处，

天龙欢喜，风雨顺时，五谷丰殷，兆[6]庶安乐。亦复能镇，
天龙八部欢喜，必风调雨顺，五谷丰登，万民安乐。并能镇厌

一切恶星，随方变怪，灾障不起，人无横夭，杻械枷锁，
一切恶星、随方变怪，使灾障不起，人没有横死夭亡，杻械枷锁

不着其身，昼夜安眠，常无恶梦。阿难，是娑婆界，
不能加于人身，昼夜安眠，也没有恶梦。阿难，是娑婆世界

有八万四千，灾变恶星，二十八大恶星，而为上首，
有八万四千执行灾变的恶星，由二十八大恶星所统率，

复有八大恶星，以为其主，作种种形，出现世时，
又有八大恶星为众星宿之主，能现种种形，出现人间，

能生众生，种种灾异。有此咒地，
能使众生遭受各种灾害怪异。但有这神咒所在的地方

悉皆消灭。十二由旬[7]，成结界地，
都能逢凶化吉，凡供此神咒之处，十二由旬讷皆成结界之地，

诸恶灾祥，永不能入。是故如来，宣示此咒，
一切横恶灾害，永不能侵入。所以如来特别宣说此咒，

于未来世，保护初学，诸修行者，入三摩地，
留在未来之世，以保护初心修学耳门圆通者，令得速入三摩地，

身心泰然，得大安隐。更无一切，诸魔鬼神，
身心解脱，得大自在。不会再有一切诸魔鬼神，

及无始来，冤横宿殃，旧业陈债，

以及无始劫来冤对、横祸之宿殃，陈旧未了之业债

来相恼害。汝及众中，诸有学人，及未来世，

来恼害其身心，令不成就。你和会中一切有学人，以及未来末法时代

诸修行者，依我坛场，如法持戒，所受戒主，逢清净僧，

一切修行的人，如果依我如来所说坛场仪轨，而受戒师也选清净僧，戒成就已

持此咒心，不生疑悔[8]。是善男子，

持此神咒，不生疑悔，这个善男子不犯四过，

于此父母，所生之身，不得心通，

就父母所生现前之身，若不得心地开通，明了藏心者，

十方如来，便为妄语。

十方如来就是妄语以欺诳众生。

[注释]

[1] 精祇魔魅：精，得天之灵。祇，得地之灵。魔，障道曰魔。魅，惑人曰魅。

[2] 碜(chěn)心毒人：心怀鬼胎，暗箭伤人之辈。

[3] 频那、夜迦：频那译为"猪头"，夜迦译为"象鼻"，合之又译为"常伺"，即专寻人短，蓄意加害之类的鬼神。

[4] 前文佛教着新净衣，燃香诵咒，六时行道，三七不寐。今特开许，恐障重众生，失诵咒利益。

[5] 支提：译为"供养处"即清净佛刹。

[6] 兆：十亿为兆。

[7] 由旬：大约80里，中约60里，小约40里。

[8] 依我坛场……不生疑悔："依我坛场"，第一结坛如法。"如法持戒"，第三持戒如法。"所受戒主，逢清净僧"，第二受戒如法。

“持此咒心，不生疑悔”，第四信心如法。此四事如法，则父母所生之身即得心通。

[解说]

上一段文讲咒对如来的功用，此段文讲神咒有救护众生，帮助行者成就道业的功用。

至此，② 说咒利益完。

说是语已，会中无量，百千金刚，一时佛前，

佛说完这段开示后，会中无量百千护法金刚同时在佛前

合掌顶礼，而白佛言，如佛所说，我当诚心，

合掌顶礼，对佛说：“如佛所说神咒有如是利益，我们应当至诚

保护如是，修菩提者。尔时梵王，

保护如是发菩提心，如法修耳门圆通的人。”当时大梵天王、

并天帝释，四天大王，亦于佛前，同时顶礼，而白佛言，

帝释天和四大天王也在佛前同时顶礼，对佛说：

审有如是，修学善人，我当尽心，至诚保护，令其一生，

“果有这样的修学善人，我们当尽心至诚保护，使他一生，

所作如愿。复有无量，药叉大将，诸罗刹王，

凡有所作，悉皆如愿。”还有无量药叉大将、诸罗刹王、

富单那王，鸠槃茶王，毗舍遮王，频那夜迦，诸大鬼王，

富单那王、鸠槃茶王、毗舍遮王、频那夜迦，诸大鬼王

及诸鬼帅，亦于佛前，合掌顶礼，我亦誓愿，护持是人，

及诸鬼帅等，也在佛前合掌顶礼，对佛言：“我们也誓愿护持这样的修行人，

令菩提心，速得圆满。复有无量，日月天子，风师雨师，

使他的菩提心速得圆满。”还有无量日月天子、风师、雨师、

云师雷师，并电伯等，年岁巡官[1]，诸星眷属，
云师、雷师和电伯等，以及值年巡官、诸星眷属，

亦于会中，顶礼佛足，而白佛言，我亦保护，
也同时向佛顶礼，对佛说："我们也会保护

是修行人，安立道场，得无所畏。复有无量，
这样的修行人，使他安立道场，无所畏怖，以便克期取证。"又有无量

山神海神，一切土地，水陆空行，万物精祇，并风神王，
山神海神，一切水陆空行万物精祇，以及风神王、

无色界天，于如来前，同时稽首，而白佛言，我亦保护，
无色界天，也向如来顶礼，对佛说："我们也保护

是修行人，得成菩提，永无魔事。尔时八万四千那由他，
这样的修行人，使他得成菩提，永不遭遇魔事。"那时八万四千那由他

恒河沙俱胝，金刚藏王菩萨，在大会中，即从座起，
恒河沙俱胝金刚藏王菩萨在大会中，同时从座而起，

顶礼佛足，而白佛言，世尊，如我等辈，所修功业，
顶礼佛足，对佛说："世尊，像我们所修的功业

久成菩提，不取涅槃，常随此咒，救护末世，
早已成就菩提道果，我们之所以不证涅槃，为的是常随这神咒救护末世

修三摩地，正修行者。世尊，如是修心，求正定人，
修三摩地的真正修行人。"世尊，这样修心以求正定的人，

若在道场，及余经行，乃至散心，游戏聚落，
不论是在道场或在别处经行，甚至以散乱心游戏聚落，

我等徒众，常当随从，侍卫此人。纵令魔王，
我们以及徒众也会常随从侍卫这人。即使是魔王

大自在天，求其方便，终不可得，诸小鬼神，去此善人，
或大自在天魔想伺机引诱，也不能获得机会，至于各种小鬼神则根本不得靠近，离开这个善人

十由旬外，除彼发心，乐修禅者。
十由旬外，除了那些发菩提心，好乐修禅，愿亲近行人的鬼神。

世尊，如是恶魔，若魔眷属，欲来侵扰，是善人者，
世尊，像以上二魔天王以及魔的眷属，想要侵扰修行的善人，

我以宝杵，殒碎其首，犹如微尘。恒令此人，
我用宝杵击碎他的头，犹如微尘一样粉碎。而恒常守护此修行人，

所作如愿。
令其凡所作为，皆得如愿。

［注释］

［1］巡官：监察人间所有善恶之巡官。

［解说］

此段文讲在会的金刚力士等无量大众在佛前发誓愿护持诵咒修习之人。（（4）神咒完。）

至此，（二）圆修完。

（三）圆证

阿难即从座起，顶礼佛足，而白佛言，我辈愚钝，好为多闻，
这时阿难即从座起，顶礼佛足，对佛说："我们愚钝只好多闻，

于诸漏心，未求出离。蒙佛慈诲，得正熏修，
对于烦恼漏习不求脱离，现在蒙佛慈诲，得到正助两种修习楞严大定的方法，

身心快然，获大饶益。世尊，如是修证，佛三摩提，
故身心快然安乐，获大利益。世尊，这样发心修证诸佛最初所修的三

摩提，

未到涅槃，云何名为，干慧之地？四十四心？

在没有证到涅槃之前，什么叫干慧地？什么叫十信、十住、十行、十回向，四加行位呢？

至何渐次，得修行目？诣何方所，名入地中？

要修到什么阶段，才能得修行办道的眼目？到什么地步才叫深入十地？

云何名为，等觉菩萨？作是语已，五体投地，大众一心，

又怎样进修才叫等觉菩萨？"说完这话后五体投地，与会大众一心

伫佛慈音，瞪瞢瞻仰。尔时世尊，赞阿难言，善哉善哉，

肃然瞻仰，恭候佛陀的慈音。这时世尊称赞阿难说："善哉善哉！

汝等乃能，普为大众，及诸末世，一切众生，修三摩地，

你们能普为大众及末世一切众生，欲修三摩地

求大乘者，从于凡夫，终大涅槃，悬示无上，正修行路。

而求大乘的，从凡夫地起以至证到大涅槃止，请示无上真正修行的道路。

汝今谛听，当为汝说。阿难大众，合掌刳心，默然受教。

汝今谛听，当为汝说。"阿难及大众合掌虚心，寂然恭候教示。

[解说]

此段文起开讲（三）说禅那证位，令住圆定，直趣菩提（简称圆证）。这段文是阿难谢佛前面开示之恩，并请佛开示修证的位次。如来许说，大众承听。

1. 真如为法源

佛言，阿难当知，妙性圆明，离诸名相，

佛说："阿难你应当知道，这妙真如性圆满光明，离开一切名相，

本来无有，世界众生[1]。因妄有生，

本来没有世界众生。因一念无明妄动才妄生世界、众生。

因生有灭，生灭名妄[2]，灭妄名真。

因有妄生就有妄灭，生和灭二者都是虚妄。所以灭妄方可显真，于是发心修行，历经诸位而趣向妙觉果海。

是称如来，无上菩提，及大涅槃，二转依号[3]。

这不过依随净缘，而立如来菩提、涅槃的名相，其实无上菩提是转烦恼而成，大涅槃是转生死而得。由此可知烦恼、生死、菩提、涅槃乃是生佛迷悟，辗转相依的两种名号而已。

[注释]

[1] 妙性圆明……世界众生：此约如来藏体清净不变。

[2] 因妄有生，因生有灭，生灭名妄：此约随染缘，故有染业及众生名相。

[3] 灭妄名真……二转依号：此约随净缘，故有净业及菩提、涅槃名相。

[解说]

此段文讲(三) 圆证中的 1. 真如为法源：真如是染净诸法所依之源，而不为诸法所变，以真如具有不变、随缘二义。体清净不变，用随缘自在。随迷悟缘循染净业，故有世界、众生，如来、涅槃的名相。当知真如界内绝生佛之假名，离染净之诸相。涅槃、生死非实有体性，等同空华。

2. 染缘起遍成轮回

阿难，汝今欲修，真三摩地，直诣如来，大涅槃者，

阿难，你现在想修习耳根圆通的真正三摩地，希望直达如来的大涅槃，

先当识此，众生世界，二颠倒因。颠倒不生，

应先认清这众生和世界两种颠倒的原因。如果颠倒不生

斯则如来，真三摩地。

就是如来的真三摩地。

[解说]

此段文起开讲(三) 圆证中 2. 染缘起遍成轮回：约无明熏真如而成染用。要认清有情世界和众生两种颠倒生起之因,才可从耳门照性,经五十五位真菩提路,直趣涅槃。

(1) 众生颠倒

阿难,云何名为众生颠倒？阿难,由性明心,性明圆故,

阿难,什么叫众生颠倒？阿难,这性觉妙明的真心本自圆明遍照法界,

因明发性[1],

因在这本明的觉体上妄加明,于是就产生了业识之性。

性妄见生[2],

业识之性,由无明力转本有智光,于是能见的妄见产生。

从毕竟无,成究竟有[3]。

于是从毕竟无名无相之中,妄成究竟有相的境界。

此有[4]所有[5],非因所因,

能有的无明与所有的三细诸相,无明好像被三细相所依,其实无明并不是真被三细所依,三细诸相也不是真能依,因为无明本空无自体。

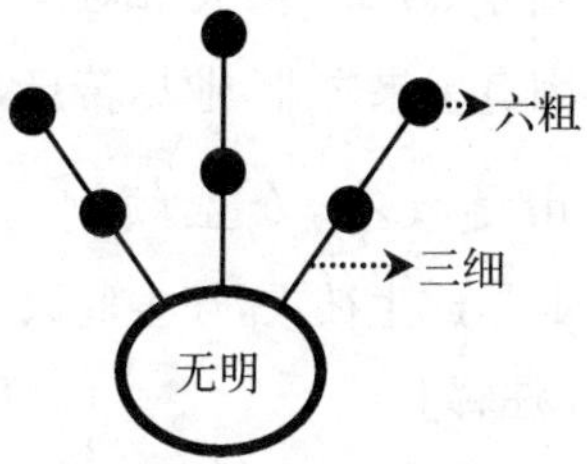

住所住相,了无根本。

所住的无明是虚妄不实,那么能住的众生也是虚妄的,二皆虚妄,了无所有。

本此无住,建立世界,及诸众生。

众生迷故,本此无能住、所住的真心而虚妄建立世界及一切众生。

迷本圆明,是生虚妄,

一切众生迷本圆本明的真心，于是产生虚妄的惑业。

妄性无体，非有所依。将欲复真，欲真已非，真真如性，

而妄性并没有实体，也没有依据。准备要舍妄复真，即此离妄复真一念，已非真如，

非真求复，宛成非相[6]。

用这不真的生灭心来求复真常之性，则真常也成生灭了。

非生非住，非心非法，

法本无生，妄见有生；本无所住，妄见有住。法本无能所，众生妄见有能见之心、所见之法。

展转发生，生力发明[7]，

由于能见、所见展转发生，从细到粗，生灭之力渐渐显著，

熏以成业，同业相感。

内有根，外有尘，中有识，于是分别人我，作业流转。

因有感业，相灭相生，

因有感果之业，业尽苦息，业未尽前复作业，苦将息而再感果。

由是故有，众生颠倒。

如是此生彼灭，彼生此灭，生生世世，业果相续不断，故有众生颠倒。

［注释］

［1］因明发性：即前文“性觉必明，因明立所”。明：无明。性：业相。

［2］性妄见生：即前文“所既妄立，生汝妄能”。

［3］既有能见，必有所见，妄现境界相。

［4］此有：无明。

［5］所有：三细之诸相。

［6］非真求复，宛成非相：非相即妄也。用生灭心求复真常之

性，真常之性也成生灭，并非真常之性就真的变成了生灭。比如我们坐在行走的车上（如用生灭心），去看路边不动的树（如真常之性），树却往身后跑动，可是树并未动，而是我们在动。可知真常之性没有生灭，而是我们用生灭心去求复，故成生灭。

［7］发明：显著。

［解说］

此段文讲（三）圆证中2. 染缘起遍成轮回中的（1）众生颠倒：众生颠倒的原因就是一念无明。由于一念不觉故而在真如本性上虚妄建立三土世界及九界圣凡。一切众生迷本真心，于是生虚妄的身心、世界，妄起分别执著人、我，作业流转，生生世世，业果相续不断，轮回不休。

（2）世界颠倒

阿难，云何名为，世界[1]颠倒？是有[2]所有[3]，

阿难，什么叫作世界颠倒呢？因为无明的妄力揽尘结根，

分段妄生，因此界立。

所以众生的分段妄身形成了。既然有根身，那么前、后、左、右的界限也就虚妄成立了，叫做四方。

非因所因，无住所住，

无明本空，并不是世界真正的成因，妄以为是世界成因。世界也空，本来无住，只是妄有所住之相。

迁流不住，

这都是因为众生妄执肉身为真身，从始至终，念念生灭，所以过去、现在、未来，迁流不住，

因此世成。三世四方，和合相涉

因此虚妄而成三世了。以三世涉入四方，四方涉入三世，三四、四三各相和合相涉，总为十二之数，

变化众生，成十二类。

因为身中迁流，世界相涉，这种不可思议的熏习，无明妄力的变化，故众生亦成十二类之数。

是故世界，因动有声，因声有色。

所以有情世界是因为无明风动，动就有声，由这动念习气的熏染而产生变化，在湛然的精明中，忽有狂花无因乱起，幻现色境。

因色有香，因香有触，

由这色境返熏妄心，因而闻香，香乃妄境的气氛，因此缘气返触其心，而心也趣境，

因触有味，因味知法。

因心境相触则必尝其味，因而有味，因知有味则知为法尘。

六乱妄想，

一念妄想，由习气内熏发为六尘，尘必对根，根尘相对，识生其中，以六乱的妄想

成业性故，

熏成造业的性能，这就是十二类众生受生的原因。业因既成必招业果，

十二区分，由此轮转。是故世间，声香味触，

故感十二类受生的果报，由此轮转诸趣。所以众生于世间色、声、香、味、触、法六尘中，各各造业不同取舍轻重也不同，如是一一颠倒，依业种先后成熟，先后感报，

穷十二变，为一旋复。

穷尽十二变，为一次循环往复。如此往复轮回不息，

乘此轮转，颠倒相故，是有世界，卵生、

乘此轮回生死不息的颠倒行相，故有情世界成十二类别，即卵生、

胎生，湿生、化生，有色、无色，有想、无想，若非有色，

胎生、湿生、化生，有色、无色、有想、无想，非有色、

若非无色，若非有想，若非无想。

非无色、非有想、非无想。

[注释]

[1] 世界：非指器世界，指有情世界。世：时间。界：空间。

[2] 是有：无明。

[3] 所有：众生的根身。

[解说]

此段文起开讲(三) 圆证中 2. 染缘起遍成轮回中的(2) 世界颠倒：此处“世界”二字非指器世界，属有情世界。世界颠倒也是从真起妄，所以有情世界也是在真如本性上虚妄建立的。由于众生妄立了四方(界)与三世(世)，则方与世相互和合涉入为十二，故众生亦成十二类之数，其实十二类众生都是一念无明妄心之所熏变。〇是故一念妄想，由习气内熏，发为六尘，根尘相对，识生其中，六乱妄想熏成业性(造业的性能)。六尘为造业之缘，业性为轮回之因，十二类众生，类类具十二颠倒，依业种先后成熟，先后感报，穷尽十二变为一次循环往复，如此轮回不息。有情世界成十二类别：胎、卵……非无想。以四生为一聚。

① 卵生

阿难，由因世[1]界[2]，虚妄轮回，

阿难，因为世界颠倒，故十二类众生虚妄而生。卵生一类是由虚妄想，展转不息，故有轮回。

动颠倒故，和合气成，

想性轻举为动，与不动真心相背，故有颠倒之惑，有惑必定起业，卵以气交合，

八万四千[3]，飞沉乱想[4]。如是故有，卵羯逻蓝[5]，

故和合气而成八万四千飞沉乱想。因此依惑业而有卵羯逻蓝之报，

流转国土，鱼鸟龟蛇，其类充塞。

生生死死，流转各处国土，如鱼鸟龟蛇等卵生到处可见。

[注释]

[1] 世：三世。

[2] 界：四方。

[3] 八万四千：形容极多。

[4] 呼召同类，彼此结合，以动念为因，气交为缘。

[5] 羯逻蓝：译云凝滑，即入胎初位，在胎卵七日还未成形之相。

[解说]

此段文讲(2) 世界颠倒中的① 卵生，此类是因为虚妄想，展转不息而有轮回的。卵生呼召同类，彼此结合，以动念为因，气交为缘，造成轮回颠倒。气有刚柔之分，气刚飞扬者，如鸟等，气柔下沉者如鱼等。

② 胎生

由因世界，杂染轮回，

因为世界颠倒故十二类众生虚妄而生，胎生一类是杂乱污染之情爱，展转不息故有轮回。

欲颠倒故，

贪恋爱欲之心与清净真心相背，故有颠倒之惑，有惑必定起业，

和合滋成，八万四千，横竖乱想。

故有阴阳会合，交精成胎，和合滋成八万四千横竖乱想。

如是故有，胎遏蒲昙[1]，流转国土，

因此依惑业而有胎遏蒲昙之报，流转于诸国土，

人畜龙仙，其类充塞。

人畜龙仙等胎生一类充满世间。

[注释]

[1] 遏蒲昙：译为“疱”，在胎二七日之报，胎卵渐分之相。

[解说]

此段文讲(2) 世界颠倒中的② 胎生,此类是因为情爱展转不息而有轮回。胎生是阴阳结合,交精成胎。情有偏正,正的为竖,成人、仙等;偏的为横,成龙、畜等。

③ 湿生

由因世界,执著轮回,

因为世界颠倒,故十二类众生虚妄而生。湿生一类是由执情贪著,展转不息,故有轮回。

趣颠倒故,

奔尘逐境,趋势附利,与湛寂真心相背故有颠倒之惑。

和合暖成,

有惑必定造业,湿生以精神与暖湿之境和合而生,趣生不定,

八万四千,翻覆乱想。如是故有,湿相蔽尸[1],

有八万四千翻覆乱想。因此依惑业而有湿相蔽尸之报,

流转国土,含蠢[2]蠕动[3],其类充塞。

流转一切国土,覆为含蠢,翻为蠕动,湿生一类充满世间。

[注释]

[1] 蔽尸:此云软肉,湿生不入胎,生时便是软肉(聚血软肉)。

[2] 含蠢:覆的含蠢,因中妄想覆下即为含蠢,即爬行虫。

[3] 蠕动:翻的蠕动,妄想翻上即为蠕动,即无足而动之腹行虫。

[解说]

此段文讲(2) 世界颠倒中的③ 湿生,此类是因为执著所欲之境,由执情贪著,展转不息,而有轮回。湿生以精神与暖湿之境和合而生。

④ 化生

由因世界,变易轮回,

因为世界颠倒,故十二类众生虚妄而生,化生一类是由变故易新,展转不息,故有轮回。

假[1]颠倒故，

假托因依，与不变真如相背，故有颠倒之惑，有惑必定造业。

和合触成，八万四千，新故乱想。

触类而变，爱此忘彼，随情任意，厌旧喜新，成八万四千新旧乱想。

如是故有，化相羯南[2]，流转国土，转蜕飞行，

因此依惑业而有化相羯南之报，流转于诸国土，转变脱化之类，如蚕化为蛾，脱行为飞；雀化为蛤，脱飞为潜等都是转变而成，

其类充塞。

这一类到处可见。

［注释］

［1］假：附离而感，望势即变其所守，失势即易其心志。假权贵故变姓名，托势力以为己有，反复不实，故名为假。

［2］羯南：译为"硬肉"，胎中四七日即化生之始，以蜕即成体，故无软相。从这以下皆用"羯南"作诸类的通称。

［解说］

此段文讲(2) 世界颠倒中的④ 化生，此类是因为变故易新，展转不息而有轮回。化生由触类而变，爱此忘彼，随情任意，厌旧喜新而成。

［总结］

卵胎湿化表

类别	轮回之因	具　缘	举　例
卵	卵因想生，卵以气交。	四缘：① 父缘 ② 母缘 ③ 自缘已业 ④ 暖缘	鱼、蛇、鸟、龟
胎	胎因情有，胎以精交。	三缘：① 父缘 ② 母缘 ③ 自己业缘	人、仙、龙、畜

续 表

类别	轮回之因	具 缘	举 例
湿	湿以合感(合即执著),由精神与暖湿之境和合而成。	二缘:① 业缘 ② 暖湿缘	含蠢、蠕动
化	化以离应(离即变易),变故形而生新象。	一缘:业缘	诸天与地狱,劫初众生,鬼,中阴身;虫变为蚊,蚕化为蛾(行→飞),雀化为蛤(飞→潜)

卵因想生,想性轻举,故多能飞。胎因情有,情性沉重,故不离地。特约情、想偏重而言,故以情属胎,其实卵未尝无情也,如雌雄交遘,即是妄情之所钟。〇人、畜在表中是胎生,其实人趣和畜生趣各具四种,人之胎生,如今世之人;人之卵生,如鹿母所生三十二子;人之湿生,如曼驮多、遮卢、庵罗卫;人之化生,如劫初之人。畜生之胎卵湿皆易见,化生如龙和揭路荼鸟。鬼趣有胎、化二趣:胎如饿鬼母日夜食所生五子。阿修罗亦具四生:化生修罗,归天趣摄;胎生修罗,归人趣摄;卵生修罗,归鬼趣摄;湿生修罗,畜生趣摄。其次一切地狱、天人及中有,皆唯化生。

⑤ 有色

由因世界,留碍轮回[1]。

因为世界颠倒,故十二类众生虚妄而生,有色一类是由于色质留碍性非通明,遂事日月水火,为求光明色相,展转不息,故有轮回。

障颠倒故,

以其障碍难通,坚执贪求外明,反失内明智光,与妙明真性相背,故有颠倒之惑。

和合著成,

有惑必定起业,或吸日月之精华,或事星辰为父母,以求获得光明,八万四千，精耀乱想。

想托彼之光华，成自己之精耀，成八万四千精耀乱想。

如是故有，色相羯南，流转国土，

因此惑业而有色相羯南之报，流转于诸国土，

休咎精明，其类充塞。

或为日月的精华，或作星辰的明耀，吉象的（日月星辰）叫休，凶象的（日月星辰）叫咎，在物则为萤火、珠蚌，这一类众生也充满世间。

[注释]

[1] 外道不知自性光明，本无留碍，反事日、月、水、火以求明。

[解说]

此段文讲(2) 世界颠倒中的⑤ 有色，此类众生是因为色质留碍，性非通明，遂事日、月、水、火为求光明色相，展转不息而有轮回。

⑥ 无色

由因世界，销散轮回，

因为世界颠倒，故十二类众生虚妄而生。无色一类是由于厌有著空，欲灭身归无，如是展转不息，故有轮回。

惑颠倒故，

以色身障碍为患，欲销除障碍入空，与性色真空相背故有颠倒之惑。有惑必定造业，

和合暗成，八万四千，阴隐乱想。

厌有归空，心灵暗昧，神识幽潜，心与昏沉幽冥之境和合遂成八万四千阴隐乱想。

如是故有，无色羯南[1]，流转国土。

因此惑、业，于是就招感无色羯南之报，流转国土。

空散销沉[2]，

如空（即空无边处天）、散（即识无边处天）、销（即无所有处天）、沉（即非想非非想处天），

其类充塞。

以及舜若多神等都是无色这一类的，其类充满一切处。

[注释]

[1] 无色羯南：既云无色，何来羯南之硬肉？色有业果和定果之分，此处是定色果，天眼能见，故曰无色羯南。

[2] 空散销沉：四空天。

[解说]

此段文讲(2) 世界颠倒中的⑥ 无色，此类灭色归空。这类众生是因为妄习熏起，厌有著空，灭身归无，如是展转不息，故有轮回。

⑦ 有想

由因世界，罔象[1]**轮回，**

因为世界颠倒，故十二类众生虚妄而生。有想一类只有想心而无实色。此类是由于贪求灵通，忆念神明，妄执影像，缘想不息，而有轮回。

影颠倒故，

唯以意识意根缘于法尘影子，谬执影子以为实法，与真如实相相背故有颠倒之惑。有惑就造业，

和合忆成，八万四千，潜结乱想。

爱念忆想，然后托阴而有八万四千潜结乱想。

如是故有，想相羯南，流转国土，神鬼精灵，

由此惑业而有想相羯南之报，流转国土，如神、鬼、精灵（山精、海精）

其类充塞。

这有想一类充满世间。

[注释]

[1] 罔象：若有若无，仿佛不实，缘想不息。

[解说]

此段文讲(2) 世界颠倒中的⑦ 有想，此类忆习熏起，似有不真。因为贪求灵通，忆念神明，妄执影像，缘想不息，而有轮回。

⑧ 无想

由因世界，愚钝轮回，

因为世界颠倒，故十二类众生虚妄而生。无想一类只有色相而没有思想。此类是由于毁弃聪明，屏除知识，愚昧暗钝，冥顽无知，展转不息而有轮回。

痴颠倒故，

痴迷无智，以无想为真修，谬计无情有命，痴钝之极，与妙明真心相背故有颠倒之惑。有惑就造业，

和合顽成，八万四千，枯槁乱想。

于无知觉处妄生和合，而有八万四千念如死灰，心同槁木之乱想。

如是故有，无想羯南，流转国土。精神化为，土木金石[1]，

由此惑业而有无想羯南之报，流转国土。精神化为土木金石，如望夫石等，

其类充塞。

此类也充满世间。

[注释]

[1] 精神化为，土木金石：精化为土木，神化为金石。

[解说]

此段文讲(2) 世界颠倒中的⑧ 无想，此类是痴习熏起，不了谛理，只有顽碍之色，而无思想之念。这一类众生是顽念化作顽物(如望夫石)，如果顽念消除，依然流转。

[总结]

此聚之表

类别	轮回之因	身 心	举 例
有色	情而合：此类众生因色质留碍，坚执贪求外明，以求光明色相，展转不息，故有轮回。	皆有色身且有光。凝想既久，精光照著也。	大而为日月星辰，在物而为萤火、蚌珠之类。
无色	情而离：此类众生因厌有著空，欲灭身归无。如是展转不息故有轮回。	身不成体，无身质，身是定色果（无粗色），天眼能见。	四空天、舜若多神、旋风魆鬼
有想	想而合：此类众生因贪求灵通，忆念神明，妄执影像，缘想不息而有轮回。	只有想心而无实色。	鬼、神，精灵（山精、海精）
无想	想而离：此类众生毁弃聪明知识，冥顽无知，展转不息而有轮回。	只有顽碍之色，而无思想之念。	精神化为土木金石，如望夫石，顽念消除依然流转。

⑨ 非有色

由因世界，相待轮回。

因为世界颠倒，故十二类众生虚妄而生。非有色一类本来没有色而假借他物以成色，互相假待，展转不休故有轮回。

伪颠倒故，

以虚伪为心，假托形势，与真如实性相背故有颠倒之惑。有惑就造业，

和合染成，八万四千，因依乱想[1]。

以虚伪心假托声势，任运耽染，依附成形，和合沾染八万四千因依乱想。

如是故有，非有色相，成色羯南，流转国土。

由此惑业故感本来非有色相，借外物而成色相羯南，流转国土。

诸水母等，以虾为目，

如水母等自无形以水沫为身，自无眼以虾为目，水母因虾而行，众虾因水母而得食，互相依托。

其类充塞。

这一类也充满世间。

[注释]

[1] 因依乱想：如世间倚权藉势，屈己从他是为“因依乱想”。

[解说]

此段文讲(2) 世界颠倒中的⑨ 非有色，此类伪习熏起，互相假待，展转不休故有轮回。此类本来没有色，而假借他物以成色。

⑩ 非无色

由因世界，相引轮回[1]，

因为世界颠倒，故十二类众生虚妄而生。非无色一类本无色相，因呼召引发神识，而显灵异，便成非无色相。此类众生与邪咒邪术互相牵引，引之不已，故有轮回。

性颠倒故，

因其迷失自性随邪咒邪术调遣，与不动真如相背故有颠倒之惑。依惑就造业，

和合咒成，八万四千，呼召乱想。

多由邪咒呼召而显灵异，相互和合遂成八万四千呼召乱想。

由是故有，非无色相，无色羯南[2]，流转国土。

由此惑业而感非无色相，无色羯南之报流转诸国土。

咒诅厌生，

如随咒诅而显灵者称仙称道，随厌祷而作祟者为妖为怪，皆属邪物，

其类充塞。

此类也充满世间。

[注释]

[1] 此类如随咒诅而显灵的仙、道,随厌祷而作祟的妖、怪等邪物。

[2] 非无色相,无色羯南:既非无色,就属有色,既是有色,云何又说"无色羯南"?因为此类众生,原非无色,以其色难见故曰无色。

[解说]

此段文讲(2)世界颠倒中的⑩非无色,此诱习熏起,邪音相引,引之不已而有轮回。此类本无色相,因邪咒呼召而显灵异便成非无色相,其色相难见。

⑪ 非有想

由因世界,合妄轮回,

因为世界颠倒,故十二类众生虚妄而生。非有想一类,不同卵生之由想传命,乃是二妄相合,展转互取,故有轮回。

罔颠倒故,和合异成,

因其性情罔昧,与圆明妙性相背故有颠倒之惑,依惑起业,将他作自,取异为同,强合异类,同异难分,

八万四千,回互乱想。如是故有,非有想相,成想羯南[1],

遂成八万四千回互乱想。由此惑业而感非有想相,成想羯南之报,

流转国土。彼蒲卢等,异质相成[2],其类充塞。

流转国土。如蒲卢等就异质而成相,这类众生也充满世界。

[注释]

[1] 非有想相,成想羯南:彼此异质,本非有想,欲成其相,但以二妄相合,竟成其想。

[2] 彼蒲卢等,异质相成:蒲卢:蜂的一种。《尔雅·释虫》:"蜾

蠃，蒲卢”。郭璞：“即细腰蜂也。”蜾蠃即“蜾蠃蜂”。《诗·小雅·小宛》：“螟蛉有子，蜾蠃负之”。陆德明释文：“即细腰蜂，俗呼蠮螉是也。”蜾蠃蜂通称“蜾蠃”。昆虫纲，膜翅目，胡蜂科。蜾蠃自不能生育，运泥作房，负青虫纳其中，以咒之曰“类(像也)我！类我！”七日化为其子(蜾蠃先把青虫蜇死，后咒七日又活为蜂)，青(桑)虫本来没有想成蜾蠃之相，因其咒故，遂成其想，而蜾蠃有心以青(桑)虫为子，二妄相合，于是青(桑)虫就成了蜾蠃。

[解说]

此段文讲(2) 世界颠倒中的⑪ 非有想，此类欺习熏起，二妄相合，展转互取，故有轮回。

⑫ 非无想

由因世界，怨害轮回。

因为世界颠倒，故十二类众生虚妄而生。非无想一类不是没有想，而是怀怨抱恨，图报复而来，怨结难解，故有轮回。

杀颠倒故，

因其杀心不息，与真心同体慈悲之理相背，故有颠倒之惑。有惑必定造业，

和合怪成，八万四千，食父母想。

父母本是至亲，竟敢吞食，逆天背理，罕见罕闻，以此杀业颠倒和合而成怪异的八万四千食父母想。

如是故有，非无想相，无想羯南[1]，流转国土。

由此惑业故有非无想相，无想羯南，流转国土。

如土枭等，附块为儿，及破镜鸟[2]，以毒树果，抱为其子。

如土枭鸟等，附土块为儿，又如破镜鸟，抱毒树果为子，

子成父母，皆遭其食，其类充塞。

子成，父母都遭其食，这类众生也充满世间。

[注释]

[1] 非无想相，无想羯南：初抱为其子，非无恩爱之想，后父母遭食，恩爱断绝是为无想。

[2] 如土枭等，附块为儿，及破镜鸟：土枭鸟，地下作巢故曰土枭。昼伏夜出，有雌无雄，不会生蛋，附土块为儿，子成先饮其血，次食其肉，方能飞行。按《史记·孝武本纪》云"祠皇帝用一枭一獍"，孟康注曰："土枭，鸟名，食母。破獍，兽名，食父。黄帝欲绝其类，使百祠皆用之。破獍，如豹，虎眼。"《辞海》云："獍：一名破镜，是食父的恶兽。"此处说为鸟，恐为传译者之误。

[解说]

此段文讲(2)世界颠倒中的⑫非无想，此类恨习熏起，怀怨谋害，怨结难解，故有轮回不息。

[总结]

此聚之表

类别	轮回之因	特 征	举 例
非有色	情离而合：此类伪习熏起，互相假待，展转不息故有轮回。	此类本来没有色，而假借他物以成色。 本无色$\xrightarrow{\text{借他}}$成色	如水母，寄生人体的蛲蛔等虫。
非无色	情合而离：此类众生与邪咒邪术互相牵引，引之不已而有轮回。	此类本无色相，因邪咒呼召而显灵异，便成非无色相，其色相难见。 本无色⟶有色	随咒诅而显灵的仙、道，随厌祷而作祟的妖、怪等邪物。
非有想	想离而合：此类不同卵生由想传命，乃是由欺习熏起，二妄相合，展转互取故有轮回。	彼此异质，本非有想。欲成其相，但以二妄相合，竟成其想。 无想→有想	蒲卢（异质而成相）
非无想	想合而离：此类恨习熏起，怀怨谋害，怨结难解故有轮回。	此类开始抱为其子时，非无恩爱之想，后遭食，恩爱断绝是为无想。 有想→无想	土枭鸟、破镜鸟

是名众生，十二种类。

前面所说的，就是众生的十二种类。

[解说]

真如不变之体，能随缘成染成净。上一段文是讲无明熏真如而染用，为颠倒十二类众生。此十二类以四生为一聚，十二类不出情、想、合、离，更相变易。一一类中皆具八万四千颠倒乱想。若约众生妄心无始熏习，业苦种子如恒河沙，何止十二，八万四千！众生心中妄种皆具，一则现起，余则冥伏，但随习气轻重而感，故各类自循元熏本习以成当其类，虚妄乱想由一念妄动，本无实体，虽无体本空，而迷位现有。若能灭妄，了达众生体空，本来是佛；是则狂心顿歇，歇即菩提，性净明体，当下显现。((2) 世界颠倒完。)

至此，2. 染缘起遍成轮回完。

3. 净缘起历成诸位

(1) 三种渐次

阿难，如是众生，一一类中，亦各各具，十二颠倒，

阿难，这十二类众生，每一类又各具十二种颠倒；

犹如捏目，乱华发生。

颠倒虽多，本无实体，犹如捏目所见虚空中的狂花，虚空本无花，因捏目而有。

颠倒妙圆，真净明心，具足如斯，虚妄乱想。

众生本具的圆妙净明的真心由于最初一念妄动，遂成了十二类众生，每类中各具十二颠倒，这种种颠倒乱想虽无体本空而迷位现有。

汝今修证，佛三摩地，于是本因，元所乱想，

你现在想修证佛的三摩地，应该从这颠倒的根本原因，产生乱想之处，

立三渐次，方得除灭[1]。

建立三渐次位，才能消除妄想，灭却颠倒，翻染成净。

如净器中，除去毒蜜，以诸汤水，并杂灰香，

犹如干净的器具中，虽已除毒蜜，然毒气尚存，须用沸水掺和灰香，

洗涤其器，后贮甘露[2]。云何名为，三种渐次？

彻底把这个器具洗干净后才盛放甘露。什么叫三种渐次呢？

一者修习，除其助因。

第一，欲修习耳根圆通，必先除去助恶之因。

二者真修，刳其正性。

第二，欲决定真修，一定要把淫、杀、盗、妄，性业之罪要刳而空之，

三者增进，违其现业。

第三，欲增进圣位，以根奔尘为现在惑业，又感将来生死苦报，要违而离之。

① 除其助因

云何助因？阿难，如是世界，十二类生，不能自全，

什么是助恶之因？阿难，这个世界十二类众生都不能自全形命，

依四食住，所谓段食[3]，触食[4]，思食[5]，识食[6]，

必须依四种饮食才能活命住世，四食就是段食、触食、思食、识食，

是故佛说，一切众生，皆依食住。阿难，一切众生，

所以佛说一切众生，都依饮食活命住世。阿难，一切众生

食甘[7]故生，食毒故死。是诸众生，求三摩地，

吃有益身心的食物才能活，吃有毒的就会死，这些修习耳根圆通的众生，

当断世间，五种辛菜[8]。是五种辛，熟食发淫，生啖增恚。

应当断绝吃世间五种辛菜。这五种辛熟食发淫念,生吃增嗔恚。

如是世界,食辛之人,纵能宣说,十二部经,十方天仙,

世界上吃五辛的人,纵能宣说十二部经,十方天仙虽乐闻法,

嫌其臭秽,咸皆远离,诸饿鬼等,因彼食次,舐其唇吻,

因嫌其臭秽都远离他,诸饿鬼等因他吃了五辛都喜欢暗中舔他的唇吻,

常与鬼住,福德日消,长无利益[9]。是食辛人,

他常与鬼同住,福德日见消除,长无利益之事。食五辛的人

修三摩地,菩萨天仙,十方善神,不来守护。大力魔王,

修习耳根圆通,菩萨天仙,十方善神,不来守护。大力魔王

得其方便,现作佛身,来为说法,非毁禁戒,

得其方便,现作佛身,来向他说法,毁谤持戒是小乘道,

赞淫怒痴,

赞叹三毒不妨碍正道,于是他信了魔说,毁戒败行,

命终自为,魔王眷属,受魔福尽,堕无间狱。阿难,

命终堕落魔道,为魔眷属,魔福享尽,堕无间狱。阿难,

修菩提者,永断五辛,是则名为,第一增进,修行渐次。

修习圆通而求证菩提者,应该永远断除五辛,是则名为凡夫地第一增进,初学修行渐次。

② 刳其正性

云何正性?

什么叫正性呢?淫杀盗妄是生死相续正业之性。

阿难,如是众生,入三摩地,要先严持,

阿难,如是欲入三摩地的众生,要将此正性刳而空之,

清净戒律。永断[10]淫心,不餐酒肉,

下手的方法就是先要严持清净戒律。身心俱断,身不犯,心也不起念,不饮酒吃肉,

以火净食,无啖生气。阿难,是修行人,若不断淫,

即使素食也不可以生吃。阿难,修行人如果不断淫欲、

及与杀生,出三界者,无有是处。当观淫欲,犹如毒蛇,

杀生,想出三界,那是不可能的。所以当视淫欲如毒蛇,

如见怨贼。先持声闻,四弃八弃,执身不动,

如见到冤家贼寇。应当先持声闻的四弃八弃,守身不犯,

后行菩萨,清净律仪[11],执心不起。

进而受持菩萨清净律仪,不但身不犯,连心念也不起,

禁戒成就,则于世间,永无相生,相杀[12]之业,

身心严持大小乘戒,那么在这世间永远没有相生相杀之业,

偷劫不行,无相负累,亦于世间,不还宿债。

既断绝偷劫,就没有相互负欠的业果,那么在这世间上也就没有宿债可还了。

是清净人,修三摩地,父母肉身,

至此方名清净之人,(因戒生定)这人修定,便能发相似五通,即以父母所生血肉之躯,

不须天眼,自然观见,十方世界,

不须天眼(用肉眼),不假作意,自然可看十方世界(相似天眼通);

睹佛闻法,亲奉圣旨,

亲睹十方诸佛,用肉耳闻佛说法(相似天耳通);亲奉如来旨意(相似他心通);

得大神通,游十方界,宿命清净,

无须神足而得大神通，游十方界（相似神足通）；无须宿命通，而能悟知宿因（相似宿命通）；

得无艰险，是则名为，第二增进，修行渐次。

永不堕落三途艰险之处。这就名为第二增进修行渐次。

③ 违其现业

云何现业？

什么叫现业呢？现前六根攀缘六尘境界，起惑造业谓之现业。

阿难，如是清净，持禁戒人，心无贪淫，

阿难，如前说持清净禁戒的人，心中已没有贪淫之念，

于外六尘，不多[13]流逸。因不流逸，

就不会常随着外在的六尘境界，奔逐放逸。若能加功进修，而得不流逸，

旋元自归[14]，尘既不缘[15]，根无所偶[16]，

旋复本根，自归元明，既不缘尘境，根即无对则根也不立。

反流全一，六用不行[17]。

至此六根反流，全归一闻性，无复见闻嗅尝觉知，结根之用。

十方国土，皎然清净，譬如琉璃，内悬明月[18]。

若能"尽闻不住"则十方国土皎然清净，就像琉璃内悬挂明月一样。

身心快然，妙圆平等，获大安隐[19]。

再以观行力，尽二执，这时身心快然，洒脱自在，无缚无碍，一切平等，身心一如，获大安稳。

一切如来，密圆净妙[20]，皆现其中[21]。

则一切如来所证三德秘藏，密圆净妙之境，皆得现前。

是人即获，无生法忍，从是渐修[22]，随所发行，

这个人不久当证无生法忍。再渐次进修，依所行持的成就

安立圣位，是则名为，第三增进，修行渐次。

次第安立各种圣位名称。这就是增进修行的第三步。

[注释]

[1] 方得除灭：不是说三渐次位尽能灭除，必三渐位后历诸位修断，才得种习俱尽。

[2] 如净器中……后贮甘露：净器喻藏性。除去毒蜜，喻除助因，刳正性，违现业。汤水喻定。灰香喻慧。洗涤其器，喻必以定慧洗涤，种习俱尽。后贮甘露，喻佛果清净心中，堪承最上法味。此句总喻：藏性本自清净，因不觉而有八万四千妄想，现在除助因，刳正性，违现业，还必须以定、慧洗涤，种习才能俱尽，这时清净心中才能承受最上法味。

[3] 段食：欲界人、天、修罗及畜生段食，所饮食物必有形段。

[4] 触食：鬼神触食，凡遇饮食，但触其气也。

[5] 思食：色界禅天，无须饮食，但以禅思持命（非思饮食）。（特殊例子：望梅止渴，画饼充饥。）

[6] 识食：无色界天人，禅境渐深，伏前七识，唯存第八，以阿赖耶识持续性命曰识食。（又，地狱、饿鬼，历劫但以业识不能断命，也是识食类。）

[7] 甘：对身心有益的为甘，非局于甜味。

[8] 五种辛菜：此五种辛菜是危害慧命之大毒。五辛：1. 葱，2. 蒜，3. 韭(jiǔ)，4. 薤(xiè)（俗称藠 jiào 头。花淡紫色。产于亚洲东部。中国广西、四川等多栽培），5. 兴渠：此方无，故不翻，出乌荼婆他那国，出土辛臭。

[9] 长无利益：上招饿鬼，下引魔王。

[10] 永断：种现俱尽。

[11] 菩萨清净律仪：即大乘戒，从心止绝。

[12] 永无相生相杀：断淫则无相生，断杀则不相杀。

[13] 不多：不曰“永绝”，因其习未除，亡尘之功不深。

［14］旋元自归：即“初于闻中，入流亡所”。

［15］尘既不缘：即“动静二相，了然不生”。

［16］根无所偶：即“闻所闻尽”。

［17］反流全一，六用不行：此正入一亡六。所谓但得六销，犹未亡一。小乘涅槃正当此际。

［18］十方国土……内悬明月：二乘明内境，不能与外法融通 $\xrightarrow{\text{如}}$ 明月在有碍物中，不能透彻。今根结尽除是内空，“十方国土，皎然清净”是外空，表里洞彻 $\xrightarrow{\text{如}}$ 明月在琉璃，唯一大光明藏。即前云“觉所觉空”。

［19］身心快然，妙圆平等，获大安隐：即“空觉极圆，空所空灭”。

［20］密圆净妙：

密：秘密，深固幽远，无人能到之境。	此四佛境，现菩萨依正之中。
圆：圆融，交彻互摄，重重无尽之境。	
净：清净，明相精纯，纤尘不立之境。	
妙：神妙，一切变现，皆不为碍之境。	

［21］一切如来，密圆净妙，皆现其中：即“生灭即灭，寂灭现前”。

［22］渐修：简非顿修，虽利根顿悟，但位次历然，如一刀千纸，其次第犹分。

［解说］

此段文起开讲（三）圆证中 3. 净缘起历成诸位。此段文讲（1）三种渐次：若说平等法界，无佛无众生，则无地位可立。如《华严经》云：“众生妄分别，有佛有世界。若了真法性，无佛无世界。”本经上文云：“妙性圆明，离诸名相，本来无有，世界众生。”此等令观一真法界本来平等无修无证亦无迷悟，故无地位可立。此显心真如门。若依心生灭门，有迷有悟，炽然修证差别不同。且圆顿大乘，无过《华严》、《涅槃》、《仁王》、《璎珞》等经，虽明法界平等无说无示，而菩萨行位终自炳然。

如《仁王》云，若言越此地位得成佛者，是魔所说。此则异诸外道天魔各自谓得无上觉道，不说地位。今显佛法有不思议功德，旷劫修行，因圆果满，方称究竟。〇 又诸经论建立地位多少不同。《仁王》五十一位，《璎珞》五十二位，《华严》四十一位，本经五十七位（或60位）。〇此段文讲三种渐次（三位）：真如不变之体，能随缘成染成净，前约无明熏真如而成染用，为颠倒十二类生。从这段文起约真如熏无明而成净用，则立六十圣位。要翻染成净，一定三渐次位之后，再历诸位修断，方得种习俱尽。三种渐次是修三摩地，入道的先锋。行者之所以能历五十七位，渐次增进深入，功在三渐次。三渐次是能增进，五十五位是所增进。如是皆以三增进故，善能成就五十五位真菩提路，而达妙觉极果。〇此三渐次，前二渐次惟戒、均助行，因戒生定，是蹑前文道场方法而为助行。后一是定慧，乃为正修，因定发慧。是蹑前文圆通本根而为正行。由此正助两行，故能安立下之诸位。〇三渐次者，一是除其助因：五辛为助恶之因，修习耳根圆通，必先除去。五辛熟食发淫，生啖增恚，食五辛之人天仙远离，鬼舔其唇，常与鬼住；十方善神不来守护，让魔得其方便，最后堕落地狱。所以求出生死者，从凡夫起，初学修行，第一增进便是永断五辛。二是刳其正性：淫杀盗妄正是性业之罪。欲决定真修一定要刳而空之。上五辛只是助发之因。今淫杀盗妄乃生死相续正业之性。此正性刳空之法，先要严持清净戒律。今不淫、不杀、不盗、不妄，既不相生相杀，亦不相负相欺，则无须偿还命债、钱债、物债，以及眷属债，不再为各种债业所累，至此方名清净之人。如是以戒为助行，以定为正行，正助兼修而进入三摩地，自可发慧发通，故即父母所生血肉之躯，便获相似五通。三是违其现业：以根奔尘为现在惑业，又感将来生死苦报，要想增进圣位，一定要违而离之。违就是旋根脱尘之义，即就耳根不许出流闻尘，使入流照性。如是清净持戒之人，结解即获无生法忍。再渐次修行，安立诸圣之位。

（2）干慧地

阿难，是善男子，欲爱干枯，

阿难，这个依三渐次精勤修习之人，欲海已干，爱河枯竭，

根境不偶，现前残质，不复续生[1]。

根与境不相对待。当生已是最后之身，永不再舍身而受生。

执心虚明，

了知一切皆如来藏，故我法二执之心，虚通明朗，不复滞暗，

纯是智慧。慧性明圆，莹十方界，

至此则纯是人空智与法空智。人法双空之智，增明圆满，照十方界，

干有其慧[2]，名干慧地。

此但观慧圆明，未见真理，故名干慧，依之住持故名曰地，合名干慧地。

欲习[3]初干，未与如来，法流水接[4]。

欲爱习气初得干枯，因未破无明，未曾亲见法身真理，故未能与如来真身法水相接。

[注释]

[1] 是善男子……不复续生：明"干义"。

[2] 干有其慧：空有其慧，无力断惑也。

[3] 欲习：现行、种子、习气，三者而习气最细。

[4] 未与如来，法流水接：若至随分觉，破一分无明，证一分法身，则与法流水接，定慧均等，则中中流入萨婆若海（佛的大智慧海）矣。

[解说]

此段文讲 3. 净缘起历成诸位中的（2）干慧地：今借通教位（藏、通、别、圆。通教的位次有十：1. 干慧地，2. 性地……10. 佛地。干慧地是十地之一），而显圆教理。

干慧地之干义：由二渐次中正性刳空则欲爱干枯，故名初干。由三渐次中违其现业，则根境不偶，心境绝待。续生以欲爱为因，根境为缘，今

因、缘双绝，果报无托，故不续生。尽此报身，更不相续，此即干义。（干有二义：1. 爱欲河干，2. 生死海干。）〇慧义：因戒定力，内脱根，外离尘，我法二执不起，心渐豁达，曙光显露，纯是智慧，是人空智与法空智。人法双空之智，增明圆满（即人空、法空、俱空，三空之智现）照十方界，即慧义。〇此但观慧圆明未破无明，未见真理，纯是智慧故名干慧，干（空）有其慧，无力断惑也。〇地义：依之住持，故名曰地。〇故约欲枯返流，纯成智慧，未占果海法流之水（未破无明，未亲见法身真理），而有“干慧地”之名也。

（3）十信

① 信心住

即以此心[1]，中[2]中[3]

就以这干慧心（合三渐为干慧），于闻性之中，用中道妙智观中道妙理，

流入，

无功用道，任运而进，以证中道，自然流入萨婆若海，这是更增一番智断功能，

圆妙开敷，

故圆通妙性重重开发敷放如莲花之层层渐开。

从真妙圆，重发真妙[4]，

乘此心开意解，更加前进，此圆通妙性既到干慧后心已发真妙圆，至此更妙、更圆。

妙信常住，一切妄想，灭尽无余。

此位破一分无明，证一分三德，已经亲证实到，信知心、佛、众生三无差别，再不退转，一切我执、空执、妄想灭尽无余。

中道纯真，名信心住。

妄尽真纯，中道理显，亲信此理，信心坚固，常住不退，故名信心住。

[注释]

[1] 此心：干慧后心。

［2］中：中道妙观。

［3］中：中道妙境。

［4］重发真妙：此“妙”字下应有“圆”，真妙圆即真妙、真圆也。此圆通妙性既到干慧后心已发真妙圆，一登此位“真妙”更进于妙，“真圆”更进于圆。

［解说］

此段文起开讲 3. 净缘起历成诸位中(3) 十信。此十信位，名与常途全同，义与常途大不相同，今解唯遵本经。这段文讲① 信心住：此位破一分无明，证一分三德，已经亲证实到，信知心、佛、众生三无差别，再不退转。妄尽真纯，中道理显，亲信此理，信心坚固，常住不退，故名信心住。

② 念心住

真信[1]明了，一切圆通[2]。

既然证到了中道纯真之信位，则妄想灭尽，智慧明了，故得一切圆通。

阴[3]处界三，不能为碍。

所以五阴不能覆，十二处不能局，十八界不能碍，一切诸法，悉皆圆融通达，融会贯摄。

如是乃至，过去未来，无数劫中，

不但现生应断之习气，忆念无忘，乃至过去、未来，无数劫中

舍身受身，一切习气，皆现在前[4]。是善男子，

舍身受身，一切习气，都现在前。这个修道的善男子，

皆能忆念[5]，得无遗忘，名念心住。

都能一一记忆，不会有丝毫遗忘，这就是念心住。

［注释］

［1］真信：即中道纯真之信。

［2］真信明了，一切圆通：此八字，全蹑前位。

［3］阴：此文起释本位(念心住)。

［4］如是乃至……皆现在前：明念心功用。

［5］杀盗等恶习，念经行善等善习，每生有每生的习气，总之，这些习气，就在自己的面前，像电影一样，一幕幕影现。○今妄灭阴消，过未如一，无远无近，所经未经一念现前。

［解说］

此段文讲② 念心住：念者忆念。此位于一切诸法皆圆融通达，现生乃至过去、未来，无数劫中，一切习气，都能忆念，不会有丝毫遗忘，故名念心住。

③ 进心住

妙圆纯真[1]，真精[2]发化[3]。

妙圆净智无杂无妄，加功策进，由妙圆纯真之观力渐渐精明，观智强而能起镕妄之力用。

无始习气，通一精明。惟以精明[4]，进趣真净[5]，

故销镕无始习气，变习成智。至此纯以如如智契如如理，

名精进心。

精而无妄，进而不退，故名精进心。

［注释］

［1］妙圆纯真：妙圆净智，无二边之杂，无妄想之伪，故曰妙圆纯真。

［2］真精：由妙圆纯真之观力，渐渐精明，故曰真精。

［3］发化：观智强而能起镕妄之力用，故曰发化。

［4］精明：如如之智体。

［5］真净：如如之理体。

［解说］

此段文讲③ 进心住，也就是“精进心”住：承前二信，加功策进，观智强故销镕无始习气，变习成智(即精)。至此纯以如如智契如如

理，精而无妄，进而不退，故名进心住。

④ 慧心住

心精现前[1]，纯以智慧[2]，

承上进趣真净，故得心精时时现前，纯以智慧用事，一切惑习，无非智慧（惑习化为智慧，惑智融化），此随分觉所得之真智真慧，

名慧心住。

故名慧心住。

[注释]

[1] 心精现前：真精之心明了显现，此现前心纯是圆智（以妄习消亡，故心精现前）。

[2] 纯以智慧：干慧地有云“纯是智慧”，正明初得相似，惑智尚未融化。今惑习化为智慧。

[解说]

此段文讲④ 慧心住：承上第三信，今功夫胜进，纯以智慧用事，一切惑习，无非智慧，此随分觉所得之真智真慧，故名慧心住。

⑤ 定心住

执持智明[1]，

前位智慧纯明，慧多定少，易生摇动，必须以定持慧，

周遍寂湛，寂妙常凝[2]，名定心住。

故寂湛之境得以周遍，寂妙得以常凝，叫做定心住。

[注释]

[1] 执持智明：蹑前位。

[2] 周遍寂湛，寂妙常凝：若无定力执持，则妄念起而寂湛不能周遍。正念失，而寂妙不能常凝。寂妙：寂而照曰寂妙。照而寂曰妙寂。无寂之照如风里之烛。无照之寂如暗中之目。常凝：无有不定时。行亦禅，坐亦禅，语默动静体安然，运水搬柴，不失定心，迎宾送客，不离止观。

[解说]

此段文讲⑤ 定心住：前位慧多定少，易生摇动，今以定持慧，定力坚固，外境不牵，内惑不动，常在定中，故名定心住。

⑥ 不退心住

定[1]光[2]发明，明性深入，

定功极而慧光发明，这是因定发慧。慧性明而定力愈深，这是以慧入定。

惟进无退，名不退心。

定慧等持，唯进无退，故名不退心。

[注释]

[1] 定：寂妙常凝。

[2] 光：纯是智慧。

[解说]

此段文讲⑥ 不退心：定慧偏枯，多遭退失。至今定慧均等，惟进无退，故曰不退心。

⑦ 护法心住

心进安然，保持不失，

由定慧均等，任运前进，如顺水行舟，不假用力。而能保持定心不失。

十方如来，气分交接，

因定力任运前进证如来藏心，与十方如来法身理体、气分相接，

名护法心。

乃能内护心法，外护佛法，故名护法心。

[解说]

此段文讲⑦ 护法心住：由定力任运前进，证如来藏心，与十方如来法身理体、气分相接。乃能内护心法，外护佛法，故名护法心。

⑧ 回向心住

觉明保持，能以妙力，回佛慈光，

觉慧增明，得以保持不失，所以能以妙慧之力，回他佛慈光，

向佛安住，

向自己心佛光中安住，他佛、心佛，心光、佛光，互相回向，究竟心佛不二，不妨自他历然。

犹如双镜，光明相对，

如同两面镜互照，彼此光明互相对照，光内现光，

其中妙影，重重相入，名回向心。

影中含影，相摄相入，重重无尽，故名回向心。

［解说］

此段文讲⑧ 回向心住：回他佛慈光，向自己心佛光中安住，他佛、心佛，心光、佛光，互相回向，究竟心佛不二，不妨自他历然。佛光心光，相摄相入，重重无尽，故名回向心。

⑨ 戒心住

心光密回[1]，获佛常凝，

心光佛光，潜通冥应（他人看不见，乃属自己智境），到此地位即获心光佛光常凝不动，

无上妙净，安住无为，得无遗失，

而与无上妙净戒体一同安住，无作无为，恒持不失，无一念遗失而漏落于有为，若一念漏落有为即名破戒，所谓心地大戒，

名戒心住。

故名戒心住。

［注释］

［1］心光密回：蹑上位。

［解说］

此段文讲⑨ 戒心住：心光佛光，凝然不动，安住于无上妙净戒体，无作无为，恒持不失，故名戒心住。

⑩ 愿心住

住戒[1]自在，能游十方，

安住清净戒体，能从体起大自在之用，能游化十方(一念即能到)，

所去随愿，名愿心住。

随念往返，所去之处，皆可随心满愿，故名愿心住。

[注释]

[1] 住戒：指上位。

[解说]

此段文讲⑩ 愿心住：以戒根清净，持戒利生，所向无敌。游化十方，随念往返，所去之处，皆可随心满愿，故名愿心住。〇十信十位，通论十心，前六修自心，后四合佛德。

至此，(3) 十信完。

(4) 十住

① 发心住

阿难，是善男子，以真方便[1]，发此[2]十心，

阿难，前十信位已满的善男子，真心中本具十心妙用，因修证耳根方能发此十信心妙用。

心精发辉[3]，十用[4]涉入，

由是心精发辉，将前十用涉入本位，

圆成一心，名发心住。

圆成一心，则十心一心，本无二体。因发此十心，圆成一心，故名发心住。

[注释]

[1] 真方便：称性起修，指耳根圆通。

[2] 此：指前十信位。

[3] 心精发辉：(此文起释初住境)始觉有功，本觉乃显。同体心精即藏心。

［4］十用：前十信心。

［解说］

此段文起开讲 3. 净缘起历成诸位中的(4) 十住。此十住位，生佛家而为佛子。经中全显生法王家，亦是安住华屋，依秘密藏，无住为住，乃名十住。这段文讲① 发心住：此位是十信合成。至十信满心，使十心涉入，无次第相，圆成一心叫发心住。

② 治地住

心中[1]发明，如净琉璃[2]，内现精金[3]。

十用涉入，圆成一心，依此妙心，发明妙智，如洁净的琉璃，内现精金，毫无遮蔽，智不离心，心不碍智，内外明彻。

以前妙心，

此前之妙心即是真如之理，既发妙智，以真智契真理，依真理起真修，

履以成地，名治地住。

履践真如，作为进入后位的基地，往后一切诸行，皆由此起，故名治地住。

［注释］

［1］心中：十用涉入，圆成一心之中。

［2］净琉璃：喻妙心。

［3］精金：喻妙智。

［解说］

此段文讲② 治地住：治即平也。如建楼房，先平地基。前妙心即是真如之理，既发妙智，以真智契真理，依真理起真修，履践真如，作为进趣后位的基地，往后一切诸行，皆依此起，故名治地住。

③ 修行住

心地涉知，

前履以成地之心，以心即智，地即理，智照于理，理契于智，理智互相

鉴照。

俱得明了，游履十方，得无留碍，

理智俱得明了，故能游履十方，上求佛道，下化众生，自利利他，广修妙行，大作佛事，一切皆无障碍，

名修行住。

故名修行住。

[解说]

此段文讲③ 修行住：理智互相鉴照，理智俱得明了，故能游履十方，上求下化，广修自利利他之妙行，大作佛事，一切无碍，故名修行住。

④ 生贵住

行与佛同，受佛气分，

上位所修妙行与佛因中所修相同，故能秉受佛的真如气分，将生佛家，而为佛子。

如中阴身，自求父母，阴信冥通，

今菩萨用己智求佛智，佛之权智如父，实智如母，任运相合，分证佛德，气分相通，将生如来家，为真佛子。如中阴身自求父母，乘一念爱憎之心与同业父母冥然相通，然后入胎一样。

入如来种，名生贵住。

初托圣胎，将来必能绍隆佛种，贵登法王宝位，故名生贵住。

[解说]

此段文讲④ 生贵住：秉受佛的真如气分，分证佛德，揽权实二智，而入圣胎，将生佛家，而为佛子，不久贵登法王宝位，故名生贵住。

⑤ 方便具足住

既游道胎[1]，亲奉觉胤，

既游诸佛正道之胎，亲揽诸佛权实二智，则为大觉法王之真胤。

如胎已成，人相不缺，名方便具足住。

方便智慧渐渐具足，如胎中五位已成，人相完全不缺，故名方便具足住。

［注释］

［1］既游道胎：即上文“入如来种”。

［解说］

此段文讲⑤ 具足住：亲揽佛权实二智成圣胎，为佛真胤，方便智慧渐渐具足，故名方便具足住。

⑥ 正心住

容貌[1]如佛，心相[2]亦同，

权智外现，教化众生，方便具足，是容貌如佛。以权资实，内照真如，心相圆满，也与佛相同。

名正心住。

成正知见，故名正心住。

［注释］

［1］容貌：现于外，如权智。

［2］心相：心相住于内，如实智。

［解说］

此段文讲⑥ 正心住：容貌、心相皆如佛，成就正知正见，故名正心住。

⑦ 不退住

身心合成，日益增长，

外之容貌，内之心相，权实不二，表里一致。从此道胎日益月增渐渐长成，时刻无间。

名不退住。

故名不退住。

[解说]

此段文讲⑦ 不退住：前十信心中之不退(第六不退心)，名同义异，前是信心不退，此则住道(证道)不退。

⑧ 童真住

十身[1]灵相，

前位身心合成增长，于是声闻身、缘觉身、菩萨身、如来身、法身、智身、虚空身、业报身、众生身、国土身，十身灵相

一时具足，名童真住。

同时具足。菩萨虽得是身，可是尚微而未大显著，如同胎满，四体虽具，体力尚未充沛，而天真无邪，故名童真住。

[注释]

[1] 十身：即声闻身、缘觉身、菩萨身、如来身、法身、智身、虚空身、业报身、众生身、国土身。其中如来身自具十种身：菩提身、愿身、化身、力身、庄严身、威势身、意生身、福身、法身、智身。此十身中，菩提、法、智身属于内身，余皆属于外身。(即一身显无量身，此十妙应，如随色珠显现自在。)

[解说]

此段文讲⑧ 童真住：华严八地，方具十身，今经八住即具。虽十身灵相，同时具足，可是尚微，而未大显著(如同胎满)，天真无邪故曰童真住。

⑨ 法王子住

形成出胎[1]，亲为佛子，名法王子住。

形已成，胎已出，亲为佛子，从佛口出，从法化生，故名法王子住。

[注释]

[1] 形成出胎：蹑前。

[解说]

此段文讲⑨ 法王子住：既一时能具足十身灵相，则佛形已成，自可出胎，亲为佛子，从佛口出，从法化生，故名法王子住。

⑩ 灌顶住

表以成人，

虽亲为佛子，年龄幼小，今渐长成，可当大任。

如国大王[1]，以诸国事，分委太子。

如国王恐太子不能胜任，先以少分国事委任给他，试其能力如何。此喻佛欲与菩萨授记，先令菩萨代佛宣扬，摄行佛事，若见智力增长，度生不怖即与授记。

彼刹利王[2]，世子长成，陈列灌顶，

如彼刹利王，世子长成，即为世子举行灌顶仪式，灌顶即受王职位。菩萨受职也是这样，诸佛智水灌其顶故即名为受大智职菩萨。

名灌顶[3]住。

故名灌顶住。

［注释］

［1］国大王：指金轮王，其子称太子。

［2］刹利王：指金粟王，其子称世子。

［3］灌顶：刹利王之子长成，举行灌顶仪式，非常隆重，坐白象宝，妙金之座，张大罗缦，奏诸音乐。取四大海水置金瓶内，王执此瓶灌太子顶，此时即名受王职位。菩萨受职亦复如是。

［解说］

此段文讲⑩ 灌顶住：前位亲为佛子，年龄幼小，今渐长成，可当大任。诸佛智水灌其顶故，即名为受大智职菩萨。如刹利王，世子长成，灌顶即受王职位。故此位名灌顶住。○《华严》中第十法云地，方受此职。本经十住位亦名灌顶，不同彼经十地之灌顶也。此约分得，彼约究竟。（世子长成，陈列灌顶，表以成人之道，亦分得此名耳。彼经，坐妙金之座，奏音，水置金瓶，受王位。）

此十住：从发心住至生贵住名入圣胎，自方便具足住至童真住名长养圣胎，至法王子住名出胎，到此灌顶住名灌顶王子。

至此，(4) 十住完。

(5) 十行

① 欢喜行

阿难，是善男子，成佛子已，

阿难，这个修习十住的善男子，既已灌顶受职成为诸佛真子，

具足无量，如来妙德，十方随顺，

具足无量无边如来藏中称性功德。随顺十方界而行施度(法施和财施)，

名欢喜行。

皆令欢喜，故名欢喜行。

[解说]

此段文起开讲 3. 净缘起历成诸位中的(5) 十行：前“十住”生佛家为佛子，今“十行”广六度而行佛事，然行门虽多，不出十度，十度即施度、戒度、忍度、精进度、禅度、慧度(般若度)、方便度、愿度、力度、智度。后四度是第六慧度开出。这段文讲① 欢喜行，是施度：十住位满的菩萨已成诸佛真子，具足无量无边称性功德，能随顺十方而行施度，皆令欢喜，欢喜有二义：一、己喜：见有乞者，作福田想，作善友想，心生欢喜。二、他喜：随乞施与，令诸众生，悉皆满足，生欢喜心。自他俱利，二者皆喜，故名欢喜行。

② 饶益行

善能利益，一切众生，名饶益行。

以戒德感化而善能利益一切众生，叫饶益行。

[解说]

此段文讲② 饶益行，是戒度：戒德备于己，感化成于外。以戒德而饶益众生，饶益有二义：一、饶益自：住无上戒，自得度，自快乐。二、饶益他：住无上戒，令他得度，令他快乐，故名饶益行。

③ 无嗔恨行

自觉觉他，

菩萨思惟，自身苦乐皆无所有，就是自觉，又广为人说而觉他。

得无违拒，名无瞋恨行。

此菩萨常修法忍，无量辱来都不违拒，皆能欢喜忍辱，不生嗔恨。菩萨四相皆空，嗔恨无从而生，无嗔恨，方为真忍辱，故名无嗔恨行。

[解说]

此段文讲③ 无嗔行，是忍度：菩萨四相皆空，自身苦乐皆无所有，无量辱来具不违拒。欢喜忍受，嗔恨无从生起，这才是真忍辱，故名无嗔恨行。

④ 无尽行

种类出生，

菩萨于十二种类，随类化身，广行教化，菩萨行愿精进无尽，

穷未来际，三世平等，

过去、现在，乃至穷未来际，无不如是，三世平等普入，利乐有情，

十方通达，名无尽行。

十方悉皆通达，随缘而应，永无穷尽，故名无尽行。

[解说]

此段文讲④ 无尽行，是进度（精进度）：菩萨行愿，精进无尽，广行教化，横遍十方，竖穷三际，随类化身，永无穷尽，故名无尽行。

⑤ 离痴乱行

一切合同，种种法门，

此菩萨心无散乱，坚固不动，以一念定心，持种种法门，能知一切法门，悉皆会合，同为一体。

得无差误，

故能随类说法，应机受益，千难交攻，其智不昏，万机并赴，其心不扰，决无差错、误谬，

名离痴乱行。

故名无痴乱行。

[解说]

此段文讲⑤ 离乱行（离痴乱行），是禅度：不能持诸法门是为痴定；未免差误，是为乱心。今一念定心，寂而常照，持一切法门，观机说法，知机知法，无有差误，故名无痴乱行。

⑥ 善现行

则于同[1]中，显现群异[2]，一一异相，各各见同，

以一理之中，显现一切事相，此理不碍事。于一切事相，各见全理，此事不碍理。

名善现行。

故名善现行。

[注释]

[1] 同：即“理”。

[2] 异：即“事”。

[解说]

此段文讲⑥ 善现行，是慧度：下四度从此开出。此位菩萨于一一行，皆能真俗互融，事理无碍，故叫善现行。

⑦ 无著行

如是[1]乃至，十方虚空，满足微尘，

这样以至十方虚空（大）满足微尘（小），即大中现小。

一一尘中，现十方界，现尘现界，不相留碍，

一一微尘，现十方界，即小中现大。现微尘现世界，尘中现界而界不小，界中现尘而尘不大，同时俱现，不坏自相，互不留碍。

名无著行。

因无执著，故能大小相容，事事无碍，故名无著行。

[注释]

[1] 如是：承上事理无碍，而起下事事无碍。

[解说]

此段文讲⑦ 无著行，是方度(方便度)：即大方便力之所运用。此菩萨因无执著，故能大小相容，事事无碍，故曰无著行。

⑧ 尊重行

种种现前，

不但上说理事无碍与事事无碍，而且菩萨妙行无不具足，皆得现前，

咸是第一，波罗蜜多，名尊重行。

随举一行，都能达到最上究竟之处，菩萨住此行时，不舍菩萨大愿，不住生死此岸，不住涅槃彼岸，不住烦恼中流，而能运此岸众生，到彼岸无忧恼处，而菩萨往返，无有休息。此行难得，可尊可重，故名尊重行。

[解说]

此段文讲⑧ 尊重行，是愿度：此菩萨于大乘愿，不退转故。菩萨住此行时，不舍菩萨大愿，终日度生，实无一众生可度，所有妙行，皆是第一波罗蜜。此行难得，可尊可重，故名尊重行。

⑨ 善法行

如是圆融，

前种种法门，都是第一波罗蜜多，于一行中，具足无边妙行，圆融无碍。

能成十方，诸佛轨则，

故能遍历十方，助佛转轮，教化众生，而一言一行皆可为众生的模范法则，

名善法行。

故名善法行。

[解说]

此段文讲⑨ 善法行,是力度:谓此菩萨,善能身体力行。此位菩萨能成就十方诸佛利他轨则。诸佛因中如是利生,菩萨助佛转轮,亦如是教化众生,一言一行皆可为众生的模范法则。

⑩ 真实行

一一皆是[1],清净无漏,一真无为,

前说九行,自利利他,诸行究竟,都是清净无漏法。不同权小努力修证,有为功用。

性本然故,

因为真性本来清净非借修成,菩萨悟此,称性起修,全修契性,

名真实行。

故名真实行。

[注释]

[1] 一一皆是:蹑前九行。

[解说]

此段文讲⑩ 真实行,是智度:亦名不违实相智。菩萨深达实相,悟真性本来清净,称性起修,全修契性,诸行究竟,皆是一真实相,故名真实行。

至此,(5) 十行完。

(6) 十回向

① 离相回向

阿难,是善男子,满足神通,

阿难,这个已修十行的善男子,从初行到七行,现界现尘,则其神通已满足了。

成佛事已，

至第八行已种种究竟，九行成佛轨则，已成佛事了。

纯洁精真，

至第十行清净无漏，则藏性之体已纯洁，一真无为则藏性之用已精真了。

远诸留患。

十行已满，双超空有，故能远离凡夫（凡夫著有，被生死缚）、二乘（二乘滞空，被涅槃所缠）之所留患。

当度众生，灭除度相，

菩萨正当度生时（因为“即相”故度生），即灭除度生之相（因为“离相”故须除度相。终日度生，不见有生可度），了达即相离相，中道妙义不落二边。

回无为心，向涅槃路，名救护一切众生，离众生相回向。

回有为行入无为心，则不著“离相”而落空，故能救护众生。背生死途，向涅槃路，则不著“即相”而滞有，故能离众生相。此则中道回向之义。

[解说]

此段文起开讲 3. 净缘起历成诸位中的(6) 十回向（十位）：回佛事而向佛心（佛心即真如，心、佛、众生三无差别，故回佛事向佛心具足佛道、众生）。回向不出三处：回向真如，回向佛道，回向众生。本经文简，各有隐显，如众生显，余二则隐，佛道、真如，隐显亦然。显者正当发挥，隐者意含，并非全无。十回向中第一、第二是回向众生，第三至第七回向佛道，第八至第十回向真如。这段文讲① 离相回向：悲不碍智（能回有为行入菩萨真因，趣向涅槃真果）。菩萨正当度生时，即灭除度生之相。双超双遮空有，不著不住，故名救一切众生，离众生相回向，此则第一即相离相，以明中道回向之义。

② 不坏回向

坏[1]其可坏[2]，

菩萨正当度生时，即灭除度生之相，故不著于生死有为法。

远离诸离，

不见我为能离，亦不见他为所离，亦不见中间度生之法，是谓诸离。并此诸离，亦复远离，故不滞守于涅槃无为法。所谓涅槃不安，生死不立，善获中道。虽知一切法空寂而又能不坏度生事业，

名不坏回向。

故名不坏回向。

[注释]

[1] 坏：即上文“灭除”。

[2] 可坏：即上文“度相”。

[解说]

此段文讲② 不坏回向：智不坏悲。菩萨不著生死有为法，亦不滞守于涅槃无为法，善获中道。虽知一切法空寂，而又能不坏度生事业，故名不坏回向。此则第二即有为无为，以明中道回向之义。

③ 等佛回向

本觉[1]湛然，觉齐佛觉，

本觉心佛，寂照照寂，湛然不动。自己本觉与诸佛所证妙觉齐等，无有二相。

名等一切佛回向。

此则自身本觉法身与十方诸佛法身无有高下，同样圆满，故名等一切佛回向。

[注释]

[1] 本觉：即众生本具法身理体。

[解说]

此段文讲③ 等佛回向：本妙合觉。自己本觉与诸佛所证妙觉齐等，无有二相，同样圆满，此则第三即本觉妙觉，以明中道回向之义。

④ 至处回向

精真[1]发明[2]，地如佛地[3]，

因地心开发了明，证知自己因地心中所含无边境界，正如诸佛果地理上所现无量刹土，尽佛一切境界，

名至一切处回向。

故名至一切处回向。

[注释]

[1] 精真：因地心。

[2] 发明：开发了明。

[3] 佛地：果地觉。

[解说]

此段文讲④ 至处回向：因果同地。证知因地心中所含无边境界与诸佛果地觉境界一样，尽佛一切境界，故名至一切处回向。此则第四即因地果地，以明中道回向之义。

⑤ 无尽回向

世界如来，互相涉入，得无罣碍，名无尽功德藏回向。

今自他不隔，依正相涉，互融无碍。若依若正，悉皆无尽，各具无量庄严，无尽功德，故名无尽功德藏回向。

[解说]

此段文讲⑤ 无尽回向：依正互融。前二位，仍有自他之分，今自他融一不分，依正互相涉入。此依报涉入正报，故能于一毛端现宝王刹（一一毛孔中有无量宝刹，庄严微妙）；以正报涉入依报，故能坐微尘里转大法轮（一一微尘内有无量如来转大法轮）。依正无碍，若依若正，皆不可思议，具无尽功德，故名无尽功德藏回向。此则第五即依报正报，

以明中道回向之义。

⑥ 平等回向

于同佛地[1],地中各各,生清净因[2],

于始觉本觉,同佛之理地(同于佛所证实际理地),其理是一,各各生出清净的真因,

依因发挥,取涅槃道,

依此不生灭的清净真因,从因克果,直取究竟涅槃之道。

名随顺平等善根回向。

随顺一理而成多事,事理名异体同,故曰平等(事理虽有异名,其体本来无二,故曰平等)。依真因能生无上道果故曰善根,所以叫随顺平等善根回向。

[注释]

[1] 同佛地:明"理是一"。

[2] 地中各各,生清净因:"各生净因"明"事是多"。

[解说]

此段文讲⑥ 平等回向:性修双即。随顺一理而成多事,事理名异,其体无二,理事平等。如以金作器,器器皆金,草芥尘毛皆是成佛真体,物物皆精明智体,头头是普贤行门,菩萨万行虽事有不同,然一道清净,契于如来密因,依如来密因,能生无上道果。此则第六即理事一多,以明中道回向之义。

⑦ 等观回向

真根[1]既成,十方众生,皆我本性[2];

依此平等善根而起同体大悲,等观十方众生,皆是我本觉之佛性,与我本来同体。

性圆成就,不失众生,

我之本性既已圆满成就,亦当成就我心中的众生,怎能遗失众生而不

度呢!

名随顺等观,一切众生回向。

这就是名为随顺平等大悲心,观察众生回向。

[注释]

[1] 真根:即平等善根。

[2] 本性:即本觉之佛性。

[解说]

此段文讲⑦ 等观回向:自他同根。随顺同体大悲,等观众生皆我本性,我之本性圆满成就,就当度我心性中众生,这就是随顺平等大悲心,观察众生回向。此则第七即自身生身,以明中道回向之义。

⑧ 真如回向

即一切法,离一切相。

上位"不失众生"即一切法,是真如随缘义。上位"皆我本性"即离一切相,是真如不变义。

惟即与离,二无所著,

即一切法时而能离一切相,所谓随缘时而能不变;离一切相时而能即一切法,所谓不变时而又随缘;离即离非,是即非即,

名真如相回向。

这叫做真如相回向。

[解说]

此段文讲⑧ 真如回向:即离双超。真如随缘时而又不变,不变时而又随缘,离即离非,是即非即,言语道断,心行处灭。此则第八约真如变不变,以明中道回向之义。

⑨ 解脱回向

真得所如[1],

已真实证得真如实际理地,则一真一切真,无法不真,一如一切如,无

法不如。

十方无碍，名无缚解脱回向。

真如体遍十方，故能于十方界得无障碍，即入法界不可思议解脱，故名无缚解脱回向。（既然真如体遍十方，而其行也被真如所如，故于十方界得无障碍，成就普贤身、语、意业，精进自在力）。

［注释］

［1］真得所如：即上位。

［解说］

此段文讲⑨ 解脱回向：真俗同在。前位已真实证得真如实际理，则一真一切真；十方三世，唯一真如，再无别法。然则真如理体，尚无解脱之名，何来有缚，故曰无缚解脱回向。此则第九即无缚无脱，以明中道回向之义。

⑩ 无量回向

性[1]德[2]圆成，

承前二位，第八无著（第八中"二无所著"之文）得性德之全体，第九无碍（第九中"十方无碍"之文）得性德之大用。体用备具，悉皆圆满。

法界[3]量灭[4]，名法界无量回向。

体用周遍，一尘一毛，皆等法界，不再有限量了，故叫法界无量回向。

［注释］

［1］性：体。

［2］德：用。

［3］法界：亦名真如。

［4］量灭：无量也。

［解说］

此段文讲⑩ 无量回向：体用圆极。良由体无不遍，用无不周，故无法不真，无法不如，一尘一毛，皆等法界，无有限量，故名法界无量回向。此则第十即法界有量无量，以明中道回向之义。

至此，(6) 十回向完。

(7) 四加行

阿难，是善男子，尽是清净，四十一心，

阿难，这个修习正定的善男子，从干慧地以至十回向，共四十一心，不住妙悟，不著于相，能起无修证之修证，位位备历。

次成四种，妙圆加行。

十回向之后，次第成就四种圆妙加行。

[解说]

此段文起开讲 3. 净缘起历成诸位中的(7) 四加行：这段文是结前起后之文。余乘教中，都有四加行，而不妙不圆，本经四加行不同寻常加行而是妙圆加行，此四加行，说虽次第，行在一时，故名妙圆。今于十地前，另立四加行，正显十地之法尊胜，非此加行不能进入。

① 暖地：佛即心

即以佛觉，用为己心。

第一加行，就是以初地(即下十地之第一欢喜地)所具的佛觉，用作自己加行的因地心，欲证佛即是心之境，

若出未出，犹如钻火，欲然其木[1]，名为暖地。

而因心将亡未亡，果用将发未发之际，就好像钻木取火，火将出而未出之时，只发热，还没有见火，先得暖相，故名暖地。

② 顶地：心即佛

又以己心，成佛所履，

又以自己加行之因心，成其初地佛觉的所履，心为佛依，体观自心即佛境界。

若依非依，

心相未能全忘好像有依，而心相尽泯实在又不是依。

如登高山，身入虚空，下有微碍，名为顶地。

如同登高山，身体已入虚空（不依地了），如同非依。不过脚跟未离山顶，脚下还有点阻碍，如同若依。只有微小的阻碍，如同心相亦复不多。故名顶地。

③ 忍地：即心即佛

心佛二同，

前暖地以佛觉为已心，顶地又以已心为佛觉的所履，是心佛仍存二相。若再加功，将佛觉泯为因心，因心泯同佛觉，已心佛不二，即心即佛。

善得中道。

至此因心佛果，融会贯通，常于加行心中见佛业用，亦于诸佛行处洞彻自心。

如忍事人，非怀非出，名为忍地。

但将证未证，此中境界，唯心中明了，而说不出，如同忍事的人若欲隐藏于心中，又想告诉别人，若欲说出来，又觉难以用言语表达，故叫做忍地。

④ 世第一地：非心非佛

数量销灭，迷觉中道，二无所目，名世第一地。

暖地以佛觉用为已心，尚存已心数量。顶地以已心成佛履，尚存佛履之数量。此二皆迷中道之数量。忍地心佛二同，尚存二同数量，此乃觉中道之数量。今加功至此，不但无迷，而且也无觉。下无已心，上无佛觉，若心若佛，二无所目。则数量俱销，心佛双泯，非心非佛。于世间法中最为第一，故叫世第一地。

［注释］

［1］若出未出，犹如钻火，欲然其木：火喻初地，本觉智火，本来在木中。木喻无明。今本觉智光，欲出未出，无明之木，将燃未燃，加

功至此。

[解说]

此段文分别讲了(7) 四加行中的加行四位：暖、顶、忍、世第一，四者皆以比喻而立名。此四加行，泯心佛而灭数量，拣(挑选)异唯识，位位各有能发定、所发观，及所观法。本经只以心佛对辨而成四位。

此二皆迷中道之数量{尚存己心数量←暖地→佛即心
尚存佛履数量←顶地→心即佛}心佛仍存二相

此觉中道之数量←尚存二同数量←忍地→即心即佛→心佛不二

无己心也无佛觉，心佛双泯，数量都销←世第一地→非心非佛→心佛双泯

至此，(7) 四加行完。

(8) 十地

① 欢喜地

阿难，是善男子，

阿难，这个成就世第一位的善男子，既从十向后心，善成四种妙圆加行，则障碍初地之一分无明，豁然顿破，

于大菩提，善得通达。觉通如来，尽佛境界，

故于大菩提性，善得通达。以自心本觉与诸佛妙觉，融通无二，能尽诸佛微妙境界。

名欢喜地。

由于三世诸佛，所应得的我已得，一切众生本具的我已证，所以极生庆快，故叫欢喜地。

② 离垢地

异性[1]入同，同性[2]亦灭，名离垢地。

九界之异性入于如来平等之同性，虽同一佛境，而此境未亡，仍是清

净心中之微垢。因对异说同,异固是垢,同亦是垢。今从初地,无功用道,无修而修,无证而证,不住于异也不住于同,并将此同性也灭,是谓离垢清净,故名离垢地。

③ 发光地

净极[3]明生[4],名发光地。

至此垢尽净极,则本具真觉之智光,自然显明,灵鉴无碍,即所谓净极光通达,故名发光地。

④ 焰慧地

明极觉满,

前位光明始生,未至明极,此位妙明极盛,觉智增长,如大火聚,能烧烦恼之薪。

名焰慧地。

如焰之慧,有烁绝之胜用,故名焰慧地。

⑤ 难胜地

一切同异,所不能至,名难胜地。

初地觉通如来,已灭异性;二地又将同性也灭;三地由净而明;四地由明而满。至今前之异同心垢,尽除无余,远超前位,前位功德所不能及,故名难胜地。

⑥ 现前地

无为真如,

从初地至此,销异灭同,明生觉满,复超同异,凡情圣解悉已铲除,有为功用至极,即契无为真如。

性净明露,

真如妙性,本来清净,分明显露,初得亲证(真如的全体大用当在八九两地)。

名现前地。

此地方到无为(八地,真无功用),始显真如,只约性显,故名现前地。

⑦ 远行地

尽真如际,名远行地。

真如竖穷横遍,本无边际。今言“尽真如际”,即尽真如实际理地,是无际之际。以此行深而且远,无有边际,迥超极造,故名远行地。

⑧ 不动地

一真如心,名不动地。

前位既能尽真如之际,就已得真如全体,一真凝然,湛寂不动。菩萨住此地(遍观诸法,诸法皆真,法法皆如,一尘一毛,一一无非真如自心),能彻法底源,无动无坏,故名不动地。

⑨ 善慧地

发真如用,名善慧地。

前位既证真如不动之全体,此位必发真如大用(此位则一一互摄互入,即遍即包,十玄业用,皆真如用),故名善慧(法界无障碍智)地。

阿难,是诸菩萨,从此已往,修习毕功,

阿难,这些菩萨,由四加行起到此,修习之功已完毕,

功德圆满。

出世的功德,也已圆满。从此以后(从九地以后,后三位)只论证,不再论修。

亦目此地,名修习位。

因为修习之功,到此为止,故此地也叫修习位。

⑩ 法云地

慈阴妙云,覆涅槃海,名法云地[5]。

此地菩萨真慈普被,弥满成阴。妙智大云,叆叇密布。至此因行圆满,乘其无功用道,直趣诸佛所证涅槃果海。理智齐彰,地上清

凉自在，谓之法云地。

[注释]

[1] 异性：指前四十五心（干慧、十信、十住、十行、十向、四加行），虽自四住（生贵住）以后，已与如来同一气分，为真佛子，然所证未深，未齐佛境，名为异性。

[2] 同性：登欢喜地，能证所证，皆同于佛，谓之同性。

[3] 净极：前位同性亦灭，细垢已离；今将离垢之离，也离。是为净极。

[4] 明生：如古镜重磨，垢尽之后，更加拂拭，则净极明生。

[5] 慈阴妙云，覆涅槃海，名法云地：慈、妙是法。阴、云是喻。慈指利他之悲。妙指利他之智。阴取庇润之相。云取充满之体。悲如阴而智如云，都有盖覆之意。〇慈阴妙云是十地圆满之因德。涅槃性海是十地将证之果德。因行圆满，乘其无功用道，直趣涅槃果海，到此将证未证，故只曰覆也。〇名法云地：以慈、妙是法，"云"字该摄"阴"字。乃双举法喻故结名法云地。

[解说]

此段文讲 3. 净缘起历成诸位中的（8）十地。十地有十位，地有多义，《宝云经》云：地有十义，略约二种解释：一、成实义：谓地地皆以真如实相为体，坚固不坏。二、发生义：谓地地皆发生佛地功德，大用重重无尽。〇四加行也都称地，与此是同还是异呢？非同非异：非同，此十地功德超胜故。非异，同为进趣妙觉之因地故。

（9）等觉（一位）

如来逆流，

如来因圆果满，得证涅槃果海，因不舍众生，倒驾慈航，逆涅槃流而出，入生死海。

如是菩萨，顺行而至，

而法云地菩萨，刚刚相反，逆生死流顺涅槃流，而入菩提。

觉际入交，名为等觉。

如是如来出菩提，入生死之际，正是菩萨出生死，入菩提之时。彼此正当出入交换之际（如父从家出，一足已踏出门外；而子刚从外入，一足已入门内）。菩萨始觉，虽与佛妙觉等，但因顺逆出入之不同，仍未登堂入奥，故等而不妙。

阿难，从干慧[1]心，至等觉已，

阿难，从干慧初心，中间所历信、住、行、向、四加行、十地，而至等觉后心已。

是觉始获，金刚心中，初干慧[2]地。

此等觉金刚心，坚利无比之慧，能破最初生相无明之惑体。在这等觉位中，才获得金刚心中的初干慧地。

[注释]

[1] 干慧：三渐次之后的干慧地，欲习初干，出分段生死，未与如来法流水接故名干慧地。

[2] 干慧：此是等觉位所获干慧，是无明初干，未与究竟如来法流水接故名干慧地。

[解说]

此段文讲3. 净缘起历成诸位中的(9) 等觉一位：《起信》等诸经论，十地后不开此位。此位明菩萨始觉等于如来妙觉（因顺逆出入之殊，仍未登堂入奥，故只是“等”而不“妙”），齐（只称齐，始本尚未合一）佛际而破生相无明。

(10) 妙觉（一位）

如是重重，单复十二[1]，方尽妙觉，成无上道。

始从干慧，终至妙觉，重重单复十二，才能穷源极证，到达究竟妙觉，成就无上道果。

[注释]

[1] 单复十二：单，一名一位为单。单有七：干慧、暖、顶、忍、世

第一、等觉、妙觉。复，一名括十位为复。复有五：十信、十住、十行、十向、十地。单有七重，复有五重，故曰“重重单复十二”。

［解说］

此段文讲3. 净缘起历成诸位中的（10）妙觉一位：等觉只称“齐”，始本尚未合一，今于最后一刹那间，证入斯位，但惟本觉，无别始觉，寂照一如，理事相即，三如来藏性之体全彰，四无碍法界之用显现，穷玄极妙，不可思议，成至极无上之道。

是种种地，皆以金刚观察[1]，

以上耳根圆通，称性起修，所经历的各各位次，都是以金刚藏心的观察妙慧，

如幻十种深喻[2]。

对如幻如化的一切法，不著不住，不取不舍，得以前进，位位深入。

奢摩他中，用诸如来，毗婆舍那，清净修证，渐次深入。

于奢摩他自性本具圆定中，微密观照，圆解大开，于是称性起修，亡尘照性，定慧双流，无修而修，无证而证，如是清净修证，故能渐次深入，究竟宝所。

阿难，如是皆以，三增进故，

阿难，上来诸位，都是以三渐次为最初方便，先开圆解，然后蹑解起行，从始至终，

善能成就，五十五位，真菩提路[3]。

善能成就，信、住、行、向、地、四加、等觉，五十五位，真实归菩提家之道路。

作是观者，名为正观。

以上诸位，从始至终，先顿悟根性为因心，然后依悟修证，渐次深入是谓正观，亦是正修。

若他观者，名为邪观。

反之，凡执六识为真因，以事行为真修者，都叫他观，非自性正定，名之为邪观。

[注释]

[1] 金刚观察：金刚即藏性之体，观察即藏性之用。此正藏性全体大用，即首楞严定之体用。

[2] 如幻十种深喻：出自《大品般若》，十喻者：1. 观一切业如幻，2. 一切法如焰，3. 一切身如水月，4. 妙色如空华，5. 妙音如谷响，6. 诸佛国土如乾闼婆城，7. 佛事如梦，8. 佛身如影，9. 报身如像，10. 法身如化。皆不可取，不可舍，一切空故。

[3] 五十五位，真菩提路：除干慧地和妙觉，以干慧相似觉，未发真信，犹未起程，故非是路，是以除之。以妙觉究竟觉，已经到家，也非是路，故亦除之。

[解说]

上来诸位皆以三渐次为最初方便，所历的各各位次都是清净修证，如是故能渐次深入，究竟宝所。如上所修是正观（正修），反之若执六识为真因，以事行为真修者叫邪观。

至此（三）圆证完。

通示全经名目

尔时，文殊师利法王子，在大众中，即从座起，顶礼佛足，

这时文殊师利法王子在大众中，从座上起来，顶礼佛足，

而白佛言，当何名是经，我及众生，云何奉持[1]？

对佛说："此经应当如何命名，我和众生怎么奉以自修，如何持以化世？"

佛告文殊师利，是经名大佛顶，悉怛多般怛啰，

佛告诉文殊师利："这部经名为《大佛顶悉怛多般怛啰

无上宝印，十方如来，清净海眼，亦名救护亲因，度脱阿难，

无上宝印十方如来清净海眼》，亦名《救护亲因度脱阿难

及此会中，性比丘尼，得菩提心，入遍知海，亦名如来密因，
及此会中性比丘尼得菩提心入遍知海》，亦名《如来密因

修证了义，亦名大方广，妙莲华王，十方佛母，陀罗尼咒，
修证了义》，亦名《大方广妙莲华王十方佛母陀罗尼咒》，

亦名灌顶章句，诸菩萨万行，首楞严，汝当奉持。
亦名《灌顶章句诸菩萨万行首楞严》，汝应当因名思义，敬奉受持。

当机获益

说是语已，即时阿难，及诸大众，得蒙如来，开示密印[2]，
佛说完经题，当时阿难和会中大众得蒙如来开示秘密心印，

般怛啰义，兼闻此经，了义名目，
摩诃悉怛多，般怛啰之义，以及闻此经五种了义的名目，

顿悟禅那，修进圣位，增上妙理，
顿悟禅那，进修圣位殊胜玄妙的理体，迥超权渐，圆顿之极，

心虑虚凝。
全经朗彻，万象一心，海印森罗，是言思所不能及的。

断除三界，修心六品，微细烦恼[3]。
阿难断除欲界前六品思惑，证得二果。

[注释]

[1] 求佛因义立名，令众生因名思义。

[2] 密印：此咒诠佛心印，得此因心，必当成佛故曰印。众生不知曰密。

[3] 悟同大众，而证有别，阿难进位于二果。

[解说]

至此，一、正修具示成佛妙定完。

正宗分的“正修具示成佛妙定”义理已经很周全，下面的“助道别详护定要法”是资助楞严大定之成功。故别详护定要法：谈七趣劝离，是以戒助定；辨五魔令识，是以慧助定。谈七趣劝离以警淹留：七趣即地狱、鬼趣、畜生、人道、仙道、天趣、修罗。由不识妙明真心故受此七趣轮转。随顺杀、盗，淫则成三恶道，戒杀、盗、淫则成四善道。要安住首楞严大定，无权小不杀，不偷，不淫，更不随凡外作杀、盗、淫之事。远离恶道、善道七趣也。七趣的升沉往返，若因若果不出虚妄情想，无非随妄想以受生，随妄业以受报。七趣皆如狂华。

二、助道别详护定要法

（一）谈七趣劝离以警淹留

即从座起，顶礼佛足，合掌恭敬，而白佛言，

于是阿难即从座起，顶礼佛足，合掌恭敬，而白佛言：

大威德世尊，慈音无遮，善开众生，

“大威德世尊慈悲的声教，不分亲疏优劣，能善巧开示众生，

微细沉惑，令我今日，身心快然，得大饶益。

破除微细而沉隐的烦恼，令我现在身心快乐，得大利益。

世尊，若此妙明，真净妙心，本来遍圆，

世尊，如果这个妙明真净的真心本来周遍圆满，

如是乃至，大地草木，蠕动含灵，

那么四大五阴，根尘识，乃至大地草木和有情世间的蠕动含灵，

本元真如，即是如来，成佛真体。

就本来原具真如自性，即是十方如来成佛的真体。

佛体真实，云何复有，地狱、饿鬼、畜生、修罗、人、

既是佛体自应真实，为什么又有地狱、饿鬼、畜生、修罗、人、

天等道。世尊，此道为复，本来自有，

天等七趣的虚妄呢？世尊，此七趣是真如体中本来自有的，

为是众生，妄习生起[1]？世尊，如宝莲香比丘尼，

还是众生心中妄想习气生起的呢？世尊，如宝莲香比丘尼，

持菩萨戒，私行淫欲，妄言行淫，非杀非偷，无有业报，

持菩萨大戒，而又私行淫欲，既已破戒，又妄言谤戒，说行淫非同杀、偷，只是交欢，现前无业，将来也无果报，

发是语已，先于女根，生大猛火，后于节节，猛火烧燃，

她说完这话，先在女根起大猛火，然后全身节节猛火燃烧，

堕无间狱[2]。琉璃大王，善星比丘。

堕无间狱。又如琉璃大王（波斯匿王之幼子）、善星比丘之事。

琉璃为诛，瞿昙族姓。善星妄说，一切法空，

琉璃大王兴兵诛灭释迦种族；善星比丘妄说一切法空，

生身陷入，阿鼻地狱。

二人一是瞋怒杀人且所杀非常人，一是邪痴，妄说法空，谤无因果，虚贪信施，当生就身陷地狱。

此诸地狱，为有定处，

请问世尊，他们所堕的地狱，是不是有一个固定的地方，虽然各自造业不同，可都到一处同受报呢？

为复自然，彼彼发业，各各私受？惟垂大慈，

还是以各各所造的业，各自私受报应呢？惟愿垂大慈悲，

开发童蒙，令诸一切，持戒众生，闻决定义，

开发我等无知蒙昧，使一切持戒的众生听佛开示决定之义，不致再有犹豫，

欢喜顶戴，谨洁无犯。

心生欢喜，身则顶戴受持，更加谨洁奉持，而无犯戒之事。”

佛告阿难，快哉此问，令诸众生，不入邪见。

佛告阿难：“你问得太痛快了，大合我意，以上淫（宝莲香）怒（琉璃王）痴（善星）都因邪知邪见而起，由于你这样一问，我正好进一步说明，令一切众生不入邪见。

汝今谛听，当为汝说。

你今谛实而听，我当为你详细说明。

[注释]

[1] 七趣皆是昏沉，诸有为相，妄想受生，妄想随业，于妙圆明，无作本心，皆如空华，但一虚妄，更无根绪，则二疑俱释。

[2] 私淫是破戒，妄言无报是破见，毁律误人，罪恶弥甚。业力增上，报不容缓。

[解说]

此段文起开讲正宗分的二、助道别详护定要法中的(一) 谈七趣劝离以警淹留。这段文讲：阿难蒙佛前文开示，受益匪浅，感谢佛陀。此处又向佛请教：真如既然本来周遍圆满，那么有情无情本来原具真如自性，即是十方如来成佛真体，无二无别。既是佛体自应真实，为什么会有七趣的虚妄呢？此七趣是真如体中本来自有的呢？还是众生心中妄想习气生起的呢？接着阿难又举了宝莲香比丘尼、琉璃大王、善星比丘三人来问地狱之报。佛赞叹阿难并答应为他开示。

1. 略示情想为坠升根由

阿难，一切众生，实本真净。

阿难，七趣一切众生，其性实本平等，唯一真如，清净妙心，无诸杂染。

因彼妄见，有妄习生。因此分开，内分外分[1]。

只因一念妄动，迷失本真，遂成妄见，故有妄习生，因此分开内分外分。

内分属情故坠

阿难，内分即是，众生分内，因诸爱染，

阿难，所谓内分即是众生的身分之内(身内)，心存贪恋，对境起著爱染，

发起妄情，情积不休，能生爱水。

贪恋不舍发为妄情，妄情积久不休则能发生贪爱之水。

是故众生，心忆珍馐，口中水出。心忆前人，

所以众生心想起珍馐美味，口中自然流涎。心中想起已死的人，

或怜或恨，目中泪盈。

或怜念他的声音笑容，或遗憾其不幸早亡，眼中自然就会流泪。

贪求财宝，心发爱涎，举体光润。

若贪求财宝，心中发生爱涎，爱涎资身故全身呈现光润的神色。

心著行淫，男女二根，自然流液[2]。阿难，诸爱虽别，

心里贪著行淫，则男女二根自然流出液体。阿难，各种贪爱虽然有别，

流[3]结[4]是同，

口出水，目流泪，男女根出精，这是水流通于外；举体光润，此则水之蕴结于内。若流若结，总是润湿为性，这是相同的。

润湿不升，自然从坠，此名内分。

湿润不能上升，不升则自然下坠，这就是内分。

外分属想故升

阿难，外分即是，众生分外，因诸渴仰，

阿难，外分就是众生身分之外(身外)的美妙境界，众生因对外分胜境渴望仰慕，故不安本类，志求出离，

发明虚想。想积不休，能生胜气。

因而发明种种清虚想念。想念积习不休，想极神飞，能产生一种殊胜之气，可脱离形累，无往而不达。

是故众生，心持禁戒，举身轻清。心持咒印，

所以众生，如持戒人，心念律仪而举身得以轻安。心持诸佛密印，

顾盼雄毅。心欲生天，梦想飞举。

（遇魔外）无所畏惧，故能顾盼雄毅。心想生天，就会梦中飞举。

心存佛国，圣境冥现。

念佛之人或在定中，或在梦中得见佛相好，亲历极乐圣境。

事善知识，自轻身命[5]。阿难，诸想[6]虽别，

念僧宝之人，不顾身命，事善知识。阿难，各种想念虽然不同，

轻举是同，飞动不沉，

但轻举（如梦飞为举，其他皆轻）完全相同，都以飞动为性，飞动则上升不会下沉，

自然超越，此名外分。阿难，一切世间，生死相续，

不沉自然超越，这就叫外分。阿难，一切众生，从无始来生死相续，如旋火轮，

生从顺习，死从变流。

生时随顺习气而造善恶等业，死则从其所作，迁变流转而受报。

临命终时，未舍暖触[7]，一生善恶，

临命终时，第八识尚未离体，暖相尚存之时，一生所作善恶，随其情想轻重，

俱时顿现[8]。死逆生顺，二习相交。

俱时顿现。生前顺习作业，死时恶境现行。当此之时，正在畏死求生之际，以死为逆而欲避之，以生为顺而欲求之，如是顺逆二习交相并发。

纯想[9]即飞，必生天上。若飞心中，

纯想胜妙境界，神游分外即能飞，必生天上。若纯想心中，

兼福兼慧，乃与净愿，自然心开，见十方佛，

平时兼修福慧，又有清净誓愿，自然心地开通，见十方佛，

一切净土，随愿往生。情少想多，轻举非远，

一切净土，故得随愿往生。胜想不纯少杂微情，虽能轻举，但不会太远，

即为飞仙，大力鬼王，飞行夜叉，

九想一情成为飞仙，八想二情为大力鬼王，七想三情为飞行夜叉，

地行罗刹，游于四天，所去无碍。

六想四情为地行罗刹之类。可游于四天下，来去无碍。

其中若有，善愿善心，护持我法，或护禁戒，

这四类之中若能发善愿，及存善心，护持我佛法；或护持禁戒，

随持戒人；或护神咒，随持咒者；或护禅定，保绥法忍；

随持戒的人；或护神咒，随持咒的人；或护禅定及保护修定的人，能离魔障，以安于法忍；

是等亲住，如来座下。

这些带邪情而有善愿的鬼神，必能亲住如来座下，蒙佛授记。

情想均等，不飞不坠，生于人间，想明斯聪，

五情五想正相平等，不能飞升不至沉坠，当生人间，因为想体明达，所以有聪利，如人能推度事理，胜彼下趣；

情幽斯钝。

情体幽闭，所以有暗钝，如人暗钝无神通，不能飞举，劣彼上趣。

情多想少，流入横生，重为毛群[10]，

如情爱多而胜想少的（六情四想），则流入横生，身体重的则为毛群走兽，

轻为羽族[11]。七情三想，沉下水轮，

身体轻的则为羽族飞禽。若七情三想，则沉于水轮之下，

生于火际，受气猛火，身为饿鬼，

生于火轮之际，受猛火之气分，结气成形，身为饿鬼，

常被焚烧，水能害己，无食无饮，经百千劫。

常被焚烧，见水变火，水反能加害于己，无食无饮，经百千劫。

九情一想，下洞火轮，身入风火，二交过地，

九情一想的沉沦更深，今又透过火际，坠狱之身入此风轮火轮二者交界处，此处有间、无间地狱都在其中。

轻生有间，重生无间，二种地狱。

八情二想罪轻的生于有间地狱，九情一想罪重的生于无间地狱，这两种地狱。

纯情即沉，入阿鼻狱。若沉心中，

纯情无想，只坠不升，命终即沉入阿鼻地狱；若在纯情心中，

有谤大乘，毁佛禁戒，诳妄说法，虚贪信施，滥膺恭敬，

还有谤大乘，毁佛禁戒，诳妄说法，虚贪信施，滥受别人恭敬等，

五逆十重，更生十方，阿鼻地狱。

犯五逆十重之罪，本狱不足以偿，更要轮转生十方阿鼻地狱，

循造恶业，虽则自招，

这些都是循着自己所造恶业所招感的苦报，虽是自业所招感，自作自受，

众同分中，兼有元地。

但众生同业所感的同分狱中，仍有一定的处所。

[注释]

[1] 一念妄动，遂成妄见，因妄见分别人我，而有贪、瞋、痴习，而分内分(爱染恶情)、外分(渴仰善想)。

［2］是故众生……自然流液：以事验证，情爱化水。

［3］流：流通。

［4］结：蕴结。

［5］是故众生……自轻身命：以事验证，想必成飞。

［6］诸想：以上念戒、念佛、念僧、念天。

［7］未舍暖触：第八识离体，暖相自尽，寿命亦终。

［8］一生善恶，俱时顿现：行恶业者即现地狱、饿鬼、畜生，所有一切众苦境界。行善业者即现诸天宫殿、天众采女、种种衣服，具足庄严，悉皆妙好。身虽未死，而由业力，见如是事。故知天堂、地狱本无定处，唯心妄见。

［9］想：是澄心观想，非乱想也。此与卵生之想不同。卵生之想是约受生之时，妄染之想。此处约在世之时，惯习胜妙之想。

［10］重为毛群：地行之类。

［11］轻为羽族：空行之类。

［解说］

此段文讲（一）谈七趣劝离以警淹留中的1. 略示情想为坠升根由：诸趣不同，不出情想二因，由内外情想轻重，故有升沉差别。虽情想升坠胜劣不同，总不出虚妄习气，而习气又不外迷真。故知众生迷真起妄，而妄有七趣。若不著于情则三途空，不著于想，则天堂等空，情想俱空，虽在人间，宛然净土。

情想坠升表

<table>
<tr><th colspan="2">情想比例</th><th colspan="2">坠 升 之 处</th></tr>
<tr><td colspan="2">纯想，情＝0</td><td colspan="2">生天，若兼福慧，净愿者往生净土。〈升〉</td></tr>
<tr><td rowspan="4">想＞情</td><td>9/1 九想一情</td><td>飞仙</td><td rowspan="4">想中杂情，则轻举不远，不超过四天。此四类中有善愿者（护咒，护戒，护定等），以鬼神身，而得亲住如来座下。〈升〉</td></tr>
<tr><td>8/2 八想二情</td><td>大力鬼王</td></tr>
<tr><td>7/3 七想三情</td><td>飞行夜叉</td></tr>
<tr><td>6/4 六想四情</td><td>地行罗刹</td></tr>
</table>

续　表

<table>
<tr><th colspan="2">情想比例</th><th colspan="2">坠　升　之　处</th></tr>
<tr><td colspan="2">想＝情，5/5</td><td colspan="2">生人间（五想故人聪利胜下趣；五情故暗钝无神通，不能飞，劣上趣。）〈不升不坠〉</td></tr>
<tr><td rowspan="4">想<情</td><td>4/6 四想六情</td><td colspan="2">畜生。（有二类：① 地行之类，② 空行之类。）〈坠〉</td></tr>
<tr><td>3/7 三想七情</td><td colspan="2">生于火轮之际，为饿鬼。无食无饮，经百千劫。〈坠〉</td></tr>
<tr><td>2/8 二想八情</td><td>有间地狱</td><td rowspan="2">穿越火轮（比上更深），停身于风轮火轮交界处。〈坠〉</td></tr>
<tr><td>1/9 一想九情</td><td>无间地狱</td></tr>
<tr><td colspan="2">纯情，想＝0</td><td colspan="2">即沉阿鼻地狱，若兼谤大乘，破戒，妄说法，五逆十重更生十方阿鼻地狱。〈坠〉</td></tr>
</table>

2. 详示升坠有因果差别

(1) 地狱趣

阿难，此等皆是，彼诸众生，自业所感。

阿难，这些因情想所感升坠之报，都是那些众生自业所感招，

造十习因，受六交报。云何十因？阿难，

造十习之业因，受六交之果报。是哪十种业习为因？阿难，

一者淫习交接，

一是淫习交接：因宿世淫欲炽盛，余习犹存，遇缘发起现行，男女交接，方得成业。

发于相磨，研磨不休，

互相磨擦以求乐，磨擦不休，耗散精血，积淫成火，

如是故有，大猛火光，于中发动[1]。如人以手，自相摩触，

故有大猛火光于自心中发动。如人以手自相摩触

暖相现前。二习相燃，

就会发热一样。因宿有种习未除，现习重增，互相炽燃，如干柴遇火。

故有铁床，铜柱诸事[2]。是故十方，一切如来，

由此命终，故感铁床铜柱等苦报。所以十方一切如来

色[3]目[4]行淫，同名欲火。菩萨见欲，如避火坑。

视行淫一事，异口同声都称欲火。菩萨视淫欲就如猛火坑，避之惟恐不远。

二者贪习交计，

二者贪习交计：以前生多贪，犹有种习，发为现行，重加现习，互相交计，彼此筹量，方得成业。

发于相吸，吸揽不止，

互相吸取，以济己私，贪得无厌，追求不息，

如是故有，积寒坚冰，于中冻洌[5]。

贪心属水，吸取属风，水若遇风，必至积寒，结为坚冰，于自心中预现冻洌之相。

如人以口，吸缩风气，有冷触生。二习相陵，

如人以口空张，吸缩风气，即有冷触发生一样。种习犹存，现习重增，贪吸更甚，

故有吒吒，波波，罗罗，

由此命终，神识即感“吒吒”、“波波”、“罗罗”之声(寒逼罪人之苦声)，

青赤白莲，寒冰等事[6]。是故十方，一切如来，

青赤白莲之色(冻洌罪人之形色)，寒冰等苦报事。所以十方一切如来

色目多求，同名贪水。菩萨见贪，如避瘴海。

异口同音，视贪吸多求，同名贪水。菩萨见此贪爱之境如避瘴海，以免遭病死。

三者慢习交陵，

三者慢习交陵：以前世多慢犹有种习，发为现行，重加现习，彼此交

相陵越而成业。

发于相恃，驰流不息，

这是起于自恃过高，尊己卑人，其性高举，驰心上流，不知止息，然我慢属山，驰流属水，山峙水流，必然奔腾，

如是故有，腾逸奔波，积波为水[7]。

这样就有腾跃纵逸奔驰之波，在自己心中预现积波为水之相。

如人口舌，自相绵味，因而水发。

如人口中之舌，舐在上颚，绵绞其舌上之味，因而有水发生。

二习相鼓，故有血河灰河，

种习犹存，现习重增，种习与现习互相鼓动，故在命终时感得血河灰河、

热沙毒海，融铜灌吞诸事[8]。是故十方，一切如来，

热沙毒海、融铜灌吞等苦报。所以十方一切如来，

色目我慢，名饮痴水[9]。菩萨见慢，如避巨溺。

视我慢之事如饮痴水。菩萨见心中的我慢如避巨海，怕沉溺难出。

四者瞋习交冲，

四者嗔习交冲：以宿生多瞋，犹余种习，发为现行，重加现习，互相交冲，方得成业。

发于相忤，忤结不息，心热发火，

由于忤逆侵犯，结恨于心而不休息，不得报复遂起瞋心，瞋是心中火，

铸气为金，如是故有，刀山铁橛，剑树剑轮，斧钺枪锯[10]。

铸肺气而为金，所以已有刀山铁橛、剑树剑轮、斧钺枪锯在自心中预现杀气之相。

如人衔冤，杀气飞动。

如人含冤，急欲报复，观其形色，便有杀气腾腾之势。

二习相击。

种习犹存，现习重增，瞋忤更甚，益相攻击，念念在杀，所以命终神识

故有宫割斩斫，剉刺槌击诸事[11]。是故十方，一切如来，

故感宫割斩斫，剉刺槌击诸事苦果。所以十方一切如来

色目瞋恚，名利刀剑。菩萨见瞋，如避诛戮。

视瞋恚如钢刀利剑。菩萨见自心中瞋恚，就像逃避诛戮一样。

五者诈习交诱，

五者宿世惯行谄诈，仍有种习，发为现行，重加现习，交相哄诱以成其业。

发于相调，引起不住，

谄诈不实，彼此欺瞒，互相愚弄，相调相欺，以计谋引起他人不知不觉地受骗，念念如是，不肯休止。

如是故有，绳木绞校[12]。如水浸田，草木生长。

所以在心中已有绳木、绞校等相。如水浸田中，能令草木不觉不知而自生长一样。

二习相延，故有杻械枷锁，

种习犹存，现习重增，谄诈愈甚，更相延引，由此命终，神识故感杻械枷锁、

鞭杖挝棒诸事[13]。是故十方，一切如来，色目奸伪，

鞭杖挝棒诸苦报。所以十方一切如来，视奸诈虚伪，

同名谗贼。菩萨见诈，如畏豺狼。

如同谗贼，以谗言哄诱，比贼还厉害。菩萨视自心之诈，如怕豺狼一样。

六者诳习交欺，

六者以宿世多诳，尚有种习，发为现行，重加现习，交相欺瞒，方得

成业。

发于相罔，诬罔不止，飞心造奸，

矫诳虚伪，发于诬罔，指无为有，以虚为实，以为得计，念念飞驰心智，造设奸谋，神出鬼没，令人不觉，堕其计中，

如是故有，尘土屎尿，秽污不净[14]。

因为他这样地用心，所以就有尘土屎尿、秽污不净在心中预现地狱之相。

如尘随风，各无所见。

如风卷尘沙，尘随风势，搅乱虚空，昏天黑地，令人对面，各无所见（举例验知，诬罔之计，令人迷惑不知）。

二习相加，故有没溺，腾掷飞坠，

种习犹存，现习重增，诬罔愈甚，所以命终神识，见有没溺腾掷，

漂沦诸事[15]。是故十方，一切如来，色目欺诳，

飞坠漂沦，诸业果现。所以十方，一切如来，视欺诳心

同名劫杀。菩萨见诳，如践蛇虺[16]。

如同杀人劫财的盗贼。菩萨见自心之诳，如践踏毒蛇一样。

七者怨习交嫌，

七者因宿世有怨（怨恨），种习仍存，发为现行，重加现习，交相憎嫌，彼此怀怨，以成其业。

发于衔恨。如是故有，飞石投砺，匣贮车槛，

含怨不舍，怀恨在心，誓期报复，所以就有飞石投砺，匣贮车槛，

瓮盛囊扑[17]。如阴毒人，怀抱蓄恶。

瓮盛囊扑，在自心中预现地狱之相。如阴毒之人，怀抱奸谋，心蓄恶念，暗算害人一样。

二习相吞，故有投掷擒捉，击射抛撮诸事[18]。

种习犹存，现习更增，怨恨愈深。所以在命终时神识招感投掷擒捉，

击射抛撮等苦报。

是故十方，一切如来，色目怨家，名违害鬼。

所以十方一切如来视怨恨心如违害鬼。

菩萨见怨，如饮鸩[19]酒。

菩萨见心有怨恨如饮鸩酒。

八者见[20]习交明，

八者以宿生诸见炽盛，犹有种习，发为现行，重加现习，彼此交相立破，欲明己见。

如萨迦耶，见戒禁取[21]，

此见即身见、边见、邪见、见取见、戒禁取见五种，此五种通称恶见，

邪悟诸业，发于违拒，出生相反，

都是邪悟，五见各有所作。由此异执，彼此相拒，不但与正违拒，即其自类也自违拒。不但与他人之见相反，即自立之见也多相反。而且不肯从人就正。

如是故有，王使主吏，证执文籍[22]。

所以就有了王使、主吏证其所执之文籍等地狱相预现。

如行路人，来往相见。二习相交，

如行路人，彼此来往互相看见，不可避免。种习犹存，现习重增，互相交对，辨别是非，

故有勘问权诈，

由此命终神识见有王使勘校审问，设方便以诱其言。

考讯推鞫察访，

若不招认，转交主吏，逼考讯问，推详穷鞫(穷究)，从旁体察访问。

披究照明，

仍不招认，即用阎王的业镜置罪人前，一生所作无不显现。

善恶童子，手执文簿，辞辩诸事[23]。

于时则有善恶童子，手拿文簿，言词辩别，详细记载，不可否认，乃甘心领受地狱重罪。

是故十方，一切如来，色目恶见，同名见坑。

所以十方一切如来，视恶知见如同深坑，一旦误入就不能出来了。

菩萨见诸，虚妄偏执，如临毒壑。

菩萨见一切虚妄偏执如临毒壑，没有不急于远离的。

九者枉习交加，

九者以宿世喜欢冤枉好人，犹有种习，发为现行，再加现习，交相加逼以成其业。

发于诬谤，如是故有，合山合石，

本来没有的事诬之为有，谤以为实，所以就有了合山合石，

碾硙耕磨[24]。如谗贼人，逼枉良善。

碾硙耕磨等地狱相在心中现。如谗贼奸徒，压迫良善，枉害无辜一样。

二习相排，故有押捺搥按，

种习犹存，现习重增，互相排挤，枉害不止，由此命终，神识故感拘捕，按捺，令其服罪。

蹙漉衡度诸事[25]。

若不服罪，则蹙其身于囊袋，用巨石压之而漉其血。或挂身于权衡（秤类），秤称轻重，以尺度其长短等诸苦事。

是故十方，一切如来，色目怨谤，同名谗虎。

所以十方一切如来，视怨害诬谤，谗言害人胜于猛虎。

菩萨见枉，如遭霹雳。

菩萨见枉屈之事，如遭霹雳，避而远之。

十者讼习交喧，

十者以宿生好讼，犹有种习，发为现行，重加现习，交相喧诉，以成其业。

发于藏覆，如是故有，鉴见照烛[26]。

隐藏己罪，盖覆阴私，所以就有镜鉴烛照，使其不得隐藏等地狱相在心中预现。

如于日中，不能藏影。二习相陈，

如于日中，不能藏曲直之影。种习犹存，现习重增，讼覆交陈。

故有恶友，

所以在命终，神识见有恶友(同造罪者)，现前作证。

业镜火珠，披露宿业，

还有业镜鉴所作业，以及火珠照露本业，不容隐藏，

对验诸事[27]。是故十方，一切如来，

对验诸事，必显然分明，伏首受诸苦报。是故十方一切如来，

色目覆藏，同名阴贼。菩萨观覆，

视覆藏隐私罪恶，如同家有阴贼，必遭劫。菩萨见有覆藏己过，

如戴高山，履于巨海。

如头戴高山，履于巨海，势将沉没。故避而远之。(十习因 完)

云何六报？阿难，一切众生[28]，六识造业，

什么叫六报呢？阿难，一切众生，造业招报，根识不离，由六识造业，

所招恶报，从六根出[29]。云何恶报，从六根出？

所招感的恶报，是从六根出。为什么恶报，从六根出呢？

1. 见报

临终见坠

一者见报，招引恶果[30]，

一者见报：这是眼识造业，所招引的恶果从眼根出，因中眼识造业偏多，故招引恶果以眼根为正，余根为从。

此见业交，则临终时，先见猛火，

见业与余业交作，则地狱之因成，见属火，故临终时，先见猛火

满十方界，亡者神识，飞[31]坠[32]乘烟，入无间狱。

遍满十方世界，死者的神识落于烟中，乘此烟直入无间地狱（极恶，不受中阴）。

本根发相

发明二相，一者明见，

既入狱中，仍依见业，发明二相：一者明见，因在世于明尘中，明目张胆造恶，

则能遍见，种种恶物，生无量畏。

故能遍见狱中火蛇、火狗等种种恶物，心生无量畏惧。

二者暗见，寂然不见，生无量恐。

二者暗见，因在世于暗尘中，瞒心昧己，故感昏天黑地，寂无所见之境，生无量恐怖之心。

正详交报

如是见火，〔烧见能为，铁床铜柱〕[33]。

如是由见火所烧，因中所见的花容玉貌，今眼中只见铁床铜柱之色；

烧听能为，镬汤洋铜，

因中所听娇声爱语，今被见火所烧，耳中只听镬汤洋铜之恶声；

烧息能为，黑烟紫焰，

因中鼻所嗅的芳香，今被见火所烧，鼻中只嗅黑烟、紫焰之气。

烧味能为，焦丸铁糜，

因中舌所尝的资身补剂，今被见火所烧，只尝焦丸铁糜之味；

烧触能为，热灰炉炭，

因中身所触的冰肌玉体，今被见火所烧，只触热灰炉炭；

烧心能生，星火迸洒，煽鼓空界。

因中心(意)所思恋的欲乐，今被见火所烧，心中能生星火迸洒，煽鼓空界。(这些都是由眼根奔色，而受六交报之苦。)

2. 闻报

临终见坠

二者闻报，招引恶果，

二者闻报：这是耳识所作业因而招引恶果，此中以耳识作业偏多，故以耳根为主，余根为从。

此闻业交，

耳根的闻业与余根业交作，遂成地狱之因。闻听属水，

则临终时，先见波涛，没溺天地，亡者神识，

则临终时，先见波涛，没溺天地，死者的神识

降注乘流，入无间狱。

堕入洪水之中，随着洪流愈沉愈深，直入无间地狱。

本根发相

发明二相，一者开听，听种种闹，精神愗乱。

既入地狱，依闻业发明二相：一者开听(动尘)，由于生前闻一言相犯，必百计报复，故感现在听种种杂闹之声，致使精神昏乱。

二者闭听，寂无所闻，幽魄沉没。

二者闭听(静尘)，由于生前在静尘中不闻相犯之言，但心生疑虑，陷害他人，故今招感，寂然无声，幽魄沉没。

正详交报

如是闻波，注闻则能，为责为诘。

如是由闻波所注(流注)，因中闻一言侮辱就百般诘责，今则闻阎王责

骂诘问，加刑治罪。

注见则能，为雷为吼，为恶毒气。

因中闻一言讥毁就怒目咧嘴，气大声粗，今闻波流注于见，则能为雷震，为哮吼，为恶毒气等苦报。

注息则能，为雨为雾，洒诸毒虫，周满身体。

因中闻说花香酒香，鼻识妄生贪著，今闻波流注于鼻息，则能为雨为雾，飘洒各种毒虫，围满身体。

注味则能，为脓为血，种种杂秽。

因中闻说山珍海味，舌识贪尝其味（百计网罗，以供口腹），今闻水注味，则能为脓为血等等杂秽之物。

注触则能，为畜为鬼，为粪为尿。

因中闻说娇女美男，身识贪恋其触，今闻水注触，则为畜为鬼可畏之状，为粪尿，不洁之相。

注意则能，为电为雹，摧碎心魄。

因闻声作恶，设计图谋，出其不意而害人，今被闻水所注，化为电雹摧碎心魄。（这些都是耳根奔声所招感的苦报。）

3. 嗅报

临终见坠

三者嗅报，招引恶果，

三者嗅报：这是鼻识所作业因而招引恶果，因中鼻识造业偏多，以鼻根为主，余根为从。

此嗅业交，则临终时，

鼻根嗅业与余根业交作，则成地狱之因，嗅息属气，具出入息，所以在命终时

先见毒气，充塞远近，亡者神识，

先见毒气，远近弥漫，故死者的神识乃急入地下躲避，可毒气充塞于地，

从地涌出，入无间狱。

故又从地涌出，但九情不升，不觉又沉，直入无间地狱。

本根发相

发明二相，一者通闻，被诸恶气，熏极心扰。

既入地狱，仍依嗅业，发明二相：一者通闻，由于生前在通尘中，嗅珍馐之香而造业，今则嗅气所冲，变一切恶气，熏得心神扰乱，难以忍受。

二者塞闻，气掩不通，闷绝于地。

二者塞闻，由于在塞尘中，不欲嗅臭秽之物，依之造业，今则嗅气所冲，气塞不通，闷极气绝，昏卧于地。

正详交报

如是嗅气，冲息则能，为质为履，

这样嗅报之气，冲向于鼻息，因中贪嗅色尘之香而造罪，今变为质讯于公堂，履践于刑具。

冲见则能，为火为炬，

因中贪视美女之色而造罪，今嗅业恶气冲见，以见属火，气见火而成烧，故为火为炬。

冲听则能，为没为溺，为洋为沸，

因中贪闻娇柔之声而造罪，今嗅业恶气冲听，以听闻属水，气见水而成溷(肮脏)，故没溺于洋汤沸屎中。

冲味则能，为馁[34]为爽[35]，

因中贪味而造罪，今嗅业恶气冲味，则为烂鱼臭羹，臭气冲天。

冲触则能，为绽为烂，为大肉山，有百千眼，无量咂食。

因中贪求情爱之触而造罪，今嗅业恶气冲触，而成杀，故变为皮绽肉烂，成大肉山，罪人身绽烂百孔千疮，有无量蛆虫咂食之。

冲思则能，为灰为瘴，为飞沙砺，击碎身体。

因中贪求欲乐之思而造罪，今嗅业恶气冲思，以思动属风，气遇风而成扬，故有扬灰泼瘴，飞沙掷砺，击碎身体。（这些都是鼻奔于香，所招引的苦报。）

4. 味报

临终见坠

四者味报，招引恶果，此味业交，

四者味报：这是舌识作业所招引的恶果，味业与余业交作则地狱的因成，生时舌贪滋味，网捕禽兽鱼虾等，

则临终时，先见铁网，猛焰炽烈，周覆世界，亡者神识，

故临终之时，先见铁网，猛焰炽烈，周覆世界，死者的神识急欲穿过，

下透挂网，倒悬其头，入无间狱。

不料竟倒悬于网下，直入无间地狱。

本根发相

发明二相，一者吸气，结成寒冰，冻冽肉身。

既入地狱，仍依味业，发明二相：一者吸气，吸气是从外入，其气必寒，故结寒冰，而冻冽身肉。

二者吐气，飞为猛火，焦烂骨髓。

二者吐气，吐气是由内而出，其气必热，故扬成猛火，焦烂骨髓。

正详交报

如是尝味，历尝则能，为承为忍。

如是舌根尝味所感恶报，历于舌根之尝，因中贪食众生肉，令彼承当忍受，含冤莫诉，故今就变为承当忍受，伏首认罪，哑口无辞。

历见则能，为燃金石。

因中见众生被杀，今尝味之恶报，历于眼根之见，则被见火所烧只见燃金烁石之色。

历听则能，为利兵刃。

因中听众生受烹之声，今尝味之恶报历于耳根之听，则被听水所荡，耳中只闻利兵刀刃之声。

历息则能，为大铁笼，弥覆国土。

因中嗅众生之香气，今尝味之恶报历于鼻根之息，被息气所蒸，鼻中只闻被大铁笼弥覆国土之气。

历触则能，为弓为箭，为弩[36]为射。

因中贪吃众生的血肉，今尝味之恶报历于身根之触，则为身根所对，成为弓箭、弩射之触。

历思则能，为飞热铁，从空雨下。

因中贪吃众生的脂膏，今尝味之恶报历于意根之思，则被思风所动，而成飞热铁，从空如雨而下。（这些都是舌根奔味尘所招引的苦报。）

5. 触报

临终见坠

五者触报，招引恶果，此触业交，

五者触报：这是身识造业所招引的恶果。触业与余业交作，而成地狱之因，触业中最重的莫过贪淫强逼，令对方无所逃避，

则临终时，先见大山，四面来合，无复出路，亡者神识，

所以在临终之时，先见大山四面来合，无复出路，亡者神识

见大铁城，火蛇火狗，虎狼狮子，

见大铁城，方喜躲避有处，却见此处有火蛇火狗、虎狼狮子，又不敢入，

牛头狱卒，马头罗刹，手执枪矟[37]，驱入城门，向无间狱。

可是有牛头狱卒、马头罗刹手持枪矛，驱逼入城门，既入城中，即是无间地狱。

本根发相

发明二相，一者合触，合山逼体，骨肉血溃。

既入狱中，仍依触业发明二相：一者合触：是贪于合触造业，因中见他(她)美貌，强合成事，故感合山逼体，骨肉俱碎，血液淋漓。

二者离触，刀剑触身，心肝屠裂。

二者离触，是贪于离触造业，因中见彼年老色衰，弃离不顾，故感刀剑触身，令心与肝俱受屠裂而分碎。

正详交报

如是合触，历触则能，为道为观，为厅为案[38]。

如是触业所感恶报，强合之触，历于身根，则能化为杵撞、杖击、刃插、箭射。

历见则能，为烧为爇。

触业历于眼根之见，因见属火，被火逼迫，则化为爇为烧。

历听则能，为撞为击，为剚为射[39]。

触业历于耳根之听，就化为地狱道上的惨叫声，狱主宫前的传唤声，断狱所中的审罚声，判罪案前的宣判声。

历息则能，为括为袋，为考为缚。

触业历于鼻根之息，就化为布缠、囊闭，使不能呼吸，缚而考问。

历尝则能，为耕为钳，为斩为截。

触业历于舌根之尝，就变为犁舌、拔舌，斫其根、断其半。

历思则能，为坠为飞，为煎为炙。

触业历于意根之思，就变为心意忽上忽下，想心时燥时热。(这些都是身根奔触而招引的苦报。)

6. 思报

临终见坠

六者思报，招引恶果，此思业交，

六者思报：是意识造业，所招引的恶果。此意根思业与余根业交作，则地狱之因成。思属风，有善有恶，善思能成，恶思能坏，现在是恶业。

则临终时，先见恶风，吹坏国土，亡者神识，被吹上空。

所以命终之时，先见恶风吹坏国土，亡者神识被吹上空。

旋落乘风，堕无间狱。

然因情多想少，旋复从空堕落，乘于风力，不觉入无间地狱。

本根发相

发明二相，

即入狱中，仍依思业，发明二相(思业有觉、不觉，故感报亦然)：

一者不觉，迷极则荒，奔走不息。

一者不觉(灭法尘)：是迷闷之极，心神慌乱，奔走不停。

二者不迷，觉知则苦，无量煎烧，痛深难忍。

二者不迷(生法尘)，觉知则是苦境，外境无量煎烧，痛深难忍。

正详交报

如是邪思，结思则能，为方为所。

这邪思所感的报风结缠现前的意根，就能化为受罪的方域处所。

结见则能，为鉴为证。

思业报风结缠于现前的眼根，就能化为业镜之鉴，恶友之证。

结听则能，为大合石，为冰为霜，为土为雾。

思业报风结缠于现前耳根，以耳闻属水，若遇报风，二力俱胜，鼓激过分，则能成大合石；若风寒水冷，则成冰成霜；若水势劣风，则成土；风势劣水则成雾。

结息则能，为大火车，火船火槛。

思业报风结缠于现前鼻根，鼻息属风，风遇风而磨荡，就能化成大火车(大猛火的车)、火船(炎火的船)、火槛(炎火的槛)，这些地狱中的苦具。

结尝则能，为大叫唤，为悔为泣。

思业报风结缠于现前舌根，能为大叫唤，为悔为泣等饥渴逼恼之声。

结触则能，为大为小，为一日中，万生万死，为偃为仰。

思业报风结缠于现前身根之触，触遇风而展舒，使身忽大，触遇风而局限则为小身（使身忽小），触遇风忽死忽活，一日之中万生万死，或被风吹，面俯于地，或面向于天，随风俯仰躺卧。（这些都是由意根奔于法尘所招感的苦报。）（六交报 完）

阿难，是名地狱，十因六果，皆是众生，迷妄所造。

阿难，前地狱十种之习因，六交之果报，若因若果，都是众生迷于妄见起于妄情所造成。

1. 阿鼻狱

若诸众生，恶业同造，

若有众生（纯情众生），六根对十因，同时俱造，

入阿鼻[40]狱，受无量苦，经无量劫。

此罪极重即入阿鼻地狱，入此狱中备受诸苦，若还有谤大乘破戒等罪，劫尽更生十方阿鼻地狱，经无量劫不能出离。

2. 八无间狱

六根各造，及彼所作，兼境兼根。

六根各各造罪，虽具十因，而不同时俱造。有一类众生造罪，但兼十因中的几境，或只兼六根中的几根。

是人则入，八无间狱。

这人（九情一想）业报比前者轻，故入八无间狱。

3. 十八地狱

身口意三，作杀盗淫，是人则入，十八地狱。

身口意三根，作杀盗淫三种业因，也就是六根中只三根犯罪，十因中但造三因。此人业报较前者更轻，入十八地狱（火狱有八，寒狱有十）。而出入狱间，苦报暂停。

4. 三十六地狱

三业不兼，中间或为，一杀一盗[41]。

身口意三随缺一种,杀盗淫三也随缺一种,各皆具二缺一。

是人则入,三十六地狱。

其罪较前更轻,则入三十六地狱,而受苦稍轻,劫数稍短。

5. 一百零八地狱

见见一根[42],单犯一业,是人则入,一百八地狱。

六根中只有一根造业,于杀盗淫等,唯犯一业,此人罪又轻于前,入一百零八地狱,而受苦更轻些,劫数更短了些。

由是众生,别作别造,于世界中,入同分地。

由于众生各各造业不同,则受报亦别。所感果报各从其类,在世界中,进入各个同分地狱,以受其报。

妄想发生,非本来有。

这些地狱,只因妄想发生,如空花幻有,不是本来就有,也非实有。

[注释]

[1] 大猛火光,于中发动:即作业时,已预现地狱相,则死后招引业火,可想而知。

[2] 故有铁床,铜柱诸事:地狱业果成就。《观佛三昧经》云:铜柱地狱者:有一铜柱,状如火山,高六百由旬,下有猛火,火上铁床,上有刀轮,间有铁嘴虫鸟。有灭伦伤化,非时非处,犯不净者,命终生铜柱之顶,猛火焚烧身,惊怖下视,见铁床上,有异性美人,心生爱著,从铜柱下,至铁床上,男女二根,俱时火起,有铁嘴虫,从男女根入,自男女根出,一日一夜,九百亿生,九百亿死。

[3] 色:向人形容谓之色。

[4] 目:自己观察谓之目。

[5] 积寒坚冰,于中冻洌:狱相初萌。

[6] 故有咤咤……寒冰等事:地狱业果成就。

[7] 腾逸奔波,积波为水:狱相初现。

［8］故有血河……灌吞诸事：狱相成就。血河：狱有两山，罪人走入，两山忽合，血肉遍流，如大河海，血水涌沸，男女万数，出没其中。灰河：灰河地狱，纵广深浅，五百由旬，灰汤涌沸，罪人入河，铁刺刺身，浓血流出，痛苦万状。

［9］痴水：西域有人饮痴水则痴迷颠倒。如岭海的贪泉，还有哑泉，皆类似。

［10］刀山铁橛，剑树剑轮，斧钺枪锯：地狱相初萌。刀山：聚刀如山。铁橛：棍。剑树：竖剑为树。剑轮：围剑为轮。

［11］故有宫割斩斫，剉刺槌击诸事：此业果成就。宫割：断男根。斩斫：斩头。剉：折其体。刺：穿其身。槌：打其背。击：杖其臀。

［12］绳木绞校：地狱相初现。绞以绳引：以绳系之，绞合令不得解。校以木局：校而匣之，令不得脱。

［13］故有杻械枷锁，鞭杖挝棒诸事：此地狱果成就。杻：在手。械：在足。枷：在项。锁：在颈。鞭杖挝棒：在身。

［14］尘土屎尿，秽污不净：地狱相初现。

［15］故有没溺，腾掷飞坠，漂沦诸事：此地狱业报成就。没溺：似是沸屎地狱，罪人没溺于中。腾掷：似是黑砂地狱，风吹黑沙，罪人腾掷其中。漂沦：随沸浮沉之相。飞坠：随风上下之相。

［16］虺(huì)：古书上说的一种毒蛇。

［17］飞石投砺，匣贮车槛，瓮盛囊扑：此地狱相初萌。飞石：飞以石块。投砺：投以碎石。匣贮：匣床盛贮。车槛：车内槛禁。瓮盛：盛人于瓮，而外火炙。囊扑：盛人于囊，举而扑之。因含怨害人，而害具即从自心中生。

［18］故有投掷擒捉，击射抛撮诸事：狱果成就。投掷：用石投掷。擒捉：捉入匣入瓮入囊。击射：用砺、石击头身。抛撮：抛扑令死。始而心欲害人，究竟反为自害。

［19］鸩(zhèn)：传说中的一种毒鸟，把它的羽毛放在酒中，可毒

死人。

［20］见：恶见。

［21］见戒禁取："取"字双贯，即1. 见取，2. 戒禁取。

［22］王使主吏，证执文籍：狱相初现。王使：琰魔罗王之使者。主吏：主掌簿书之官吏。

［23］故有勘问……辞辩诸事：狱果成就。

［24］合山合石，碾（niǎn）碨（wèi）耕磨：狱相初现。合山：大石山，两山相对，罪人入中，山自然合，骨肉糜碎，山还故处。合石：罪人卧石，以石相合，压榨罪人。此八字皆为压逼罪人器具。想逼害人，自心已现逼己之具。

［25］故有押捺搥按，蹙（cù）漉（lù）衡度诸事：地狱果报成就。衡：称东西轻重的器具。

［26］如是故有，鉴见照烛：地狱相初现。

［27］故有恶友……对验诸事：地狱果成就。据传阎王有二宝，一是火珠，能照心曲之珠。二是业镜，能鉴宿业之镜。

［28］一切众生：指极恶众生，当受地狱之报。

［29］六识造业，所招恶报，从六根出：识有了别，故能造业，则六识为能招，而恶报为所招。六根是贼媒，乃贼出入之所。既造业时从此入，受报时仍从此出也。

［30］如眼见娇艳之色，耳必闻柔软之声，鼻嗅脂粉之香，舌谈情爱之语，身图细滑之触，意恋爱欲之乐，故受报时，从一根重者为正，诸根随者为从，交相受报，一根之识作业，连带诸根之识。

［31］飞：火性上腾曰飞。

［32］坠：情多想少曰坠。

［33］烧见能为，铁床铜柱：此句经文原无，据圆瑛法师《楞严经讲义》补。圆瑛法师云："如是上来所说，见报之火。按下诸科，当先有本根受报之文，今补之。"

［34］馁：古称鱼腐烂为馁。

[35] 爽：败坏，此处大意是味浓而坏。

[36] 弩(nǔ)：一种利用机械力量射箭的弓。

[37] 矟(shuò)：矛长丈八尺曰矟，矛的一类。

[38] 为道为观，为厅为案：圆瑛法师曰此处疑是错简，应与下文“历听”中对换成“为撞为击，为剚为射”。

[39] 为撞为击，为剚(zì)为射：圆瑛法师曰应与上文“历触”中对换成“为道为观，为厅为案”。

[40] 阿鼻：此极重无间，分明独为一狱，与下“八无间”有别，故留“阿鼻”不翻，大无间。梵语“阿鼻”此云无间，乃罪恶极重者所坠之处。略明五种无间：1. 趣果无间，舍身即生彼故。2. 受苦无间，中无乐故。3. 经时无间，定一劫故。4. 命无间，中无绝故。5. 形无间，身形纵广，八万由旬，一人多人，皆遍满故。

[41] 三业不兼，中间或为，一杀一盗：举身口为例说明

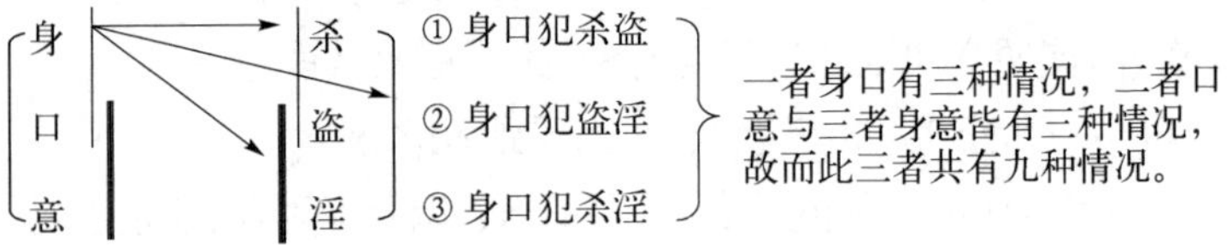

[42] 见见一根：六根中只有一根造业，举“见见”以例“闻闻”等。因轻则狱多，因重则狱少。

[解说]

此段文起开讲(一)谈七趣劝离以警淹留中的2. 详示升坠有因果差别。这段文讲2. 详示升坠有因果差别中(1)地狱趣。这段文详细讲了地狱趣升坠的因果差别。造十习之业因，受六交之果报。此虽因果各言，义实互具，以有因必有果，而果不离因。故谈十因时也谈果报，谈六报时也谈因。○十习之业因：十习是淫、贪、慢、瞋等。既曰为“习”，即是业因(下六报属苦果)。而贪慢等，仍带惑名，应是兼惑业，故云“习”也。习有种习、现习，种习为种子属惑，现习为现行属业，由种子发生现行，故作诸业。

十习因、狱相表

狱相 十习因	预 现 狱 相	命 终 狱 报
淫习交接	积淫成火，故有大猛火光在自心中发动。（火）	铜柱地狱，有铁床、铜柱等苦报。
贪习交计	贪吸多求不止，即有寒冰，地狱初萌。（冰）	八寒地狱，有寒逼狱人苦叫声，冻得肢节脱落，脸为青白等色，诸苦报。
慢习交陵	在自心中预现积波为水之相。（水）	有血河、灰河、热沙、毒海，融铜灌吞等地狱苦报。
瞋习交冲	结恨于心而不休止，故有刀山、铁棍、剑树、剑轮、斧钺等心中狱相初萌。（刀、剑）	瞋忤愈盛，念念在杀，命终神识感斩斫、宫割、刺、击等苦报。
诈习交诱	谄诈不休，故有绳绞、木校等在自心中现。（绳系、木局）	谄诈更甚，更相延引，命终感杻械、枷、锁、鞭、杖等苦报。
诳习交欺	矫诳虚伪，诬罔不止，故有尘土、屎尿秽污不净等相现。（屎、尘）	诬罔更甚，命终神识招感没溺（沸尿地狱）、腾掷（黑砂地狱）、飞堕、漂沦等狱报。
怨习交嫌	含怨不舍，怀恨在心，故有飞石、车槛（古代押运囚犯的车）、瓮盛、囊扑等狱相心中现。（瓮、袋）	怨恨更深，命终招感投掷、擒捉、击射、抛撮等苦报。
见习交明（交明：交相立破欲明己见）	固执恶见，不肯从正，故有王使、主吏证执文籍等地狱相现。（王使、主吏）	勘校审问，逼考讯问，业镜照现，善恶童子，手执文簿，最后承认，甘心领受地狱重罪。
枉习交加	驾祸逼人，诬谤善良，故有合山、合石、耕磨等地狱相现。（合山、合石）	枉害不止，命终故感拘捕、按捺、蹙漉、衡度等狱报。
讼习交喧（讼：争辩是非）	交相喧诉，发人隐藏，覆己阴私，故有镜鉴、烛照狱相现。（业镜、火珠）	命终故有恶友、业镜、火珠，不容隐藏，伏首受诸苦报。

六交报：因中一根之识造业，连带诸根之识，故受报时从一根重者为正，诸根随者为从，交相受报。

六交报表

六根	临终见坠	本根发相	六根交报					
			见（眼）	听（耳）	息（鼻）	尝/味（舌）	触（身）	思/心（意）
眼根	因中眼识作业，余识随之。见觉属火，故临终先见猛火，遍十方界，亡者神识飞堕乘烟，入无间狱。	既入狱中，则遍见火蛇、火狗等种种恶物。或者寂无所见，昏天黑地。	被见火所烧，今只见铜柱铁床之色。	被见火所烧，今只听镬汤洋铜之声。	被见火所烧，今只嗅黑烟紫焰之气。	被见火所烧，今只尝焦丸铁糜。	被见火所烧，今只触热灰炉炭。	被见火所烧，今心中能生星火迸洒，煽鼓空界。
耳根	因中耳识作业，余识随之。闻听属水，故临终先见波涛没溺天地，亡者神识降注乘流，入无间狱。	既入狱中，则听到种种杂闹之声，使精神昏乱。或者寂然无声，幽魄沉没。	闻波流注于见则能为雷震，为哮吼，为恶毒气等。	被闻波所流注，今只听阎王责骂诘问，加刑治罪。	闻波流注于鼻息则能为雨、为雾，飘洒各种毒虫，围满身体。	今闻水注味，则为脓为血，等杂秽之物。	今闻水注触，则为畜、为鬼可畏之状；为粪尿不洁之相。	今被听水所注化为电雹，摧碎心魄。
鼻根	因中鼻识作业，余识随之。嗅息属气，故命终时先见毒气，远近弥漫，沉入无间狱。	既入狱中，一切恶气，熏得心神扰乱。或者气塞不通，闷极气绝，昏卧于地。	嗅报之气冲见，则成火炬。	嗅报之气冲听，则成溺。罪人没溺于洋汤沸屎中。	嗅报之气冲息，则为质讯于公堂，履践于刑具。	嗅报之气冲味，则成烂鱼、臭羹臭气冲天。	嗅报之气冲触，而成杀，故罪人身绽烂，千疮百孔，无数蛆咂食之。	嗅报之气冲思，而有扬灰泼瘴，飞沙掷砺，击碎身体。

续 表

六根	临终见坠	本根发相	六根交报					
			见(眼)	听(耳)	息(鼻)	尝/味(舌)	触(身)	思/心(意)
舌根	因中舌识作业,余识随之。命终时先见铁网,猛焰炽烈,周覆世界,死者神识倒悬于网下入无间狱。	既入狱中,吸气结寒冰,而冻裂身肉。吐气扬成猛火,焦烂骨髓。	如是尝味历见,今只见燃金烁石之色。	尝味历听,今耳中只听利兵刀刃之声。	尝味历息,今鼻中只闻被大铁笼弥覆国土之气。	尝味历尝,今变为承当忍受,伏首认罪,哑口无辞。	尝味历触,今成为弓箭、弩射之触。	尝味历思,今成飞热铁,从空如雨而下。
身根	因中身识作业,余识随之。命终先见大山四面来合,没有出路。神识见大铁城,此中有火蛇、火狗。牛头狱卒、马头罗刹,手持枪矛,逼他入城即入无间狱。	既入狱中,则感合山逼体,骨肉俱碎,血液淋漓。或者刀剑触身,令心肝俱受屠裂而分碎。	如是合触历见,则化为烧为爇。	合融历听,就变为惨叫声、传唤声、审罚声、宣判声。	合融历息,就变为布缠,囊闭,使不能呼,缚而考问。	合融历尝,就变成犁舌,拔舌,断其半,斫其根。	合融历触,今变为杵撞,杖击,刃插,箭射。	合融历思,就变为心意忽上忽下,想心时燥时热。
意根	因中意识作业,余识随之。思属风。命终时先见恶风,吹坏国土,亡者神识,被吹上空,旋落乘风,堕无间狱。	既入狱中,则迷闷之极,心神慌乱,奔走不停。或者知是苦境无量煎烧,痛苦难忍。	如是邪思结见就变为业镜之鉴,恶友之证。	邪思结听,或成大合石,或成冰、霜,或成土,成雾。	邪思结息,就成为大猛火之车,炎火之船等狱中苦具。	邪思结尝,就成为大叫唤,为悔、为泣等饥渴逼恼之声。	邪思结触,或身忽大忽小,或忽死忽活,一日之中万生万死,或随风俯仰躺卧。	邪思结思,就变为受罪的方域、处所。

上面所列十习之业因，六交之果报，地狱中大分因果，就是这样。然而地狱数量有多有少，苦有轻重。因重者狱少，因轻者狱多。因以多重少轻，果以多轻少重。经文中仅略作分析。

这地狱十因六报，若因若果，都是众生不了自心，只因妄想发生如空华，非实有，也不是本来就有。所有因果皆如梦中境界，梦时有，醒时了无所得。地狱是虚幻，今眼前苦事也是虚幻。由己业力，宛然坚实，难脱难忍，故佛戒当守，狱果可怕。

(2) 鬼趣：十类

复次阿难，是诸众生，非[1]破[2]律仪，犯菩萨戒，

复次阿难，这些在地狱受罪的众生，不但犯一切戒而且谤一切戒，

毁佛涅槃，诸余杂业，

又毁谤涅槃至理，大乘深教，又造了十习因、六交报等各种罪业，

历劫烧燃，后还罪毕，

他们在地狱中经过多劫的燃烧，备受痛苦，烧尽宿业之后，酬还罪毕，

受诸鬼形。

重报虽毕，轻报未受，故来受诸鬼形，以尝轻报。

1. 怪鬼——贪习

若于本因，贪物为罪，是人罪毕，

(若于根本原因，以何种习造罪，今依余习成为何鬼。)若于贪习本因中，以贪求财物而成罪业的，此人随业堕狱，受罪既毕而出地狱，仍依贪习，

遇物成形，名为怪鬼。

遇物生贪，附之成形，故有依草附木，成精作怪之类，叫做怪鬼。

2. 魃鬼——淫习

贪色为罪，是人罪毕，

若于往昔以贪求美色而造罪者，这人受罪完毕而出地狱，仍依淫习，心爱游荡，

遇风成形，名为魃鬼[3]。

遇风成形，叫做魃鬼。

3. 魅鬼——诳习

贪惑为罪，是人罪毕，

若于贪著诳惑而造罪者，此人受罪完毕而出地狱，仍依诳习，

遇畜成形，名为魅鬼[4]。

遇畜成形，故有狐狸、鸡、鼠成精之类，叫做魅鬼。

4. 蛊毒鬼——瞋习

贪恨为罪，是人罪毕，

若人因瞋恨而造罪，这人受罪完毕而出地狱，仍依瞋习，怀恨在心，

遇虫成形，名蛊毒鬼。

遇蟒蛇、蜈蚣等毒虫，附之成形，而害人，叫蛊毒鬼。

5. 疠鬼——怨习

贪忆为罪，是人罪毕，

若于往昔记忆宿怨而造罪，此人受罪完毕而出地狱，仍依怨习，蓄意害人，令人衰败，

遇衰[5]成形，名为疠鬼。

故遇衰败之气而附以成形，散瘟行疫叫做疠鬼。

6. 饿鬼——慢习

贪傲为罪，是人罪毕，

若于往昔傲慢而造罪，此人受罪完毕而出地狱，仍依慢习，常怀高举，

遇气成形[6]，名为饿鬼。

故遇气成形，无所主宰，不得祭祀，叫做饿鬼。

7. 魇鬼——枉习

贪罔为罪，是人罪毕，

若于往昔因诬枉他人而造罪，此人受罪完毕而出地狱，仍依枉习，暗中害人，

遇幽为形，名为魇鬼。

故遇幽隐暗昧，阴阳不分之气而成形，乘人睡眠而魇人，令其气不得伸，这叫魇鬼。

8. 魍魉——见习

贪明为罪，是人罪毕，

若于往昔，因贪求邪见，妄作聪明而造罪，此人受罪完毕而出地狱，仍依见习而无正慧，

遇精为形，名魍魉鬼[7]。

故遇日月精华之气而成形，在山川沼泽显灵异炫惑于人，叫魍魉鬼。

9. 役使鬼——诈习

贪成为罪，是人罪毕，

若于往昔，以谄诈诱人，满足自己私欲而造罪，这人受罪完毕而出地狱，仍依诈习，

遇明[8]为形，名役使鬼。

遇咒术而成形，听命于邪师咒术，以诈祸福，被咒术之所役使，叫做役使鬼。

10. 传送鬼——讼习

贪党为罪，是人罪毕，

若于往昔以贪求朋党，助恶兴讼而造罪，这人以受罪完毕而出地狱，仍依讼习，

遇人为形，名传送鬼。

遇人成形，付托人身，传送吉凶，叫传送鬼。

阿难，是人皆以，纯情坠落，

阿难，初在人道造业之人，因纯情无想故堕阿鼻狱，或九情一想堕无间狱，或八情二想堕有间狱，

业火烧干，上出为鬼，此等皆是，自妄想业，

以业报苦火烧干妄情之水，方得出而为鬼。这些鬼都是自心妄想颠倒，循业发现，

之所招引，若悟菩提，则妙圆明，本无所有。

所招苦果，如果悟得真性菩提，则妙圆明性中，本无鬼趣可得。

[注释]

[1] 非：谤。

[2] 破：犯。

[3] 魃鬼：魃为女鬼，也叫旱鬼，也叫女妖。《神异经》云：魃鬼长二三尺，其行如风，所现之处必大旱，因为酷淫，则致阴阳不合，妖风能令云雨不成。

[4] 魅鬼：会变形惑人，令人丧失道德。

[5] 衰：四时不正，阴阳衰败之气。

[6] 遇气成形：地上之气，下有水火二轮，蒸热发气，升上虚空，希望高举，故附之成形。

[7] 魍(wǎng)魉(liǎng)鬼：魍，其形暗昧。魉，其形不定。此鬼好学人声，迷惑于人。

[8] 明：咒术。

[解说]

此段文讲 2. 详示升坠有因果差别中(2) 鬼趣：由前造十习因，堕狱受报不同。今地狱罪毕，出狱为鬼，也因宿习分为十类(如经中)。此处所讲鬼趣与前文七情三想，沉下水轮，生于火际者不同。前者由恶业直堕，此则由地狱余报而生。○此鬼趣与中阴身也不同：人之

初死,极善极恶者都不受中阴身。若罪福都劣,即受中阴身。中阴身,多裸形三尺,自觉六根皆利,去来迅速,无所隔碍,他观如影,七日死而复生,长寿者不过七七日,短寿者于二、三七即随业受生了。倏然有身,名中阴身,此无而忽有,属于化生。地狱众生也是化生。而此鬼趣则具胎卵湿化四生,有福者称神,无福者称鬼,各有父母眷属。○鬼趣也都是自心妄想颠倒,循业发现,所招苦果,若悟真心,本无鬼趣可得。如从梦觉,无法可得。

(3) 畜生趣:十类

复次阿难,鬼业既尽,则情与想,二俱成空,

复次阿难,诸鬼业报既尽,则超出鬼趣的情与想,

方于世间,与元负人,冤对相值,

才在世间与彼原有负欠财物,或负命债的冤家对头,互相值遇,业债难逃,

身为畜生,酬其宿债。

于是转生而身为畜生或被宰杀,或受驱使,以偿财命。

1. 枭类

物怪之鬼,物销报尽,

昔因贪习,遇物成形的怪鬼,今所附之物已销,所受之报也尽,形谢苦尽,

生于世间,多[1]为枭类[2]。

生于世间,因有贪物为怪余习,故多为枭鸟之类。

2. 咎类

风魃之鬼,风销报尽,

昔因淫习,遇风成形的魃鬼,今所附之风已销,所受之报也尽,形谢苦尽,

生于世间,多为咎征[3],一切异类。

生于世间,因有贪色为魃余习,故多为咎征,或为色禽,或为淫兽

之类。

3. 狐类

畜魅之鬼，畜死报尽，

昔因诳习，遇畜成形的魅鬼，今所附之畜生已死，所受之报也尽，

生于世间，多为狐类[4]。

生于世间，因为贪诳为魅余习，故多为狐狸之类。

4. 毒类

虫蛊之鬼，蛊灭报尽，

昔因瞋习，遇虫成形的蛊毒鬼，今所附的虫已死，所受之报也尽，

生于世间，多为毒类。

生于世间，多为毒类，如蛇、蜈蚣等。

5. 蛔类

衰疠之鬼，衰穷报尽，

昔因冤习，遇衰败之气而成形的疠鬼，今所附的衰气已穷，所受之报也尽，

生于世间，多为蛔类。

生于世间，仍有宿怨余习，故多为蛔蛲等肠虫类。

6. 食类

受气之鬼，气销报尽，

昔因慢习，遇气成形的饿鬼，今所附的气已销，所受之报也尽，

生于世间，多为食类。

生于世间，因傲慢，尊己凌他，恣意食啖，故今成为以身肉供人食用的羊、猪、鸡、鱼等食类。

7. 服类

绵幽之鬼，幽销报尽，

昔因枉习，遇幽隐暗昧，阴阳不分之气而成形的魇鬼，今所附之幽已销，所受之报也尽，

生于世间，多为服[5]类。

生于世间，因有贪枉，为魇余习，故成为供人乘服的马、骆驼等，或成为供人衣服的貂、蚕等，这些服类。

8. 应类

和精之鬼，和销报尽，

昔因见习，遇日月精华之气而成形的魍魉鬼，今所和之精已销，所受之报也尽，

生于世间，多为应类[6]。

生于世间，因有贪明魍魉余习，故成为应时而出的春燕、秋鸿(雁)等应类。

9. 休类

明灵之鬼，明[7]灭报尽，

昔因诈习，遇咒术而成形的役使鬼，今所附的咒力已灭，所受之报也尽，

生于世间，多为休征[8]，一切诸类。

生于世间，因诈伪余习仍存，故多为嘉凤、祥麟等吉事的前兆，其余如灵禽文兽等深谙人语，随人使役之类。

10. 循类

依人之鬼，

昔因讼习，遇人成形，附托人身，传送吉凶的传送鬼，

人亡报尽，生于世间，

今所依之人已死，所受之报也尽。生于世间因有贪党传送余习，

多为循类。

故多成为犬、鸽等依人畜养,循顺于人的循类。

阿难,是等皆以,业火干枯,

阿难,这十类畜生都是以地狱、鬼趣业报苦火烧尽,二趣妄情干枯之后,

酬其宿债,旁为畜生。此等亦皆,自虚妄业,

生于世间,偿其宿债,而为旁生。这十类畜生也都是虚妄惑业

之所招引,若悟菩提,则此妄缘,本无所有。

之所招引,自作自受。若悟得菩提真心,本来无一物,则此业报如空花,本无所有。

如汝所言,宝莲香等,及琉璃王,善星比丘,

如你阿难所说,宝莲香、琉璃王、善星比丘三人都堕无间狱。

如是恶业,本自发明,非从天降,亦非地出,

这样的恶业,本是自己所造,不是从天降,也不是从地出,

亦非人与,自妄所招,还自来受。

也不是别人所加,完全是自己妄惑所招感,自作自受,不从外得。

菩提心中,皆为浮虚,妄想凝结。

一切苦趣都是菩提清净心中虚浮妄想,凝结变化的妄境,迷时则有,悟了实无(如梦境)。

[注释]

[1] 多:其中或有少类不是这样。

[2] 枭类:土枭鸟,附块为儿,子成食母。附块为儿是贪物余习,以子食母即怪鬼余习,即偿命债。

[3] 咎征:凶事的前兆。

[4] 狐类:狐狸能变形惑人,千岁狐为淫妇,百岁狐为美女,即魅鬼余习。

[5] 服:服务。或衣服,或乘服等。

［6］应类：春燕、秋鸿，春到北方，秋到南方。忽南忽北即魍魉余习，知时知节则贪明余习。

［7］明：咒。

［8］休征：吉事之前兆。

［解说］

此段文讲 2. 详示升坠有因果差别中(3) 畜生趣：七趣后皆可趣于畜生，文中十类畜生都是以地狱、鬼趣业尽(也就是说今畜生趣但约鬼业既尽言之)，为酬还宿债，方于世间，身为畜生，或被宰杀，或受驱使，偿命偿财。畜生趣罪又较前鬼趣轻，故与人杂居，如猫、狗等，然性愚钝，不能自立，多赖人畜养而生。〇此十类畜生都是自心虚妄惑业所招，自作自受，若悟真心则此业报如空华本无所有。

(4) 人趣：十类

复次阿难，从是畜生，酬偿先债[1]。若彼酬者，

复次阿难，由变畜生来偿宿债。如果那个偿债的畜生

分越所酬，此等众生，还复为人，

超越了所应偿之分(故畜生不可恶待)，这类众生畜业完了转生为人(乙人)之后，

反征其剩[2]。如彼有力，

反向其债主(甲人)讨还他前生余剩之债。如果彼债主(甲人)有善业之力，

兼有福德，则于人中，不舍人身，酬还彼力。

又有福德，则在人趣之中，不舍人身，就可以偿还超收的部分(如被盗或他人负欠等)。

若无福者，

如果没有善业之力，又无福德，则难保人身，

还为畜生，偿彼余直[3]。

还要沦为畜生或被驱役，或被售卖，来偿彼前世余剩的债。

阿难当知，若用钱物，或役其力，偿足自停。

阿难你应该知道，如果多用了对方的财物，或过分役使了对方的劳力，偿还够了就自然停止，以后各不相干了。

如其中间，杀彼身命，或食其肉，如是乃至，

如果在偿还宿债之时，杀彼身命，食其血肉，如是生生世世，

经微尘劫，相食相诛，犹如转轮，互为高下，

经微尘劫，相吃相杀，如旋转轮，循环高下，互为人畜，

无有休息。除奢摩他，及佛出世，不可停寝。

无有休止。除非能修习止观，断惑证真，或遇佛出世，闻法开悟，否则历劫冤情，互相杀食不会停止。

1. 顽类

汝今应知，彼枭伦者，酬足复形，

你现在应当知道，那枭鸟之伦，宿因贪习，为怪为枭，虽偿清业债，恢复原形，

生人道中，参合顽类[4]。

生在人道中，犹带余习，故参杂混合在冥顽类中，既愚且恶，难以教化。

2. 异类

彼咎征者，酬足复形，

那咎征者，昔因淫习为魃鬼为咎征，今虽偿清业债，恢复原形，

生人道中，参合异类[5]。

生人道中，犹带余习，故参杂混合于妖异之类。

3. 庸类

彼狐伦者，酬足复形，

那狐狸之伦，昔因诳习为魅为狐，今虽偿清业债，恢复原形，

生人道中，参于庸类[6]。

生人道中，犹带余习，故参杂混合于庸俗卑鄙，媚世求荣之类。

4. 狠类

彼毒伦者，酬足复形，

那蛊毒之伦，昔因瞋习，为蛊鬼为毒物，今虽偿清业债，恢复原形，

生人道中，参合狠类[7]。

生人道中，犹带余习，故参杂混合于狠类，刚暴自用，毫无仁慈之心。

5. 微类

彼蛔伦者，酬足复形，

那蛔虫之伦，昔因怨习，为疠为蛔，今虽偿清业债，恢复原形，

生人道中，参合微类[8]。

生人道中，犹带余习，故参杂混合于卑微下贱之类。

6. 柔类

彼食伦者，酬足复形，

那供人食用之伦，昔因慢习为饿鬼为食类，今虽偿清业债，恢复原形，

生人道中，参合柔[9]类。

生人道中，犹带余习，故参杂混合于个性懦弱，被世欺凌，不能卓立之类。

7. 劳类

彼服伦者，酬足复形，

那以皮毛供人服用之伦，昔因枉习为魇为服，今虽偿清业债，恢复原形，

生人道中，参合劳类[10]。

生人道中，犹带余习，故参杂混合于劳类。

8. 文类

彼应伦者，酬足复形，

那应时之伦，昔因见习，为魍魉为应类，今虽偿清业债，恢复原形，

生人道中，参于文类[11]。

生人道中，犹带余习，故参杂混合于通文合礼的文人类中。

9. 明类

彼休征者，酬足复形。

那休征者，昔因诈习，为役使鬼为休征。今虽偿清业债，恢复原形，

生人道中，参合明类[12]。

生人道中，犹还余习，故参杂混合于精通世典，世智辩聪类中。

10. 达类，

彼诸循伦，酬足复形，

那顺循人情之伦，昔因讼习，为传送鬼，为循类，今虽酬债已清，恢复原形，

生人道中，参于达类[13]。

生人道中犹带余习，故参杂混合于熟谙世故人情练达之类。

阿难，是等皆以，宿债毕酬，复形人道。

阿难，这十种人都以宿生之债，酬偿完毕，而恢复人道本形。

皆无始来，业计颠倒，相生相杀。

皆多生多世，由无始至今，妄业妄计，种种颠倒，为讨债而相生，为索命而相杀。

不遇如来，不闻正法，

不遇如来出世，不闻诸佛正法，不知悔改，无缘解脱，

于尘劳中，法尔轮转，

故于尘劳中，起惑作业受苦，如恶叉聚，轮转不止。

此辈名为，可怜愍者。

这类众生虽得人身，凶多吉少，不闻法，不修行，稍一不慎，即失人身而堕落，实在太可怜了。

［注释］

［1］债：物债和命债。

［2］若彼酬者……反征其剩：举例释。

［3］上文物债，下文命债。物债易还，命债难还。

［4］顽类：恶且愚，不可化。

［5］异类：如身具二形，六根反常。

［6］庸类：无超拔之气，媚世求荣，甘为庸鄙之事。

［7］狠类：刚暴自用，无仁慈之心。

［8］微类：卑微下贱之辈，婢、仆之类。

［9］柔：柔弱。

［10］劳类：劳苦不息，碌碌营生。

［11］文类：小有才能，通文合礼，与人应接，不失其序，但不能成为经天纬地的大才。

［12］明类：不明大义的世智辩聪之流。

［13］达类：谙练世故，了达人情，非博古穷今之大达。

［解说］

此段文讲 2. 详示升坠有因果差别中(4) 人趣。人趣也有多种，约而言之，有三差别：一是持五戒，行中品十善为因，直克其果。二是从圣类中来：如圣贤示现，天仙福尽，降生人间。三是恶道中来：如从地狱、鬼、畜及阿修罗中来。此处人趣只约从畜复形而言。〇人趣是修进通途，诸趣皆愿为之，求转身之速也。故诸佛只于人中成佛，整心虑，趣菩提，唯人道为能耳。

习趣对应表

趣＼习	贪习	淫习	诳习	瞋习	怨习	慢习	枉习	见习	诈习	讼习
鬼趣 报尽↓多为	怪鬼	魃鬼	魅鬼	蛊毒鬼	疠鬼	饿鬼	魇鬼	魍魉鬼	役使鬼	传送鬼
畜生趣 报尽↓参于	枭类	咎类	狐类	毒类	蛔类	食类	服类	应类	休类	循类
人趣	顽类	异类	庸类	狠类	微类	柔类	劳类	文类	明类	达类

注：怪鬼报尽多为枭类，其少部分的怪鬼报尽并不一定为枭类。枭类报尽参于顽类，彼顽类并非皆枭所化。贪习一类如此，其他九习九类皆同此。

(5) 仙趣：十类

阿难，复有从人[1]，不依正觉，修三摩地。

阿难，另有久生人道，欲求仙道者，却不依本觉真心（真本），发起始觉正智，而修楞严大定，

别修妄念，存想固形，

反而别修虚妄之念（妄本），拨动精魂，存想坚固形骸以求长生不死。

游于山林，人不及处，有十种仙。

游于山林之间，人烟不到之处，有十种仙。

1. 地行仙

阿难，彼诸众生，坚固服饵[2]，

阿难，这些在人道中别修妄念的人，因其存想坚固形骸，不服五谷，只食药物，

而不休息，食道圆成，名地行仙。

服食不休，而得功效，不但身体康壮，延年益寿，且身轻行疾（不能升空），叫地行仙。

2. 飞行仙

坚固草木[3]，而不休息，

因其存想坚固形骸，只服草木，不食人间烟火，服食不休，

药道圆成，名飞行仙。

而得功效，能身轻胜前，行步如飞，升高越壑，故叫飞行仙。

3. 游行仙

坚固金石，而不休息，

因其存想坚固形骸，而服五金、黄石（五金八石）之类（如烧丹，炼汞），服食不休，

化道圆成，名游行仙。

不但能化形易骨，超然物外，且能游戏人间，点石成金，故叫游行仙（炼外丹者）。

4. 空行仙

坚固动止，而不休息，

因存想坚固形骸，进而动以运气调身，止以养精安神，动止得宜，如是运养不休，

气精圆成，名空行仙。

初则练精还气，继而练气还神，终则练神还虚，故得气精两化，形神俱妙，能乘云御龙，游于虚空，故叫空行仙。

5. 天行仙

坚固津[4]液[5]，而不休息，

因存想坚固形骸，鼓天池，咽玉液，能令水升火降，久而不息，

润德圆成，名天行仙。

终至水火相济，而结内丹，内外融通，不被物累，故能乘正气游于天上，故叫天行仙（炼内丹者）。

6. 通行仙

坚固精色，而不休息，

为求长生，专心致志，采日月之精华，食云霞之彩色，久行不息，

吸粹圆成，名通行仙。

吸取日月云霞之精粹已圆成，故形与气化，神与物通，穿金石，蹈水火，任运无碍，已通造化，故叫通行仙。

7. 道行仙

坚固咒禁，而不休息，

为求长生，专心致志，奉持咒语则能护国保民，降妖驱魔；严守禁戒，则能止嗜戒欲，延年益寿。久行不息，

术法圆成，名道行仙。

咒术与禁法圆满成就，能咒枣书符以治病，禁毒驱魔以利群生，以此道养身，推此道济世，故叫道行仙。

8. 照行仙

坚固思念，而不休息，

为求长生，坚定心志，沉思静念，心想从顶门而出神，久行不息，

思忆圆成，名照行仙。

思念圆满成就，神能出入自在，气则上下交通，形神照应不失，故叫照行仙。

9. 精行仙

坚固交遘，而不休息，

为求长生，坚定心志，外道以肾水为坎男（八卦之一），以心火为离女，取坎填离，降火提水，令其交遘，以成仙胎，久行不息，

感应[6]圆成，名精行仙。

而得功效，以坎男离女，遘精成胎，叫精行仙。

10. 绝行仙

坚固变化，而不休息，

为求长生，坚定心志，以穷物变，深研化理，久行不息。

觉悟圆成，名绝行仙[7]。

心存化理，久则觉悟，而与造化相通，觉悟圆满，能移山倒海，翻易四时(四季次序)，故叫绝行仙。

阿难，是等皆于，人中练心，不修正觉

阿难，这十类仙人都于人中厌生死以求长生不死，别修妄念，不修正觉真心。

别得生理，寿千万岁，

因其存想坚固形骸，别得长生之理，与妄理相应，故能千万岁长寿，

休止深山，或大海岛，绝于人境[8]。斯亦轮回，妄想流转。

休心依止深山海岛，绝于人烟之境。此并非不死之国，仍在轮回之中，怕速死而求长生即属妄想，依妄想而堕生死流转。

不修三昧，报尽还来，散入诸趣。

若不早修楞严三昧，仙报一尽依旧还要改头换面，散入于诸趣之中。

[注释]

[1] 复有从人：不是上十类人，上十类人，初得人身，犹带十习余习。此是久生人道，厌无常求仙道者。

[2] 饵：药菜煮熟或蒸熟做成丸、饼、饵等。

[3] 草木：松枝、柏叶、人参根等。

[4] 津：上出为津。

[5] 液：下咽为液。

[6] 感应：交遘。

[7] 存想变化之理，心随邪悟，故能起大变化。

[8] 绝于人境：即所谓蓬莱弱水，惟飞仙可度，七金山之外，其水

甚弱，舟不能至，羽毛皆沉，是神仙所居之处。

[解说]

此段文讲2. 详示升坠有因果差别中(5)仙趣：自仙趣以上，方与十习无关。以其所修不同分为十类，第一类至第五类依据步行来论功夫优劣。第六类至第十类修缘影之心，依功夫深浅论胜劣。仙趣虽好，错用其心，不出轮回。

十类仙表

十类	修炼之法	神通
地行仙	吃延生物，不忌烟火。	延年益寿，身体康壮，身轻行疾。
飞行仙	吃草木，忌烟火。	行步如飞，升高越壑。
游行仙	吃五金、黄石之类。	超然物外，点石成金，游戏人间。
空行仙	调气固精，遗形涉空。	乘云御龙，游于虚空。
天行仙	咽纳，吞服津液。	不被物累，能乘正气，游于天上。
通行仙	吸风饮露，采日月精华。	穿金石，蹈水火，任运无碍，已通造化。
道行仙	专精咒术。	咒枣书符，治病禁毒，驱魔。以此道养身，济世。
照行仙	存想顶门而出神。	神出入自在，气上下交通，形神照应不失。
精行仙	交遘之法。	坎男离女，交精成胎。
绝行仙	心存天地变化之理(修习天地变化物理的玄妙法门)。	移山倒海，翻易四时。

有一则典故说：吕洞宾三求功名不成，苦闷不已。汉钟离欲度他，在途中旅馆等他，汉钟离对吕洞宾说："功名如梦境，得不喜，失不忧。"拿一枕头，让他休息。吕洞宾受之即睡，做一梦：到一家投胎，聪明可爱，才华过人，官运亨通，因为人忠直，竟遭奸臣所害，一生皆

顺，忽遭杀身，至刑场，利刀一砍，头落惊醒，出了一身大汗。于是吕洞宾修道，炼一双雌雄剑，斩妖驱魔，志在利生。一日途经黄龙山下，见紫云盖顶，知有高人。正值黄龙禅师说法，说毕曰有人盗法。吕洞宾说："囊有长生不死药，何用盗法？"黄龙禅师说："你这个守尸鬼。"吕洞宾即飞出宝剑，要斩黄龙禅师之首，剑至颈，鸣一声即坠地，插在地中，吕洞宾用尽心力，也不飞回，黄龙禅师头如故，方信道高，惭愧求开示，并礼黄龙禅师为师。有偈为证："蹙碎浮囊弃却琴，从今不弄汞中金，自从一见黄龙后，方悔从前错用心。"可见仙道不如佛道。

（6）天趣

一、六欲天：共六天，属欲界

阿难，诸世间人，不求常住，

阿难，一切世间的人，有的想离苦得乐，可是无心出尘，不求常住真心，不能超出三界。

未能舍诸，妻妾恩爱。

未能舍弃妻妾的恩爱。

1. 四王天

于邪淫[1]中，心不流逸，澄莹生明。

然于邪淫中，不但守身不犯，且心中也不起邪淫之念，因此爱水澄净莹洁，心地光明。

命终之后，邻于日月，

此人命终之后，舍人身而受天身，生于须弥山腰，邻于日月宫，

如是一类，名四王天[2]。

这一类叫四王天，为帝释外臣。

2. 忉利天

于己妻房[3]，淫爱微薄，

不但没有邪淫，就是对自己的妻室，淫欲爱念也很淡薄，

于净居时，不得全味，

但在独自净居时，间有淫念生起，身心不能完全清净，

命终之后，超日月明，居人间顶[4]，如是一类，名忉利天[5]。

这等人命终之后，超日月之光明，生在须弥山顶，这样一类叫忉利天。

3. 夜摩天

逢欲暂交，去无思忆。

（舍妻妾恩爱）逢欲境现前暂时相交，过去之后，毫无追思回忆。

于人间世，动少静多。命终之后，于虚空中，朗然安住，

于人间世，没有深染。这等人命终之后，神识上升，安住虚空。

日月光明，上照不及[6]。是诸人等，自有光明，

这是日月光明所照不到的地方，而这等人自身和宫殿光明互照，

如是一类，名须焰摩[7]天。

这样一类叫须焰摩天。

4. 兜率天

一切时静，有应触来，未能违戾。

在一切时都无淫心，不过若有淫欲境界逼迫，还不能息淫机而拒绝，仍顺从之。

命终之后，上升精微，不接下界，

这类人命终之后，神识上升更高，其境精细微妙，不与下界

诸人天境，乃至劫坏，三灾不及，

人天境界相接，乃至劫坏之时，水火风三灾所不能及。

如是一类，名兜率天[8]。

这类天界叫兜率天。

5. 化乐天

我无欲心，应汝行事，于横陈时，味如嚼蜡，

我本无欲心，但应妻妾欲求而行房事，当玉体横陈之时，全无乐趣，淡然无味如同嚼蜡。

命终之后，生越[9]化[10]地，

这等人死后超越前四天，升登到五欲乐具能随愿变化，满足自己受用的境地。

如是一类，名乐变化天[11]。

这等天界叫乐变化天。

6. 他化天

无世间心，同世行事，于行事交，

厌离世间淫欲不净，虽未舍妻妾，权行夫妻之事，于行事相交之际，

了然超越，命终之后，

不但无味，而且了然超越，神游境外，毫无欲想，这等人死后

遍能出超，化[12]无化[13]境。

即能超越一切化、无化境（即超越前五天），凡五尘欲境，不须自己变化，都由他天所变现，而自己得以自在受用。

如是一类，名他化自在天。

这等天界叫他化自在天。

阿难，如是六天，形虽出动，

阿难以上所说的六天，能渐制欲动而趋向定静，可仍未离开男女情爱，

心迹尚交[14]。

如前四天不但迹交，尚兼心交（以有味故），后二天虽无心交，仍有迹交（因逼迫，无味故）。

自此已还，名为欲界[15]。

所以从他化天以下至阿鼻地狱都叫欲界。

[注释]

[1] 邪淫：于他人妻女行淫名为邪淫，于己妻房名为正淫。

[2] 四王天：南增长天王，居琉璃宫；西广目天王，居白银宫；北方多闻天王，居水晶宫；东方持国天王，居黄金宫。

[3] 妻房：无妾。

[4] 人间顶：须弥之极顶。

[5] 忉利天：译为三十三天。在须弥山顶，四方各八天（4×8=32天），中有一天是善见城乃帝释天王所居，三十二天都是帝释统辖。

[6] 日月光明，上照不及：上忉利天光仍可及，此天又高，光不及。

[7] 须焰摩：此云善时分。以日月光明不及，不分昼夜，此天以莲华开合，善知时分（既非明暗之时，故曰善时）。诸经多称"夜摩"故科名依之。

[8] 兜率天：此云"知足天"。能于欲境，生知足想，但以一笑为淫，更不必执手。此天有内院、外院。外院属凡夫天，有小摩尼殿。内院是菩萨所居，弥勒菩萨为天主，有大摩尼殿，常在其中，说法教化。菩萨有时至外院，说法教化凡夫。倘若机熟领悟则接引而入内院。内院不是外院所能知处。

[9] 越：超越前四天。

[10] 化：变化五欲而自娱。

[11] 乐变化天：余经但称化乐天，谓自化五尘，还自受乐。今科名依之。

[12] 化：指第五天，化乐天。

[13] 无化：指前四天。

[14] 形虽出动，心迹尚交：此约因中言之（即指在人间时的情境）。

[15] 欲界：欲界众生，因中果上，欲心轻重各殊，投生各趣亦不同，但其欲则同，所以也叫五趣杂居地。

[解说]

此段文起开讲2. 详示升坠有因果差别中(6) 天趣。天趣分三类：一、六欲天，二、四禅天，三、四空天。这段文讲(6) 天趣中

六欲天表

六天 \ 状况		生因（生六天之因）	位置	离地（由旬）（离人间地）	身长（丈）	寿命	淫欲
地居天（此两天未离地）	四王天	此人守五戒，正淫虽有，邪淫已无，命终受此天身。	在须弥山腰，邻于日月宫。	四万二千	七十五	寿五百岁。以人间数计：九百万年。人间五十年为其一昼夜，也有中夭者。	此二天形交成淫，与人间同。二根相到只出风气，没有不净流溢。
	忉利天	淫欲爱念微薄，正淫有时有节。净居时，间有淫念生起。命终受此天身。	须弥山顶，即人间顶，再往上就不与人间接了。	八万四千	一百五十	寿一千岁。人间一百年为其一昼夜。	
夜摩天		逢欲境暂交，事过境迁，心无眷恋。不逢欲境，淫念必不起。命终受此天身。	此天胜前，更高。起地居而成空居。有地如云，朗然安住。忉利天虽超日月，然日月之光，仍可照及，此天更高，则照不到。	十六万	二百二十五	寿二千岁。人间两百年为其一昼夜。	惟执手成淫，无交遘事。
兜率天		此人在一切时，都无淫心，有淫境逼迫，仍顺从，命终受此天身。	不接下界，诸人天境。有地如云，于上安住。	三十二万	三百	寿四千岁，人间四百年为其一昼夜。	惟以一笑为淫，更不必执手。
化乐天		本无淫心，应彼行房，深拒不成，交如嚼蜡。命终受此天身。	超越前四天，有地如云，于上安住。	六十四万	三百七十五	寿八千岁。人间八百年为其一昼夜。	但以熟视为淫，不必笑。
他化天		厌离淫欲，权行夫妇之事，不但无味，而且了然超越，神游境外，毫无欲想。	超越前五天，有地如云，安住于上。	一百二十八万	四百五十	寿一万六千岁。人间一千六百年为其一昼夜。	以眼暂视，便为淫事。
补充：偈："四王忉利欲交抱，夜摩执手兜率笑。化乐熟视他暂视，此是六天真快乐。"六天以寡欲而上升。三界共九地，欲界占五趣杂居地。							

一、六欲天，此六天属欲界。六天果报以十善为因，功行（护法，不恼众生等）、禅定（世间禅定）为缘。而十善之中，断欲为要，若不断欲，十善何成？诸欲以淫为首，又本经修楞严大定以淫欲为生死冤家，所以文中惟举淫欲为生六欲天之因。因中欲心渐渐轻，生天层层高。六天未能远离淫欲、睡欲、食欲，从六天以下至阿鼻地狱皆属欲界所摄。梵语提婆，此翻为天，以清净光洁，尊胜为义。天趣与仙趣不同：1. 仙以人身而恋长生，最怕舍身受身；天则皆舍前身而受天身。2. 仙居山海如蓬莱等属于人间，天则离地超乎人间。所以天、仙不同。

二、四禅天：共十八天，属色界

初禅天：共三天

1. 梵众天

阿难，世间一切，所修心人，不假禅那，无有智慧。

阿难，世间一切修心的人不知真心，错乱修习，不修楞严大定无漏的静虑，缺少出世间真正的智慧（修有漏的静虑）。

但能执身，不行淫欲，若行若坐，想念俱无，

若能守身，不犯淫欲，并且行住坐卧之间连想念之心（淫心）也都没有，由是身心清净（六欲天不免身犯），

爱染不生，无留欲界，是人应念，

爱染不生，不再留居欲界，这类人临终时应念（应其清净梵行无欲之念）化生，上升色界，

身为梵侣，如是一类，名梵众天。

作梵天的臣民，为梵王的伴侣。这样一类乃是梵天之民，故叫梵众天。

2. 梵辅天

欲习既除，离欲心现，于诸律仪，

有一类人，欲界的淫习已除，离欲的清净心显现，对于五戒十善等律仪（不一定是佛戒）

爱乐随顺，是人应时[1]，能行梵德[2]，

都能乐于遵守，随顺不犯，能应时而履践梵德，弘扬梵德，身心清净，已超梵众，升为梵王的臣佐，辅助梵王，

如是一类，名梵辅天。

这一类叫梵辅天。

3. 大梵天

身心妙[3]圆[4]，威仪不缺。

有一类人，身心俱得清净，一切时处，威仪不缺。

清净禁戒，加以明悟，是人应时，能统梵众，

不但禁戒清净且加以明悟，这类人又超梵辅，能应时统理梵天众，

为大梵王，如是一类，名大梵天。

为大梵王，这样一类超梵辅天，故叫大梵天。

阿难，此三胜流[5]，一切苦恼，所不能逼。虽非正修，

阿难，此三天胜下界诸趣，欲界的八苦不能再逼迫。虽不是依真本而起正修，

真三摩地。清净心中，诸漏不动，名为初禅。

得证真三摩地。然持戒清净，心不被欲界诸烦恼漏所动，故都叫初禅。

二禅天：共三天

1. 少光天

阿难，其次梵天，统摄梵人，

阿难，其次大梵天统摄既久，化他功深，自行更加纯净，

圆满梵行，澄心不动，寂湛生光，

具足戒定慧，定力既深，心水澄寂不动，湛然生光，但心光尚劣，其量有限。

如是一类，名少光天。

这一类叫少光天。

2. 无量光天

光光相燃，

定力转深，光明增强，心光与身光，展转相燃，光光迭发，

照耀无尽，映十方界，遍成琉璃，

照耀无尽，内外明彻，遍成琉璃，映彻小千十方世界

如是一类，名无量光天。

这样一类，叫无量光天。

3. 光音天

吸持圆光，

吸取执持前天的无量光明，继续进修，至此定境更深，光更圆满。

成就教体，发化清净，

以此圆光，代其言音，宣扬梵行教化（以光为教体），清净无著，

应用无尽。如是一类，名光音天。

应用无有穷尽，这样一类，叫光音天。

阿难，此三胜流，一切忧悬，所不能逼，

阿难，上说三天胜于初禅，初禅乍离欲界诸苦，仍有再堕的忧愁悬挂，今至二禅离欲界渐远，不再有退堕的忧愁悬挂。

虽非正修，真三摩地，清净心中，

虽未能依不生灭为本修因，而修真正三摩提，此天于清净梵行心中

粗漏已伏，名为二禅。

粗漏已伏，能以定力伏前五识，不起现行，所以叫二禅。

三禅天：共三天

1. 少净天

阿难，如是天人，圆光成音，

阿难，前光音天的人，能以圆满光明成就音声而为教体，

披音露妙，发成精行，

更能披发音声，显露妙理。此天依此妙理，发成精纯之妙行，

通寂灭乐[6]。

而生净乐，恬然安静，通于寂灭之乐。

如是一类，名少净天。

这样一类，叫少净天。

2. 无量净天

净空现前，

少净天虽通寂灭之乐，但其净境（清净空境）未亡，今定力转深，并净（净境）也空。

引发无际，

以空来引净，净与空发，虚空无有边际，净境也无边际，

身心轻安，成寂灭乐。

自觉正报的身心得以轻安，如同太虚，无挂无碍，而成就寂灭乐。

如是一类，名无量净天。

因为净空之境广大无量，比前殊胜，所以这样一类叫无量净天。

3. 遍净天

世界身心，一切圆净，

前一天的净乐只遍身心，至此定力转深，进而忘世界，依正俱泯，内外空寂。

净德成就，

则纯净之德成就，妙乐无穷，有漏之乐至此已极。

胜托现前，归寂灭乐。

自觉殊胜依托之境得以现前，误以为已到极乐家邦，已得真实安身立

命之所，便归托于此，不知仍属有漏。

如是一类，名遍净天。

这一类所触之处，皆成净乐，故叫遍净天。

阿难，此三胜流，具大随顺，

阿难，这三天又胜二禅之流，初禅虽苦不逼，但未得随顺；二禅忧悬不逼，已伏五识，但得随顺；今三禅归寂灭乐，六识不起，得大随顺。

身心安隐，得无量乐[7]，虽非正得，真三摩地。

身心安然不动，自在受用无量乐。虽不是正得真修实证的三摩地，

安隐心[8]中，欢喜毕具，名为三禅。

但安隐心中安乐无苦，欢喜毕具，故叫三禅。

四禅天共九天：四胜流天（共四天）、五不还天（共五天）

四胜流天：共四天

1. 福生天

阿难，复次天人，不逼身心，苦因已尽，

阿难，这三禅的天人，既离初禅苦恼、二禅忧悬，故苦因已尽，身心不再受逼迫，所以苦尽则乐生。

乐非常住，

再进一步至四禅天时，定境更深，体会乐也不当受，因为乐不是常住之法，

久必坏生，苦乐二心，俱时顿舍，粗重相灭[9]，

福业尽时，久必坏灭，所以能顿时苦、乐二心俱舍，舍心不动，粗重的相灭，

净福性生，如是一类，名福生天。

清净寂灭的福，从此发生，这样一类叫福生天（具胜福力，方得住生）。

2. 福爱天

舍心圆融，

福生天苦、乐二心虽已顿舍，但尚未圆融，今此舍定更深，功行纯熟，知三禅之乐并非究竟，一舍永舍，再不追忆。

胜解清净，

于舍心中仍生胜解，任持舍定，能所双亡，不为异缘所转，

福无遮中，

然而舍心既圆融，无有遮限，而所感净福也应无遮，于此无遮福中，所有愿求，也无遮限，

得妙随顺，穷未来际。

得大自在，穷未来际，受乐随顺。

如是一类，名福爱天。

这样一类，天福甚巨，于有为界中，最为可爱，叫做福爱天。

阿难，从是天中，有二歧路。

阿难，从这福爱天中，有二种歧路，一是直往广果天，二是绕道至无想天。

3. 广果天

若于先心，无量净光，

若于前福爱天，妙随顺心，能令所求如意，则现在于无量净光中，

福德圆明，修证而住。

以四无量心，熏习禅定福德，使臻于圆满净明，离下地染依此修证而住。

如是一类，名广果天。

这样一类，以广大福德而感胜果叫广果天。

4. 无想天

若于先心，双厌苦乐，精研舍心，相续不断，

若于前福爱天双厌苦乐之心，增修舍定，精研究竟，念念（舍心）相续不断，

圆[10]穷[11]舍道，身心俱灭，

以舍定灭除舍心，使舍无可舍，定中浑成一空，所以身心俱成泯灭，

心虑灰凝，

令心思缘虑如同寒灰凝然不动，只是伏六识现行。

经五百劫，

如是经五百劫，以定力摄持故报形不变，五百劫后仍旧散入轮回。

是人既以，生灭为因，不能发明，不生灭性，

这等人既以生灭心为本修因，所以不能发明不生灭的本性。

初半劫灭，后半劫生，

初生此天，须习定半劫，始得想灭，无想定成。在四百九十九劫半，而想心复生，此定仍坏，从此无想报尽，仍入轮回。

如是一类，名无想天[12]。

这样一类，依于舍禅灭除六识，心、心所法，令不起现行，故叫无想天。（四天别相　完）

阿难，此四胜流，一切世间，诸苦乐境，所不能动[13]，

阿难，以上四天，是欲界至三禅天的所有苦乐境，所不能动，

虽非无为，真不动地，

此天天人生时，宫殿园林随之而生，死时随之而灭，器世间非真常之境，有情世间与之俱生俱灭，虽非无为真常之境，如十地之第八不动地，

有所得心，功用纯熟，名为四禅。

以修习舍定认为是涅槃，希望能得涅槃，仍有所得心，故只得有为功用纯熟，不加勉强而能任运不动，而不是真的不动地，故通名为

四禅。

五不还天：共五天

阿难，此中复有，五不还天[14]。于下界中，

阿难，这四禅天中还有五种不还天。此不还天已断欲界五趣杂居地

九品习气[15]，俱时灭尽。

九品思惑，不但现行不起，习气也灭了，证三果。

苦乐双亡，下无卜居，

因其惑尽苦亡，欲界已不能安居；因不受初、二、三禅之乐，故色界三禅也无安居之处。

故于舍心，众同分中，安立居处[16]。

所以在四禅舍心众同分中，安立居住之处。住此进修以断上界七十二品思惑，求证阿罗汉果。

1. 无烦天

阿难，苦乐两灭，斗心不交，

阿难，苦乐双亡，就没有厌苦与欣乐二心在胸中交战，绝泯对待，故心得清凉，

如是一类，名无烦天。

这一类叫无烦天。

2. 无热天

机括[17]独行，

苦乐两亡，惟一舍念，或收或放，更无余念间杂。

研交无地，

今更细究这一舍念，了不可得，不但不交，即使想交也没有对象了。

如是一类，名无热天。

这样一类，叫无热天。

3. 善见天

十方世界，妙见圆澄，更无尘象，一切沉垢，

因修静虑，发天眼通，故能观大千界，澄清朗彻，再没有尘象外境的障隔，内心也没有沉垢留滞，内外虚融，妙见无碍。

如是一类，名善见天。

这样一类，叫善见天。

4. 善现天

精见现前，陶[18]铸[19]无碍。

精妙之见既已现前，则见体清净，见用周遍。此天增修静虑，体用兼胜，能以定慧力任运成就种种神通变化，随心自在，变现无碍，如同陶铸随意而成种种器像。

如是一类，名善现天。

这样一类，叫善现天。

5. 色究竟天

究竟群几，穷色性[20]性[21]，

研穷多念而至于一念，尽色性而至空性，所谓由多念而归一念，色也穷粗至微。

入无边[22]际[23]，

身虽尚在，而境界全空，入空无边处的界畔，色界至此，已登峰造极，

如是一类，名色究竟天。

这样一类，叫色究竟天(尽色界之究竟)。

阿难，此不还天，彼诸四禅[24]，四位天王，

阿难，这五不还天，福生、福爱、广果、无想天中的四位天王

独有钦闻，不能知见，

唯独钦仰听闻佳名而已，但不知其受用，不见其依正，

如今世间，旷野深山，圣道场地，皆阿罗汉，所住持故，

就像现在的世间，旷野深山，人烟不到之处，多属圣人道场，为阿罗汉所住持，

世间粗人，所不能见[25]。

但世间的粗人所不能知见一样。（五不还天 完）

阿难，是十八天，独行无交，

阿难，这四禅天共十八天，清净无侣，唯大丈夫相，无男女之情欲（前六欲天有女人），

未尽形累，

但依旧有化生身，尚没有完全脱离身形的负累，

自此已还，名为色界。

所以从这色究竟天以下至梵众天，总名为色界。

[注释]

[1] 应时：本天转升，故云应时，非同前天（梵众天），离下生上，犹待异时。

[2] 梵德：四无量心（慈悲喜舍）。

[3] 妙：远离欲界一切粗浊。

[4] 圆：较前二天功德满足为圆。

[5] 三胜流：以上三天称胜流者，因身胜乐胜，能胜下界诸趣之流。

[6] 通寂灭乐：通：以初入此境故曰通，而未能成。寂灭乐：此定清心安所发，不是无漏寂灭乐。初伏第六意识，非真寂灭。

[7] 得无量乐：界内以三禅为极乐处。

[8] 安隐心：即三禅心，三禅得乐增胜故曰安隐心，初、二禅离障

增胜故曰清净心。

[9] 粗重相灭：今第四禅苦乐俱舍，以一一地都厌下苦粗障，忻上净妙，弃下苦乐。

[10] 圆：圆满。

[11] 穷：穷究。

[12] 无想天：此天与广果天同修舍禅，故同一处，以是外道故，分二种名。此天是外道禅的极果。误有漏天作无为解，甚至报尽出定，毁三宝则堕无间。

[13] 诸苦乐境，所不能动：欲界被苦乐所动，初禅苦恼不逼，二禅忧悬不逼（初二禅均不被苦动），三禅得无量乐（虽不被苦动还被乐动），四禅苦乐双亡。

[14] 五不还天：梵语阿那含，译不还。是三果圣人寄居之处。上生这五种中任何一天，即不再到欲界受生。

[15] 习气：思惑种子，乃贪瞋痴慢，任运而起，微细之惑，与生俱生。因彼惑难除，故分八十一品，于三界九地，地地各分九品，今断欲界五趣杂居地中九品，天上人间七次往返受生断之。

[16] 众同分中，安立居处：安立居处确在同分，而杂修静虑，另有别业。《俱舍》云：杂修静虑，有五品不同，故生五净居天。三果圣人，于欲界九品思惑断尽故名为净，净者所居之处故名净居。

[17] 机括：弓箭某部分。机：念之放；括：念之收。

[18] 陶：瓦器之模也。以泥入模即成瓦器。

[19] 铸：铁器之模也。镕铁入模，便成铁器。

[20] 性：色体。

[21] 性：空体。

[22] 无边：虚空。

[23] 际：界畔，边际。

[24] 此不还天，彼诸四禅：四禅天是有漏凡夫，但能伏惑；五不还天圣人也，圣凡殊，境界异，凡夫不能见其依正。

［25］如四大名山，菩萨道场，我们不见菩萨，因不修无漏业故。

［解说］

此段文讲(6) 天趣中二、四禅天。上段文讲的六欲天属欲界，这段文讲的四禅十八天属色界。前六欲天，虽求离欲，未能绝无，不免身犯，故名欲界。心伏贪瞋痴，身奉五戒十善，行住坐卧，于五欲尘境，不但身不犯，连心想也不起，是生色界天的正因。此四禅共十八天虽离欲染，尚有色质，初生时，貌如童子，身白银色，衣黄金衣，惟男无女，纯是化生，色身胜故，故名色界；又名梵世，梵者净也，已离欲染而得清净。通号四禅，已离欲界散动也。不但离欲，并离食、睡，三欲俱亡，稍涉饥倦即入禅定，而出定时则精神饱满，只以禅悦为食为息。稍离粗重身心。色界居于欲界之上。略分四重，详分十八重(以胜劣为类，未必十八皆上下为次，疑有同处)。

四禅十八表

四禅(十八天)		特征	寿	身长(由旬)	占地(三界九地之地)	劫难	胜前之处
初禅三天	梵众天	执身不犯，爱染不生，身心清净，命终作梵天之民。此天独显戒德。	二十小劫	半	第二离生喜乐地。谓离欲界诸恶趣生，而得清净喜乐故。	因内有觉观火，所以劫尽不免劫火所烧。	1. 苦恼不逼，未得随顺。 2. 初禅共戒，戒德增上。
	梵辅天	此人不但身心清净且弘扬德化，是人功德禅定比前殊胜，于梵众天中升为梵王之臣。此天戒与定俱。	四十小劫	一			
	大梵天	此人禁戒清净，加以明悟(慧)，是人应时能统梵众，威仪具足，福德具备，为大梵王。此天戒与慧俱。	六十小劫	一由旬半			

续表

四禅（十八天）		特征	寿	身长（由旬）	占地（三界九地之地）	劫难	胜前之处
二禅三天（以光的胜劣而分其位高下）	少光天	前大梵天，统摄梵人，圆满梵行，定力既深，心水澄寂不动，湛然生光，光劣有限。	二大劫	二	第三定生喜乐地。以定力功德，发生喜乐。初禅以戒扶定，今二禅定深发光，不假戒扶。	因内有喜水，所以火灾不及，仍受劫水所坏。	1. 忧悬不逼，五识已伏，但得随顺。 2. 二禅喜俱，光明增上。
	无量光天	定力转深，光明增强，依正内外光明交映，照耀无尽，映十方界，遍成琉璃。	四大劫	四			
	光音天	至此定更深，光更圆满，以光代音，宣扬梵行教化，清净无著，应用无尽。	八大劫	八			
三禅三天	少净天	前光音天以光为教体，此天依所显妙理，发成妙行而生净乐，恬然安静，通于寂灭之乐。	十六大劫	十六	第四离喜妙乐地。以离前初二禅之喜，得三禅之妙乐故。	因未离出入息。劫坏之时，虽水火二灾不到，仍难免风灾之袭。	1. 已得寂灭，六识已伏，具大随顺，身心安隐，受无量乐。界内以三禅为极乐处。 2. 三禅乐俱，净乐增上。
	无量净天	前少净天，净境未亡，今定力转深，净空之境广大无量，比前殊胜。身心轻安如太虚空，成寂灭乐。	三十二大劫	三十二			
	遍净天	前无量净天的净乐，只遍身心，至此定力转深，则身心世界，泯同一体，皆得虚寂，纯净之德成就，妙乐无穷，有漏之乐至此已极。行人误认是极乐家邦，便归此寂灭乐了。	六十四大劫	六十四			

续 表

四禅（十八天）			特征	寿	身长（由旬）	占地（三界九地之地）	劫难	胜前之处
(第)四禅(共九天)	四胜流天(凡夫居)	福生天	三禅身心安隐，得无量乐，此天定境更深，进而苦乐俱舍，舍心不动，粗重相灭，清净寂灭之福从此发生。	一百二十五大劫	一百二十五	第五舍念清净地。谓双舍苦乐二念而得清净也。	劫坏水火风三灾不能侵。	1. 苦乐俱舍，不再被诸苦乐境所动。有为功用至此已纯熟。 2. 四禅俱舍，前三天福德增上，后一天舍定增上。
		福爱天	前福生天，苦乐二心，俱时顿舍，但尚未圆融，今舍定益深，功行纯熟，舍心圆融，无有遮限，则所感净福也应无遮。于此广大福中，所求如意，得大自在，穷未来际，爱乐随顺。此天之福在有为界中最为可爱，故名福爱天。	二百五十大劫	二百五十			
		广果天	若于前福爱天中双厌苦乐之心，至此天增修福德，令得圆明。依此修证而住，此类以广大福德而感胜果故叫广果天。	五百大劫	五百			
		无想天	若于前福爱天中双厌苦乐之心，至此天增修舍定，令期究竟。于舍定中，身心俱泯，浑成一空，令心如寒灰，意如枯木，只伏六识现行，无想报尽，仍入轮回。	五百大劫	五百			

续　表

四禅（十八天）			特征	寿	身长（由旬）	占地（三界九地之地）	劫难	胜前之处
（第）四禅（共九天）	五不还天（五净居天，三果圣人居）	无烦天	苦乐双亡，欣厌二心不交，初得清凉。	一千大劫	一千	第五舍念清净地。谓双舍苦乐二念而得清净也。	劫坏水火风三灾不能侵。	此五不还天是前四禅天不能见，因四禅天是有漏凡夫，只能伏惑，而此五不还天是断惑圣人，圣凡不同，境界也异。圣人居此进修，断上界七十二品思惑即出三界证阿罗汉。
		无热天	今细究这一舍念，了不可得，不但不交，欲交也无地。	二千大劫	二千			
		善见天	因修静虑，发天眼通，能见大千界，内外虚融，妙见无碍。	四千大劫	四千			
		善现天	此天增修静虑，能任运成就种种神通变化，随心自在，变现无碍。	八千大劫	八千			
		色究竟天	心既熏多至少，色亦穷粗至细。此身尚存，而境界全空，入空无边处的界畔，色界至此，已登峰造极，故曰色究竟天。	一万六千大劫	一万六千			

三、四空天：共四天，属无色界

复次阿难，从是有顶，色边际中，

复次阿难，色究竟天居色界之顶，是色界与无色界的交界之处，

其间复有，二种歧路[1]。若于舍心，

其间上进又有二种歧路。三果圣人居色究竟天，若于舍定心中

发明智慧，慧光圆通，便出尘界，

发无漏人空智慧，慧光圆满，断尽思惑，就可超出三界，离分段生死，证偏空理，

成阿罗汉，入菩萨乘，

成阿罗汉，但不以小果为足，进修大因，便入菩萨乘，

如是一类，名为回心，大阿罗汉[2]。

这样一类，名为回心大阿罗汉。

1. 空无边处天

若在舍心，舍厌成就，觉身为碍，销碍入空，

若在舍定心中，厌有趣空，觉得有身仍是有碍，于是销除形碍而入于空，

如是一类，名为空处。

如是一类，不但身空，连所住处也空，叫作空处。

2. 识无边处天

诸碍既销，无碍无灭，

双厌色空，不但灭身依空，连所依之空也无，惟依于识。

其中唯留，阿赖耶识，全于末那，半分[3]微细。

其中于所存识中，唯留第八阿赖耶识，于全分末那第七识中半分微细犹存。

如是一类，名为识处。

这样一类，名为识处定，故报生识处天。

3. 无所有处天

空色既亡，识心都灭，

前空处灭色归空，识处灭空归识，然前天仍存半分末那识心未灭，今凭定力，将此半分也伏不行，

十方寂然，迥无攸往，

唯有阿赖耶独存,因赖耶无分别,所以唯觉十方寂然冥然(外道昧为冥谛之处也),再无所往。

如是一类,名无所有处。

这样一类,色、空、识都无所有,故叫无所有处。

4. 非非想处天

识性不动,以灭穷研,

识性由来不动,遍十方界,可凡夫天人不明此理,想以灭尽定之力深穷研习,

于无尽中,发宣尽性,

于此无尽藏识中,强求发挥,欲尽其边际。

如存不存,若尽非尽,

由定力所逼,识性虽存而不起现行(如残灯之半灭)。定中虽见识性尽,其实未尽(如残灯之半明)。

如是一类,名为非想非非想处。

这样一类,名为非想非非想处。(四天别相 完)

此等穷空[4],

前四空处,前二穷境,后二穷心,欲令心境俱空。

不尽空理。从不还天,

可是凡外不明达"空"的真正道理(当体即空)。若从五不还天(三果圣人)

圣道穷者,

修习圣道,穷空而来的,以穷空力,经历四天(四空处),断四地惑,三十六品尽(每地有九品,四地则三十六品),证我空理,成阿罗汉即出三界,

如是一类,名不回心,钝阿罗汉[5]。

这样一类叫不回心钝根阿罗汉。

若从无想[6]，诸外道天，穷空不归，

若从无想外道天，或从广果凡夫天而入非非想处，穷究空理，

迷漏无闻，

以无闻慧，迷有漏天，作无为解，不知三界之内，无安身之处，

便入轮转。阿难，

所以八万劫满，无所归托，随其宿业，依然流转诸趣。阿难，

是诸天上，

以上除五不还天，为圣人所居外，其他六欲天、四禅天、四空天，

各各天人，则是凡夫，业果酬答，答尽入轮。

各天的天人都是凡夫，以曾修有漏善业，而获业果酬答而已，天福报尽，仍入轮回。

彼之天王，即是菩萨，游三摩地。

至于各天的天王却不是凡夫，而是大乘菩萨，住于三摩地中，游戏神通，寄居天王之位，济物利生，成就自己的功德，

渐次增进，回向圣伦，所修行路。

渐次增进，回向菩提之果，以入圣人之伦，所修乃楞严大定的妙修行路，他们已不再落轮回。

阿难，是四空天，身心灭尽，定性现前，

阿难，上说四空天，前二天身灭尽，后二天心灭尽，故定境现前时，

无业果色[7]，

已无四大质碍之业果色，只有清净四大之定果色，无漏天眼才能见。

从此逮终，名无色界[8]。

从空处到非想处，但凭定力，依正皆空，叫无色界。

［注释］

［1］二种歧路：即圣凡二路，一、有凡夫、外道，二、只有阿罗汉。

［2］回心大阿罗汉：此三果圣人居色究竟天，不入四空天，断尽思惑，超出三界，证阿罗汉，且能回小向大，入菩萨乘。

［3］末那半分：末那即第七识，第七识内依第八识而执法，外托六识缘尘而执我，缘六尘行相粗显，托尘似有，离尘则无。今色空俱灭，末那无境所托，外缘粗显的半分已灭，唯留内缘八识微细的半分犹存。以末那半分的微细识为能缘，赖耶为所缘境，依识而住。

［4］此等穷空：初天穷色令销，二天穷空令无，三天穷识令灭，四天穷性令尽。

［5］钝阿罗汉：钝对前利根言，利根者不经四天少修二十万大劫即超三界，且能回小向大。

［6］无想：前四禅中四胜流天中的无想天。

［7］无业果色：在定时所有定果色，定中随化依正身境，自在受用，为定自在所生色者。无业果色者，约出定时，无欲色二界所感依正之业果色。

［8］无色界：依正皆空，圣眼观之，三尺识神，如中有也，非真蕴空，永绝业果。

［解说］

此段文讲(6)天趣中三、四空天。此四空四天属无色界。从四禅天入四空定，世间禅定已极叫世间禅。若止于此则定散还堕；若秉佛教，进修灭尽定，超越三界，名出世间禅。故此四天有圣凡之别：

1. 圣：从五不还天三果圣人来，修圣道历四天，断四地惑成阿罗汉(不回心钝根阿罗汉——钝根)。

另：从色究竟天，不经四天，少修二十万大劫即超三界且能回小向大，入菩萨乘(回心大阿罗汉——利根)。

2. 凡：从无想天、广果天而入非非想处，以无闻慧，不知三界无安身处，八万劫后，入轮回。

三界二十八天除五不还天是圣人，其他各天的天人都是凡夫，而各天天王却是大乘菩萨已出轮回。

四空天表

四空天	空无边处天	识无边处天	无所有处天	非非想处天
修持	厌色依空	厌空依识	色空识三者都灭而依识性。	依识性，以灭穷研，而不得真灭。
占地	空无边处地	识无边处地	无所有处地	非想非非想处地
寿(大劫)	二万	四万	六万	八万
共性	四天都是有为增上善果，未出轮回，不成圣道。四天皆依偏空修进。都无业果色，有定果色，依正皆然，圣眼观之，三尺识神，如中有。凭定力，依正皆空，非真蕴空。(故不论身长)			

此皆不了，妙觉明心，

以上所说三界二十八天都是因为不知自己本妙觉性，圆明真心，

积妄发生，妄有三界，中间妄随，七趣沉溺，

以致从迷积迷，以妄起妄，而妄生三界，又于三界之中，随着虚妄的七趣漂流，

补特伽罗[1]，各从其类。

舍生受生，依各自的业因，受各类的果报，无有休歇。

[注释]

[1] 补特伽罗：此翻“有情”，又云“数取趣”。谓诸有情，起惑造业，于三界中，数数取著，诸趣受生。

[解说]

这段文总结了，三界二十八天都是虚妄，皆因不明真心，各从己业而受业果。

天趣（共二十八天）

- 六欲天：（共六天，属欲界）1. 四王天，2. 忉利天，3. 夜摩天，4. 兜率天，5. 化乐天，6. 他化天。
- 四禅天（共十八天，属色界）
  - 初禅天：（共三天）1. 梵众天，2. 梵辅天，3. 大梵天。
  - 二禅天：（共三天）1. 少光天，2. 无量光天，3. 光音天。
  - 三禅天：（共三天）1. 少净天，2. 无量净天，3. 遍净天。
  - 四禅天（共九天）
    - 四胜流天（共四天，凡夫居）：1. 福生天，2. 福爱天，3. 广果天，4. 无想天。
    - 五不还天（共五天，圣人居）：1. 无烦天，2. 无热天，3. 善见天，4. 善现天，5. 色究竟天。
- 四空天：（共四天，属无色界）1. 空无边处天，2. 识无边处天，3. 无所有处天，4. 非非想处天。

至此，(6) 天趣完。

(7) 修罗趣：四类

复次阿难，是三界中，复有四种，阿修罗类。

阿难，其次要说明的是三界之中，尚有四种阿修罗类。

1. 卵生鬼摄（鬼趣阿修罗）

若于鬼道，以护法力，

如果原在鬼趣，护持佛法，或护依法修行之人，由此善业力故，舍鬼趣生阿修罗道，

乘通入空，

以护法为因，获神通果，故能乘通入空界而居。

此阿修罗，从卵而生，鬼趣所摄。

这种阿修罗卵生而飞空，因果与鬼相类，虽居空界，仍属鬼趣摄。

2. 胎生人摄（人趣阿修罗）

若于天中，降德贬坠，

若在天道中，梵行稍亏，情欲稍重，即违天德，被天王贬，下坠修罗，福报似天人，住处也相等，

其所卜居，邻于日月[1]，

所居之处，邻于日月宫，下接人间，

此阿修罗，从胎而出，人趣所摄。

此类阿修罗情欲同人，故感从胎而出，为人趣所摄。

3. 化生天摄（天趣阿修罗）

有修罗王，执持世界，

有类修罗王，福报与天人相等，能役使鬼神，左右人间祸福，

力洞无畏，能与梵王，及天帝释，

神通之力能洞彻诸天，无所怖畏，能与梵王及帝释、

四天争权[2]，此阿修罗，因变化有，天趣所摄。

四天王争权，这类阿修罗，福德力大，变化而生，故天趣所摄。

4. 湿生畜摄（畜趣阿修罗）

阿难，别有一分，下劣修罗，生大海心，

阿难，别有一部分下劣的阿修罗，福薄力寡，生在大海的中心，

沉水穴口，旦游虚空，暮归水宿，

沉于水穴口，日游虚空以供驱使，夜归水宿以息劳役。

此阿修罗，因湿气有，畜生趣摄[3]。

这类阿修罗，因湿气而有，其福报下劣，属畜生趣摄。

[注释]

[1] 其所卜居,邻于日月:此类住须弥山侧,于欲界中,化身大小,随意能作。

[2] 梵王小千之主,帝释统三十三天,四天王统四洲,各有专司。修罗妒而起争,想窃权,常与战,本与帝释争权,而四王为先锋,四王不敌,报告帝释;帝释不胜,转乞诸天,乃至梵王。此修罗能化身大小,大可十六万八千由旬,手撼须弥,帝释宫殿在须弥顶摇动不安,后帝释出兵令各念"摩诃般若波罗蜜多",乃大胜;而修罗又化小身,入于藕丝孔中。

[3] 畜生趣摄:此类思食虽得,初则味美,末后一口,变作青泥之味。

[解说]

此段文讲 2. 详示升坠有因果差别中(7) 修罗趣。阿修罗译为非天,有天福,无天德故。男丑女美。佛谈七趣由劣至胜,但修罗有四类,通三界,故列诸天之后。四类即胎、卵、湿、化受生,而分人、鬼、畜、天四趣,种类虽殊,同是性瞋多嫉而招此果。

阿修罗表

阿修罗(四类)	前因	受生	居处	何趣摄
鬼趣修罗	从鬼道中发心护法,由善福力舍彼鬼趣,而生此趣。	卵生 从卵而生,卵生飞空。	乘神通入空界而居。	因果与鬼同故鬼趣摄。
人趣修罗	在天道中,违天德或天福尽,由业力而沉生此趣。	胎生 情欲同人故感从胎而生。	住须弥山侧,邻于日月宫,下接人间。	从胎而出,故人趣所摄。
天趣修罗	从人道来,因建功又有瞋嫉,故感修罗王。	化生 变化而生。	须弥山下,大海之中。	福德力大,变化而生故天趣摄。

续　表

阿修罗（四类）	前因	受生	居处	何趣摄
畜趣修罗	下劣修罗，福薄力寡，如上化生为王，湿生为奴。	湿生 因湿气有。	大海中心，沉于水穴口。	因湿气而有，福报下劣故畜趣摄。

至此，2. 详示升坠有因果差别完。

阿难，如是地狱饿鬼畜生，人及神仙，天洎修罗，精研七趣，

阿难，这地狱、饿鬼、畜生，人、仙、天以至阿修罗共七趣，今精细研究七趣的升沉往返，

皆是昏沉[1]，诸有为[2]相，妄想受生[3]，妄想随业。

都是因惑造业，由业受报，无非随妄想以受生，随妄业以受报。

于妙圆明，无作本心，皆如空华，元无所著，

在妙净圆明无作无为的真心中，都如同空花，当处显现，当处消失，根本无著落，

但一虚妄，更无根绪。阿难，

只是一虚妄名相而已，更无根本头绪可寻。阿难，

此等众生，不识本心，受此轮回，

这七趣一切众生，因不识本有妙明真心，故受此七趣轮回，

经无量劫，不得真净。皆由随顺，杀盗淫故，

经无量劫，未得真正清净。因为随顺杀盗淫的原故，则成三恶道。

反此三种，又则出生，无杀盗淫。

违此杀盗淫三种，又出生无杀盗淫，则成四善处之因。

有[4]名鬼伦，无[5]名天趣，

有杀盗淫则名为鬼、畜、地狱三恶道，无杀盗淫则名为人、天、仙、阿修

罗四善道。

有无相倾，起轮回性。

有(有杀盗淫)无(无杀盗淫)相夺不已，而起轮回性。

若得妙发，三摩提者，

若悟无作本心，悟后起修，全修契性，得证楞严大定，

则妙常寂，有无二无，

则妙常寂之境现前，那么有杀盗淫的恶道和无杀盗淫的四善道二者都无。

无二亦灭，尚无不杀，不偷不淫，

将此“无二”之心也销灭，安住楞严大定，此时尚无权小不杀不偷不淫，

云何更随，杀盗淫事？阿难，不断三业，

怎么会再随着凡外做杀盗淫之事呢？阿难，若不断杀盗淫三业，

各各有私，因各各私，

则各各有私造的别业，即有各各私造的别业，

众私同分，非无定处[6]。

在众私同分之中，并不是没有一定的处所，所以各各作业，受报却有同分地。

自妄发生，生妄无因，无可寻究。

其实七趣的果报，只因一念妄动而发生，妄本无性，当体即空，也没有实在的根由可寻究。

汝勖修行，欲得菩提，要除三惑，

你勉力地真实修行，想得无上菩提，要先除杀盗淫这三惑，

不尽三惑，

若只除世恶而不除世善，或善恶皆除而“无二”之心未除，这仍未尽除

三惑的种子。

纵得神通，皆是世间，有为功用，习气不灭，

纵得神通也都是世间有为功用，有漏而已。习气不灭对境复发，纵能上升，

落于魔道。虽欲除妄，倍加虚伪，

终必落于天魔外道。既落魔道，虽想灭除虚妄，不过是以妄逐妄，倍加虚伪而已。

如来说为，可哀怜者。汝妄自造，

所以如来说他们是最可哀怜的一类。这种种诸妄都是因你自心所造，

非菩提咎。作是说者，名为正说，

实非菩提(佛体)的过咎。像这样劝人欲得菩提要尽除三惑的就是正说。

若他说者，即魔王说。

若赞叹杀盗淫不碍真修，无须断绝，此人即是魔王之邪说。”

[注释]

[1] 昏沉：惑。

[2] 有为：业。

[3] 受生：果。

[4] 有：有杀盗淫。

[5] 无：无杀盗淫。

[6] 即彼相似别业所同感的依界，从此便有七趣定处。

[解说]

此段文总结七趣虚妄如空华，劝离七趣(有、无二离，无二亦灭)，安住楞严大定。

至此，(一) 谈七趣劝离以警淹留完。

（二）辨五魔令识以护堕

1. 无问自说五阴魔境

即时如来，将罢法座，

当时如来应阿难之请一一回答完毕，将要离开法座时，

于狮子床，揽七宝几，回紫金山[1]，

却又于狮子床揽七宝几，回转如紫金山一般的丈六金身，

再来凭倚，普告大众，及阿难言。汝等有学，缘觉声闻，

再度凭倚七宝几，普告大众和阿难说："你们这些有学缘觉声闻，

今日回心，趣大菩提，无上妙觉，吾今已说，真修行法。

今日能回心趣向大菩提，无上妙觉，而今我已说了真实的修行方法（返闻工夫），

汝犹未识，修奢摩他，毗婆舍那，微细魔事。

但你们还不认识，修奢摩他毗婆舍那（楞严大定）中的微细魔事。

魔境现前，汝不能识，洗心非正，

当魔境现前时，你们不能认识，难免以邪为正，将妄作真，修定原是要以定水洗除心垢，因不识魔境，纵欲洗心也不得其正，

落于邪见。或汝阴魔，或复天魔，或著鬼神，

则必落邪见。或是你自身的阴魔，或是外来的天魔，或被鬼神所附著，

或遭魑魅，心中不明，认贼为子。

或遭魑魅所支使，心里不明白，认贼为子，则丧法财，伤慧命。

又复于中，得少为足，如第四禅，无闻比丘，

又在自心中妄生邪见，得少为足，如无闻比丘只得四禅，

妄言证圣，天报已毕，

便自妄言已证圣果(不知根本未证阿罗汉),到天报尽,想心复起,

衰相现前,谤阿罗汉,身遭后有,堕阿鼻狱。

衰相现前,反而诽谤佛说阿罗汉不受后有,是骗人的妄言,因谤佛故堕阿鼻地狱。

汝应谛听,吾今为汝,仔细分别。

你应谛听,吾今为你仔细分别。”

阿难起立,并其会中,同有学者,欢喜顶礼,伏听慈诲。

阿难起立,和会中的有学者一起欢喜顶礼,俯首恭听慈诲。

[注释]

[1] 紫金山:佛丈六金身,圆光遍照,如金山。

[解说]

此段文起开讲(二) 辨五魔令识以护堕中的 1. 无问自说五阴魔境:五阴魔境即(1) 色阴魔相,(2) 受阴魔相,(3) 想阴魔相,(4) 行阴魔相,(5) 识阴魔相。○这段文讲前文阿难请定,佛已回答完了。佛知修楞严大定,魔军必来阻挠,可是阿难只知请定,而定中所发微细魔事,非其智力所能发问。故佛大慈悲,为使众生不致堕落,不待请而将要详陈魔事,阿难等顶礼谛听。

佛告阿难,及诸大众,汝等当知,有漏世界,十二类生,

佛对阿难及诸大众说:“你们当知,有漏世界的十二类众生,

本觉妙明,觉圆心体,与十方佛,无二无别。

本具妙明觉性,觉性圆满周遍是生佛共依的心体,故众生本具与十方诸佛所证的没有两样。

由汝妄想,迷理为咎,痴爱发生,

这是你无始妄想,迷本有真理的过咎。因迷失本具理体,而妄加明于觉,遂转妙明而成无明,转本觉为妄觉,而成无明业相。

生发遍迷,故有空性[1],

无明业相既立，则复由无明力，转本有智光，为能见的见分，而此能见，必欲有所见，遂于晦昧业相中，发生顽空的相分。

化迷不息，有世界生[2]。

由于能见的见分，见于所见的相分，能所对立，而起变化，于顽空中，见有色相。

则此十方，微尘国土，非无漏者，

则此十方微尘数的国土，同是有漏凡夫所居的而不是无漏的真实世界，

皆是迷顽，妄想安立。当知虚空，生汝心内，

这都是由于迷真心，而起妄想固执所安立。你应该知道无边虚空生在你真心之内。

犹如片云[3]，点太清[4]里，

如同一片小浮云点在无边的虚空里，多么渺小易坏！

况诸世界，在虚空耶？

虚空尚且如此渺小不住，何况依虚空而立的世界，其虚幻不实，可想而知。

汝等一人，发真归元，此十方空，

假如你们能有一人，发明本有真心，返本归元，则此十方晦昧所成的顽空，

皆悉销殒，云何空中，所有国土，而不振裂[5]。

应时即皆销灭而殒亡，何况结暗成色依空而立的国土，怎么不振裂呢？

此辈修禅，饰三摩地，

你们修习禅定，严饰三摩地的，一切时处，亡尘照性，时刻住在三摩地中，

十方菩萨，及诸无漏，大阿罗汉，心精通吻，

能与十方菩萨，及诸一切无漏的大阿罗汉，心精相通而吻合，

当处湛然。

故不离当处，一念不生，与诸圣心泯同一际，湛然虚明，无别无二。

一切魔王，及与鬼神，

一切欲界顶天魔王、魔民魔女，以及大力鬼神、夜叉罗刹，

诸凡夫天，见其宫殿，无故崩裂，大地震坼，

六欲四禅诸凡天，皆见其宫殿无故忽然崩裂破坏，大地震坼，

水陆飞腾，无不惊慑。凡夫昏暗，不觉迁讹。

水陆空三居鬼神众生，没有不惊恐的。惟凡夫昏暗（不具五通），不能觉察是修行人将证之原故，无端被境所迁，甚至讹言地震、海啸等。

彼等咸得，五种神通，唯除漏尽，

天魔鬼神等都报有五通（报通，非修通），于六通中唯除漏尽通（无漏禅定所发），余通皆具。故知宫殿崩裂是定力所为，

恋此尘劳，如何令汝，摧裂其处？

他们贪恋尘劳，不求出离，怎么能让你成道而摧裂他们的住处呢？

是故鬼神，及诸天魔，魍魉妖精，于三昧时，佥来恼汝。

所以鬼神和诸天魔，魍魉妖精，在你修定时都来恼乱你，想破坏你的禅定。

然彼诸魔，虽有大怒，彼尘劳内，

虽然这些魔及鬼神见其宫殿无故崩裂心怀愤怒，但是他们仍处于尘劳生灭法中，

汝妙觉中

而你所修的妙觉真常心中，本具正定，邪不胜正。以生灭想破坏真

常，以怒气而欲恼定心，

如风吹光，如刀断水，了不相触。汝如沸汤，彼如坚冰，

如同风吹光，刀断流水，了无触伤。你们修定之人如沸汤，他们如坚冰，

暖气渐邻，不日消殒，徒恃神力，但为其客。

沸汤之暖气渐渐邻于坚冰，坚冰不日消溶，他们虽依五通神力，也不过是摇动之客，终不久住，不能为害。

成就破乱，由汝心中，五阴主人，

他们之所以能破你戒，乱你定心，还是因为你心中的五阴主人，

主人若迷，客得其便[6]。当处禅那，

如果主人昏庸迷惑，则客得其便。行人当处禅那正定之中，慧照观察一念，

觉悟无惑，则彼魔事，

觉其是魔，悟知非是善境，不受其惑，则魔虽强横，也不能施其伎俩，

无奈汝何。阴消入明，则彼群邪，

就奈何不了你啦！阴境消除而入大光明藏，而那些群魔邪怪

咸受幽气，明能破暗，

都是禀受幽暗之气以成形，你的智慧光明能破他们的愚痴黑暗，

近自消殒，如何敢留，扰乱禅定？

他们一接近你自然就消灭了，怎么还敢停留来扰乱你的禅定呢？

若不明悟，被阴所迷，

如果五阴主人不能明悟他们是魔，贪著前境，就被五阴所迷了，

则汝阿难，必为魔子，成就魔人。

这样一来你阿难必为魔子，凡所修为，都是魔业，终至成为魔人，堕入魔类。

如摩登伽，殊为眇劣，彼惟咒汝，

如摩登伽女，不过一渺小而下劣的女子(淫女与天魔相比)，仅用梵天咒咒你，

破佛律仪，八万行中，只毁一戒，心清净故，

破坏佛所制的戒律。于八万细行中，只毁一戒，由于你心清净，无毁戒体，

尚未沦溺。此乃隳汝，宝觉全身，

尚不致沦溺。可阴魔现前是要坏你法身，丧你慧命的，

如宰臣家，忽逢籍没，宛转零落，无可哀救。

如宰官大臣，忽被抄家削职，家破人亡，辗转飘零，无可哀救。

[注释]

[1] 由汝妄想……故有空性：如前偈云“迷妄有虚空”。

[2] 化迷不息，有世界生：如前偈云“依空立世界”。

[3] 片云：喻虚空。

[4] 太清：喻真心。

[5] 一人发真归元，此十方空全都销灭，现在十方佛，成道已久，何故仍见虚空？此虚空是未归元众生所见，如眼有病见灯光有圆影，诸佛眼病已除，全空全真，唯见一真法界。

[6] 主人若迷，客得其便：观智亏，迷失正念，魔王乘机而入。

[解说]

此段文讲众生与佛心体相同，由于迷真故妄起依正二报，若众生修定，返本归真，则十方虚空(世界)皆悉振裂，凡夫昏暗不觉，妖魔鬼怪有五通见其居处崩裂，故皆来扰乱你修定，不让你成道。若行人观智强，不失正念，觉悟是魔非善境，就不会受魔害。若不觉悟，贪著前境，则坏了法身，丧了慧命，必堕魔类。佛虽大悲，也不能哀救。

(1) 色阴魔相：十境

阿难当知，汝坐道场，

阿难你应当知道，你坐在楞严坛场中反闻自性；或不结坛，一切时专注反闻。

销落诸念，其念若尽，

亡其所缘尘象，而诸念自然销落，若功夫加深，其妄念自然销尽，其念既尽，

则诸离念，一切精明，

则诸离念本具根性，即时显现，一切时处，精而不杂，明而不昧。

动静不移，忆[1]忘[2]如一[3]。

境的动静不能移之(闻性)，识的忆忘不能变之。

当住此处，入三摩地。如明目人，处大幽暗。

当住此根性之处，便入耳门圆照三昧。然定力未深，刚入理境，尚被色阴所覆，就如同明眼人处在大幽暗室中一样。

精性妙净，心未发光，此则名为，色阴区宇[4]。

虽然六精之性，妙净明心，本来周遍法界，但因色阴未破，心光未发，所以所见之处只是无边幽暗，绝无光明，这就叫色阴区宇。

若目明朗，十方洞开，无复幽暗，名色阴尽。

若定功深，心光发耀，前之黑暗都化为光明，即肉眼所见无不明朗，虽不能圆见大千世界，然眼前十方所有之处已洞达开通，再没有幽隐黑暗，一切坚顽晦昧根尘，内外莹彻，皆如琉璃。自此根性精光，圆明周遍，叫色阴尽。

是人则能，超越劫浊。观其所由，

色阴既尽则此人即能超越劫浊。超越之后回观色阴之所由生，

坚固妄想，以为其本。

不过是众生妄想坚固执著以为根本。

① 身能出碍

阿难，当在此中，精研妙明，

阿难，行人修定当在此色阴未破将破之中，寂照并行时节，精细研究妙明闻性，

四大不织，

因定力增胜，内外虚融，所有身(凡夫认四大为身)境如云如影，不再密织坚实(内外四大不织，根尘不粘)。

少选之间，身能出碍。

顷刻之间，此身如影，外境如云，豁然无碍，只是暂时如此，

此名精明[5]，流溢前境。斯但功用，

这名为心光虚融发泄于现前根尘之境，故不相碍。这只是定中精研妙明闻性，功用所现，

暂得如是，非为圣证，

暂时得到，功用稍亏，虚融便失，并非圣人所证，一证永证，不再退失。

不作圣心，名善境界。

如果不作圣境想，不起住著，不生羡慕，则是破色阴之先兆，是善祥之境界。

若作圣解，即受群邪[6]。

遇此境界如果作已证圣果之解，魔得其便，乘虚而入，行人将受群邪所害。

② 内彻拾虫

阿难，复以此心，精研妙明，

阿难，行人仍于此禅定心中，精细研究妙明闻性，以能观智，观所观闻性，观久功深，

其身内彻，是人忽然，于其身内，拾出蛲蛔，

自见其身光明内彻，这个人忽然在他身内拾出蛲蛔等虫，

身相宛然，亦无伤毁。此名精明，流溢形体，

身体完好，也没有毁伤。这名为心精妙明流溢于形体，五脏虚融，四肢透彻。

斯但精行，暂得如是，非为圣证，

这只是定中精研妙明闻性，暂时得此行相，不久便失，非圣人实证，一证永证，不再退失。

不作圣心，名善境界，

若不作证圣果想，是善祥境界，实是将破色阴的先兆，

若作圣解，即受群邪。

若无知把此当作证圣之解，即落群邪坑，受其惑乱之害。

③ 精魄离合

又以此心，内外精研，

行人仍于此禅定心中精细研究，内身外境，悉皆虚融，

其时魂魄，意志精神，除执受身，余皆涉入，互为宾主[7]。

定力增胜，这时除了能执受的身根安然无改，其他所执受的魂、魄、意、志、精、神，都动本位，彼此相涉，互为宾主。

忽于空中，闻说法声，或闻十方，同敷密义。

行者会忽然在空中听到有说法的声音，或能听到十方同时宣说秘密义理。

此名精魄，递相离合，成就善种，

这是因为精研妙明，定力增胜，使精魄等彼此相互离合，而往昔闻法熏习，善因种习，自能发挥，故有所闻，

暂得如是，非为圣证。

暂时得此行相，不久便失，非圣人实证，一证永证，不再退失。

不作圣心，名善境界，

如果不作圣境想，不起住著，不生羡慕，则是破色阴之先兆，是善祥之境界，

若作圣解，即受群邪。

若无知把此当作证圣之解，即落群邪坑，受其惑乱之害。

④ 境变佛现

又以此心，澄露皎彻，内光发明，

行人又于此禅定心中，精研穷究，心光更明，澄露皎彻，

十方遍作，阎浮檀色，一切种类，化为如来。

十方无情世界，遍作阎浮檀紫金之色，一切有情种类，都化为如来。

于时忽见，毘卢遮那，踞天光台，

观照不息，功用增上，这时忽见毘卢遮那佛，踞坐于天光台上，

千佛围绕，百亿国土，及与莲华，俱时出现。

千佛围绕，百亿国土及与莲花俱时出现。

此名心魂，灵悟所染，

这是因为行者昔日曾诵《华严》、《梵网》，经中所说华藏世界印于心田，使心魂因闻熏灵悟所染，

心光研明，照诸世界，暂得如是，非为圣证，

故今于定中，心光研究发明，照诸世界。此是暂时所显境界，不久便失，非圣人实证，一证永证，不再退失。

不作圣心，名善境界，

如果不作圣境想，不起住著，不生羡慕，则是破色阴之先兆，是善祥之境界，

若作圣解，即受群邪。

若无知把此当作证圣之解，即落群邪坑，受其惑乱之害。

⑤ 空成宝色

又以此心，精研妙明，观察不停，

行人又于此禅定心中，精细研究妙明闻性，反闻照性绵密无间，

抑按降伏，制止超越，

抑止自心，按令不动，恐定力超于慧力，故制止，期使定慧均等，

于时忽然，十方虚空，成七宝色，或百宝色，

这时忽然见到十方虚空都成七宝颜色，甚至百宝颜色，

同时遍满，不相留碍，青黄赤白，

同时各各遍满，而且诸色不相留滞隔碍。或青黄赤白，

各各纯现。此名抑按，功力逾分，

各各纯一而现，曾无混杂。这是制止的功力过强，反使定力胜于慧力，逼压之极，焕然而现的境相。

暂得如是，非为圣证，

暂得如此，不久便息。非圣人实证，一证永证，不再退失。

不作圣心，名善境界，

如果不作圣境想，不起住著，不生羡慕，则是破色阴之先兆，是善祥之境界，

若作圣解，即受群邪。

若无知把此当作证圣之解，即落群邪坑，受其惑乱之害。

⑥ 暗中见物

又以此心，研究澄彻，精光不乱，

行人又于此禅定心中，研究妙明，澄静其心，照彻前境，心光凝定不乱

忽于夜半，在暗室内，见种种物[8]，不殊白昼，而暗室物，

忽然在半夜，于暗室内，见种种有情无情等物，和白天一样，而暗室中的物

亦不除灭[9]。此名心细，密澄其见，所视洞幽，

也不除灭依然如故。这是心光密澄其见，幽隐发露，故而能见幽察微，

暂得如是，非为圣证，

是研究澄彻之功，暂时发露的境相，非圣人实证，一证永证，不再退失。

不作圣心，名善境界，

如果不作圣境想，不起住著，不生羡慕，则是破色阴之先兆，是善祥之境界，

若作圣解，即受群邪。

若无知把此当作证圣之解，即落群邪坑，受其惑乱之害。

⑦ 身同草木

又以此心，圆入虚融，

行人又于此禅定心中，反闻功深，内身外境无不虚融，忘身如遗，

四肢忽然，同于草木，火烧刀斫，曾无所觉。又则火光，

四肢忽然同于草木，火烧刀砍，毫无感觉，纵使火光焚烧

不能烧爇，纵割其肉，犹如削木。此名尘并，排四大性，

也不能点燃，纵然割他的肉，也像削木头一样。这是诸尘并销，四大排遗，

一向入纯，暂得如是，非为圣证，

一向反闻专切，纯觉遗身，不过是暂时如此，非圣人实证，一证永证，不再退失。

不作圣心，名善境界，

如果不作圣境想，不起住著，不生羡慕，则是破色阴之先兆，是善祥之境界，

若作圣解，即受群邪。

若无知把此当作证圣之解，即落群邪坑，受其惑乱之害。

⑧ 遍见无碍

又以此心，成就清净，净心功极。

行人又于此禅定心中，精研妙明，成就清净之心，纯一无杂，而净心观照功极，则净极光通，

忽见大地，十方山河，皆成佛国，具足七宝，光明遍满，

故忽见同居土中，十方大地山河皆成佛国，七宝交辉，光明遍照，

又见恒沙，诸佛如来，遍满空界，楼殿华丽，下见地狱，

又见恒河沙数诸佛如来，遍满空界，宫殿楼阁，庄严华丽。甚至下见地狱，

上观天宫，得无障碍。此名欣厌，凝想日深，想久化成。

上观天宫，没有障碍。这是因平日听说净秽二土，随有欣净厌秽之心，想久熏习成种，今定功所逼，心光所灼，故于定中，化现而成，

非为圣证，不作圣心，名善境界，

非圣人实证，一证永证，不再退失。如果不作圣境想，不起住著，不生羡慕，则是破色阴之先兆，是善祥之境界，

若作圣解，即受群邪。

若无知把此当作证圣之解，即落群邪坑，受其惑乱之害。

⑨ 遥见遥闻

又以此心，研究深远，忽于中夜，遥见远方，市井街巷，

行人又于此禅定心中，穷究至极深远之处，忽于中夜，遥见远方市井街巷、

亲族眷属，或闻其语。此名迫心，逼极飞出，

亲族眷属，或听到他们交谈共语。这是禅定迫心，逼到极处，遂令心光飞出，

故多隔见，非为圣证，

故多于黑暗遥远之处，能见能闻，不过偶然如此，非圣人实证，一证永证，不再退失。

不作圣心，名善境界，

如果不作圣境想，不起住著，不生羡慕，则是破色阴之先兆，是善祥之境界，

若作圣解，即受群邪。

若无知把此当作证圣之解，即落群邪坑，受其惑乱之害。

⑩ 妄见妄说

又以此心，研究精极，

行人透过前面九重境界，至此又于禅定心中，研究到至精至极之处，能与诸圣心精通吻，而色阴将破，魔宫振裂，诸魔来恼行人，

见善知识，形体变移，

所以行人于定中见自身作善知识，形体也变化，或变佛身，或变菩萨，或变作天龙鬼神，男女等像。

少选无端，种种迁改。

顷刻之间，无缘无故，现神现通，种种变化。

此名邪心，含受魑魅。

这是行人防心不密，领受妄境，或邪种含藏于心，定中发现，原属虚影不实。

或遭天魔，入其心腹，无端说法，通达妙义，

或遭天魔暗入行人心腹，持其心神，启发他的狂慧，致使行人无端说法，且能通达无边妙义。

非为圣证，不作圣心，魔事销歇，

这是魔力所使，不是真实心开，证得圣果。若不作证圣果想，魔事自然消散歇灭，

若作圣解，即受群邪。

若无知把此当作证圣之解，即落群邪，受其惑乱之害。（十境 完）

阿难，如是十种，禅那现境，皆是色阴，用心交互，故现斯事。

阿难，以上说禅那所现的十境，都是行人于色阴中见理不透彻，正定未纯，不过是禅观与妄想两相交战，互为胜负的结果。若禅观暂胜妄想，就心光发露，现善境界；若妄想胜于禅观，善境即失依然如故。

众生顽迷，不自忖量，逢此因缘，迷不自识，

众生顽迷无知，不自思量，遇到这暂现的因缘，迷昧不识，

谓言登圣，大妄语成，堕无间狱。汝等当依，

妄言证圣，造成大妄语，堕无间狱。你们当依照我的教诲，

如来灭后，于末法中，宣示斯义，无令天魔，得其方便，

在如来灭度后，于末法中宣说这些道理，不让天魔得便，乘虚而入来害行人，

保持覆护，成无上道。

如是便可保护扶持真正的修行人，使其渐次证入圆通，成无上道。

［注释］

［1］忆：识的忽起为忆。

［2］忘：识的忽灭为忘。

［3］汝坐道场……忆忘如一：解除六结中的“动”、“静”二结。

［4］色阴区宇：谓此根性，尚被色阴所拘曰区；尚被色阴所盖覆曰宇。区、宇皆有屋义。

［5］精明：心精妙明。

［6］即受群邪：魔之乘人必伺行人或怖或喜之机。

［7］其时魂魄……互为宾主：魂藏于肝，魄藏于肺，意藏于脾，志藏于胆，精藏于肾，神藏于心，魂本上升，今反下降，则魂变为宾，魄成主；魄本下沉，而竟上升，则魄为宾，而魂为主。余四涉入，例此可知。若更约魂涉于五，则五皆为主，而魂为宾。魄等涉五亦然。

［8］见种种物：人、鬼、神、精等。

［9］譬如有人在静室中，忽见一人，自地而出，一人从壁中来，对语良久，各没原处。又有三五裸形人，高二尺许，窃室中米，旁若无人。

［解说］

这段文讲 1. 无问自说五阴魔境中的（1）色阴魔相。行人解六结中动静二结，入三摩地，但定力未深，尚被色阴拘覆，如明目人处大幽暗之室，心光未发，故凡见处只是无边幽暗，绝无光明。○若定力深，心光发耀，色阴尽（色阴尽超劫浊）则前之黑暗都化成光明，内彻五脏百骸，外彻山河大地，眼前十方无不洞达无碍，无复远近，皆如目前。○修定者当被色阴区宇之时，有十种色阴魔境：

① 身能出碍：心光虚融发泄于现前根尘之境，身如影，外境如云，豁然无碍。

② 内彻拾虫：心光流溢于形体，五脏虚融，四肢透彻，从身内拾出蛲蛔等虫，身完好无伤。

③ 精魄离合：因定力增胜，内外虚融，使神魂互涉，所以空中和十方的外境说法，竟能听到。因往昔闻法熏习，善因种习，自能发挥，故有所闻。

④ 境变佛现：心光更明，澄露皎彻，十方无情世界，遍作阎浮檀金之色；一切有情种类，都化为如来。这时忽见毗卢遮那佛，坐天光台，千佛围绕，百亿国土和莲华俱时出现。是因行人昔日诵经，华藏世界，印于心田，使心魂因闻熏灵悟所染，故今于定中，心光发明，照诸世界。

⑤ 空成宝色：制止的功力过强，逼压之极，故见到十方虚空，都成七宝颜色，或百宝颜色，虽同时各各遍满而又诸色不相留滞隔碍。

⑥ 暗中见物：由定心澄彻，心光凝定不乱，故在半夜于暗室内，见种种有情、无情等物和白天一样，而暗室中物依然如故。

⑦ 身同草木：反闻功深，诸尘并销，四大排遣，纯觉遗身，四肢如同草木，火烧刀砍毫无感觉，火烧不燃，割其肉如削木。

⑧ 遍见无碍：净心观照功极，则净极光通，故忽见同居土中，十方大地山河，皆成佛国，七宝交辉，光明遍照；又见恒河沙数诸佛遍满空界，宫殿楼阁庄严华丽；下见地狱，上观天宫，无有障碍。这是平时听说净秽二土，随有欣厌二心，想久熏习成种，今定功所逼，心光所灼，于定中化现。

⑨ 遥见遥闻：禅定迫心，逼到极处，令心光飞出，故能见能闻黑暗遥远之处。如中夜见远方市井街巷及亲人，或听到他们交谈。

⑩ 妄见妄说：前九境都是行人反闻照性，定心中所发的境界，不作圣解即是善境界；今第十是魔事，因色阴将破，魔界振裂，故魔来扰乱，所以行人在定中见自身作善知识，形体或变成佛身，菩萨身等，顷刻之间种种变化。这是因为防心不密领受妄境，或邪种含藏于心，定中所现，原属虚影不实。或遭天魔暗入行人心腹，由魔力所使，行人无端说法，且能通达无边妙义。

这十境都是因为色阴将破未破之时，禅观和色阴妄想交战互为胜负而显现的。这十境以及后文的四十种魔境，都是佛述其大概，以示初修道的人，并非五阴一定会发生这类境界，也非决有此定数而不可增减（备历或不备历）。要看行人用心如何（用心不正则易发此类魔境）。○ 若不识此十境将受害无穷，佛悲心嘱令宣说，以免行人受魔害。

（2）受阴魔相：十境

阿难，彼善男子，修三摩提，奢摩他中，色阴尽者，

阿难，这个善男子，修三摩提正定，在奢摩他止观中，透过前色阴十境

(备历或不备历),色阴破而根性显,继续精进,

见诸佛心,如明镜中,显现其像,若有所得,而未能用。

故见本具真心,如明镜中现像一样,虽见真心似得其体,但不能称体起用。

犹如魇人,手足宛然,见闻不惑,

又好像被魇住的人,手足都好好的,见闻也清清楚楚,

心触客邪,而不能动,此则名为,受阴区宇[1]。

因心被魔魅鬼所著,心虽明了,可力不从心,四肢动弹不了。这就名为受阴区宇。

若魇咎歇,其心离身,反观其面,去住自由,

若魇咎顿歇,其心便得离身,且能反观自己的面貌,去住自由,

无复留碍,名受阴尽[2]。是人则能,超越见浊,

不再有所留滞与障碍,是名受阴尽。到此,此人即能超越见浊,

观其所由,虚明妄想,以为其本。

超越之后,回观受阴之所由生,不过是众生感受前境,虚以发明,以颠倒妄想为根本。

① 抑己悲生(抑责自己,悲愍众生)

阿难,彼善男子,当在此中,

阿难,这个修定的男子,当在色阴已尽,受阴未破之中,

得大光耀,其心发明,内抑过分,

得大光明,悟见本具真心,由于不知尚被受阴所覆,未能发自在用,反而自责:既悟我心、佛心、众生心,其体原同,为何不早发度生之心,致使众生枉受轮回?自责自咎,用心过分,

忽于其处,发无穷悲。如是乃至,观见蚊虻,

忽然在有众生之处,发大悲之心,悲哀不能自止,乃至看见蚊虻,

犹如赤子，心生怜愍，不觉流泪。此名功用，

犹如父母观于赤子，都生怜愍之心，不觉流泪。这是由于有功用心，

抑摧过越，悟则无咎，非为圣证，

抑责摧伤太过分所导致的，若能速悟就无过咎，知道这并不是圣人实证的同体大悲境界，

觉了不迷，久自消歇。

从此觉了不迷，渐悟渐止，回复正念，久久自然消歇。

若作圣解，则有悲魔[3]，

若作证圣之解以为证得佛的大悲，如是悲愍不止，则有悲魔

入其心腑，见人则悲，啼泣无限，

入其心腑，控制他的心神，心不由己，见人就悲，啼哭不休，

失于正受，当从沦坠。

遂失正受而成邪受，定当从此沉沦堕落。

② 扬己成佛（誉扬自己，顿齐诸佛）

阿难，又彼定中，诸善男子，见色阴消，受阴明白。

阿难，又彼进修禅定之中，诸善男子，见色阴已经消失，露出一种虚明的境界。

胜相现前，感激过分，

见诸佛心如镜中现像，一向虽闻，心即是佛，尚未亲见，今色阴既尽亲证实见，故生感激之心，虽属好念，可是太过分了。

忽于其中，生无限勇，其心猛利，志齐诸佛，

因过分感激，忽然产生无限的勇气，其心猛且利，其志顿齐诸佛，

谓三僧祇，一念能越。

以为诸佛修成佛位，必经三大阿僧祇劫，我今一念即能超越，一念不生即如如佛。

此名功用，陵率过越，悟则无咎，

这是因用功过急，志欲陵跨佛乘，轻率自大所致，若悟尚被受阴所覆，仍逆流照性，就不会成为过咎。

非为圣证，觉了不迷，久自消歇。

这不是圣人实证的境界，觉了不迷，渐悟渐止，回复正念，久自消歇。

若作圣解，则有狂魔，入其心腑，见人则夸，

若当作证圣之解，则有狂魔，入其心腑，摄其神识，见人就自夸己德，

我慢无比，其心乃至，上不见佛，下不见人[4]，

傲慢无比，在他的心目中，上不见佛，下不见众生，

失于正受，当从沦坠。

由此失于正受，起诸邪见，定当从此沉沦堕落。

③ 定偏多忆

又彼定中，诸善男子，见色阴消，受阴明白，

又彼进修禅定之中的诸善男子，见色阴已消，露出一种虚明境界，

前无新证，归失故居。

向前则受阴未破，没有新证之境，向后退归，而色阴已尽，又失故居。在这关键之时，若能定慧等持，就不会有失误。

智力衰微，入中隳地，

可现在是定强慧弱，在色受二阴之间，进退两难之际，二念俱毁，进退不得，

迥无所见，心中忽然，生大枯渴，于一切时，

一无所见，所以心中忽然生大枯渴，于一切时中，

沉忆不散，将此以为，勤精进相，

沉静其心，忆念中毁之境，时刻不敢散乱，认为沉忆久了，必有所得，就把此当作勤勇精进之相。

此名修心，无慧自失，

这是因修心，偏用定力，没有智慧相资助，自失方便，

悟则无咎，

若能悟知这是定强慧弱所致，顿舍沉忆，使定慧均等，就没有过咎。

非为圣证，觉了不迷，久自消歇。

这不是圣人的实证境界，觉了就不被此境所迷，日久自然消歇。

若作圣解，则有忆魔，入其心腑，

若以沉忆当作证圣之解，就有忆魔，乘虚而入心腑，拘其神识，

旦夕撮心，悬在一处，失于正受，当从沦坠。

日夜撮取其心，悬挂在色受二阴中间之处，从此失了正受，无慧自救，定当从此沉沦苦海，堕落恶道。

④ 慧偏多狂

又彼定中，诸善男子，见色阴消，受阴明白，

又彼进修禅定之中诸善男子，见色阴消失，露出一种虚明境界，

慧力过定，失于猛利，以诸胜性，怀于心中，

慧强定弱，观智过于猛利，因见心佛一如，自性本来是佛，心佛一如之胜境，常怀于心，

自心已疑，是卢舍那，得少为足。

怀疑己身就是卢舍那佛，不假修成，以少有所得为满足。

此名用心，忘失恒审，溺于知见，

这名为用心偏僻，定力微弱，忘失了恒常审察，溺于已已成佛的知见，

悟则无咎，

若能觉悟，色阴刚破，受阴方现，如镜现像，不能得用，依旧进修本定，就没有过咎。

非为圣证。若作圣解，

这并不是圣人实证的境界。若自作圣境解，以卢舍那佛自居，迷不知返。

则有下劣，易知足魔，入其心腑，见人自言，

就会有下劣易知足魔，入其心腑，摄其神识，见人就说

我得无上，第一义谛，失于正受，当从沦坠。

我已得无上第一义谛。从此失了正受，定当从此沉沦苦海，堕落恶道。

⑤ 历险生忧

又彼定中，诸善男子，见色阴消，受阴明白，新证未获，

又彼进修禅定之中诸善男子，见色消受现，虽见佛心，但不能发挥妙用，

故心已亡。历览二际，自生艰险。

色阴既破，原有的心又忘失了。前后观察，无所用心，自生怖畏，进退艰危险阻。

于心忽然，生无尽忧，如坐铁床，如饮毒药，心不欲活，

心中忽然生无尽的忧愁，如坐铁床，如饮了毒药，简直不想活了，

常求于人，令害其命，早取解脱。此名修行，失于方便，

以至常求别人结束他的生命，希望早得解脱。这是修行人，恐惧过甚，失去了智慧观照的方便。

悟则无咎，

若能觉悟此乃定多慧少的过失，从此改过亡忧，定慧双修，则无过咎，自可复归本修。

非为圣证。若作圣解，则有一分，常忧愁魔，

这不是圣人实证的境界。若当作圣境解，则有一分，常忧愁魔，

入其心腑，手执刀剑，自割其肉，

入其心腑，增其忧愁，使心不由己，手拿刀剑，自割身肉，

欣其舍寿，或常忧愁，走入山林，

欲求舍寿速死，早取解脱。轻微一点的常怀忧愁，遁入山林，

不耐见人，失于正受，当从沦坠。

不愿见人，失却了正受，妄起邪念，定当从此沉沦坠落。

⑥ 觉安生喜

又彼定中，诸善男子，见色阴消，受阴明白。

又彼进修禅定之中诸善男子，见色阴消失，受阴已现，心地虚明，见佛心如镜中像。

处清净中，心安隐后，忽然自有，

一尘不染，恒常清净，处此境界，心得安隐之后，忽然自有，

无限喜生。心中欢悦，不能自止。此名轻安，无慧自禁，

无限欢喜心生。心中欢悦，不能自止。这是定心成就，暂发轻安，没有智慧不能自止，

悟则无咎，非为圣证。若作圣解，

若能觉悟就没有过咎，不是圣人实证境界。若当作圣证之解，

则有一分，好喜乐魔，入其心腑，见人则笑，

则有一分好喜乐魔，入其心腑，使心不由己，见人就笑，

于衢路傍，自歌自舞，自谓已得，无碍解脱。

在大路旁自歌自舞任情放纵，自以为已得自在无碍解脱。

失于正受，当从沦坠。

失于正受，妄起邪念，当从沦坠。

⑦ 见胜成慢

又彼定中，诸善男子，见色阴消，受阴明白，自谓已足，

又彼进修禅定之中诸善男子，见色消受现，以为妄尽真现，引为满足，

忽有无端，大我慢起，如是乃至，慢与过慢，及慢过慢，
忽然无端起大我慢，如是乃至慢、过慢、慢过慢、

或增上慢，或卑劣慢，一时俱发。心中尚轻，十方如来，
增上慢、卑劣慢等七慢一时俱发。心中尚轻十方如来，

何况下位，声闻缘觉。此名见胜，无慧自救，
何况下位，声闻缘觉。这是只见己灵尊胜，起诸慢心所导致，且又无智慧自救其病，若能用慧照观察，观诸法性平等，尚不见有众生可慢，又怎么会轻慢圣贤呢？

悟则无咎，非为圣证。若作圣解，则有一分，
悟则无咎，不是圣人实证境界。若当作圣证之解，则有一分，

大我慢魔，入其心腑，
大我慢魔，乘虚而入心腑，摄其神识，使心不由己，慢上加慢。

不礼塔庙，摧毁经像，谓檀越言，此是金铜，或是土木，
不礼塔庙，摧毁经像，对檀越说，佛像是金铜，或是土木，

经是树叶，或是氎华，肉身真常，
经典是树叶、氎(dié 细棉布)华，我这肉身是真常活佛，

不自恭敬，却崇土木，实为颠倒。其深信者，
你们却不礼拜，反而崇拜土木，实在颠倒。有深信他的，

从其毁碎，埋弃地中，疑误众生，入无间狱，
就跟从他毁碎经像埋弃在地中。疑误众生，必入无间地狱，

失于正受，当从沦坠。
失于正受，当从沦坠。

⑧ 慧安自足

又彼定中，诸善男子，见色阴消，受阴明白，于精明中[5]，
又彼进修禅定之中诸善男子，色消受现，于自心中，

圆悟精理[6]，得大随顺，其心忽生，

亲见佛心，既见佛心则得大无碍，无不随心顺意，忽然生起

无量轻安，已言成圣，得大自在。此名因慧，获诸轻清，

无量轻安，而言自己已成圣人，得大自在。这是因在精明之中，圆悟精理之慧，获得诸轻安清净之境，离诸粗重之相。这只是一时豁悟，

悟则无咎，非为圣证。若作圣解，

若能觉悟则无过咎，不是圣人实证境界。若作圣证之解，

则有一分，好轻清魔，入其心腑，自谓满足，

则有一分，好轻清魔，入其心腑持其神识，以为功行已满，福慧具足，

更不求进。此等多作，无闻比丘，疑误众生，堕阿鼻狱。

不再求增进。此等众生，不肯亲近善知识，听取开示，多会像无闻比丘那样未证言证，等到命终时，受生相现，毁谤佛法骗人，或令人闻而生疑，从谤生误，以谤法因，断菩提种故堕阿鼻地狱。

失于正受，当从沦坠。

失于正受，起诸邪受，当从沦坠。

⑨ 著空毁戒

又彼定中，诸善男子，见色阴消，受阴明白，

又彼进修禅定之中诸善男子，见色消受现，

于明悟中，得虚明性。

于十方洞开豁然无碍之中，观受阴虚明之性，廓尔显现，无法可得，

其中忽然，归向永灭，拨无因果，

于其心中，忽然生起空净之念，永沉断灭，致使拨无因果，从此不假修为，上无佛道可成，下无众生可度，

一向入空，空心现前，乃至心生，长断灭解[7]。

一向入空，断空之心现前，乃至心生长远断灭的邪知谬解。

悟则无咎，

（这是定心沉空滞寂，未免过于沉没失于慧照观察。）若能觉悟断空不是究竟真空，仍继续修证，则无过咎。

非为圣证。若作圣解，

这根本不是圣人实证真空境界。若以断灭空当作圣证之解，

则有空魔，入其心腑，乃谤持戒，名为小乘，

则有空魔入其心腑，持其神识，乃谤持戒，名为小乘道，且以大乘菩萨自居，

菩萨悟空，有何持犯，其人常于，信心檀越，

妄言菩萨悟一切皆空，有什么持戒犯戒可说，他还常常在信心檀越面前

饮酒啖肉，广行淫秽，因魔力故，摄其前人，不生疑谤。

饮酒啖肉，广行淫秽，因魔力附体，能摄伏在他面前的人，对他的恶行不生疑端，也不毁谤。

鬼心久入，或食屎尿，与酒肉等，

魔鬼之心潜居他的心腑日久，熏染已深，有的竟在人前食屎尿像吃酒肉一样，

一种俱空，破佛律仪，误人入罪，

现出一种净秽俱空之相。破坏佛制的戒律威仪，以错误的言行误导人入于罪恶的深渊。

失于正受，当从沦坠。

因失却正受，定当从此沉沦堕落。

⑩ 著有恣淫

又彼定中，诸善男子，见色阴消，受阴明白，味其虚明，

又彼进修禅定之中诸善男子，见色消受现，玩味贪著受阴虚明之境，

深入心骨，其心忽有，无限爱生，

不肯放舍，入于心骨，忽有无限爱心发生，

爱极发狂，便为贪欲。

爱到极处，情动于中，欲境现前，不能自持，便成贪欲。

此名定境，安顺入心，无慧自持，

这因为定境之中，安乐随顺深入心骨，无慧力以自把持，致使爱极发狂，

误入诸欲。悟则无咎，

误入诸淫欲。若以慧照观察，这是禅定中的妙触轻安之境，随顺人心，自在受用不生贪恋执著，继修止观，就无过咎，

非为圣证。若作圣解，则有欲魔，

不是圣人实证的境界。若当作圣人所证之解，就有欲魔，

入其心腑，一向说欲，为菩提道，化诸白衣，

入其心腑，摄其神识，一向宣说淫欲就是菩提道，还教化在家居士，

平等行欲，其行淫者，名持法子。

不分僧俗平等恣行淫欲，说与其行淫的人，名持法子。

鬼神力故，于末世中，摄其凡愚，

因有魔鬼神力所摄，所以在末世中摄化凡夫和愚痴的人，

其数至百，如是乃至，一百二百，或五六百，多满千万。

数以百计，如是乃至一百二百，或五六百，甚至上千上万。

魔心生厌，离其身体，威德既无，

等到魔欲满足，心生厌离，就离开他的身体，既然魔力消失，威德自无，

陷于王难，疑误众生，入无间狱，

受其愚者控诉他，就难逃国法的制裁。因惑乱疑误众生，生受王法，死入无间地狱，

失于正受，当从沦坠。

失却正受，定当从此沉沦堕落。（十境 完）

阿难，如是十种，禅那现境，皆是受阴，

阿难，以上所说的十种禅那所现的境界，都是受阴未破，

用心交互，故现斯事。

用心不当，理智与情欲交战，互为胜负而产生的胜劣境相。

众生顽迷，不自忖量，逢此因缘，迷不自识，

众生顽迷无知，不自思量，遇到这暂现的因缘，迷昧不识，

谓言登圣，大妄语成，堕无间狱。汝等亦当，

妄言证圣，造成大妄语，堕无间狱。你们应当

将如来语，于我灭后，传示末法，

将如来所说的受阴十境，在我灭度之后，传示给末法的众生，

遍令众生，开悟斯义；无令天魔，得其方便，

让他们都明白这个道理，不要让天魔有机可乘，

保持覆护，成无上道。

使末法众生获得加持保护，得以正修，渐次证入，成无上道。

［注释］

［1］总喻修定人，色阴虽破，见本具真心，但仍被受阴拘覆，本具佛性虽德相宛然，也未能发挥佛性自在妙用。

［2］此解六结中的“根结”。

［3］悲魔：某种外道人，不得志而死，滞魂不散而成。

［4］上不见佛，下不见人：佛尚三大阿僧衹，而我一念顿超故上

不见佛。众生不悟本来是佛,怎能知我所证,故下不见人。

[5] 于精明中:于自心识精元明之中。

[6] 圆悟精理:圆悟至精之理即佛心。

[7] 长断灭解:"解"字后,圆瑛法师曰,应加"此名定心沉没,失于照应"。

[解说]

这段文讲1. 无问自说五阴魔境中的(2) 受阴魔相:行人色阴已破,见佛心,仍被受阴拘覆,本具佛性虽德相宛然,但未能发挥自在妙用。如镜中像,如被魇之人。若继续修定,受阴尽如魇咎顿歇(受阴尽超见浊,相当于解六结中的"根"结),其心便能离身,且能反观自己的面貌,而得意生身,去住自由,不再有留滞隔碍。修定者当被受阴区宇之时,有十种受阴魔境:

受阴魔相表

十境	发端现相	指出其过	魔入发相
抑己悲生	悟见本具真心,我心、佛心、众生心,其体原同,但不知尚被受阴拘覆,未能发自在用。反而深责自己,未早度众生,致使众生枉受轮回。在有众生处,发大悲心,悲哀不止,甚至见蚊虫如见赤子,皆生怜愍,不觉流泪。	有功用心,自责自咎,太过分了,所导致。	悲魔入心,心神被控,见人就悲,啼哭不休。
扬己成佛	一向闻心即是佛,而今亲见佛心故生感激。因过分感激忽生无限勇气,其心猛利,其志顿齐诸佛。以为诸佛修成佛位,必经三大阿僧祇劫,我今一念即能超越。一念不生即如如佛。	用功过急,志欲陵跨佛乘,轻率自大,所导致。	狂魔入心,神识被控,见人就自夸己德,傲慢无比,心目中上不见佛,下不见众生。

续 表

十境	发 端 现 相	指出其过	魔入发相
定偏多忆	在色受二阴之间，进退两难二念俱毁，一无所见，心中忽生大枯渴。于一切时，沉静其心，忆念中毁之境，不敢散乱，认为沉忆久了，必有所得，以此为勤精进相。	因修心偏用定力，无智慧相资助，所导致。（定过于慧）	忆魔入心，心神被控，日夜撮取其心，悬挂在色受二阴中间之处。
慧偏多狂	因见心佛一如，自性本来是佛，心佛一如之胜境常怀于心，怀疑己身就是卢舍那佛，不假修成。得少为足。	用心偏僻，定力微弱，忘失恒常审察，溺于己已成佛的知见。（慧过于定）	下劣易知足魔入心，摄其神识，见人就说我已得无上第一义谛。
历险生忧	行人见佛心，但不能发挥妙用；而色阴已破，原有的心又忘失了；前后观察，无所用心，进退艰危阻险，自生怖畏。心中忽生无尽忧愁，如坐铁床，如饮毒药，常求人断他的命希望早日解脱。	行人恐惧过度，失去了智慧观照。（定慧俱劣）	常忧愁魔入心，持其神识，使心不由已，手拿刀剑自割身肉，欲求舍寿速死，早取解脱。轻者遁入山林，不愿见人。
觉安生喜	行人见佛心如镜中像，一尘不染，恒常清净，处此境界，心得轻安，忽有无限欢喜心生，不能自止。	定心成就，暂发轻安，无慧不能自止。（定过于慧）	好喜乐魔入心，使心不由己，见人就笑，在大路旁自歌自舞，任情放纵，自以为已得自在无碍解脱。
见胜成慢	见色消受现，以为妄尽真现，引为满足，忽然七慢一时俱发。心中尚轻十方如来，何况声闻、缘觉。	只见己灵尊胜，起诸慢心，又无慧自救。	大我慢魔入心，使心不由己，慢上加慢，不礼塔庙，毁坏佛经，说佛像是金铜木石，经是纸，而我是肉身活佛，你们却不礼拜。深信者从其学，毁碎经像，埋弃地中。

续 表

十境	发端现相	指出其过	魔入发相
慧安自足	见佛心则得大无碍,无不随心顺意,忽生无量轻安,而言自己已成圣人,得大自在。	因慧获诸轻安,便自满足,只是一时豁悟。	好轻清魔入心,持其神识,以为功行已满,福慧具足,不再求增进。
著空毁戒	观受阴虚明之性,廓尔显现,无法可得。心中忽起空净之念,永沉断灭,拨无因果,一向入空,断空之心现前,从此不借修为,上无佛道可成,下无众生可度。	定心沉空滞寂,过于沉没,失于慧照观察。	空魔入心,持其神识。诽谤持戒是小乘,以大乘菩萨自居,菩萨悟空,有何持犯。常在信心檀越前,饮酒吃肉,广行淫秽。魔鬼居心日久,熏染已深,竟在人前吃屎尿与食酒肉一样,破佛律仪,因魔力附体,能摄伏前人不生疑谤。
著有恣淫	玩味贪著受阴虚明之境,不肯放舍,入于心骨。忽有无限爱心生。爱到极处,情动于中,欲境现前,不能自持,便成贪欲。	定境中安乐随顺,深入心骨,无慧心以自把持,致使爱极发狂,误入淫欲。	欲魔入心,摄其心神,疑误众生。一向说欲为菩提道,化诸白衣,平等行淫,其行淫者名持法子。因魔鬼神力所摄,在末世有百、千、万的信徒。等到魔心生厌,离开其身,魔力既失,当生陷于王难。

这十境都是因受阴将破未破之时,禅观与妄想交战,故有这些境界现前。这十境与色阴十境不同,色阴境,从前向后,次第相生,透过一层,又现一层,而此十境各别现起。此十境都说"失于正受",既失正受,必起邪受,邪受属魔,故属魔业。若不识此十境,将受害无穷。佛悲心嘱令宣说,以免行人受魔害。

（3）想阴魔相：十境

阿难，彼善男子，修三摩地，受阴尽者，

阿难那个修三摩地的善男子，透过前受阴十境，受阴破。然仍被想阴所覆，

虽未漏尽，心离其形，如鸟出笼，

虽未得漏尽，但心离其形，心不再被形体局限，如鸟出笼，飞翔自在。

已能成就，从是凡身，上历菩萨，六十圣位[1]，

已成就历圣位的基础，从这凡夫身就可以上历诸位菩萨，乃至妙觉六十圣位。

得意生身[2]，随往无碍。

获得意生身，随意而往，无所障碍。

譬如有人，熟寐寱言，是人虽则，无别所知，

受阴尽，得意生身，上历六十圣位，随往无碍，但又被想阴所拘覆，如同有人在深睡中说呓话，这个人虽不知他说了什么，

其言已成，音韵伦次，令不寐者，咸悟其语，

但他的话已与常语无别，有音韵可听，伦次可别，使清醒的人都知道他说些什么，

此则名为，想阴区宇。若动念[3]尽，浮想销除，

这就叫想阴区宇。第八识所含六识种子，动相微细，动必有想，六识浮想，都依动念而生，如果动念已尽，则六识浮想，无从生起。

于觉明心[4]，如去尘垢。

浮想如尘，动念如垢，今念尽想销，如在镜子般的识性觉明中除去了尘垢。

一伦生死，首尾圆照，

三界十二类众生，每一类的所有生死，首从卵生，尾至非无想生，都能

圆明照察,生从何来,死向何去。

名想阴尽[5]。是人则能,超烦恼浊。

这就名为想阴尽,行人就能超越烦恼浊。

观其所由,融通妄想,以为其本。

返观想阴的由来,皆由意识妄想,融通前五识之所生。

① 贪求善巧

阿难,彼善男子,受阴虚妙,

阿难,这个透过受阴十境的善男子,受阴既尽,见闻遍周,心离形体如鸟出笼,得意生身,随往无碍。

不遭邪虑,圆定发明,三摩地中,

不再遭遇受阴邪虑所惑,圆通妙定得以发明,于此禅定心中,

心爱圆明,锐其精思,

忽起一念,爱著圆满发明一切妙用。故而勇锐其志,精进思惟,

贪求善巧。

贪求善巧变化,将以此惊动人心,以行教化,广作佛事。

尔时天魔,候得其便,飞精附人[6],

这时六天魔王,见有机可乘,飞遣精魅附在旁人身上,

口说经法[7],其人不觉,是其魔著,自言谓得

使能无端讲经说法,所附之人也不知道是著了魔,自称已证得

无上涅槃,来彼求巧,善男子处,

无上涅槃,来到那个修定的心爱圆明,贪求善巧的善男子处,

敷座说法,其形斯须,或作比丘,令彼人见,

敷座说法,著魔之人,身形顷刻之间或变作比丘让修定者见,以为同类而生信,

或为帝释，或为妇女，或比丘尼，或寝暗室，身有光明[8]。
或变成帝释、妇女、比丘尼，或在寝室黑暗之处，身发光明。

是人愚迷，或为菩萨，信其教化，摇荡其心，
修定者愚迷，以为菩萨现身，相信他的教化，致使摇荡定心，

破佛律仪，潜行贪欲。口中好言，灾祥变异，
破佛律仪，潜行淫欲。附身之人口中好言灾、祥、变异，

或言如来，某处出世，或言劫火，或说刀兵，
或言如来，某处出世；或言劫火，或说将有刀兵之难，

恐怖于人，令其家资，无故耗散。此名怪鬼，
使人恐怖，为求消灾免难，倾家荡产。附人的是怪鬼，

年老成魔，恼乱是人，厌足心生，去彼人体，
做鬼年久了，魔王录为役使，成了魔王伴侣，恼乱此修定人，目的达到了，厌足心生就离开了他的身体，魔既不附，则无威德。

弟子[9]与师[10]，俱陷王难。
此贪求善巧的修定者们和被附体的人，都难逃法网。

汝当先觉，不入轮回，
你当先自察觉，知道是魔，才不受迷惑，就不会堕入轮回，

迷惑不知，堕无间狱。
如果迷惑不知，受其恼乱，必堕无间地狱。

② 贪求经历

阿难，又善男子，受阴虚妙，
阿难，这个透过受阴十境的善男子，受阴既尽，见闻周遍，心离形体，得意生身随往无碍。

不遭邪虑，圆定发明。
不再遭遇受阴的邪虑所惑，圆通妙定得以发明。

三摩地中，心爱游荡，

于三摩地中，忽起一念爱著，贪爱神通游戏，放荡自在，欲遍游十方，

飞其精思，贪求经历。

飞奋其精神思虑，朝夕研究，贪求经历刹土，大作佛事。

尔时天魔，候得其便，飞精附人，口说经法，

这时六天魔王见有机可乘，飞遣精魅附在旁人身上，使能无端讲经说法，

其人亦不，觉知魔著，亦言自得，无上涅槃，

所附之人也不知道是著了魔，自称已证得无上涅槃，

来彼求游，善男子处，敷座说法。自形无变，

来到这个贪求经历的善男子处，敷座说法。说法者(所附之人)自己形貌没改变，

其听法者，忽自见身，坐宝莲华。全体化成，紫金光聚，

可听法的人，忽见自身坐在宝莲花上，全身化成紫金光聚，

一众听人，各各如是，得未曾有。是人愚迷，

所有的听众都是这样，这是从来不曾有的事。这个贪求经历的修定者，愚迷无智，

惑为菩萨，淫逸其心，破佛律仪，

认为是菩萨，身心归依，恣淫纵逸其心，破坏佛的律仪，

潜行贪欲。口中好言，诸佛应世，

偷偷行贪欲之事。魔附之人口中爱说诸佛某处应世，

某处某人，当是某佛，化身来此，某人即是，某菩萨等，

某处某人当是某佛化身来此，某人即是某菩萨等，

来化人间。其人见故，心生渴仰，

来教化人间。贪求经历的修定者，见魔附之人故而心生渴仰，

邪见密兴，种智消灭。

日日亲近，故导致邪见密兴，种智消灭，慧命断绝。

此名魃鬼，年老成魔，恼乱是人，厌足心生，

附人的是魃鬼，年老成魔，恼乱这修定人，一旦厌足心生

去彼人体，弟子与师，俱陷王难。

即离开彼人身体，贪求经历的修定者和被附体的人都难逃法网。

汝当先觉，不入轮回，迷惑不知，堕无间狱。

汝当先觉，即不入轮回，若迷惑不知，则堕无间地狱。

③ 贪求契合

又善男子，受阴虚妙，

这个透过受阴十境的善男子，受阴既尽，见闻周遍，心离形体，得意生身随往无碍，

不遭邪虑，圆定发明，三摩地中，

不再遭遇受阴邪虑所惑。圆通妙定得以发明，在三摩地中，

心爱绵吻，澄其精思，贪求契合。

忽起爱慕之心，因而竭力澄寂其精神思虑，贪求上契佛心（至理），下合众生（妙用）。

尔时天魔，候得其便，飞精附人，口说经法，

这时六天魔王见有机可乘，飞遣精魅附在旁人身上，使能无端讲经说法，

其人实不，觉知魔著，亦言自得，无上涅槃，

所附之人也不知道是著了魔，自称已证得无上涅槃，

来彼求合，善男子处，敷座说法。

来到这贪求契合的修定者之处，敷座说法。

其形及彼，听法之人，外无迁变，

说法者(附体之人)的身形和听法人的身形,都没有变迁,

令其听者,未闻法前,心自开悟,

但能令听法者没闻法之前,心自然开悟(相似得圆通体),

念念移易。或得宿命,

且念念移易(相似得圆通用);或得宿命通(知过去事),

或有他心,或见地狱,或知人间,好恶诸事,

或得他心通(知他人心念),或见地狱,或知人间好恶诸事,

或口说偈,或自诵经,各各欢娱,得未曾有。

或口说偈语,或背诵经文;令听法众各各欢喜,得未曾有。

是人愚迷,或为菩萨,绵爱其心,

这个贪求契合修定者愚迷,认为是菩萨,缠绵亲爱,有欲密结其心,信其教化,

破佛律仪,潜行贪欲。口中好言,佛有大小,某佛先佛,

破佛律仪,暗行贪欲。附体之人爱说佛有大小,某佛是先佛,

某佛后佛,其中亦有,真佛假佛,男佛女佛,菩萨亦然。

某佛是后佛,其中亦有真佛假佛、男佛女佛,菩萨也是这样。

其人见故,洗涤本心,易入邪悟。

贪求契合的修定者见到这些故而洗涤本所修心,变易而入邪悟。

此名魅鬼,年老成魔,恼乱是人,厌足心生,

这附人的是魅鬼,年老成魔恼乱这修定人,一旦厌足心生

去彼人体,弟子与师,俱陷王难。

去彼人体,贪求经历的修定者和被附体的人都难逃法网。

汝当先觉,不入轮回,迷惑不知,堕无间狱。

汝当先觉,不入轮回,迷惑不知,堕无间地狱。

④ 贪求辨析

又善男子，受阴虚妙，

这透过受阴十境的善男子，受阴既尽，见闻周遍，心离形体，得意生身，随往无碍，

不遭邪虑，圆定发明，三摩地中，

不再遭遇受阴邪虑所惑，圆通妙定得以发明，在三摩地中，

心爱根本，

受阴既尽，则露出微细动相，行人不知此动相是六识种子，根本想阴。误认为其因动有生而为万物的根本。心生爱著，

穷览物化，性之终始，精爽其心，贪求辨析。

一味地穷览万物变化，物性的始终。于是奋其精神，竭其心力贪求辨别万物的现象，分析万物变化的根元。

尔时天魔，候得其便，飞精附人，口说经法，

这时六天魔王见有机可乘，飞遣精魅附在旁人身上，使能无端讲经说法，

其人先不，觉知魔著，亦言自得，无上涅槃，

所附之人也不知道是著了魔，自称已证得无上涅槃，

来彼求元，善男子处，敷座说法。

来到贪求分析万物根元的善男子处，敷座说法。

身有威神，摧伏求者，

附体之人，因魔力所使，身有威严可畏之相，有神通摄服之力，能摧伏那个贪求分析万物根元的修定人，

令其座下，虽未闻法，自然心伏。

能让他(附体之人)座下的众人，虽不曾闻法，自然心悦神伏。

是诸人等，将佛涅槃，菩提法身，即是现前，我肉身上，

他们都认为性净涅槃、真性菩提及佛的法身，就是在现前我们的肉身上，

父父子子，递代相生，即是法身，常住不绝。都指现在，

父父子子，递代相生，就是法身，常住不绝。都指现在所居之地

即为佛国，无别净居，及金色相。

就是佛国，别无净居之土，也没有金色佛身。

其人信受，亡失先心，身命归依，得未曾有，

那个贪求辨析的修定人，亡失了先前本所修心，身心归依附体之人，却以肉身相生，鄙贱之事为万物变化的元理，而得未曾有。

是等愚迷，惑为菩萨，推究其心，

他们愚迷，认为附体之人是菩萨再来，推究其心之所好，无不顺承，

破佛律仪，潜行贪欲。口中好言，眼耳鼻舌，

破佛律仪，暗行贪欲之事。附体之人时常说眼耳鼻舌

皆为净土，男女二根，即是菩提，涅槃真处。彼无知者，

都是净土，男女二根就是菩提涅槃真处。那些无知的人，

信是秽言。此名蛊毒，魇胜恶鬼，年老成魔，恼乱是人，

相信这些秽言。此附人的名叫蛊毒魇胜恶鬼，年老成魔，恼乱修定人，

厌足心生，去彼人体，弟子与师，

一旦厌足心生去彼人体，贪求辨析的修定者们和被附体的人

俱陷王难。汝当先觉，不入轮回，迷惑不知，堕无间狱。

都难逃法网。汝当先觉，不入轮回，迷惑不知，堕无间地狱。

⑤ 贪求冥感

又善男子，受阴虚妙，

这透过受阴十境的善男子，受阴既尽，见闻周遍，心离形体，得意生身，随往无碍，

不遭邪虑，圆定发明，三摩地中，

不再遭遇受阴邪虑所惑，圆通妙定得以发明，在三摩地中，

心爱悬应，

忽然起爱好悬应之心，希望多生远劫的有缘圣众应己所求，

周流精研，贪求冥感。

于是一心周遍流历，精细研究，贪求冥相契合，希望感得圣应。

尔时天魔，候得其便，飞精附人，口说经法，

这时六天魔王见有机可乘，飞遣精魅附在旁人身上，使能无端讲经说法，

其人原不，觉知魔著，亦言自得，无上涅槃，

所附之人也不知道是著了魔，自称已证得无上涅槃，

来彼求应，善男子处，敷座说法。能令听众，

来到那个贪求冥感的善男子处，敷座说法。能令听众，

暂见其身，如百千岁，

暂时看见他（附体人）的身体如百千岁，鹤发童颜，以显自己修证之深。

心生爱染，不能舍离，身为奴仆，四事供养，不觉疲劳，

对他心生爱染不能舍离，愿作他的奴仆，四事供养也不觉疲劳，

各各令其，座下人心，知是先师，

而这些被魔所摄的邪师又使他座下的人在心里知道，那个被魔附之人原是他们前世的师父，

本善知识，别生法爱，粘如胶漆，

是善知识，于是产生一种法眷情爱，如胶似漆，粘不可解，

得未曾有。是人愚迷，惑为菩萨，

前所未有。这个贪求冥感的修定人愚迷，认为附体之人是菩萨，

亲近其心，破佛律仪，潜行贪欲。口中好言，

亲近日久受邪气熏习，破佛律仪潜行贪欲。附体之人口中常说，

我于前世，于某生中，先度某人，当时是我，妻妾兄弟，

我在前世，在某生中先度某人，某人当时是我妻妾兄弟，

今来相度，与汝相随，归某世界，供养某佛。或言别有，

今特来相度，将与你相随归某世界，供养某佛。或说另有

大光明天，佛于中住[11]，一切如来，所休居地。

大光明天，佛就住在那里，是一切如来所休止居住之处，

彼无知者，信是虚诳，遗失本心。

那些无知的人，相信了这些虚诳之言，致使遗失了本修之心，顺从魔教。

此名疠鬼，年老成魔，恼乱是人，厌足心生，

这附人的是疠鬼，年老成魔，恼乱修定的人，一旦厌足心生

去彼人体，弟子与师，俱陷王难。

去彼人体，贪求冥感的修定者们和被附体的人都难逃法网。

汝当先觉，不入轮回，迷惑不知，堕无间狱。

汝当先觉，不入轮回，迷惑不知，堕无间地狱。

⑥ 贪求静谧

又善男子，受阴虚妙，

这个透过受阴十境的善男子，受阴既尽，见闻周遍，心离形体，得意生身，随往无碍，

不遭邪虑，圆定发明，三摩地中，

不再遭遇受阴邪虑所惑，圆通妙定得以发明。在三摩地之中，

心爱深入，克己辛勤，

心爱深穷契入，辛苦勤奋地克制自己，希望能深入圆通，

乐处阴寂，贪求静谧。尔时天魔，候得其便，

乐处阴隐寂寞之处，贪求安静宁谧之修。这时天魔得其方便，

飞精附人，口说经法，其人本不，觉知魔著，

飞遣精灵密附旁人，无端说法，魔附之人不知著魔，

亦言自得，无上涅槃，来彼求阴，善男子处，

自称已证得无上涅槃，来到这个贪求静谧的修定善男子处，

敷座说法。令其听人，各知本业，或于其处，语一人言，

敷座说法。令听法之人各知宿业，或在说法处特对一个人说，

汝今未死，已作畜生，敕使一人，于后踏尾，

你现在没死，已变成畜生。怕他不信，就让一个人在他身后踏着他的尾巴，因魔力所使，

顿令其人，起不能得，于是一众，倾心钦伏。有人起心，

立刻使他站不起来，于是听众都完全深信不疑。若有人起心动念，

已知其肇。佛律仪外，重加精苦，诽谤比丘，

此人也能先知。在佛律仪外又再增加一些苦行方法，且诽谤比丘不精进，

骂詈徒众，讦露人事，不避讥嫌。

骂责徒众以显无私之心，揭露他人阴私，不避讥嫌以显己直心口快。

口中好言，未然祸福，及至其时，毫发无失。

口中常说未来的祸福之事，到时一一皆应，无丝毫失误。

此大力鬼，年老成魔，恼乱是人，厌足心生，去彼人体，

这附体的是大力鬼，年老成魔，恼乱是人，一旦厌足心生去彼人体，

弟子与师，俱陷王难。汝当先觉，

贪求静谧的修定者们和被附体的人都难逃法网。汝当先觉，

不入轮回，迷惑不知，堕无间狱。

不入轮回，迷惑不知，堕无间地狱。

⑦ 贪求宿命

又善男子，受阴虚妙，

这透过受阴十境的善男子，受阴既尽，见闻周遍，心离形体，得意生身，随往无碍，

不遭邪虑，圆定发明，三摩地中，

不再遭遇受阴邪虑所惑，圆通妙定得以发明，在三摩地中，

心爱知见，

忽然生起爱好知见的心，希望知人所不知，见人所不见。

勤苦研寻，贪求宿命。尔时天魔，候得其便，

所以不辞勤苦，研究寻思，贪求通达宿命。这时天魔得其方便，

飞精附人，口说经法，其人殊不，觉知魔著，

飞遣精灵密附旁人，无端说法，魔附之人不知著魔，

亦言自得，无上涅槃，来彼求知，善男子处，

自称已证得无上涅槃，来到那贪求知见的修定善男子处，

敷座说法。是人无端，于说法处，得大宝珠。其魔或时，

敷座说法。魔附之人无故在说法处得大宝珠。这魔有时

化为畜生，口衔其珠，及杂珍宝，简册符牍，

变化成畜生，口中衔珠及杂色珍宝（宝印、宝瓶之类），或简册符牍之类，

诸奇异物，先授彼人，后著其体。

各种奇异物品，先授给那个魔附之人，而后附著在他身上。

或诱听人，藏于地下，有明月珠，

或为了诱惑听法之人，说有明月珠藏在某处的地下，

照耀其处，是诸听者，得未曾有。

果然那个地方竟有珠光照耀，这些听众亲眼见到这事，真是从来没有过。

多食药草，不餐嘉馔，或时日餐，一麻一麦，

被附体的人多吃草药，不食人间烟火，或有时一日只吃一餐，每餐只吃一麻一麦，

其形肥充，魔力持故。诽谤比丘，

其形体反而肥壮，血气充满，是因魔力所持的缘故；诽谤比丘不修苦行，

骂詈徒众，不避讥嫌。口中好言，他方宝藏，

骂徒众饱食终日，也不怕别人讥讽嫌厌；常好说哪里有宝藏，

十方贤圣，潜匿之处，随其后者，往往见有，奇异之人。

或十方贤圣潜居在哪里，随他去看，往往见有奇异之人。

此名山林，土地城隍，川岳鬼神，年老成魔，

这个附人的魔鬼是山林、土地、城隍、川岳等鬼神。这些鬼神本各司其职，年代既久，被魔录用，成为魔眷，今附旁人之体，恼乱贪求宿命的修定人。

或有宣淫，破佛戒律，与承事者，潜行五欲。

或宣说淫欲，与其承事弟子潜行世间五欲，以破佛戒。

或有精进，纯食草木，

或行无益精进，盲修瞎炼，一味吃草木，令人效仿。

无定行事，恼乱是人，

或忽喜忽怒，或数勤数怠，行事无定，一味地恼乱这个贪求宿命的修

定人，令失本修，一旦目的达到，

厌足心生，去彼人体，弟子与师，俱陷王难。

厌足心生，则去彼人体，贪求宿命的修定者们和被附体的人都难逃法网。

汝当先觉，不入轮回，迷惑不知，堕无间狱。

汝当先觉，不入轮回，迷惑不知，堕无间地狱。

⑧ 贪求神力

又善男子，受阴虚妙，

这透过受阴十境的善男子，受阴既尽，见闻周遍，心离形体，得意生身，随往无碍，

不遭邪虑，圆定发明，三摩地中，

不再遭遇受阴邪虑所惑，圆通妙定得以发明，在三摩地中，

心爱神通，种种变化，研究化元[12]，贪取神力。

忽然心爱神通种种变化，所以研究变化的根本，贪求寻得神通之力。

尔时天魔，候得其便，飞精附人，口说经法。

这时天魔得其方便，飞遣精灵密附旁人，无端说法。

其人诚不，觉知魔著，亦言自得，无上涅槃，来彼求通，

魔附之人不知著魔，自称已证得无上涅槃，来到那贪求神通的

善男子处，敷座说法。是人或复，手执火光，

修定善男子处，敷座说法。被魔附之人有时手拿火光，

手撮其光，分于所听，四众头上，是诸听人，顶上火光，

用手撮取其光分在所有听法的四众头上，所有听众头顶上

皆长数尺，亦无热性，曾不焚烧，或水上行，

都有数尺高的火光，但并不觉热，也不会焚烧身体，或在水上走，

如履平地，或于空中，安坐不动，或入瓶内，或处囊中，
如覆平地，或于空中安坐不动，或入瓶内，或处囊中，

越牖透墙，曾无障碍。惟于刀兵，不得自在。自言是佛，
越闭窗透塞墙，毫无障碍。只是对于刀枪不得自在。自称是佛，

身着白衣，受比丘礼，诽谤禅律，骂詈徒众，
但身着白衣，受比丘礼拜，诽谤禅律，骂责徒众为显自己无私，

讦露人事，不避讥嫌。口中常说，
揭人隐私，也不怕别人讥谤憎嫌，为了显自己正直。口中常说

神通自在，或复令人，旁见佛土，鬼力惑人，
神通变化自在无碍等事，或使人旁见佛土，这都是魔鬼要迷惑人

非有真实。赞叹行淫，不毁粗行，
故意妄现的不是真有。尤其赞叹行淫，不但不毁谤这粗恶的犯戒行为，

将诸猥[13]媟[14]，以为传法。此名天地大力，
反而将这粗鄙污秽的事作为传法。附体的是天地间大力的

山精、海精、风精、河精、土精。一切草木，积劫精魅。
山精、海精、风精、河精、土精。或者是一切奇草异木，时久了成为精魅(草木受天地之灵气，盗日月之精华)。

或复龙魅；或寿终仙，再活为魅；
或是龙因窃盗物的灵气，而成了妖魅；或是修仙者其寿终，复活为魅；

或仙期终，计年应死，其形不化，他怪所附，
或其寿虽尽，其形不腐化，而被其他怪物所附，而成了妖孽，

年老成魔，恼乱是人，厌足心生，去彼人体，弟子与师，
年老了成为魔眷，恼乱是人，一旦厌足心生去彼人体，贪求神力的修定者们和被附体的人

俱陷王难。汝当先觉，不入轮回，迷惑不知，堕无间狱。

都难逃法网。汝当先觉，不入轮回，迷惑不知，堕无间地狱。

⑨ 贪求深空

又善男子，受阴虚妙，

这透过受阴十境的善男子，受阴既尽，见闻周遍，心离形体，得意生身，随往无碍，

不遭邪虑，圆定发明，三摩地中，心爱入灭，

不再遭遇受阴邪虑所惑，圆通妙定得以发明，在三摩地中，心爱寂灭，

研究化性，贪求深空。

而研究万物变化的本性，贪求最深的空寂，不但想求身境俱空，并想存没自在。

尔时天魔，候得其便，飞精附人，口说经法，

这时天魔，得其方便，飞遣精灵密附旁人，无端说法，

其人终不，觉知魔著，亦言自得，无上涅槃，来彼求空，

魔附之人不知著魔，自称已证得无上涅槃，来到那个贪求深空的

善男子处，敷座说法。于大众内，其形忽空，

修定男子处，敷座说法。(魔附之人)在大众内，身形忽空，

众无所见，还从虚空，突然而出，存没自在，

大家什么也看不见，又从虚空中突然而现形，或存或没都得自在；

或现其身，洞如琉璃，或垂手足，作旃檀气，或大小便，

或现身体洞彻如琉璃，或垂手足时发出旃檀香气，或变大小便

如厚石蜜。诽毁戒律，轻贱出家。口中常说，无因无果，

如石蜜冰糖。诽谤戒律，轻视出家人。口中常说没有因果报应，

一死永灭，无复后身，及诸凡圣。

一死就永远消灭并没有再转生的后身，也没有什么凡圣迷悟差别。

虽得空寂，潜行贪欲，受其欲者，亦得空心，

此等以断灭为空寂，往往潜行淫欲，受他淫欲的人，接他传授断灭之法，也得空心，

拨无因果。此名日月，薄蚀精气，

拨无因果，生大邪见。这是日月薄蚀的时候，日月精华直贯于地，

金玉芝草，麟凤龟鹤，经千万年，

地上的金玉芝草、麟凤龟鹤得此精华，便可长生，经千万年，

不死为灵，出生国土，年老成魔，

不死为灵，出生于国土的就为物仙、禽仙、兽仙，年老成为魔眷，受魔王驱使，

恼乱是人，厌足心生，去彼人体，弟子与师，

恼乱是人，一旦厌足心生去彼人体，贪求深空的修定者们和被附体的人

俱陷王难。汝当先觉，不入轮回，迷惑不知，堕无间狱。

都难逃法网。汝当先觉，不入轮回，迷惑不知，堕无间地狱。

⑩ 贪求永岁

又善男子，受阴虚妙，

这透过受阴十境的善男子，受阴既尽，见闻周遍，心离形体，得意生身，随往无碍，

不遭邪虑，圆定发明，三摩地中，

不再遭遇受阴邪虑所惑，圆通妙定得以发明，在三摩地中，

心爱长寿，辛苦研几[15]，

忽然生起心贪长寿之想，故辛苦研究几微动相。

贪求永岁，弃分段生，顿希变易，

而又贪求长生不死，舍弃有形的分段生死，立刻希望获得无形的变易

生死，

细相常住。尔时天魔，

变易生死，其相微细，行人希望此细相常住。这时天魔

候得其便，飞精附人，口说经法，其人竟不，觉知魔著，

得其方便，飞遣精灵密附旁人，无端说法，魔附之人不知著魔，

亦言自得，无上涅槃，来彼求生，善男子处，

自称已证得无上涅槃，来到那个贪求长生的修定男子处，

敷座说法。好言他方，往还无滞，或经万里，瞬息再来，

敷座说法。好说往还他方，来去无碍，或去万里之外，瞬间就可以归来，

皆于彼方，取得其物。或于一处，在一宅中，

并可以在那个地方取回东西，以作证明。或在某处的宅舍中，

数步之间，令其从东，诣至西壁，是人急行，累年不到。

只几步的距离，使人从东至西，很快地走，却累年也走不到。

因此心信，疑佛现前。

因此使人信从，怀疑此魔附之人是佛出现于前。

口中常说，十方众生，皆是吾子，我生诸佛，

（被魔附之人）常说，十方一切众生都是我的孩子，诸佛也是我所生，

我出世界，我是元佛，出世自然，

世界也是我造，我是最初的佛，现今依旧存在，我是自然而成的佛，

不因修得。此名住世，自在天魔，使其眷属，如遮文茶，

不是因修才证得。这是住世自在天魔，令他的眷属，如遮文茶

及四天王，毘舍童子，未发心者，

和四天王所管的毘舍童子，这些未发心护法的恶鬼，

利其虚明，食彼精气。

利用行人受阴虚明的定心，资发他的邪慧，食他的精气，以助养魔躯。

或不因师，其修行人，亲自观见，

或不须借助被魔所附之师，这个贪求长寿的修定者，也能亲自观见魔王现身

称执金刚，与汝长命，现美女身，盛行贪欲，

口称善金刚坚固之术，使你长命，身同金刚。又现美女身，诱他行淫，朝夕无度。

未逾年岁，肝脑枯竭，口兼独言，听若妖魅。

不到一年半载肝血脑膜就枯竭了，魔鬼隐其身形与行人同床共语，别人不见，以为行人独自言语，所言无定，别人听之如妖魅声。

前人未详，多陷王难[16]，

前因师受惑之人，不知师是附体之人，以致弟子与师，多陷王难。

未及遇刑，先已干死[17]。

此不因师，而与美女盛行贪欲之人，还没到接受刑罚，就先已干死了。

恼乱彼人，以至殂殒。汝当先觉，不入轮回，

这二者都足以恼乱定心，甚至色身殒亡。汝当先觉，不入轮回，

迷惑不知，堕无间狱。阿难当知，是十种魔，

迷惑不知，堕无间地狱(十境 完)。阿难你应当知道，这十种邪魔

于末世时，在我法中，出家修道[18]。

于末世时，在我佛法中，假示出家，托名修道，希图破坏佛法。

或附人体，或自现形，皆言已成，正遍知觉[19]。

或附在别人身上，或亲自现形(如第十境)，都自言已成正遍知的佛果。

赞叹淫欲，破佛律仪，先恶魔师，

赞叹淫怒痴即是戒定慧，破佛所制律仪。如前十种著魔的人，

与魔弟子，淫淫相传，如是邪精，魅其心腑，

与其座下弟子，以淫传淫，延害后世，这些邪妖精灵，迷魅他们的心，世人不觉知，陷入魔网。

近则九生[20]，多逾百世[21]，令真修行，

故近则在佛灭后九百年，多则三千年后，那时去圣已远，人根机浅薄，原想真修，

总为魔眷。命终之后，必为魔民，失正遍知，

反成魔业，既成了魔眷属，命终之后，一定成为魔民，邪见日深，亡失了正遍知的佛性，

堕无间狱。汝今未须，先取寂灭，纵得无学，

堕无间狱。你（阿难）现在不须先取寂灭，纵然得成无学之道，

留愿入彼，末法之中，起大慈悲，救度正心，

还要留愿入彼末法之中，发起大慈悲心，救度发菩提正觉之心

深信众生，令不著魔，得正知见。

并具有深信的众生，使他们真修正定而不著魔，而得佛法正知正见。

我今度汝，已出生死，汝遵佛语，

我现在已度你出生死苦海，若能遵守我的嘱咐勿取涅槃，将佛语传示末法，救度众生，

名报佛恩。阿难，如是十种，禅那现境，皆是想阴，

是名报佛恩。阿难，以上所说的十种禅那魔境，都是想阴所覆。

用心交互，故现斯事。

观智与妄想交战，互为胜负，因妄想胜故，现这些魔事。

众生顽迷，不自忖量，逢此因缘，迷不自识，

众生顽迷无知，不自思量，遇到这种境相，迷不自识，

谓言登圣，大妄语成，堕无间狱。汝等必须，将如来语，

自言登圣境，成大妄语，致堕无间狱。你们必须将如来的教诲，

于我灭后，传示末法，遍令众生，开悟斯义，

在我灭度之后，传示给末法的众生，普遍让众生明白这些道理，

无令天魔，得其方便，保持覆护，成无上道。

不要让天魔有机可乘，以保护行人正心，覆护所修正定，使其成就无上道。

［注释］

［1］从是凡身，上历菩萨，六十圣位：此指圆顿最利之根，以凡夫身，上历圣位。

［2］意生身：随意所到，身则便到，喻如意去，迅速无碍，故曰意生身。

［3］动念：指第八识所含六识种子。以有微细动相，故曰动念。

［4］觉明心：第八本识，以带妄故，不言妙觉明心。

［5］想阴尽：解六结中的"觉"结。

［6］飞精附人：飞精，军中征召的文书。为什么附旁人？因行人受阴尽，魔不能入其心腑。

［7］口说经法：此所附之人本不会讲经说法，今被附体竟能讲经说法。

［8］魔于空中变，行人常易识破；附人身变，人则难识！

［9］弟子：修定者们。

［10］师：被附体之人。

［11］大光明天，佛于中住：谬指魔宫为大光明天，谬称魔王为佛。

[12] 化元：万化之本。

[13] 猥(wěi)：下流。

[14] 媟(xiè)：放荡。

[15] 研几：研究几微动相。几微动相即想阴根本，此不可有心研究，定深自灭。

[16] 前人未详，多陷王难：前修定者因魔所附之旁人而受害。

[17] 未及遇刑，先已干死：此修定者因魔王现美女身而受害。

[18] 佛将涅槃，召魔吩咐拥护佛法，有一魔誓云：我待佛灭后，依教出家，着你袈裟，坏你佛法，其可能否？佛即堕泪说："无奈汝何！"

[19] 皆言已成，正遍知觉：凡现通称佛必魔；圣人应世，泄则不住，住则不泄。

[20] 九生：百年为一生。

[21] 百世：三十年为一世。

[解说]

这段文讲1. 无问自说五阴魔境中的(3)想阴魔相：利根者，受阴尽时，一尽一切尽，便能朗然大觉；若想阴习强者，又现想阴区宇。受阴尽，想阴未破之人，得意生身，上历六十圣位，随往无碍。而于上合下同(上合诸佛慈力，下同众生悲仰)，实未亲证。虽未亲证，而所现不误，此人得通游界，睹佛闻法，所现位次亦不紊乱，诸佛菩萨都亲知亲见。经中举"深睡人说呓语"来比喻。〇动念既尽，浮想销除，名想阴尽，超烦恼浊，相当于解除"觉"结。这时三界十二类众生，每一类的所有生死，首从卵生，尾至非无想生，都能圆明观察，生从何来，死向何去。〇修定者当被想阴区宇时，有十种想阴魔境：

想阴魔相表

<table>
<tr><th>十境</th><th>定中起心爱求</th><th>被魔遣者</th><th>魔附之人现相</th><th>修定者迷受害</th><th>共相</th></tr>
<tr><td>贪求善巧</td><td>勇锐其志，精进思惟，贪求善巧变化，发明一切妙用，将以惊动人心，而行教化，广作佛事。</td><td>怪鬼</td><td>无端说法，不知已著魔，自称证无上涅槃，来到此修定者前说法。顷刻身变成比丘、帝释、妇女、比丘尼。或在卧室暗处，身有光明。○或说如来某处出世；或言劫火、刀兵，恐怖人，令人倾家荡产；常说灾祥变异。</td><td>认为魔附之人是菩萨现身，信其教化，破戒破定，潜行贪欲。</td><td rowspan="3">鬼妖精灵，年久，魔王录为役使，成为魔王伴侣，恼乱修定者，达到目的，离彼人体，修定者与魔附之人等俱陷王难。</td></tr>
<tr><td>贪求经历</td><td>贪爱神通游戏，放荡自在，欲遍游十方，朝夕研究，贪求经历刹土，大作佛事。</td><td>魃鬼</td><td>无端说法，不知已著魔，自称证无上涅槃，来到此修定者前说法。令听法者各各忽见自身坐宝莲华，全体化成，紫金光聚。○爱说诸佛某处应世，某处某人是某佛，某人是菩萨。</td><td>认为魔附之人是菩萨现身，身心归依，恣淫纵逸其心，破戒潜行贪欲，邪见兴，慧命断。</td></tr>
<tr><td>贪求契合</td><td>竭立澄寂其精神思虑，贪求上契佛心，下合众生。</td><td>魅鬼</td><td>无端说法，不知已著魔，自称证无上涅槃，来到此修定者前说法。令听法者未闻法之前，心自开悟，念念移易，或说偈，或背经。○爱说佛有大小，佛有先后、真假、男女。</td><td>认为魔附之人是菩萨，信其教化，破戒，潜行贪欲，改本修，入邪悟。</td></tr>
</table>

续　表

十境	定中起心爱求	被魔遣者	魔附之人现相	修定者迷受害	共相
贪求辨析	竭心贪求辨别万物的现象，分析万物变化的根元。	蛊毒魇寐鬼	无端说法，不知已著魔，自称证无上涅槃，来到此修定者前说法。有威严、神通，令听法者虽未闻法，自然心悦神伏。○拨无净土，今此秽土即是佛国；毁谤金身，谓相好之体，全在我身；说肉身是三德之本，父子相生是法身常住不绝。好说眼耳鼻舌都是净土；男女二根即是菩提涅槃真处。	认为魔附之人是菩萨再来，亡失本修，信其言，破戒，潜行贪欲。	鬼妖精灵，年久，魔王录为役使，成为魔王伴侣，恼乱修定者，达到目的，离彼人体，修定者与魔附之人等俱陷王难。
贪求冥感	一心周遍流历，精细研究，贪求冥相契合，想得到圣应。	疠鬼	无端说法，不知已著魔，自称证无上涅槃，来到此修定者前说法。令听法者暂见其鹤发童颜如千岁翁，以显自己修证之深。常说我在某生中先度某人，某人当时是我妻妾兄弟，今特来相度，与你相随，归某世界，供养某佛。还谬称魔宫为大光明天，魔王为佛。	认为魔附之人是菩萨心生爱染，愿作他的奴隶，失了本修，顺从魔教，破戒，潜行贪欲。	

续　表

<table>
<tr><th>十境</th><th>定中
起心爱求</th><th>被魔
遣者</th><th>魔附之人现相</th><th>修定者
迷受害</th><th>共相</th></tr>
<tr><td>贪求静谧</td><td>辛勤地克制自己，希望能深入圆通，乐处阴隐寂寞之处贪求安静宁谧之修。</td><td>大力鬼</td><td>无端说法，不知己著魔，自称证无上涅槃，来到此修定者前说法。令听法者各知宿业；或在说法处，对一人说“你现在未死，已作畜生”，令他人在其后，踏其尾巴，立刻使其站不起来，于是听众深信。○人起心动念，也能先知。在佛戒外，重加精苦，诽谤比丘。骂詈徒众，揭人阴私。常说福祸之事，到时一一皆应。</td><td>深信魔附之人是菩萨信其邪说，破佛戒，学其邪行，潜行贪欲。</td><td rowspan="2">鬼妖精灵，年久，魔王录为役使，成为魔王伴侣，恼乱修定者，达到目的，离彼人体，修定者与魔附之人等俱陷王难。</td></tr>
<tr><td>贪求宿命</td><td>不辞勤苦，研究寻思，贪求通达宿命。</td><td>山林、土地、城隍、川岳、等鬼神</td><td>无端说法，不知己著魔，自称证无上涅槃，来到此修定者前，敷座说法。无故在说法处得大宝珠。此魔有时变成畜生，口衔珠、宝瓶等奇异物品，先给那个将被魔附之人，而后附在他身上。○常说哪里有宝藏，有十方贤圣潜藏，随他去看，真有其事。诽谤比丘，骂詈徒众，不避讥嫌。○纯食草木，有时一天只一餐，只吃一麻一麦，其形肥充。宣说淫欲，与其承事弟子潜行世间五欲，破佛戒。忽喜忽怒，数勤数怠，行事不定，恼乱修定者。</td><td>迷而不觉，受害，亡失本修。</td></tr>
</table>

续　表

十境	定中起心爱求	被魔遣者	魔附之人现相	修定者迷受害	共相
贪求神力	研究变化的根本，贪求寻得神通之力。	天地间大力的山精、海精、风精、河精、土精。草木精魅。龙魅。修仙者寿终再活为魅；其寿虽尽，形不化，被怪物附，成了妖孽。	无端说法，不知已著魔，自称证无上涅槃，来到此修定者前，敷座说法。手拿火炬，撮取火光分在听法人头上，头上火光数尺高，不觉火热，也不烧头。○水上行如履平地，在空中安坐不动，或在瓶中、囊中，穿墙过壁无障碍。惟于刀枪不得自在。自称是佛，身着白衣，受比丘礼，诽谤禅律；骂詈徒众，揭人隐私，不避讥嫌。常说神通自在，妄现佛土令人见。尤赞行淫，将此卑鄙之事作为传法。	迷而不觉，受害，亡失本修	鬼妖精灵，年久，魔王录为役使，成为魔王伴侣，恼乱修定者，达到目的，离彼人体，修定者与魔附之人等俱陷王难。
贪求深空	研究万物变化的体性，贪求最深的空寂，不但想求身境俱空，并想存没自在。	物仙、禽仙、兽仙	无端说法，不知已著魔，自称证无上涅槃，来到此修定者前，敷座说法。在大众中身忽不见，又从虚空中忽现身，或存或没都得自在。或现身体如琉璃，或垂手足时发旃檀香气，或变大小便成石蜜冰糖。谤戒，轻视出家人。常说无因无果，也无凡圣迷悟差别。潜行淫欲，受他淫欲的人，接他传授断灭之法，也拨无因果，生大邪见。	迷而不觉，受害，亡失本修。	

续 表

十境	定中 起心爱求	被魔 遣者	魔附之人现相	修定者 迷受害	共相
贪求永岁	辛苦研究，贪求长生不死，舍弃有形的分段生死，想得无形变易生死，变易生死其相微细，行人希望此细相常住。	役使鬼、啾精气鬼	无端说法，不知已著魔，自称证无上涅槃，来到此修定者前，敷座说法。好说往还他方，来去无碍；或去万里之外，瞬间可归来，并取物为证；或在很小的房中，使人从东至西，很快地走，累年也走不到。常说：“十方众生皆是吾子；诸佛是我生；世界是我造；我是最初的佛，寿命之长无人可比，我是自然成佛，不是修来的。”	信魔附之人，定心乱，失本修。○魔现身，行者色身亡。	鬼妖精灵，年久，魔王录为役使，成为魔王伴侣，恼乱修定者，达到目的，离彼人体，修定者与魔附之人等俱陷王难。
		补充：魔不飞精附人，魔王亲自现身，口称善金刚坚固之术，令你长命，身同金刚。又现美女，诱行人行淫，朝夕无度，不到一年半载，肝脑枯竭。魔隐身形，与行者同床共语，别人不晓，以为独言，所言无定，听若妖魅。			

这十境都是想阴所覆，观智与妄想交战，因妄想胜或现这些魔境。若不识此十境，将受害无穷。佛悲心嘱令宣说，以免行人受魔害。

(4) 行阴魔相：十计

阿难，彼善男子，修三摩地，想阴尽者，

阿难，这个透过想阴十境的善男子，不坏本修，如是精进不怠，想阴既尽，

是人平常，梦想销灭，寤寐恒一，

这人平常无梦无想，醒时无想，常同睡时之静，睡时无梦，常同醒时之觉，

觉明虚静，犹如晴空，

本觉妙明真心离诸梦想的扰乱而得清虚寂静，犹如晴朗虚空迥无所有，

无复粗重，前尘影事[1]。观诸世间，大地山河，如镜鉴明[2]，

再没有粗重的前尘影事现前。观一切世间山河大地，如镜之光明洞鉴，应物而现，

来无所粘，过无踪迹，虚受照应，

物来影现镜中而镜无所粘着，物过影灭镜中，而镜也无踪迹。据此则境在识中也不过是虚受照应而已。

了罔陈习，惟一精真。

境灭识中，识中了无陈旧习气，唯是一个识精真体。

生灭根元，从此披露[3]，

众生所以生灭不停，根元都是行阴所迁，今想阴尽，故行阴境界从此显露。

见诸十方，十二众生，毕殚其类，

所以得见十方十二类众生的生灭，毕竟克尽其类。

虽未通其，各命由绪[4]，见同生基[5]，

然仍未见识阴，故没有通达十二类众生各各受命之元由头绪，但见行

阴是十二类受生的基本。

犹如野马[6]，熠熠清扰，为浮根尘，究竟枢穴[7]，

此行阴犹如野马，忽起忽灭闪烁不停，是十二类众生六种色根和前五尘境的究竟枢穴。由行阴故根尘得以生灭，

此则名为，行阴区宇。若此清扰[8]，

此阴不尽，生死难脱，这叫行阴区宇。若此轻清扰动，

熠熠[9]元性[10]，性入元澄[11]，

熠熠生灭的根元体性，因定力转深，此体性一入于澄湛的第八识，

一澄元习，如波澜灭，化为澄水[12]，

则第七识行阴，种习俱尽，永不更起。犹如波浪平息，化为澄水（实则似湛非真），

名行阴尽[13]。是人则能，超众生浊。观其所由，

名为行阴尽。这个人就能超越众生浊。超越之后反观行阴，

幽隐妄想，以为其本。

是以幽深隐微妄想为其根本。

① 二种无因

阿难当知，是得正知，奢摩他中，诸善男子，

阿难你应当知道，想阴已破，不遭邪虑，故得正知（若破后二阴则名遍知），圆定得以发明的善男子，

凝明正心，

于想阴十境不起爱求，于飞精附人便能觉知，定慧均等。

十类天魔，不得其便，方得精研，

十类天魔，不得其便，圆通妙行，乃可增修，方得精心研究力破想阴，

穷生类本。

想阴既破，行阴即现，故得穷究十二类众生的生灭根本（即行阴）。

于本类中，生元露者，

于本类中，研求生灭，则生灭根元便得显露（即行阴显现）。

观彼幽清，圆扰动元。

观彼行阴幽隐轻清，不像想阴那样的显明重浊。行阴生灭之相，遍十二类众生，行阴是群动的根元。

于圆元中，

今行者于此圆扰群动的根元（行阴）之中，误执为胜性，而不知尚有不扰不动的真如本性存在，

起计度者。是人坠入，二无因论。

因此妄起计度，忘失本修，以致堕入外道的二种无因论中。

a. 本无因

一者是人，见本无因。

第一，这个人于行阴圆元之中，妄起计度，执此圆元为胜性，而不知这只是行阴显现，尚没有到行阴尽的时刻，况行阴尽还有识阴，识阴尽，方是本觉。这人竟误认生灭根元的行阴是无因而起的。

何以故？是人既得，生机[14]全破[15]，

为什么会产生这种见解呢？因为这人既见行阴完全显露。

乘于眼根，八百功德，见八万劫，所有众生，

故凭定力，乘于眼根八百功德，尽其见量能见八万劫内所有众生，

业流湾环，死此生彼，只见众生，

业行迁流，湾转回环，不能自止，舍生趣生，只见众生，随业行以迁流，

轮回其处，八万劫外，冥无所观[16]。

轮回在八万劫中。八万劫外，冥然莫辨，毫无所见。

便作是解，此等世间，十方众生，八万劫来，无因自有。

便作邪解，以为此等世间十方众生，八万劫来，都是无因自有。

由此计度，亡正遍知，

由此邪计筹度，亡失正遍知，执一切八万劫来，无因自有，

堕落外道，惑菩提性。

堕落外道邪见，惑乱菩提正觉之性。

b. 末无因

二者是人，见末无因。

第二，这个人妄计，八万劫外既冥无所知，见本无因，便以此例知未来八万劫后，见末也无因。

何以故。是人于生，既见其根，

什么缘故呢？这人于诸众生，既见八万劫前本来无根，乃无因而有，则十二类众生之本，该属自然。由此转计，成为自然外道。

知人生人，悟鸟生鸟，乌从来黑，

知道人还从人生，悟到鸟是从鸟生，乌从来自然是黑，

鹄从来白，人天本竖，

鹄(hú 俗称天鹅)从来自然是白，人与天人本来直立而行。

畜生本横，白非洗成，黑非染造。

畜生本来伏地而行，白也不是因洗涤而白，黑也不是因染而黑。都是自然而然，

从八万劫，无复改移。今尽此形，亦复如是[17]。

从八万劫以来，未曾更改变移。尽未来际此形也是这样，没有改移。

而我本来，不见菩提，云何更有，

而我本来八万劫前，不见十二类众生从菩提性起，怎么会有众生于八万劫后，

成菩提事[18]，当知今日，一切物象，皆本无因。

成菩提道果之事呢？妄执今日一切物象，既然八万劫前本无有因，以

此验知八万劫后，末亦无因。说八万劫尽，终成断灭，无有因果。从无因而起，还复无因，返于冥初之意。（两种无因别相 完）

由此计度，亡正遍知，堕落外道，惑菩提性。

由此邪计筹度，亡失正遍知，以至堕落外道恶见，惑乱了菩提正觉之性。

是则名为，第一外道，立无因论。

这就是第一种外道，创立无因论。

② 四种遍常

阿难，是三摩中，诸善男子，凝明正心，

阿难，这三摩地中定慧均等的诸男子，于想阴十境不起爱求，于飞精附人便能觉知，定慧均等，

魔不得便，穷生类本，

魔无机可乘，想阴破行阴现前，于是欲穷究十二类众生的生灭根本。

观彼幽清，常扰动元，

观彼行阴幽隐轻清，遍十二类众生，是群动的根元。

于圆常中，起计度者，

观于行阴周遍相续，既圆且常。不知此乃行阴迁流生灭之相。而在此中妄起计度以为是圆遍常住，

是人坠入，四遍常论。

这个人就堕入外道四种遍常的邪论。

a. 心境计常

一者是人，穷心境性，

第一，这个人欲穷究行阴心与境二性的本元，到底起自何处，然穷之不远，

二处无因。修习能知，二万劫中，

以见心、境二处，在二万劫前无因自有。但因修习能力所限，只见二万劫内，

十方众生，所有生灭，咸皆循环，不曾散失，计以为常。

十方众生所有心、境生生灭灭，循环不已，相续不断，不曾散失，于是妄计心、境二性是遍常，不计劫外无因，以为断灭(与上科异)。

b. 四大计常

二者是人，穷四大元，

第二，这个人欲穷究地水火风四大为变化的本元，见一切万法都从四大和合而成，

四性常住。修习能知，四万劫中，

遂计四大之体性常住。因修习能力所限，只知四万劫中

十方众生，所有生灭，咸皆体恒，

十方众生，所有生灭都从四大和合而成，而四大体性是周遍恒常，

不曾散失，计以为常。

从来不曾散失，于是妄计四大之性是遍常。

c. 八识计常

三者是人，穷尽六根，末那执受，

第三，这个人欲穷尽六根中所具的六识，以及第七末那识，和执受根身器界种子的第八识，

心[19]意[20]识[21]中，本元由处，

这人行阴未破，乘己见解，穷八识中，根本元由生起之处，却不知乃是行阴相续的原由，

性常恒故。修习能知，八万劫中，一切众生，

反而妄计是识性恒常的原故。因其修习只能见八万劫中，一切众生死此生彼，

循环不失，本来常住，穷不失性，计以为常。

展转循环，不曾散失，即据此循环不失之性，妄计八识本来周遍常住。

d. 想尽计常（计想尽为常）

四者是人，既尽想元，生理[22]更无，流止运转，

第四，这人既尽想阴根元，则第八识中动相已灭。行阴生灭之根元，随之而显。此如野马，熠熠清扰，并非无流（微细流注），此人误认为更无流止、运转。

生灭想心，今已永灭，

此人不知行阴是一切生灭的根元，误以为粗显生灭想心今已永灭，

理中自然，成不生灭。

则今所显行阴之生理，自然成为不生灭性（微细流注，实非真不生灭）。

因心所度，计以为常。

因妄心揣度，便计执这是周遍常住。（四种遍常别相 完）

由此计常，亡正遍知，堕落外道，惑菩提性，

由此妄计遍常，亡失正遍知，以至堕落外道恶见，惑乱了真常菩提正觉之性。

是则名为，第二外道，立圆常论。

这就是第二种常见外道，创立圆常论。

③ 四种颠倒

又三摩中，诸善男子，坚凝正心，

又三摩地中的诸善男子，定力更深，坚固凝然不动，于想阴十境始终不起爱求，

魔不得便，穷生类本，

魔无机可乘，想阴破行阴现，于是穷究十二类众生的生灭根本。

观[23]彼幽清，常扰动元，于自他中，

观察行阴幽隐轻清，遍十二类众生，是群动的根元，遂于自他依正二报，

起计度者，是人坠入，四颠倒见，一分无常，一分常论。

起诸妄计筹度，这个人就坠入四种颠倒邪见中，即执著一部分是无常，一部分是常恒的谬论。

a. 双约自他

一者是人，观妙明心，

第一，这人观行阴幽清扰动的境相，而妄计是妙明真心

遍十方界，湛然以为，究竟神我，

遍满十方世界，因不觉行阴幽清常扰，误以为湛然不动，妄计是最胜究竟的神我。

从是则计，我遍十方，凝明不动，一切众生，

从此则计神我遍十方界，凝明不动，无生无灭，一切众生

于我心中，自生自死。则我心性，名之为常，

在我心中自生自死。神我之心性，则无生灭，名之为常（于自计常）；

彼生灭者，真无常性。

彼有生灭的众生，真是无常（于他计无常）。

b. 约他国土

二者是人，不观其心，遍观十方，恒沙国土，

第二，这人前观自心误认是常，故不再观，而运心遍观十方恒沙国土成坏不一，

见劫坏处，名为究竟无常种性[24]；

见劫坏之处，三灾起时，坏后见空，便妄计为究竟无常种性；

劫不坏处，名究竟常[25]。

见劫不坏处，不知暂时而住，便妄计为究竟真常种性。

c. 约自身心

三者是人，别观我心，精细微密，犹如微尘，

第三，这人于行阴中别观自心，动相微细、行相幽隐，犹如微尘（此即外道所计微细我）

流转十方，性无移改。

虽依此（微细我）起惑造业，受报，流转十方，但心性无迁移改变。

能令此身，即生即灭，其不坏性，名我性常。

无移改的心性能令此身有生灭，这个不改不坏的心性，是常（即心是常）。

一切死生，从我流出，名无常性。

至于一切生死之身，从我流出，是无常（这即生即死从细我流出之身是无常——即身是无常）。

d. 双非自他

四者是人，知想阴尽，见行阴流，行阴常流，

第四，这人知色受想三阴已尽，见行阴迁流不息，便于此行阴不断常流，

计为常性；色受想等，今已灭尽，名无常性。

妄计为常；色受想三阴，今既已灭尽，妄计为无常。（四种颠倒别相 完）

由此计度，一分无常，

由此计度，自他依正及四阴等，各计执不同，总不出一分无常，

一分常故，堕落外道，惑菩提性，

一分常论，以此双计故成颠倒，所以堕落外道，迷惑了菩提正觉之性，

是则名为，第三外道，一分常论[26]。

这就是第三种外道，创立了一部分是常恒的谬论。

④ 四种有边

又三摩中，诸善男子，坚凝正心，

又三摩提中的诸善男子，定力更深，坚固凝然不动，于想阴十境不起爱求，

魔不得便，穷生类本，

魔无机可乘，想阴破行阴现，得以穷究十二类众生的生灭根本。

观彼幽清，常扰动元，于分位中，

观现前行阴幽隐轻清，常扰动元的相状，此人于三际、见闻、彼我、生灭四种分位中

生计度者，是人坠入，四有边论。

妄计有边无边，故坠入外道的四种有边论中。

a. 约三际

一者是人，心计生元，流用不息，

第一，这人见行阴是十二类众生的生灭根元，而现在迁流业用循环不息，

计过未者，名为有边。

计过去已灭，未来未至，故名之为有边(过未断处，有限际是有边)。

计相续心，名为无边。

计现在相续曾无间断，名为无边(现心续处，无限际是无边)。

b. 约见闻

二者是人，观八万劫，则见众生，八万劫前，

第二，这人以定力能观八万劫之内，见众生生灭不息，而于八万劫前

寂无闻见，无闻见处，名为无边，

就寂然不闻不见。今于无闻见处冥然莫辨，渺无涯际名为无边。

有众生处，名为有边。

于八万劫内，见有众生之处，名为有边。

c. 约彼我

三者是人，计我遍知，得无边性。

第三，这人观己行阴执为真我（我之知遍一切处），遂计执我能周遍了知，于诸法之中，得无边之性（无边的知性）。

彼一切人，现我知中，

而彼一切众生都现在我知之中，我为能知，故名无边。

我[27]曾不知，彼[28]之知性，名彼不得，无边之心，但有边性。

我于自性之中，不见别有彼之知性（彼性不能外于我性也），因彼未得无边的心性，只是被知（所知），但名有边心性。

d. 约生灭

四者是人，穷行阴空，

第四，这人以定力穷究行阴，欲求灭除。在定中觉得行阴灭，出定时觉得行阴生。

以其所见，心路筹度，一切众生，

今以其所见，用妄想心筹度，误认为一切众生，

一身之中，计其咸皆，半生半灭。明其世界，一切所有，

于一身之中，都是半生半灭，以一例全，世界上所有一切都是

一半有边，一半无边[29]，

一半有边，一半无边。（四种有边别相　完）

由此计度，有边无边，堕落外道，惑菩提性，

由此妄心计度，有边无边，堕落外道，迷惑了菩提正觉之性。

是则名为，第四外道，立有边论。

这就是第四种外道所创立的有边论。

⑤ 四种矫乱

又三摩中，诸善男子，坚凝正心，

又三摩提中的诸善男子，定力更深，坚固凝然不动，于想阴十境不起爱求，

魔不得便，穷生类本，

魔无机可乘，想阴破行阴现，得以穷究十二类众生的生灭根本。

观彼幽清，常扰动元，于知见中，生计度者。

观行阴幽隐轻清，常扰动元的相状，于定中所知所见不能决择明了，而妄生周遍计度。

是人坠入，四种颠倒，不死矫乱，遍计虚论。

这个人必堕入四种颠倒邪见中，外道计无想天为不死天，若一生不乱答人，死后当生彼天，故有人问就神秘言词，报答无定，邪分别性，都无实义。

a. 八亦矫乱

一者是人，观变化元，见迁流处，名之为变；

第一，这人观察行阴是变化的根元，见其体是迁变流转，故名之为变；

见相续处，名之为恒[30]。

见行阴虽迁流，但是前后相续不断，故名为恒(常)。

见所见处，名之为生；

在八万劫内，能见所见之处(凡见所能及的)，好像是众生生，故叫做生。

不见见处，名之为灭[31]。

在八万劫外，不能见所见之处(凡见所不及之处)，好像是众生灭，故叫做灭。

相续之因，性不断处，名之为增；

前行阴已灭，后行阴未起，中间必有相续之因，然相续即是中有身，它的体是识阴，此人不知行阴外还有识阴，但见其性不断处，好像多出一个东西，故名为增。

正相续中，中所离处，名之为减[32]。

行阴正在生灭相续中，中间必有间隙之处，又必有所缺，故名为减。

各各生处，名之为有；互互亡处，名之为无[33]。

见众生各各生处，以生为有，故叫有；见各各灭处，以灭为无，故叫无。

以理都观，用心别见。

以上四对共八种，虽都是依行阴之理而观察，但因行人用心不同，故有前后差别之见，终究是没有正知正见。

有求法人，来问其义，答言我今，

如果有来求法之人，问他有关修证的道理，就回答说：“我现在

亦生亦灭，亦有亦无，亦增亦减。于一切时，皆乱其语，

亦生亦灭，亦有亦无，亦增亦减。无论什么时候，总是乱说一通，

令彼前人，遗失章句。

使问法之人，听到模棱两可之语，不知以何为正，无以受持。

b. 惟无矫乱

二者是人，谛观其心，互互无处，因无得证，

第二，这人仔细观察行阴之心，以为一切都无，悟得一切法皆无之理，

有人来问，惟答一字，但言其无，除无之余，无所言说。

有人来问他，只回答一“无”字，除了“无”字外，什么也不说。

c. 惟是矫乱

三者是人，谛观其心，各各有处，因有得证，

第三，这人仔细观察行阴之心，以为一切都有，悟得一切法皆有之理，

有人来问，惟答一字，但言其是，除是之余，无所言说。

有人来问他，只回答一“有”字，除了“有”字外，什么也不说。

d. 有无矫乱

四者是人，有无俱见，

第四，这人观察行阴，有无俱见，既见其念念生处，又见其念念灭处，

其境枝故，其心亦乱，有人来问，

所见之境如木分为两枝，其心也就昏乱不定，有人来问他，

答言亦有，即是亦无，亦无之中，不是亦有。

就回答说："亦有即是亦无（因生者必归于灭），亦无之中不是亦有（因灭者不一定再生）。"

一切矫乱，无容穷诘。

违背道理，模棱两可，无容穷究诘问。（四种矫乱别相 完）

由此计度，矫乱虚无，堕落外道，惑菩提性，

由此妄心计度，无有实义，堕落外道，迷惑菩提真性，

是则名为，第五外道，四颠倒性，不死矫乱，遍计虚论。

这就是第五种外道四颠倒性，不死矫乱的遍计虚论。

⑥ 十六有相

又三摩中，诸善男子，坚凝正心，

又三摩地中的诸善男子，定力更深，坚固凝然不动，于想阴十境不起爱求，

魔不得便，穷生类本，

魔无机可乘，想阴破行阴现，得以穷究十二类众生的生灭根本。

观彼幽清，常扰动元，于无尽流，生计度者。

观行阴幽隐轻清，常扰动元的境相，于行阴相续无尽，迁流不息之中妄生计度。

是人坠入，死后有相，发心颠倒。

于是这个人坠入"死后有相"的谬论，因而发生颠倒之心。

或自固身，云色是我。

一者，或自己固守身形，说四大之色都是我。（计即色是我）

或见我圆，含遍国土，云我有色。

二者，或见我性圆融，含遍十方国土，说一切色法皆我所有。（计我大

色小，色在我中）

或彼前缘，随我回复，云色属我。

三者，眼前之色，都随我回旋往复被我所运用，说色属于我。（计离色是我）

或复我依，行中相续，云我在色。

四者，或复我依行阴之中，迁流相续，说我在色中。（计色大我小，我在色中）

皆计度言，死后有相，如是循环，有十六相。

这四种妄计都说色身虽死，我仍存在。于色受想行四阴中，各各计有四种我，遂共成十六相。（四四共有十六相）

从此或计，毕竟烦恼，毕竟菩提，两性并驱，各不相触[34]。

此更转深一层的计度，烦恼菩提，理也是这样，烦恼毕竟是烦恼，菩提毕竟是菩提，决无更改，由是真妄二性，并驾齐驱，并行不悖，各各不相抵触。

由此计度，死后有故，堕落外道，惑菩提性，

因为妄计死后有相，所以堕落外道，迷惑了菩提本性，

是则名为，第六外道，立五阴[35]中，死后有相，心颠倒论。

这就是第六种外道，创立五阴中死后有相，这依颠倒之心所立的颠倒之论。

⑦ 八种无相

又三摩中，诸善男子，坚凝正心，

又三摩地中的诸善男子，定力更深，坚固凝然不动，于想阴十境不起爱求，

魔不得便，穷生类本，

魔无机可乘，想阴破行阴现，得以穷究十二类众生的生灭根本。

观彼幽清，常扰动元，于先除灭，色受想中，

观行阴幽隐轻清，常扰动元的境相，因这人于定中，先曾破除色、受、想三阴，今行阴现前，

生计度者。

遂生妄计，前三阴先有后无，以此推知，此行阴现有，将来也归于无，因计死后终归断灭。

是人坠入，死后无相，发心颠倒。

这人必坠入“死后无相”的妄计，成为断灭外道，皆因其发生颠倒之心所致。

见其色灭，形无所因；观其想灭，心无所系；

见其四大之色灭，则身形无所依托；心因想系，今观其意识之想已灭，则心无所系了。

知其受灭，无复连缀[36]。

受阴居在色想二阴之中，故色心因受而连缀，知其受阴一灭，则色心就不再连缀了。

阴性销散，纵有生理[37]，而无受想，与草木同。

色受想三阴之性，既已销亡散灭，纵有生灭的行阴而无受想，就没有知觉，与草木同。

此质现前，犹不可得，死后云何，更有诸相。

今在定中，见四阴现在，皆无相可得，死后哪里还会再有诸相呢？

因之勘校，死后相无，如是循环，有八无相。

因此勘验检校将来死后阴相一定是无。如是往复推检每一阴生前死后皆无相，而色受想行四阴，共有八无相。

从此或计，涅槃因果，一切皆空，

从此妄计转深，认为涅槃、因果，世出世法一切皆空，

徒有名字，究竟断灭。

不过徒有名字而已，并无实义，终究归于断灭。

由此计度，死后无故，堕落外道，惑菩提性。

因为妄自计度死后无相，故堕落外道，迷惑菩提真性。

是则名为，第七外道，立五阴中，死后无相，心颠倒论。

这是第七种外道，创立五阴中死后无相，这依颠倒之心发出的邪论。

⑧ 八种俱非

又三摩中，诸善男子，坚凝正心，

又三摩地中的诸善男子，定力更深，坚固凝然不动，于想阴十境不起爱求，

魔不得便，穷生类本，

魔无机可乘，想阴破行阴现，得以穷究十二类众生的生灭根本。

观彼幽清，常扰动元，于行存中，兼受想灭，

观行阴幽隐轻清，常扰动元的境相，见行阴未破，区宇宛在；见前三阴已灭，体相全空。

双计有无。自体相破，

于存者（行阴）计有，于灭者（前三阴）计无。以行阴之有，破前三之无，则成非无；以前三之无，破行阴之有，则成非有。

是人坠入，死后俱非，起颠倒论。色受想中，

这个人就堕入"死后俱非"，而起颠倒的谬论。从已灭的色受想中

见有非有；行迁流内，观无不无。

见行阴的有，亦即同灭而非有；行阴犹存，其相迁流不息，观前三阴的无，亦即同有而非无。

如是循环，穷尽阴界，八俱非相。

如是循环推究，由后观前，由前观后，穷尽色受想行四阴界限，遂成为

非有色受想行，非无色受想行，等八俱非相。

随得一缘，皆言死后，有相无相。又计诸行，

随举一阴为所缘，都说死后非有相、非无相。由此推演妄计，万法的性体

性迁讹故。心发通悟，

都是迁变淆讹，有既非有，无亦非无。于是心发邪悟，增长邪知邪见，

有无俱非，虚实失措。

即一切法说有非有，说无非无，有无虚实，失却标准。

由此计度，死后俱非，后际昏瞢，

由此以生前比例死后都是非有非无，并没有明确的正理作基础。

无可道故，堕落外道，惑菩提性，

说有说无，都不可以。致堕落外道，迷惑菩提正性，

是则名为，第八外道，立五阴中，死后俱非，心颠倒论。

这就是第八种外道，创立五阴中，死后俱非，这依颠倒之心创立的邪论。

⑨ 七际断灭

又三摩中，诸善男子，坚凝正心，

又三摩地中的诸善男子，定力更深，坚固凝然不动，于想阴十境不起爱求，

魔不得便，穷生类本，

魔无机可乘，想阴破行阴现，得以穷究十二类众生的生灭根本。

观彼幽清，常扰动元，于后后无，生计度者。

观行阴幽隐轻清，常扰动元的境相，见行阴念念灭处，因此妄计，生人、天七处，后皆断灭。

是人坠入，七断灭论。或计身灭，

这人就堕入七断灭论外道。或妄计欲界人、天身灭，

或欲尽灭，或苦尽灭，或极乐灭，

或初禅天欲尽灭，或二禅天苦尽灭，或三禅天极乐灭，

或极舍灭，如是循环，穷尽七际。

或四禅四空天极舍灭，如是循环推究，穷尽四洲、六欲天、初禅、二禅、三禅、四禅、四空这七际，

现前消灭，灭已无复。

现前的都归消灭，七际(处)皆现断灭，则知死后，更无再生之事。

由此计度，死后断灭，堕落外道，惑菩提性，

因此妄自计度，死后必归断灭，堕落外道，迷惑菩提真性，

是则名为，第九外道，立五阴中，死后断灭，心颠倒论。

这就是第九种外道，创立五阴中死后断灭，这依颠倒之心发出的邪论。

⑩ 五现涅槃(计五处现在即为涅槃)

又三摩中，诸善男子，坚凝正心，

又三摩地中的诸善男子，定力更深，坚固凝然不动，于想阴十境不起爱求，

魔不得便，穷生类本，

魔无机可乘，想阴破行阴现，得以穷究十二类众生的生灭根本。

观彼幽清，常扰动元，于后后有，生计度者。

观行阴幽隐轻清，常扰动元的境相，见行阴念念相续无间，因为无间遂生妄计，后必是有(当有实果，必不灭无)，

是人坠入，五涅槃论。

这个人就坠入外道的五种涅槃论。

a. 六欲天妄计为真涅槃处

或以欲界，为正转依，观见圆明，

有的以欲界六天为真正转苦为乐，转生死成涅槃之处，因为这人想阴既破，圆定发明，初得天眼，普观天光，清净庄严，迥超日月的光明，且又离人间秽浊，

生爱慕故。

所以心生爱慕，遂计此境为现在涅槃。

b. 执初禅为涅槃处

或以初禅，性无忧[38]故。

有的以初禅，离生喜乐地，苦恼不逼，故妄计现在涅槃。

c. 执二禅为现在涅槃

或以二禅，心无苦[39]故。

有的以二禅，定生喜乐地，忧愁不逼，故妄计为现在涅槃。

d. 执三禅为现在涅槃

或以三禅，极悦随故。

有的以三禅，离喜妙乐地，极喜悦，得大随顺，故妄计为现在涅槃。

e. 执四禅为现在涅槃

或以四禅，苦乐二亡，不受轮回，生灭性故。

有的以四禅，舍念清净地，双舍苦乐，三灾不到，故不受轮回生灭，遂妄计为现在涅槃。（五处 完）

迷有漏天，作无为解，

这五处都属有漏，今妄计五处即是涅槃，是迷有漏天，误作无为涅槃解。

五处安隐，为胜净依，

误认为这五处是最安隐快乐，是最胜清净的所依（最胜清净即佛，佛的所依即涅槃），

如是循环，五处究竟。由此计度，

这样展转观察，谬认五处都是佛所证的究竟涅槃。因此妄自计度，

五现涅槃，堕落外道，惑菩提性，

此五处都现证涅槃，现受寂灭之乐，故堕落外道，迷惑菩提正性，

是则名为，第十外道，立五阴中，五现涅槃，心颠倒论。

这就是第十种外道，创立五阴中五现涅槃，乃依颠倒之心，妄计而立论。（行阴十计 完）

阿难，如是十种，禅那狂解，皆是行阴，

阿难，以上这十种禅那邪见狂解，都是行阴现前时，欲以定慧力，趣真断妄，

用心交互，故现斯悟。众生顽迷，

正当真妄交攻之时，互为胜负，故现出这些邪悟。众生顽迷，

不自忖量，逢此现前，以迷为解，自言登圣，

不自思量，遇到这些悟境现前，以迷惑为解悟，自称已登圣位，

大妄语成，堕无间狱。汝等必须，将如来语，

成了大妄语业，堕无间狱。你们一定要把如来这些话，

于我灭后，传示末法，遍令众生，觉了斯义，

在我灭度后转告末法的众生，让他们都能觉知这些道理，

无令心魔，自起深孽，保持覆护，

不要让心魔自造深重魔业，保持他们的禅定，覆护进修，

消息邪见。教其身心，开觉真义，于无上道

消除他们的邪见。使他们身心开显觉悟真心实义，于无上佛道

不遭枝歧，勿令心祈，得少为足，

不再误入歧途，不让他们心中有所祈求，以得少为满足。

作大觉王，清净标指。

你们当作大觉法王的清净明确的标示和指南。

[注释]

[1] 粗重前尘影事：即是法尘。法尘是五识缘尘落谢影子存于心中被意识所缘。今想阴尽，意识灭，尘无所依，故曰“无复”。

[2] 观诸世间，大地山河，如镜鉴明：今想阴尽，意识灭，五根对尘自然洞然照了不起分别。

[3] 生灭根元，从此披露：第八识所含第七识种子，是行阴的根本，一切生灭法，都从此流出。

[4] 各命由绪：即识阴(第八识)。

[5] 同生基：即行阴(第七识)。

[6] 野马：是日中所映水上浮游之气，亦名阳焰，望之似水，至近则无。行阴如野马无实性也。

[7] 枢穴：枢：门轴。穴：停轴之处。由枢穴所以门得开合。

[8] 清扰：清：指行阴之体。扰：行阴之相。

[9] 熠熠：指行阴忽生忽灭，如光闪动。

[10] 元性：生灭根元体性，即第七识。

[11] 元澄：水浪停息曰澄，即第八识。

[12] 想阴如洪波，行阴如细浪，识阴如无浪流水，真觉体性如湛然止水。

[13] 行阴尽：此时解六结中的“空”结。

[14] 生机：即行阴。

[15] 破：即显露义。

[16] 八万劫外，冥无所观：八万劫外，所作业因则不能知。此行人见量有限，佛竖穷三际，横遍十方，岂以八万劫为限！

[17] 今尽此形，亦复如是：今为人，将来也必是人。作善也不升天，作恶也不堕落。

[18] 而我本来……成菩提事：不知菩提由修方显，人由持戒方生。

［19］心：八识。

［20］意：七识。

［21］识：六识。

［22］生理：即生灭根元。

［23］观：若一味反闻即可破行阴，而今却观察行阴。

［24］见劫坏处，名为究竟无常种性：国土坏计无常。不知成住坏空乃世界之劫运，空后还有成。

［25］劫不坏处，名究竟常：国土不坏计常。

［26］一分常论：此论计执一分常，一分无常，今偏言一分。

［27］我：能知，我之知遍一切处——无边。

［28］彼：所知，彼未得无边之心性——有边。

［29］一半有边，一半无边：生时觉得有边，灭时觉得无边。

［30］见迁流处……名之为恒：此“变、恒”一对。

［31］见所见处……名之为灭：此“生、灭”一对。

［32］相续之因……名之为减：此“增、减”一对。

［33］各各生处……名之为无：此“有、无”一对。

［34］从此或计……各不相触：依此见解则修行将永不能断烦恼，证菩提了。

［35］五阴：虽曰五阴，但唯依前四阴，虽依前四阴，其义只在行阴。

［36］知其受灭，无复连缀：

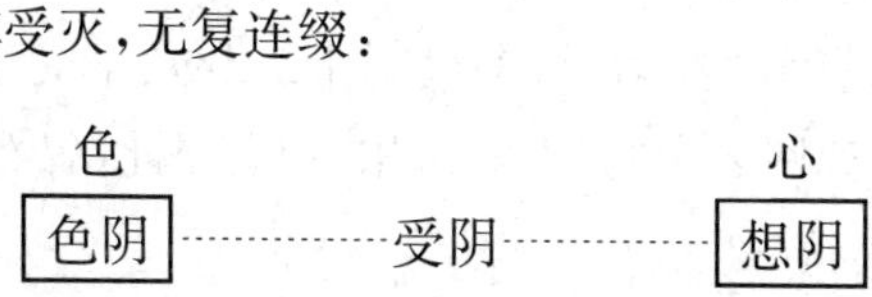

［37］生理：行阴。

［38］忧：应改为“苦”。

［39］苦：应改为“忧”。“忧”、“苦”二字，圆瑛法师云：“疑翻译之误倒耳。”

[解说]

这段文讲 1. 无问自说五阴魔境中的(4) 行阴魔相：想阴破行阴显露，行阴是十二类众生生灭的根本。行阴如野马、阳焰，熠熠清扰，是十二类众生六种色根和前五尘境的究竟枢穴，由于行阴，故根尘得以生灭。此阴不尽，生死难脱，这是行阴区宇。○此第七识行阴，因定力转深，入于澄湛的第八识，则第七识行阴，种习俱尽，永不更起，犹如波浪平息化为澄水，这就破了行阴。亦超越众生浊，相当于解除了"空"结。

此人当被行阴区宇时，有十种妄计。何言十计而不言十境呢？因为修定者，想阴破，行阴现，自缘定中所见，而起种种妄计(邪计)执著，非有外境魔事之扰也。只是自心作孽，是谓内(心)魔也。这十计，不出"断、常、空、有"。前五属断常，后五属空有。第一断见，二常见，三双亦，四、五都是"双亦"的扩充，六执有，七执空，八双非，九推广毕竟断空，十推广毕竟滞有。○这十计都是行阴现前之时，欲以定慧力，断妄趣真，正当真妄交攻之时，互为胜负，而现的十种邪悟。佛悲心嘱令宣说，以免行人受自己心魔所害。

(5) 识阴魔相：十执

阿难，彼善男子，修三摩地，行阴尽者，

阿难，那个修三摩地的善男子，行阴已尽，

诸世间性[1]，幽清扰动，同分生机[2]，倏然隳裂，沉细纲纽，

行阴生灭，幽隐清轻常扰动元，是世间十二类众生受生的基本，沉隐微细难见，如网之大纲，衣之纽扣，功夫至此，忽然毁坏破裂。

补特伽罗，酬业深脉，

众生数数取著于诸趣受生，以酬还宿业，而酬业的深潜脉络是行阴，

感应[3]悬绝。

今行阴已灭，故酬业的脉络已断(人的脉断则死)，则因亡果丧，不再受生。

示识阴区宇

于涅槃天,将大明悟,

众生的真如佛性,被五阴所覆,昏如长夜,功行到此将有明悟的先兆。

如鸡后鸣[4],瞻顾东方,已有精色,

(今行阴尽)如鸡最后啼鸣,已见东方晓色乍露,曙光初升,但尚未大明。

六根虚静,无复驰逸,内外湛明,入无所入。

这时六根虚明寂静,不再奔驰放逸,内根外境同归湛明之一体,唯是一体,内无能入之根,外无所入之尘。

深达十方,十二种类,受命元由[5]。

识阴显故能深达十方十二类众生,各自受命的根本元由。

观由执元,

可行人观此受命的根本元由,认为是本元真心,所以识阴无法突破。

诸类不召。

虽不可破,而行阴已尽,果报不牵,故十二类皆不能牵引受生。

于十方界,已获其同。

唯见十方世界同一识性,同是唯识,一体变现,更无别法可得。

精色不沉,

识精元明常得现前,如见东方已有精明之色,不会再沉,虽未大明,然东方已发白,

发现幽秘。此则名为,识阴区宇。

显现幽暗隐秘之处,具见暗中之物。这就是识阴未破的区宇。

识阴破露妄源

若于群召,已获同中,

若于十二类不再牵召受生,行破识现,故观见十方世界,同是唯识一

体变现，更无别法可得。

销磨六门，合开成就。

若能再加功用行，销镕六根门户的局限，合之则一，开之则六，以六根为一根用，又能以一根为六根用，开合自由。

见闻通邻，互用清净。

见闻等六用，其结已解，其体不隔，体既无隔，用可互通，无障无碍。

十方世界，及与身心，如吠琉璃，内外明彻，名识阴尽[6]。

外而十方世界，内而身心，全是自己心光，世界身心荡然不复更有，如晶莹无瑕的琉璃，内外明彻。到此一念不生，则不生不灭与生灭和合之相灭，故识阴破。

是人则能，超越命浊，观其所由，罔象虚无，颠倒妄想，

这个人就能超越命浊，反观识阴的由来，原是虚无的幻象，以颠倒妄想

以为其本。

为其根本。

① 因所因执

阿难当知，是善男子，穷诸行空，于识还元，

阿难你应当知道，这个善男子研穷行阴，使行阴已尽，行尽识现，于八识返本还元，

已灭生灭，而于寂灭，精妙未圆。

已灭七识迁流生灭之性，识阴寂灭之性虽已现前，但被识阴所覆，故其真精妙明，尚未发光，未能圆照于法界。

能令己身，根隔合开，

能令己身之六根隔碍销镕，合六根为一根用，开一根为六根之用。

亦与十方，诸类通觉，觉知通吻，能入圆元。

亦能与十方十二类众生，同一见闻觉知，觉知既已通同吻合，故能入圆元的识阴(四阴尽归宿于此)。

若于所归，立真常因，

若对所入的圆元，因不知此是识阴，于是妄立为真常境，执为可以依住，认为是极果，

生胜解者，是人则堕，因所因执，

产生了殊胜的见解。这个人就堕入一种执著，本不是可依的，而谬执为能依之心和所依之境。

娑毗迦罗，所归冥谛，成其伴侣，

这与黄发外道，以我为能归，以冥谛为所归是一样的，而成了他们的同类。

迷佛菩提，亡失知见。是名第一，立所得心，

迷失菩提佛果，亡失因地正觉知见。这是识阴中第一种邪执，立此识为其所得之心，

成所归果，违远圆通，背涅槃城，生外道种。

执此识为所得之果(妙觉极果)。离本修的圆通妙定日远，与涅槃城背道而驰，反生外道，断佛种。

② 能非能执

阿难，又善男子，穷诸行空，已灭生灭，而于寂灭，精妙未圆。

阿难，又有善男子，研穷行阴，已灭生灭的行阴，而识阴寂灭之性，虽已现前，但被识阴所覆，故其真精妙明，尚未发光，未能圆照于法界。

若于所归，览为自体，

前将识阴执为归托之处，此忘身观识，久久观成，唯见识体无边，不见有身，即以识心为自体。

尽虚空界，十二类内，所有众生，皆我身中，一类流出，
于是就认为尽虚空界，十二类所有众生，都是从我身中一类流出的，

生胜解者，是人则堕，
一定产生我能生众生，而众生不能生我的狂胜邪解。这个人就堕入，

能非能执。摩酰首罗[7]，现无边身，
能和非能的谬执中。摩酰首罗妄计于身中，能现无边众生之身；

成其伴侣。
此行人妄计我能生众生，与摩酰首罗妄计相同，故成了他的伴侣。

迷佛菩提，亡失知见，是名第二，
迷失菩提佛果，亡失因地正知正见的妙心，这是识阴中第二种邪执，

立能为心，成能事果。
立识阴为能生的因心；十方众生为所生，成就彼所计执为能生的事果。

违远圆通，背涅槃城，生大慢天，
离本修的圆通妙定日远，与涅槃城背道而驰，趣生大自在天，

我遍圆种。
大自在天妄计自身周遍，圆含一切，今行人妄计与彼同，成了他的种类。

③ 常非常执

又善男子，穷诸行空，已灭生灭，而于寂灭，精妙未圆。
又有善男子，研穷行阴，已灭生灭的行阴，而识阴寂灭之性，虽已现前，但被识阴所覆，故其真精妙明，尚未发光，未能圆照于法界。

若于所归，有所归依，自疑身心，
行尽识现，即以此识阴为究竟所归依之处，怀疑自己的身心，

从彼流出，十方虚空，咸其生起。
都是从识阴中流出，不仅彼能生我，十方虚空也都是彼识阴生起的。

即于都起，所宣流地，作真常身，无生灭解。

识阴是虚空等所都起处，是身心等所宣流处，便执此识阴为真常之身，作无生灭解。

在生灭中，早计常住，

识阴是真如不生不灭与生灭和合，名和合识，是生灭的，要破和合识，灭相续心才是常住真心，今识阴未破，在生灭中，提早妄执计为常住。

既惑不生，亦迷生灭。

这不但迷惑于不生不灭的真心，而且也迷惑于犹属微细生灭的识阴。

安住沉迷，生胜解者。

真妄双迷，沉迷于此当前之境，反以识阴作常住解，并谓我和万物皆为非常。

是人则堕，常非常执，计自在天[8]，成其伴侣。

这个人就堕入常、非常的邪执。如同自在天妄执自己是万物因（行人认为识阴是虚空万物的生起之处），而成为他们的伴侣。

迷佛菩提，亡失知见。是名第三，立因依心，

迷失了佛果菩提之道，亡失正知正见。这是识阴中第三种邪执，此人执此识为能生我身心的因，是我归依之处。

成妄计果。违远圆通，背涅槃城，

将生灭的识阴妄计为真常之果。离本修的圆通妙定日远，与涅槃城背道而驰。

生倒圆种。

故堕落外道，趣生颠倒妄执识阴圆常，能生我身心的种类。

④ 知无知执

又善男子，穷诸行空，已灭生灭，而于寂灭，精妙未圆。

又有善男子,研穷行阴,已灭生灭的行阴,而识阴寂灭之性,虽已现前,但被识阴所覆,故其真精妙明,尚未发光,未能圆照于法界。

若于所知,知遍圆故,因知立解。

若于所观的识阴,认为识有知,而一切法由知变起,因妄计知体圆遍诸法,于是便立邪解。

十方草木,皆称有情,与人无异,草木为人,

认为十方草木皆称有情,与人无异,草木将来可为人,

人死还成,十方草树,无择遍知。

人死还成十方草树,人与草木互为轮转,不分有情无情,遍皆有知。

生胜解者,是人则堕,知无知执,

于此草木而生殊胜的解释,这人就堕入知无知执:无情本无知,却谬计无情有知。

婆咤霰尼,执一切觉,成其伴侣,

婆咤和霰尼二外道都执一切有情无情都有知觉,此行人妄计遍知与他们相同,故成为他们的伴侣。

迷佛菩提,亡失知见。是名第四,计圆知心,

迷失了佛果菩提之道,亡失正知正见。这是识阴中第四种邪执,即计识阴周遍一切,以此有知的识阴为因心,

成虚谬果。违远圆通,背涅槃城,

成草木皆有知的谬果。离本修的圆通妙定日远,与涅槃城背道而驰,

生倒知种。

趣生彼等以无情为有知的颠倒知的种族。

⑤ 生无生执

又善男子,穷诸行空,已灭生灭,而于寂灭,精妙未圆。

又有善男子,研穷行阴,已灭生灭的行阴,而识阴寂灭之性,虽已现

前，但被识阴所覆，故其真精妙明，尚未发光，未能圆照于法界。

若于圆融，根互用中，已得随顺，便于圆化，

此人若于圆融不隔六根互用之中，已得随心顺意。便于此圆融化理，妄生计度，

一切发生，求火光明，乐水清净，爱风周流，

认为一切诸法都是由四大产生，于是求火的光明，乐水的清净，爱风的周流，

观尘成就[9]，各各崇事，

观地大的成就，各随所见而偏执，崇拜侍奉，或尊供火，或尊供水等。

以此群尘，发作本因，立常住解。是人则堕，

把地水火风当作发生造作万物的本因，立四大为常住的邪解，此人就堕入这样一种邪执，

生无生执。

妄执四大为能生万物的生因，所生之物皆是无常，唯此四大是常住，并妄执四大能生圣果，一切圣凡因果都因四大而生。

诸迦叶波，并婆罗门，勤心役身，

如同迦叶波、婆罗门一类事四大的外道，劳苦其心，奴役其身，

事火崇水，求出生死，

供事于火，尊崇于水，或事风崇土，以此崇事，求出生死，以求真常之果，

成其伴侣，迷佛菩提，亡失知见。

今行人成为他们的伴侣，迷失了佛果菩提之道，亡失正知正见。

是名第五，计著崇事，迷心从物，

这是识阴中第五种邪执，妄生计著，尊崇事相，迷真如心，随从四大无

知之物，

立妄求因，求妄冀果。

而妄立四大无知之物是出生死的正因，妄求能生真常实果。

违远圆通，背涅槃城，生颠化种[10]。

离本修的圆通妙定日远，与涅槃城背道而驰，趣生颠倒生物化理的外道种类。

⑥ 归无归执

又善男子，穷诸行空，已灭生灭，而于寂灭，精妙未圆。

又有善男子，研穷行阴，已灭生灭的行阴，而识阴寂灭之性，虽已现前，但被识阴所覆，故其真精妙明，尚未发光，未能圆照于法界。

若于圆明，

见前四阴皆尽，露出识阴，圆遍湛明，犹如止水，而不知仍是罔象虚无之境，

计明中虚，非灭群化，

便妄计执著此圆明中虚无体性，是究竟地(以虚无为究竟性)，所以要毁灭群尘所化的一切的根身、国土，

以永灭依，为所归依，生胜解者。

以空为所归依之处，常处虚空，永为依托，更不前进，本是虚无不实之境，却作究竟可依的实境解。

是人则堕，归无归执，

这个人就堕入归无归执，妄计空是所归依之处，实际上本不是归依之处。

无想天中，诸舜若多，成其伴侣。

如无想天中诸舜若多，趣空天众，今行人成了他们的伴侣。

迷佛菩提，亡失知见。是名第六，

迷失了佛果菩提之道，亡失正知正见。这是识阴中第六种邪执，

圆虚无心，成空亡果。

于识阴圆明中以虚无寂静之心为因，成就空亡之果（纵使修到非非想天，八万劫终是落空亡）。

违远圆通，背涅槃城，生断灭种。

离本修的圆通妙定日远，与涅槃城背道而驰，生于一切法断灭，无复续生的外道种类中。

⑦ 贪无贪执

又善男子，穷诸行空，已灭生灭，而于寂灭，精妙未圆。

又有善男子，研穷行阴，已灭生灭的行阴，而识阴寂灭之性，虽已现前，但被识阴所覆，故其真精妙明，尚未发光，未能圆照于法界。

若于圆常，

见前四阴灭，识阴现前，识体精明，湛不摇动而妄计是圆满常住，

固身常住，同于精圆，

又见识阴是一身之主，就想坚固此身，令身常住，同于识精元明，

长不倾逝，生胜解者。是人则堕，贪非贪执，

长生不死，而生这样的殊胜解。这个人就堕入贪非贪执，对本不应贪著的色身妄生贪著，

诸阿斯陀[11]，求长命者，成其伴侣。

如那些长寿仙们勤求长命一样，今行人成了他们的伴侣。

迷佛菩提，亡失知见。

迷失了佛果菩提之道，亡失正知正见。

是名第七，执著命元，立固妄因，

这是识阴中第七种邪执，执著识阴是受命的根元，而立坚固幻妄之色身同于圆常识阴的因心，

趣长劳果。违远圆通，

趣向长恋尘劳的果报，而不求出离之道。离本修的圆通妙定日远，

背涅槃城，生妄延种。

与涅槃城背道而驰，生于妄想延长寿命的种类。

⑧ 真无真执

又善男子，穷诸行空，已灭生灭，而于寂灭，精妙未圆。

又有善男子，研穷行阴，已灭生灭的行阴，而识阴寂灭之性，虽已现前，但被识阴所覆，故其真精妙明，尚未发光，未能圆照于法界。

观命互通，

识阴是十二类众生受命元由，今观此识，故见十方众生的命互通无碍。

却留尘劳，

故知一切身命都以识阴为本，一切尘劳都与命元有关，于是妄想留住尘劳，

恐其销尽，便于此际，

恐尘劳销尽，则我的身命也将无所依托了。遂贪恋尘劳，恣情纵欲，便在这时，

坐莲华宫，广化七珍，多增宝媛，

坐庄严香洁的莲花宫，使七宝罗列于华宫。多增娇艳美女置于左右，

恣纵其心，生胜解者，是人则堕，

恣情放纵其心，以为妙乐，因这个人于此生殊胜解，便堕落外道，

真无真执。

真无真执，妄执业识命元为真常，而实非真常。

吒枳迦罗[12]，成其伴侣。

如吒枳迦罗一样，自认为三界结缚，惟我所作（以其能变化欲境结缚众生

故)，今行人却留尘劳，与彼天魔相同，故成他们的伴侣。

迷佛菩提，亡失知见。是名第八，

迷失了佛果菩提之道，亡失正知正见。这是识阴中第八种邪执，

发邪思因，立炽尘果。违远圆通，

发邪思纵欲为因心，立炽盛尘劳为果觉。离本修的圆通妙定日远，

背涅槃城，生天魔种。

与涅槃城背道而驰，生于天魔的种类。

⑨ 定性声闻

又善男子，穷诸行空，已灭生灭，而于寂灭，精妙未圆。

又有善男子，研穷行阴，已灭生灭的行阴，而识阴寂灭之性，虽已现前，但被识阴所覆，故其真精妙明，尚未发光，未能圆照于法界。

于命明中，

识阴显露，已经能明白十二类众生各自受命的由来，知道识阴遍含一切有漏和无漏的种子，是一切凡圣所依，

分别精粗，疏决真伪，

因而分别圣位精微(变易精微)，凡位粗显(分段粗显)，疏通决择，认圣道是真，外道是伪(断常伪妄)。

因果相酬，唯求感应，

认为世、出世间，都是依因感果，自相酬答，因而想变粗为精，舍伪从真，只求真修实证，速出三界，

背清净道。

以致背弃了一乘实相，清净之道(无生死可了，无涅槃可证。双离二边垢故)。

所谓见苦断集，证灭修道。居灭已休，更不前进，

所谓见苦而断集，为证寂灭而修道。居灭谛涅槃(小乘涅槃)之乐，则

心满意足，以为所作已办，生死已了，不再求进大乘之道，中止化城，得少为足，

生胜解者。是人则堕，定性声闻。

于此生殊胜解。这个人就堕入定性声闻，为钝根阿罗汉。

诸无闻僧，增上慢者，成其伴侣。迷佛菩提，

四禅无闻比丘及增上慢人，成了他的伴侣。迷失佛果菩提之道，

亡失知见。是名第九，圆精应心，

亡失正知正见。这是识阴中第九种邪执，仅是圆满地易粗为精，为求感应的因心，

成趣寂果，违远圆通，背涅槃城，

成就沉空趣寂，定性声闻的小果。离本修的圆通妙定日远，与涅槃城背道而驰，

生缠空种。

生于永缠于空而且没有超脱志愿的种类。

⑩ 定性辟支

又善男子，穷诸行空，已灭生灭，而于寂灭，精妙未圆。

又有善男子，研穷行阴，已灭生灭的行阴，而识阴寂灭之性，虽已现前，但被识阴所覆，故其真精妙明，尚未发光，未能圆照于法界。

若于圆融，清净觉明，

若于六根互用，诸尘不染，照见各自受命元由之时，

发研深妙，即立涅槃，而不前进，

发心研究，得深妙之悟，即以悟境立为涅槃，以为归息之处，不再勤求无上菩提，

生胜解者。是人则堕，定性辟支。诸缘[13]独[14]伦，

于此生殊胜解。这个人就堕落定性辟支佛。缘觉或独觉，

不回心者，成其伴侣。迷佛菩提，

不肯回小向大的一类，成了他的伴侣。迷失佛果菩提之道，

亡失知见。是名第十，圆觉吻心，

亡失正知正见。这是识阴中第十种邪执，圆遍诸类，觉知通吻，这是识阴境界，即以悟境为因心，

成湛[15]明[16]果。违远圆通，背涅槃城。

成就独觉自然慧之果，或缘觉无生之果。离本修的圆通妙定日远，与涅槃城背道而驰。

生觉圆明，不化圆种。

故生于独觉和缘觉，都认为自己所悟证之境理圆智明，执为涅槃真境，却不能融化透过自己所悟所执的空净圆影，依然是定性种类。（识阴十执 完）

阿难，如是，十种禅那。中途成狂，因依迷惑，

阿难，如上十种禅那境界。中途之所以成狂，或者因为误入歧途，各起狂解，依颠狂见解而不自觉（如前八种执）；

于未足中，生满足证。

或者因为本没有到寂灭现前的境地，得少为足，就生满足证想，保果不前（如后二种，定性声闻、辟支）。

皆是识阴，用心交互，故生斯位。

这十境实非外魔来扰，都是识阴将破未破，用心不纯，妄念与正念交战之时，若妄念胜，就产生以上各种谬执现象。

众生顽迷，不自忖量，逢此现前，各以所爱，

众生愚顽无知，不自思量揣度，遇到这种境界现前，各以所爱而取，

先习迷心，

加上积劫熏习，偏爱邪种，迷昧自心，便欣然执著此定中所现境界。

而自休息，将为毕竟，所归宁地。

如前八执，于自所妄计之果，认为是究竟的安身立命之处；

自言满足，无上菩提，大妄语成。

如后二执，于自所证果，自言证得无上菩提圣果，未得言得，成大妄语。

外道邪魔，所感业终，堕无间狱。

外道邪魔八种，所感有漏，禅福之业尽后必堕无间地狱；

声闻缘觉，不成增进。

声闻、缘觉二种，不会再上进，永闭化城，不达宝所。

汝等存心，秉如来道，将此法门，于我灭后，

你们要存大悲救世之心，秉如来觉他之道。将此辨魔法门，在我灭度之后，

传示末世，普令众生，觉了斯义，

传示末法之世，普令一切众生，都能明白这些道理，

无令见魔，自作沉孽，保绥哀救，消息邪缘，

不要让他们见到魔境，自作沉沦的罪孽，保绥禅定，哀救行人，消灭邪见之缘，

令其身心，入佛知见，从始成就，不遭歧路。

令他的身心自然得入佛之知见，从此为始，成就圆通，直至成佛，不遭歧路。

［注释］

［1］诸世间性：指行阴生灭性。

[2] 同分生机：十二类众生受生的基本。

[3] 感应：即因果。

[4] 如鸡后鸣：前三阴尽如鸡初、二、三鸣。

[5] 受命元由：识阴。

[6] 识阴尽：相当于解六结中的灭结。

[7] 摩酰首罗：即色界顶天，乃三目八臂，骑白牛，执白拂，大自在天也。

[8] 自在天：即欲界顶，魔王天。

[9] 观尘成就：尘即地大，以地大能成就诸事故。

[10] 佛法曰"一切唯心造"，是生物的正理。

[11] 阿斯陀：译"无比"即长寿仙。

[12] 咤枳迦罗：天魔的异名。

[13] 缘：缘觉。

[14] 独：独觉。

[15] 湛：独觉果。

[16] 明：缘觉果。

[解说]

此段文讲 1. 无问自说五阴魔境中的(5) 识阴魔相：众生的真如佛性因被五阴所覆，轮转生死，昏如长夜。今行阴尽，将有明悟的先兆，如鸡最后啼鸣见东方已有精明之色。功夫至此，行阴已尽，识阴已现，故能深达十方十二类众生投胎受命的根本元由。行人执此受命元由(识阴)是本元真心，故使识阴终不可破。但因行阴已尽，果报不牵，故十二类都不能牵引受生。唯见十方世界，同一识性，了知万法唯识，识精元明常得现前，不会再沉，但尚未大明。这是识阴未破区宇。〇识阴显现，故观见十方世界同是唯识一体变现，更无法可得。若能继续加行用功，销镕六根门户的局限，使六根开合自由，六用互通，无障无碍，世界身心荡然不复更有，内外明彻，到此一念不生，则不生不灭与生灭和合之相灭，即识阴灭。相当于圆通中解"灭"结。亦超越命浊。〇此人当被识阴区宇时，有十种邪执。此十执也是自己心魔(内魔)，非外境魔事的扰乱。

① 因所因执：(因：依也)识阴本不是可依归的，却执识阴是真常境，是所归依的极果。

② 能非能执：见识体无边，不见有身，即以识心为自体，执识阴(我)是能生众生的因心，而众生不能生我。

③ 常非常执：认为识阴能生自己的身心、万物和十方虚空，(识阴)是究竟归依之处。执识阴是常，我和万物是非常。

④ 知无知执：观识阴，认为识有知，一切法由知变起，妄计知体圆遍诸法，谬计无情有知，实本无知(实际上是无知的)。

⑤ 生无生执：于识阴圆化之中，妄执四大是能生万物的生因，是常住的，所生的万物是无常。并妄执四大能生圣果，一切圣凡因果都因四大而生，实际上不能生。

⑥ 归无归执：于识阴圆明之中，妄执空是所归之处，实际上是虚无不实之境，本不是归依之处。

⑦ 贪非贪执：妄计识阴是圆满常住，又见识阴是一身之主，于是对色身妄生贪著，想坚固此身，长生不死，长恋尘劳，而实际上是不应贪著的。

⑧ 真无真执：识阴是十二类众生受命元由，故知一切身命都以识阴为本，一切尘劳都与命元有关。以为尘劳销灭则我的身命也将无依托了，遂贪恋尘劳，恣情纵欲，以为妙乐。妄执业识命元为真常，而实非真常。

⑨ 定性声闻：于识阴命明中，认为世、出世间都是依因感果，于是想舍外道断常之伪，从圣道之真。只求真修实证，速出三界，背弃了一乘清净之道，居小乘涅槃，成就沉空趣寂的定性声闻小果，得少为足，不再求大乘之道。

⑩ 定性辟支：依识阴悟境即立为涅槃真境，得少为足，中止化城，成就了辟支之果，不再求无上菩提。

前八执，行人于自所妄计之果，认为是究竟安身立命之处，故成为外道、邪魔的伴侣，迷佛菩提，背涅槃城。有漏业尽必堕无间狱。后二执，行人于自所证之果，自言证无上菩提，故成为定性声闻、辟支的伴侣。永闭化城，不再上进，不达宝所。○这十执都是识阴将破未破，用心不纯，妄念与正念交战时，因妄念胜，故产生以上各种谬执现象。佛悲心嘱令宣说，以免行人受自己心魔所害。

总结五阴魔相：

色阴区宇 —十境→	色阴尽 ——→	受阴区宇 —十境→	受阴尽—
所见之处，无边幽暗，绝无光明。	前幽暗化为光明，眼前十方，洞达开通，肉眼所见无不明朗，根尘内外莹彻，内观脏腑，外观十方，皆如琉璃。	见本具真心，未能称体起妙用。	得意生身，去住自由，能反观自己的面貌。

→想阴区宇 —十境→	想阴尽 ——→	行阴区宇 —十计→	行阴尽—
上历六十圣位，于上合下同（上合佛慈力，下同众生悲仰），虽未亲证，然所现不误（得通游界，睹佛闻法），所现身相可见，位次不乱，诸佛皆知。	十二类众生，每一类的所有生死，首从卵生，尾至非无想生，皆圆明照察，生从何来，死向何去。○平常无梦无想，醒时无想如睡时之静，睡时无梦同醒时之觉。观世间大地山河，如镜鉴物，来无所粘，过无踪迹（五根对尘自然洞然照了不起分别）。	行阴是生灭的根本，由行阴故根（六种色根）尘（前五尘境）得以生灭，行阴是十二类众生受生的基本，此阴不尽生死难脱。	行阴尽故酬还宿业的脉络已断，则因亡果丧，不再受生。

→识阴区宇——十执——→识阴尽

识阴区宇	识阴尽
深达十方十二类众生各自受命的根本元由(即类生别相,前总相),唯见十方世界,同是唯识一体变现,更无别法可得。六根虚明寂静,不再奔驰放逸,根境唯是一体,内无能入之根,外无所入之尘。	销镕六根门户的局限,六根开合自由,六用互通,无障无碍,外而十方世界,内而身心,全是自己心光,世界身心荡然不复更有,如晶莹琉璃,内外明彻。

如是法门,先过去世,恒沙劫中,微尘如来,乘此心开,

这五阴辨魔法门,过去世恒河沙数劫中,微尘如来都因此法门才心开意解,

得无上道。识阴若尽,则汝现前,

得成无上佛道。今行人依此法门不被魔惑,识阴若破,则现前六根圆融不隔,

诸根互用,从互用中,能入菩萨,金刚干慧[1],

每一根中皆兼具五根之用。于此六根互用之中,便能入于菩萨金刚干慧,

圆明精心,于中[2]发化,

圆明、纯真无妄的妙心,于中发起神通变化,

如净琉璃,内含宝月。如是乃超

如净琉璃内含宝月，不阻碍发挥运用，洞照远近。这样以至超越

十信、十住、十行、十回向、四加行心，菩萨所行，

十信、十住、十行、十回向、四加行心，乃至超越菩萨所行的

金刚十地，等觉圆明。入于如来，妙庄严海，

金刚十地，以及等觉菩萨所证的圆明，便能直入如来妙庄严海，

圆满菩提，归无所得。此是过去，

得证圆满菩提圣道，一一契合性真本有，不从外得。这五阴魔境是过去

先佛世尊，奢摩他中，毗婆舍那，觉明分析，微细魔事。

先佛世尊在修止观时，定慧均等，以始觉智，观察分析定境中的微细魔事，不是粗心所能知。

魔境现前，汝能谙识，心垢洗除，

当魔境现前，你若能熟识，不生胜解，不住不著，则心垢自除，

不落邪见。阴魔销灭，天魔摧碎，

就不会落于邪见网中。阴魔销灭，外在的天魔都被摧碎，

大力鬼神，褫魄逃逝，魑魅魍魉，无复出生。

大力鬼神也丧魄逃逝，魑魅魍魉等小鬼，不敢再出来扰乱行人。

直至菩提，无诸少乏。

内魔外魔都销，自可超越诸位，直至无上菩提，虽然能超，而于诸位功德，圆满具足，无所乏少。

下劣增进，于大涅槃，心不迷闷。

纵是下劣二乘也能回小向大，于无余大涅槃果，不再迷闷，而发心进取。

若诸末世，愚钝众生，未识禅那，

若于末法之世，愚迷暗钝的众生，不认识定中种种差别魔事，

不知说法，乐修三昧，汝恐同邪，

不知佛所说的辨魔法要，而又乐修习三昧，你（阿难）如果怕他们被魔境所惑，而误入邪网，

一心劝令，持我佛顶，陀罗尼咒。若未能诵，

就应当劝他一心持我佛顶陀罗尼咒。若愚昧不能记诵，

写于禅堂，或带身上，一切诸魔，所不能动。

就写在禅堂及其住处，或带在身上，一切妖魔就不能动。

汝当恭钦，十方如来，究竟修进，最后垂范。

你应当恭敬钦承，这是十方如来，从始至终，究竟修进之法，你应好好修习以自利；这法门是十方如来怜愍最后末世，垂留的仪范，你应好好宣说以利他。”

［注释］

［1］金刚干慧：等觉后心之干慧地。

［2］于中：“六根互用”进入“等觉”，在这两者之中。

［解说］

此段文讲过去诸佛都依五阴辨魔法门，而得无上道。○依此法门不被魔惑，破五阴，超诸位而圆证极果。○此法门不但过去先佛如是见，如是说，今释尊亦然。开示众生令识别魔境，不落邪见，直至成佛。末世愚钝众生，无自力辨别定中魔事又不知此法门，而乐修三昧，应一心持楞严神咒，若无记诵能力，应带身上或写于禅堂，则魔不能动。○这法门是十方如来怜愍末世众生而垂留的仪范，应恭敬钦承。

至此，1. 无问自说五阴魔境完。

2. 因请重明五阴生灭

阿难，即从座起，闻佛示诲，顶礼钦奉，

阿难听完佛最后垂范的开示后，立即从座位站起来，顶礼接受钦敬奉承佛旨，

忆持无失。于大众中，重复白佛，

记忆受持，不敢忘失。并在大众中，再次向佛启请说：

1. 请细说妄源

如佛所言，五阴相中，五种虚妄，为本想心。

“如佛所说，五阴观其所由，皆是妄想，以为其本。如色阴是坚固妄想，受阴是虚明妄想，想阴是融通妄想，行阴是幽隐妄想，识阴是虚无妄想，以为根本想心。

我等平常，未蒙如来，微妙开示。

我们平常只知五阴相妄，当体全空，并未蒙佛微细开示，五种妄想为五阴的根本。

2. 请指示顿渐

又此五阴，为并销除，为次第尽？

五阴既然都以妄想为本，今欲灭除，是一并顿除呢，还是次第渐尽呢？

3. 请阴界浅深

如是五重，诸何为界？

这五阴，共五重，(若欲破除)究竟何处是色阴的边际(界限)，乃至何处是识阴边际呢？

惟愿如来，发宣大慈，为此大众，清明心目，

惟愿如来大慈不倦，一一详示，不但为了此现前大众，辨识五阴，去烦恼翳，还复清净之心，明朗之目，

以为末世，一切众生，作将来眼。

也为了令末世一切修定众生，得正法眼。”

[解说]

此段文起开讲(二) 辨五魔令识以护堕中的 2. 因请重明五阴生灭。这段文阿难向佛请示三个问题：1. 请细说妄源：阿难等只知五阴相妄，当体即空，但不知五种妄想为五阴之本的道理，故发问。

2. 请指示顿渐：五阴既然都以妄想为本，今欲灭除，是一次同时顿除呢，还是次第渐尽呢？3. 请阴界浅深：这五重五阴，究竟何处是色阴的边界，乃至何处是识阴的边界呢？下文佛分别回答。

(1) 答生起妄想

佛告阿难，精真妙明，本觉圆净，

佛对阿难说："我之所以说五阴都是以妄想为本，是因为，纯一无杂，至真无妄，妙明的本觉真心，本来圆满清净，

非留生死，及诸尘垢，乃至虚空，

本无界内分段生死(即受想行三阴)，也无界外所证涅槃(即识阴)，也无众生、世界乃至虚空(即色阴)

皆因妄想，之所生起。

本觉妙明心中，元无五阴，今之所以有，都是因为妄想而产生的。

斯元本觉，妙明精真，妄以发生，诸器世间，

五阴非实，元是本觉妙明精真，众生因一念妄动，遂发生有情世间和器界世间，因不知唯心，用诸妄想，展转妄成五阴。

如演若达多，认头认影。

这就如同演若达多，迷失自己本来的头，反认镜中影像为己头一样。

妄元无因，于妄想中，立因缘性。

五阴妄以发生而来，则本无所有，元没有因，故佛说五阴唯是妄想，非真实有，以其虚妄展转相生，遂于妄想中方便立名，立因缘之性。

迷因缘者，称为自然。

立因缘已是方便，并无真实的意义，何况外道邪见，拨无因果，又迷因缘，而称五阴为自然性。其实五阴本非因缘，亦非自然，其相妄性真，本如来藏。

彼虚空性，犹实幻生，因缘自然，

那虚空之性，虽然好像不动不坏，实在仍是由幻妄所生，更说什么因缘、自然，

皆是众生，妄心计度。

这不过都是众生妄心之颠倒分别计度罢了，但有言说，都无实义。

阿难，知妄所起，说妄因缘，

阿难，如果你能知妄想有所起处，才可说妄想是因缘生，

若妄元无，说妄因缘，元无所有。

若妄想元无起处可得，当体全空，那么说妄想是因缘所生法这个说法本身，也是方便建立，元无所有的。

何况不知，推自然者？

何况外道，并不知因缘，而谬推为自然，岂不是更加虚妄吗？

是故如来，与汝发明，五阴本因，同是妄想。

所以如来为你开发显明，五阴五重覆盖，其根本生因，虽有坚固、虚明、融通、幽隐、虚无五种差别，但同是妄想，别无他物。

① 详示色阴妄想

汝体[1]先因，父母想生，

你的身体，先因父母俱动爱欲妄想而起，

汝心非想，则不能来，想中传命。

如果你中阴心中，没有憎爱（见同则憎，见异则爱）之想，就不会揽父精母血而为自体，则不能于和合妄想（父、母、己三想感应和合）中，传续命根。

如我先言，心想醋味，口中涎生，心想登高，足心酸起，

如我前所说的，心想醋味口中就流口水；心想到站在高处，足心就感到酸麻；

悬崖不有，醋物未来，

然而悬崖也没有在脚下，有酸味的东西也未到口中，但凭虚想，而口水、足酸就虚妄而生，

汝体必非，虚妄通伦，

如果认为你的身体一定不是与虚妄通为一类的话，

口水如何，因谈醋出？

为什么口水只凭谈一谈醋就产生了呢？口水、足酸既然由想而生是虚妄的，那你的身体是由父、母、己三想感应和合而生，也同样是虚妄的呀！

是故当知，汝现色身，名为坚固，第一妄想[2]。

所以应当知道，你现在的色身，名为坚固第一妄想。

② 详示受阴妄想

即此所说，临高想心，能令汝形，真受酸涩。

即以色阴中所说，由于有临高的虚妄想心，就能使你的形体真受酸涩之感（转想成受）。

由因受生，能动色体。

由于想心为因，所以受阴生起，能动色阴的形体，真受酸涩的妄境。

汝今现前，顺益违损[3]，

你现前有益的顺境即乐受，有损的逆境即苦受，

二现驱驰，

苦乐二受现在能驱役自心，驰流不息，中无间断，念念如是。

名为虚明，第二妄想[4]。

违（苦受）顺（乐受）皆妄，受阴无体，虚有所明，故名为虚明第二妄想。

③ 详示想阴妄想

由汝念虑，使汝色身，

由于你的第六意识想念与思虑，所以能役使你现前的色身，

身非念伦，

而身是色法，念是心法，故身不是与念同一类，既然不是同类，

汝身何因，随念所使？种种取像，

你的色身为什么受念虑的役使，而攀缘于前境呢？当根尘相对，种种取像，

心生形取，与念相应[5]。

都因想念心生，而后身形即随念取境。而所取境像一定与想念相应。

寤即想心，寐为诸梦，

醒时即是想心(乃通于散位独头)，睡时即为乱梦(又通于梦中独头)，

则汝想念，摇动妄情，

则你身你想无时无处而不相应。由于你的想念不息，故摇动妄情，无论醒、睡都纷然无间。

名为融通，第三妄想[6]。

可见想阴双融色心两处，俱通寤寐两境，故名融通第三妄想。

④ 详示行阴妄想

化理不住，运运密移，

行阴是一切变化的理体，而其本身是念念迁变，秘密推移，刹那生灭。

甲长发生，气销容皱，

行阴动相，幽深隐微，念念迁流不停，能迁实体，如指甲渐长，头发渐生，到老年则气渐渐销，容渐渐皱，这都是行阴所导致的。

日夜相代，曾无觉悟。

行阴日夜生住异灭，无有少停，互相更代，然而众生从古到今，没有一个能觉悟了知。

阿难，此若非汝，云何体迁？

阿难,这迁流的行阴,如果说不是你的心,怎么又能令你的身体变迁不住呢?

如必是真,汝何无觉?

这迁流的行阴,如果说真是你的心,怎么你不能念念觉知呢?是你非你,二皆不可,可知行阴虚妄不真。

则汝诸行,念念不停,

是故当知,你现前念念迁流不停的行阴,其幽隐难知,彻体虚妄,

名为幽隐,第四妄想。

故名为幽隐第四妄想。

⑤ 详示识阴妄想

又汝精明,湛不摇处,名恒常者[7]。

若把这精明湛然,而不摇动的识阴(第八识),名为恒常不变之性。

于身不出,见闻觉知[8]。

此识性于众生身上而言,不出见闻觉知等六用。

若实精真,

如果此识(第八识,即识阴)真的是精一无杂,真实无妄的,

不容习妄[9]。何因汝等,曾于昔年,睹一奇物,

就不应该容许习种的妄染。为什么你们曾经看见一奇异之物,

经历年岁,忆忘俱无,于后忽然,

初时犹记,久则忘记,久之又久,则忆忘俱无,后来忽然

复睹前异,记忆宛然,曾不遗失?

又见到那奇异之物,却又记忆如新,毫无遗忘?这是由于前六识熏习之力,熏成种子,在八识田中曾不遗失所致的。

则此精了,湛不摇中,念念受熏,

由此可知,这精明湛然不摇的识阴(第八识)念念受前六识的熏习,

有何筹算?

从来没有停息受熏持种,种子无边,积习无边,无法筹量计算。

阿难当知,此湛非真,

阿难,你应当知道,这湛然不摇的第八识(识阴),不是真常不可动摇之性,

如急流水,望如恬静,流急不见,

如同急流水,望之好像安静不动,其实因水流太快太急,故而看不出流动的相状,

非是无流。若非想元,宁受妄习?

并不是水真没有流动。这识阴如果不是前四阴妄想的根元,怎么能受妄习所熏呢?今既受熏,故识阴是颠倒微细妄想。

非汝六根,互用开合,此之妄想,无时得灭。

除非你的六根能够互用,开合自由(解除六结时),这种妄想才能消灭,否则这种妄想是没有消灭之时的。

故汝现在,见闻觉知,中串几习,

这种妄想未灭,所以你现在的见闻觉知,六根之性,即于第八识中,念念受熏,互相串穿,虽习气几微,仍不散失。

则湛了内,罔象虚无,

然则湛然精明不摇之中,一分无明为能串,而六根习几为所串,似有非有,若无不无。凡夫执(识阴)为命根,二乘认为是涅槃,以虚作实,以无为有,

第五颠倒,微细精想。

这就是第五颠倒微细精想。

阿难,是五受阴,五妄想成。

阿难,如是观察,这五阴实由坚固、虚明、融通、幽隐、虚无五种妄想所

成，都不是真心本有。

(2) 答阴界浅深

汝今欲知，因界[10]浅深[11]，惟色与空，是色边际。

你现在想知道，五阴边际的浅深，色阴中有相为“色”，无相为“空”，色是(色阴的)浅界，空是(色阴的)深界；若只尽色相而未尽空，不名出色阴边际；必须空、有俱尽，才是尽色边际。

惟触及离，是受边际。

受阴中六根对六尘取著名“触”，厌舍名“离”，触是(受阴的)浅界，离是(受阴的)深界；若只尽触而未尽离，不名出受阴边际；必须触离俱尽，才是尽受阴边际。

惟记与忘，是想边际。

想阴中，有念为“记”，无念为“忘”；记是(想阴的)浅界，忘为(想阴的)深界；若只尽记，而未尽忘，也未出想阴边际。必须记忘俱尽，才是尽想阴边际。

唯灭与生，是行边际。

行阴中以迷位，散心粗行为“生相”；以修位，定心细行为“灭相”。生相为浅界，灭相为深界，只尽生相而未尽灭相，也未出行阴边际。必须生(生相)、灭(灭相)俱尽，才是尽行阴边际。

湛入[12]合湛[13]，归识边际。

识阴中以有入为“湛入”，以无入为“合湛”；湛入为浅界，合湛为深界；若只尽湛入，而不尽合湛，也未出识阴边际。必须入湛、合湛俱尽，六根互用，开合自由，才尽识阴边际。

(3) 答灭除顿渐

此五阴元，重叠生起，生因识有，灭从色除[14]。

这五阴是从细向粗，一重叠一重次第生起。生则从细向粗，因迷藏性而为识性，由识而行，由行而想，由想而受，由受而色。灭除则从粗向细，须先从色阴除，则受、想、行、识，次第渐除。

理则顿悟，乘悟并销。

五阴是妄想所成，妄性本空，一念顿悟，乘此心开，则五重妄想，如红炉点雪，一并销除。

事非顿除，因次第尽。

若就事相上而论，色心诸法，非能顿除，必须自浅而深，依五阴次第，而渐除之。

我已示汝，劫波巾结，何所不明，再此询问。

我前面已经绾巾以示伦次，为何仍不明白这个道理，又有这样的疑问！

[注释]

[1] 体：五根六尘皆是色阴，今特显其与妄想相应，只就内身五根而言。

[2] 坚固第一妄想：父母欲爱妄想已坚固不可解，自己的流爱妄想更坚固有力。内根如是，外界亦然。故色阴是坚固妄想而成。

[3] 顺益违损：不苦不乐者舍受，不明显，不易懂，故不言。

[4] 虚明第二妄想：受阴无体，虚故能纳受损益，明故能知苦乐。

[5] 心生形取，与念相应：如心思茶，手攀茶壶；约体通五识，故能令色身，时时与念虑相应。

[6] 融通第三妄想：不惟互融色身，随念所使，而且互通寤寐，摇动妄情。

[7] 名恒常者：识阴似常似一，非真恒常不变，但识阴体通如来藏性。

[8] 于身不出，见闻觉知：

如来藏 —一念/不觉→ 第八识 { 见分：见闻觉知（元依一精明，分成六和合）
相分 }

［9］若实精真，不容习妄：下面经文说明此识容许习种的妄染，证明此识则妄，不是精真恒常的。

［10］因界："阴"的别名。

［11］浅深：边际的浅深，历五阴而各有。

［12］湛入：表行阴才消，识海初入。

［13］合湛：表识海久停，湛明净极，仍在识境（内外湛明，入无所入）。合，有"不动"之义。

［14］此五阴生灭次第即六根结解次第。五阴的生起，如人穿衣，由内（细、小）而外（粗、大）。五阴的灭除，如人脱衣，必由外（粗、大）而内（细、小）。

［解说］

此段文回答上段文中所提的三个问题：(1) 答生起妄想，即细说妄源：① 色阴是坚固妄想：五根六尘属色阴。身体是父、母、己，三想感应和合，虚妄而生。父母交遘的欲爱妄想与自己投胎的流爱妄想，坚固有力不可解，可见色身是坚固妄想所成。外六尘亦然。故而色阴是坚固妄想所成。② 受阴是虚明妄想：受阴即五识，受以领纳为义。由于有虚妄的想心，所以受阴生起。苦、乐等受皆妄，受阴无体，虚有所明（虚故能纳受损益等，明故能知苦乐）。故而受阴是虚明妄想所成。③ 想阴是融通妄想：想阴即第六意识，想以取像为义。想阴双融色心两处，俱通梦寐两境。故而想阴是融通妄想所成。④ 行阴是幽隐妄想：行阴念念迁流不息，幽深隐微难知，彻体虚妄不真。故而行阴是幽隐妄想所成（受想行三阴，皆属心，受能令色身领境；想则能驱使于身；行则能迁变于身。三阴通贯色身，而色身也非真实有）。⑤ 识阴是虚无妄想：识阴即第八识。识阴不是真常，如急流水，是前四阴妄想的根元。第八识（识阴）念念受六识的熏习，从未停息，受熏持种，种子无量，积习无边。识阴似有非有，若无不无。凡夫执为命根，二乘认为涅槃，以虚当实，以无为有。故而识阴是虚无妄想所成。

可见五阴是由坚固、虚明、融通、幽隐、虚无五种妄想所成，虽有五种差别，但都是以妄想为本，真心本无五阴，因众生迷如来藏性，而有妄色妄心，依此色心而成五阴，故有世间、凡圣差别。众生执五阴是实有即世间法，二乘执五阴是空寂即出世间法。佛了色即空，空即色即出世上上法。若离此五阴之法，则五乘圣教，也无安立之处。所以迷之则凡，悟之则圣。五阴本非因缘，亦非自然，其相妄性真，本如来藏。

(2) 答阴界浅深：此处先回答阿难提出的第三个问题，五阴边际的浅深：色阴中有相为色，无相为空，色是浅界，空是深界；若只尽色相而未尽空，不名出色阴边际；必须空有俱尽，才是尽色边际。○受阴中六根对六尘取著名触，厌舍名离，触是浅界，离是深界；若只尽触而未尽离，不名出受阴边际；必须触离俱尽，才是尽受阴边际。○想阴中，有念为记，无念为忘；记是浅界，忘为深界；若只尽记(有念)，而未尽忘(无念)，也未出想阴边际；必须记忘俱尽，才是尽想阴边际。○行阴中以迷位，散心粗行为生相；以修位，定心细行为灭相。生相为浅界，灭相为深界，只尽生相而未尽灭相，也未出行阴边际；必须生(生相)灭(灭相)俱尽，才是尽行阴边际。○识阴中以有入为湛入，以无入为合湛；入湛为浅界，合湛为深界；若只尽湛入，而不尽合湛，也未出识阴边际；必须入湛、合湛俱尽，六根互用，开合自由，才尽识阴边际。

(3) 答灭除顿渐：此五阴生灭次第即六根结解的次第(前文已讲)。

生起：由细 —至→ 粗　即：识阴 —至→ 色阴

灭除：由粗 —至→ 细　即：色阴 —至→ 识阴

五阴是妄想所成，妄性本空，理则顿悟，事非顿除，须依五阴次第渐除之。

汝应将此，妄想根元，心得开通，

你应该将此五阴妄想根本元由一一研究，心中明白：色阴坚固妄想，乃至识阴虚无妄想，妄想之名虽浅深次第不同，但同一虚妄，更无根元。

传示将来，末法之中，诸修行者，令识虚妄，深厌自生，

将此传示将来末法时代的修行人，让他们认识五阴的虚妄，自然对生死产生深切的厌离心。

知有涅槃，不恋三界。

知道有不生灭的涅槃，就不再贪恋三界。

[解说]

此段文总结五阴，劝令传示将来。文到此，2. 因请重明五阴生灭完。

至此，正宗分完。

流　通　分

阿难，若复有人，遍满十方，所有虚空，盈满七宝，

阿难，如果有一个人，用遍满十方所有虚空的七宝，

持以奉上，微尘诸佛，承事供养，心无虚度。

奉献给微尘数之多的诸佛，并一一承事供养，心无空过。

于意云何，是人以此，施佛因缘，得福多不？

你认为此人以供佛的殊胜因缘，得福多不多？”

阿难答言，虚空无尽，珍宝无边。昔有众生，施佛七钱，

阿难回答说：“虚空无尽，珍宝无边。从前有一人，只布施佛七钱，

舍身犹获，转轮王位，况复现前，虚空既穷，佛土充满，

舍报尚且获得转轮王位。何况现在，穷尽虚空十方国土，

皆施珍宝，穷劫思议，尚不能及，

都充满珍宝以供佛陀，其所获福，即使穷劫思量计议，尚不可及，

是福云何，更有边际。

如是所得福报，怎么会有边际数量可说呢！”

佛告阿难，诸佛如来，语无虚妄。若复有人，身具四重，

佛对阿难说：“诸佛如来语无虚妄。如果有人犯小乘杀、盗、淫、妄四重，

十波罗夷，瞬息即经，此方他方，阿鼻地狱，
及大乘十种重罪，瞬息之间，即经历此方他界的阿鼻地狱，

乃至穷尽，十方无间，靡不经历。能以一念，
乃至历尽十方无间地狱。若在将要堕狱之时，能一念回光返照，

将此法门，于末劫中，开示未学，是人罪障，
顿悟这圆通法门，并发愿在末劫中开示未学，这个人的罪障，

应念消灭，变其所受，地狱苦因，成安乐国。得福超越，
就应念消灭，化地狱苦因成安乐国。所得福报，超越

前之施人，百倍千倍，千万亿倍，
前说以盈空珍宝奉尘数佛的人，百倍千倍，千万亿倍，

如是乃至，算数譬喻，所不能及。阿难，若有众生，
以至无法用算数或譬喻来说明。阿难，如果有众生，

能诵此经，能持此咒，
能诵此经，能持此咒，一心不乱，三业相应所得诵持之福，

如我广说，穷劫不尽。依我教言，如教行道，
我详细广说，穷劫也说不尽。你们当依我言教，如教行道，

直成菩提，无复魔业。佛说此经已，比丘、比丘尼，
直成菩提，不会再有一切魔业。"佛说完这部经后，比丘、比丘尼、

优婆塞、优婆夷，一切世间，天人、阿修罗，及诸他方，
优婆塞、优婆夷，一切世间天人、阿修罗，及诸他方

菩萨二乘，圣仙童子，并初发心，大力鬼神，皆大欢喜，
菩萨、二乘、圣仙童子，并初发心大力鬼神，皆大欢喜，

作礼而去。
作礼而去。

[解说]

此段文是流通分。若能一心不乱，三业相应诵持此经此咒，若能顿悟此圆通法门，并发心在末劫中弘扬此法，则获福无量无边，灭无量地狱重罪。依此法门修行，无复魔业。佛宣讲完此经，大众法喜充满。

回向偈

愿此殊胜妙功德
悉皆回向法界众
速觉七趣空华梦
顿超菩提诸圣位
圆满一切功德海
彻证楞严三昧王

主要参考经论书目

1.《大佛顶首楞严经讲义》,圆瑛法师著
2.《大佛顶首楞严经正脉疏》,交光法师述
3.《首楞严义疏注经》,长水沙门子璿集
4.《大佛顶首楞严经文句》,蕅益大师撰述
5.《大佛顶首楞严经讲记》,海仁法师主讲
6.《大佛顶首楞严经浅释》,宣化上人讲述
7.《大佛顶首楞严经略述》,比丘知定编述
8.《大佛顶首楞严经摄论》,太虚大师著述
9.《大佛顶首楞严经大意》,太虚大师著述
10.《楞严经通义》,憨山大师著
11.《大佛顶首楞严经》,圆香居士语译
12.《大势至菩萨念佛圆通章讲记》,释大安讲述

13.《胜鬘经》
14.《楞伽经》
15.《佛性论》
16.《大乘起信论》
17.《净土宗教程》,释大安集述
18.《妙云集》(3),印顺法师撰
19.《贤首五教仪》
20.《大乘玄论》

21.《以佛法研究佛法》,印顺法师著
22.《现代佛教学术丛刊》(34)
23.《现代佛教学术丛刊》(35)